Kohlhammer

Der Autor

Dr. Michael Hahn ist ein Historiker und Autor zweier kulturhistorischer Reiseführer und eines dreibändigen Handbuchs zur Geschichte Perus.

Michael Hahn

Peru

Geschichte und Politik seit 1821

Verlag W. Kohlhammer

Meiner Familie

Dieses Werk einschließlich aller seiner Teile ist urheberrechtlich geschützt. Jede Verwendung außerhalb der engen Grenzen des Urheberrechts ist ohne Zustimmung des Verlags unzulässig und strafbar. Das gilt insbesondere für Vervielfältigungen, Übersetzungen, Mikroverfilmungen und für die Einspeicherung und Verarbeitung in elektronischen Systemen.

Die Wiedergabe von Warenbezeichnungen, Handelsnamen und sonstigen Kennzeichen in diesem Buch berechtigt nicht zu der Annahme, dass diese von jedermann frei benutzt werden dürfen. Vielmehr kann es sich auch dann um eingetragene Warenzeichen oder sonstige geschützte Kennzeichen handeln, wenn sie nicht eigens als solche gekennzeichnet sind.

Es konnten nicht alle Rechtsinhaber von Abbildungen ermittelt werden. Sollte dem Verlag gegenüber der Nachweis der Rechtsinhaberschaft geführt werden, wird das branchenübliche Honorar nachträglich gezahlt.

Umschlagabbildung: Grenzübergang nach Peru bei der bolivianischen Ortschaft Desaguadero am Titicacasee (Foto: Michael Hahn)

1. Auflage 2021

Alle Rechte vorbehalten
© W. Kohlhammer GmbH, Stuttgart
Gesamtherstellung: W. Kohlhammer GmbH, Stuttgart

Print:
ISBN 978-3-17-040946-0

E-Book-Formate:
pdf: ISBN 978-3-17-040947-7
epub: ISBN 978-3-17-040948-4
mobi: ISBN 978-3-17-040949-1

Zusatzmaterial online: https://dl.kohlhammer.de/978-3-17-040946-0

Für den Inhalt abgedruckter oder verlinkter Websites ist ausschließlich der jeweilige Betreiber verantwortlich. Die W. Kohlhammer GmbH hat keinen Einfluss auf die verknüpften Seiten und übernimmt hierfür keinerlei Haftung.

Inhaltsverzeichnis

Einleitung 7

Das Ende der spanischen Kolonialherrschaft (1808–1826) 16

Caudillos und Guano (1826–1879) 49

Der Pazifikkrieg und das Aufleben des militärischen Caudillismus
(1879–1894) 110

Die Aristokratische Republik (1895–1919) 128

Leguías Elfjahres-Herrschaft (1919–1930) 172

Zwischen Diktatur und Demokratie (1930–1968) 202

Militärischer Reformismus (1968–1980) 252

Ein verlorenes Entwicklungsjahrzehnt (1980–1990) 277

Neopopulismus und neoliberale Wende (1990–2001) 301

Peru im 21. Jahrhundert (2001–2020) 328

Neueste Entwicklungen (ab 2016) 348

Glossar 362

Bibliografie 367

Abbildungsnachweis 370

Register 371

Einleitung

»Peru ist von diesem Augenblick an frei und unabhängig durch den Volkswillen und durch die Rechtmäßigkeit seiner Forderungen, die Gott schütze. Es lebe das Vaterland! Es lebe die Freiheit! Es lebe die Unabhängigkeit!« (Hall 1824, 193–194; vgl. Ortemberg 2009, 86)

Mit diesen erhabenen Worten verkündete General José de San Martín am 28. Juli 1821 auf dem Hauptplatz von Lima die Unabhängigkeit Perus von Spanien. Trotz der feierlichen Proklamation vor Tausenden von Zuschauern sollte es noch Jahre dauern, bis die letzten spanientreuen Truppen das Land verließen. Erst die Niederlage in der Entscheidungsschlacht von Ayacucho besiegelte das Ende der spanisch-monarchischen Herrschaft in Südamerika. Tatsächlich endete die spanische Herrschaft in Peru mit der Unterzeichnung der Kapitulationsurkunde durch Vizekönig José de la Serna e Hinojosa nach der Niederlage seiner Truppen gegen Simón Bolívars Befreiungsheer unmittelbar nach der Schlacht von Ayacucho am 9. Dezember 1824. Bis im April 1825 war auch Hochperu (das heutige Bolivien) von spanischen Truppen befreit. Am 22. Juni 1826 kapitulierten die letzten spanischen Truppen, die sich 14 Monate lang in der uneinnehmbaren Hafenfestung Real Felipe in der Nähe Limas verschanzt hatten.

Alljährlich gedenkt Peru der Proklamation der Unabhängigkeit, die das Ende der spanisch-monarchischen Herrschaft und den Beginn als souveräner, republikanischer Staat symbolisiert. Die Nationalfeiertage erstrecken sich jeweils über drei Tage (28.–30. Juli) und werden mit großem Aufwand – inklusive einer Militärparade – gefeiert. Im Jahr 2021 begeht Peru den zweihundertsten Jahrestag der Unabhängigkeit. Wie beim 100-jährigen- bzw. 150-jährigen Jubiläum wird das Andenland weder Mühe noch Kosten scheuen, um den Feiern einen würdigen Rahmen zu verleihen und sie zu einem denkwürdigen Großanlass internationalen Zuschnitts zu machen. Für Nichtperuaner ist das eine gute Gelegenheit, sich mit der neuzeitlichen Geschichte des Andenlandes näher vertraut zu machen.

Das vorliegende Buch beschreibt die Geschichte Perus der letzten zwei Jahrhunderte, angefangen bei den Wirren der Unabhängigkeitskämpfe bis hin zur Gegenwart. Es basiert auf meinem umfangreichen *Handbuch zur Geschichte Perus* (2016, Bd. 3), ergänzt durch die Erkenntnisse der neuesten internationalen Fachliteratur. Auf eine landeskundliche Einführung folgt der historische Hauptteil. Kastentexte machen auf Besonderheiten und Charakteristiken des Andenlandes aufmerksam oder ermöglichen es, gewisse Sachverhalte über einen längeren Zeitraum hinweg zu verfolgen. Den Schluss bildet ein Glossar, das die wichtigsten Fachausdrücke und fremdsprachigen Begriffe erläutert. Am Ende eines jeden Kapitels finden sich Hinweise auf Standardwerke, empfehlenswerte Neupublikationen und deutschsprachige Bücher. Für detaillierte Quellen- und Literaturangaben sei auf das erwähnte Handbuch verwiesen. Wer aktualisiertes statistisches Material zu Themen wie Demografie, Sprachenvielfalt, Gesundheit, Bildung, Wohnen, Regierung oder Wirtschaft sucht, wird im Online-Anhang fündig (Link siehe Impressum).

Noch ein Wort zur Rechtschreibung. Für zahlreiche peruanische Namen, Orte und Begriffe besteht eine verwirrende Vielfalt von Schreibweisen. Als Beispiel sei die ehemalige Hauptstadt des inkaischen Reichs genannt, die bald als Cusco oder Cuzco, bald als Qosqo oder Q'osqo geschrieben wird. Der Verständlichkeit halber wird im Folgenden die gebräuchlichste Schreibung verwendet, wobei Einheitlichkeit als das Leitprinzip gilt.

Geografie

Mit einer Fläche von 1 285 216 km² und einer Bevölkerung von etwas über 30 Millionen ist das Andenland fast dreimal so groß wie Deutschland und Österreich zusammen, zählt dabei aber nur knapp ein Drittel so viele Einwohner. Von West nach Ost setzt sich Peru aus einem flachen Küstenstreifen (Costa), dem andinen Hochland (Sierra), den Ostabhängen der Anden und dem Amazonas-Tiefland (Selva) zusammen. Flächenmäßig am kleinsten ist der Küstenstreifen, der rund 12 % des nationalen Territoriums einnimmt, jedoch die meisten Bewohner umfasst (58 % der Bevölkerung). Im Hochland, das 28 % der Landesfläche ausmacht, leben 28 % der Bevölkerung, während die größte Region – die Dschungelgebiete mit 60 % der Landesfläche – nur 14 % der Bevölkerung beherbergt. Zur Sierra gehören die mächtigen Bergketten der Anden, fruchtbare Täler und zwei riesige Hochebenen, in denen die beiden größten Seen des Landes liegen (Titicaca- und Junínsee). Im Hochland liegen die meisten der 12 000 Seen des Landes, und hier haben die großen Flüsse ihren Ursprung. Ein Teil strebt dem Pazifik zu, die restlichen fließen ostwärts in Richtung Amazonas-Tiefland und Atlantik. In den zwischen 2000 und 3500 Metern gelegenen Hochtälern gibt es zahlreiche größere Siedlungen und Städte. Kleinere Dörfer und Einzelgehöfte finden sich bis auf 5000 Meter Höhe. Hier lebt die Mehrzahl der indianischen Bauern, die dem beschränkten Ackerland eine Vielzahl von Knollengewächsen, Getreidearten, Hülsenfrüchten und Gemüsesorten abringt. Die dünn besiedelte Dschungelregion (Selva) zeichnet sich durch ihre biologische und sprachliche Vielfalt aus. Kulturell und ökologisch unterscheidet sie sich stark vom Rest des Landes.

Geografie

Abb. 1: Karte Perus mit den Departements, den wichtigsten Städten, Flüssen und Bergen.

Zieht man auch noch das Meer mit ein, so eröffnen sich folgende Naturräume:

1) Der Pazifische Ozean mit dem kalten Humboldtstrom, der im Norden Perus von warmen tropischen Meeresströmungen in westliche Richtung abgedrängt wird. Von der Antarktis kommend, fließt der nährstoffreiche Humboldtstrom an der südamerikanischen Westküste entlang. Der kalten Strömung verdanken Chile und Peru ihre außerordentlich reichhaltige Meeresfauna. Die gewaltigen Sardinen- und Sardellenschwärme machten Peru jahrelang zum weltgrößten Produzenten von Fischmehl. Zudem ernährten sie riesige Kolonien von Meeresvögeln, deren Exkremente als nitratreiches Düngemittel (Guano) im 19. Jahrhundert ein Exportschlager waren. Der Humboldtstrom beeinflusst die Witterung an der Küste entscheidend, indem er das an und für sich heiße äquatoriale in ein gemäßigtes Klima verwandelt.
2) Die Küstenzone, die, abgesehen vom äußersten Norden und den Flussoasen, eine Wüstenlandschaft bildet. Sie umfasst die vorgelagerten kahlen Inseln und den Küstenstreifen landeinwärts bis zu einer Höhe von rund 500 Metern. Von den über 50 Flüssen, die aus den Anden kommend in den Pazifik münden, führen nur etwa ein Dutzend das ganze Jahr hindurch substanzielle Wassermengen. Sie lassen fruchtbare Oasen entstehen, die mit ihrem saftigen Grün die Eintönigkeit der Sand- und Geröllwüsten durchbrechen. Von Mai bis Oktober (während des südlichen Winters) liegt über vielen Küstenorten ein feiner Nebel, den die Peruaner Garúa nennen. Aufgrund der hohen Luftfeuchtigkeit werden dann Wüstenzonen grün, Pflanzenteppiche schießen aus dem Boden und kahle Hügel blühen auf.
3) An den Küstenstreifen schließt sich die Yunga-Zone an (Quechua für »trockenes oder heißes Tal«). Tiefe Schluchten und enge Quertäler mit Steinwüsten und Sukkulenten prägen die Landschaft. Mehr als neun Monate lang bestimmt die brennende Sonne das Klima. Nur in den Hochsommermonaten, von Januar bis März, nimmt die Bewölkung etwas zu. Dennoch kommt es nur selten zu Niederschlägen. Wo Talböden und Hänge bewässert werden, sind sie bestens für den Anbau tropischer und subtropischer Nutzpflanzen geeignet.
4) Die vierte Zone, Kichwa genannt, liegt zwischen 2300 und 3500 Metern Höhe. Dank einem gemäßigten Klima, reichlich kultivierbarem Land und genügend Wasser kann sie für einen ertragreichen Ackerbau genutzt werden. Die ergiebigsten Äcker befinden sich auf den Talböden und den talnahen, benachbarten Hängen, wo insbesondere Mais gut gedeiht.
5) Die sanft ansteigende Kichwa-Region geht über in eine stark akzentuierte Landschaft mit steilem, kantigem und schroffem Relief. Diese Suni genannte Landschaft liegt zwischen 3500 und 4000 Metern in der kalten Klimazone, mit durchschnittlichen jährlichen Temperaturen zwischen 7° und 10 °C. Das Sommermaximum liegt bei 20 °C, das Winterminimum zwischen −1° und −16 °C. Auf den kargen Böden gedeihen Knollenfrüchte wie Kartoffeln, Oca, Olluco und Mashua, die proteinreiche Lupinie Tarhui sowie die widerstandsfähigen Getreidearten Quinua, Cañihua und Amarant.

6) Auf die Suni-Zone folgt die Puna in Höhenlagen zwischen 4000 und 4800 Metern. In den unteren Lagen (bis ca. 4200 Meter) wachsen noch die vorhin genannten Getreidearten und Knollengewächse. Oberhalb der landwirtschaftlichen Anbaugrenze erstreckt sich eine Hartgrassteppe – die Nahrungsgrundlage für die Lama- und Alpakaherden. Das weite Hochplateau im Süden, das sich zwischen der westlichen und der östlichen Andenkette ausdehnt, ist unter dem Namen Altiplano bekannt, was so viel wie »Hochebene« heißt. Es herrscht ein kaltes Klima mit Temperaturen, die nachts in der regenlosen Zeit von Mai bis September bis weit unter 0 °C fallen können. Zwischen Tag und Nacht bzw. Sonnen- und Schattenseiten bestehen markante Temperaturunterschiede. Abgesehen von einigen wenigen kleinen Oasen mit Gras und Polstergewächsen, die bis auf eine Höhe von 5200 Metern auftreten, dominieren Schnee, Firn, Eis und Gletscher die über der Puna gelegene Hochgebirgslandschaft. Die Temperaturschwankungen zwischen Tag und Nacht sind extrem, wobei das Thermometer bis auf –30 °C fallen kann. Permanente Schneefelder bedecken die Gebirgslandschaft von etwa 5300 Metern an aufwärts.

7) An der Ostflanke der Anden geht das Hochgebirge ebenfalls in die Puna über. Je tiefer man kommt, desto dichter wird die schüttere Grassteppe. Ananasgewächse und niedrige moosbehangene Bäume zeigen den nahen tropischen Regenwald an. Weiter unten geht der Niederwald in den immergrünen tropischen Bergwald über. Die Höhe dieser Übergangszone zwischen Puna und Wald schwankt gemäß der jeweiligen Topografie. Sie kann auf bis zu 3800 Metern liegen, der Obergrenze der vom Amazonas-Becken aufsteigenden feuchten Luftmassen. Der hoch gelegene tropische Regenwald (Selva Alta) bedeckt die zerklüfteten Gebirgsausläufer und die breiten Täler. Dazwischen gibt es auf Höhen zwischen 1000 und 2300 Metern inselartiges Siedlungs- und Ackerland, das sich zum Anbau von tropischen Pflanzen hervorragend eignet. Diese hügelige, von den Quellflüssen des Amazonas durchzogene Übergangszone zwischen der Sierra und dem Tiefland wird Montaña genannt.

8) Wo die äußersten Hügel der Montaña in das riesige Amazonas-Becken auslaufen, nimmt der tief gelegene tropische Regenwald (Selva Baja) seinen Anfang. Die fruchtbarsten Gebiete des Tieflanddschungels liegen entlang des Amazonas-Stroms und dessen Zuflüssen, die ihrerseits eine reiche aquatische Fauna bergen. Alljährlich treten die Flüsse über die Ufer und überschwemmen weite Ebenen, wobei sich nährstoffreiches Material ablagert. Dagegen sind die Urwaldböden zwischen den großen Flüssen im Allgemeinen weitaus karger, nährstoffärmer und besitzen nur eine dünne Humusschicht. Da die dichte Vegetation, aber auch die Überschwemmungen, Sümpfe und Seen ein Durchkommen auf dem Landweg stark erschweren, wickelt sich der Personen- und Warenverkehr hauptsächlich auf dem weit verzweigten Flusssystem ab. Ausgiebige Niederschläge – im Jahresdurchschnitt 2,9 Meter – und eine ganzjährig ziemlich konstante Temperatur sind für das feucht-heiße Klima verantwortlich. Die Durchschnittstemperatur beträgt 26 °C, wobei der Oktober mit Werten zwischen 34° und 37 °C wärmster Monat ist.

Abb. 2: Die Straßen in den Anden führen über steile, gefährliche Strecken. Hier eine der Passstraßen, die den Callejón de Huaylas mit dem Callejón de Conchuco (Dep. Áncash) verbinden. Die Passhöhe, die Punta Olímpica, liegt auf 4890 Metern über dem Meeresspiegel.

Naturgewalten

Seit Urzeiten haben Naturkatastrophen die Andenländer schwer getroffen. Vor der Westküste Perus liegt die sogenannte Nazca-Platte – eine ozeanische Platte, aus der die Erdkruste und der oberste Teil des Erdmantels aufgebaut sind. Sie bewegt sich ostwärts, wo sie mit der Südamerikanischen Platte kollidiert und wo ein Vulkangürtel entstanden ist. Von den über 400 peruanischen Vulkanen gelten zwölf als Sicherheitsrisiko. Bei einem etwaigen Ausbruch bedrohen Gase, Asche, Staub und Lavaströme Großstädte wie Arequipa oder ländliche Siedlungen. Den jüngsten Vulkanausbruch registrierte das Geophysikalische Institut Perus im Juli 2019. Es handelte sich um den 5672 Meter hohen Ubinas, den aktivsten Vulkan des Landes. 30 000 Personen mussten aus der Gefahrenzone evakuiert werden. Die bislang verheerendste Eruption ereignete sich im Jahr 1600, als der Vulkan Huayna Putina explosionsartig ausbrach. Ein Regen aus Lava und Asche ging über Felder und mehrere Indianerdörfer nieder. Im Umkreis von etwa 90 Kilometern bedeckte eine bis zu einem halben Meter dicke Ascheschicht Äcker, Weiden und Weingärten. Die austretende Lava versperrte dem Río Tambo den Weg, sodass sich der Fluss zu einem fast 40 Kilometer langen See staute. Als der natürliche Staudamm brach, schossen die Wassermassen durch das Tal in Richtung Meer. Auf einer Strecke von über 100 Kilometern verwüstete die Flut sämtliche Gärten und Äcker, sie entwurzelte die Fruchtbäume, fegte die Zuckerrohrfelder hinweg und riss das weidende Vieh mit in den Tod. Im Gefolge der Katastrophe verhungerte drei Viertel des Viehs, fast sämtliche Reben sowie die Frucht- und Olivenbäume starben ab. Die Aschewolke verdunkelte das Sonnenlicht und ließ weltweit die Temperaturen sinken. Während der nächsten zweieinhalb Jahre setzten kühle Sommer und bitterkalte Winter Mensch und Tier schwer zu. Es kam zu Hungersnöten, die unzählige Tote forderten.

Seit dem Jahre 1568 haben über 70 schwere Erd- oder Seebeben Peru erschüttert. Lima, Arequipa und Cusco, um nur die wichtigsten Städte zu nennen, sind im Verlauf ihrer Geschichte mehrmals zerstört oder schwer beschädigt worden. Immer wieder lösten Seebeben auch gefährliche Flutwellen (Tsunamis) aus. Am 28. Oktober 1746 brandeten mehrere Flutwellen über Limas Hafen Callao. Ein mit 34 Kanonen ausgerüstetes Kriegsschiff wurde über die Hafenstadt hinweggespült und blieb eineinhalb Kilometer von der Küste entfernt auf dem Festland liegen. Im Hafen Callao selbst blieben nur mehr Reste des Schutzwalles und einzelne Gebäudemauern stehen. Von der auf 5000 bis 6000 Personen geschätzten Einwohnerschaft überlebten keine 200 Menschen. Von 1970 bis heute suchten sieben schwere Erdbeben Teile Perus heim. Sie erreichten Stärken von 6,7 bis 8,4 auf der Richterskala. Das letzte schwere Erdbeben, gefolgt von einem Tsunami, fand im August 2007 statt.

Im Verbund mit den Erdbeben stellen überhängende Felsen und Gletscher eine unberechenbare Gefahrenquelle dar. Ein schweres Beben verursachte am 31. Mai 1970 einen fatalen Gletscherabbruch. Vom höchsten Berg des Landes stürzten gewaltige Eismassen in zwei Seen. Sie lösten eine Flutwelle und in ihrem Gefolge eine 800 Meter breite Schlamm- und Geröllawine aus, welche die Provinzhauptstadt Yungay vollständig begrub. Insgesamt starben 70 000 Menschen und 500 000 wurden obdachlos.

Neben dem Vulkanismus und den Erdbeben drohen weitere Naturgefahren. Insbesondere in der Landwirtschaft richten Starkregen, Dürren, Hagel, Kälteeinbrüche und Nachtfrost sowie Knollenfäule, Schädlingsbefall, Ratten- und Mäuseplagen große Schäden an. Während der Regenzeit können sich sintflutartige Regenfälle im Hochland und im Dschungel ergießen. Sie lösen Erdrutsche und Muren aus, die Bewässerungskanäle, Straßen und Bahnlinien verschütten, Weiler, Dörfer oder Stadtteile zerstören und Gemeinden von ihrer Verbindung zur Außenwelt abschneiden. Im Amazonasgebiet schwellen die Flüsse alljährlich stark an und setzen riesige Waldgebiete unter Wasser.

Alle paar Jahre tritt im tropischen Pazifikraum eine Störung der ozeanischen und atmosphärischen Zirkulationsverhältnisse auf mit Auswirkungen auf weite Teile der Welt. Das Zirkulationsphänomen ist unter der Bezeichnung El Niño Southern Oscillation (kurz: ENSO) bekannt, wobei El Niño im Pazifischen Ozean, die Southern Oscillation in der Atmosphäre abläuft. An Perus Küste treten die Auswirkungen üblicherweise im Dezember auf, weshalb die Fischer das Phänomen als El Niño (das Christkind) bezeichneten. In Zyklen von früher fünf bis acht, in neuerer Zeit von drei bis fünf Jahren dringen Warmwasserströmun-

Einleitung

Abb. 3: Zur Zeit des Hochwassers werden Teile des Quartiers Puerto Belén in Iquitos überflutet.

gen bis an Perus nördliche oder sogar zentrale Küstenregion vor. Im kühlen Humboldtstrom steigt weniger kaltes, nährstoffreiches Wasser an die Oberfläche. Der Anstieg der Wassertemperaturen in Kombination mit dem Rückgang des Sauerstoff- und Kohlenstoffgehalts im Meereswasser wirken sich negativ auf die Reproduktionsfähigkeit der Mikroorganismen aus und stören die maritimen Nahrungsketten massiv. Die Kaltwasserfische sterben oder wandern ab, was für die riesigen Vogelkolonien, die Meeressäuger (Robben, Wale, Otter) und die Fischindustrie verheerende Auswirkungen hat.

Die wärmeren Wassertemperaturen wirken sich auch auf das Wettergeschehen aus: Wasser kann leichter verdunsten, die Luft wird feuchter und es bilden sich Wolken. Heftige Regenfälle und Überschwemmungen ziehen die ansonsten trockene Küstenregion in Mitleidenschaft, verwüsten Felder und Plantagen, zerstören Häuser, Brücken, Straßen und Trinkwasseranlagen. Die Überschwemmungen führen zur Verseuchung des Trinkwassers, sodass in den El-Niño-Jahren 1972–1973, 1982–1983 und 1997–1998 in den Flussoasen von Nordperu Typhus, Ruhr, Hepatitis sowie Magen- und Darminfektionen grassierten. Zugleich entstehen in El-Niño-Jahren im Wüstengebiet Sümpfe und Seen. Ödland verwandelt sich dann in grüne Weiden, die für einige wenige Wochen Tausenden von Ziegen zusätzliche Nahrung geben. Während Starkregen und Überschwemmungen die Küstenregionen heimsuchen, treten im zentralen und im südandinen Hochland Dürren auf.

Abb. 4: Das imposante Huayhuash-Gebirge im nördlichen Zentralperu.

Literaturhinweise

Caviedes, César N. 2005, El Niño – Klima macht Geschichte. Aus dem Englischen übersetzt von Christiana Donauer-Caviedes, Darmstadt

Denevan, William M. 2001, Cultivated Landscapes of Native Amazonia and the Andes, Oxford

Deutsch Lynch, Barbara 2019, Water and Power in the Peruvian Andes, in: Seligmann, Linda J./Fine-Dare, Kathleen S. (Hg.), The Andean World, Abingdon und New York, 44–59

Hall, Basil 1824, A Journal, Written on the Coasts of Chili, Peru, and Mexico, in the Years 1820, 1821, 1822, Bd. 1, London und Philadelphia

Hahn, Michael 2010, Handbuch zur Geschichte Perus, Bd. 1 (Teilband 1): Peru vor den Inkas, Zürich, 5–34

Mächtle, Bertil 2016, Umwelt und Mensch im Naturraum, in: Paap, Iken/Schmidt-Welle, Friedhelm (Hg.), Peru heute: Politik, Wirtschaft, Kultur, Frankfurt am Main, 17–38

Ortemberg, Pablo 2009, La entrada de José San Martín en Lima y la proclamación del 28 de julio: la negociación simbólica de la transición, in: Histórica XXXIII.2

Vidal Pulgar, Javier 1982, Landschaft und Menschen, in: Kauffmann-Doig, Federico, Peru, Innsbruck und Frankfurt am Main, 29–39

Das Ende der spanischen Kolonialherrschaft (1808–1826)

Aus den Unabhängigkeitskämpfen ging in den 1820er-Jahren die Republik Peru hervor. Für fast drei Jahrhunderte bildete das Andenland das Kerngebiet des riesigen Vizekönigreichs Peru, das zum überseeischen Erbbesitz der spanischen Monarchie gehörte. Für die Loslösung der amerikanischen Kolonien war letztlich die wirtschaftliche und militärische Schwäche Spaniens ausschlaggebend. Im 18. Jahrhundert waren Großbritannien und Frankreich die führenden europäischen Großmächte, die eine Reihe von Kriegen um die weltweite Vorherrschaft ausfochten. Wieder und wieder wurde Spanien im Soge Frankreichs in langwierige, kostspielige Kriege hineingezogen.

Seit dem Dynastiewechsel im Jahr 1700 lösten sich Könige aus dem französischen Adelsgeschlecht der Bourbonen auf dem spanischen Thron ab. Dem Vorbild des absolutistischen Frankreichs nacheifernd, bemühten sie sich, Spanien wieder zu altem Glanz und zu alter Größe zurückzuführen. Eine Reihe einschneidender Neuerungen – bekannt unter der Bezeichnung Bourbonische Reformen – sollte die Autorität der spanischen Zentralregierung stärken, die Wirksamkeit des staatlichen Verwaltungssystems erhöhen und die Wirtschaft ankurbeln. Unter König Philipp V. (Felipe V.; 1700–1746) wurde vom riesigen Vizekönigreich Peru, das eine Fläche von rund zehn Millionen km^2 einnahm, das Vizekönigreich Nueva Granada (Neu-Granada) mit der Hauptstadt Santa Fe de Bogatá abgetrennt. Aufgrund dieser territorialen Neuordnung büßte Peru seine nördlichsten Gebiete ein mit den heutigen Ländern Kolumbien, Ecuador, Panama und Teilen Venezuelas.

1759 übernahm mit Karl III. (Carlos III.) ein ausgeprägt reformorientierter König für fast drei Jahrzehnte den spanischen Thron. Weit stärker als seine bourbonischen Vorgänger war er gewillt, die mit dem monarchischen Absolutismus verbundene Machtfülle zu nutzen, neue Institutionen zu etablieren und an der französischen Verwaltung orientierte Arbeitsmethoden einzuführen. Unter Karl III. kam es 1776/1777 zur Etablierung des Vizekönigreiches Río de la Plata mit der Hauptstadt Buenos Aires. Damit wurden Buenos Aires, Tucumán, Paraguay, Santa Cruz de la Sierra, Hochperu (Bolivien) mit der sagenhaften Silberstadt Potosí und ein Teil Westargentiniens (Cuyo) dem politischen und ökonomischen Einfluss von Lima entzogen. Das Vizekönigreich Peru bestand somit nur noch aus dem heutigen Peru und aus Chile.

Trotz breiten Widerstandes konnten die Bourbonen viele ihrer Reformen durchsetzen, wobei die Steuereinnahmen substanziell erhöht, die administrative Effizienz gesteigert und die grassierende Korruption reduziert wurden. Der Preis dafür war allerdings unverhältnismäßig hoch. Zum einen führten die revidierte

Steuerpraxis sowie das Schließen zahlreicher Schlupflöcher in der Verwaltung zu erheblichen Animositäten zwischen der einheimischen Elite und frisch aus Spanien eingereisten Funktionären. Zum anderen machte sich die allgemeine Empörung in Gewaltausbrüchen und Meutereien Luft, die ihren Kulminationspunkt im Großen Aufstand von 1779 bis 1782 erreichten. In dieser Zeit erschütterten Massenerhebungen ein riesiges Gebiet, das von Cusco über La Paz bis ins heutige Nordwestargentinien und Nordchile reichte. Im Verlauf des Großen Aufstands verloren Zehntausende ihr Leben und es spielten sich unfassbare Gräueltaten ab. Nach der blutigen Zerschlagung der Aufstandsbewegung dauerte es fast drei Jahrzehnte, bis sich erneut Widerstandsherde bildeten, die eine ernsthafte Gefahr für die spanische Herrschaft darstellten.

Auf Karl III. folgte Karl IV. (Carlos IV.), der von 1788 bis 1808 herrschte, das Werk seines Vaters jedoch nur unvollkommen weiterverfolgte. Nach seiner Inthronisation sah sich Karl IV. mit dem Ausbruch der Französischen Revolution (1789) konfrontiert, die zur Hinrichtung des französischen Königs Ludwig XVI. führte. Die Enthauptung seines bourbonischen Verwandten beeinträchtige zwar das traditionell enge Verhältnis zwischen den beiden Nachbarländern, Hauptfeind Spaniens blieb aber auch weiterhin England. Seit 1796 bekriegten die beiden rivalisierenden Seemächte einander fast ständig. Die dreijährige Blockade des spanischen Haupthafens Cádiz unterbrach die Versorgungslinie zwischen Spanien und seinen überseeischen Gebieten, noch bevor die vernichtende Niederlage des spanisch-französischen Flottenverbandes in der Schlacht von Trafalgar (21. Oktober 1805) den Engländern endgültig die Vorherrschaft zur See verschaffte. Spanien verlor einen Großteil seiner Flotte und büßte damit weitgehend seine Fähigkeit ein, Truppen aus dem Mutterland über den Atlantik zu verschiffen.

Die bourbonische Reformpolitik, welche die überseeischen Provinzen deutlicher denn je als abhängige Kolonien behandelte, stieß bei den Betroffenen auf entschiedene Ablehnung. Indianer und Angehörige der Unterschichten rebellierten gegen die erhöhte finanzielle Belastung, die das verschärfte Steuerregime und die Einführung neuer Staatsmonopole nach sich zog. Unter den einheimischen Eliten trug der Abbau angestammter Privilegien zusammen mit der Bevorzugung von Europaspaniern bei der Ämtervergabe zur Entfremdung vom Mutterland bei. Ebenfalls Anlass zur Unzufriedenheit gab das merkantilistische Außenhandelssystem: Die Lockerungen bestehender Handelsbeschränkungen gingen den einen nicht weit genug, für die Profiteure des alten Handelssystems gefährdeten die Neuregelungen die wirtschaftliche Existenz.

Als 1808 napoleonische Truppen in Spanien einmarschierten und weite Teile der iberischen Halbinsel besetzten, eröffnete sich für die überseeischen Gebiete die Möglichkeit, ihre Beziehungen zum Mutterland neu auszuhandeln. Auf Forderungen nach mehr Rechten folgte bald der Ruf nach einer vollständigen Lösung von der spanischen Monarchie – wenn nötig auch mit Waffengewalt. Bei den frühen militärischen Konflikten bekämpften spanientreue Truppen – Royalisten oder Loyalisten genannt – Aufständische, die sich selbst als Patrioten bezeichneten. Anfänglich nahmen beide Seiten für sich in Anspruch, für den spanischen König Ferdinand VII. zu kämpfen, der in Frankreich unter Hausarrest stand. Bald jedoch stellte sich heraus, dass der Hauptantrieb für viele Kämpfer kein übergeordnetes »höheres« Ziel war, sondern dass sie ihre eigenen Partikularinteressen verfolgten. Dazu gehörten das Streben nach lokaler oder regionaler Dominanz gleichermaßen wie das Beutemachen, Rachefeldzüge oder die Verbesserung der eigenen sozioökonomischen Position. Seitenwechsel aus Opportunitätsgründen, wechselnde Gefolgschaft, hohe Desertationsraten und häufige Amnestien waren die Folge.

Während mehrere Regionen Spanisch-Amerikas aus eigener Kraft die Unabhängigkeit erkämpften, blieb Peru lange Zeit fest in spanischer Hand. Als letztes Bollwerk Spaniens erreichten Peru und Hochperu (Bolivien) die Unabhängigkeit nicht ohne auswärtige Hilfe. Heere aus den befreiten südamerikanischen Gebieten übernahmen diese Aufgabe.

Die Geschehnisse in Europa

Im März 1808 zwangen die Anhänger des spanischen Kronprinzen Ferdinand (Fernando) dessen Vater – König Karl IV. – zur Abdankung. Der Streit innerhalb der königlichen Familie lieferte Napoleon Bonaparte, dem Kaiser der Franzosen, den willkommenen Vorwand zum Eingreifen: Die Bourbonen mussten abdanken, und Ferdinand) wurde zusammen mit seiner Familie in Frankreich faktisch unter Hausarrest gestellt. Am 6. Juni ernannte Napoleon seinen älteren Bruder Joseph zum neuen spanischen König, womit er Spanien zum Satelliten des französischen Imperiums degradierte.

Gegen die französische Machtübernahme formierte sich in Spanien breiter Widerstand, der in einen erbitterten Kleinkrieg mündete. In den einzelnen Landesteilen organisierten regionale Juntas (Regierungsausschüsse, Komitees) den Widerstand gegen die französischen Besatzungstruppen. Im September 1808 schlossen sich die zahlreichen autonomen Juntas zu einem Zentralkomitee (Junta Suprema Central) zusammen, das im Namen Ferdinands VII. die Regierung und das militärische Oberkommando übernahm. Von der Isla de León vor Cádiz aus organisierte die Zentraljunta den Widerstand. Dank des Flottenschutzes durch die verbündeten Engländer blieb Cádiz für die französischen Truppen uneinnehmbar. Zu Beginn des Jahres 1810 trat die Zentraljunta die provisorische Regierungsgewalt an eine Nachfolgeinstitution – den Regentschaftsrat – ab. Im Einklang mit der spanischen Rechtstradition sollte eine auf den September angesetzte Ständeversammlung (Cortes) eine politische Neuordnung ausarbeiten. Die amerikanischen Gebiete wurden eingeladen, eigene Abgeordnete für die Ständeversammlung zu wählen und diese nach Cádiz zu entsenden. Allerdings blieben die überseeischen Territorien mit ihren 15 bis 17 Millionen Einwohnern gegenüber den rund 10,5 Millionen Einwohnern Spaniens deutlich unterrepräsentiert.

Das deklarierte Ziel der Ständeversammlung war die Ausarbeitung einer Verfassung. Nach eineinhalb Jahren war das Werk vollbracht. Am 19. März 1812 unterzeichneten 183 Deputierte, davon 47 aus Amerika, die Constitución Política de la Monarquía Española. An der Ausarbeitung der Konstitution war der peruanische Jurist Vicente Morales Duárez (1757–1812) beteiligt. Kurz nach der Unterzeichnung der Verfassung wurde er zum Präsidenten der Cortes gewählt. Der Verfassungstext traf am 20. September in Lima ein.

Das liberale Tauwetter in Spanien war nur von kurzer Dauer. Napoleons Niederlage in Russland besiegelte das Ende der französischen Besetzung. Im März 1814 kehrte König Ferdinand aus seinem Exil nach Spanien zurück, um schon im Mai die neue Verfassung und die damit verbundene Ordnung wieder aufzuheben. Der Monarch ließ die Cortes auflösen und die liberalen Führer, die in seinem Namen den Widerstand gegen Frankreich mitorganisiert hatten, verfolgen und inhaftieren. Mit der Wiedererrichtung des absolutistischen Regimes lebte auch die Inquisition wieder auf, während liberale Rechte wie die Meinungs- und Pressefreiheit zurückgenommen wurden.

Um die abgefallenen Gebiete in den Kolonien wieder fest in sein Reich einzubinden und die separatistischen Unruheherde ein für alle Mal zu ersticken, sandte Ferdinand das stärkste militärische Truppenkontingent seit Beginn der überseeischen Eroberungen über den Atlantik. Zwischen 1811 und 1818 überquerten über 40 000 spanische Soldaten und Offiziere das Meer. Nur wenige überlebten und kehrten in ihre Heimat zurück. Viele, vielleicht sogar die meisten, starben nicht bei Kampfeinsätzen, sondern aufgrund von Krankheiten wie Ruhr, Pocken, Skorbut und verschiedenen tropischen »Fiebern«, insbesondere Gelbfieber.

Während sechs Jahren regierte Ferdinand persönlich in »absoluter« Form, eisern am dynastischen Prinzip und am Gottesgnadentum des Absolutismus festhaltend. Mit der absolutistischen Restauration zerschlugen sich die letzten Hoffnungen, den Abfall der überseeischen Territorien mittels Reformen auf friedlichem Wege aufzuhalten. Am 1. Januar 1820 meuterten in Cádiz Teile eines spanischen Expeditionskorps, das für einen Militäreinsatz in Südamerika aufgeboten worden war. Unter dem Druck der Ereignisse sah sich Ferdinand gezwungen, die Verfassung von Cádiz wieder in Kraft treten zu lassen. Widerwillig musste er eine aus Liberalen bestehende provisorische Junta einsetzen, Neuwahlen zu den Cortes anordnen und die Kämpfe gegen die Unabhängigkeitsbewegungen vorübergehend einstellen. Bereits im Frühjahr 1823 machte er diese liberalen Schritte wieder rückgängig, indem er verkündete, dass man ihn seit März 1820 zur Bestätigung von Gesetzen und zur Ausfertigung von Erlassen gezwungen habe. Folglich seien alle Akte der sogenannten konstitutionellen Regierung null und nichtig.

Juntas in Spanisch-Amerika

Die napoleonischen Kriege banden die militärischen Kräfte der Großmächte Spanien, Frankreich und England, sodass die spanischen Überseegebiete vorübergehend sich selbst überlassen blieben. Für die einheimische Oberschicht weitete sich der politische Spielraum stark aus, emanzipatorische und separatistische Bestrebungen erhielten starken Auftrieb. In Anlehnung an die Junta-Bewegung im Mutterland bildeten Angehörige der lokalen Elite in den Regionalzentren La Plata (auch: Chuquisaca), La Paz und Quito Regierungsausschüsse (Juntas de Gobierno), die vorgaben, die Regierungsgewalt im Namen Ferdinands VII. auszuüben. Tatsächlich ging es diesen Juntas in erster Linie um die regionale Unabhängigkeit von den vizeköniglichen Hauptstädten Lima, Buenos Aires und Bogotá.

Die ersten Juntas hatten nur kurzen Bestand. In Hochperu marschierten royalistische Truppen aus den Vizekönigreichen Peru und Río-de-La-Plata ein, welche die Junta-Bewegung im Oktober 1809 in einer kombinierten Aktion gewaltsam zerschlugen. Am 13. Juli 1810 verkündete der peruanische Vizekönig Abascal den erneuten Anschluss der hochperuanischen Provinzen an das Vizekönigreich Peru. Im Falle der Stadt Quito brach die Junta infolge interner Streitigkeiten auseinander, noch bevor die von den Vizekönigen in Peru und Neu-Granada entsandten Streitkräfte in der Stadt eintrafen. Trotz dieser Rückschläge bildeten sich andernorts neue Juntas, die für mehr Autonomie und nun sogar für die Unabhängigkeit von Spanien kämpften. Im Mai 1810 verweigerte die kreolische Oberschicht von Buenos Aires dem Regentschaftsrat im spanischen Cádiz die Gefolgschaft. Der Vizekönig wurde mitsamt der vizeköniglichen Gerichts- und Verwaltungsbehörde (Audienz) auf die Kanaren verfrachtet und durch eine Regierungsjunta ersetzt. Damit vollzog sich am Río de la Plata bereits 1810 die Loslösung vom Mutterland. Bis Ende des Jahres fielen große Teile Hochperus (Boliviens) unter die Kontrolle der Regierung von Buenos Aires (Bonaerenser Junta). Nach der Niederlage gegen königstreue peruanische Truppen bei Guaqui (auch: Huaqui; am südlichen Ende des Titicacasees, nahe der Grenze zum Vizekönigreich Peru) mussten sich die bonaerensischen »Patrioten« im Juni 1811 fluchtartig aus Hochperu zurückziehen. Zwei weitere Militärexpeditionen zur Eroberung der hochperuanischen Gebiete scheiterten. Obschon lokale Freischärler dort einige ländliche Zonen kontrollierten, blieb Hochperu nominell unter der Herrschaft des Vizekönigs in Lima.

Am 19. April 1810 verkündete in Caracas eine Junta, der sich der spätere Nationalheld Simón Bolívar angeschlossen hatte, die Selbstverwaltung Venezuelas. Nach jahrelangen Kämpfen und wechselndem Kriegsglück musste Bolívar ins Exil nach Jamaika flüchten. In der Zwischenzeit eroberten royalistische Truppen auch Chile zurück, wo seit September 1810 verschiedene Regierungsjuntas das Sagen hatten. Ein Teil der in der Entscheidungsschlacht von Rancagua (1./2. Oktober 1814) geschlagenen »patriotischen« Armee floh über die Anden ins argentinische Mendoza. Abgesehen von der Río-de-la-Plata-Region hatte die spanische Monarchie damit die Herrschaft über sämtliche Gebiete zwischen dem Río Grande im nördlichsten Mexiko und Feuerland wieder zurückgewonnen.

Lima – Bollwerk der Loyalisten

Dank der frühen Allianz zwischen staatlicher Gewalt und privaten Machtgruppen blieb die Hauptstadt des Vizekönigreichs Peru fest in königstreuer Hand. Von der revolutionären Begeisterung, die 1809 La Plata, La Paz und Quito erfasst hatte, ließen sich in Lima nur eine Handvoll Männer um das Brüderpaar Silva anstecken. Ihre Umsturzpläne flogen aber auf und die Verschwörer wurden vor Gericht gestellt und anschließend in die Verbannung geschickt. Ungeachtet aller Klagen über die Bourbonischen Reformen genoss der monarchische Absolutismus unter den konservativen Eliten Limas lange Zeit einen starken Rückhalt. Dieser machtvolle Kreis aus aristokratischen Großgrundbesitzern, in der Kaufmannsgilde (Consulado) versammelten Monopolisten, Wirtschaftsprotektionisten und Manufakturbetreibern gehörte zu den Nutznießern des herrschenden Systems, der sich bis zum bitteren Ende gegen die Loslösung von Spanien stemmte. Der Große Aufstand von 1779 bis 1782 und zahllose lokale Rebellionen hatten ihnen die Gefahren eines Kasten- und Klassenkriegs vor Augen geführt und Forderungen nach mehr Autonomie oder gar Unabhängigkeit gedämpft. Außer den konservativen Eliten hatten natürlich auch die königlichen Spitzenbeamten und der hohe Klerus ein vitales Interesse an der Erhaltung des Status quo. Gemeinhin profitierte die Hauptstadt von ehrgeizigen Entwicklungs- und Modernisierungsprogrammen, welche die letzten Vizekönige in Angriff genommen hatten. Besonders aktiv und gewandt erwies sich Vizekönig Abascal, der im kritischen Jahrzehnt von 1806 bis 1816 die Regierung führte. Mit verschiedenen Maßnahmen steigerte Abascal die militärische Schlagkraft der königstreuen Truppen. Unter Einbezug der Kader und Truppen aus dem Mutterland gelang ihm die Formierung eines regulären Heeres, das bald gegen die Autonomiebewegungen eingesetzt werden sollte.

Die allgemeine Aufrüstung, die Militäreinsätze gegen die Junta-Hochburgen sowie die finanzielle Unterstützung des besetzten Mutterlandes verursachten hohe Kosten. Zur Überbrückung finanzieller Engpässe mussten die Vizekönige auf die Hilfe von Privatpersonen und Körperschaften zurückgreifen. Dabei erwiesen sich die vermögenden Großhändler der Kaufmannsgilde (Consulado) als besonders dienlich. Ab 1810 ließ sich die Kaufmannsgilde in eine Spirale von Darlehen und Abgaben hineinziehen, mit deren Hilfe die separatistischen Bewegungen bekämpft wurden. Damit rückte die Korporation zur wichtigsten Kapitalgeberin und Verbündeten des Vizekönigs Abascal in dessen Kampf gegen die Unabhängigkeitsbestrebungen auf. Als gewiefter Politiker nutzte Abascal eigenmächtig den Freiraum, den das weitgehend paralysierte Mutterland ihm bot. Nach eigenem Ermessen setzte er Reformdekrete um. Er verhinderte oder behinderte die Implementierung von Maßnahmen, die er für den Fortbestand des Vizekönigreichs als gefährlich erachtete. So ließ er fünf Monate nach der Verkündung der Pressefreiheit in Cádiz (10. November 1810) diese formell zu, ging aber dennoch energisch gegen missliebige Publikationen und deren Herausgeber vor. Ohne Erfolg bekämpfte er dagegen die Abschaffung des im März 1811 verordneten Indianertributs, eine Steuerabgabe, die ausschließlich die Indianer bezahlen mussten. Er konnte nicht verhindern, dass dem Schatzamt bis zur Wiedereinführung des Indianertributs im Jahr 1815 etwa ein Drittel der gesamten jährlichen Steuereinnahmen entgingen.

Wenn dem Vizekönig gewisse liberale Reformen auch zu weit gingen, so ließ er dennoch Wahlen durchführen. Nach dem ersten Wahlaufruf der Zentraljunta in Spanien trat 1809 Limas Stadtrat (Cabildo) zusammen und bestimmte José de Silva y Olave zum Abgeordneten für die Cortes. Der angesehene Rektor der Universität von San Marcos erhielt unter anderem die Weisung, in Cádiz für die Einführung eines uneingeschränkten Freihandels zu plädieren und Chancengleichheit zwischen Kreolen und Europaspaniern bei der Ämterbesetzung zu verlangen. Nachdem Abascal und die vizeköniglichen Funktionäre den Schwur auf die neue Verfassung im Oktober 1812 geleistet hatten, organisierten sie, wie von der Konstitution verlangt, Wahlen für die Stadt- und die Provinzräte im Vizekönigreich sowie für die Parlamentsabgeordneten in Spanien. Erstmals durften Europaspanier, Kreolen, Mestizen und Indianer gemeinsam wählen. Das Resultat der Limeñer Stadtratswahl behagte dem Vizekönig überhaupt nicht, denn von den 16 Gewählten waren nur vier Europaspanier. Die intensiven Aktivitäten, die das Gremium entfaltete – 81 Sitzungen im Jahr 1813 und 92 im Folgejahr – bildeten für Abascal Anlass zu konstanter Sorge. Auch in anderen Städten gingen die Kreolen als Sieger aus den Wahlen hervor.

Durch die Gewährung politischer Rechte und größerer Freiheiten bezweckten die Cortes letztlich, eine Abspaltung der überseeischen Gebiete auf friedlichem Wege zu verhindern. In Lima hatten sie mit ihrer Politik insofern Erfolg, als es zu keinen offen antispanischen Kundgebungen kam. Außerhalb der Hauptstadt flackerten jedoch immer wieder separatistische Unruheherde auf, die ein militärisches Eingreifen provozierten. Mit der Bekämpfung der Separatisten wurden Truppen beauftragt, die sich fast ausschließlich aus Einheimischen zusammensetzten.

Aufstände im Vizekönigreich Peru

Kleinere Erhebungen – im Juni 1811 und im September 1813 in Tacna oder zwischen Februar und April 1812 im Gebiet von Huánuco – brachen schnell in sich zusammen. Ganz andere Dimensionen nahm 1814 der Aufstand von Cusco an, der den Bestand der spanischen Herrschaft im Vizekönigreich Peru ernsthaft gefährdete. Der Aufstand hatte eine lange Vorgeschichte, die bis auf das Jahr 1809 zurückging. Damals versuchte Vizekönig Abascal die Position der Royalisten durch die Ernennung von Europaspaniern in der Gerichts- und Verwaltungsbehörde (Audienz) von Cusco zu stärken. Tatsächlich wurde die Audienz die wichtigste Stütze der spanischen Herrschaft im Hochland. Das ging so weit, dass sie die Veröffentlichung der liberalen Verfassung von Cádiz hinauszögerte und deren Anwendung in Bezug auf die Wahl der Repräsentanten für die Cortes wie auch der Stadträte zu vereiteln suchte. Dennoch fanden im November 1812 Wahlen zur Bestimmung der Parlamentsabgeordneten in Spanien statt. Dabei offenbarten sich erneut Spannungen zwischen Anhängern der von Europaspaniern dominierten Audienz und deren Gegenspielern, den sogenannten Constitucionalistas. Letztere wollten die Verfassung von Cádiz wortgetreu und ohne Abstriche umgesetzt haben. Bei den Wahlen zum neuen Stadtrat im Februar 1813 gingen die Constitucionalistas als Sieger hervor. Kaum im Amt setzten auch schon die ersten Polemiken und Kompetenzstreitigkeiten zwischen den neu gewählten Räten und den Audienz-Funktionären ein. Diese befolgten die Anweisungen des Vizekönigs Abascal und verhinderten, dass die Constitucionalistas ihre verfassungsmäßigen Funktionen in vollem Umfang ausüben konnten. Inmitten des scharfen institutionellen Konflikts brach die Revolution im August 1814 aus. Unter Führung des Kreolen José Angulo besetzten 200 Aufständische das Militärhauptquartier in Cusco. Sie befreiten die gefangenen Gesinnungsgenossen und inhaftierten ihrerseits Exponenten des vizeköniglichen Regimes. Nach dem unblutigen Putsch setzten die Rebellen eine dreiköpfige Übergangsregierung ein, der auch der indianische Curaca (Anführer; Häuptling) Mateo García Pumacahua beitrat. Am 5. Oktober übernahm José Angulo das Amt eines Gobernador-Presidente und leistete einen Eid auf die Verfassung von Cádiz. Dabei bekräftigte er, dass er keine vizeköniglichen Befehle umsetzen würde, die nicht gerechtfertigt seien. Cuscos Stadtrat verhielt sich opportunistisch und unterstützte halbherzig die Aufständischen.

Nach dem erfolgreichen Putsch schwärmten Rebellenverbände aus der Gegend von Cusco Richtung Hochperu, Arequipa und Ayacucho aus. Kampflos nahmen die Aufständischen Puno ein. Sie stießen gegen La Paz vor, das sie nach kurzer Belagerung am 24. September 1814 besetzten. Auch Ayacucho und Arequipa fielen für kurze Zeit in ihre Hände. Trotz dieser Anfangserfolge konnten die gut ausgerüsteten und ausgebildeten royalistischen Truppen das Ruder noch herumreißen. Sie schlugen die Rebellen bei La Paz und in Ayacucho. Zur Entscheidungsschlacht kam es am 11. März 1815 in Umachiri (in der Nähe von Ayaviri, heutiges Dep. Puno), wo 1200 Königstreue 12 000 Aufständischen gegenüberstanden. Bei Letzteren handelte es sich überwiegend um schlecht gerüstete Bauernsoldaten, die mit ihren traditionellen Waffen kämpften. Das ungleiche Gefecht endete mit dem überwältigenden Sieg der disziplinierten und taktisch überlegenen Truppen aus Lima, wobei über 1000 Rebellen und nur 13 ihrer Gegner gefallen sein sollen. Einer der prominentesten Rebellen, der in spanische Gefangenschaft geriet, war der junge arequipeñische Poet und Feldrichter Mariano Melgar. Einen Tag nach seiner Gefangennahme richteten ihn die Spanier hin. Wenig später hängten sie auch den von Melgar besungenen 75-jährigen Curaca Pumacahua. Dessen Leichnam wurde zerstückelt und der Kopf zur öffentlichen Zurschaustellung nach Cusco gebracht. Am 25. März marschierten die royalistischen Truppen in Cusco ein. Die Sieger lösten den Stadtrat auf, setzten die entlassenen Audienzbeamten wieder ein und machten den Rädelsführern den Prozess. José Angulo und seine Brüder Vicente und Mariano wurden zusammen mit dem Priester und Militärkommandanten José Gabriel Béjar am 29. Mai erschossen. Nachdem die Stadt Cusco wieder fest unter vizeköniglicher Kontrolle stand, brach eine Militärexpedition auf, um die letzten Aufstandsherde südlich von Cusco gewaltsam zu ersticken. Im Verlauf des Feldzugs verloren Hunderte von Rebellen bei Kämpfen und Strafaktionen ihr Leben.

Zu Beginn des Aufstandes konnten die Verfassungsbefürworter auf breite Unterstützung aus fast allen städtischen Gesellschaftsschichten zählen – der niedere Klerus, der Bischof und der Stadtrat mit inbegriffen. Anfänglich versicherten sie, dass die Verfassung von Cádiz die einzige Richtschnur ihres Handelns sei. Mit der Ausweitung und Radikalisierung der Bewegung rückten jedoch neue Optionen ins Blickfeld: die Etablierung einer von der spanischen Krone unabhängigen Regierung mit Cusco als neuer Hauptstadt. Im selben Maß, wie die Aufstandsbewegung einen dezidiert antispanischen Charakter annahm, schwand die Unterstützung seitens der vermögenden Kreolen und Mestizen, die zudem über den wiederholten Einzug von »freiwilligen« Spenden zur Finanzierung der Erhebung verärgert waren. Besetzungen von landwirtschaftlichen Gütern (Haciendas), Überfälle, Plünderungen und Gewaltexzesse sowie die Exekution hoher vizeköniglicher Funktionäre taten ein Übriges. Schließlich entzog auch der Cusqueñer Stadtrat den Aufständischen seine Unterstützung.

Neue Angriffsstrategie

Drei Mal waren »patriotische« Truppen aus der Río-de-la-Plata-Region in Hochperu eingedrungen, um vom heutigen Bolivien aus das Vizekönigreich Peru anzugreifen. Und drei Mal hatten royalistische Verbände die Vorstöße zurückgeschlagen. Die Misserfolge bewogen den »patriotischen« General José de San Martín zu einer fundamentalen Änderung der Angriffsstrategie: Peru sollte nicht mehr über den langwierigen Landweg attackiert werden, sondern von seiner südlichen Flanke in Chile aus, und zwar auf dem Seeweg. Voraussetzung zur Verwirklichung dieses kühnen Planes waren die riskante Überquerung der Anden, die Eroberung des Generalkapitanats Chile sowie die Übernahme der Seeherrschaft im südlichen Pazifik.

Gegen Ende des Jahres 1816 stand San Martíns Armee bereit, um von Mendoza aus über die Anden in Chile einzumarschieren. Über mehrere Einfallsachsen rückten die Truppen ins Generalkapitanat vor. Während der Überquerung der Berge, die ungefähr 20 Tage beanspruchte, mussten die einzelnen Heeresteile Passhöhen von bis zu 5000 m bewältigen. Unter den 5000 Soldaten befand sich ein großes Kontingent ehemaliger Sklaven und eine Handvoll Europäer – Veteranen der Napoleonischen Kriege. Nach verschiedenen blutigen Zusammenstößen fiel die definitive Entscheidung in der Schlacht von Maipú (auch: Maipó) am 5. April 1818. Die 3000 Mann starken royalistischen Verstärkungstruppen aus Peru – die Hälfte davon Peruaner, die andere Hälfte Europaspanier, die frisch aus Panama eingetroffen waren – wurden vernichtend geschlagen. Dank diesem Sieg war die Unabhängigkeit Chiles erkämpft, auch wenn im Süden noch einige Jahre royalistische Guerillas operierten und die letzte spanische Festung auf Chiloé sich erst im Jahr 1826 ergab. Mit der Niederlage von Maipú verlor Peru einen Teil seiner Pazifikflotte und büßte eine seiner dynamischsten Handelszonen ein. Dem königlichen Schatzamt in Lima entgingen die substanziellen Abgaben auf Getreide- und Talgimporte beziehungsweise Zucker- und Melasse-Exporte, während der legale Überseehandel mit Spanien über die Kap-Hoorn-Route praktisch zum Erliegen kam. Bislang waren jährlich rund 180 000 Fanegas (ca. 10 Million Liter) chilenisches Getreide nach Lima verschifft worden. Mit der Unterbrechung des Handels schlitterte die Hauptstadt in eine lange Versorgungskrise, in der Getreidemangel, Lebensmittelspekulation und Hunger eine verheerende Rolle spielen sollten.

Nicht nur im südlichen, auch im nördlichen Südamerika mussten die Royalisten herbe Niederlagen einstecken. Im Juli 1818 nahmen Simón Bolívars Truppen im nordöstlichen Venezuela die Stadt Angostura (heute Ciudad Bolívar) ein. Damit verfügten auch Venezuelas »Patrioten« über einen festen Stützpunkt, der ihnen als Aufmarschgebiet gegen die Spanier diente. Selbst innerhalb Perus flackerten wieder Unruhen auf, so im Juli in der Provinz Andahuaylas und im Oktober in der Provinz Aymaraes.

Unterdessen erstanden die »Patrioten« Zentralchiles in London Schiffe und Ausrüstungsmaterial. Als Kommandanten für ihre neu geschaffene Flotte mit sieben Kriegsschiffen gewannen sie den schottischen Lord Thomas Cochrane, einen der bekanntesten Marineoffiziere Großbritanniens. Im Januar 1819 stieß Cochranes Flottenverband, dem auch ein Kontingent von 100 Schwarzen aus der La-Plata-Region angehörte, in peruanische Gewässer vor. Die Kriegsschiffe nahmen Limas Hafen Callao unter Beschuss. Während ein Teil der Flotte den Hafen abriegelte, griff Cochrane mit den restlichen Schiffen Häfen entlang der Nordküste an. »Patriotische« Emissäre gingen an Land, verteilten Propagandamaterial und nahmen Kontakte zu peruanischen Unabhängigkeitskämpfern und Rebellenführern auf. Gleichzeitig verschlechterte sich die Sicherheitslage im peruanischen Küstengebiet merklich: Sklaven flohen aus den Plantagen, subversive Aktivitäten hatten Hochkonjunktur, das Banditentum wucherte und Raubüberfälle auf den Straßen häuften sich.

Angefangen mit Supe am 5. April proklamierten mehrere peruanische Küstenorte die Unabhängigkeit. Lord Cochrane gelang es aber nicht, Lima in die Knie zu zwingen. Im Mai hob er die Blockade des Hafen Callao auf und segelten nach Chile zurück. Im September des gleichen Jahres fuhren Cochranes Schiffe abermals Richtung Norden los. Sie sperrten erneut die Zufahrt zu Limas Hafen und stießen anschließend bis nach Guayaquil vor. Ohne vorgängige Absprache mit der chilenischen Regierung nahm Cochranes Flottenverband Anfang Februar 1820 in einem Husarenstreich den stark befestigten Hafen von Valdivia in Südchile ein. Außerdem gelang es dem Schotten, royalistische Verstärkung aus Spanien abzufangen, den spanischen Handel im Südpazifik zu unterbinden und die peruanische Küste weiterhin unsicher zu machen. Dem nicht genug: Mit der tollkühnen Kaperung der gut gesicherten Fregatte Esmeralda im Hafen Callao im November erwies der schottische Marineveteran der Unabhängigkeitsbewegung einen unschätzbaren Dienst. Denn mit der Esmeralda, die über 44 Kanonen verfügte, verloren die Königstreuen das Flaggschiff ihrer Pazifikflotte.

Die Ausrufung der Unabhängigkeit

Der Hafen von Valparaíso bildete das Aufmarschgebiet für die »patriotischen« Invasionstruppen. Chiles Oberster Staatsführer Bernardo O'Higgins (1817–1823) übertrug dem befreundeten San Martín das Chefkommando mit weitgehenden politischen und militärischen Vollmachten. Die Seestreitkräfte befehligte, im Range eines Vizeadmirals, Lord Cochrane. Am 21. August 1820 lichteten 18 Transport- und sieben Kriegsschiffe ihre Anker. Neben 1600 Seeleuten waren die Division der Anden und die Division von Chile mit einer Truppenstärke von rund 4500 Mann sowie 35 Feldgeschütze an Bord. Bei rund 2000 Männern, die als Infanteristen, Kavalleristen, Artilleristen oder Seeleute dienten, handelte es sich um freigelassene Sklaven. Unter den Hauptleuten befanden sich Briten und US-Amerikaner. Buenos Aires beteiligte sich nicht an der Finanzierung der Militärexpedition, sodass der chilenische Staat die hohen Kosten allein zu schultern hatte. Am 7. September 1820 erreichte der Flottenverband die Bucht von Paracas, 250 Kilometer südlich von Lima. Tags darauf besetzten die Truppen die benachbarte Stadt Pisco. Angelockt vom Versprechen auf Freiheit, reihten sich viele geflohene Sklaven als Soldaten ins Invasionsheer ein.

San Martíns Offensive fiel in eine Zeit, in der politische Auseinandersetzungen und Bürgerkriege das spanische Mutterland und die Royalisten in Amerika erheblich schwächten. Die Rebellion der liberalen Kräfte in Spanien verhinderte das Auslaufen von Truppen und löste eine Welle von Desertionen in den spanischen Garnisonen in Übersee aus. Mit Truppen- und Materialnachschub aus Europa war nun nicht mehr zu rechnen. Kurz vor San Martíns Landung verkündete Vizekönig Pezuela das neuerliche Inkrafttreten der Verfassung von Cádiz. Verfassungskonform setzte er Wahlen für die Stadt- und Gemeinderäte, für die Abgeordneten der Cortes und diejenigen der Provinz an. Aus Madrid erhielt er den Befehl, mit San Martín Verhandlungen über einen Waffenstillstand aufzunehmen. Zugleich versprach die neue spanische Regierung, eine Verhandlungsdelegation nach Peru zu entsenden.

San Martín willigte tatsächlich in Verhandlungen ein, die am 25. September in Miraflores in der Nähe von Lima begannen. Schnell wurde klar, dass keine gütliche Einigung möglich war. Als Repräsentant des spanischen Monarchen konnte und wollte Pezuela in keine Form von Unabhängigkeit einwilligen, zumal er davon überzeugt war, dass sich mithilfe der liberalen Verfassung die kreolischen Forderungen nach Gleichstellung und mehr Autonomie auch ohne Abspaltung vom Mutterland verwirklichen ließen. Nach ergebnislosen Verhandlungen und dem Auslaufen des Waffenstillstands am 4. Oktober setzte San Martín seine Streitkräfte wieder in Bewegung. Eine Truppeneinheit marschierte über Ica ins zentrale Hochland ein. Die »Patrioten« stießen bis ins Bergbaugebiet von Cerro de Pasco vor, wo sie den königstreuen Truppen am 6. Dezember 1820 eine empfindliche Niederlage bereiteten. Sie besetzten für kurze Zeit den Minendistrikt und beschlagnahmten das Silber. Außerdem beschädigten sie die englischen Dampfmaschinen, die man vier Jahre zuvor neu installiert hatte. Im Zuge dieser Militärexpedition erklärten sich neben Ica auch Tarma, Pasco und Huánuco für unabhängig.

In der Zwischenzeit schiffte sich das Gros des »patriotischen« Heeres wieder ein mit dem Ziel, einen Belagerungsring um Lima aufzuziehen. Die Hauptstreitkraft ging bei Ancón nördlich der Hauptstadt an Land. Sie richtete etwas später im nahen Huaura-Tal ihr Hauptquartier für sechs Monate ein. San Martín vermied es, seine zahlenmäßig unterlegenen Truppen in eine alles entscheidende Schlacht zu führen. Er konzentrierte seine Anstrengungen auf die Verbreitung antispanischer Propaganda und die logistische Unterstützung aufständischer Einheimischer. Durch die Blockade Limas beabsichtigte er, die Royalisten auszuhungern und sie durch Nadelstichoperationen zu zermürben. Obwohl Vizeadmiral Cochrane und manche Offiziere eine solche Strategie ablehnten, konnte San Martín erste Erfolge verbuchen. Eine wachsende Zahl peruanischer Gemeinden und Ortschaften erklärte sich für unabhängig. Angeführt vom Aristokraten José Bernardo de Tagle y Portocarrero, proklamierte der Stadtrat von Trujillo am 29. Dezember 1820 die Unabhängigkeit und unterstützte die Aufständischen mit Rekruten und Nachschub. Dem Beispiel Trujillos folgten alsbald Piura und weitere nördliche Orte. Bis im Mai 1821 sprach sich der gesamte Norden für die Loslösung von Spanien aus. Zahlreiche royalistische Soldaten und Offiziere liefen zu San Martín über. Im zentralen Hochland verstärkten sich währenddessen die antispanischen Guerillaaktivitäten.

Für die eingeschlossenen royalistischen Truppen in Lima, die unter Versorgungsengpässen und epidemischen Krankheiten litten, wurde die Lage immer schwieriger. Zugleich wuchs von ziviler Seite der Druck auf Vizekönig Pezuela, denn die neu gewählten Limeñer Stadträte forderten Verhandlungen mit San Martín. Auch die spanischen Offiziere haderten mit dem Vizekönig, dem sie Passivität und Tatenlosigkeit vorwarfen. In einer beispiellosen Aktion zwang das Offizierskorps am 29. Januar 1821 Pezuela zum Rücktritt. An seine Stelle trat General José de La Serna, ein in den napoleonischen Kriegen erprobter Kommandant und treibende Kraft unter den meuternden Offizieren. La Serna versicherte, die Verfassung von Cádiz respektieren zu wollen. Der Putsch zog keinerlei disziplinarische Maßnahmen seitens der spanischen Regierung nach sich. Im Gegenteil: La Serna wurde nachträglich offiziell zum Generalkapitän Perus ernannt.

Wie angekündigt traf im April eine Abordnung des spanischen Parlaments in Lima ein, um Verhandlungen mit San Martín aufzunehmen. Die Verhandlungsdelegationen einigten sich auf die Erneuerung des Waffenstillstands und die Einberufung eines Friedensrats. San Martín warb für sein politisches Projekt, das die Etablierung einer konstitutionellen Monarchie unter Beibehaltung der althergebrachten Privilegien vorsah. Spanien sollte die Unabhängigkeit der Río-de-la-Plata-Region, Chiles und Perus anerkennen und einen spanischen Prinzen für den Thron in Lima benennen. Für La Serna waren diese Vorschläge inakzeptabel, ganz gleich was die spanischen Parlamentsabgeordneten davon halten mochten. La Serna hatte schon früh eingesehen, dass ein Ausharren in Lima aussichtslos war. Vizeadmiral Cochrane blockierte den Hafen Callao und damit die Zufahrt von der Seeseite, während die »patriotischen« Truppen eine adäquate Versorgung der Hauptstadt auf dem Landweg unterbanden. Das Brot wurde knapp und unerschwinglich teuer. Pferdefutter war Mangelware; Epidemien und Desertionen dezimierten den Truppenbestand. Darüber hinaus erwiesen sich der Consulado und Limas Elite außerstande, dringend benötigte Gelder für die Fortsetzung der Kämpfe aufzutreiben. Angesichts dieser Schwierigkeiten leitete La Serna den Abzug der royalistischen Truppen aus der Hauptstadt in die Wege. Am 25. Juni verließ die Hälfte der Infanterie und Kavallerie Lima. Der 4000 Mann starke Heeresteil zog via Cañete-Tal ins zentralperuanische Hochland. Anfang Juli 1821 rückten auch die restlichen Truppen unter dem Befehl von La Serna ab. Nur mehr ein kleines Kontingent blieb in der uneinnehmbaren Festungsanlage Real Felipe im Hafen Callao zurück. Eine Spur der Verwüstung nach sich ziehend und die Hälfte seiner Truppen einbüßend, gelangte La Serna ins Mantaro-Tal, wo sich die beiden royalistischen Heeresteile am 4. August erneut vereinigten. Durch die Aufgabe Limas entledigte sich La Serna auf einen Schlag aller Probleme, die bei der Belagerung einer Großstadt anfielen und bürdete die Verteidigung der Stadt seinen Gegnern auf. Im fruchtbaren Mantaro-Tal hingegen waren die Versorgungslage und die Möglichkeiten zur Aushebung neuer Rekruten ungleich viel günstiger als in Lima.

Ohne militärischen Schutz und den unmittelbar bevorstehenden Einmarsch von San Martíns Armee vor Augen, traten am 15. Juli in aller Eile 340 Notabeln im Stadtrat von Lima zusammen. Im Namen sämtlicher Stadtbewohner unterschrieben sie eine Deklaration, die sich für die Unabhängigkeit von Spanien aussprach. Die formelle Proklamation der Unabhängigkeit beziehungsweise der Schwur auf die neue Ordnung wurden auf den 28. und den 29. Juli angesetzt. Unter den Unterzeichnern der Unabhängigkeitserklärung befanden sich viele, die der »patriotischen« Bewegung skeptisch gegenüberstanden. Sie schlossen sich notgedrungen oder aus Opportunitätsgründen, ohne tiefere innere Überzeugung, den »Befreiern« an. Ein ansehnlicher Teil der Limeñer Elite zog die Flucht einem Arrangement mit den neuen Machthabern vor. Mindestens die Hälfte der Adligen, zwei Drittel des Stadtrats, ein Fünftel des Kirchenrats und die Hälfte der Audienz-Mitglieder flohen aus der Stadt.

San Martíns Protektorat

Am 28. Juli 1821 rief San Martín auf dem Hauptplatz von Lima die Unabhängigkeit aus. Er organisierte eine Übergangsregierung, deren politische und militärische Führung er selbst unter dem Ehrentitel Protector de la Libertad del Perú (Beschützer der Freiheit Perus) übernahm. Seine Führungsrolle gedachte er bald wieder zugunsten eines europäischen Prinzen abzugeben, entsprechend seines politischen Konzepts, das vorsah, die unabhängig gewordenen amerikanischen Länder in einem Verbund monarchisch regierter Staaten zusammenzufassen.

Zu Beginn des Protektorats befanden sich nur die nördlichen Küstengebiete und die Gegend um Lima unter Kontrolle der »Patrioten«. Über das Hochland, von Quito bis Potosí, geboten nach wie vor die Royalisten. Diese hatten in Hochperu ein starkes Heer stationiert und kontrollierten den Süden des Landes. Die spanischen Truppen im Mantaro-Tal stellten eine unmittelbare Gefahr für die Hauptstadt dar. Direkter Gegenspieler von San Martín blieb La Serna, den die spanische Regierung am 15. August 1821 zum höchsten politischen Kommandanten Perus ernannte. Damit vereinigte sich die politische und militärische Führung der Royalisten auch offiziell in seiner Person. Im Dezember verlegte La Serna den Regierungssitz, das militärische Hauptquartier, die Münzprägeanstalt und die amtliche Druckerei nach Cusco. Das Hauptkontingent seiner Truppen blieb im Mantaro-Tal. Für drei Jahre sollte Cusco die Hauptstadt des schrumpfenden spanischen Imperiums in Südamerika sein. Weit von der Küste entfernt bot die ehemalige Hauptstadt der Inkas Sicherheit vor maritimen Überraschungsangriffen. Zudem verfügte Cusco über die nötigen Einnahmequellen – in erster Linie die indianische Kopfsteuer, Verkaufssteuern und Staatsmonopole –, um sowohl die royalistische Regierungsadministration als auch die Armee zu unterhalten. Den Anordnungen der spanischen Cortes Folge leistend, ließ La Serna Wahlen zu und etablierte Provinzräte in den Zentren Cusco, Huamanga, Arequipa, Puno und La Paz. Die Royalisten kontrollierten ein bevölkerungsreiches Gebiet mit zahlreichen indianischen Bauerngemeinschaften. Diese stellten auch den Großteil der neu rekrutierten Soldaten, was den indianischen Führern die Möglichkeit bot, mehr Machtbefugnisse im Austausch gegen militärische Hilfe auszuhandeln. Zudem wussten viele indianische Gemeinschaften das Wahlrecht zu schätzen, das ihnen die Verfassung von Cádiz garantierte und das ihnen die Selbstbestimmung ihrer Gemeinderäte sowie die Mitbestimmung bei den Provinzräten und den Abgeordneten für die Cortes in Spanien gewährte.

Während La Serna seine Position im Hochland konsolidierte, hatte sein Kontrahent in Lima mit zunehmenden Schwierigkeiten zu kämpfen. In den ersten fünf Monaten seiner Herrschaft unterzeichnete San Martín eine Fülle von Dekreten und drohte sich im administrativen Gewirr zu verlieren. Bezüglich seines Hauptauftrags, den Feind zu stellen und den Krieg siegreich zu beenden, machte er keinerlei Fortschritte. Im Gegenteil: Mitte September schlugen sich royalistische Streitkräfte vom Mantaro-Tal bis zum Hafen Callao durch. Sie evakuierten die Festung Real Felipe, plünderten Limas Stadtkasse und kehrten unbehelligt ins Hochland zurück. Dass San Martín eine offene Konfrontation vermied, trug ihm bei der hauptstädtischen Bevölkerung wenige Sympathien ein. Mit einer Reihe von unpopulären Maßnahmen brachte er breite Sektoren zusätzlich gegen sich auf. Am schwerwiegendsten erwies sich die gegen Europaspanier und spanientreue Kreolen gerichtete Verfolgungskampagne unter Leitung seines Sekretärs, des neu ernannten Kriegs- und Marineministers Bernardo Monteagudo (1790–1825). Monteagudo, der einen schwarzen und einen weißen Elternteil hatte und aus dem argentinischen Tucumán stammte, war ein gewiefter Ideologe, der die politischen Vorstellungen des Protektors teilte. Nicht zuletzt wegen seiner Hautfarbe schlug ihm der offene Hass mancher Limeñer Kreolen entgegen, die ihn als »mulattischen Priapos und Entjungferer weißer Mädchen« verspotteten. San Martín und Monteagudo drängten auf der Schließung der kirchlichen Bußhäuser, in denen adlige Spanier und mutmaßliche Gegner aufgrund des kirchlichen Asylschutzes Zuflucht gefunden hatten. Ihr Druck wurde so stark, dass der Erzbischof von Lima, Bartolomé de Las Heras, der die Unabhängigkeits-

Abb. 5: Cusco, einstige Hauptstadt des inkaischen Großreiches.

urkunde mitunterzeichnet hatte, die Stadt mit dem Ziel Spanien verließ. Gegen Jahresende verschärfte Monteagudo die Ausweisungs- und Konfiszierungskampagnen. Die Schiffe im Hafen Callao füllten sich mit Flüchtlingen und Vertriebenen. Wer emigrierte, verlor zwangsläufig mindestens die Hälfte seiner Güter. Hatten sich die Repressalien anfänglich gegen unverheiratete Europaspanier gerichtet, so wurden sie bald auf alle Personen ausgeweitet, die nicht beweisen konnten, dass sie die Unabhängigkeitsbewegung unterstützt hatten. Selbst bewährte »Patrioten«, deren republikanischer Liberalismus dem monarchistischen Konzept der Machthaber zuwiderlief, wurden bestraft und verbannt. Laut dem Reisetagebuch des schottischen Geschäftsmanns und Pflanzensammlers Alexander Caldcleugh lebten vor Monteagudos Amtsübernahme 10 000 Spanier in Lima. Als dieser am 25. Juli 1822 aus dem Amt gejagt wurde, sollen es kaum mehr 600 gewesen sein. Unter den Exilierten befanden sich nebst dem Erzbischof auch der Bischof von Ayacucho, fünf hohe Audienz-Funktionäre und prominente Mitglieder des Consulado. Die Vertreibung der kommerziellen und finanziellen Elite schädigte die Wirtschaft in starkem Maße. Fachwissen und Investitionskapital gingen unwiederbringlich verloren. Die entstandene Lücke füllten britische Importeure und Exporteure, womit sich neue wirtschaftliche Abhängigkeiten abzeichneten. Die Zwangsmaßnahmen empörten überdies viele Angehörige der kreolischen Mittel- und Oberschichten, die mit den Deportierten durch familiäre, geschäftliche und freundschaftliche Beziehungen verbunden waren.

Gegen Jahresende befand sich das Protektorat in einer kritischen Lage. San Martín reagierte auf die zunehmenden Schwierigkeiten, indem er im Dezember 1821 ein Dekret zur Einberufung des ersten peruanischen Kongresses – eines Verfassungskongresses – unterzeichnete. Nichtsdestotrotz nahmen die allgemeine Unzufriedenheit und die Enttäuschung über seine Regierungsführung weiter zu. Bei der Limeñer Elite stieß die Wirtschafts- und Sozialpolitik auf offene Ablehnung. Die Bevorzugung auswärtiger Vertrauensleute bei der Ämterbesetzung schürte zusätzliche Ressentiments. Verschlimmernd wirkte sich die prekäre Finanzlage aus. San Martíns Regierung sah sich außerstande, die Truppen angemessen zu entlohnen, weshalb viele Soldaten desertierten. Nur mehr 600 Chilenen und eine noch geringere Anzahl an Soldaten aus der La-Plata-Region harrten in Peru aus. Angesichts des drohenden Staatsbankrotts richtete die Regierung eine Bank ein, die Papiergeld herausgab, was die finanzielle Situation aber nur mehr verschärfte. Um den ökonomischen Verpflichtungen nachzukommen, vergab das Protektorat Monopole, prägte Münzen und requirierte die Reichtümer der Kirche. Bald zirkulierten gefälschte Geldscheine, während Zwangseintreibungen und Monopolvergaben die Vermögenden empörten. Weil es trotz aller Bemühungen nach wie vor an finanziellen Mitteln fehlte, entsandte San Martín zwei Vertraute nach Großbritannien, um den ersten Auslandskredit in der Geschichte Perus aufzunehmen. Offiziell hatten die beiden Gesandten den Auftrag, in Europa ein Darlehen von 1,5 Millionen Pfund Sterling (6 Mio. Pesos) aufzunehmen, für die diplomatische Anerkennung Perus zu werben sowie Handels-, Freundschafts- und Bündnisverträge auszuhandeln. Insgeheim sollten sie außerdem eruieren, ob sich ein europäischer Prinz – wenn möglich katholischen Glaubens – bereitfände, als Monarch die Herrschaft in Peru zu übernehmen. Nach ihrer Ankunft in London im September 1822 handelten San Martíns Abgeordnete ein Darlehen über 1,2 Millionen £ mit einem britischen Kaufmann aus.

Das Ende des Protektorats

Zu Beginn des Jahres 1822 kam es zum Bruch zwischen dem Protektor und Vizeadmiral Cochrane. Weil die Zahlungen für seine Mannschaft ausblieben und er Meutereien befürchtete, beschlagnahmte Cochrane kurzerhand Gelder, die der peruanischen Regierung und Privatpersonen gehörten, und bezahlte damit seine Seeleute. San Martín erzwang darauf den Abzug des Schotten aus dem Hafen von Callao. Während Cochrane seine Kampagne gegen spanische Schiffe auf eigene Faust weiterführte, musste sich der Protektor um den Aufbau einer gesonderten peruanischen Flotte kümmern. Tatsächlich gelang es ihm, zunächst einige kleine Schiffe und später zwei spanische Fregatten zu erwerben. Unter widrigen Umständen entschloss sich San Martín zur Entsendung eines Befreiungsheeres, das die südlich von Lima gelegene Stadt Ica den Royalisten wieder entreißen sollte. Der Feldzug endete bereits im April 1822 in einem Debakel und beeinträchtigte den ohnehin schon angekratzten Ruf des Protektors weiter. Jedoch hielt sich der militärische Schaden in Grenzen. Denn am 24. Mai 1822 triumphierten »patriotische« Truppen in der Schlacht von Pichincha in der Nähe von Quito, womit sich ganz Ecuador der spanischen Herrschaft entledigte. Den Oberbefehl über die siegreichen Truppen hatte Antonio José de Sucre inne, einer der engsten Vertrauten Simón Bolívars. Am 16. Juni 1822 hielt Bolívar seinen Einzug in Quito, wo er die Eingliederung Ecuadors in die Republik Großkolumbien verkündete. Zugleich forderte der »Libertador« (»Befreier«) den Anschluss von Guayaquil, dem einzigen größeren Hafen für das Hochland von Quito. Die peruanischen Ansprüche auf das südecuadorianische Küstengebiet negierend, dekretierte er am 13. Juli 1822 die formelle Inkorporation Guayaquils in das großkolumbianische Territorium.

Während Bolívars Renommee ständig wuchs, wurde die Lage für San Martín immer prekärer. Seine Armee setzte sich hauptsächlich aus Sklaven und frisch rekrutierten Kräften zusammen. Weil die Soldaten nur unregelmäßig ihren mageren Sold erhielten, verkauften oder verpfändeten manche ihre Uniformen. Die undisziplinierte Soldateska, die sich an Überfällen und kleinkriminellen Delikten beteiligte, stellte eine ernsthafte Bedrohung der öffentlichen Ordnung dar. Mitte 1822 musste Limas Stadtrat die Zahlungen seiner wichtigsten Verpflichtungen einstellen. Im September erhielten die Truppen nur noch zwei Drittel des ihnen zustehenden Soldes. Nicht besser erging es den Beamten, die schon seit Monaten nur die Hälfte ihrer Saläre bezogen. Obschon das Londoner Darlehen kurzfristige Linderung versprach, verblieb ein Schuldenberg. Denn das Protektorat hatte Schulden in der Höhe von 6,5 Millionen Pesos anerkannt, die es von den vizeköniglichen Vorgängerregierungen geerbt hatte. Die Hauptstadt litt unter Lebensmittelknappheit und dem Mangel an Hartgeld. Anfänglich kooperationswillige Adlige und Angehörige des Mittelstandes, die auf eine Karriere im Dienst des Protektorats gehofft hatten, wandten sich enttäuscht von San Martín ab. Da dieser weder von Chile noch von Buenos Aires Truppenverstärkung, Waffenlieferungen oder Finanzhilfe erwarten konnte, wandte er sich Hilfe suchend an Simón Bolívar.

Kurz nach der faktischen Annexion Guayaquils trafen sich die beiden Helden der Unabhängigkeitskämpfe in der südecuadorianischen Hafenstadt. Die Zusammenkünfte vom 26. und 27. Juli fanden im privaten Rahmen und hinter geschlossenen Türen statt. San Martín musste widerwillig akzeptieren, dass Guayaquil nun zu Großkolumbien gehörte. Kein Gehör fand er mit seinem monarchischen Projekt, denn Bolívar strebte eine Föderation zwischen den befreiten Republiken an. Zwar sicherte der »Libertador« San Martín militärische Hilfe zu, allerdings bei weitem nicht genug, um die royalistischen Truppen vernichtend schlagen zu können. Entmutigt reiste San Martín nach Lima zurück, wo ihn neue Schwierigkeiten erwarteten. Während seiner Abwesenheit war der verhasste Kriegs- und Außenminister Monteagudo abgesetzt und aus Lima deportiert worden. Weitgehend isoliert trat der Protektor am 20. September 1822 von seinen Ämtern zurück und übertrug seine Autoritätsbefugnisse dem ersten Kongress des Landes. Unverzüglich reiste er nach Chile und von dort aus weiter ins europäische Exil, wo er bis zu seinem Tod im Jahre 1850 bleiben sollte.

San Martíns 14-monatige Herrschaft trug sowohl konservative als auch fortschrittliche Züge. Im Einklang mit seinem monarchistischen Konzept erkannte er die Adelstitel aus der Kolonialzeit an. Das Protektorat setzte ein neues Handelsreglement und – anstelle einer Verfassung – ein »provisorisches Statut« (Estatuto provisional) in Kraft. Letzteres sah die peruanische Nationalität für alle freien Personen vor. Das bedeutete, dass Sklaven ausgeschlossen blieben, während Europaspanier, die sich dem neuen Regime unterstellten, einbezogen wurden. Trotz der Kriegssituation bemühte sich das Protektorat, die Grundlagen für ein öffentliches Erziehungs- und Bildungssystem zu schaffen. Am 19. September 1822, zwei Tage vor San Martíns Ausreise aus Peru und in dessen Anwesenheit, wurde in Limas Colegio San Tomás die erste peruanische Schule eingeweiht, die nach der Methode Lancaster unterrichtete. Für die Einführung dieser Unterrichtsmethode, benannt nach dem englischen Pädagogen Joseph Lancaster (1778–1838), war der schottische Baptistenpfarrer James (Diego) Thomson in den Jahren 1822 bis 1824 verantwortlich. Neben der ersten Lehrerbildungsanstalt wurden die Nationalbibliothek, die Patriotische Gesellschaft und die Literarische Gesellschaft gegründet. San Martín war persönlich für die Schaffung der Nationalbibliothek (28. August 1821) verantwortlich, der er 600 Bücher aus der eigenen Sammlung vermachte und die sämtlichen Interessierten offenstand. Andererseits stellten Zensurmaßnahmen sicher, dass Schauspieltruppen nur mehr »moralische« und »patriotische« Theaterstücke zur Aufführung brachten. Mit Verboten und harten Strafen gingen die Behörden auch gegen Praktiken der Volkskultur, gegen die ruinöse Wettleidenschaft und gegen die grassierenden Glücksspiele vor. Sie untersagten die ausgelassenen Spiele und Exzesse der Karnevalszeit sowie die beliebten Hahnenkämpfe unter Androhung einer einmonatigen Haftstrafe. Sklaven, die Zusammenkünfte für verbotene Glücksspiele in den Häusern ihrer Herren denunzierten, erhielten die Freiheit geschenkt.

Die Vertreibungen, Konfiskationen und Zwangsabgaben während des Protektorats bedeuteten die faktische Liquidierung der traditionellen kommerziellen und finanziellen Elite. Konfiszierte Gebäude und Liegenschaften gingen an Kommandanten des »Befreiungsheeres« über oder bildeten als Belohnung einen Anreiz für gegnerische Offiziere, die Seite zu wechseln. Solche Umverteilungen zogen eine gewisse Neuordnung innerhalb der Oberschicht nach sich, besonders dann, wenn sich nicht-weiße Militärführer beschlagnahmte Ländereien sicherten. Zu den wichtigsten integrativen Maßnahmen des Protektorats zählten die schrittweise Verbesserung der Situation der Sklaven sowie die Beseitigung sowohl des Indianertributs als auch jeglicher Form von indianischer Zwangsarbeit. Zukünftig sollten Indianer gleichberechtigte Staatsbürger sein und als Peruaner bezeichnet werden, weshalb man die Bezeichnung Indios oder Naturales aus dem offiziellen Sprachgebrauch verbannte. Freilich vermochten diese Dekrete nicht die gewünschte Wirkung zu entfalten und wurden von den peruanischen Eliten konterkariert. Trotz einer Reihe von Verfügungen, die das Los der Unterprivilegierten verbessern sollten, fand San Martín auch in diesen Schichten keine uneingeschränkte Unterstützung. Aus unterschiedlichen Gründen schlossen sich Indianer und Schwarze gleichermaßen den »patriotischen« wie den royalistischen Heeren an.

Sklaven, schwarze Soldaten und Sklavengesetze

Dem Zensus von 1812 ist zu entnehmen, dass in Peru rund 1,37 Millionen Personen lebten. Davon waren etwas mehr als 40 000 Sklaven. Knapp drei Viertel konzentrierte sich an der Zentralküste. Allein die Hauptstadt Lima zählte fast 18 000 Sklaven. Für die Sklaven in den ländlichen Gebieten waren die Lebensbedingungen zumeist bedeutend härter als für ihre städtischen Schicksalsgenossen, die nicht selten als Dienstpersonal in einem Privathaushalt unterkamen. Auf den weitläufigen Zuckerrohrplantagen oder in den Weinbaugebieten begann der Arbeitstag um 7 Uhr und dauerte mit einer zweistündigen Unterbrechung am Mittag bis 16 Uhr. Nach der Arbeit und an Sonntagen war es den Sklaven erlaubt, auf zugewiesenen Parzellen Nahrungs- und Nutzpflanzen anzubauen. Jeden Abend wurden sie von den Aufsehern in barackenartigen Unterkünften eingeschlossen. Körperstrafen wie Auspeitschungen waren gang und gäbe. Vom Sklavenhalter angeordnet und vor versammelter Menge durchgeführt, dienten die Züchtigungen der Abschreckung. Aufgegriffene Sklaven mussten genauso viele Tage in Ketten arbeiten, wie sie gefehlt hatten. Dennoch suchten Sklaven immer wieder ihr Glück in der Flucht. Sie rotteten sich in Räuberbanden zusammen und machten die Überlandstraßen und die ländlichen Gebiete unsicher. Andererseits erwiesen sich viele Schwarze als treue Gefolgsleute des spanischen Königs und verlässliche Verteidiger der herrschenden Ordnung. Sie dienten in den vizeköniglichen Milizen und zogen gegen Juntas ins Feld, die für mehr Autonomie kämpften. Einem Bericht des Vizekönigs Pezuela von 1818 zufolge waren fünf Sechstel der in Lima stationierten Soldaten Schwarze beziehungsweise Personen gemischter Abstammung.

Während der Unabhängigkeitskriege setzten »Patrioten« wie Royalisten Schwarze in großer Zahl ein. Beide Seiten forderten die Sklavenbesitzer auf, ihnen Sklaven als Soldaten und Hilfskräfte zu überlassen. Sklaven kämpften aktiv als Soldaten oder leisteten Hilfsdienste als Zimmerleute, Kalfaterer, Schmiede, Köche, Waffenschmiede oder als Transporteure von Proviant, Feuerholz, Kohle, Munition und so weiter Schwarze Knaben marschierten trommelnd und Pfeife spielend im Musikkorps mit. Neben der Freiheit bot der Kriegsdienst die Aussicht auf einen sozialen Aufstieg dank Beförderung in einen höheren Dienstgrad.

Bereits vor der Ausrufung der Unabhängigkeit zeichnete sich das absehbare Ende einer auf Sklavenarbeit basierenden Wirtschaft ab. Einerseits waren die Anschaffungskosten verhältnismäßig hoch, andererseits drängte Großbritannien auf eine internationale Ächtung und ein Verbot des Sklavenhandels. Im September 1817 einigten sich Spanien und Großbritannien vertraglich auf die vollständige Abschaffung des Sklavenhandels. Eine Verfügung des spanischen Königs vom 1. Dezember 1820 diktierte die Rahmenbedingungen zur Beendigung des Menschenhandels. Mit verschiedenen Dekreten versuchte auch San Martín, die Situation der Sklaven zu verbessern. Beispielsweise erließ er im August 1821 das Gesetz der freien Geburt, das besagte, dass alle neu geborenen Sklavenkinder frei seien. San Martíns Gesetze wie auch spätere Verordnungen schufen lange Übergangszeiten, die es sämtlichen Betroffenen ermöglichen sollten, sich frühzeitig auf das mittel- bis langfristige Ende der Sklaverei einzustellen. Sie waren als Belohnung gedacht für die Tausenden von Sklaven, die ihr Leben für die Unabhängigkeit aufs Spiel gesetzt hatten.

Die Unabhängigkeitskämpfe zogen die Verwüstung vieler Plantagen, den Zusammenbruch der herrschenden Ordnung und damit die Schwächung und Verarmung mancher Grundbesitzer nach sich. Dadurch öffneten sich für die Sklaven Freiräume, und es boten sich mannigfaltige Fluchtmöglichkeiten. Jedoch blieb die durch Flucht erlangte Freiheit prekär. Denn die Sklavenhalter setzten alle Hebel in Bewegung, um Flüchtige aufzuspüren und die Einberufung ihrer Sklaven zum Wehrdienst zu verhindern. Ihr Widerstand war so stark, dass San Martín mit scharfen Gesetzen drohte. Wer die Rekrutierung seiner Sklaven verweigerte, musste mit der Konfiskation seiner Güter und im Wiederholungsfall mit der Exilierung rechnen. Unter den Sklaven selbst war die Einstellung zum Militärdienst ambivalent. Einige ergriffen begeistert die sich bietende Gelegenheit zur Selbstbefreiung. Sklavenmütter sprachen aus eigenem Antrieb bei den Rekrutierungsagenten vor und baten diese, ihre Söhne einzuberufen. Indessen teilten nicht alle diesen Enthusiasmus. Auf einigen Landgütern erklärte sich nur eine verschwindende Minderheit zum Militärdienst bereit. Diejenigen, die sich der Aushebung widersetzten, begründeten ihren Entscheid mitunter damit, dass sie ihren Patron nicht im Stich lassen wollten.

Ob solche Loyalitätsbekundungen echt waren oder nur gespielt, sei dahingestellt. Sicherlich war allen Sklaven bewusst, dass die Freiheit via Kriegsdienst einen hohen Preis forderte. Nur wer den langen Militärdienst vollständig absolvierte, war ein freier Mann. In der Río-de-la-Plata-Region betrug die Dienstdauer fünf Jahre – falls sich der Soldat disziplinarischer oder sonstiger Vergehen schuldig machte, sogar noch länger. Zudem war das Risiko sehr hoch, bei Gefechten und Kämpfen schwer verletzt oder getötet zu werden. Von den 2000 bis 3000 Schwarzen, die 1817 in San Martíns Andenarmee die Gebirgskette überquert hatten, kehrten nach sechs Jahren der Kämpfe in Chile, Peru und Ecuador keine 150 in ihre Heimat zurück. Bis in die 1840er- und 1850er-Jahre begegnete man in Städten wie Lima, Buenos Aires oder Caracas verkrüppelten schwarzen Kriegsveteranen, die sich um Almosen bettelnd durch ein elendes Leben schlugen.

Regierungskrisen und militärische Rückschläge

Nach San Martíns Abgang übernahm im September 1822 der verfassunggebende Kongress die Regierungsgeschäfte. Der Kongress – mit dem die eigentliche Geschichte des republikanischen Perus begann – setzte sich aus den gewählten Vertretern der befreiten Gebiete sowie Ersatzleuten aus denjenigen Provinzen zusammen, die noch immer unter royalistischer Kontrolle standen. Ihm gehörten hauptsächlich Rechtsanwälte, Geistliche, Kaufleute, Ärzte und hohe Militärs an. Darunter waren auch zwei Abkömmlinge des inkaischen Hochadels: der Priester Justo Sahuaraura Ramos Tito Atauchi, Domherr der Kathedrale von Cusco, und José Domingo Choquehuanca, Anwalt aus dem Departement Puno. Die Abgeordneten setzten ein Triumvirat ein, das bis zum Inkrafttreten der Verfassung die Exekutive bilden sollte. Bestimmende Gewalt blieb die Legislative, die jedoch unter lähmenden Fraktionskämpfen litt.

Wie schon dem Protektorat machten auch der neuen Regierung Geldsorgen und die prekäre Sicherheitslage schwer zu schaffen. Darlehen konnten nur unter Zwang und unter Androhung von Konfiskation und Exil eingetrieben werden. Trotzdem kamen nicht genügend Gelder zusammen, um den Sold und die Löhne für die Streitkräfte und die Regierungsbeamten zu bezahlen. Räuberbanden machten die Umgebung Limas und selbst die Hauptstadt unsicher. Bei den Landstreitkräften häuften sich Desertionen, und in der Marine brachen Meutereien aus. Dem nicht genug mussten die »patriotischen« Truppen im Januar in den Schlachten von Torata und Moquegua innerhalb weniger Tage zwei schwere Niederlagen in Südperu einstecken. Infolgedessen verlangten führende Militärs vom Kongress, das schwache Triumvirat durch einen Regierungschef zu ersetzen. Dem Ruf nach einem starken Führer verliehen sie Nachdruck, indem sie Zivilisten mobilisierten und Truppen auf Lima zumarschieren ließen. Der Kongress gab dem Druck nach und ernannte den Limeñer Aristokraten José Mariano de la Riva Agüero y Sánchez Boquete am 28. Februar 1823 zum ersten Präsidenten der Republik, und zwar im Range eines Großmarschalls – ein Vorgang, den verschiedene Historiker als ersten Militärputsch in der noch jungen Geschichte des republikanischen Perus bezeichnet haben.

Riva Agüeros kurze Regierungszeit war geprägt durch endlose Auseinandersetzungen und Streitigkeiten mit dem Kongress. Als höchster Militärführer ließ er die Marine neu ordnen. Im Mai kommandierte er ein 5000 Mann starkes Heer unter Führung des Generals Andrés de Santa Cruz in den Süden ab. Trotz Bedenken und Vorbehalten vonseiten des Kongresses ersuchte er Simón Bolívar um Waffenhilfe und lud den »Libertador« nach Peru ein. Bolívar entsandte eine Heeresabteilung unter dem Befehl seines bewährten Generals Sucre. Das Eintreffen der großkolumbianischen Streitkräfte im April 1823 in Lima fiel mit einem neuerlichen Vorstoß der royalistischen Truppen zusammen. Vom Mantaro-Tal aus griffen diese erneut die Hauptstadt an. Die »patriotischen« Autoritäten, die führenden Notabeln und General Sucre mitsamt seinen rund 4000 Großkolumbianern verschanzten sich im Hafen Callao, die Hauptstadt den Feinden zur Plünderung überlassend. Die Besetzung Limas, die vom 13. Juni bis zum 16. Juli dauerte, trieb Tausende von Zivilisten in die Flucht. Die Royalisten pressten den wohlhabenden Limeñern Geld und Wertsachen ab. Sie plünderten die Nationalbibliothek, raubten die Kirchenschätze und transportierten Geräte aus der Münzanstalt ins Hochland ab.

Selbst in dieser kritischen Phase gingen die Streitigkeiten zwischen Riva Agüero und dem Kongress unvermindert weiter. Die Kongressabgeordneten votierten für die Absetzung des Präsidenten und übertrugen das höchste militärische Kommando General Sucre. Riva Agüero seinerseits weigerte sich, das Oberkommando abzugeben und erklärte stattdessen den Kongress für aufgelöst. Er ernannte einen 10-köpfigen »Senat« und zog sich mit einigen wenigen Kongressabgeordneten und einer Gruppe von Funktionären nach Trujillo zurück.

Auf Vorschlag von General Sucre wählte der restliche Kongress am 16. Juli 1823 den Marquis von Torre Tagle zum zweiten Präsidenten der Republik. Derweil drangen Santa Cruz' Truppen bis zum Titicacasee vor, wo sie am 25. August in Zepita einen Sieg errangen. Als die »Patrioten« weiter nach Hochperu vorstießen, drohten sie umzingelt zu werden und mussten sich überstürzt an die Küste zurückziehen. Dabei büßte Santa Cruz die meisten seiner Männer und fast sämtliche Waffen ein.

Simón Bolívar

Als Simón Bolívar am 1. September 1823 im Callao peruanischen Boden betrat, fand er ein bankrottes Land und eine verworrene Situation vor. Zwei »patriotische« Staatspräsidenten, der eine in Lima, der andere in Trujillo, befehdeten sich gegenseitig. Den entzweiten »patriotischen« Streitkräften und der von Meutereien geplagten Flotte stand ein zahlenmäßig starker Gegner unter dem Oberbefehl des Vizekönigs La Serna gegenüber. Die royalistische Armee zählte um die 20 000 Mann, überwiegend indianische Bauernsoldaten, die von rund 500 spanischen Offizieren und Unteroffizieren befehligt wurden. Ein Teil der peruanischen »Patrioten« begegnete dem »Libertador« mit Misstrauen. Präsident Torre Tagle war voller Ressentiments, weil er gravierende Einschränkungen seiner Macht befürchten musste. In Trujillo widersetzte sich der abgesetzte Präsident Riva Agüero einer Unterordnung und nahm Verhandlungen mit den Royalisten auf. Deutlich hatte sich die militärische Schwäche der peruanischen »Patrioten« gezeigt: Santa Cruz' Heer war zerschlagen. Und die Freischärler in Zentralperu, hin- und hergerissen zwischen Riva Agüero und Bolívar, waren zu einigen wenigen unbeständigen Banden zusammengeschmolzen.

Zwei Monate nach Bolívars Eintreffen waren die Arbeiten zur ersten Verfassung des Landes abgeschlossen. Die neue Konstitution definierte Peru als eine auf der nationalen Souveränität gegründete Republik. Sie schuf die Adelstitel ab und verankerte die Gewaltenteilung sowie die Unterordnung der Exekutive unter die (aus einer Kammer bestehende) Legislative. Wegen der Kriegssituation blieb die neue Verfassung weitgehend Papierwerk. Denn die Kongressabgeordneten vertrauten die oberste militärische Befehlsgewalt und oberste politische Autorität Bolívar an. Damit beschnitten sie die verfassungsmäßigen Kompetenzen des Präsidenten Torre Tagle sehr stark. Sämtliche Verfassungsartikel, die unvereinbar mit der Autorität und den Vollmachten des »Libertador« waren, blieben suspendiert.

Ende November setzten in Trujillo abtrünnige Gefolgsleute Riva Agüero gefangen, weil sie dessen Verhandlungen mit den Royalisten als offenen Verrat deuteten. Sie schafften ihn nach Guayaquil aus und unterstellten sich Bolívar. Auf dem Rückweg von Trujillo nach Lima erkrankte der »Libertador« lebensgefährlich und musste am 1. Januar 1824 im Hafen von Pativilca notfallmäßig an Land gebracht werden. Während zweier Monate hielt ihn die schwere Erkrankung in Pativilca fest. Vom Krankenbett aus diktierte er Briefe mit Instruktionen und gab Befehle an die Truppen aus.

Aus Bolívars kritischem Gesundheitszustand konnten die Royalisten keinen Gewinn ziehen. Die Wiederherstellung der absoluten Monarchie in Spanien, in deren Verlauf die Verfassung von Cádiz zum zweiten Mal außer Kraft gesetzt wurde, verschärfte die Spannungen innerhalb der spanientreuen Streitkräfte. General Pedro Antonio Olañeta, Sympathisant des Absolutismus und Kommandant der royalistischen Armee in Hochperu, rebellierte gegen Vizekönig La Serna. Der Konflikt, der in einen Bruderkrieg zu münden drohte, absorbierte die Streitkräfte des Südens zu einem Zeitpunkt, an dem ihre Gegner stark geschwächt und verwundbar waren.

Anfang Februar, als Bolívar ans Krankenbett in Pativilca gefesselt war, meuterten die in der Festungsanlage Real Felipe verbliebene Truppen aus Chile und der La-Plata-Region. Da die »patriotische« Regierung nicht in der Lage war, den ausstehenden Sold zu bezahlen, händigten die Rebellen die Festungsanlage den Royalisten aus. Nach diesem neuerlichen Rückschlag übertrug der Kongress Bolívar diktatorische Vollmachten und erklärte sich selbst für aufgelöst. Damit war die Verfassung vollends aufgehoben.

Ende Februar besetzten royalistische Truppen abermals Lima. Erbittert über Bolívars Regime, das sie als Sklaverei, Tyrannei und Despotismus titulierten, nahmen Ex-Präsident Torre Tagle, die wichtigsten Offiziellen und über 300 Offiziere der »patriotischen« Armee ein Amnestieangebot an und liefen zu den Royalisten über. Bis März 1824 eroberten die spanientreuen Verbände weite Teile Perus zurück. Bolívar blieb praktisch nur mehr die Intendanz von Trujillo, wo er aber seine Armee intakt halten und Verstärkung aus Kolumbien abwarten konnte.

Erst von Pativilca, dann von der Stadt Trujillo aus organisierte Bolívar den Widerstand. Zivile Angelegenheiten übertrug er einem einzigen Minister, dem peruanischen Intellektuellen José Faustino Sánchez Carrión. Dieser war zuständig für die Etablierung ziviler Institutionen, die Sozialpolitik und die Rechtsprechung in den unabhängigen Gebieten. Demgegenüber kümmerte sich der »Libertador« um die militärischen Angelegenheiten wie den Truppennachschub aus Großkolumbien, die Rekrutierung neuer Kämpfer oder die Finanzierung der Kosten für Ausrüstung und Verpflegung. Bolívar setzte Quoten für Rekruten fest, welche die befreiten Provinzen des Nordens stellen mussten. Er nötigte die Kirche zu Spenden, ließ Kirchenschmuck, royalistisches Eigentum und Vermögen beschlagnahmen und Steuern eintreiben. Dringend benötigtes Eisen gewann man dadurch, dass man die schmiedeeisernen Ziergitter vornehmer Häuser aus der Verankerung riss und zusammen mit Häuserschlüsseln und sonstigen Gerätschaften in Kriegsmaterial umschmolz. Mittlerweile sorgte Großkolumbien für Nachschub an Soldaten, Waffen, Pferden und Maultieren. Auf dem Seeweg traf

Verstärkung aus Panama und aus Guayaquil ein, darunter auch ein irisches Kontingent. Bis April 1824 zählte Bolívars Armee 8000 Mann – hauptsächlich Großkolumbianer, ergänzt durch peruanische Soldaten unter dem Kommando von Marschall José de la Mar. Die schlagkräftige Kavallerie setzte sich aus Gauchos der La-Plata-Region, chilenischen Huasos, Llaneros aus Großkolumbien und peruanischen Reitertruppen unter dem Kommando des englischen Generals William Miller zusammen. Die Soldaten erhielten einen regelmäßig ausbezahlten Sold in Höhe von einem halben Dollar (0,5 Peso) die Woche.

Mitte Juni verließ Bolívar zusammen mit einer Heeresabteilung Trujillo und zog über die Anden ins Gebiet von Cerro de Pasco. Dort vereinigte sich seine Einheit mit dem Rest der »patriotischen« Truppen. Am 6. August prallte Bolívars Heer in der Schlacht von Junín auf die royalistischen Truppen, die von General José de Canterac befehligt wurden. Wegen der Rebellion von General Olañeta in Hochperu konnten die Königstreuen nicht in ihrer vollen Stärke antreten. Mit einem riskanten Frontalangriff durchstieß die vom deutschen Major Otto Philipp Braun befehligte Schwadron Kolumbianer die Reihen der royalistischen Reitertruppen und sicherte sich unterstützt von der nachrückenden »patriotischen« Kavallerie den Sieg über die zahlenmäßig weit überlegene feindliche Kavallerie. Zwar gelang es Canterac, sich mit dem Großteil seiner Armee nach Cusco zurückzuziehen, doch waren die nordlichen Versorgungslinien durchtrennt. Nach dem Triumph überließ Bolívar den Oberbefehl Sucre und zog mit einem Truppenkontingent wieder zur Küste hinab. Im Dezember rückte er in Lima ein. Circa 4000 Zivilisten, darunter Ex-Präsident Torre Tagle, ehemalige Kongressabgeordnete, Adlige, Großkaufleute und deren Familien, flohen in die Festung im Callao. Sie fürchteten um ihr Leben, hatte doch Bolívar gedroht, die übergelaufenen »Verräter« hart zu bestrafen.

Kurz nachdem der »Befreier« Lima wieder unter seine Kontrolle gebracht hatte, bahnte sich im Hochland die Entscheidungsschlacht an. Vizekönig La Serna hatte im November von Cusco aus die Gegenoffensive lanciert. Auf Waffenhilfe seitens des abtrünnigen Generals Olañeta musste er nach wie vor verzichten. La Serna trieb seine Männer bis zur Erschöpfung vorwärts, während Sucre zurückwich. Am 9. Dezember standen sich die beiden Heere in Ayacucho gegenüber. Rein numerisch waren die Royalisten ihren Gegnern überlegen. La Sernas Truppen setzten sich aus schätzungsweise 6000 Peruanern, maximal 3000 Hochperuanern und 500 Europäern zusammen, wobei die Mehrheit der Einheimischen zwangsrekrutiert worden war. Unter Sucres Befehl standen – neben Minderheiten aus Chile, der Río-de-la-Plata-Region und Europa – 4000 Großkolumbianer und 1500 Peruaner. Unter Letzteren befanden sich mehrere Personen, die, zum Teil für nur kurze Zeit, Präsidenten werden sollten: Agustín Gamarra aus Cusco; Miguel San Román aus Puno sowie die Limeñer Manuel Ignacio Vivanco, Felipe Santiago Salaverry und Juan Crisóstomo Torrico.

Trotz der zahlenmäßigen Unterlegenheit trugen Sucres Truppen den Sieg davon. Während die »Patrioten« zwischen 300 und 370 Mann verloren, kamen auf der gegnerischen Seite schätzungsweise 1400–1800 Kämpfer ums Leben. Der verletzte Vizekönig geriet zusammen mit über 1000 Mitstreitern (darunter der gesamte spanische Generalstab und zahlreiche Offiziere) in Gefangenschaft. Un-

Das Ende der spanischen Kolonialherrschaft (1808–1826)

Abb. 6: Heldendenkmal in der Ebene von Quinua.

verzüglich wurden Verhandlungen über die Kapitulationsbedingungen aufgenommen. General Canterac unterzeichnete die Kapitulationsurkunde im Namen der spanischen Heeresführung; Sucre firmierte als ranghöchster Offizier des Siegerheers. Die Gefangenen konnten selbst entscheiden, ob sie in Peru bleiben und sich den »Patrioten« unterstellen oder aber nach Spanien ausreisen wollten. La Serna und weitere hochrangige Spanier traten unverzüglich die Heimreise (via Quilca und Rio de Janeiro) an. Alles in allem machten fast 400 Offiziere und eine ähnlich hohe Zahl an Soldaten vom Recht auf Repatriierung Gebrauch. Die Mehrheit der Männer, die sich in Ayacucho ergeben hatten oder unmittelbar nach der Schlacht in Gefangenschaft geraten waren, entschied sich für einen Verbleib in Südamerika.

Mit Sucres Sieg in der Entscheidungsschlacht von Ayacucho hatte Bolívar seinen militärischen Auftrag erfüllt. Einem ordnungsgemäßen Verzicht auf seine Sondervollmachten stand damit faktisch nichts im Wege. Jedoch hatte der »Libertador« andere Pläne. Er ließ in Lima einen Rumpfkongress zusammentreten, um diesem pro forma seinen Rücktritt als Diktator anzubieten. Angesichts der Militärpräsenz blieb den Abgeordneten nichts anderes übrig, als die diktatorischen Vollmachten des »Befreiers« am 10. Februar 1825 einstimmig um ein weiteres Jahr zu verlängern. Bevor er die Hauptstadt mit dem Ziel Süd- und Hochperu verließ, delegierte Bolívar sein politisches und militärisches Mandat an ein Triumvirat (Consejo de Gobierno) unter dem Präsidium von Marschall José de la Mar.

»Patriotinnen«

Die Unabhängigkeitsbewegung konnte auf die aktive Unterstützung zahlreicher Frauen aus allen Schichten zählen. Bald unterstützten oder begleiteten die »Patriotinnen« ihre kämpfenden Männer und Söhne, bald spionierten sie den Feind aus und leiteten als Botinnen geheime militärische Informationen weiter. Sie halfen bei der Rekrutierung mit, sorgten für die Verletzten und organisierten oder spendeten Geldmittel. Eine Minderheit gebildeter Frauen nahm an den lebhaften Debatten teil, welche die Zukunft ihrer Region bestimmten, oder widmete sich der Propagandaarbeit. Vor dem Einmarsch San Martíns anfangs Juli 1821 versteckten Limeñerinnen Deserteure und Kranke aus den Reihen der abziehenden royalistischen Truppen, wodurch sich deren Mannschaftsbestand deutlich minderte. Selbst Damen der Oberschicht ergriffen Partei für die Unabhängigkeit, sei es im Rahmen von konspirativen Treffen hinter verschlossenen Türen oder in Abendgesellschaften, sei es beim Verfassen und Verbreiten von Proklamationen und Berichten. Doña Petronila Fernández de Paredes versteckte im Keller ihres Wohnhauses eine konspirative Druckerei, während Carmen Larriva de Gonzales als Redakteurin für die »patriotische« Zeitschrift *El Satélite* Artikel schrieb.

Am untersten Ende der sozialen Skala standen Schwarze und Sklavinnen, die sich ebenfalls in den Unabhängigkeitskriegen engagierten. In der Hoffnung auf Freilassung und Verdienst arbeiteten schwarze Frauen in den Heeren als Köchinnen, Dienstmägde, Krankenschwestern und Marketenderinnen. Sie betätigten sich als Spioninnen, manchmal sogar als Soldatinnen oder treue Begleiterinnen ihrer kämpfenden Männer. Andere setzten sich dafür ein, dass ihren Männern und Söhnen der Sold ausbezahlt wurde, oder sie forderten die Ausmusterungsdokumente ein, welche im Falle ehemaliger Sklaven deren Diensterfüllung und damit das Recht auf Freiheit bestätigten. Ein Beispiel für eine Truppenführerin ist die Mestizin Juana Azurduy aus La Plata. Zusammen mit ihrem Ehemann warb sie Soldaten für die Sache der Unabhängigkeit in Hochperu an. Sie besorgte nicht nur Waffen und kümmerte sich um die Verwundeten, sondern sie führte selbst auch Truppen in die Kämpfe. Manuela Sáenz, Bolívars Geliebte, kämpfte in den Entscheidungsschlachten von Junín und Ayacucho mit. Der Einsatz in Junín trug ihr die Beförderung zum Hauptmann beziehungsweise zur Hauptfrau ein.

Dass die Unterstützung der »patriotischen« Seite lebensgefährlich war, musste María Andrea Parado de Bellido aus Ayacucho erfahren. Ihr Ehemann und ihre zwei Söhne bekämpften im Hochland als Freischärler die Loyalisten. In einem Brief, den die Analphabetin einem Vertrauten diktiert hatte, warnte sie ihren Gatten vor den anrückenden gegnerischen Truppen. Ihr Mann konnte sich rechtzeitig in Sicherheit bringen, doch fiel der Brief in Feindeshände. Doña María wurde verhaftet. Weil sie sich standhaft weigerte, den Namen des Briefeschreibers und weitere Informationen preiszugeben, wurde sie am 1. Mai 1822 vor ein Exekutionskommando gestellt und erschossen.

> Die Kriege um die Unabhängigkeit brachten unermessliches Leid und trieben viele Frauen in bittere Armut. Manche retteten ihr Leben, verloren aber Väter, Ehemänner oder Söhne. Ein Teil der Frauen verließ ihre Heime, andere wurden von Soldaten ausgeraubt und vergewaltigt. In Abwesenheit der kämpfenden Männer mussten die Frauen allein den Betrieb, das Geschäft oder den Hof führen – zusätzlich zu den herkömmlichen Aufgaben wie dem Führen des Haushalts und der Erziehung der Kinder.

Hochperu (Bolivien)

Nach dem Sieg von Ayacucho fiel dem zum Marschall beförderten Sucre die Aufgabe zu, den letzten spanischen Widerstandsherd unter General Olañeta in Hochperu zu brechen. Von Puno aus eröffnete er im Februar 1825 mit einem vorwiegend aus Großkolumbianern bestehenden Heer die Offensive. Nach ersten militärischen Erfolgen des Befreiungsheeres riefen zahlreiche hochperuanische Orte die Unabhängigkeit aus. Während Olañeta am 1. April bei einem Scharmützel unter seinen eigenen Leuten einen gewaltsamen Tod fand, nahmen seine Soldaten Sucres Amnestieangebot an und streckten kampflos die Waffen.

Einem Aufruf von Marschall Sucre folgend, trafen im Juli 48 Abgeordnete aus allen hochperuanischen Provinzen in Chuquisaca zusammen, wo sie sich für die Selbstbestimmung und einen eigenen Staat aussprachen. Die offizielle Verkündigung der Unabhängigkeit – zugleich die Geburtsstunde der neuen Republik – fiel auf den 6. August 1825. Das einstige Hochperu nahm zu Ehren Bolívars den Namen Bolívar an, eine Bezeichnung, die später in Bolivia (Bolivien) umgewandelt wurde. Dem »Libertador« wurde die höchste Exekutivgewalt übertragen. Zudem sollte er eine Konstitution für Bolivien verfassen. Bolívar seinerseits verpflichtete sich, Perus Zustimmung zum Unabhängigkeitsentscheid zu erwirken und versprach, eigenhändig eine Verfassung auszuarbeiten. Während Sucre mit seinen Truppen in Bolivien blieb, reiste der »Libertador« nach Lima zurück, wo er am 10. Februar 1826 eintraf. Nach neun Monaten waren die Arbeiten an der neuen Verfassung, die auch für Peru und Großkolumbien gelten sollte, vollendet (25. Mai 1826). Kurz zuvor hatte der »Befreier« auch die Anerkennung der Unabhängigkeit Boliviens durch Peru durchgesetzt. Bolívars Verfassung erhielt die Bezeichnung »La Vitalicia« (die Lebenslange), weil sie dem auf Lebenszeit ernannten Präsidenten eine enorme Machtfülle zugestand. Der bolivianische Kongress nahm den Verfassungsentwurf bis auf wenige Änderungen im November 1826 an. Bolívars Vorschlag Folge leistend, bestimmten die Abgeordneten Marschall Sucre zum Präsidenten auf Lebenszeit.

In Peru stieß Bolívars Projekt einer Andenkonföderation aus Großkolumbien, Peru und Bolivien auf wenig Gegenliebe. Repräsentanten der peruanischen Oberschicht fürchteten um ihre privilegierte Stellung. Wegen despotischer Entscheide und wegen der kostspieligen kolumbianischen Truppenpräsenz machten sich zunehmend Unmut und Widerstand gegen den »Befreier« breit. Öffentliche Hinrichtungen von angesehenen Regimegegnern und die Verbannung prominenter Oppositioneller schürten den Hass gegen die Großkolumbianer. Unpopulär waren überdies die Zwangsrekrutierungen junger Peruaner, von denen schätzungsweise 5000 ihren Wehrdienst im fernen Kolumbien ableisten mussten. Spätestens mit der Kapitulation der letzten spanischen Truppen im Hafen Callao anfangs Januar 1826 war der militärische Auftrag des »Befreiers« endgültig vollendet, und einem ehrenhaften Abzug stand nichts mehr entgegen. Dennoch zog es Bolívar vor auszuharren und weiter die Fäden aus dem Hintergrund zu ziehen. Infolgedessen kam es in Ica zu einem Aufstand, im zentralen Hochland formierten sich Freischärlertruppen und Putschisten schmiedeten Umsturzpläne. Zwar konnten die Verschwörungen aufgedeckt und der Kongress gefügig gemacht werden – auf Drängen Bolívars nahm eine verfassunggebende Versammlung am 16. August die Vitalicia an und bot dem »Libertador« die damit verbundene Präsidentschaft auf Lebenszeit an – aber eine Wirtschaftskrise und Spannungen in Großkolumbien bewogen den »Befreier« schließlich doch noch zum Verlassen des Landes. Am 4. September 1826 schiffte er sich mit Ziel Guayaquil ein, wobei er ein stattliches Kontingent großkolumbianischer Truppen in Lima zurückließ. An Perus Staatsspitze stand nun Großmarschall Andrés de Santa Cruz, den Bolívar im Juni 1826 zum Präsidenten eines Regierungskomitees und Chefkommandanten von Armee und Marine berufen hatte. Nach einer Rebellion der großkolumbianischen Truppen in Lima, die wegen ausstehender Soldzahlungen meuterten, organisierte Santa Cruz deren Abzug. Am 18. März schifften sich die Großkolumbianer für ihre Heimreise ein. In Übereinstimmung mit den geltenden Gesetzesbestimmungen berief Santa Cruz eine außerordentliche verfassunggebende Versammlung ein, die den Marschall José de la Mar im Juni zum neuen Präsidenten der Republik wählte.

Genau wie in Peru wünschte auch in Bolivien eine Mehrheit der Bevölkerung einen raschen Abzug der großkolumbianischen Truppen. Bolívars Vertrauter und Präsident auf Lebenszeit Sucre hatte mit zunehmenden Schwierigkeiten zu kämpfen. Aufgrund der finanziellen Belastungen, die Verpflegung und Besoldung seiner Truppen nach sich zogen, nahmen Anfeindungen stark zu. Einst euphorisch als Befreier begrüßt, wünschten die Bolivianer nach zahlreichen Übergriffen und Konflikten den unverzüglichen Abzug der als Besatzer empfundenen Streitkräfte. Zudem ließen Kontrahenten Bolívars wie der peruanische General Gamarra (siehe unten) nichts unversucht, um den Abzug der Großkolumbianer zu erzwingen. Bei einer Kasernenmeuterei wurde Präsident Sucre von eigenen Soldaten verletzt. Peruanische Truppen marschierten im zerstrittenen Nachbarland ein und erzwangen den Abzug aller ausländischen Truppen. Im August 1828 verließ Sucre für immer Bolivien. Die letzten seiner Soldaten schifften sich am 29. September in Arica Richtung Großkolumbien ein. Im folgenden Jahr kürte der bolivianische Kongress mit Andrés de Santa Cruz einen Präsidenten, der zuvor höchste militärische und politische Ämter in Peru ausgeübt hatte.

> **Die letzte spanische Festung**
>
> Nach den militärischen Niederlagen im Hochland blieb die Festungsanlage Real Felipe im Hafen Callao die letzte royalistische Fluchtburg in Peru. Unter dem Kommando von General José Ramón Rodil verschanzte sich eine rund 2500 Mann starke Truppe in der Festung. In den Schutz ihrer Mauern flüchteten sich außerdem mehrere Tausend Zivilisten – hauptsächlich Angehörige der Oberschicht – mit ihrem Hab und Gut. In der belagerten Festung wurden bald die Lebensmittel knapp; Typhus und Skorbut brachen aus. Hunger und Krankheiten forderten mehr Menschenleben als die Schlachten von Junín und Ayacucho zusammen. Zahlreiche Adlige mit klingenden Namen starben eines elenden Todes. Prominentestes Opfer war der zweite Präsident der Republik, der Marquis von Torre Tagle, der zusammen mit Frau und Sohn umkam.
>
> Nach 14 qualvollen Monaten des sinnlosen Ausharrens kapitulierte Rodil am 22. Januar 1826. Während dieser Zeit verlor er schätzungsweise 2000 seiner Soldaten, wobei Hunger und Seuchen etwa doppelt so viele Todesopfer wie die Kampfeinsätze forderten. 200 Uniformierte wurden wegen konspirativen Handlungen oder wegen Desertionsversuchen verurteilt und hingerichtet. Vor die Wahl gestellt, in Peru zu bleiben oder nach Spanien auszureisen, entschieden sich weniger als 100 der 400 überlebenden Militärs für die Ausreise. Über die zivilen Opferzahlen gehen die zeitgenössischen Angaben stark auseinander. Insgesamt sollen zwischen 2700 und 4000 Zivilisten jämmerlich gestorben sein.

Bilanz von Bolívars Diktatur

Mithilfe fähiger Mitarbeiter schuf Bolívar die organisatorischen Grundlagen für das peruanische Staatswesen. Persönlich arbeitete er eine Verfassung aus, die allerdings nur 50 Tage in Kraft war. Bolívars Regierung war verantwortlich für die erste republikanische Verwaltungsgliederung, die Etablierung des obersten Gerichtshofs in Lima sowie die Einrichtung von Gesundheitskomitees in der Hauptstadt und in den Provinzen. San Martíns Anstrengungen zum Aufbau eines öffentlichen Erziehungs- und Bildungssystems wurden fortgesetzt, wobei man nun der höheren Bildung ein besonderes Augenmerk schenkte.

Was die Indianerpolitik betrifft, folgte Bolívar weitgehend den Prinzipien des zeitgenössischen Liberalismus: Indianer sollten hispanisiert, Rangordnungen abgebaut und Gemeinschaftsland privatisiert werden. Mit seinen ersten Dekreten schuf der »Libertador« ein für alle Mal das Curaca-Amt und sämtliche adlige Privilegien ab. Er hob den Indianertribut auf, wiederholte die Verbote bezüglich indianischer Zwangsarbeiten und erklärte die Indianer zu Eigentümern des von ihnen bewohnten und bebauten Bodens. Ländereien, die sich im Kollektivbesitz der Dorfgemeinschaften befanden, sollten als privates, veräußerliches Eigentum an die Lokalbevölkerung verteilt und dadurch ein Stand unabhängiger Kleinbauern geschaffen werden. Freilich wurde die Bestimmung über den Weiterverkauf bald widerrufen, weil die Landempfänger Gefahr liefen, ihren eben erst erhaltenen Privatbesitz an benachbarte Hacienda-Besitzer zu verlieren. Aufgrund der chronischen staatlichen Finanznöte revidierten die Behörden auch die Anordnungen zur Abschaffung des Indianertributs. Sie führten 1826 den Tribut im Rahmen der ersten bedeutenden Steuerreform der Republikzeit unter der Bezeichnung Contribución de Indígenas y Castas wieder ein. Zugleich eliminierten sie die Binnenzölle und erhöhten als protektionistische Maßnahme die Außenhandelszölle. Allerdings führte der Versuch, die heimische Produktion durch hohe Schutzzölle zu fördern, nicht zum gewünschten Resultat und förderte nur den Schmuggel.

Insgesamt bewirkte Bolívars Diktatur kaum eine Änderung der weit auseinanderklaffenden sozialen und wirtschaftlichen Ungleichheiten. Durch die Aufhebung kolonialzeitlicher Schutzgesetze verschärfte sich in manchen Fällen sogar die Lage. Vielen Indianern – nun offiziell als Indígenas (Indigene) bezeichnet – drohte der Verlust ihrer Äcker und Weiden und damit ihrer Existenzgrundlage. Zu der Abschaffung der Sklaverei konnte sich der »Befreier« nicht durchringen. Wegen des starken Drucks der Sklavenhalter wurden unter San Martín erlassene Gesetze gelockert oder sogar rückgängig gemacht. Am 14. Oktober 1825 ließ Bolívar eine neue Sklavenverordnung veröffentlichen, die unter anderem die Arbeitszeiten, die Versorgung und Verpflegung sowie die Körperstrafen regelte. Endgültig verboten wurden Einkerkerungen in vollständiger Isolation und der sogenannte Rabo de Zorra (»Füchsinnenschwanz«), eine Peitsche, die lebensgefährliche Verletzungen verursachen konnte. Obwohl sich die Sklavenhalter nicht immer an die gesetzlichen Auflagen hielten, so war doch eine Verbesserung gegenüber der Kolonialzeit feststellbar. Andererseits kam Bolívar den Sklavenbesitzern bei den Bestimmungen über etwaige Freilassungen entgegen. Ein Anrecht auf Freilassung hatten nur Sklaven, die über einen längeren Zeitraum Militärdienst geleistet hatten. Auf dem Lande lebende Schwarze, die über keine militärischen Ausmusterungsdokumente verfügten, sollten verhaftet werden. Zudem wurde den Sklaven der Besitz von Waffen, Macheten, Äxten oder Messern verboten. Ein Gesetz vom November 1825 besagte, dass nur Sklaven, die vor dem 5. November 1824 rekrutiert worden waren und noch immer Dienst leisteten sowie Kriegsinvalide ein Recht auf Freiheit hatten. Alle anderen sollten an ihre Herren zurückgeschickt werden.

Die Wirtschaft der Übergangszeit

Die langen Kriegsjahre forderten nicht nur einen hohen Blutzoll, sondern sie wirkten sich auch katastrophal auf die Wirtschaft aus. Als letztes Bollwerk des spanischen Imperiums hatte Peru seit 1810 die Kriege gegen die separatistischen Kräfte in Südamerika mitfinanziert. Von 1820 bis1824 musste das Land für zwei große Armeen aufkommen und die Kosten für deren Ausrüstung, Unterbringung, Verproviantierung und Besoldung bestreiten. Lima wurde mehrmals angegriffen, besetzt und geplündert. Belagerungen und Blockaden führten zu Versorgungsengpässen, Hunger und Epidemien. In diesen 15 Kriegsjahren trieb die Inflation die Preise in die Höhe, während das Land finanziell ausblutete.

Die Unabhängigkeitskämpfe beeinträchtigten die allgemeine Sicherheits- wie die Versorgungslage. Sie zogen sowohl den Binnenhandel als auch den Bergbau schwer in Mitleidenschaft. Tragtiere, Eisengeräte, Quecksilber und Schießpulver – in den Minen häufig zum Sprengen verwendet – wurden zur Mangelware. Zudem entzogen die massiven Truppenaushebungen dem ohnehin unter chronischem Arbeitermangel leidenden Bergbau die Arbeitskräfte. Im zentralen Hochland, das sechs militärische Kampagnen, zwei manövrierende Heere und zahlreiche Freischärlertruppen zu ertragen hatte, kamen der Bergbau sowie die land- und viehwirtschaftliche Produktion zum Erliegen. Perus Silberproduktion fiel von 109 597 kg im Jahr 1820 auf ein Tief von 8696 kg im Jahr 1823 – das ist ein Rückgang um fast das Dreizehnfache.

Unter den direkten Kriegsfolgen (Zerstörungen, Verwüstungen, Zwangsabgaben, Repressalien) und den indirekten (Arbeitskräftemangel, Unterbrechungen der Transportwege) litten sowohl die Kleinbauern als auch die landwirtschaftlichen Großbetriebe. Royalistische wie »patriotische« Truppen beraubten wahllos die Dörfer und rekrutierten zugleich unter Drohungen Hilfskräfte und Träger. Wenn die gegnerischen Truppen in solch ausgeplünderte Gebiete vordrangen, warfen sie den Dorfbewohnern Kollaboration mit dem Feind vor und ergriffen Retorsionsmaßnahmen. Haciendas wurden zerstört, die Pflanzungen und Viehbestände vernichtet. An der Küste flohen viele Plantagen-Sklaven oder schlossen sich den kämpfenden Truppen an. Ihrer Arbeitskräfte beraubt, fielen die exportorientierten Großbetriebe auf das Subsistenzniveau zurück. Gegen Kriegsende musste Peru sogar Zucker, seinen einstigen Exportschlager, importieren.

Für die Großkaufleute in Lima hatte die Unterstützung der royalistischen Seite nicht nur ruinöse Geldüberweisungen zur Folge. Die Handelsschiffe des Consulado, welche die spanische Kriegsflotte aktiv unterstützten, wurden entweder zerstört oder von den »Patrioten« geentert und übernommen. Dies wiederum ermöglichte die Formierung einer chilenischen Handelsflotte, womit Lima, dessen Hafen zu einem großen Teil zerstört war, auch die Hegemonie im südlichen Pazifik einbüßte. Der Consulado selbst wurde durch eine Handelskammer ersetzt. Diese versorgte alsbald – wie ihr kolonialzeitlicher Vorgänger – die republikanischen Regierungen bei Liquiditätsproblemen mit Geld.

Im Übersee- und Fernhandel lösten ausländische Händler die Spanier ab. Insbesondere die Briten wussten Perus Notlage geschickt auszunutzen und versorgten die »patriotischen« Regierungen mit dringend benötigten Gütern. Gemäß den Abrechnungen der britischen Konsuln verfrachtete man zwischen 1819 und 1822 Edelmetall im Wert von 26,9 Millionen Pfund Sterling (107,6 Millionen Pesos) auf britische Kriegsschiffe. Ein Teil davon diente zur Bezahlung der importierten Konsumgüter und von Kriegsmaterial; der Rest floss als Fluchtkapital in sichere Länder ab. Um 1824 unterhielt Großbritannien 36 Handelshäuser in Peru – mit Abstand am meisten in Lima, gefolgt von Arequipa. Peru importierte Mitte der 1820er-Jahre ausländische Waren im Wert von 4 bis 5 Millionen Pesos. Britische Kaufleute lieferten Feintextilien, Haushalts- und Eisenwaren im Wert von geschätzten 1,5 Millionen Pesos aus. Kaufleute aus den USA führten Mehl, Baumwolle und Sonstiges im Wert von 1,2 bis 2 Millionen Pesos aus und Franzosen setzten für etwa 800 000 Pesos Luxuskleider, Weine, handwerkliche und gewerbliche Produkte ab. Die Öffnung des peruanischen Marktes für neue Handelspartner zog einen radikalen Fall der Importkosten nach sich, brachte die Preise ins Wanken und stürzte die lokalen Produzenten in die Krise. Durch notwendige Zugeständnisse an die internationalen Handelspartner ergaben sich neue Abhängigkeitsverhältnisse. Peru wurde dadurch zwar nicht unmittelbar politisch, sehr wohl aber wirtschaftlich von ausländischen Großmächten abhängig. Die Handlungsfreiheit, die das Land während der Kolonialzeit immer vermisst hatte, stellte sich damit freilich nicht ein.

Das kontinuierlich wachsende Handelsbilanzdefizit und die Kapitalflucht verschärften den Mangel an Investitionskapital, das zum Wiederaufbau dringend notwendig gewesen wäre. Zwar gelang der peruanischen Regierung im Januar 1825 die Aufnahme eines zweiten englischen Darlehens in Höhe von 616 000 £. Doch musste sie die beiden Darlehen hauptsächlich zur Begleichung ausstehender Verpflichtungen gegenüber britischen Händlern sowie zur Finanzierung von Militär und Flotte aufwenden. Für Investitionen in Entwicklungsprojekte blieb kaum mehr etwas übrig. Fieberhaft suchte Bolívar nach neuen Einnahmequellen und Investoren. In einem Brief vom Oktober 1825 gab er den Verkauf von peruanischen Minen im Wert von 2,5 Millionen Pesos an ausländische Interessenten bekannt. Zudem habe er vorgeschlagen, dass die peruanische Regierung sämtliche Minen sowie staatliche Ländereien, Besitztümer und sonstige Vermögenswerte an England verkaufen solle. Damit könnten die Schulden, die mindestens 20 Millionen Pesos betrügen, beglichen werden.

Offenbar war dieser Vorschlag inakzeptabel, denn im gleichen Monat suspendierte Peru die Zahlungen zur Begleichung seiner Außenschulden. Weil das Land weder Rückzahlungen leistete, noch die fälligen Zinsen bezahlte, blieb es bis 1847 von den internationalen Geldmärkten ausgeschlossen.

Literaturhinweise

Anna, Timothy E. 1979, The Fall of the Royal Government in Peru, Lincoln und London
Archer, Christon I. (Hg.) 2000, The Wars of Independence in Spanish America, Wilmington
Basadre, Jorge 1983, Historia de la República del Perú, 7. verb. und erw. Ausgabe, Bd. 1: La época fundacional de la República (1822–1842), Lima
Burkholder, Mark A./Rankin, Monica/Johnson, Lyman L. 2018, Exploitation, Inequality, and Resistance: A History of Latin America since Columbus, New York
Contreras, Carlos/Cueto, Marcos 2004, Historia del Perú contemporáneo. Desde las luchas por la independencia hasta el presente, 3. Aufl., Lima
Klarén, Peter Flindell 2000, Peru. Society and Nationhood in the Andes, Oxford und New York
König, Hans-Joachim 2001, Der Weg des Vizekönigreichs Peru zur Republik, in: Sevilla, Rafael/Sobrevilla, David (Hg.), Peru – Land des Versprechens?, Bad Honnef, 188–210
Ders. 2009, Kleine Geschichte Lateinamerikas, durchgesehene und aktualisierte Ausgabe, Stuttgart
Loayza Pérez, Alex (Hg.) 2016, La independencia peruana como representación: historiografía, conmemoración y escultura pública, Lima
Lynch, John 2006, Simón Bolívar: A Life, New Haven
Ders. 2009, San Martín: Argentine Soldier, American Hero, New Haven und London
McFarlane, Anthony 2014, War and Independence in Spanish America, New York und Abingdon
Moreno Cebrián, Alfredo/Martínez Riaza, Ascensión 1992, Peru, Hochperu, Bolivien, in: Buve, Raymond Th./Fisher, John R. (Hg.), Lateinamerika von 1760 bis 1900. Handbuch der Geschichte Lateinamerikas, Bd. 2, Stuttgart, 249–302
O'Phelan Godoy, Scarlett (Compiladora) 2001, La independencia del Perú: de los borbones a Bolívar, Lima
de la Puente Candamo, José Agustín 2013, La Independencia del Perú, 2. Aufl., mit einem Vorwort von Margarita Guerra Martinière, Lima
Rinke, Stefan 2010, Revolutionen in Lateinamerika: Wege in die Unabhängigkeit 1760–1830, München
Rodríguez O., Jaime E. 1998, The Independence of Spanish America, Cambridge
Ders. 2018, Political Culture in Spanish America, 1500–1830, Lincoln und London
Sobrevilla Perea, Natalia 2019, Nation-Making and Nationalism, in: Seligmann, Linda J./Fine-Dare, Kathleen S. (Hg.), The Andean World, Abingdon und New York, 297–309

Caudillos und Guano (1826–1879)

Aus den südamerikanischen Unabhängigkeitskämpfen gingen hochgradig fragmentierte und instabile Staaten hervor, die weder in einem subjektiven noch in einem objektiven Sinne Nationen waren. Allgemein waren die ethnischen und regionalen Gegensätze zu groß, die gesellschaftlichen und kulturellen Gräben zu tief, als dass sich ein Nationalbewusstsein – das Gefühl der gemeinsamen Zugehörigkeit zu einem politisch handlungswilligen Volk – hätte ausbilden können. Mit der kolonialen Bürokratie und dem kolonialen Regierungsapparat verschwand auch eine geordnete Finanzverwaltung. Der unabhängige peruanische Staat war weder in der Lage, in effizienter Weise die Bevölkerung zu besteuern und direkte Steuern einzutreiben noch gewaltsame interne Konflikte, Banditentum und Gewalt zu verhindern und Sicherheit für Leib und Leben zu garantieren. Ebenso wenig vermochte er für die allgemeine Bildung zu sorgen. Es fehlte eine genügend legitimierte, allgemein anerkannte Regierungsmannschaft, um den Prozess der Staatsbildung zu definieren und durchzuführen. Diese Defizite eröffneten entschlossenen militärischen Führern Möglichkeiten, zu politischer Macht, zu Reichtum und zu Prestige zu kommen. Um solche Caudillos scharten sich Soldaten und Offiziere, die sich in den handverlesenen Truppenverbänden mit willkürlichen Dienstgraden und ohne offizielle Beförderungsmechanismen eine schnelle und lukrative Karriere versprachen.

Mit dem Zusammenbruch der kolonialen Ordnung entfalteten sich mit aller Wucht die auseinanderstrebenden regionalen Kräfte, die zuvor durch Lima im Zaun gehalten worden waren. Die Schwäche des Limeñer Zentralismus förderte lokale und regionale Partikularismen und die Herausbildung abgesonderter regionaler Gesellschaften. Während Limas Elite einen wirtschaftsprotektionistischen Kurs verfolgte, befürwortete die südliche Handelsmetropole Arequipa mehrheitlich den Freihandel und trat für die Integration mit Bolivien ein. Auf dem Lande hatten einflussreiche Grundherren das Sagen, die lose verbundene, oftmals konfliktträchtige Netzwerke unterhielten. Häufig besetzten sie öffentliche Ämter und übten faktisch die politische Kontrolle über weite Gebiete aus. Ihre wirtschaftlichen Machtgrundlagen bildeten der Landbesitz und die Kontrolle über eine abhängige Schicht billiger Arbeitskräfte. Damit präsentierte sich das ländliche Peru zu Beginn der republikanischen Ära als ein Mosaik regionaler agrarischer Gesellschaften, die feudalistische Züge trugen. Zur Fragmentierung des schwachen Staates trugen überdies die ethnische Vielfalt und die kolonialzeitlichen Rassenschranken bei. Auch nach der Erlangung der Unabhängigkeit änderte sich nur wenig an den traditionellen sozialen und wirtschaftlichen Strukturen.

Nach dem Ende von Bolívars Diktatur etablierte Peru ein präsidentielles Regierungssystem mit Gewaltenteilung (Exekutive, Legislative und Judikative). An der Spitze des Staates stand ein mit weitreichenden konstitutionellen Befugnissen ausgestatteter Präsident, der zugleich Staatsoberhaupt, Regierungschef und militärischer Befehlshaber war. Der Staatspräsident bestimmte oder entließ nach eigenem Gutdünken den Ministerpräsidenten. Dass sich das republikanische Peru formell zu den Prinzipien der Gewaltenteilung, Volkssouveränität und der politischen Repräsentation bekannte, bedeutet nicht, dass nun tatsächlich eine Nation gleichberechtigter Staatsbürger entstanden wäre. De facto konzentrierte sich die politische wie auch die wirtschaftliche Macht in den Händen der traditionellen Eliten aus Grundbesitzern, Kaufleuten, Bergwerksbetreibern und Beamten. Zu dieser oligarchischen Gruppe stießen Aufsteiger hinzu, die im Militärapparat Karriere gemacht hatten – seien es Kreolen oder Mestizen.

In den verschiedenen vom Ausland übernommenen Verfassungen wurde das Wahlrecht an bestimmte wirtschaftliche und soziale Voraussetzungen wie Besitz, Einkommen, Steuerleistung oder Beruf gebunden. In der Praxis war das Gewicht der Wählerstimmen auch in dieser selektiven Form gering. Sofern die verfassungsmäßig vorgesehenen Wahlen überhaupt stattfanden, dienten sie einzig der Bestätigung bestehender Verhältnisse. Machtwechsel erfolgten durch Putsch und Staatsstreich, nicht durch die Stimme der Wähler. Regionale Konflikte, sezessionistische Bewegungen und die endlosen Machtkämpfe zwischen rivalisierenden Caudillos und Eliten stellten das nachkoloniale Peru konstant auf die Zerreißprobe. Komplotte, Verschwörungen, Staatsstreiche, Wahlfarcen, Putschversuche und Rebellionen waren an der Tagesordnung. Grenzkriege, wirtschaftlicher Niedergang und Abhängigkeit vom Ausland verschlimmerten zusätzlich die Situation und beeinträchtigten Perus Entwicklung zu einem funktionsfähigen Nationalstaat aufs Stärkste.

Caudillismo oder Caudillismus

Der Caudillo, ein autoritärer Gewaltmensch, war im Wesentlichen ein Produkt der Unabhängigkeitskämpfe. Er ging aus einer Krisenzeit hervor, in welcher der Kolonialstaat und dessen Institutionen zerfielen und verschiedene Akteure gewaltsam darum stritten, das Machtvakuum zu füllen. Militärische Führer, die über politische Macht und ökonomische Ressourcen verfügten, drängten an die Staatsspitze. Ihren Führungsanspruch begründeten sie damit, dass sie kraft ihres Einsatzes und ihrer militärischen Verdienste während des Unabhängigkeitskrieges zu den Gründervätern des neuen republikanischen Vaterlandes zählten. Einige Caudillos übernahmen als formell gewählte Präsidenten die Staatsführung, andere putschten sich an die Macht. Auf regionaler Ebene sorgten Caudillos für einen gewissen Grad an Ordnung und Stabilität, wobei sie sich gelegentlich einer breiten Unterstützung der Bevölkerung erfreuten. In anderen Regionen dagegen verhinderten die Rivalitäten verfeindeter Caudillos Frieden und Stabilität.

Im klassischen Caudillismus befehligte der Caudillo Truppenverbände oder bewaffnete Banden, die durch Patron-Klient-Beziehungen zusammengehalten wurden. Dabei bestimmten die persönliche Ausstrahlungskraft des Anführers, die Hoffnung auf Belohnung oder Abhängigkeitsverhältnisse die gegenseitigen Beziehungen. Um sich auf lokaler, regionaler und nationaler Ebene die Macht zu sichern, schlossen die Caudillos Allianzen sowohl mit Großgrundbesitzern als auch mit indianischen Gemeinschaften und schufen klassenübergreifende Bewegungen. Die erfolgreichsten Caudillos mobilisierten eine große Gefolgschaft, die als Gegenleistung auf finanzielle und materielle Belohnungen oder auf einen lukrativen Posten hoffen durfte. Untereinander bekämpften sich die Caudillos oder sie gingen Bündnisse auf Zeit ein, je nachdem, wie sich die politische Konjunktur präsentierte. In erster Linie setzten sie auf Gewalt oder Drohungen. Über die Verfassungsbestimmungen setzten sie sich konstant hinweg, wobei ihre gewaltsamen Machtübernahmen nur den offensichtlichen Verfassungsbruch darstellten. Die zahlreichen regionalen Caudillos verhinderten mit ihren Truppen, dass der Staat das Gewaltmonopol durchzusetzen vermochte. Sie waren Unruheherde, die ständig Konflikte hervorriefen. Zwischen 1829 und 1833 gingen von ihnen mindestens 17 Revolten oder Komplotte aus. Sowohl der Staat als auch die regionalen Caudillos setzten Bauerntruppen ein, die manchmal unter Einsatz von Gewalt rekrutiert wurden. Diese Truppen, kaum ausgebildet und schlecht bewaffnet, waren unzuverlässig, undiszipliniert und anfällig für Desertionen.

Zum Auswuchern des Caudillismus trug das Verhalten der zerstrittenen zivilen Eliten wesentlich bei. Diese heckten Verschwörungen aus und planten im Hintergrund Umstürze mit dem Ziel, ihnen genehme und günstig gesinnte Militärführer an die Macht zu bringen. Die Eliten benötigten die Caudillos aus mehreren Gründen: Nur sie vermochten, die Unterschichten zu kontrollieren und einigermaßen für die Aufrechterhaltung von Ruhe und Ordnung zu sorgen. Und nur sie waren in der Lage, Gesetze aufzuheben, die unter dem Druck der Bevölkerungsmehrheit zustande gekommen waren.

Kontinuitäten

Obschon die Unabhängigkeit eine wichtige Zäsur darstellte, lassen sich zahlreiche Kontinuitäten zwischen der kolonialen und der republikanischen Zeit feststellen. Das beginnt bereits beim Hoheitsgebiet der neuen Staaten, das weitgehend mit den vizeköniglichen Audienz-Bezirken oder Gobernaciones (Hoheitsgebiete eines Gouverneurs) übereinstimmte. Grundsätzlich bildeten die territorialen Grenzen von 1810 den Bezugspunkt. Nach der Abspaltung von Spanien gliederte sich Peru in acht Departements oder Präfekturen, hervorgegangen aus den acht spätkolonialen Intendanzen. Bis zum Ende des 19. Jahrhunderts waren die Präfekten die höchsten Repräsentanten der Zentralregierung und die Vorsteher des Finanzamtes in ihrem jeweiligen Departement. Sie waren für die Organisation der Polizei und für die Etablierung von ländlichen Schulen zuständig; sie beaufsichtigten den Klerus und boten Fronarbeiter für den Bau von Gefängnissen und Straßen auf. Ihnen unterstellt waren die Subpräfekten, die ihrerseits den Provinzen vorstanden. Den Subpräfekten untergeordnet waren die Gouverneure, zuständig für Angelegenheiten auf Distriktebene. Am Fuß der Verwaltungspyramide standen die stellvertretenden Gouverneure, welche die höchsten Autoritäten in Ortschaften und Weilern bildeten. Die genannten Autoritäten wurden von der Zentralregierung bestimmt, ohne dass die Amtsdauer gesetzlich festgelegt war. Sie mussten abtreten, sobald es die übergeordneten Instanzen befahlen. Im Gegensatz zu den Gouverneuren und stellvertretenden Gouverneuren erhielten die Präfekten und Subpräfekten ein festes Gehalt. Bis in die frühen 1880er-Jahre entstammten Letztere üblicherweise den Reihen der höheren Armeeoffiziere. Das bedeutete, dass sie selbst in den meisten Fällen nicht aus der ihnen zugewiesenen Präfektur stammten. Dagegen handelte es sich bei den Gouverneuren um lokal gut verankerte Persönlichkeiten, die in ihrer Region über einen großen Einfluss verfügten und aufgrund ihrer mutmaßlichen Treue zur gerade herrschenden Regierung bestimmt worden waren.

Nach der Erlangung der Unabhängigkeit dauerte es sehr lange, bis Peru die tiefverwurzelten Charakteristiken abstreifte, die das koloniale Erbe mit seiner fast dreihundertjährigen Geschichte hinterlassen hatte. Ob im alltäglichen, im wirtschaftlichen oder im institutionellen Leben, ob hinsichtlich der Religion, der Weltanschauung oder der Geisteshaltung, ob in den gesellschaftlichen Beziehungen – überall zeigten sich die tiefen Spuren der Vergangenheit. Autoritätsfixierung, hierarchisches Denken, Rassismus, Korruption und Vetternwirtschaft bestanden fort. Die katholische Kirche wahrte ihre enorm starke gesellschaftliche und politische Rolle; religiöse Organisationen wie die Bruderschaften (Cofradías) behielten ihre zentrale Bedeutung. Nur sehr langsam änderten sich die traditionellen moralischen Prinzipien, Tugenden, Ehr- und Wertvorstellungen. Nach wie vor neigten patriarchalische Führer, die an der Spitze weitverzweigter Großfamilien standen und Klientelverbände dirigierten, zu informeller Einflussnahme und Machtausübung. Bestehen blieb die zentralistische politische Tradition, mit einer schwerfälligen, an Eigennutz orientierten Bürokratie. Im Bildungsbereich setzten sich die sehr hohe Analphabetenrate sowie die Vernachlässigung der intellektuellen Förderung von Mädchen und Frauen fort. Das von Spanien übernommene Privatrecht (auch: Bürgerliches Recht bzw. Zivilrecht) blieb – abgesehen von einer kurzen Unterbrechung – bis 1852 in Kraft, das spanische Strafrecht sogar ununterbrochen bis 1862. Kolonialzeitliche Verordnungen bezüglich Bergbau und Wassernutzung, Militär und Seefahrt behielten ihre Gültigkeit bis Ende des 19. beziehungsweise Anfang des 20. Jahrhunderts. Wie bisher organisierten und reglementierten die Zünfte das Gewerbe. In den landwirtschaftlichen Betrieben und in den Städten der Küstenregion bestand die Sklaverei fort. Nach kurzen Unterbrechungen wurde selbst der Indianertribut wieder eingezogen.

Dass sich Änderungen nur langsam durchsetzten, hing auch mit der starken monarchistischen Prägung zahlreicher Entscheidungsträger zusammen. So waren die beiden kreolischen Aristokraten José de la Riva Agüero und José Bernardo de Tagle y Portocarrero, die sich 1823 die Präsidentschaft streitig machten, in Spanien erzogen worden. Beide übernahmen nach ihrer Rückkehr Vertrauensposten innerhalb der vizeköniglichen Bürokratie. Und beide hatten spanische Verwandte und Freunde, weshalb sie gegen die Europaspanier gerichteten Vertreibungskampagnen ablehnten. Bei den Präsidenten La Mar, Gamarra, Santa Cruz und Castilla handelte es sich um ehemalige Offiziere der royalistischen Armee, die im opportunen Moment die Seiten gewechselt hatten. La Mar, um nur ein Beispiel zu nennen, kam 1817 als königlicher Truppeninspektor und Gouverneur des Callao nach Peru. Innerhalb von drei Jahren stieg er zum General auf. In der Festung Real Felipe isoliert, ergab er sich im September 1821 San Martín und wurde im gleichen Rang in die patriotische Armee übernommen.

Instabile Regierungen

Bis zur Mitte der 1840er-Jahre tobten in Peru zahlreiche Bürgerkriege. Außerdem führte das Andenland drei Kriege gegen Nachbarstaaten. In rascher Folge erzwangen Caudillos Regierungswechsel. Zwischen 1823 und 1826 lösten sich fünf Staatschefs ab (inklusive des großkolumbianischen Befreiungshelden Bolívar); von 1826 bis 1845 waren es nicht weniger als 15 Staatschefs. Kulminationspunkt des Präsidentenreigens war das Jahr 1844, in dem sich innerhalb weniger Monate vier Caudillos im Regierungspalast abwechselten. Nicht mitgerechnet ist dabei Ramón Castilla, der in diesem Jahr zum Staatsoberhaupt gewählt wurde. Das extreme Ausmaß der politischen Unbeständigkeit zeigt sich auch daran, dass zwischen 1823 und 1861 sieben Verfassungen veröffentlicht wurden, nebst einer noch höheren Anzahl an Wahlreglements und -gesetzen. Somit verwundert es nicht, dass der frühe peruanische Staat außerstande war, Pläne für mittel-, geschweige denn langfristige Projekte auszuarbeiten.

Die Caudillos Gamarra und Santa Cruz

In den politischen Turbulenzen der republikanischen Anfänge ragten zwei Mestizen hervor, die sich seit ihrer Jugend kannten: der Cusqueñer General Agustín Gamarra und dessen späterer Erzfeind Großmarschall Andrés de Santa Cruz. Die zwei entstammten dem royalistischen militärischen Establishment und wechselten erst spät – nach San Martíns Invasion – die Seite. Gamarra und Santa Cruz dienten unter Bolívar in hohen Kommandopositionen und beide waren in die zahllosen Intrigen involviert, welche die Politik der Nachunabhängigkeitszeit charakterisierten.

Nach dem Sieg der »Patrioten« in der Entscheidungsschlacht von Ayacucho rückte General Gamarra mit seinen Truppen am 25. Dezember 1824 in Cusco ein, wo er als Präfekt und Oberkommandant der südperuanischen Streitkräfte zwei Schlüsselämter besetzte. Während der Meuterei großkolumbianischer Truppen in Bolivien ließ Gamarra 1828 – offenbar eigenmächtig – 5000 peruanische Soldaten ins Nachbarland einmarschieren. Er erzwang den Rücktritt des schwer verletzten Staatspräsidenten Sucre und den Abzug der großkolumbianischen Truppen aus Bolivien. Im Juni 1829 veranlasste Gamarra die Deportation des regulär gewählten Präsidenten La Mar aus Peru. Ein neues Parlament ernannte den Putschisten am 31. August zum Übergangspräsidenten. Mittels einer fragwürdigen »Volkswahl« ließ sich Gamarra noch im gleichen Jahr zum neuen Präsidenten küren. In seiner vierjährigen Amtszeit überstand Gamarra über ein Dutzend Umsturzversuche. Er hielt sich an der Macht durch Repressionen auf der einen und einem Belohnungssystem auf der anderen Seite. Politische Widersacher, kritische Abgeordnete oder aufrührerische Offiziere wurden verhaftet und zum Teil auch deportiert. Durch Beförderungen und Vergünstigungen schuf er eine fügsame Militärclique. Er setzte ihm ergebene Offiziere als Präfekten ein, galt Gefälligkeiten mit Gehaltserhöhungen und Posten ab und manipulierte sowohl militärische Promotionen als auch Pensionierungen. Ein Resultat dieses willkürlichen Beförderungssystems war die Aufblähung des Offizierskorps, sodass das knapp 4000 Mann starke peruanische Heer 1000 Offiziere zählte. Während Gamarras erster Amtszeit bildeten liberale Oppositionelle und Santa Cruz die gewichtigsten politischen Gegner.

Vor seiner Wahl zum Präsidenten durch den bolivianischen Kongress am 31. Januar 1829 hatte Santa Cruz als enger Vertrauter Bolívars höchste militärische und politische Ämter in Peru innegehabt. Als Präsident Boliviens regierte Santa Cruz zehn Jahre lang diktatorisch, gestützt auf eine auf ihn zugeschnittene Verfassung, die zahlreiche Ähnlichkeiten mit Bolívars Konstitution (La Vitalicia) aufwies. Es gelang ihm, das zerrüttete Bolivien politisch und wirtschaftlich zu stabilisieren und das Land als Regionalmacht zu positionieren.

Im Jahr 1835 existierten in Peru nebeneinander ein provisorischer Präsident (Luis José de Orbegoso), ein Caudillo-Regime, das de facto einen großen Teil des Territoriums kontrollierte (Felipe Santiago Salaverry), und der Ex-Präsident Gamarra, der im Süden unter eigener Flagge autonom handelte. Von Orbegoso um Hilfe gebeten, marschierte Santa Cruz im Juni mit 5000 bolivianischen Soldaten in Peru ein. Die Bolivianer bereiteten Gamarras Truppen in der Schlacht von Yanacocha am 13. August eine vernichtende Niederlage. Am 7. Februar 1836 schlugen sie auch Salaverrys Truppen, wobei dieser und dessen wichtigste Offiziere gefangen genommen, vor Gericht gestellt und exekutiert wurden. Salaverry ausgeschaltet und der flüchtige Gamarra außer Landes, dekretierte Santa Cruz im Oktober 1836 in Lima die kurzlebige Peruanisch-Bolivianische Konföderation, bestehend aus Nordperu, Südperu und Bolivien. Im Folgejahr wurde Santa Cruz zum übermächtigen Protektor dieser drei Staaten. Seine Amtszeit betrug zehn Jahre und durfte beliebig oft verlängert werden. Dem nicht genug bestimmte der Protektor die Präsidenten der drei Staaten und auch gleich noch die Senatoren für die Bundesversammlung.

Was die Wirtschafts- und Handelspolitik betrifft, beabsichtigte Santa Cruz eine Neuorganisation des alten Handelsnetzes, dessen Zentrum die Silberstadt Potosí gewesen war und das während eines Großteils der Kolonialzeit Peru mit Hochperu verbunden hatte. Gleichzeitig strebte er Freihandelsabkommen mit dem nördlichen Atlantikgebiet und den USA an. Großbritannien, der wichtigste Handelspartner Perus, unterstützte Santa Cruz' Projekt, nicht zuletzt deshalb, weil es den Briten gelang, einen vorteilhaften Handelsvertrag mit der Konföderation auszuhandeln. Vehement dagegen waren Chile sowie diejenigen Eliten Limas und Nordperus, die geschäftlich mit dem südlichen Nachbarland verbunden waren und ihre wirtschaftliche Vormachtstellung bedroht sahen. Chile war nicht gewillt, die erst seit kurzem errungene Handelshegemonie im südlichen Pazifik widerstandslos aufzugeben, zumal die Beziehungen zur Konföderation vorbelastet waren: Verbannte chilenische Oppositionelle hatten von Peru aus einen (kläglich gescheiterten) Umsturzversuch organisiert, Peru hatte Schulden aus der Zeit der Unabhängigkeitskämpfe immer noch nicht beglichen und die Erhebung von Einfuhrzöllen in Lima benachteiligte die Exporte aus Valparaíso.

Nach einem gescheiterten Einfall in Südperu im Dezember 1836 verließ am 19. Juli 1838 ein zweiter chilenischer Truppenverband den Hafen Coquimbo. Unter den 5400 Mann befand sich auch General Gamarra. Am 20. Januar 1839 kam es bei Yungay im Callejón de Huaylas (Hochland des Dep. Áncash) zur Entscheidungsschlacht. Gegenüber standen sich die Konföderations-Armee mit Soldaten aus Bolivien, Nord- und Südperu und die chilenischen Invasoren, die von oppositionellen peruanischen Truppen unterstützt wurden. Mit 1400 Gefallenen und 1600 Gefangenen, die fast alle verwundet waren, erlitt Santa Cruz' Heer eine verheerende Niederlage. Der Protektor floh nach Guayaquil, geriet später in chilenische Gefangenschaft und wurde schließlich nach Europa abgeschoben.

Dank der chilenischen Waffenhilfe übernahm Gamarra erneut die Macht in Peru, vorerst als provisorischer (15. August 1839), dann als in allgemeinen Wahlen erkorener Präsident (Januar 1840). Freilich hielt er sich nicht bis zum regulären Ende seiner Amtszeit an der Macht. Während der abermaligen Invasion Boliviens fiel der Caudillo am 18. November 1841 in der Schlacht bei Ingavi.

Die Marschallin und Soldatenbräute (Rabonas)

Einen starken Einfluss auf die politischen Entscheide des Caudillos und Präsidenten Gamarra hatte dessen ehrgeizige Ehefrau Doña Francisca Zubiaga y Bernales. Bekannt und berüchtigt unter dem Namen La Mariscala (Die Marschallin), scheute sich Doña Francisca nicht, ihren Teil zu den zeittypischen politischen Intrigen beizusteuern. Die aus dem Dorf Huarcaray stammende Cusqueñerin, die einen Teil ihrer Jugend in einem hauptstädtischen Nonnenkloster verbracht hatte, bildete einen Kontrapunkt zu den verschleierten, koketten Limeñerinnen. Als reitende und waffenerprobte Kämpferin verkörperte sie einen neuen Typus von Frau: die Caudilla.

Im Alter von 22 Jahren ehelichte Doña Francisca 1825 den 18 Jahre älteren General, der damals Präfekt von Cusco war. Sie begleitete ihren Gatten auf zwei Feldzügen, die bis nach Bolivien führten. Dabei erwarb sie sich den Ruf einer unbändigen Frau, die problemlos mit dem rauen militärischen Leben zurechtkam und sogar gelegentlich die Befehlsgewalt übernahm. Während der kriegsbedingten Abwesenheit ihres Präsidenten-Gatten trug ihr persönlicher Einsatz maßgeblich zur Niederschlagung eines Staatsstreichversuchs durch den Vizepräsidenten La Fuente bei. Der US-amerikanische Marineoffizier William S. W. Ruschenberger bezeichnete sie in seinem Reisebericht als treffsichere Pistolenschützin, geschmeidige Fechterin und unerschrockene Reiterin, die kein Risiko scheute. Zu ihren Charakterzügen gehörten offenbar auch Skrupellosigkeit, Jähzorn und Rachsucht. So ließ sie im November 1832 den Herausgeber der oppositionellen Zeitung *El Telégrafo de Lima* von einem Soldatentrupp verprügeln. Anlässlich eines Tanzabends im Regierungspalast züchtigte sie vor versammelter Gästeschar einen Adjutanten mit der Peitsche, weil sich dieser mit einer Affäre mit ihr gebrüstet hatte. Als Regierungstruppen im Januar 1834 Gamarra im Regierungspalast von Lima umstellten, schlug sich die Marschallin mit ihr ergebenen Streitkräften zu ihrem Gatten durch und befreite ihn aus der Umzingelung. Doña Francisca starb verarmt und an Tuberkulose erkrankt am 8. Mai 1835 im Exil in Valparaíso, noch bevor sie ihr 32. Lebensjahr vollendet hatte.

Von feindlich gesinnten Zeitgenossen wurde Doña Francisca despektierlich als Mannweib gescholten, das sich mehr um öffentliche als um private Angelegenheiten kümmerte. Andere bezeichneten sie wegen ihrer angeblich zahlreichen Liebhaber als »Kleopatra« oder »Lebedame«. Allgemein galt sie als Herrin, die zu allem fähig war und auch nicht vor machiavellistischen Mitteln zurückschreckte, um ihre Ziele zu verwirklichen. Wie dem auch sei, sicherlich forderte die Marschallin die gängigen Vorstellungen über die Rolle der Frau und das Verhältnis zwischen den Geschlechtern heraus.

Wenn die Marschallin eine Ausnahmeerscheinung der Bürgerkriegsjahre darstellte, waren die Rabonas (Soldatenbräute) ein allgemeines Phänomen. Europäische Militärs und Zeitzeugen hielten mit Erstaunen fest, dass indianische Soldaten nicht ohne ihre Frauen ins Feld zogen. In seinen Memoiren schrieb der spanische General (und spätere Vizekönig) Pezuela, dass die Indianerinnen, welche die loyalistischen Truppen auf ihren strapaziösen Märschen durch Hochperu begleiteten, nicht weggewiesen werden konnten, ohne dass man Desertionen provoziert hätte. Darüber hinaus spielten diese Frauen als Köchinnen eine wichtige Rolle bei der Versorgung der Truppen. Der französische Vizekonsul Adolphe de Botmiliau, der von 1841 bis 1848 in Peru lebte, verglich einen peruanischen Heereszug mit einer indianischen Völkerwanderung. In einem Artikel für eine Pariser Zeitschrift notierte er:

»Es gibt nichts Seltsameres als den Aufbruch eines peruanischen Heeres zu einem Feldzug. Frauen und Kinder marschieren inmitten einer langen Soldatenkolonne mit, die sich verworren in die von den Führern angezeigte Richtung verschiebt. Dem Zug folgen schwer beladene Esel und Maultiere. Mit jedem Schritt drängen sie in die Marschreihen hinein. Für rein gar nichts ist vorgesorgt. Es fehlt an allem: an Verpflegung, der Versorgung und sogar dem Sold. Daher lebt man fast immer auf Kosten des Gebietes, durch das man zieht. Und die gewöhnlichen Soldatenbräute, bekannt unter dem Namen Rabonas, ersetzen die Militärverwaltung. Die Sitte, mit den Frauen in den Krieg zu ziehen, ist indianischen Ursprungs. Wenn man sie nicht erlaubte, wäre es unmöglich, auch nur einen einzigen Mann unter der Heeresfahne zu halten. Ob Ehefrau oder Konkubine, die Rabona begleitet ihren Mann überallhin und folgt ihm selbst auf den beschwerlichsten Märschen. Manchmal trägt sie ein Kind auf den Schultern, während ein zweites in ihrem Rückentuch ruht. Es gibt Berichte von Gewaltmärschen durch die Berge unter Führung des Generals Santa Cruz, bei denen täglich 20 Leguas zurückgelegt wurden. Immer dabei diese unermüdlichen Frauen, deren Ausdauer und Beharrlichkeit wirklich bemerkenswert sind. Freilich ist die Rabona eher die Sklavin als die Frau des Soldaten. Geschlagen und häufig misshandelt, rührt sie die von ihr zubereiteten Speisen erst an, wenn ihr roher Gefährte diese mit ihr zu teilen bereit ist. So beschwerlich und mühsam ein solches Leben auch ist, die Rabona scheint es zu mögen. Wenn der Soldat in die Kaserne einzieht, folgt sie ihm und kümmert sich dort um sämtliche Haushaltsangelegenheiten. Erfolgt ein neuerlicher Aufbruchsbefehl, macht sie sich frohgemut wieder auf den Weg.« (de Botmiliau, Adolphe 1850, La République Péruvienne, in: Revue des deux mondes, Paris, 1. April, 16–17)

Gesellschaft und Demografie

Auch nach der Verkündigung der Unabhängigkeit dominierten in Peru ein ausgeprägtes Kastendenken und ein markanter Rassismus. Ebenfalls bestehen blieb die extreme Ungleichheit zwischen einer kleinen, privilegierten Elite und der in äußerster Armut lebenden Bevölkerungsmehrheit. 90 % der Peruaner waren vom kommerziellen Konsum ausgeschlossen – sei es wegen des abgeschiedenen Wohnorts auf dem Lande, sei es, weil sie als Selbstversorger oder in leibeigenschaftsartigen Abhängigkeitsverhältnissen lebten. Auch an der Situation der Frau änderte sich kaum etwas. Das weibliche Geschlecht übte im Allgemeinen seine traditionelle Rolle im Dienste des Mannes aus. Ungeachtet ihrer wichtigen Beiträge während der Unabhängigkeitskriege schlossen die verschiedenen Verfassungen die Frauen vom Stimmrecht und von politischen Ämtern aus. Innerhalb der Familie blieb der Mann die maßgebende Autorität. Die Gesetzgebung definierte verheiratete Frauen als Minderjährige und zwang sie unter die Vormundschaft ihres Ehemannes. Einzig Witwen verfügten gesetzlich über eine gewisse finanzielle Unabhängigkeit. Sie durften Verträge unterschreiben und ihr Eigentum kontrollieren. Unter Elitefamilien bildete die Heirat nach wie vor Vertrag und Mittel, um die Ehre und den sozialen Status zu bewahren. Bei den Unter- und Mittelschichtspaaren blieb das Zusammenleben ohne formelle Heirat verbreitet.

Die langen Kriegsjahre wirkten sich verheerend auf ganze Landstriche, Dörfer und Städte aus. Weite Gebiete litten unter chronischen Unruhen und Gewalttätigkeiten. Versprengte Heerestruppen, Freischärler, Banditen und entlaufene Sklaven trieben vielerorts ihr Unwesen. Entlang der Küste, insbesondere in der Umgebung von Lima und Trujillo, waren Räuberbanden eine endemische Plage. Sie machten die Reiserouten unsicher und fielen gelegentlich auch brandschatzend in Dörfer und Weiler ein. Wohl am unverfrorensten und tolldreistesten ging die Bande des Schwarzen León Escobar vor. Seine Reiterhorde drang bis ins Zentrum von Lima vor, wo die Übeltäter prunkvolle Wohnhäuser plünderten und selbst den Erzbischofs- und den Präsidentenpalast nicht verschonten. Solchen Räuberbanden schlossen sich mitunter schwarze Frauen an, die sogar als Anführerinnen in Erscheinung traten.

Trotz der langen Kriegsjahre nahm die Bevölkerung langfristig zu. Zählte Peru um 1792 rund 1,15 Millionen Einwohner, so ergab der erste Zensus der Republikzeit im Jahre 1836 eine Bevölkerungszahl von rund 1,4 Millionen. Der zweite Zensus im Jahre 1850 wies zwei Millionen aus. Gebremst wurde das Bevölkerungswachstum durch die Grenz- und die Bürgerkriege, durch Unterernährung, prekäre hygienische Bedingungen und Krankheiten. Zwar minderten die gegen Ende der vizeköniglichen Ära eingeführten Impfungen die Pockengefahr, aber Malaria und Tuberkulose waren nach wie vor stark verbreitet. Im Hochland suchte das Oroya-Fieber die Bevölkerung heim. Wie fast überall auf der Welt forderten Typhus, Pest und Cholera zahlreiche Opfer.

Von 1827 bis 1850 nahm der Anteil der Hochlandbewohner an der Gesamtbevölkerung von 77 % auf 80 % zu. Größte und bedeutendste Stadt blieb Lima, obschon deren Einwohnerzahl von 64 000 im Jahr 1820 auf knapp 56 000 im Jahr 1836 zurückging. Die Städte waren verhältnismäßig klein, wobei Arequipa, Cusco und Trujillo ungefähr halb so viele Einwohner wie Lima zählten. Innerhalb der hauptstädtischen Bevölkerung bildeten die Handwerker, die häufig lesen und schreiben konnten, ein unruhiges Element. So beteiligten sie sich Mitte der 1830er-Jahre an den verschiedenen Protestaktionen gegen ausländische Handelshäuser, die durch ihre Importe mit der lokalen Produktion konkurrierten. Limas Indianer arbeiteten als Krämer, Handwerker und Dienstboten und waren auch unter den Sattlern, Silberschmieden und Posamentern prominent vertreten. Die freien Schwarzen übten oftmals dieselben Tätigkeiten aus wie ihre versklavten Brüder. Zur großen Masse der ungelernten Arbeitskräfte zählten Tagelöhner, Wander- und Gelegenheitsarbeiter. Frauen verdienten sich ihren Lebensunterhalt als Kleinhändlerinnen, Dienstpersonal, Wäscherinnen, Näherinnen, Hausmädchen oder Hebammen.

Die Mehrheit der peruanischen Bevölkerung bildeten Indianer beziehungsweise Personen, die als solche klassifiziert wurden. 1827 betrug ihr Anteil an der Gesamtbevölkerung 61,6 %, verglichen mit 58 % im Jahr 1795 beziehungsweise knapp 58 % im Jahr 1876. Bis zur Jahrhundertmitte verzeichnete das südliche Hochland – die Departements Puno, Cusco, Ayacucho und Arequipa, wo die Hälfte aller Peruaner lebte – ein nachhaltiges Bevölkerungswachstum. Während die Gesamtwirtschaft darniederlag, erholte sich der bäuerlich-indianische Sektor sichtbar, wie etwa das Aufblühen der andinen Märkte zeigt. Wie bereits zur kolonialen Zeit waren die Grenzen zwischen Indianern und anderen Bevölkerungsgruppen fließend. Der Begriff »Indio« hatte sich mehr und mehr von seiner ethnischen Bedeutung zu einer negativ besetzten soziokulturellen Kategorie gewandelt. Kulturelle Kennzeichen waren das Sprechen einer indianischen Sprache – Quechua, Aymara oder eine amazonische Sprache – Kleidung, Essgewohnheiten, notdürftige Behausungen und einfache Produktionsformen. Für den Staat bildete der Begriff letztlich eine fiskalische Kategorie: Indianer war, wer die Kopfsteuer bezahlte und wer – wie unter spanischer Herrschaft – zu unbezahlten Zwangsarbeiten herangezogen werden konnte.

Indianer

Bolívar erließ mehrere Dekrete, die auf eine rechtliche Gleichstellung der Indianer und deren Integration in die Marktwirtschaft zielten. Nachdem er San Martíns Verbot des Indianertributs bekräftigt hatte, unterzeichnete er 1825 drei weitere Verordnungen. Mit der ersten schaffte er das Amt eines Curacas (Häuptling) wie auch sämtliche Adelstitel definitiv ab. Mit der zweiten hob er die Institution des kollektiven indianischen Gemeindelandes auf. Und mit dem dritten betätigte er die Annullierung der persönlichen indianischen Dienstpflichten bzw. Fronarbeiten. Durch die Aufhebung des Curaca-Amts und sämtlicher adliger Privilegien verschwand der indianische Erbadel endgültig. Die vermögendsten und machtvollsten unter den ehemaligen Curacas gingen in der republikanischen Elite auf. Andere bildeten als erfolgreiche Gewerbetreibende oder Händler Teil der städtischen, bürgerlichen Mittelschichten. Wieder andere wurden von der Masse der ländlichen indianischen Bevölkerung absorbiert. An die Stelle der Curacas traten die indianischen Dorfvorsteher (Alcaldes de Indios). Aus diesem Amt gingen die bis heute existierenden Alcaldes-Vara oder Varayoqs hervor, benannt nach ihrem Herrschaftszeichen (einem silberbeschlagenen, zepterartigen Stab aus dem Hartholz der Chonta-Palme). Die Alcaldes nahmen eine Mittlerfunktion ein zwischen den Funktionären des Zentralstaates (Gouverneur; stellvertretender Gouverneur) und der ländlichen Bevölkerung. Sie zogen die Steuern ein, regelten gemeindeinterne Angelegenheiten beziehungsweise solche von öffentlichem Interesse wie die Abfallbeseitigung, die Nachrichtenübermittlung oder die Aufsicht über das Gefängnis.

Im Gegensatz zur Abschaffung des Curaca-Amts erwiesen sich Bolívars andere Dekrete als nicht praktikabel. Bereits 1826 führte der finanzschwache Staat den Indianertribut unter der neuen Bezeichnung Contribución indígena (Eingeborenenabgabe) wieder ein. Begründet wurde dieser Schritt einerseits damit, dass die Mehrheit der Indianer nach wie vor in ländlichen Gemeinschaften mit kommunalem Bodenbesitz lebte, weshalb der Landbesitz nicht individuell besteuert werden könne. Andererseits kauften die meisten Indianer als weitgehende Selbstversorger kaum Importgüter oder sonstigen Produkte, sodass der Fiskus von dieser

Seite keine namhaften Zoll- oder Konsumentenabgaben erwarten durfte. Die rasche Wiedereinführung des Tributs lag durchaus im Interesse der begüterten Kreolen, die sich weigerten, direkte Steuern zu zahlen oder Anleihen zur Finanzierung des Staatshaushaltes zu zeichnen. Durch die Privatisierung des kollektiven Landbesitzes wollte Bolívar eine Klasse von prosperierenden, in die Marktwirtschaft integrierten Kleinbauern schaffen. Da sich nach dem Inkrafttreten der Verordnung der Zugriff von Nichtindianern auf privatisiertes Gemeinschaftsland massiv verstärkte, ratifizierte der Kongress 1828 ein neues Gesetz, das den Verkauf solcher Ackerlose stark einschränkte. Selbst die kolonialen Fronarbeiten und persönlichen Dienstpflichten wurden unter neuem Namen durch die Hintertür wieder eingeschmuggelt. Unter der Bezeichnung Servicio a la República (Republiksdienst) mussten die Indianer für eine gewisse Zeit unentgeltlich für den Staat arbeiten, zum Beispiel beim Straßenbau oder bei sonstigen Projekten zur Verbesserung der Infrastruktur. Häufig eigneten sich lokale Machthaber im Landesinnern diese dem Staat geschuldeten Arbeitsleistungen zu ihrem persönlichen Vorteil an. Überdies sorgten die Mechanismen der Schuldknechtschaft und Gesetze zur Bekämpfung des Vagabundentums dafür, dass die kolonialen Arbeitszwänge in neuem Gewand weiterexistierten.

Um ihrer Steuerpflicht nachzukommen, mussten die Indianer wie bis anhin ihre Arbeitskraft außerhalb des Dorfes anbieten oder ihre landwirtschaftlichen Erzeugnisse vertreiben, wovon Grundbesitzer, Unternehmer im Bergbau und Händler gleichermaßen profitierten. Für viele ländliche Indianer blieb das Leben auch in republikanischen Zeiten prekär. Zwar blieb die koloniale Mita im Bergbau – insbesondere in den gefährlichen Minen von Potosí und Huancavelica – definitiv verboten. Aber sonstige Formen von Fronarbeiten, Ausbeutungsmechanismen und Druckmittel hielten sich hartnäckig: Die Armee rekrutierte unter Zwang indianische Soldaten, die Kirche verlangte Sonderabgaben und Händler manipulierten Gewichte und Preise. Innerhalb der Haciendas herrschten nach wie vor quasifeudalistische Abhängigkeitsverhältnisse, während die Bestrebungen zur Privatisierung von Gemeinschaftsland im schlimmsten Fall zum Verlust von Grund und Boden führten. Ohne besonderen Schutz und ohne Zugang zu Investitionskapital oder staatlicher Hilfe verschuldeten sich manche indianische Kleinbauern bei mächtigen Landbesitzern. Zur Begleichung ihrer Schulden mussten sie Landparzellen abtreten, und nicht selten endeten sie in Schuldknechtschaft gefangen als billige, hörige Arbeitskräfte innerhalb einer Hacienda.

Der Aufstand von Huanta

Während der Unabhängigkeitskriege kämpften Indianer sowohl auf »patriotischer« wie auch auf royalistischer Seite. Indianisch geprägte Hochlandgebiete wie Huanta, Castrovirreina oder Abancay blieben weitgehend königstreu. Ihre Bewohner sahen im spanischen Monarchen den Garanten herkömmlicher Rechte und bekämpften die »patriotischen Befreier«, die von ihnen Abgaben und Soldaten forderten. Im Gegensatz zu den übrigen royalistischen Hochburgen setzte die Landbevölkerung im Gebiet von Huanta den Widerstand auch nach der Niederlage in der Entscheidungsschlacht von Ayacucho fort. Ein Teil der Geistlichen und der Hacienda-Besitzer sowie Landarbeiter, Maultiertreiber und Coca-Händler unterstützten die Aufständischen, die in den von ihnen kontrollierten Gebieten ein eigenständiges Regime etablierten. Die Rebellen hatten ihre eigenen Autoritäten, darunter »Subdelegierte«, die Recht sprachen, für Ordnung sorgten, den moralischen Lebenswandel überwachten und Arbeitskräfte für den Unterhalt von Straßen und Brücken mobilisierten. Sie erhoben Steuern, die sie für militärische Zwecke (Sold, Verpflegung, Waffenkäufe) verwendeten. Damit waren sie in der Lage, den Aufstand ohne jegliche fremde Hilfe zu finanzieren. Oberkommandant der bunt zusammengewürfelten Truppen aus indianischen Kleinbauern, Hacienda-Arbeitern, ehemaligen Offizieren des königlichen spanischen Heeres und Deserteuren der republikanischen Armee war Antonio Abad Huachaca. Von diesem ehemaligen Maultiertreiber hieß es, Vizekönig La Serna habe ihn persönlich in den Rang eines Generals erhoben.

Mit Versprechungen, Amnestieangeboten, aber auch mit Strafexpeditionen versuchten die verschiedenen Führer der jungen peruanischen Republik, den Widerstand zu brechen. Ohne Erfolg: Am 12. November 1827 fielen Aufständische in Huanta ein und besetzten die Stadt. Gut zwei Wochen später setzten 1500 Rebellen zum Sturm auf die Departementshauptstadt Ayacucho an. Die Verteidiger wehrten die Attacke ab, wobei sie rund 300 Angreifer töteten. Verfolgt von republikanischen Truppen, floh der Rest in die schwer zugänglichen Berggebiete. Die anschließende Repressionskampagne dauerte sieben Monate und kostete Hunderte von Menschenleben. Orte wurden gebrandschatzt und zahlreiche Aufständische gefangen genommen und vor Gericht gestellt. Mehrere flüchtige Rebellenführer nahmen Amnestieangebote an und legten die Waffen nieder. Vom Aufgeben wollte dagegen der Oberkommandant Huachaca nichts wissen, der sich einer Verhaftung entziehen konnte. In den 1830er-Jahren griff er erneut zu den Waffen und mobilisierte seine Freischärler; jetzt, um auf Betreiben des Präsidenten Orbegoso gegen die Truppen des Caudillos Gamarra zu kämpfen.

Die Rebellion von Huanta war der einzige große Aufstand der Landbevölkerung in den ersten vier Jahrzehnten der Republikzeit. Sie zeigt den Aufstieg eines neuen Typus vom indianischen oder mestizischen Bauernführer, dessen Autorität weder durch adlige Abstammung noch durch ein Gemeindeamt legitimiert war. Für die meisten dieser Campesino-Führer war der Monarchismus mehr nützliches Instrument als tiefgründige Überzeugung. Die Berufung auf den spanischen König Ferdinand hatte primär eine symbolische Bedeutung, war eine Quelle des Prestiges und der Legitimation. Tatsächlich ging es um die Durchsetzung von Partikularinteressen, wie das Militärbündnis zwischen Oberkommandant Huachaca und Präsident Orbegoso zeigt. Als Gegenleistung für die Waffenhilfe erhielten Campesino-Führer Posten in den unteren Rängen der staatlichen Administration. Auch Huantas Dorfgemeinschaften profitierten. Denn Orbegoso erfüllte mehrere ihrer Forderungen, angefangen bei der Festlegung der Distriktgrenzen über die Befreiung von Tributzahlungen bis

> zum Recht, eigene Kandidaten zu Distriktsautoritäten (Gouverneure, Friedensrichter) zu ernennen, selbst wenn diese Analphabeten waren.
> Huanta zeigt beispielhaft, wie die Landbevölkerung aktiv ins politisch-militärische Geschehen eingriff und sich Freiräume schuf. Die konfliktreichen Jahre zwischen 1820 und 1850 eröffneten indianischen Gemeinschaften im Hochland Möglichkeiten zum Eingehen neuer Bündnisse, bestenfalls auch zur Rückgewinnung verlorener Ländereien oder zur Übernahme von politischen Ämtern durch selbst bestimmte Kandidaten.

Dschungelindianer

In der ersten Dekade der Nachunabhängigkeitszeit kamen die Missionstätigkeit und die Kolonisation in den peruanischen Dschungelgebieten praktisch zum Stillstand. Viele Missionare kehrten nach Europa zurück. Nur mehr vier Franziskanermönche blieben im riesigen Territorium von Maynas, während lediglich einer am Río Ucayali die Stellung hielt. 1824 verfügte Bolívar das Ende der franziskanischen Missionsarbeiten. Er ließ den Hauptsitz Santa Rosa de Ocopa konfiszieren und in eine weltliche Schule umwandeln. Zwölf Jahre später wurde diese Verfügung wieder aufgehoben und die Wiedereröffnung des Klosters als Missionszentrum verordnet. Im Februar 1838 trafen annähernd 20 Franziskanermönche aus Europa in Ocopa ein – eine Zahl, die 1878 auf 46 anwuchs.

Während der ersten Hälfte des 19. Jahrhunderts verließ ein Großteil der Dschungelindianer die Missionsdörfer. Sie verstreuten sich in den Wäldern oder gründeten selbständig neue unabhängige Ortschaften. Andere, wie die Aguarunas und Huambisas, griffen zu den Waffen und versuchten mit Gewalt, die Siedler aus ihren Territorien zu vertreiben. 1841 gründeten Kolonisten, die den Überfall der Huambisas auf den Hauptort Borja überlebt hatten, die heutige Dschungelmetropole Iquitos. Zehn Jahre später traf der US-amerikanische Marine-Leutnant Wm. Lewis Herndon dort rund 200 Einwohner an, die in äußerst primitiven Verhältnissen lebten.

Nach wie vor scheuten viele Dschungelindianer keine Mühe, um sich westliche Produkte, insbesondere Waffen und Gerätschaften aus Eisen, zu beschaffen. Der Kleinhandel mit Gummi und Harzen, Pflanzenfasern, Kakao, Vanille, Tabak und Gold nahm beträchtlich zu. Zusätzlich zu diesen Produkten tauschten die Indianer gesalzenen Fisch, Wachs, Seekuhschmalz, Schildkröteneier und -fett gegen Werkzeuge, Waffen, Baumwollgewebe oder auch billige Perlen. Zwischenhändler verkauften die eingehandelte Ware an der brasilianischen Grenze mit satten Gewinnen, während die Indianer ihr Arbeitspensum ständig erhöhen mussten, um an die begehrte westliche Ware zu kommen.

Wo sich der Würgegriff von Siedlern, Patrons und Missionaren lockerte, erlebten die Dschungelvölker eine Renaissance. Die Anzahl an unabhängigen Lokal-

Abb. 7: Pfahlbauten am Río Ucayali (Dep. Loreto und Dep. Ucayali).

gruppen und Dörfern stieg an, besonders unter den Quechua sprechenden Gemeinschaften nördlich des Río Marañón. Vom Verfall der kolonialen Strukturen profitierten allerdings nicht alle Dschungelindianer. Bewohner von langjährigen Missionsstationen in der Nähe von Mestizo-Ortschaften wie die Lamistas, die Cocamilla oder Chayavita wurden sogar noch stärker ausgebeutet als zuvor. Skrupellose republikanische Funktionäre verschärften das von den Missionaren eingeführte Regime der Zwangsarbeiten und bereicherten sich durch illegale Zwangsverkäufe. Die langen Dienstpflichten (etwa zur Abwehr portugiesischer Vorstöße) oder die willkürlich befohlenen Fronarbeiten (beispielsweise für den Bau von Schiffen und Kanus) führten mehrfach zu lokalen Aufständen.

Sklaven

Im Jahr 1818 trafen die letzten Bozales – Sklaven, die direkt aus Afrika kamen und nicht an die hispanische Kultur assimiliert waren – in Peru ein. Wie ihre Vorgänger vermischten sie sich allmählich mit Angehörigen anderer Ethnien. Dies führte zu einer Verkümmerung oder den Verlust von Sprachen, Religionen,

Sitten und weiteren Ausdrucksformen der afrikanischen Kulturen. In Stadt und Land verrichteten schwarze Sklaven die harten und verschmähten manuellen Arbeiten. In den Küstenstädten arbeiteten sie als Bauarbeiter, Wasserträger, Maultiertreiber, Handwerker, Kunsthandwerker und Hausknechte. In Lima betätigten sie sich hauptsächlich als Lastträger und Wasserverkäufer, daneben auch als Schuhmacher, Maurer, Maler oder Nachtwächter. Andere transportierten auf Eseln Pferdefutter von den Haciendas in die Stadt. In der Umgebung der größeren Küstenstädte bestellten Sklaven die Gemüsegärten, die die Städte belieferten. Derweilen waren Sklavinnen als Hausgesinde, Ammen, Wäscherinnen, Näherinnen oder Straßenverkäuferinnen tätig.

In der Hauptstadt ging die Anzahl unfreier Schwarzer kontinuierlich zurück: von 8589 Menschen im Jahr 1818 auf 5791 im Jahr 1836 und geschätzte 4500 Personen im Jahr 1845. Bis zur Abschaffung der Sklaverei im Jahre 1854 kauften sich etwa 40 bis 60 % der Limeñer Sklaven durch eigene Anstrengungen frei. Vom Rest erhielt ungefähr ein Drittel die Freiheit geschenkt. Von dieser Form der Belohnung profitierten in erster Linie Sklavinnen, die in den Privathaushalten Vertrauensposten innegehabt hatten. Ein Teil der Freigelassenen fand als Selbständige im Gastgewerbe oder im Kleinverkauf ein Auskommen. 1846 befanden sich 45 % der in Lima registrierten Spelunken (Chinganas) und 20 % der Kramläden mit Alkoholausschank im Besitz von Schwarzen.

Inventarlisten verschiedener Landwirtschaftsbetriebe zeigen, dass die Anzahl ihrer Sklaven zwischen 1836 und 1845 durchschnittlich um 60 % abnahm. Einzig die größten und finanzkräftigsten Zuckerrohr-Haciendas konnten ihren Sklavenbestand mehr oder weniger wahren. Kleinere Betriebe dagegen waren außerstande, geflohene Sklaven zurückzugewinnen, geschweige denn neue zu erstehen. Außerdem stieg die Anzahl derjenigen, die sich aus eigener Kraft freikauften. Um Geld für die Verpflegung zu sparen und um die Sklaven an die Hacienda zu binden, überließen Plantagenbesitzer ihren Sklaven Landparzellen zur Selbstversorgung. Sie erlaubten ihnen die Bewirtschaftung an bestimmten Tagen oder zu vorgegebenen Zeiten. Fleißige Sklaven verkauften ihre Überschüsse und sparten so lange, bis sie genügend Geld für den Freikauf zusammen hatten. Verglichen mit den ländlichen Sklaven gab es für die städtischen mehr und bessere Verdienstmöglichkeiten, sei es durch den Verkauf von selbst zubereiteten Esswaren, sei es durch Extraleistungen im Handwerk, im Gewerbe oder im Hausdienst. Auch war die Bewegungsfreiheit in der Stadt größer. Gang und gäbe waren zeitlich befristete Arrangements, bei denen ein Sklave im Auftrag seines Herrn für eine Drittperson arbeitete. Den Lohn musste der Sklave zum größten Teil dem Herrn oder der Herrin abliefern, doch blieb ihm zumeist ein bescheidener Restbetrag. Nicht alle Sklaven lebten im Haushalt ihres Herrn. Einige wohnten in abgesonderten Unterkünften, andere führten einen eigenen Hausstand mit Frau und Kindern. Renitenten Sklaven drohte die Platzierung in einer der zahlreichen Bäckereien, die wegen der harten Arbeitsbedingungen und der strengen Körperstrafen gefürchtet waren. Die Strafarbeit in den verhassten Bäckereien – wahre Gefängnisse, in denen die Sklaven außer der Bruthitze der Öfen und den langen Arbeitstagen auch den Halsstock (Cepo), Fußeisen, Ketten und Peitschen erdulden mussten – wurde erst gegen Ende der 1850er-Jahre abgeschafft.

Personen unterschiedlicher Abkunft

Mestizen – Menschen mit einem weißen und einem indianischen Elternteil – waren im regionalen Handel und Transportwesen tätig. Sie besetzten die niedrigen Verwaltungsämter, arbeiteten im Bergbau oder als unabhängige Kleinbauern in der Landwirtschaft. Letztere unterschieden sich durch privaten Landbesitz, individuelle Produktionsweise und durch eine stärkere kulturelle Assimilation von den Bauern der Dorfgemeinschaften. Als Mestize war man von der Eingeborenenabgabe (Contribución indígena) befreit. In den isolierten binnenländischen Gebieten stuften jedoch die Steuerbeamten viele verarmte Mestizen als »Indianer« ein, wodurch sie den Eingeborenentribut bezahlen mussten. In den zahlreichen Dorfgemeinschaften der Region Cusco lebten Mestizen und Indianer Seite an Seite. Oftmals gelang es Mestizen, Gemeinderatsämter zu monopolisieren und das Amt des Tributeintreibers zu besetzen. Damit schufen sie die Voraussetzungen zur Ausweitung ihrer privaten Ländereien auf Kosten des kommunalen Landbesitzes. Durch die Übernahme staatlicher Ämter wie durch die Kontrolle des regionalen Handels und Transports nahmen zweisprachige Mestizen eine gesellschaftliche Vermittlerposition zwischen den Eliten und den nicht-weißen Unterschichten ein. Die geschäftstüchtigsten Mestizen erstanden Landparzellen an zukunftsträchtigen Lagen wie an Stadträndern oder in den unteren Flusstälern der Küste.

Die Unabhängigkeitszeit eröffnete Schwarzen bzw. Schwarzen mit gemischter Abstammung neue Karrierechancen. Auf den politischen Publizisten Bernardo Monteagudo, der unter San Martín zum mächtigen Innenminister Perus aufstieg, ist bereits hingewiesen worden. Erfolge als Künstler konnten die beiden Maler Gil de Castro und Pancho Fierro verbuchen. Gil kam 1785 in Lima als Sohn eines Hauptmanns einer Mulattenmiliz und einer freigelassenen Sklavin zur Welt. Mit seinen Porträts, die einige der führenden Köpfe der Unabhängigkeitskriege abbilden, brachte er es zu flüchtiger Berühmtheit. Francisco (auch: Pancho) Fierro (1809–1879) – unehelicher Sohn eines Limeñer Aristokraten und Prälaten sowie der Sklavin Carmen Palas – war ein Autodidakt, der in Hunderten von humorvollen Aquarellen ein Potpourri volkstümlicher Figuren und Gestalten auferstehen ließ.

Einen eindrucksvollen Werdegang verzeichnete José Manuel Valdés (auch: Valdez). Mittels einer Spezialgenehmigung legte der hochbegabte Sohn eines Indianers und einer freien »Mulata« noch in der Kolonialzeit die Prüfungen zum Doktor der Medizin ab (1806). Zehn Jahre später wurde er zum Mitglied der Königlichen Medizinischen Akademie von Madrid ernannt. Valdés gehörte zu den Unterzeichnern der Unabhängigkeitsakte (15. Juli 1821), und er stand dem Protektor San Martín als Arzt mit Rat und Tat zur Seite. Vielfach talentiert schuf er sich nicht nur als Mediziner und Chirurg einen Namen, sondern auch als Artikelschreiber, Literat und Dichter, als Verfasser theologischer und historischer Werke sowie als Parlamentarier. Höhepunkte seiner akademischen Laufbahn war der Aufstieg zum Oberarzt der Republik (Protomédico general) im Jahr 1836 und die Beförderung zum Direktor des Kollegiums für Medizin und Chirurgie vier Jahre später.

Die Kirche

Im Verlauf des 18. und 19. Jahrhunderts büßte die Institution Kirche viel von ihrem sagenhaften Vermögen und Reichtum ein. Bereits die Bourbonen hatten mit der Säkularisierung von kirchlichem Eigentum begonnen, indem sie ab 1767 die jesuitischen Besitztümer konfiszieren ließen. In den Turbulenzen der Unabhängigkeitskämpfe verlor die Kirche einen weiteren Teil ihrer Reichtümer. Außerdem leiteten die republikanischen Regierungen Schritte ein, um Besitztümer der Diözesen und der religiösen Orden in staatliche Hände überzuführen. Ein Regierungsdekret vom 28. September 1826 befahl die Auflösung von Ordensgemeinschaften, die weniger als acht Mitglieder zählten. Innerhalb von drei Jahren wurden 56 Männer- und drei Frauenklöster aufgehoben und deren Besitztümer dem Staat übertragen. Weil auch noch viele steuerrechtliche Privilegien im Lauf der Jahre wegfielen, stammten die Einkommen von Bischöfen, Priestern und religiösen Organisationen immer seltener aus unabhängigen kirchlichen Ressourcen. Mehr und mehr hingen sie von den Spenden der Gläubigen, von Donationen, dem Zehnten und von staatlichen Zahlungen ab.

Abb. 8: Arequipa (»die weiße Stadt«): Kathedrale und Hauptplatz während eines Streiks von Minenarbeitern.

Auch nach der Unabhängigkeit blieb Peru strikt römisch-katholisch, ohne Religionsfreiheit zu gewähren. Die Verfassung von 1823 legte unmissverständlich fest, dass die peruanische Republik katholisch, apostolisch und römisch sei. Ungeachtet dieses klaren Glaubensbekenntnisses dauerten die Spannungen mit dem

Vatikan fort. Abgesehen vom Arequipeñer Bischof José Sebastián Goyeneche y Barreda verließen sämtliche Bischöfe Peru. In Lima blieb der Bischofssitz von 1821 bis 1835 unbesetzt, in Trujillo von 1820 bis1836, in Ayacucho von 1821 bis 1843 und in Cusco von 1826 bis 1844. Die langen Vakanzen führten zu Führungs- und disziplinarischen Problemen. Priesterweihen fielen aus, Pfarreien blieben unbesetzt, und allgemein mangelte es an Priestern und Ordensgeistlichen. Erst nach langwierigen Verhandlungen akzeptierte der Heilige Stuhl 1834/35, dass die kirchliche Schirmherrschaft (Patronat) von der spanischen Krone auf die peruanische Republik übergegangen war. Erneut reisten europäische Missionare und Priester ins Andenland ein. Mehrheitlich waren sie streng päpstlich und erzkonservativ. Der Pluralismus, der die Kirche zuvor gekennzeichnet hatte, machte einer Uniformität Platz mit einheitlichen Vorstellungen bezüglich Religion, Politik und Gesellschaft. Liberale Kleriker, die die Unabhängigkeit aktiv unterstützt und eine wichtige Rolle bei der Formierung des neuen republikanischen Staates gespielt hatten, machten einen Gesinnungswandel durch oder wurden marginalisiert. Beispielsweise wandelte sich Francisco Javier de Luna Pizarro vom liberalen Ideologen zum konservativen Kirchenverteidiger. Seinen liberalen Überzeugungen treu blieb dagegen Francisco de Paula González Vigil, ein Kongressabgeordneter, standhafter Verteidiger demokratischer Rechte und langjähriger Direktor der Nationalbibliothek (1836–1838; 1845–1875). Die konsequente Verteidigung der Unabhängigkeit der peruanischen Staatskirche gegenüber den Einmischungsversuchen des römischen Zentralismus, die in seinem umfangreichen Schrifttum ihren beredten Niederschlag fand, trug ihm die päpstliche Exkommunikation ein. Luna Pizarro stieg dagegen zum Erzbischof von Lima auf. Unter ihm öffnete das konservative Priesterseminar Santo Toribio 1847 erneut seine Tore, während liberale Kleriker mehr und mehr ins Abseits gedrängt wurden. Zwanzig Jahre nach der Verkündigung der Unabhängigkeit hatte die Kirche viel von ihrer früheren Stärke und Geschlossenheit zurückgewonnen. Obwohl sie rein formell einen Modus Vivendi mit der Republik eingehen musste, übte sie ähnlich wie zu Kolonialzeiten einen starken Einfluss auf alle sozialen Schichten der peruanischen Gesellschaft aus.

Wirtschaft und Handel

Die langen Jahre der Kriege, der internen Machtkämpfe und der politischen Instabilität waren Gift für die wirtschaftliche Entwicklung. Die Produktion, die Exporte und die Steuereinnahmen stagnierten oder gingen zurück. Von einer Geldwirtschaft konnte nicht die Rede sein, denn nur etwa ein Viertel der Bevölkerung nutzte täglich Geld als Zahlungsmittel. Sowohl die schwierige Topografie wie der schlechte Zustand der Verbindungswege als auch die geringe Bevölkerungszahl, der Arbeitskräftemangel sowie das Fehlen eines adäquaten Geld- und Steuersystems erschwerten die Entwicklung eines nationalen Binnenmarktes. Die meisten Gütertransporte wickelten sich auf prekären Wegen auf den Rücken von Lamas und Maultieren ab. Etwas einfacher gestaltete sich der Transport entlang der Küste, wo Segelschiffe bereitstanden.

Kriegsbedingt brach in den 1820er-Jahren die Produktion im Bergbau und in der Landwirtschaft sowie im Handwerk und im Gewerbe ein. Textilmanufakturen, große Haciendas oder Bergwerke stellten ihren Betrieb ein. Der Außenhandel sowie der interregionale Handel gingen empfindlich zurück. Die Wirtschaft splitterte sich in ein Mosaik regionaler Ökonomien auf, in denen die Landwirtschaft dominierte und die, von wenigen Ausnahmen abgesehen, kaum Außenverbindungen aufwiesen. In Bedrängnis gerieten auch ehedem prosperierende Küstenregionen wie das Cañete- oder das Pisco-Tal. Von den Zuckerrohr-Haciendas des Cañete-Tals konnte nur eine den Ruin abwenden. Im nahen Pisco-Tal fiel die Produktion von Zucker und Wein auf einen Viertel der Vorkriegsjahre. Im Jahr 1830 exportierte Peru nur noch rund 400 Tonnen Zucker, gegenüber geschätzten 1725 Tonnen im Jahr 1793. Die starken Schwankungen des Zuckerpreises, der zwischen 1829 und 1839 eine langwierige Flaute erlebte, machten den Produzenten stark zu schaffen. In dieser Zeit verlor Peru auch noch den traditionellen Hauptabnehmer für Zucker, da Chile eine diskriminierende Steuer auf peruanischen Zucker erhob und damit Lieferanten aus Brasilien, Kuba und den Antillen begünstigte. Besser als der schwer gebeutelten Zentralküste erging es der nördlichen Küstenzone und gewissen Gebieten im Hochland. An der Nordküste behauptete sich die auf britisches Kapital gestützte und mit schwarzen Sklaven betriebene Latifundienwirtschaft. Im Hochland konnten sich Latifundien mit einer abhängigen indianischen Arbeiterschaft nicht nur halten, sondern in gewissen Fällen sogar ihre Flächen weiter ausdehnen. So ging in der zentralen Sierra der Wiederaufbau der Landwirtschaft von Haciendas aus, die ihre Produkte selbst vermarkteten und auf Kosten von Gemeinden und Kleinbetrieben expandierten.

Von der desolaten wirtschaftlichen Lage war auch das Zugpferd der peruanischen Ökonomie, der Silberbergbau, betroffen. Die verschiedenen Caudillos der Republikzeit hoben Kleinbauern (Campesinos) aus und beschlagnahmten Transporttiere, die damit nicht mehr im Bergbau eingesetzt werden konnten. Zudem requirierten sie Kapital, zerstörten Maschinen, Gruben und Werkplätze. Staatlicherseits konnte der Minensektor nur mehr auf geringe Unterstützung zählen. Vom Protektionismus der Kolonialzeit ging die Entwicklung zu Liberalisierungen über, die den Bergbau den freien Marktkräften auslieferten. Das bedeutete, dass der Sektor weit stärker als bisher altbekannte Probleme wie den Arbeitskräfte- und den Kapitalmangel oder die Versorgung mit unentbehrlichen Hilfsmitteln (Quecksilber, Sprengstoff, Salz, Stahlwerkzeuge) selbst bewältigen musste. Während Jahrzehnten beschränkten die republikanischen Behörden ihre Hilfe auf administrative Maßnahmen, um den Bau von Entwässerungsstollen und die Installation von dampfbetriebenen Entwässerungspumpen voranzutreiben. Erst in den 1870er-Jahren ließen sie dem Sektor auch substanzielle Finanzhilfen zukommen.

Seit Ende des 18. Jahrhunderts war Cerro de Pasco das wichtigste Bergbauzentrum Perus. Im 19. Jahrhundert produzierten seine Gruben rund 60 % des gesamten peruanischen Silbers. Auf 4338 Meter über dem Meeresspiegel in einer unwirtlichen Gegend gelegen, bildete Cerro de Pasco mit einer durchschnittlichen Einwohnerzahl von 10 000 Personen die größte Stadt der zentralen Sierra. Aufgrund der Höhenlage mussten fast sämtliche Konsumgüter aus den tieferliegenden Regionen herbeigeschafft werden, wodurch die Stadt das Zentrum eines dynamischen Handelsnetzes bildete. In einem gewöhnlichen Jahr beschäftigten die Gruben und Gesteinsmühlen rund 3000 Arbeiter. Etwa ein Drittel davon war fest angestellt. Bei der Mehrheit der ca. 2000 temporär Beschäftigten handelte es sich um unqualifizierte Campesinos, die Geld brauchten und die, wenn es der Agrarkalender zuließ, zwischen einem und drei Monaten zu einem Tageslohn von vier Reales arbeiteten. Zusätzlich erhielten sie vom Minenbesitzer das Recht, auf eigene Rechnung erzhaltiges Gestein abzubauen. Zur Aussortierung des erzhaltigen Gesteins wurden auch Frauen und Kinder eingesetzt. Gegenüber der Kolonialzeit gab es nur zwei nennenswerte Neuerungen: Zum einen lösten Pferde die Menschen beim Stampfen des Gemenges aus zermahlenem Erz, Quecksilber, Salz, Kupfersulfat und Wasser ab. Zum andern setzte man nun auch Güterzüge beim Transport des silberhaltigen Gesteins von der Mine zur Silbermühle ein. Ohne grundlegende Innovationen fiel Perus Bergbau technologisch weit hinter das europäische oder nordamerikanische Niveau zurück. Aus Spargründen wickelte sich die Arbeit in den Minen fast ohne Sicherheitsvorkehrungen ab, weshalb Unglücksfälle häufig waren.

Die Unabhängigkeitskämpfe brachten den Bergbau nahezu zum Erliegen. Nachdem die jährliche Silberproduktion 1823 auf ihren niedrigsten Wert gefallen war, erholte sie sich anfangs der 30er-Jahre wieder, um 1842 den republikanischen Höchststand im 19. Jahrhundert zu erreichen. Betrug der Jahreswert des geförderten Silbers zu Beginn der 30er-Jahre drei bis vier Millionen Pesos, war ein Jahrzehnt später das koloniale Niveau von fünf bis sechs Millionen Pesos wieder erreicht. Silberbarren und -münzen bildeten während der ersten beiden Jahrzehnte der Republikzeit die mit Abstand wichtigsten Exportgüter. Ihr Anteil an den Gesamtausfuhren überstieg 80 %. Nicht mitgerechnet ist dabei das geschmuggelte, unversteuerte Silber, dessen Wert Zeitgenossen auf mindestens 25 % des legal ausgeführten Silbers schätzten.

Von 1830 bis 1840 nahmen Perus Exporte durchschnittlich um 8,7 % pro Jahr zu. Im Jahr 1837 legten in Limas Hafen Callao um die 400 Handelsschiffe an. Die meisten davon segelten unter englischer Flagge, gefolgt von kolumbianischen, nordamerikanischen, zentralamerikanischen, französischen und peruanischen Schiffen. Zu den wichtigsten Exportgütern zählten Edelmetalle (Silber, Gold), Baumwolle, Robbenfelle, Kuhhäute, Honig, Rohrzuckermasse (Chancaca) und archäologische Objekte. Ab 1839 beteiligten sich auch südperuanische Häfen am internationalen Großhandel. Sie exportierten Tierwolle und Nitrate nebst Chinarinde, Kupfer und Baumwolle. Die Importe, die Mitte der 1820er-Jahre einen Wert von vier bis fünf Millionen Pesos aufwiesen, erreichten 1834 mit acht Millionen Pesos das Niveau der späten Kolonialzeit. Dabei stammte die Hälfte von britischen Firmen, die in Südperu stark expandierten.

In der Außenhandelspolitik wechselten sich liberalere, am Freihandel orientierte Phasen mit einem zum Teil markanten Protektionismus ab (hohe Schutzzölle, Einfuhrbeschränkungen oder -verbote). Während San Martíns Protektorat wurden die Zölle für die meisten Güter auf 20 % reduziert, was praktisch einer Liberalisierung des Handels gleichkam. Der peruanische Markt öffnete sich für Erzeugnisse aus aller Welt, und nur wenige Handelsverbote blieben bestehen. Demgegenüber versuchten die folgenden Regierungen durch Einfuhrverbote und hohe Tarife, die einheimische Produktion vor der Flut billiger Importe zu schützen. 1826 wurden die Tarife bei Erzeugnissen wie Speiseöl, Schnaps, Leder, Möbel, Butter, Kleider, groben Stoffen (Tocuyos), Tabak und Kerzen um bis zu 80 % des Warenwertes angehoben. Bis 1828 folgten ein vollständiges Importverbot auf Tocuyos und Mehl, eine 90-prozentige Luxussteuer auf handwerkliche Erzeugnisse und bis 200 % betragende Einfuhrzölle auf Landwirtschaftsprodukte. In den 1830er-Jahren traten erneut reduzierte Tarife (20 bis 40 % des Warenwertes) in Kraft. Sie behielten ihre Gültigkeit jedoch nur kurz, denn die nationalistisch-protektionistische Handelspolitik erreichte ihren Höhepunkt zwischen 1839 und 1841 mit den Autarkieträumen des Präsidenten Gamarra.

Steuern und Notkredite

Während der späten Kolonialzeit, von 1780 bis 1800, nahm das vizekönigliche Finanzamt im Jahresdurchschnitt fünf bis sechs Millionen Pesos ein. Um 1830 konnten die republikanischen Finanzbeamten nur mehr mit rund drei Millionen Pesos rechnen, obschon die Bevölkerungszahl angestiegen war. Weil die junge Republik den Verbindlichkeiten gegenüber ihren ausländischen Gläubigern nicht nachkam, waren die Zugangsmöglichkeiten zu weiteren internationalen Krediten verbaut.

Verglichen mit der Kolonialzeit gab es im Steuerwesen zwischen 1825 und 1855 keine fundamentalen Änderungen. Während die ländliche Bevölkerung den Hauptteil der direkten Steuern aufbrachte, zahlten die Städter über Zölle das Gros der indirekten Steuern. Die einfache Landbevölkerung – rund drei Viertel der Gesamtpopulation – lieferte dem Staat via Kopfsteuern jährlich 1,3 Millionen Pesos ab. Dagegen brachte der städtische Sektor via Export- und Importzölle knapp 0,3 Millionen Pesos auf. Neben der Kopfsteuer und den Zöllen bildeten die Gewinne aus der Prägung von Silbermünzen die wichtigste fiskalische Einnahmequelle. Für das Einziehen der Kopfsteuern waren die Präfekten, Subpräfekten und Gouverneure verantwortlich. Wie zu kolonialen Zeiten finanzierten sie mit einem Teil der Erträge ihre Löhne. Mit den Einnahmen aus der Kopfsteuer mussten zudem die öffentlichen Ausgaben innerhalb der Departements bestritten werden, sodass die Zentralregierung nichts von diesen Steuergeldern sah. Zur Festigung der staatlichen Präsenz im Landesinnern oder für größere regionale Entwicklungsprojekte (Bau von Straßen, Häfen, Bewässerungsanlagen usw.) fehlte Lima das Geld.

Den Einnahmen standen die festen Staatsausgaben gegenüber, die sich 1826 wie folgt zusammensetzten: 58 % der Ausgaben beanspruchte das Militär; 26 % machten die Lohnzahlungen für die Beamten (Finanzministerium, Schatzamt, Münze, Zoll, Oberste Steuerbehörde) sowie für die Richter im Tribunal des Consulado beziehungsweise im Bergbau-Tribunal aus; 15 % entfielen auf die Regierung (Exekutive, Legislative, Gerichtshöfe und Richter, Provinzialdeputationen, Präfekturen, Bildung und Gesundheitswesen). Wegen der häufigen Kriege und Rebellionen verschlang das Militär mit bis zu 70 % den Großteil der Staatsausgaben. Budgetdefizite waren chronisch, und die massive Kapitalflucht führte zu beträchtlichen externen Defiziten.

Um die brennendsten finanziellen Probleme zu bewältigen und um kurzfristig an dringend benötigte Gelder zu kommen, waren die Caudillos auf Notkredite angewiesen. Anfänglich waren die Kreditgeber fast durchgängig ausländische Handelshäuser, deren Einflussmöglichkeiten erheblich gestärkt wurden. Nach 1825 entwickelte sich Limas Münzprägeanstalt zur verlässlichsten Quelle, um kurzfristig Kredite von einheimischen Großhändlern zu erhalten. Vorschüsse wurden durch zinsbringende Wertpapiere der Münze gedeckt, wobei den Kreditgebern Vergünstigungen oder zukünftige Exportrechte zugesichert wurden. Im Jahr 1834 institutionalisierten Finanziers und Großkaufleute eine halbstaatliche Kreditbank (Ramo de Arbitrios). Diese war für ein Jahrzehnt die bedeutendste Kreditquelle, die finanzschwache Caudillos anzapften. Die Kredite besiegelten die Symbiose zwischen konservativen Großkaufleuten und machthungrigen Militärs und halfen mit, militaristische Regimes und den Zentralstaat am Leben zu erhalten. Wie zu Zeiten der spanischen Vizekönige handelten die Großkaufleute als Geldgeber in Notfällen für sich eine Reihe von Sonderrechten (Steuer- und Handelsprivilegien) aus. Freilich war der Preis dafür hoch. Bis 1845 türmte der Ramo-de-Arbitrios Schulden in Höhe von einer Million Pesos auf, womit seine Zahlungsfähigkeit erschöpft war und auch kein Caudillo mehr finanziert werden konnte.

Der Guano-Boom (1842–1879)

Während Präsident Gamarras zweiter Amtszeit (1839 bis 1841) fungierte General Ramón Castilla als Finanzminister. Castilla handelte unter anderem ein Abkommen mit der englischen Pacific Steam Navigation Company aus, sodass 1840 die ersten kommerziellen Dampfschiffe entlang der peruanisch-chilenischen Küste ihren Betrieb aufnahmen. Im gleichen Jahr schloss er den ersten Vertrag für den Export von Guano – einem natürlichen Düngemittel – nach England ab. Handelte die peruanische Regierung anfänglich Guano-Verträge mit Einheimischen aus, die mit ausländischen Handelshäusern assoziiert waren, so ging sie ab 1847 dazu über, direkt mit ausländischen Handelshäusern Geschäfte abzuschließen. Als alleinige Besitzerin des Guanos übertrug die peruanische Regierung die Exklusivrechte für den Verkauf des Naturdüngers finanzkräftigen Konsignatären. Diese waren für den Abbau, die Verladung, den Transport und den Vertrieb in den verschiedenen internationalen Zielmärkten zuständig. In den Kommissionsverträgen stand die peruanische Regierung den Konsignatären üblicherweise folgende Entschädigungen zu: 4 % des Bruttopreises für Verkauf und Garantien, 1 % Maklergebühr plus eine Provision von 2,5 % auf Frachten und sonstige Spesen. Bei Vorauszahlungen konnten die Konsignatäre mit Zinsen in der Höhe von 5 bis 6 % rechnen.

Bereits in den 1840er-Jahren trug der Naturdünger wesentlich zur hohen Wachstumsrate der peruanischen Exporte von jährlich 9,2 % bei. Von 1846 bis 1849 betrugen die Staatseinnahmen durchschnittlich 5,6 Millionen Pesos pro Jahr, um in den folgenden beiden Dekaden auf 13,7 beziehungsweise 28,2 Millionen Pesos zu steigen. Dank des Vogeldüngers gelang es Peru, seine Schulden zu konsolidieren und damit die Kreditwürdigkeit in Europa wiederherzustellen. Bis 1856 regelte Peru auch die Schulden aus der Zeit der Unabhängigkeitskämpfe gegenüber Venezuela, Neu-Granada und Chile. Zur Mitte der 1850er-Jahre setzte die einträglichste Phase des Guano-Handels ein. Der Boom endete in den 1870er-Jahren, als die ergiebigsten Lagerstätten erschöpft waren und Qualität wie Preisniveau sanken. Insgesamt exportierte Peru zwischen 1840 und 1880 schätzungsweise elf bis zwölf Millionen Tonnen Guano im Wert von 80 bis 100 Millionen Pfund Sterling (400 bis 500 Millionen Pesos).

Abb. 9 Chile-Pelikane produzieren große Mengen von Guano – nicht unbedingt zur Freude der Fischer.

Die reichlich sprudelnden Einnahmen aus dem Guano-Handel erleichterten die politisch-administrative und wirtschaftliche Modernisierung des Landes. Sie finanzierten eine zivile und militärische Bürokratie, die in der Lage war, die staatliche Präsenz im Landesinneren zu stärken und auszuweiten. Andererseits führte der neue Reichtum – hauptsächlich in Lima und der Küstenregion – zur Bildung einer neuen Elite, die mit ausländischen Finanziers und Geschäftspartnern verbunden war. Zugleich wuchs eine neue Generation von Führungskräften heran, die ihre Ausbildung in der Nachunabhängigkeitszeit erhalten hatte und die sich aufgeschlossen gegenüber den Ideen der bürgerlichen europäischen Revolutionen des Jahres 1848 zeigte.

Guano und Guano-Abbau

Entlang der peruanischen Küste und auf den vorgelagerten Inseln lagerte sich seit Urzeiten der Kot von Millionen von Meeresvögeln ab, der sich zu regelrechten Hügeln auftürmte. Bis heute ernährt der unermessliche Fischreichtum des Humboldtstroms riesige Kolonien von Guanokormoranen, Guanotölpeln und Chilepelikanen – um nur die wichtigsten Guano-Produzenten zu nennen. Lange vor der spanischen Eroberung düngten die Indianer mit den stickstoff- und phosphatreichen Vogelexkrementen ihre Felder nicht nur an der Küste, sondern auch im Hochland. Die Spanier übernahmen das einheimische Wissen und setzten ebenfalls reichlich Guano-Dünger ein. In den Jahren 1804/1805 analysierten europäische Chemiker peruanische Guano-Proben – unter anderem auch solche, die Alexander von Humboldt während seiner fünfjährigen Amerikareise gesammelt hatte. Die Wissenschaftler bestätigten die exzellenten Düngerqualitäten unter anderem dank hoher Konzentrationen von ammoniakreicher Harnsäure, von Phosphorsäure, von Calciumoxid und von Kalisalz.

Im 19. Jahrhundert erforderten die Auslaugung der Ackerböden sowie die Einführung neuer landwirtschaftlicher Technologien einen massiven Einsatz von Dünger und trieben die Nachfrage nach Düngemitteln in die Höhe. Für Jahre war der peruanische Guano der beste Dünger, der auf dem Weltmarkt erhältlich war. Britische Bauern bezogen den Großteil der Exporte, gefolgt von niederländischen, deutschen und US-amerikanischen Bauern. Peruanischer Guano düngte selbst Felder auf Karibikinseln, in China und in Australien. In Europa wurde Guano in erster Linie als Universaldünger hauptsächlich für Hackfrüchte (Rüben, Kartoffeln, Kohl) gebraucht; im Süden der USA verwendeten ihn Plantagenbesitzer – etwa Tabakpflanzer –, um den erschöpften Böden neue Nährstoffe zuzuführen.

Dank der günstigen Küstenlage und der einfachen Gewinnung bot der Naturdünger ideale Voraussetzungen für die Vermarktung. Der Abtransport erfolgte entweder unter Einsatz großer Kähne, die den Guano zu den ankernden Meeresschiffen brachten. Oder, wenn sich die Meeresschiffe ohne Gefahr an Anlegeplätze oder hölzerne Gerüste in Ufernähe manövrieren ließen, leitete man den Dünger durch Schläuche aus Segeltuch auch direkt in den Schiffsbauch. Ab 1862 änderte man diese verschwenderische Abfüllmethode, bei der zwischen 16 und 20 % der Fördermenge verloren ging, und ersetzte sie durch die Verschiffung in großen Säcken. Bei der Förderung wurden anfangs Sklaven und Strafarbeiter, später chinesische Kulis eingesetzt. Lohn und Unterhalt dieser Billigarbeiter machten nur 4 % der gesamten Abbaukosten aus.

Die größten Guano-Ablagerungen befanden sich auf den drei felsig-kahlen Chincha-Inseln, gut 20 Kilometer vom Festland entfernt, ungefähr auf der Höhe der südperuanischen Ortschaft Pisco. Im Jahre 1853 arbeiteten auf der nördlichen und der zentralen Chincha-Insel 966 Männer: 39 schwarze Sklaven, 209 Sträflinge, 130 »freie« Arbeiter und 588 Chinesen. Jeder Arbeiter musste eine tägliche Förderquote von vier Tonnen bewältigen. Chinesen und Häftlinge erhielten dafür einen Tageslohn von drei oder vier Reales – halb so viel wie ein »freier« Arbeiter. Der Abbau unter brennender Tropensonne war ekelerregend, gesundheitsschädigend und zermürbend. Gemäß einer Anekdote aus England war der Gestank so bestialisch, dass bei der Ankunft der ersten Schiffsladung im Hafen von Southampton die Stadtbevölkerung in die nahen Hügel floh. In den peruanischen Abbaustätten verätzten die Ammoniakdämpfe die Augen, was im schlimmsten Fall zur Erblindung führte. Starke Seewinde wirbelten periodisch große Staubwolken mit frisch abgebautem Guano durch die Luft. Zum Schutz ihrer Lungen trugen die Arbeiter behelfsmäßige Masken aus Stahlwolle. Am Gefährlichsten war die bestbezahlte Arbeit, die darin bestand, den Vogelkot via Schläuche auf die Schiffe zu leiten. Ständig drohte dabei die Gefahr, über die Klippen ins Meer zu stürzen oder unter tonnenschweren Exkrementen lebendig begraben zu werden. In den 1860er-Jahren lebten auf den kahlen Chincha-Inseln über 3000 Personen. Alkohol- und Opiummissbrauch waren so verbreitet wie die Glücksspiele und die Prostitution. Immer wieder kam es zu Schlägereien, Raubüberfällen, Morden und Selbstmorden.

Der Caudillo Ramón Castilla

Mit Ramón Castilla hievte sich ein weiterer Mestize aus der Provinz und Held der Unabhängigkeitskriege an die Staatsspitze. Zur Zeit der Peruanisch-Bolivianischen Konföderation kämpfte Castilla zusammen mit Gamarra und den chilenischen Invasionstruppen gegen Santa Cruz' Streitkräfte aus Bolivien, Nord- und Südperu. Bei der Entscheidungsschlacht von Yungay (20. Januar 1839) tat sich Castilla als Kommandant der Kavallerie hervor. Danach amtete er als Minister. 1845, im Alter von 48 Jahren, übernahm er für sechs Jahre das Präsidentschaftsamt. General Castilla war der erste gewählte Präsident Perus, der bis zum regulären Ende der Amtszeit auf seinem Posten verblieb. Während seiner Präsidentschaft von 1845 bis 1851 konnte der Kongress unbehindert tagen. Gegen Ende seiner Amtszeit liefen die Vorbereitungen für den ersten wirklichen Wahlkampf in Peru an. Mehrere Kandidaten, die kostspielige Wahlkampagnen führten, stritten um die Nachfolge. Als Sieger ging General José Rufino Echenique hervor, der unter Castilla erst Kriegs- und danach Premierminister gewesen war. Allerdings konnte Echenique die reguläre Amtszeit nicht beendigen. Ein Aufstand fegte ihn 1854 aus dem Amt.

An der Spitze der Aufstandsbewegung stand sein ehemaliger Förderer Castilla. Nach der verlorenen Schlacht von La Palma (in der Nähe von Lima) vom 5. Januar 1855 – Castillas improvisierte Truppen siegten, obschon sie mit ca. 1000 Gefallenen doppelt so viele Todesopfer wie das reguläre Heer verzeichneten – musste Echenique das Land verlassen. Der Aufstand forderte rund 4000 Tote und verursachte Gesamtkosten in der Höhe von über 40 Millionen Pesos. Castilla übernahm erneut die Regierungsgeschäfte, zuerst als provisorischer und anschließend, vom 24. Oktober 1858 bis zum 24. Oktober 1862, als gewählter Präsident. Seine zweite Amtsperiode wurde überschattet von erbitterten Kämpfen gegen General Vivanco sowie einem Grenzkonflikt mit Ecuador. Beim Bürgerkrieg, der nach achtmonatiger Belagerung im Mai 1858 mit der Erstürmung Arequipas endete, gab es um die 5000 Opfer zu beklagen. Der Grenzkonflikt mit Ecuador zog sich vom Oktober 1858 bis Februar 1860 in die Länge und kostete Peru 50 Millionen Pesos. So unpopulär wie kostspielig erbrachte er keine dauerhafte Einigung über den umstrittenen Grenzverlauf.

Innenpolitisch verfolgte Castilla beharrlich das Ziel, eine neue, ihm genehme Verfassung durchzusetzen. Die radikalen liberalen Führer, die beim Aufstand gegen Präsident Echenique mit Castilla paktiert hatten, mussten bald zur Kenntnis nehmen, dass dieser sie benutzt hatte, um die Macht zu übernehmen, ansonsten aber eine eigene politische Agenda verfolgte. Tatsächlich brachte Castilla mit rigorosen Mitteln eine Verfassung durch, die einen gangbaren Kompromiss zwischen konservativen und liberalen Grundsätzen darstellte. Er ließ zahlreiche Opponenten exilieren, brachte kritische Zeitungen zum Schweigen und löste rechtswidrig den aufsässigen Kongress auf. Wahlmanipulationen sicherten ihm 1859 eine fügsamere Versammlung, deren Mitglieder die langlebige Verfassung von 1860 ausarbeiteten. Abgesehen von einem kurzen Unterbruch in den Jahren 1867 bis 1868 war die neue Verfassung vom 13. November 1860 bis zum 18. Januar 1920 in Kraft. Zwar weigerte sich der Senatspräsident, Bischof Bartolomé Herrera, die Verfassung zu unterzeichnen, weil sie ihm zu liberal war. Nichtsdestotrotz durfte die katholische Kirche zufrieden sein. Denn sie behielt ihren exklusiven Status als einzige vom Staat geschützte Religion, während die öffentliche Ausübung nichtkatholischer Kulte verboten blieb.

Obschon Castillas Regime patrimoniale, konservativ-katholische und korporatistische Züge trug, trieb der Caudillo die Modernisierung des Landes zügig voran. Das erste wirkliche Staatsbudget wurde erstellt, ein Diplomatenkorps organisiert, das Heer reorganisiert, die Marine modernisiert und der Postdienst reformiert. Man baute Telegrafenleitungen und die erste Eisenbahnlinie, die Lima mit dem 14 Kilometer entfernten Hafen Callao verband (1851). In der Hauptstadt entstanden eine neue Gasbeleuchtung, ein Telegrafenservice und ein neues Nationalarchiv. Für den Bau des neuen zentralen Marktes mussten die

Nonnen von La Concepción einen Teil ihres Klosters räumen. Außerhalb des Zentrums wurde ein neuer, hygienischerer Schlachthof errichtet, der ein modernes Betriebsreglement erhielt. Die Eisenbahnlinie von Lima bis Chorrillos war 1858 vollendet, und vier Jahre später stand auch der neue Limeñer Gefängniskomplex. Für Jahre bildete das Gefängnis das größte, solideste und bestgebaute Gebäude der Hauptstadt. Derweil erhielt der Hafen Callao eiserne Leitungsrohre, die die Wasserversorgung der Privathäuser und der Schiffe sicherstellten. Dank staatlicher Gelder und Privatinvestitionen neureicher Unternehmerfamilien verwandelte sich die Hauptstadt in eine mondäne Metropole. Üppige Herrschaftshäuser säumten breite Boulevards. Gepflegte Parkanlagen und imposante öffentliche Gebäude gereichten Lima zur Zierde. In Pisco, Paita und Chorrillos wurden großzügige Hafenanlagen gebaut. Zwischen Tacna und Arica nahm der Zugverkehr im Januar 1856 den Betrieb auf. Vielerorts entstanden neue Brücken, Wasserleitungen, Gotteshäuser (besondere Erwähnung verdient der Neubau der Kathedrale in Arequipa), Präfekturen, Spitäler, Kollegien und Schulen, Garnisonen, Gefängnisse, Boulevards und Brunnen. Während die Technifizierung der Armee Fortschritte machte, wurde die Pazifik- bzw. die Amazonasflotte um je ein Dampfschiff erweitert. Durch die Etablierung des Departements Loreto – kombiniert mit der Projektierung eines Militärhafens, einer nautischen Schule, einer Schiffswerft und einer Handelsniederlassung – wurden die Grundlagen gelegt für die rasante Entwicklung der Dschungelortschaft Iquitos.

In jeder Provinzhauptstadt führte medizinisches Personal ambulant Pockenimpfungen durch. Trotz der Verbesserungen im Gesundheitswesen brach 1856 Gelbfieber und 1859 eine Pockenepidemie aus. Während Castillas zweiter Amtszeit trat das 1846 ausgearbeitete Bildungsgesetz (Ley orgánica de Educación) in Kraft. Es hielt fest, dass für die Etablierung von öffentlichen Schulen sowie für die Entlohnung der Lehrerschaft der Staat – und nicht die Gemeinden – zuständig war. Die nationalen Kollegien wurden neu organisiert, die Hochschulbildung verbessert. Für die Angestellten im öffentlichen Dienst, die nun pünktlich und regelmäßig ihre Löhne erhielten, schuf man eine Altersvorsorge. Mit der Organisation einer Statistiksektion im Regierungsministerium und Außenstellen in den Departements nahm eine offizielle nationale Statistikbehörde 1848 ihre Arbeit auf. Sie hatte die Aufgabe, akkurate Informationen zur Demografie, zur Landwirtschaft, zur Industrie, zum Handel sowie zu den Ressourcen des Landes zusammenzutragen. Zu Beginn des Jahres 1861 fand denn auch eine Volkszählung statt. Außenpolitisch setzte sich eine Linie lateinamerikanischer Solidarität gegen die letzten kolonialen Ansprüche Spaniens und gegen europäische Einmischungsbestrebungen durch.

Blindlings auf den Guano-Reichtum vertrauend, trieb Castilla seine ambitiösen Entwicklungsprojekte ohne zusätzliche finanzielle Absicherungen voran. Obschon die Auslandsschulden rasant stiegen, kam für ihn eine Erhöhung der Steuern nicht in Frage. Im Gegenteil: Gewisse Steuern wurden sogar abgeschafft. Anstatt dem Rat fähiger Ökonomen zu folgen und ein umfassendes Steuersystem einzuführen, das Grundbesitz oder Gewinne angemessen besteuert hätte, blieb Castilla bei einer ökonomischen Laissez-faire-Politik, die bereits seine erste Regierungszeit gekennzeichnet hatte.

Krieg mit Spanien und Aufstieg der Civilistas (1862–1872)

Nach Ablauf der regulären Präsidentschaftszeit gab Castilla 1862 das höchste Amt verfassungskonform wieder ab. Erneut folgten politisch instabile Jahre. Bis 1868 lösten sich fünf verschiedene Regierungen ab. In dieser Zeit ereignete sich ein bewaffneter Konflikt mit dem ehemaligen Mutterland Spanien. Unter einer neuen spanischen Regierung, die außenpolitisch forsch auftrat und auch vor militärischen Abenteuern nicht zurückschreckte, intervenierten iberische Marinetruppen Anfang der 1860er-Jahre in Santo Domingo und im Südwesten Mexikos. Auch vor der chilenischen und der peruanischen Küste tauchten spanische Kriegsschiffe auf, vorgeblich um in offizieller Mission eine wissenschaftliche Forschungsexpedition zu begleiten. Tatsächlich ging es Spanien um eine Machtdemonstration. Das spanische Geschwader sollte an der Westküste Südamerikas Flagge zeigen, Entschädigungsansprüche durchsetzen und Landsleute schützen, die in den ehemaligen Kolonien lebten.

Seit Jahren warb die peruanische Migrationspolitik aktiv um europäische Immigranten. Im Bestreben, die eigene Bevölkerung »aufzuweißen« (siehe unten), erlaubte Peru die Einreise von Landarbeiterfamilien aus dem spanischen Baskenland. Am 1. August 1860 trafen rund 230 Basken – Männer, Frauen und Kinder – auf der Hacienda Talambo (Provinz Chiclayo) an der Nordküste ein. Die Basken hatten sich vertraglich für eine Dauer von acht Jahren verpflichtet, auf Basis einer Gewinnbeteiligung primär Baumwolle anzubauen. Schnell sahen sie sich in ihren Erwartungen schwer getäuscht, denn sie wurden als billige, rechtlose Arbeitskräfte missbraucht. Nachdem ein Schlägertrupp des Hacienda-Besitzers Anfang August 1863 einen aufmüpfigen Basken getötet und vier seiner Kollegen verletzt hatte, forderte die spanische Regierung eine offizielle Entschuldigung und die Bezahlung einer hohen Opferentschädigung. Zudem verlangte sie die Begleichung von Schulden aus der Zeit vor der Unabhängigkeit. Weil sich Peru aus spanischer Sicht nicht kooperativ und reuig genug zeigte, besetzte das spanische Geschwader vom 14. April 1864 bis zum 3. Februar 1865 die Chincha-Inseln mit ihren reichen Guano-Vorkommen. Angesichts der überlegenen spanischen Seestreitkräfte willigte der peruanische Präsident – General Juan Antonio Pezet – in die Unterzeichnung eines Friedens- und Freundschaftsvertrags (Vivanco-Pareja-Vertrag) ein, der fast sämtliche spanische Forderungen akzeptierte. Für breite Kreise der peruanischen Öffentlichkeit stellte dieser Schritt ein inakzeptables, schmähliches Nachgeben dar. Auch der Kongress weigerte sich, das Abkommen zu ratifizieren. Es kam zu landesweiten Unruhen.

Den Unmut der Bevölkerung ausnutzend, ließ sich am 26. November 1865 ein vehementer Gegner des Vertrags, Oberst Mariano Ignacio Prado, zum Diktator ausrufen. Kurz darauf unterzeichnete seine neue Regierung einen Allianzvertrag mit Chile, das bereits im September Spanien den Krieg erklärt hatte. Am 14. Januar 1866 erfolgte auch Perus Kriegserklärung. Am 7. Februar stießen spanische Kriegsschiffe bei der Insel Abtao auf einen chilenisch-peruanischen Marineverband. Wegen der starken Gegenwehr mussten sich die Spanier zurückziehen. Als Vergeltungsmaßnahme bombardierte ihr Geschwader am 31. März die chilenische Hafenstadt Valparaíso und griff am 2. Mai den Hafen Callao an. Dabei gerieten die Kriegsschiffe ins Feuer der Küstengeschütze. Sie erlitten beträchtliche Schäden und mussten abziehen. Damit war die unmittelbare Gefahr gebannt. Ein dauerhafter Friedensvertrag zwischen Peru und Spanien, der auch die diplomatischen und konsularischen Beziehungen normalisierte, wurde Jahre später – am 15. November 1879 – ratifiziert.

Lange Zeit konnte sich Prado nicht an der Staatsspitze halten. Eine zunehmend feindlichere Öffentlichkeit sowie Niederlagen der Regierungstruppen gegen Aufständische in Arequipa und Chiclayo bewogen ihn zu Beginn des Jahres 1868, das Präsidentschaftsamt niederzulegen. An seine Stelle trat am 2. August Oberst José Balta. Gleich zu Beginn seiner Regierungszeit musste Balta die Folgen einer verheerenden Gelbfieberepidemie und eines schweren Erdbebens bewältigen, das den Süden Perus verwüstet hatte. Die Gelbfieberepidemie von 1868 war die schlimmste in der republikanischen Geschichte des Landes. Über ein Zehntel der Einwohnerschaft in Lima und Callao steckte sich an. Offiziellen Angaben zufolge starben 4445 Personen. Das Erdbeben vom 13. August 1868, das sein Epizentrum vor der Küste von Arica hatte, erreichte eine Stärke von 9.0 auf der Richterskala und verursachte einen katastrophalen Tsunami.

Auf Anraten des ehemaligen Präsidenten Echenique ernannte Balta den jungen Geschäftsmann und politischen Journalisten Nicolás de Piérola 1869 zum Finanzminister. Piérolas Vater war bereits Finanzminister gewesen, und zwar in der hochkorrupten Regierung des Generals Echenique (1851–1855). Der junge Piérola hatte von 1853 bis 1860 im Priesterseminar Santo Toribio in Lima studiert, was sicherlich mit ein Grund für seine spätere streng katholische Haltung und bedingungslose Kirchentreue war. Piérola hatte ein unerschütterliches Vertrauen in den unerschöpflichen Reichtum der natürlichen Ressourcen Perus. Die ergiebigen Guano-Inseln sowie neuentdeckte Nitrat- und Kupfervorkommen nährten seine Hoffnung auf die schnelle und mühelose Modernisierung des Landes. Indem er die europäischen Vermarktungsrechte für zwei Millionen Tonnen Guano einer französischen Firma um den Finanzier Auguste Dreyfus übertrug, wagte der Finanzminister einen innenpolitisch brisanten Schritt. Denn die mächtigen einheimischen Konsignatäre gingen leer aus. Zwar erzürnte Piérola einen Teil der peruanischen Wirtschaftselite, andererseits stärkte der Vertragsabschluss international das Vertrauen in die peruanische Regierung und öffnete die Tore für neue Kredite. Zwischen 1869 und 1872 nahm Peru auf den europäischen Finanzmärkten drei Darlehen in der exorbitanten Höhe von insgesamt 36 Millionen £ auf. Damit finanzierte das Land öffentliche Bauvorhaben und ein kostspieliges, schlecht konzipiertes Eisenbahnprojekt mit zehn unverbundenen Bahnlinien.

Die Antwort der peruanischen Guano-Unternehmer auf die Verletzung ihrer ökonomischen Interessen war die Gründung des Partido Civil (Zivilistische Partei), der unter Ausnutzung der verbreiteten Unzufriedenheit die Stimmung gegen die Regierung Balta schürte. Neben den ausgebooteten Konsignatären unterstützten namhafte Repräsentanten von Banken und des Großhandels die neue

Partei. Zuspruch erhielt der Partido Civil auch von Vertretern der aufstrebenden städtischen Mittelschichten, von Intellektuellen – insbesondere Professoren und Studenten der Universität San Marcos – sowie all jener, die unzufrieden mit der jahrzehntelangen Caudillo-Herrschaft und einer protektionistischen Wirtschaftspolitik waren. Ausgeschlossen vom Partido Civil, wie überhaupt vom Wahlrecht, blieben die Unterschichten, also die große Masse der Bevölkerung. Als wichtigste mediale Sprachrohre dienten die Zeitungen *El Comercio* und *El Nacional*. Der Partido Civil war die erste moderne Partei Perus. Sie verfügte über eine Organisation, eine klar formulierte Ideologie, ein Aktionsprogramm und einen fähigen Kandidaten. Der Name verwies auf den Gegensatz zwischen ihrer Anhängerschaft – den Civilistas (Zivilrechtler) – und den Anhängern des Militarismus beziehungsweise des traditionellen Caudillismus. Leitmotive bildeten die Respektierung von Verfassung und Gesetz sowie das Streben nach Ordnung, Frieden und wirtschaftlichem Fortschritt; kurz: die Etablierung eines funktionsfähigen Nationalstaates. Geprägt von westeuropäischen Prinzipien und Lehren wie Utilitarismus oder wirtschaftlichem Liberalismus, warben die Civilistas um europäisches Kapital, europäische Immigranten und europäische Technologie.

Chefideologe und Baumeister des Partido Civil war Manuel Pardo, ehemaliger Geschäftsleiter der Sociedad Consignataria del Guano in Großbritannien. Während der Diktatur von Mariano Ignacio Prado (1865/1866) fungierte Manuel Pardo als Sekretär im Finanzministerium. Ferner war er Redakteur der Zeitschrift *La Revista de Lima*, Direktor der Öffentlichen Wohlfahrt von Lima, Bankengründer, Gründer des Club Nacional, Präsident der Lebensversicherungsgesellschaft La Paternal und der Compañía Sud-Americana de Seguros (Versicherung gegen Brand- und Seefahrtsrisiken). Auf ihrer ersten Parteiversammlung am 24. Juni 1871 ernannten die Civilistas den umtriebigen Pardo zum Präsidentschaftskandidaten für die Wahlen von 1872.

Den unmittelbar bevorstehenden Triumph des Partido Civil versuchten Baltas Kriegsminister General Tomás Gutiérrez, dessen Brüder Marceliano und Silvestre sowie weitere Offiziere mit einem Staatsstreich zu verhindern. Dabei wurde der amtierende Präsident José Balta gefangengesetzt und in seiner Zelle erschossen. Die Untat provozierte Proteste und Tumulte. Ein randalierender Mob lynchte in Lima die drei Brüder Gutiérrez und schändete deren Leichen. Am 2. August 1872 übernahm Pardo als gewählter Präsident sein Amt, womit erstmals seit fast fünf Jahrzehnten ein Zivilist an der Spitze des peruanischen Staates stand.

Eisenbahnen

1860 besaß Peru nur zwei Eisenbahnlinien an der Küste. Die eine verband die Städte Tacna und Arica im Süden; die andere reichte vom Hafen Callao über Lima zum Badeort der Limeñer Oberschicht Chorrillos. Zwischen 1868 und 1875 flossen von staatlicher und privater Seite 120 bis 140 Millionen Soles in den Bau weiterer Eisenbahnlinien. Die staatlichen Großprojekte bezweckten letztlich, Transportverbindungen zu schaffen, die den südamerikanischen Kontinent durchqueren und vom Pazifik bis zum Atlantik reichen sollten. Im

Gegensatz zu diesen äußerst ehrgeizigen Staatsprojekten beschränkten sich die privat finanzierten Linien – beispielsweise von Lima nach Chancay oder von Pisco nach Ica – auf die flache Küstenregion. Während die staatlichen Projekte mit größten Schwierigkeiten zu kämpfen hatten und nur teilweise realisiert wurden, kam der private Eisenbahnbau zügig voran. Insgesamt entstanden elf private Eisenbahnlinien, die zusammen 590 Kilometer lang waren – darunter Pisagua nach Sal de Obispo in Iquique (175 Kilometer), Iquique nach La Noria (113 Kilometer), Eten nach Ferreñafe (85 Kilometer) und Pimentel nach Chiclayo (72 Kilometer). Die ersten zwei gehörten zu Nitratunternehmen im äußersten Süden, die letzten beiden zu Zuckerrohrplantagen an der Nordküste.

Kraft großzügiger Schmiergeldzahlungen erwarb der US-amerikanische Eisenbahnkonstrukteur und Spekulant Henry Meiggs die Aufträge zum Bau von sieben staatlichen Eisenbahnlinien in der Höhe von 120 Millionen Soles. Schätzungen gehen davon aus, dass Meiggs über elf Millionen Soles an Bestechungsgeldern an peruanische Autoritäten verteilte. Meiggs rekrutierte ein 25 000-köpfiges Arbeitsheer aus Chilenen und Chinesen sowie peruanischen und bolivianischen Indianern. Trotz verhältnismäßig guter Behandlung und Bezahlung starben Tausende an Krankheiten wie dem Oroya-Fieber sowie den höhen- und klimabedingten Strapazen. Allein während der Konstruktion der Strecke von Mollendo nach Arequipa sollen 2000 Arbeiter gestorben sein. Fast alles, was man zum Eisenbahnbau benötigte, stammte aus dem Ausland. Die kostspieligen Importe reichten von Maschinen, Bahnschwellen, Roll- und Konstruktionsmaterial über Werkzeuge und Sprengstoff bis zu Arbeitskleidern und Arzneimitteln.

Größte Schwierigkeiten bereitete der anspruchsvolle Bau der Bergstrecke von Lima nach La Oroya, der im August 1875 aufgrund finanzieller Probleme eingestellt werden musste. Bis zu diesem Zeitpunkt war ein 142 Kilometer langes Teilstück gebaut, das vom Hafen Callao bis zum Ort Chicla reichte. Die Strecke führte über 61 Brücken mit einer Gesamtlänge von 1832 m und durch 65 Tunnel mit einer Gesamtlänge von 9140 m. Die steilsten und engsten Bergpassagen überwand man mittels einer Zick-Zack-Linienführung. Die vorfabrizierten Brücken, die Maschinen und das technische Gerät wurden in England, in Frankreich und in den USA hergestellt. Ebenfalls aus Nordamerika kam das Holz; Eisen und Kohle stammten aus England. Ein Teil der Lebensmittel wurde aus den USA oder aus Chile importiert. Von den 10 000 Bauarbeitern war die Hälfte Chinesen, der Rest Peruaner oder Chilenen. Extraschiffe brachten die chinesischen Kulis von Macao nach Lima. Unter den chinesischen Arbeitern war die Mortalitätsrate besonders hoch, bedingt durch Krankheiten und die schlechten hygienischen Bedingungen in den Camps. Die Zusammenballung des heterogenen, riesigen Arbeiterheeres führte zu Spannungen, die sich manchmal in blutigen Zusammenstößen entluden. Gewalttätige Auseinandersetzungen, in die chilenische Arbeiter verwickelt waren, riefen diplomatische Zwischenfälle und politische Skandale hervor. Zwei Jahre nach Einstellung der Bauarbeiten verstarb Meiggs 1877, als Erbe ein

> Durcheinander von Erbverfügungen, unleserlichen Plänen und unbezahlten Rechnungen hinterlassend.

Die Civilistas an der Macht (1872–1876)

Frisch im Amt bemühte sich Pardo um eine Eindämmung des militärischen Einflusses auf die Politik. Er setzte eine Beschränkung des Heeresbestandes auf unter 3000 Mann durch und übertrug die Kontrolle über die militärischen Beförderungen dem Kongress. Zur Aufrechterhaltung der Ordnung diente die Nationalgarde mit 20 in Lima stationierten Bataillonen. Ihre Offiziere rekrutierten sich vollständig aus dem Bürgertum.

Die Civilista-Regierung führte eine administrative Dezentralisierung durch, sodass die Gemeinden mehr Machtbefugnisse erhielten. Andererseits brachte sie provinzielle Machthaber gegen sich auf, indem sie Straßen-, Brücken- und Binnenzölle abschaffte und damit den Provinzen wichtige Einnahmequellen entzog. Dem Amt für Statistik wurde die Organisation des nationalen Zensus von 1876 anvertraut. Der Behörde fiel die Aufgabe zu, die Einwohnerstatistiken der Gemeinden, Kirchsprengel und Distrikte dem Einfluss und der Willkür lokaler Notabeln zu entziehen. Sie sollte aufzeigen, dass der Zentralstaat willens und fähig war, die Kontrolle über sein gesamtes Territorium auszuüben. Der Zensus von 1876 lieferte nicht nur Aufschlüsse über Wohnort, Ethnie, Alter und Zivilstand der Bevölkerung, sondern auch über Berufe, Sprache und Bildung. Nützliches statistisches und landeskundliches Material veröffentlichte überdies die Staatsdruckerei. Unter ihrer Ägide erschienen der *Diccionario geográfico y estadístico del Perú* von Mariano Paz Soldán (Geografisches und statistisches Lexikon; 1877), die *Estadística comercial de la República del Perú en 1877* (Handelsstatistik der Republik Peru von 1877; 1878) und das monumentale Werk *El Perú* (Peru; 1874–1913) des italienischstämmigen Naturwissenschaftlers Antonio Raimondi. Was die Kirche betrifft, billigte Papst Pius IX. in einer Bulle vom 5. März 1875 dem peruanischen Staat die Ausübung des Patronats zu. Peru verpflichtete sich zum Schutz der katholischen Kirche und deren Eigentums, während der Heilige Stuhl das staatliche Vorschlagsrecht bei der Besetzung geistlicher Ämter akzeptierte.

Während seiner vierjährigen Regierungszeit musste Pardo mit zahlreichen Verschwörungen und Rebellionen fertig werden. Einen fehlgeschlagenen Mordanschlag vergalt er mit Repressionsmaßnahmen, die in der Ermordung von Regierungskritikern gipfelten. In dem innenpolitisch vergifteten Klima kristallisierte sich der ehemalige Finanzminister Nicolás de Piérola zum gefährlichsten Gegenspieler des Präsidenten heraus. Zu Piérolas Unterstützern zählten Anhänger der beiden Ex-Präsidenten Echenique und Balta, konservative kirchliche und provinzielle Kreise, Besitzer mittelgroßer Landwirtschaftsbetriebe, Kleinhändler sowie Teile der Unterschichten. Finanziell dürfte Piérola vom französischen Hause Dreyfus und dem chilenischen Geldgeber Barahona unterstützt worden sein.

Neben der politischen Gewalt bereitete die enorme Staatsverschuldung Kopfzerbrechen. Zwischen 1873 und 1876 musste etwa die Hälfte des Staatsbudgets für die Bezahlung der Auslandschulden verwendet werden. Die Weltwirtschaftskrise von 1873, die einen starken Rückgang der Exporte zur Folge hatte, verstärkte zusätzlich Perus ökonomische Schwierigkeiten. Die Regierung sah sich im folgenden Jahr genötigt, Papiergeld herauszugeben, das nur ungenügend durch Edelmetall gedeckt war. Im gleichen Jahr lief der Dreyfus-Kontrakt aus, was den Weg für neue Vertragspartner im Guano-Geschäft freimachte. Allerdings waren die Preise für den Dünger am Fallen und die Guano-Reserven bedenklich geschwunden. Außerdem hatte der Guano auf den Weltmärkten mit der Konkurrenz durch Nitrate zu kämpfen. Peru verfügte zwar auch über gewaltige Nitratvorkommen im wüstenhaften Gebiet an der Südküste. Im Gegensatz zum Guano befanden sich diese jedoch im privaten Besitz. Durch die Etablierung eines Staatsmonopols auf Nitratexporte versuchte die Regierung 1873, das Angebot von peruanischen Nitraten auf dem Weltmarkt zu verknappen und damit die Preise für Dünger zu stabilisieren. Als sich die Krise aufgrund der Depression in Europa und der zunehmenden Nitratlieferungen durch die Konkurrenz im bolivianischen Antofagasta weiter zuspitzte, strebte die peruanische Regierung die Nationalisierung der Nitratindustrie an. Dabei sollten die privaten Besitzer durch festverzinsliche Wertpapiere (Nitrat-Zertifikate) kompensiert werden. Nach der Verabschiedung des Gesetzes zur Verstaatlichung der Nitratvorkommen (28. Mai 1875) kaufte der peruanische Staat etwa 70 % der Betriebe auf. Die übriggebliebenen privaten Unternehmen mussten eine Exportabgabe bezahlen.

Nitrate oder Salpeter

Natriumnitrat – auch: Natron- oder Chilesalpeter ($NaNo_3$) – ist das Natriumsalz der Salpetersäure. Bei den wichtigsten Vorkommen in der Atacama-Wüste handelt es sich um eine dicke Kruste aus Salzgestein, die Caliche genannt wird. Das hellgraue bis weiße Salz bildete für Peru ein vielversprechendes Exportprodukt. Führte das Andenland 1833 Salpeter im Wert von 16 000 Pfund Sterling nach Großbritannien und Frankreich aus, stiegen die Exporte bis gegen Ende der 1840er-Jahre auf 300 000 £. In diesem Jahrzehnt führte Peru jährlich etwas über 10 000 Tonnen aus. In den 1860er-Jahren überschritt die Exportmenge erstmals die 100 000-Tonnen-Marke. Sie erreichte 1875 den Allzeitrekord von über 330 000 Tonnen.

Die Nitrate wurden zur Herstellung von stickstoffreichem Dünger, von Schießpulver oder von Jod gebraucht. Nach Ende des Guano-Booms, ab den 1880er-Jahren, deckten Nitrate die große Nachfrage nach natürlichen Düngern. Vielleicht noch wichtiger war, dass man aus den Nitraten Salpetersäure (HNO_3) gewann, einen der wichtigsten Grundstoffe der chemischen Industrie. Natriumnitrate waren damit für die Entwicklung der chemischen Industrie so bedeutend wie der Guano als Naturdünger für die Landwirtschaft. Die

> bedeutendsten Lagerstätten lagen etwa einen Meter unter der Oberfläche in den wüstenhaften Küstengebieten Südperus, Boliviens und Nordchiles. Das Nitrat gewann man durch Auslaugung mit heißen Solen vor Ort in Betrieben, die im letzten Viertel des Jahrhunderts über eine aufwändige Infrastruktur verfügten und die vielfach von europäischen Geldgebern installiert, finanziert und geführt wurden. Über die Häfen von Iquique und Pisagua (beide in der südperuanischen Provinz Tarapacá) und den bolivianischen Hafen Mejillones wurden die Nitrate ausgeführt. Zwei Eisenbahnlinien – von Peña über Nueva Noria nach Iquique bzw. von Sal de Obispo nach Pisagua – stellten die Verbindung zu wichtigen Produktionszentren sicher.

Machtübergabe an General Prado (1876–1879)

Die zahlreichen Reformen, teure Bauwerke und aufwändige Prestigeprojekte kosteten Geld, das nun nicht mehr so leicht aufzutreiben war. Pardo sah sich mit einer exorbitanten Auslandschuld und sinkenden Einnahmen aus dem Guano-Geschäft konfrontiert. Die Löhne für den aufgeblähten Regierungsapparat konnten nicht mehr ausbezahlt und der Bau der staatlichen Eisenbahnlinien musste im August 1875 eingestellt werden. Während sich die Regierung um eine Neufinanzierung der Auslandschuld bemühte, explodierten die Arbeitslosenzahlen. Aus Spargründen verzichtete die Regierung auf den Erwerb zweier Kriegsschiffe, die sie bei einer englischen Werft bestellt hatte. Die beiden Schiffe wurden daraufhin an Chile verkauft.

Die wirtschaftlichen und finanziellen Probleme kombiniert mit der Austeritätspolitik und Steuererhöhungen verliehen der kirchlichen und militärischen Opposition Aufwind. Gegen Ende von Pardos Amtsperiode drohte der Staatsbankrott. Mittlerweile summierten sich die Auslandschulden auf 35 Millionen Pfund Sterling. Zu deren Amortisierung hätten jährlich 2,5 Millionen £ aufgewendet werden müssen – gleich viel wie der gesamte Staatshaushalt betrug. Als die Umschuldungsverhandlungen mit den ausländischen Gläubigern scheiterten, stellte Peru Anfang 1876 den Schuldendienst vorübergehend ein. Drei Jahre später war das Andenland erneut nicht in der Lage, seinen internationalen Zahlungsverpflichtungen nachzukommen.

Mit wachsender ziviler und militärischer Unrast konfrontiert, sah der scheidende Präsident paradoxerweise keine Alternative, als seiner Zivilistischen Partei einen General als Nachfolger vorzuschlagen. Dank der Unterstützung durch die Civilistas wurde Mariano Ignacio Prado abermals zum Präsidenten gewählt. Jedoch gelang es auch der neuen Regierung nicht, die Lage zu beruhigen, zumal sie noch mit dem katastrophalen El Niño von 1877 bis 1879 fertig werden musste. Bei diesem Jahrhundertunwetter verheerten Starkregen und Überschwemmungen Küstengebiete in Peru und Ecuador, während Dürren das Hochland in Peru und Bolivien heimsuchten. Ein neues Guano-Abkommen mit der Londoner Gesellschaft Raphael and Sons, die zusammen mit peruanischen Investoren die Peruvian Guano Company gegründet hatte, brachte nur eine kurze Atempause. Nach 1877 nahm die Prado-Regierung zu ungedecktem Papiergeld Zuflucht. Am 16. November 1878 wurde Ex-Präsident Manuel Pardo, der mittlerweile das Amt des Senatspräsidenten bekleidete, kurz nach Betreten des Senatsgebäudes von einem Unteroffizier des Wachbataillons erschossen. Nach diesem Mordanschlag verschärften sich die Feindseligkeiten zwischen den Anhängern Piérolas und den Civilistas weiter. Peru stand am Rande des Staatsbankrotts, und zu allem Übel drohte noch ein Bürgerkrieg.

Guano: Fluch und Segen

Der Guano diente als Sicherheitsgarantie für eine lange Kette stetig erneuerter Darlehen. Indem die peruanische Regierung ihre Schulden in immer neue Staatsanleihen umwandelte, zögerte sie die fälligen Rückzahlungen ständig hinaus. Die Gläubiger ihrerseits tauschten in Erwartung saftiger Zusatzgewinne jeweils alte Schuldscheine in neue um. Nachdem die peruanische Regierung 1849 mit Großbritannien eine vertragliche Regelung für Schulden aus den 1820er-Jahren vereinbart hatte, kam sie 1850 den einheimischen Gläubigern und Geschädigten entgegen. Sie verpflichtete sich zur Begleichung sämtlicher Inlandschulden, die sich seit der Unabhängigkeit von 1821 angesammelt hatten. Entschädigt werden sollten Staatsangestellte, die seit Jahren auf einbehaltene Löhne warteten, Unternehmer, die unentgeltlich Staatsaufträge erfüllt hatten oder Opfer von Zwangsabgaben und Beschlagnahmungen. Ein Ausschuss hatte die Rechtmäßigkeit der Eingaben zu prüfen, wobei die staatlich anerkannten Verbindlichkeiten 1851 knapp fünf Millionen Pesos betrugen. Durch Schiebungen, Betrügereien, Bestechungen und Unterschriftenfälschungen – selbst die Namenszüge San Martíns oder Bolívars wurden gefälscht – wurden bis zum Ablauf der Eingabefrist im Oktober 1852 aus den fünf Millionen beinahe 24 Millionen. Von der Schuldenkonsolidierung profitierten rund 2000 Personen. Hauptnutznießer waren gut 100 Individuen (Händler, Hacendados, Rentiers und Staatsfunktionäre), die überwiegend an der Küste residierten.

Zu weiteren Fälschungen und Betrügereien kam es nach der Abschaffung der Sklaverei im Jahre 1854. Die peruanische Regierung erklärte sich zu Entschädigungszahlungen an die ehemaligen Sklavenhalter bereit. Obschon gemäß den letzten Volkszählungen kaum 15 000 Sklaven übrig waren, wurden bis Ende des Jahres 1860 Abfindungen für 25 505 Sklaven bezahlt. Ehemalige Sklavenhalter erhielten ca. 2,8 Millionen Pesos in Bargeld und 5,2 Millionen Pesos in Schuldscheinen (Vales de manumisión), die 6 % Zinsen einbrachten. Unter den drei Hauptprofiteuren befand sich Finanzminister Domingo Elías, der für seine 370 freigelassenen Sklaven 111 000 Pesos in Schuldscheinen kassierte. Die Begünstigten reinvestierten die staatlichen Kompensationszahlungen – vorwiegend für die Erweiterung ihrer Zucker- und Baumwollplantagen.

Bei der Abwicklung der Guano-Geschäfte war anfänglich das englische Handelshaus Anthony Gibbs and Company wichtigster Partner der peruanischen Regierung. Zwischen 1849 und 1861 realisierte diese Firma Bruttoverkäufe im Gesamtwert von 89 055 Millionen Soles. Der Kostenaufwand betrug 20 665 Millionen (23 %), die Kommission, die sie als Gewinn behielt 10 687 Millionen (12 %). Dem peruanischen Staat verblieben damit 57 703 Millionen Soles oder 65 %. Unberücksichtigt bleiben bei dieser Rechnung die Zinsen für die Vorschüsse. Üblicherweise mussten die Konsignatäre der peruanischen Regierung bedeutende Geldsummen – die verzinst werden mussten – im Voraus überweisen. 1850 begann Präsident Castilla damit, Verkaufsrechte auch peruanischen Konsignatären gegen die üblichen Vorschüsse zu übertragen. Nach dem Regierungswechsel im Jahr 1862 löste die einheimische Sociedad Consignataria del Guano das englische Handelshaus Gibbs ab. Peruanische Unternehmer – darunter viele, die von den staatlichen Entschädigungszahlungen profitiert hatten – ersteigerten sich das Monopol für den Guano-Verkauf nach Großbritannien, dem wichtigsten europäischen Markt. Die Gewinne investierten sie in verschiedene Geschäftszweige, so in Versicherungs-, in Gas- und später in Nitratgesellschaften, in private Eisenbahnen oder in Einwanderungsprojekte. Vielleicht die wichtigsten Investitionen betrafen die Schaffung der ersten Banken Perus in den 60er-Jahren. Diese nahmen kommerzielle Transaktionen vor, vergaben Kredite und emittierten Banknoten. Die Geldscheine waren zwar durch Silber gedeckt; eine Regulierung oder Kontrolle durch den Staat existierte jedoch nicht.

1869 beendete Finanzminister Nicolás de Piérola die sieben fetten Jahre der Limeñer Konsignatäre, indem er den Kommissionsgeschäftsvertrag auf das französische Haus Dreyfus übertrug. In der Folgezeit schloss er weitere Exklusivverträge mit der französischen Gesellschaft ab, mit dem Resultat, dass sich Peru maßlos verschuldete. Nach einer persönlichen Auseinandersetzung mit Präsident Balta trat Piérola im Juli 1871 von seinem Kabinettsposten zurück, ohne dass dieser Schritt einen Wechsel in der schuldenbasierten Finanzpolitik bewirkt hätte. Von 1869 bis 1872 verdoppelte sich Perus Auslandschuld von 90 Millionen Soles auf 185 Millionen, während die Inlandschuld Ende 1871 noch knapp 13 Millionen Soles betrug. Den folgenden Regierungen gelang es nicht, den Schuldenberg in den Griff zu bekommen und den drohenden Staatsbankrott abzuwenden.

Während der Guano-Ära verschlangen der aufgeblähte zivile Verwaltungsapparat mit 29 % und das Militär mit 24,5 % über die Hälfte der Staatseinkünfte. Den Rest brauchte der Eisenbahnbau auf, die Konsolidierung der Innen- und der Außenschulden sowie die Ersatzzahlungen für die Aufhebung des Kopftributs (Contribución de Indígenas y Castas) und die Freilassung der Sklaven. Durch die Aufnahme europäischer Anleihen war Peru in der Lage, Entwicklungsprojekte zu finanzieren, ohne auf Steuermittel zurückgreifen zu müssen und konnte sogar unpopuläre direkte Steuern streichen. Zwar wurden eine funktionierende zivile und militärische Bürokratie geschaffen und wichtige Infrastrukturprojekte in Angriff genommen. Die Streitkräfte konnten institutionalisiert werden, und Peru wandelte sich in eine ernstzunehmende Regionalmacht, deren Marine über gepanzerte Dampfschiffe verfügte. Andererseits trug der trügerische Wohlstand der Guano-Ära nicht zur industriellen Entwicklung des Landes bei. Stattdessen blühte der Importhandel, der, von tiefen Einfuhrsteuern profitierend, das einheimische Gewerbe ruinierte. Der kleine Personenkreis, der von der Schuldenkonsolidierung oder anderweitig von staatlichen Geldern profitierte, zog Finanzgeschäfte oder Investitionen in die Exportlandwirtschaft den Investitionen in Industrieanlagen oder Gewerbebetrieben vor.

Außenhandel, Inflation und Ende des Zunftwesens

Ab 1845 setzte eine Aufweichung der langjährigen Abschottungs- und Hochzollpolitik ein. Gegen den erbitterten Widerstand protektionistischer Kreise gelang es 1851 den Anhängern des Freihandels, die Einfuhrzölle um 15 bis 25 % zu reduzieren. Eine Reihe von Handelsverträgen, die Peru mit Großbritannien, Frankreich und den USA schloss, bekräftigte die Hinwendung zu einer Politik der vorsichtigen Öffnung. Verlierer bei dieser wirtschaftspolitischen Neuausrichtung waren Kleinhändler und Handwerker. Für viele von ihnen wirkte es sich ruinös aus, dass die allgemeinen Löhne und die Preise während der Guano-Epoche anstiegen, die Preise für Importprodukte jedoch konstant blieben oder sogar fielen. Detailhändler und Kleinbetriebe gerieten vollends unter die Räder, als rund 100 Großfirmen – die Hälfte davon in ausländischem Besitz – die Handelsgeschäfte der Hauptstadt zu dominieren begannen. Ein Strom von Importgütern ergoss sich ins Land, in erster Linie britische Erzeugnisse (z. B. Textilien aus Baum- oder Schafwolle) und französische Produkte (Seidenstoffe, Parfüme, Weine). Im Jahre 1860 importierte Peru Waren im Wert von 15,4 Millionen Pesos – hauptsächlich aus Großbritannien, Frankreich, Chile und den USA. Im gleichen Jahr erreichten die Exporte eine Höhe von 35,1 Millionen Pesos, wozu der Guano allein 27,5 Millionen beisteuerte. 18 Jahre später hatte Guano seine unangefochtene Spitzenposition eingebüßt. Wichtigstes Exportgut war 1878 Zucker, gefolgt von Nitraten, Guano, Silber und Alpakawolle.

Hatte Peru bis zur Jahrhundertmitte eine Deflation erlebt – von 1815 bis 1846 waren die Preise durchschnittlich um 1 % pro Jahr gesunken – setzte Mitte der 1850er-Jahre eine langwierige Inflationsphase ein, die ihren Höchstwert im Jahre 1869 erreichte. In dieser Periode stiegen die Kosten für inländische Lebensmittel um 76 %, während der Preis für importierten Weizen aus Chile unverändert blieb. Insgesamt erhöhten sich die Lebenskosten um 32 % – und dies bei fallenden Löhnen. Mitverantwortlich für die hohe Inflation waren die Verteuerung der Produktionsmittel und die große Menge minderwertiger bolivianischer Münzen, die in Peru zirkulierten.

Perus Importstatistiken belegen die Vorlieben des neureichen Bevölkerungsteils für europäische Kleidung, Schuhe, Klaviere, Möbel und Luxusgüter. Leidtragende waren die lokalen Handwerker, die mit Absatzschwierigkeiten zu kämpfen hatten. Während die Anzahl der hauptstädtischen Werkstätten stagnierte, fielen die Einkommen der Limeñer Handwerker auf das Niveau der 1830er-Jahre. Die Arbeitslosigkeit nahm zu. 1857, auf dem Höhepunkt des Guano-Booms, betrug Limas Arbeitslosenquote 17 %. Die wirtschaftlichen Schwierigkeiten fachten soziale Unruhen und Krawalle an. Bereits 1851 zerstörten Maschinenstürmer die Markierungen für Limas erste Eisenbahnlinie. Beim Sturz des Präsidenten Echenique plünderte ein Mob die Häuser und Geschäfte der reichsten und prominentesten Guano-Händler. Auch Ausländer wurden Zielscheibe des Volkszorns. Einen dreitägigen Aufruhr, während dem mehrere französische Luxusgeschäfte ausgeräumt und der Zug nach Chorrillos in Brand gesetzt wurden, schlug die Armee nieder. Zwölf Protestierende fielen den berittenen Truppen zum Opfer, die Präsident Castilla persönlich befehligte. 1858 ereigneten sich in Lima und im Hafen Callao erneut Straßenkrawalle. Angeführt von Zimmerleuten und Schmieden, schlossen sich Angehörige weiterer Zünfte den Demonstrationszügen an. Den unmittelbaren Protestanlass bildete ein Regierungsdekret, das den Import von hölzernen Türen, Fensterrahmen und Formstücken gestattete und die Existenz der lokalen Zimmerleute bedrohte. Zu diesem Zeitpunkt war die politische Marginalisierung der Zünfte bereits eine Tatsache. Das Ende der traditionellen Zunftordnung besiegelte die Verfassung von 1860, die die Gewerbefreiheit garantierte. Mit der definitiven Abschaffung des Gewerbemonopols verloren die alten Zünfte ihre Existenzgrundlage.

Landwirtschaft, Wollproduktion und Bergbau

Seit dem ausgehenden 18. Jahrhundert stagnierte die Landwirtschaft an Perus Küste. Erst gegen die Jahrhundertmitte hellte sich das Panorama auf, wofür verschiedene Gründe verantwortlich waren. Einerseits wurde 1849, während Präsident Castillas erster Amtszeit, sämtlicher Landbesitz als veräußerlich deklariert. Damit war die gesetzliche Grundlage für die allmähliche Abschaffung kolonialer Besitzverhältnisse und Nutzungsrechte geschaffen, die Landverkäufe be- oder verhinderten. Andererseits kam durch den Guano-Geldsegen das nötige Kapital für die Gründung von Banken und für die landwirtschaftliche Modernisierung zusammen. Bis 1881 verlieh der 1866 eröffnete Banco de Crédito Hipotecario 12 Millionen Soles zumeist an mittlere und große Landwirtschaftsbetriebe an der nördlichen beziehungsweise der zentralen Küste, die sich auf die Baumwoll- und die Zuckerproduktion spezialisiert hatten. Auch ausländische Profiteure des Guano-Booms, wie der Eisenbahnkonstrukteur Henry Meiggs oder der französische Finanzier Auguste Dreyfus, erkannten die einträglichen Möglichkeiten einer fortschrittlichen Exportlandwirtschaft und erwarben große Ländereien in der nördlichen Küstenprovinz Pacasmayo. Neue Bewässerungskanäle entstanden in Tacna, im Azapa-Tal (bei Arica), im Majes-Tal (bei Camaná), in Lambayeque und andernorts. Sie trugen wesentlich zur Ausweitung der Anbauflächen und zur Produktionssteigerung an der Küste bei.

In den 1870er-Jahren dehnte sich der Zuckerrohranbau gewaltig aus. Die Landwirtschaftsbetriebe nördlich der Hauptstadt, die bislang Lima mit Nahrungsmitteln versorgt hatten, stellten auf den Zucker- oder den Baumwollanbau um. Infolgedessen musste die Hauptstadt ihre Lebensmittel aus weit größerer Entfernung aus dem Hochland oder von der Südküste beziehen, was die Transportkosten und damit die Endpreise in die Höhe trieb. Eigentliches Zentrum der Zuckerproduktion bildeten die Flussoasen zwischen Trujillo und Chiclayo. Im Jahr 1878 stammten 68 % des exportierten Zuckers aus dieser Gegend. Von 1860 bis 1879 steigerte sich die Gesamtproduktion um das 137-Fache – von 610 auf 83 497 Tonnen. Im gleichen Zeitraum nahm die Menge an Baumwolle, die weniger kapitalintensiv und auch auf kleinen Äckern rentabel war, von 291 auf 3609 Tonnen zu.

Im südlichen Peru erfuhr die Produktion von Schaf- und Kamelidenwolle einen beachtlichen Aufschwung dank der steigenden Nachfrage durch britische Textilfabriken und den staatlichen Maßnahmen zur Liberalisierung des Außenhandels. Die Wollexporte setzten ab 1834 ein und wurden durch ausländische Handelshäuser in Arequipa kanalisiert. In den 1840er-Jahren gab es bereits vier solcher Handelshäuser – zwei englische, ein deutsches und ein französisches –, die Arequipa in einen Stapelplatz für die Wolle aus Puno und Cusco verwandelten und zugleich für die Einfuhr europäischer Waren (hauptsächlich Textilien) sorgten. Die »weiße Stadt« eignete sich als Umschlagplatz dank ihrer Nähe zum Hafen Islay, der 1829 seinen Betrieb aufgenommen hatte. Anfänglich exportierten Arequipas Handelshäuser vorwiegend Schafwolle. Erst in den 1860er-Jahren übertraf die von Alpakas und Lamas stammende Kamelidenwolle jene an Wichtigkeit. Den Großteil der feinen Alpakawolle produzierten indianische Dorfgemeinschaften. Auf jährlich stattfindenden Märkten, wie demjenigen von Vilque in der Nähe von Puno, der zwischen 10 000 und 12 000 indianische Produzenten versammelte, erstanden Agenten der Handelshäuser das begehrte Rohmaterial. Kleinhändler erwarben überdies im Auftrag der arequipeñischen Handelshäuser die Wolle direkt in den indianischen Dorfgemeinschaften. Der Wert der exportierten Wolle wuchs kontinuierlich: Betrug er für die Fünfjahresperiode von 1845 bis 1849 noch 122 000 Pfund Sterling, so waren es für die Periode von 1870 bis 74 viermal mehr, nämlich 489 000 £.

Die eindrücklichen Wachstumsraten in der Exportlandwirtschaft und im Wollhandel können nicht darüber hinwegtäuschen, dass vielerorts noch immer vorkapitalistische Produktionsverhältnisse dominierten. Neben der traditionellen Hacienda, wo quasi feudalistische Abhängigkeitsverhältnisse, ein hoher Grad an Selbstversorgung und ein niedriger technischer Entwicklungsstand vorherrschten, existierten modernste Zuckerrohrplantagen. Diesbezüglich vertiefte der Guano-Boom die Kluft zwischen den modernisierten Großbetrieben an der Küste und den traditionellen Landgütern in der Sierra. Nichtsdestotrotz bildeten sich auch in den Hochland-Departements Huancavelica, Apurímac und Ayacucho prosperierende Wirtschaftszonen heraus. Selbst das östlich der Anden gelegene Dschungelgebiet von Chanchamayo blühte unter den Kolonisten auf, die Kaffee, Fruchtbäume und Zuckerrohr – für die Schnapsherstellung im industriellen

Maßstab – anpflanzten. In der zentralen Sierra kauften erfolgreiche Unternehmer Ländereien auf. Sie importierten hochwertiges Zuchtvieh und auserlesene Futtergräser, sodass die regionale Viehwirtschaft zur fortschrittlichsten des Landes avancierte. Ortschaften wie Cerro de Pasco, Tarma, Jauja, Concepción, Huancayo, Pampas und Acobamba waren Markt-, Produktions- und Dienstleistungszentren mit einem reichen Angebot an Handwerksbetrieben und einem beachtlichen Dienstleistungsangebot. Ein reger Handel verband das nordperuanische Cajamarca und die Minenregion von Hualgayoc mit der Küste, wobei Mehl, Salz, Reis und Importtextilien gegen Vieh und Handwerksprodukte eingetauscht wurden. Zudem versorgten sich die Bergwerke mit beträchtlichen Mengen an Lebensmitteln, Bauholz, Schnaps und Coca, ungeachtet dessen, dass der Silberbergbau einen langen Zyklus der Depression und der Stagnation durchlief. Förderte Peru in der Fünfjahresperiode 1846–1850 im Jahresdurchschnitt 91 Tonnen Silber, so fiel dieser Wert von 1876–1880 auf ein Tief von 58 Tonnen. Erst in der Schlussperiode des Jahrhunderts, von 1895–1899, übertraf er mit 136 Tonnen die Resultate aus der späten Kolonialzeit (120 Tonnen von 1800–1805).

Abb. 10: Seit der Kolonialzeit ist Peru einer der größten Silberproduzenten der Welt. Aus dem Rohstoff fertigen die Silberschmiede von Catacaos (Dep. Piura) ihre kunstvollen Ohrgehänge.

Für die Krise im Silberbergbau gab es verschiedene Gründe. Zum einen führte der Preisverfall auf dem Weltmarkt zur Jahrhundertmitte zu einer massiven Verlagerung privater Investitionen weg vom Minensektor hin zur Exportlandwirtschaft und Viehzucht. Zum anderen hielt sich die staatliche Unterstützung lange Zeit in engen Grenzen. Erst im Jahre 1876 erfolgte die Gründung der Escuela de Ingenieros Civiles y de Minas. Für die Leitung dieser Ingenieursschule wurden europäische Experten verpflichtet, die neue technische Verfahren bekannt machten. Ein Gesetz von 1877 legte steuerliche Anreize für den Bergbau fest. Da der bankrotte Staat nicht in der Lage und die einheimische Wirtschaftselite nicht willens war, größere Investitionen zu tätigen, dauerte es lange Jahre, bis der Bergbau wieder auflebte. Allerdings waren die wichtigsten Kapitalgeber nun ausländische Unternehmen, die damit die Kontrolle dieses wirtschaftlichen Schlüsselsektors übernahmen.

Technologischer Fortschritt und Industrialisierung

Wie überall auf der Welt revolutionierten auch in Peru Dampfmaschinen – dampfgetriebene Schiffe und Lokomotiven – das Transport- und Verkehrswesen. Die Gründung der Pacific Steam Navigation Company (PSN) im Jahr 1840 führte zu erheblichen Kostensenkungen im Küstentransport. Zwischen 1849 und 1853 entstand eine Eisenbahnlinie durch die Landenge von Panama, die die Pazifik- mit der Atlantikküste verband und zu einem starken Aufschwung des internationalen Personen- und des Gütertransportes beitrug. Schiffsrümpfe aus Metall und die Einführung von Schiffsschrauben vervollkommneten die Dampfschifffahrt und sorgten dafür, dass Überseetransporte schneller und billiger wurden. Zwar brachten Segelschiffe nach wie vor Guano und Nitrate über die Ozeane, dennoch waren die Tage der Großsegler gezählt. In den 1870er-Jahren nahmen die ersten Dampfschiffe auf dem Titicacasee ihren Betrieb auf. Im Gegensatz zu Chile versäumte es Peru aber, eine effiziente nationale Dampfschifffahrtsgesellschaft an seiner Meeresküste aufzubauen.

Dampfmaschinen wurden nicht nur im Transportgewerbe eingesetzt, sondern auch im Bergbau, in der Landwirtschaft, im Druckwesen und in der Industrie. Um 1837 ging die erste Dampfmaschine auf einer peruanischen Zuckerrohrplantage in Betrieb. Seit den 1840er-Jahren trieb Dampfkraft moderne Zuckermühlen an. Ebenfalls mit Dampf betrieben wurden Maschinen, die die Baumwollsamen von den -fasern trennten. Zwischen 1839 und 1847 kamen dampfbetriebene Druckmaschinen bei der Herstellung der Zeitung *El Comercio* in Lima zum Einsatz.

Perus industrielle Anfänge liegen in der Hauptstadt Lima, wo die Möglichkeiten, an Geld und Kredite heranzukommen am günstigsten waren. Nachdem 1841 bereits eine Glasfabrik entstanden war, setzte ab 1848 – dank Gesetzesbestimmungen, welche die Industrie zu schützen und zu fördern versprachen – ein eigentlicher Gründungsboom ein. Der Großgrundbesitzer und Seidenfabrikant José de Sarratea importierte neue Spinnmaschinen und erweiterte sein

Warenlager. Derweil gründeten die Unternehmer Alejandro Villota und Manuel Amunátegui eine Papierfabrik, die hauptsächlich für die Zeitung *El Comercio* produzierte, und Eugenio Rosell eröffnete eine Kerzenfabrik. Die staatliche Eisen- und Kupferschmelzerei von Bellavista, die von Ende 1849 bis zu ihrer (kriegsbedingten) Zerstörung im Jahr 1881 in Betrieb war, diente in erster Linie militärischen Zwecken, stellte aber auch Nutzgeräte wie Pumpen für den Bergbau her. Eine nur kurze Existenz war der Textilfabrik Los Tres Amigos beschieden, die ihre mechanischen Webstühle aus dem US-amerikanischen Paterson (New Jersey) bezog. Das baumwollverarbeitende Unternehmen, das 160 Arbeitskräfte beschäftigte – hauptsächlich Frauen und Kinder – musste 1852 bereits wieder schließen. Wegen der Liberalisierung des Außenhandels überschwemmten billige ausländische Baumwollgewebe den Limeñer Markt. Knapp 20 Jahre später kaufte der Textilfabrikant Carlos López Aldana die stillgelegte Fabrik, die er später nach Vitarte verlegte, einem Vorort Limas, der durch eine Bahnlinie mit der Hauptstadt verbunden war. In Lima existierten außerdem mehrere typografische Betriebe, beispielsweise die staatliche Druckerei, die im Regierungspalast untergebracht war.

Im Druckwesen entstand im April 1855 die erste proletarische Organisation: Die Sociedad Tipográfica de Auxilios Mutuos. Es handelte sich dabei um einen Zusammenschluss von Druckereiarbeitern, die einen Hilfsfonds für kranke oder verunfallte Mitarbeiter unterhielten. Unter dem Namen Sociedad Filantrópica Democrática etablierte sich im Mai 1858 eine weitere Gesellschaft gegenseitiger Hilfe, und zwar unter den Hafenarbeitern im Hafen Callao. 1860 schlossen sich Handwerker in Lima ebenfalls zu einer Sociedad de Auxilios Mutuos zusammen. Zu den größten Arbeitgebern zählten in diesem Jahr neun Wäschereien, die 3147 Frauen beschäftigten, sowie Schreinereien und Schneidereien mit je 2000 Angestellten. Weitere Großunternehmen waren Brauereien, Wachs- und Kerzenfabriken, Zigarettendrehereien, Silberschmiedewerkstätten, Hutflechtereien, Schokoladefabriken und Bäckereien.

Im peruanischen Hochland gab es seit der frühen Kolonialzeit im 16. Jahrhundert Manufakturen, die aus Schaf- und Kamelidenwolle Gewebe herstellten. 1861 installierte die Familie Terry in Ucrón (Provinz Pallasca; Dep. Áncash) eine Textilfabrik, die Stoffe für den lokalen Markt produzierte. Im gleichen Jahr modernisierte das Unternehmerpaar Garmendia-Nadal im Lucre-Becken (in der Nähe der Stadt Cusco) ihren aus der Kolonialzeit stammenden Webbetrieb durch importierte Webmaschinen. Die Maschinenteile aus Frankreich mussten auf dem Rücken von Maultieren in mühseliger Arbeit vom südperuanischen Hafen Islay ins Hochland transportiert werden. Trotz der modernen, mit Wasserkraft betriebenen Webmaschinen beschäftigte das Unternehmen keine Lohnarbeiter, sondern es nutzte die Arbeitskräfte der fabrikeigenen Hacienda. 1872 etablierte der deutsche Hacienda-Besitzer Gustavo A. Mangelsdorff eine Brauerei in der Stadt Cusco. Wie sein Beispiel zeigt, entstanden zahlreiche industrielle Anlagen auf Initiative ausländischer Immigranten. Stellvertretend für viele seien an dieser Stelle genannt: die italienischen Teigwarenfabrikanten Luis Suito (1860) und Juan Falco (1867) in Lima, der deutsche Bierbrauer Federico Bindels (1863) im Hafen Callao, der britische Keksehersteller Arturo Field (1864) und der

Zigarrenfabrikant Antonio Pouchan (1869), der nach einer Vergrößerung seiner Fabrik im Jahre 1873 über 400 Angestellte beiderlei Geschlechts beschäftigte.

Gegenüber der ausländischen Konkurrenz hatten die frühen industriellen Betriebe einen schweren Stand. Nur selten konnten sie sich langfristig behaupten. Nachteilig wirkten sich insbesondere die schwierige Landestopografie und das völlig unzulängliche Verkehrsnetz aus. Den Überlandtransport bewältigten Maultiere mit Karren an der Küste beziehungsweise Lamas und Maultiere im Hochland. Die traditionellen Transportmethoden beschäftigten eine große Zahl an Treibern, waren arbeitsintensiv und zogen hohe Kosten nach sich.

Demografie, europäische Immigration und hauptstädtische Lebenswelt

Der nationale Zensus von 1876 ergab eine Gesamtbevölkerung von 2,7 Millionen. Damit hatte sich Perus Bevölkerung seit dem kolonialzeitlichen Zensus der 1790er-Jahre (1,2 Millionen) mehr als verdoppelt. Die Volkszählung von 1876 verzeichnete einen deutlichen Geburtenüberschuss: auf 1000 Einwohner gab es 45 Geburten und 33 Todesfälle. Die durchschnittliche Lebenserwartung betrug 30 Jahre. Die Mehrheit der Bevölkerung wurde als Analphabeten (70 %) und als Indianer (58 %) klassifiziert. Der hohe indigene Anteil überrascht, weil in den 1850er-Jahren eine verheerende Seuche (wahrscheinlich Typhus) im peruanisch-bolivianischen Hochland angeblich 300 000 Indianer dahinraffte. Über ein Viertel der ländlichen Bevölkerung lebte auf einer der insgesamt 4404 Haciendas, die entweder religiösen und zivilen Institutionen oder privaten weißen und mestizischen Eigentümern gehörten. Peru zählte 6928 Dörfer oder Weiler mit weniger als 1000 sowie 291 Zentren oder Städte mit über 1000 Einwohnern. In den Dörfern und Weilern konzentrierten sich 60 % der Bevölkerung. Wirtschaftlich aktiv waren 1,3 Millionen Personen. Mehr als die Hälfte davon fand ein Auskommen in der Landwirtschaft, sei es als Bauern (612 000), Tagelöhner (100 000) oder Hirten (58 000). Mit einer Gesamtzahl von 40 664 Personen machten die Schwarzen nur 1,5 % der peruanischen Bevölkerung aus. Am meisten Schwarze wies das Küstengebiet mit über 37 000 Personen auf, angeführt vom Departement Lima (15 404 Personen).

Zahlenmäßig wurden die Afroperuaner von den 107 000 Ausländern überflügelt. 47 % stammten aus Asien und 23 % aus Europa. Durch eine gezielte Förderung der europäischen Einwanderung erhofften sich Perus Regierungen Impulse für die Modernisierung und »Zivilisierung« des Landes. Denn die weißen Europäer galten – laut Präsident Echeniques Ausspruch während seiner Rede zum Nationalfeiertag vom 28. Juli 1853 – als »Menschen von guter Rasse, die sich für sämtliche Arten von Arbeiten eigneten und sittlich gefestigt waren« (Basadre 1983, 277). Von 1873 bis 1875 war die Sociedad de Inmigración Europea für die Einwanderung von 3000 Kolonisten – überwiegend Italiener, außerdem einige wenige Schweizer und Franzosen – verantwortlich. Der Großteil dieser Immigranten zog ins Dschungelgebiet von Chanchamayo. Insgesamt bildeten die Italiener, die zu 80 % aus der Region Ligurien stammten, die größte europäische Einwanderergruppe. 1840 lebten um die 1000 Italiener in Peru, zu Beginn der 1860er-Jahre waren es ungefähr 4000, und 1880 war der Höchststand mit rund 10 000 Personen erreicht. Mehrere Südeuropäer machten in der Lebensmittelbranche Karriere. Sie produzierten Teigwaren, Brot, Schokolade und Speiseeis. Von den 650 Krämerläden mit Alkoholausschank (Pulperías), die die Hauptstadt 1863 zählte, gehörten vier Fünftel Italienern. Die europäischen Einwanderer verdrängten nicht nur zahlreiche einheimische Frauen aus dem Ladengeschäft, sondern führten auch neue Ess- und Trinkgewohnheiten ein. Neben italienischen Gerichten verbreitete sich in der zweiten Jahrhunderthälfte in Lima und weiteren Städten auch der Bierkonsum.

Anders als in Argentinien oder Brasilien vermochten in Peru weder die forcierte Immigrationspolitik noch die zahlreichen staatlichen Kolonisationsprojekte eine hohe Zahl an Europäern anzulocken. Die meisten Europäer reisten auf eigene Initiative ins Land ein, kaum berührt von den Regierungsprojekten, die eine kontrollierte Immigration vorsahen. Angezogen von der boomenden Wirtschaft, fanden sie primär als Kleinhändler und Kleinunternehmer, daneben auch als Köche, Kunsthandwerker oder Künstler ein Auskommen. Zumeist ließen sich die (überwiegend männlichen) Einwanderer in Lima oder in der Umgebung der Hauptstadt nieder. Gemäß der *Estadística general de Lima*, die Manuel Atanasio Fuentes 1858 publizierte, waren 23 % der Limeñer Bevölkerung ausländischer Herkunft.

Vor der Jahrhundertmitte lebten in Lima Arme wie Reiche, Hell- wie Dunkelhäutige Seite an Seite. Wenn auch die Art und die Ausstattung der Behausungen höchst unterschiedlich waren, so teilten alle doch denselben Raum. Während des Guano-Booms, zwischen 1850 und 1870, zeichneten sich Veränderungen ab. Italienische und französische Architekten gestalteten neue Promenaden, Plätze und öffentliche Anlagen gemäß europäischen Vorbildern. Es entstanden neue Quartiere, deren Bewohner räumliche Exklusivität und Abschottung für sich beanspruchen. Während die Reichen in neu erstellte Residenzen im Südwesten Limas – beispielsweise in Miraflores und Chorrillos – abzogen, blieben die Angehörigen der Unterschichten in der Nähe des Zentrums. Schlecht bezahlte Arbeiter und verarmte Handwerker mieteten sich mit ihren Familien in schmutzigen, engen Zimmern in überfüllten Wohnhäusern ein. Prekär waren die Lebensbedingungen auch für viele unabhängige Handwerker – Meister, Gesellen, Lehrlinge – die in winzigen Werkstätten arbeiteten. Sie litten besonders unter der ausländischen Konkurrenz, der Absatzkrise und den staatlichen Abgaben. In Limas Zentrum grassierten Armut, Unterbeschäftigung und Arbeitslosigkeit. Ausländischen Besuchern wie einheimischen Beobachtern fiel gleichermaßen die große Zahl an Müßiggängern aus den Unterschichten auf, die ihre Zeit mit Glücksspielen, Trinkgelagen und »lasterhaften Unsitten« totschlugen.

Koloniale Relikte

Der kolonialen Rechtstradition folgend, teilte das Bürgerliche Gesetzbuch von 1852 Personen in verschiedene Kategorien ein – beispielsweise in Mündige und Unmündige, Erwachsene und Minderjährige, Männer und Frauen – und regelte den jeweiligen gesetzlichen Status. Wie bisher galt die Eheschließung als Sakrament und die Ehe als unauflösliche Lebensgemeinschaft. Für die Rechtsprechung bei Ehefragen waren katholische Geistliche und die zivile Gesetzgebung zuständig. Prinzipiell war die Frau dem Mann untergeordnet. Frauen durften nicht als Zeuginnen bei Einträgen ins Standesregister oder bei Testamenten firmieren. Bei einem Gerichtsfall durfte eine Frau nicht ohne die Autorisation ihres Ehemannes aussagen, außer wenn sie selbst angeklagt war. Ohne Einbezug des Ehemannes oder sein schriftliches Einverständnis war es ihr untersagt, Dinge zu verschenken, zu veräußern, zu verpfänden oder zu erwerben.

Während der Guano-Boom zu markanten sozialen Änderungen an der Küste führte, blieb im Hochland vieles beim Alten. Hier nahmen die mächtigsten Gamonales die Spitze der regionalen Gesellschaftshierarchie ein. Dabei handelte es sich zumeist um einflussreiche Großgrundbesitzer, die das lokale wirtschaftliche und politische Geschehen kontrollierten. Die Bezeichnung findet sich bereits in kolonialen Dokumenten des 18. Jahrhunderts. Sie leitet sich von »Gamonito« ab, einer parasitären Pflanze, die auf Baumwurzeln wächst. Die republikanischen Gamonales nutzten die institutionelle Schwäche des Zentralstaates aus, um eine auf Dominanz und Unterwürfigkeit basierende, quasi feudalistische Sozialordnung durchzusetzen. Wenn ein Bergwerksbetreiber, ein Hacendado oder ein Bauunternehmer dringend Arbeitskräfte benötigte, wandte er sich an einen Gamonal. Dieser mobilisierte die von ihm abhängige Landbevölkerung. Die Gamonales sprachen Quechua und waren mit der ländlichen indianischen Kultur bestens vertraut. Sie vereinten widersprüchliche Züge, in denen sich Despotismus und Habgier auf der einen Seite, Paternalismus und Respekt vor der andinen Volkskultur auf der anderen Seite nicht ausschlossen. Insgesamt bildeten sie eine heterogene Gruppe, deren Angehörige unterschiedlich vermögend und oft untereinander zerstritten waren. Die zahlenmäßig größte Gruppe stellten die Besitzer kleiner und mittelgroßer Gehöfte. Unter ihnen finden sich sowohl geachtete Personen als auch berüchtigte Viehdiebe, seien es Mestizen oder Indianer. Sie wohnten auf ihrem eigenen Grund und Boden, nicht in der Stadt. In ihrem Dienst standen, abgeschottet vom Rest der peruanischen Gesellschaft, vier bis 15 abhängige Familien. Neben den indianischen Großgrundbesitzern und denjenigen gemischter Abkunft, die keinen oder nur einen bescheidenen formellen Bildungsgrad aufwiesen, existierten gebildete Großgrundbesitzer, die Senatoren- und Abgeordnetensitze innehatten. Als unrühmliches Beispiel sei der reiche, weiße Großgrundbesitzer Ignacio Figueroa Fernández aus Yungay (Dep. Áncash) genannt. Im Verlauf seiner politischen Karriere übte er das Amt eines Departements-Präfekten, eines Provinzabgeordneten und eines Senators aus. Von der Landbevölkerung wurde Figueroa gehasst und gefürchtet. Mitleidlos trieb er ausstehende Schulden ein. Unter Androhung der Peitsche mussten zehn Witwen auf einem seiner Landgüter die Schulden ihrer verstorbenen Männer abarbeiten. Auf seinem Land unterhielt er einen privaten Kerker, in dem er fehlbare Landarbeiter in Fußfesseln, den Kopf und die Arme im Halsstock fixiert, schmoren ließ.

Die Oberschicht

Zur gesellschaftlichen Elite der Guano-Ära gehörten einerseits die Inhaber der höchsten Regierungs-, Militär- und Kirchenämter; andererseits vermögende städtische Rentiers, Caudillos im Ruhestand, Großgrundbesitzer, Finanziers und Großkaufleute. Ein hervorragender Vertreter dieses elitären Zirkels war der Gründer des Partido Civil und Staatspräsident Manuel Pardo. Spitzenpolitiker und umtriebiger Geschäftsmann zugleich, verkörperte Pardo paradigmatisch die Transformation der herkömmlichen Elite in ein modernes, in Finanz und Kommerz tätiges Großbürgertum. Seine Partei drückte dabei den kapitalistischen Unternehmergeist der neuen exportorientierten Elite aus. Pardo verehelichte sich 1859 mit Mariana Barreda y Osma, der Tochter eines der reichsten Männer Perus. Wie sein Beispiel zeigt, blieben die traditionellen Heiratsallianzen innerhalb der Oberschicht weiterhin gang und gäbe.

Durch Heiraten und durch Geschäftsverbindungen integrierten sich ebenfalls erfolgreiche ausländische Unternehmer in die peruanische Elite. An der Küste beteiligten sich Immigranten maßgeblich an der Entwicklung der großen Latifundien, die Zucker und Baumwolle für den Export produzierten. Zu nennen sind etwa der Deutsche Luis Albrecht, die italienischen Gebrüder Larco im Chicama-Tal, der Engländer Enrique Swayne, der mehrere Haciendas in den Tälern Cañete und Nepeña erwarb, sowie der Chilene Ramón Aspíllaga, Besitzer der Hacienda Cayaltí (Dep. Lambayeque). In Arequipa etablierten sich bis in die 1870er-Jahre acht ausländische Handelshäuser. Ihre Gründer, vornehmlich Engländer, ließen sich dauerhaft in Arequipa, das »weiße Stadt« genannt wird, nieder und nahmen die peruanische Staatsbürgerschaft an. Sie investierten ihre Handelsgewinne in hochprofitable Wirtschaftszweige (Bergbau, Straßenbau, Transportgewerbe) und später auch in die Landwirtschaft. Jedoch scheiterten ihre Versuche, erfolgreiche exportorientierte Landwirtschaftsbetriebe aufzubauen oder industrielle Betriebe zu etablieren, welche die ausländischen Importe hätten ersetzen können.

Bei vielen Oberschichtsfamilien gehörte es zum guten Ton, dass eines der Kinder in ein Kloster eintrat und ein Sohn im Militär Karriere machte. Die Töchter im heiratsfähigen Alter akzeptierten in den meisten Fällen den von ihren Eltern nach den Kriterien der Vermögens- und Prestigemehrung erwählten Bräutigam. Oft waren Heiraten endogam, die Braut sehr jung und die Höhe der Mitgift entscheidend. Viele Mädchen wurden dazu erzogen, künftig Zierde des Mannes zu sein, was ihnen später natürlich nicht half, ihr Leben selbständig zu meistern. Gegenbilder zu solch gegängelten und bevormundeten Frauen stellten aufgeklärte, eigenständige Intellektuelle dar, die sich als Gastgeberinnen von Abendgesellschaften einen Namen machten. Europäische Vorbilder und Modeströmungen führten um die Jahrhundertmitte dazu, dass sich die Oberschichtenfrauen aus den allgemein zugänglichen Flanierzonen und dem öffentlichen Raum in die Privatheit ihrer Häuser zurückzogen. Ihr Sozialleben spielte sich nun hauptsächlich in den privaten Salons ab. Für diese neuen Formen weiblicher Geselligkeit und intellektuellen Austauschs sind die literarischen Abendgesellschaften charakteristisch, die Juana Manuela Gorriti (1818–1892) abhielt. Die Argentinierin traf 1848 in Lima als alleinerziehende Mutter von zwei Töchtern ein. Sie hatte ihren Ehemann, den bolivianischen Caudillo Manuel Isidoro Belzú, verlassen und ein privilegiertes Leben aufgegeben, um sich in Lima als Lehrerin und Schriftstellerin durchzuschlagen. Beginnend im Jahr 1860 versammelte sich alle zwei Wochen eine illustre Gästeschar beiderlei Geschlechts, um Verse zu rezitieren, aus eigenen Werken vorzulesen und über sozial relevante Themen zu sprechen – insbesondere solche, welche die Rolle der Frau in der modernen Gesellschaft betrafen. Unter den Teilnehmerinnen fanden sich die berühmtesten Schriftstellerinnen und Journalistinnen Perus, die, wie ihre Gastgeberin, eine bewusste Auseinandersetzung mit der sozialpolitischen Realität wagten.

Die zahllosen europäischen Luxusprodukte, die im Gefolge des Guano-Booms die Hauptstadt überschwemmten, trugen mit dazu bei, das koloniale Profil der Stadt sowie Sitten und Gebräuche zu verändern. Rasch übernahmen die Oberschichtenfrauen Mode und Luxusartikel, die in Frankreich oder im viktorianischen England en vogue waren. Der Reifrock, das Korsett und die europäische Hutmode setzten sich genauso durch wie die französischen Parfüme, Schmink- und Enthaarungsmittel. Verhaltensmuster der europäischen Bourgeoisie sickerten langsam in die Elitehaushalte ein, in denen sich bislang eine vielköpfige Dienerschaft um Haushalt und Kinder – bis hin zum Stillen – gekümmert hatte. Bei den Tanzveranstaltungen lösten Walzer und Polka in den Häusern der gehobenen Klasse den weit sinnlicheren Paartanz Zamacueca ab. Die europäische Kleidermode verdrängte die typisch koloniale Tracht, bestehend aus enganliegendem Rock und kokettem Umschlagtuch (Saya und Manto), die sich allen Verboten der Obrigkeit zum Trotz drei Jahrhunderte lang hatte halten können. Allmählich verschwanden ihre Trägerinnen, die legendären Tapadas, aus dem Stadtbild. Bereits in den 1860er-Jahren wurden Saya und Manto unter Oberschichtsfrauen kaum mehr getragen. Bei den Frauen der unteren Schichten – Mestizinnen, Schwarzen, Indianerinnen – blieb die koloniale Tracht hingegen noch mindestens für zwei weitere Jahrzehnte in Gebrauch.

Waren die reichen Limeños der vizeköniglichen Blütezeiten für ihre Luxusliebe und Prunksucht bekannt, so standen ihnen die Profiteure des Guano-Booms diesbezüglich in keiner Weise nach. Letztere protzten mit der neuesten kontinentalen Mode, konsumierten edle französische Weine und deckten sich mit teuren Importgütern ein. Galaabende und zahlreiche Festanlässe boten vorzügliche Gelegenheiten, den Reichtum zur Schau zu stellen. Anlässlich eines exklusiven Tanzballs trugen die Damen importierte Abendkleider und in Europa gefertigten Schmuck im Wert von bis zu 50 000 Soles. Extravagant ging es auch bei der Einweihung der Eisenbahnlinie von Arequipa zu. Für die acht Tage dauernden Fei-

Die Oberschicht

Abb. 11: Zwei kokettierende Limeñer Schönheiten, die eine mit fast gänzlich verhülltem Gesicht (Tapada), die andere enthüllt (Destapada), Zeichnung von Jacobus Boelen (1835).

erlichkeiten wurden vier Passagierboote gemietet, welche die rund 800 Gäste – Mitglieder der Regierung und der Limeñer Oberschicht – an die Südküste beförderten.

Übernahme westeuropäischer Konzepte

Kurz vor der Jahrhundertmitte fanden sich Vertreter aus dem Handels- und Bildungsbürgertum im Club Progresista zusammen. Beim »fortschrittlichen Klub« handelte es sich um den ersten Versuch zur Bildung einer organisierten politischen Partei im Lande. Ideologisch und wirtschaftspolitisch folgte er den in England und Frankreich gängigen bürgerlich-republikanischen Idealen. Seine Repräsentanten übernahmen unverändert Lehren und Weltanschauungen wie Utilitarismus, Liberalismus und Positivismus und verfochten die Grundsätze des ökonomischen Liberalismus (wirtschaftliche Freiheit, Freihandel, Privatbesitz, Leistung, Wettbewerb und Marktwirtschaft). Ihr erklärtes Ziel war es, durch die Modernisierung von Staat und Gesellschaft das koloniale Erbe zu überwinden und materiell möglichst schnell das Niveau europäischer Staaten zu erreichen. Eine konkrete Maßnahme hierzu bildete eine gezielte Immigrationspolitik, die um weiße Europäer warb. Von den europäischen Einwanderern, von ihren Kenntnissen und Fertigkeiten und von ihrem Verhalten erwarteten die Progresistas positive Impulse für die peruanische Gesellschaft. In Übereinstimmung mit zeitgenössischen rassenbiologischen Theorien erhofften sie eine »Aufweißung« der eigenen Bevölkerung und damit eine Verbesserung der »rassischen Zusammensetzung«.

Der eigenen – indianischen wie mestizischen – Bevölkerungsmehrheit schlugen dieselben Vorurteile und stereotypen Kategorisierungen wie zu kolonialen Zeiten entgegen. In den zeitgenössischen Diskursen wurde »der Indianer« als analphabetisches, unzivilisiertes Subjekt herabgewürdigt, das am Rande der Marktwirtschaft vegetiere. In den verschiedenen Vorstellungen der Bauherren der Nation sollten die Indianer von tributzahlenden Selbstversorgern in billige Lohnarbeiter in der Plantagenwirtschaft, im Bergbau oder auf modernisierten Haciendas verwandelt werden. Noch weiter gingen die Anhänger des Sozialdarwinismus, für die das Leben ein Kampf bedeutete, in dem der Tüchtige überlebt und der Untüchtige untergeht. Sie hofften, dass die Indianer, die sie als nationale Schande und als Hemmschuh für den Fortschritt abqualifizierten, in naher Zukunft eliminiert würden.

Unter Perus liberalen, fortschrittsgläubigen Intellektuellen gewann der Positivismus – die Geschichts- und Sozialtheorie des französischen Denkers Auguste Compte (1798–1857) – zahlreiche Anhänger. Die Positivisten gaben sich überzeugt, dass eine kleine intellektuelle Elite dank wissenschaftlicher und empirischer Forschung die Gesetze entdecken und anwenden könne, die zu Fortschritt und Wohlstand führten. Alles, was sie für indianisch hielten, galt ihnen als rückständig und irrational – Eigenschaften, die mittels eines forcierten Anpassungsprozesses überwunden werden sollten. Gleichsam als erste »zivilisatorische« Maßnahme forderte Präsident Pardo die Etablierung eines obligatorischen staatlichen Schulsystems. Mit Hilfe von Erziehungs- und Bildungsmaßnahmen, kombiniert mit einer ökonomischen Modernisierung der ländlichen Regionen, hoffte er, die Unterentwicklung auf dem Lande zu überwinden und die Indianer in den Arbeitsmarkt einer sich modernisierenden Nation einzupassen. Freilich waren die bereitgestellten finanziellen Mittel viel zu beschränkt, um Wirkung zu zeigen. Der Guano-Reichtum wurde nicht an die Gesamtgesellschaft weitergegeben, etwa durch die Etablierung und den Unterhalt eines flächendeckenden Schulsystems, das die kulturellen und ethnischen Besonderheiten des Landes berücksichtigt hätte. Stattdessen floss ein Großteil der Guano-Gelder in die Hände einer kleinen Gruppe. Von den nationalen Entwicklungsprojekten, die Fortschritt und allgemeine Beteiligung an Wirtschaft und Politik verhießen, profitierten tatsächlich nur bestimmte Gruppen und Regionen. Damit entpuppten sich die propagierten Modernisierungsmaßnahmen als Ideologie der wirtschaftlichen Profiteure, mit der diese ihren sozialen und ökonomischen Status legitimierten und gegenüber Ansprüchen größerer Bevölkerungskreise verteidigten.

Indianer unter Druck

Das Bürgerliche Gesetzbuch von 1852 verankerte den liberalen Grundsatz der Rechtsgleichheit. Indem es strikte Gleichheit vor dem Gesetz postulierte, hob es die traditionellen Sonderrechte der Indianer auf kollektive Existenz- und Gemeinschaftsformen auf. Damit knüpfte es an Bolívars Dekrete der 1820er-Jahre an, die auf die Privatisierung von Gemeinschaftsland und die freie Veräußerbarkeit des Landbesitzes gezielt hatten. Unvereinbar mit dem Gleichheitspostulat war die selektive Kopfsteuer, die einseitig die ländlich-indianische Bevölkerung belastete. Dass sie 1854 abgeschafft wurde, war in erster Linie ein taktisches Manöver im Caudillo-Krieg zwischen Castilla und Echenique mit dem Ziel, sich die Unterstützung der ländlichen Massen zu sichern. Auch nach der offiziellen Abschaffung gab es mehrfach Versuche, die Kopfsteuer unter neuen Bezeichnungen und mit unterschiedlichen Ergebnissen wieder einzuführen. Im Unterschied zur Kolonialzeit, als die Tributzahlungen die kommunalen Sonderrechte und den indianischen Gemeindebesitz garantierten, konnten die Indianer nun nicht mehr auf behördlichen Schutz zählen. Einflussreiche Gamonales hatten jetzt freiere Hand, um ihre Ländereien mit legalen und illegalen Mitteln zu vergrößern, indianische Gemeinschaften in Abhängigkeitsverhältnisse zu zwingen und sich auf Kosten der Landbevölkerung zu bereichern. Wie im Falle der Kopfsteuern liefen Frondienste, die nur bestimmte Segmente der Bevölkerung zu leisten hatten, dem Gleichheitspostulat zuwider. Trotz offiziellem Verbot zogen sowohl Großgrundbesitzer wie zivile und religiöse Autoritätspersonen auch weiterhin die ländlichen Hochlandbewohner zu Fronarbeiten und unentgeltlichen Dienstleistungen heran. Selbst die indianischen Dorfvorsteher waren davor nicht gefeit.

Viele indianische Bauern und Gemeinschaften waren Selbstversorger. Selbst wenn sie keine Kopftribute bezahlen mussten, waren sie auf monetäre Einkünfte angewiesen, sei es, um kirchliche Dienstleistungen zu bezahlen, sei es, um die hohen Auslagen bei den Dorffeiern zu begleichen (Musikgruppen, Feuerwerk, Stierkämpfe, Wachskerzen sowie die Bezahlung des Pfarrers, der Messen feierte und die Prozessionen begleitete). Darüber hinaus benötigten sie Geld, um den Bedarf an Coca-Blättern, an Alkohol, an eisernen Werkzeugen, am Farbstoff Indigo und in einigen Regionen auch an Salz decken. Indem sie entweder eigene Produkte auf dem Markt verkauften oder befristete Lohnarbeit annahmen, verschafften sie sich die benötigten Finanzmittel. Als Lohnarbeiter mussten sich auch all jene Kleinbauern (Campesinos) verdingen, die nicht mehr über genügend eigenes Land verfügten, um als Selbstversorger existieren zu können.

Mit dem Vordringen des wirtschaftlichen Liberalismus akzentuierte sich die interne Differenzierung der Bauernschaft in reiche und arme Schichten. Zusammen mit der strafferen Einbindung der Indianer in den republikanischen Staat und in die kapitalistische Wirtschaft bedrohte diese Entwicklung das traditionelle bäuerliche Leben. Der indianische Gemeindebesitz wurde schrittweise privatisiert, die gemeinschaftliche Bewirtschaftung des Landes verlor an Bedeutung. Althergebrachte Werte und Sozialbeziehungen gerieten unter Druck, genau wie lokale Institutionen, die einst für wirtschaftliche Sicherheit und eine mehr oder weniger ausgewogene Verteilung der Einkommen gesorgt hatten. Die Auswirkungen machten eine Fortführung der herkömmlichen Überlebensstrategien unmöglich und führten in der zweiten Jahrhunderthälfte zu einer Reihe gewalttätiger Zusammenstöße.

In Puno, einem Departement mit einem sehr hohen indianischen Bevölkerungsanteil, ereigneten sich mehrere blutige Bauernrevolten. Der Versuch zur Wiedereinführung der Tributpflicht heizte 1866/1867 die ohnehin starken Spannungen am Titicacasee weiter an und löste eine regelrechte Aufstandswelle aus. Den Sorgen und Nöten der geplagten Landbevölkerung verschaffte der weit gereiste Oberst Juan Bustamante Dueñas eine Stimme. Der Oberst, der mütterlicherseits inkaische Vorfahren hatte, war ein vermögender Großgrundbesitzer, erfolgreicher Wollhändler und angesehener liberaler Politiker. Inmitten des Bürgerkrieges von 1867, in dem sich Anhänger und Gegner des Präsidenten Mariano Ignacio Prado bekämpften, stellte sich Bustamante an die Spitze eines Bauernheeres. Den aufständischen Campesinos gelang zwar die Einnahme von Puno. Jedoch wurden sie kurz darauf am 2. Januar 1868 von Truppen des Subpräfekten von Azángaro geschlagen. Die Sieger massakrierten die Gefangenen. Sie hängten Bustamante auf dem Hauptplatz von Pusi an den Füßen auf, misshandelten und köpften ihn. Eine neue Regierung in Lima verkündete ein Notstandsgesetz gegen den indianischen »Terror«, auf das Massenverhaftungen und -tötungen folgten. Ganze Dörfer verwandelten sich in Geisterstädte, weil man die Bewohner in die Goldminen im Dschungel von Carabaya deportierte.

Die Rückeroberung der zentralen Selva

Seit den 1630er-Jahren etablierten Franziskanermönche Missionsdörfer am zentralperuanischen Ostabhang der Anden, im Chanchamayo-Tal und im Gebiet des Cerro de la Sal. Die Missionsarbeit und die Besiedlung durch Kolonisten aus dem Hochland provozierten eine lange Kette von Erhebungen. In den 1740er-Jahren führte Juan Santos Atahualpa, ein Mestize aus dem Hochland, eine Konföderation verschiedener Dschungelvölker in einen über zehn Jahre dauernden Krieg gegen die spanische Herrschaft. Den Aufständischen gelang es, Missionare und Kolonisten für Jahrzehnte aus weiten Gebieten der zentralen Selva (tropischer Urwald) zu vertreiben. Sie schüttelten das franziskanische Joch ab und befreiten sich von denjenigen christlichen Normen, die unvereinbar mit den eigenen kulturellen Traditionen waren.

Hundert Jahre später erfolgten die ersten ernsthaften Versuche zur Rückeroberung der zentralen Selva. Den Auftakt bildete der Bau einer einfachen Straße, die vom Hochland ins Chanchamayo-Tal führte. Es folgte die Etablierung einer Militärgarnison im Territorium der Yánesha- und der Asháninka-Indianer (auch: Campa) im Jahr 1847. Von diesem militärischen Stützpunkt aus nahm die neuerliche Kolonisierung des zentralen Dschungelgebiets seinen Ausgang. Mittels militärischer Vorstöße, Strafexpeditionen sowie der Verschleppung indianischer Frauen und Kinder bemächtigten sich die Regierungstruppen des fruchtbaren Gebietes beim Zusammenfluss des Río Chanchamayo und des Río Tulumayo. Obschon die Indianer bis 1851 immer wieder die Garnison angriffen, gelang es ihnen nicht, die Regierungstruppen zu vertreiben. Mit der Gründung der Ortschaft La Merced (1869) – dem ehemaligen franziskanischen Missionszentrum von Quimirí – ging die Administration der annektierten Gebiete von den Militärs schrittweise in zivile Hände über. Die ersten Nutznießer waren Grundbesitzer aus der Gegend von Tarma, die im Chanchamayo-Tal große Zuckerrohrplantagen anlegten. Bald folgten italienische Einwanderer. Die Urbevölkerung wurde entweder unterworfen oder aus ihren traditionellen Siedlungsgebieten vertrieben. Ab 1881 nahmen die Franziskanermönche aus dem Kloster Santa Rosa de Ocopa die Missionstätigkeit in der zentralen Selva wieder auf. Sie erneuerten Missionsstationen aus der Kolonialzeit und ließen neue Dörfer errichten. Im Gefolge der katholischen Mönche strömten europäische und chinesische Kolonisten ins Gebiet, auf die später auch noch japanische Immigranten folgten.

Eine zweite Einfallsachse bildete das Departement Huánuco. Am 6. Dezember 1855 unterzeichneten die peruanische Regierung und der Deutsche Kuno Damian Freiherr von Schütz-Holzhausen einen Vertrag über die Besiedlung der abgelegenen Täler Pozuzo und Mayro durch insgesamt 10 000 (!) europäische Kolonisten. Pozuzo sollte ein Stützpunkt zwischen der Pazifikküste, dem schiffbaren Amazonaszufluss Río Palcazú und dem Atlantik werden. Da die peruanische Regierung entgegen den Abmachungen keine Straße vom Hochland zum Río Pozuzo erstellt hatte, mussten die ersten Kolonisten – Tiroler und Deutsche – beim Straßenbau zusammen mit zwangsrekrutierten Indianern selbst Hand anlegen. 1858 ließen sich die Mitteleuropäer in der Pampa Hermosa bei Santa Cruz nieder. Von dort aus begannen sie, die Ländereien am Zusammenfluss des Río Huancabamba und des Río Pozuzo aufzuteilen, zu roden und zu besiedeln. Ein Jahr später zählte Pozuzo 176 Mitteleuropäer (von ursprünglich 300). Obwohl das Gesamtprojekt des Freiherrn kläglich gescheitert war, traf 1868 eine zweite Gruppe, bestehend aus rund 300 Tirolern und 20 Bayern, in Pozuzo ein. Zu den Pionieren gesellten sich später auch noch Auswanderer aus Serbien. Bewohner Pozuzos stießen in weitere Dschungelgebiete vor und gründeten die Ortschaften Oxapampa (1891) und Villa Rica (1928).

Bei der Inbesitznahme der Dschungelgebiete flackerten immer wieder Kämpfe zwischen der Urbevölkerung und den fremden Eindringlingen auf. Strafexpeditionen arteten manchmal in einem Massaker aus, wie die Ereignisse auf der Insel Chota bei der Mündung des Río Pachitea in den Ucayali-Strom beispielhaft zeigen. Nachdem aufständische Cashibos zu Beginn des Jahres 1866 zwei Schiffsoffiziere umgebracht hatten, attackierten Monate später drei Kanonenboote das Inseldorf. Die Marinesoldaten nahmen Frauen und Kinder gefangen. Rund 500 Cashibo-Krieger versuchten die Verschleppung ihrer Angehörigen zu verhindern und griffen die Regierungstruppen während des Rückzugs an. Mit Hilfe der Schiffsartillerie konnte der Angriff abgewehrt werden. Hunderte von Cashibo-Kriegern wurden massakriert; ihre Frauen und Kinder wurden später in Iquitos als Sklaven verkauft.

Abb. 12: Umgebung von Pozuzo (Dep. Pasco).

Die Abschaffung der Sklaverei

Der internationale Druck zur Abschaffung der Sklaverei nahm in den 1840er-Jahren weiter zu. Mit der Aberdeen-Akte (1845) sagte die britische Regierung dem weltweiten Sklavenhandel den Kampf an. Die Akte hielt fest, dass sämtliche Schiffe, die tatsächlich oder auch nur mutmaßlich in den Menschenhandel involviert waren, überall – selbst in den Hoheitsgewässern anderer Staaten – verfolgt würden. Die möglichen Schuldigen sollten festgenommen und nach englischem Recht abgeurteilt werden. Im Vertrag über Freundschaft, Handel und Seefahrt von 1850 verpflichtete sich Peru, im Kampf um die vollständige Ausschaltung des Sklavenhandels mit Großbritannien zusammenzuarbeiten. Aus taktischen innenpolitischen Gründen erfolgte vier Jahre später die endgültige Abschaffung der Sklaverei. Während der Bürgerkrieg von 1854 in vollem Gang war, publizierte Präsident Echenique am 18. November ein Dekret, das jedem Sklaven, der sich für einen zweijährigen Militärdienst verpflichtete, die sofortige Freiheit versprach. Die Antwort seines Widersachers, des vormaligen Präsidenten Ramón Castilla, ließ nicht lange auf sich warten. Castilla dekretierte am 3. Dezember 1854 die Freiheit für alle in der Republik lebenden Sklaven. Ausgenommen waren einzig diejenigen Schwarzen, die Waffendienst für Echenique leisteten.

Für Castilla zahlte sich dieser Schritt aus: Bei der Entscheidungsschlacht von La Palma gab der Militäreinsatz der Sklaven aus dem zentralen Küstengebiet den Ausschlag für den Sieg. Nach der neuerlichen Machtübernahme bekräftigte Castilla die Gültigkeit seiner Dekrete, womit die Sklaverei endgültig abgeschafft war.

Mit Castillas Dekret fand die Sklaverei nach über 300 Jahren in Peru ihr offizielles Ende. Aber an der Marginalisierung der schwarzen Bevölkerung änderte sich nichts. Die Freigewordenen sahen sich mit einer Gesellschaft konfrontiert, in der sich tief verwurzelte Vorurteile zäh hielten. Nach wie vor wurden sie nicht als gleichberechtigte Bürgerinnen und Bürger anerkannt, sondern zu minderwertigen, verkommenen, niederträchtigen und gefährlichen Kreaturen herabgewürdigt. Zeitgenössische Schriftsteller warfen ihnen eine überbordende Sinnlichkeit, Gewalttätigkeit, Lügenhaftigkeit und einen Mangel an Vernunft und Intelligenz vor. Allgemein hielt man sie für ungeeignet, ein zivilisiertes Leben in Freiheit zu führen. Während den Sklavenhaltern üppige Abfindungen ausbezahlt wurden, mussten die Sklaven ihr neues Leben in Freiheit ohne jegliche Starthilfe oder Unterstützung aufbauen. Den ländlichen Schwarzen blieb zumeist keine andere Wahl, als eine Lohnarbeit auf einer Plantage anzunehmen. Damit bildeten sie ein ländliches Proletariat von Tagelöhnern, für die es weder Arbeitsplatzsicherheit noch Sozialleistungen gab. Außerhalb der Haciendas formierten sich – oftmals unter Mithilfe von Großgrundbesitzern – Dörfer, in denen sich ein Teil der Freigelassenen ansiedelte. Zugleich existierten manche der alten Barackensiedlungen aus der Sklavenzeit innerhalb der Haciendas weiter. Die freien Schwarzen arbeiteten hauptsächlich auf den Zuckerrohr-, später auch auf den Baumwollfeldern oder in den Haushalten der Haciendas. Zwischen Patron und schwarzem Tagelöhner bestand ein ähnliches Abhängigkeitsverhältnis wie einst zwischen Herrn und Sklaven. Noch immer existierten private Kerker, und Vorarbeiter verwendeten Peitschen und Ketten zur Züchtigung.

In die Freiheit entlassen, hausten die städtischen Schwarzen in den prekärsten Vierteln, oftmals in übervölkerten aneinandergereihten Einzelzimmern (Callejones). Wer Glück hatte, fand im hart umkämpften städtischen Arbeitsmarkt eine Vollzeitstelle als Hausangestellte(r) in einer wohlhabenden Familie oder in einem Handwerksbetrieb. Viele mussten sich mit Gelegenheitsarbeiten durchschlagen und sich als fliegende Händler, Hausierer, Hilfsarbeiter und Lastenträger behaupten. Anerkennung und Wertschätzung genossen die Schwarzen in den Domänen der Unterhaltung und des Spektakels oder wenn Körperlichkeit gefragt war. Den Gepflogenheiten aus der Kolonialzeit folgend, begleiteten hübsche schwarze Hausmädchen ihre weißen Herrinnen bei den zahlreichen religiösen Prozessionen. Elegant gekleidet und mit luxuriösem Schmuck behängt, fungierten sie als eigentlicher Blickfang, der die Aufmerksamkeit auf die Herrin lenkte. Während der Prozessionen wie auch bei weltlichen Umzügen durften die schwarzen Tanzgruppen nicht fehlen. Die Kosten für die Kostüme und Auslagen dieser Tanztruppen, die unter anderem den spektakulären Teufelstanz aufführten, übernahmen reiche Sponsoren. Lorbeeren holten sich mehrere Schwarze als unerschrockene, gefeierte Stierkämpfer. Einen ausgezeichneten Ruf erwarben sich auch schwarze Tanzmeister, die Paartänze wie die Zamacueca und die Resbalosa einem weißen Publikum beibrachten. Manuel Atanasio Fuentes erwähnt in seinem Werk *Lima: apuntes históricos, descriptivos, estadísticos y de costumbres* (Lima: historische, anschaulich beschreibende, statistische und die Sitten betreffende Notizen) von 1867 zwei solcher Tanzlehrer: Monteblanco und Martínez. Indem sie den jungen Damen aus der Oberschicht Unterricht erteilten, gewannen sie Zugang zu den großen Salons der »besseren Gesellschaft«.

Kulis oder chinesische Vertragsarbeiter

Dass Perus Sklavenhalter zähneknirschend in die Abschaffung der Sklaverei einwilligten, hatte hauptsächlich drei Gründe. Erstens waren die staatlichen Entschädigungszahlungen sehr großzügig. Zweitens bot die oftmals enge Verflechtung zwischen Regierungsfunktionären und Sklavenbesitzern Betrugsmöglichkeiten – etwa durch Falschangaben betreffs der Anzahl freigelassener Sklaven. Und drittens stand bereits eine Alternative in Aussicht: die vertragliche Verpflichtung von Chinesen, die weltweit als die billigsten Arbeitskräfte galten. Das Immigrationsgesetz vom 17. November 1849 machte den Weg frei für die Rekrutierung von chinesischen Kulis. Wer ein Kontingent von über 50 Arbeitern aus China über den Pazifik nach Peru verschiffte, erhielt pro »Siedler« (Colono) – dies war die offizielle Bezeichnung eines Kulis – eine Prämie in der Höhe von 30 Pesos. Die Kulis, die aus den ärmsten Schichten stammten und zwischen 10 und 40 Jahre alt waren, wurden direkt in China angeworben, wo sie nicht selten unter Gewaltanwendung oder aufgrund falscher Versprechungen einen unkündbaren Arbeitsvertrag unterzeichneten. Sie verpflichteten sich zur Annahme fast jeder Arbeit – explizit ausgeschlossen blieb der Guano-Abbau – für die Dauer von anfänglich fünf, später dann acht Jahren. Der Vertrag regelte die Arbeitszeiten, den Lohn, die Versorgung, die Verpflegung und die Unterkunft. Demnach musste ein Kuli täglich zwischen zehn und elf Stunden arbeiten. Urlaub gab es nicht, sieht man von einer dreitägigen Pause ab, während der die Arbeiter das chinesische Neujahr feiern durften. Als Gegenleistung erhielt der Kuli einen Wochenlohn in der Höhe von einem Peso. Für Verpflegung und Unterkunft hatte der Patron zu sorgen. Die Tagesration setzte sich aus eineinhalb Pfund Reis und etwas Fleisch oder Fisch zusammen, welche die Chinesen abends in ihren Baracken selbst zubereiteten. Pro Jahr hatte der chinesische Arbeiter Anspruch auf zwei Kleidungsstücke und eine Matratze. Im Krankheitsfall musste der Patron für die ärztliche und die medizinische Versorgung aufkommen.

Freilich sollten sich die Lebens- und Arbeitsbedingungen für die Kulis als weitaus düsterer erweisen, als dies der Arbeitskontrakt erahnen ließ. Man brachte sie in erbärmlichen Baracken unter, die ein Vorarbeiter über Nacht wegen Fluchtgefahr verriegelte. Generell musste auch sonntags gearbeitet werden. Wer seine Arbeiten nicht pflichtgemäß erledigte, musste mit Halsstock, Fußeisen, Peitsche und Kerker rechnen. Manchmal zwang man widerspenstige Kulis, in Ketten zu arbeiten. In Einzelfällen wurden chinesische Arbeiter mit der Carimba, dem glühenden Eisen, gebrandmarkt. Im Falle von offener Meuterei konnte der Hacendado eigenmächtig Exekutionen anordnen. Somit entsprach die Behandlung der Kulis weitgehend derjenigen, die zuvor die schwarzen Plantagensklaven hatten erdulden müssen. Von den schwarzen Sklaven unterschieden sich die chinesischen »Halbsklaven« allerdings in zwei zentralen Punkten: Zum einen waren sie nicht Eigentum des Patrons; zum andern erhielten sie für ihre Arbeit einen Lohn, über den sie vollständig verfügen konnten. Die Pflichten gegenüber dem Patron waren vertraglich geregelt und beide Seiten konnten sich zumindest theoretisch auf die Vertragsbestimmungen berufen. Nach Ablauf der obligatorischen Arbeitszeit war der Kuli frei – sofern er keine Schulden angehäuft hatte. Dann konnte er selbst entscheiden, ob er die Hacienda verlassen oder einen neuen Arbeitsvertrag aushandeln wollte, wobei er als freier Arbeiter mit einem bedeutend höheren Lohn rechnen durfte.

Die chinesische Immigration

Aus dem chinesischen Consingmoon kommend, traf am 15. Oktober 1849 ein erstes Kontingent von 75 Kulis an Bord des dänischen Schiffes Frederick Wilhelm im Hafen Callao ein. In der Folgezeit wagten zahlreiche weitere Schiffe die entbehrungsreiche und gefährliche Ozeanüberquerung. Die Überladung der Boote, Nahrungsmittelknappheit und verdorbene Lebensmittel zogen schwere Krankheiten und nicht selten den Tod nach sich. Starben anfänglich jeweils bis zu 2 % der Chinesen während der Überfahrt, so schnellte die Sterberate ab 1853 in erschreckende Höhen. Traurige Rekorde verzeichneten die peruanischen Fregatten Amalia, Cora und J.C.U., auf denen zwischen 30 % und 39 % der Kulis umkamen. Durchschnittlich erreichten von vier Transportschiffen nur drei ihren Zielhafen in Peru. Der Rest erlitt entweder unterwegs Schiffbruch oder musste wegen Schäden oder wegen Meutereien umkehren. Die peruanische Regierung sah sich zum Handeln gezwungen und verbot im Jahr 1856 die asiatische Immigration. Dank Sonderbewilligung reisten aber auch weiterhin Chinesen ins Land ein. 1861 trat ein neues Einwanderungsgesetz in Kraft, das bis 1874 gültig blieb. Auch unter dem neuen Einwanderungsgesetz waren die Mortalitätsrate und die Anzahl der Meutereien hoch. Die Fahrt dauerte im Allgemeinen zwischen 80 und 140 Tagen, wobei ein Großteil der Schiffe zwischen 500 und 800 Passagiere an Bord hatte.

Nach ihrer Ankunft in einem der peruanischen Häfen wurden die einzelnen Kulis mitsamt unterzeichnetem Arbeitsvertrag einem Patron übergeben. Zumeist handelte es sich bei diesem um einen Hacendado, denn 90 % der frisch angekommenen Kulis wurden in der Landwirtschaft eingesetzt. Für jeden Kontraktarbeiter bezahlte der Patron anfänglich um die 250 Pesos. In den frühen 1870er-Jahren erhöhte sich der Preis auf bis zu 500 Pesos. Vom Geschäft mit den asiatischen Kulis profitierten Menschenhändler, Schiffsbesitzer, Politiker und Hacendados. Bis zum neuerlichen Verbot der chinesischen Einwanderung im Jahr 1874 traten um die 100 000 Kulis die Reise nach Peru an. Etwa 10 000 starben bereits während der Überfahrt. Im Zensus von 1876 sind nur mehr knapp 50 000 Chinesen registriert. Die Hälfte davon lebte in Lima und im Hafen Callao, ein Viertel auf den Zuckerrohrplantagen des Nordens, 10 % in Ica und 7 % in Áncash. In erster Linie arbeiteten die Kulis auf den Zuckerrohr- und Baumwollplantagen, daneben auch im Eisenbahnbau und – trotz Verbot – im Guano-Abbau, wo sie über 60 % der Arbeitskräfte stellten. Aufgrund des chronischen Arbeitskräftemangels waren die Kontraktarbeiter für die Exportlandwirtschaft der Nordküste unabdingbar. Sie trugen wesentlich zur Steigerung der Produktivitätsraten bei und ermöglichten die Modernisierung der Großbetriebe. Beim Gleisbau der Eisenbahnlinie von Lima nach Chorrillos kamen etwa 700 Chinesen zum Einsatz, während an der Bergstrecke von Lima nach La Oroya angeblich gegen 6000 Kulis mitarbeiteten. Kleinere Kuli-Gruppen gelangten selbst in entlegene Dschungelgebiete. So findet man eine chinesische Präsenz in San Ramón (beim Chanchamayo-Fluss), Huánuco, Yurimaguas, Iquitos, Contamana und Pucallpa. Ein tragisches Ende fanden die chinesischen Arbeiter auf der Hacienda von Santiago Grey in der Nähe von San Ramón. Sie wurden zusammen mit weiteren Arbeitskräften von aufständischen Dschungelindianern niedergemetzelt.

Ungeachtet der offiziellen vertraglichen Bestimmungen führten viele der chinesischen Kontraktarbeiter praktisch ein Sklavendasein. Auspeitschungen waren häufig, Einschließung in den Baracken nach Einbruch der Dunkelheit die Norm. Es gab Patrons, die die Kulis gleichsam als persönliches Eigentum betrachteten, etwa indem sie chinesische Arbeiter bei Kartenpartien verspielten. Im Gegensatz zu ihren schwarzen Vorgängern konnten die Kulis weder auf familiäre Unterstützung noch auf spezielle Fertigkeiten zurückgreifen. Zudem bewegten sie sich in einem ihnen unbekannten kulturellen Umfeld. Da fast ausschließlich chinesische Männer in Peru einreisten und diese oftmals abgeschottet vom Rest der peruanischen Gesellschaft frauenlos lebten, waren unter ihnen homosexuelle Praktiken verbreitet. Viele rauchten Opium. Britische Geschäftsleute führten die Droge legal von Asien nach Peru ein, wo man sie in den hacienda-eigenen Läden verkaufte. Neben Opium konsumierten die Kulis auch Alkohol und Coca-Blätter. Die Plantagenbesitzer besaßen dadurch ein probates Mittel, um ihre Arbeitskräfte durch die Abgabe beziehungsweise das Zurückhalten der Drogen zu belohnen beziehungsweise zu bestrafen. Zudem nutzten sie den Opiumverkauf, um die Chinesen in Schuldknechtschaft zu halten und so an die Plantage zu binden.

Über die Kulis wachte in den Anfangsjahren oftmals ein schwarzer Vorarbeiter, der sogenannte »Negro chicotero« (Schwarzer mit der Peitsche). Dieser instruierte die Chinesen, beaufsichtigte sie und kontrollierte die geleistete Arbeit. Abends sperrte er die Asiaten in ihren Wohnbaracken ein. Überdies züchtigte er seine Untergebenen und organisierte im Falle einer Flucht die Verfolgung. Im Laufe der Zeit ersetzten chinesische Aufsteiger und Opportunisten die schwarzen Aufseher. Auf exzessive Bedrückung und Ausbeutung reagierten die Kulis mit kollektiven Aktionen wie Arbeitsverweigerung, Sabotageaktionen (beispielsweise Brandstiftungen) oder Tumulten. Besonders verhasste Vorarbeiter wurden Ziele von Mordanschlägen. Individuelle Reaktionen waren das Simulieren von Krankheiten, Flucht oder im schlimmsten Fall die Selbsttötung. Gewöhnlich waren die Erfolgschancen bei einer Flucht gering. Flüchtige Kulis wurden vom einheimischen Hacienda-Personal verfolgt. Während dieses im Fall der Aufstöberung und Rückschaffung mit einer stattlichen Belohnung rechnen konnte, musste der Gefasste die verursachten Kosten abarbeiten. Zur Strafe wurde er ausgepeitscht und für eine gewisse Zeit in den Halsstock gezwungen. Anschließend musste er in Fußeisen die Arbeit wieder aufnehmen. Wenn ein Kuli seinen Verfolgern entkam, konnte er versuchen, unter neuem Namen in irgendeiner anderen Hacienda ein Auskommen und Unterkunft zu finden.

In den 1870er-Jahren kam es zu einer Häufung von Tumulten und Meutereien, denen verhasste Großgrundbesitzer oder brutale Vorarbeiter zum Opfer fielen. Die größte Dimension erreichte eine Rebellion, die im September 1870 an der Nordküste ausbrach und die unter der Bezeichnung »Aufstand der bemalten Gesichter« Bekanntheit erlangte. Daran beteiligten sich zwischen 1200 und 1500 Chinesen aus fast sämtlichen Gütern des Pativilca-Tals. Die Kulis brachten mehrere Plantagen in ihre Gewalt, befreiten ihre in den Baracken eingeschlossenen Landsleute und töteten sowohl die Verwalter als auch die Vorarbeiter. Sie plünderten die Hacienda-Läden und die Herrschaftshäuser, raubten Waffen und Pferde. Was sie nicht mitnehmen konnten, steckten sie in Brand. Angeführt von Reitern, die sich die Gesichter mit roter und blauer Farbe bemalt hatten, attackierten die Aufständischen die Ortschaft Pativilca. Der Angriff konnte jedoch zurückgeschlagen werden, worauf sich die Kulis einem neuen Angriffsziel zuwandten. Beim Sturm auf die Ortschaft Barranca erlebten die Chinesen ein noch größeres Fiasko: Das Schützenfeuer der Verteidiger brachte ihren Ansturm zum Erliegen, raffte die Anführer dahin und trieb die Überlebenden in die Flucht. Am Folgetag traf eine 150 Mann starke Militäreinheit aus Lima ein, die gnadenlos Jagd auf die Kulis machte. Bis die Hacendados, die für ihre Arbeitskräfte viel Geld investiert hatten, dem Wüten der Regierungstruppen ein Ende setzen konnten, waren 300 Chinesen tot.

1874 beendete die peruanische Regierung offiziell den Kuli-Import, nicht zuletzt aufgrund internationaler Proteste und britischen Drucks. Acht Jahre später liefen die letzten Arbeitskontrakte aus. Sämtliche Chinesen konnten nun frei ihren Arbeitsplatz wählen. Für Kulis, welche die harten Anfangsjahre überlebt und die vertraglich geregelte Dienstzeit regulär beendet hatten, bestanden mehrere Optionen. Zwischen 30 und 40 % unterzeichneten einen neuen Vertrag auf der angestammten Hacienda oder kehrten nach einer gewissen Zeit wieder an den früheren Arbeitsort zurück, sei es als freier Arbeiter oder Tagelöhner, sei es über einen chinesischen Agenten, der sich auf die Vermittlung von Arbeitskräften spezialisiert hatte. Üblicherweise köderten die Agenten ihre chinesischen Landsleute mit Vorschusszahlungen. Bei erfolgreicher Vermittlung erhielten sie vom Hacendado 10 % des Arbeitslohns. Die Agenten betätigten sich überdies als Kuppler, indem sie Frauen aus dem Hochland in die Plantagen brachten und sie dort nach dem Zufallsprinzip mit chinesischen Arbeitern verheirateten. Ein Teil der Kulis stieg nach Ablauf der Dienstzeit in den Kleinhandel ein, zuerst innerhalb der Hacienda, später auch außerhalb in Ortschaften der Küste, des Hochlands und des Dschungels. Eine letzte Gruppe pachtete Land, um Baumwolle anzupflanzen. Vereinzelt stiegen ehemalige Kulis zu vermögenden Landbesitzern auf. So erwarb ein einstiger chinesischer Vertragsarbeiter die Hacienda Mazo im Huaura-Tal, in der zwischen 80 und 90 freie Chinesen arbeiteten.

Eine Integration in die heterogene peruanische Gesellschaft erwies sich für die Chinesen als sehr schwierig. Dass fast ausschließlich Männer einwanderten, begünstigte jedoch interkulturelle Heiraten. Ehen zwischen Kulis, die ihre obligatorische Arbeitszeit hinter sich gebracht hatten, und afroperuanischen Frauen, Mestizinnen oder Indianerinnen aus dem Hochland waren keine Seltenheit. Doch schlugen den Asiaten, die gewisse kulturelle Eigenheiten wie ihre Religion beibehielten, tiefes Misstrauen, Überfremdungsängste und offener Rassismus entgegen. So veröffentlichte die angesehene Limeñer Zeitung *El Comercio* 1870 folgenden Hetzartikel, der auf ein Verbot der chinesischen Einwanderung zielte:

»Wenn der Import dieser schmutzigen und verdorbenen Rasse ungebremst fortschreitet, wird die Bevölkerungsmehrheit der Küste, wenn nicht sogar der ganzen Republik, innerhalb von 25 bis 30 Jahren vollständig aus Asiaten oder deren Abkömmlingen zusammengesetzt sein. Es wird sich dann um eine Bevölkerung handeln, die selbstverständlich sämtliche schlechten Triebkräfte, die Verderbtheit und die physische Schwäche (neben der Hässlichkeit) dieser abscheulichen Rasse geerbt haben wird. Die verkommenen Sitten, die Sprache und die neuen sozialen Umgangsformen werden die Republik Peru in eine Kolonie des Himmlischen Imperiums verwandeln.

Wir Peruaner müssen uns damit abfinden, dass wir innerhalb der genannten Zeitspanne Chinesisch sprechen werden, dass der Präsident der Republik […] ein Chinese sein wird, genauso wie die Minister und hohen Funktionäre. Auch müssen wir gewärtigen, dass die weiße Rasse aus Peru verschwinden wird. […] So müssen wir uns darauf gefasst machen, dass unsere Töchter Chinesen heiraten und dass wir Enkel bekommen, die von einer abstoßenden Hässlichkeit und widerlich rachitisch sind, mit perversen Instinkten versehen sowie einer zügellosen Moral und Lasterhaftigkeit.« (El Comercio, 07.09.1870, zit. nach: Rodríguez Pastor, Humberto 2000, 230)

Das Schüren xenophober Ängste blieb nicht ohne Wirkung. Immer wieder ereigneten sich körperliche Übergriffe auf Asiaten und deren Eigentum.

Literaturhinweise

Aguirre, Carlos 2005, Breve historia de la esclavitud en el Perú. Una herida que no deja de sangrar, Lima

Basadre, Jorge 1983, Historia de la República del Perú, 1822–1933, 7. verb. und erw. Aufl., Bd. 3: La falaz prosperidad del Guano (1842–1866), erster Teil, Lima

Ders. 1983, Historia de la República del Perú, 1822–1933, 7. verb. und erw. Aufl., Bd. 4: La falaz prosperidad del Guano (1842–1866), zweiter Teil, Lima

Buisson-Wolff, Inge 1999, Staat, Gesellschaft und Nation in Hispanoamerika: Problemskizzierung, Ergebnisse und Forschungsstrategien. Ausgewählte Aufsätze, herausgegeben und eingeleitet von Hans-Joachim König, Frankfurt am Main

Chiaramonti, Gabriella 2005, Ciudadanía y representación en el Perú (1808–1860). Los itinerarios de la soberanía, übersetzt aus dem Italienischen von Jaime Riera Rehren, Lima

Contreras (Carranza), Carlos 2004, El aprendizaje del capitalismo. Estudios de historia económica y social del Perú republicano, Lima

Cushman, Gregory T. 2013, Guano and the Opening of the Pacific World: A Global Ecological History, New York

Edelmayer, Friedrich/Hausberger, Bernd/Weinzierl, Michael (Hg.) 1996, Die beiden Amerikas: Die Neue Welt unter kolonialer Herrschaft, Frankfurt a. M. und Wien

Gootenberg, Paul E. 1989, Between Silver and Guano: Commercial Policy and the State in Postindependence Peru, Princeton

Küppers, Gabriele 1989, Autorinnen vor der Jahrhundertwende: Literatur und Publizistik als Emanzipationsprojekt bei Clorinda Matto de Turner, Frankfurt a. M. und Bern

Lynch, John 1992, Caudillos in Spanish America, 1800–1850, Oxford

Markham, Clements R. 1856 (Neudruck 1973), Cuzco: A Journey to the Ancient Capital of Peru, with an Account of the History, Language, Literature and Antiquities of the Incas and Lima: A Visit to the Capital and Provinces of Modern Peru, with a Sketch of the Viceregal Government, History of the Republic. And a Review of the Literature and Society of Peru, London (New York)

Méndez, Cecilia 2005, The Plebeian Republic. The Huanta Rebellion and the Making of the Peruvian State, 1820–1850, Durham und London

Miller, Rory 1992, Peru, Bolivien, Chile 1830–1920, in: Buve, Raymond Th./Fisher, John R. (Hg.), Lateinamerika von 1760 bis 1900. Handbuch der Geschichte Lateinamerikas, Bd. 2, Stuttgart, 619–679

Ders./Greenhill, Robert 2006, The Fertilizer Commodity Chains: Guano and Nitrate, 1840–1930, in: Topik, Steven/Marichal, Carlos/Frank, Zephyr (Hg.), From Silver to Cocaine: Latin American Commodity Chains and the Building of the World Economy, 1500–2000, Durham und London, 228–270

Poeppig, Eduard 1836, Reise in Chile, Peru und auf dem Amazonenstrome, während der Jahre 1827–1832, Bd. 2, Leipzig

Rodríguez Pastor, Humberto 2000, Herederos del Dragón. Historia de la comunidad China en el Perú, Lima

Stüwe, Klaus/Rinke, Stefan (Hg.) 2008, Die politischen Systeme in Nord- und Lateinamerika. Eine Einführung, Wiesbaden

von Tschudi, Johann Jakob 1846, Peru. Reiseskizzen aus den Jahren 1838–1842, 2 Bde., St. Gallen

Varese, Stefano 2006, La sal de los cerros. Resistencia y utopía en la Amazonía peruana, 4. Aufl., Lima

Der Pazifikkrieg und das Aufleben des militärischen Caudillismus (1879–1894)

Vorgeschichte und Kriegsausbruch

Die Ursachen für den pazifischen Krieg reichen bis in die 1820er-Jahre zurück, als die Festlegung des Grenzverlaufs zwischen den neu gebildeten Staaten Peru, Bolivien und Chile allgemeines Missfallen hervorrief. Das unabhängige Bolivien erhob Anspruch auf einen Teil der wüstenhaften Pazifikküste, obschon die Anden eine physische Barriere bildeten, die die Küstenregion von Antofagasta vom übrigen Bolivien isolierte. Der einfachere Zugang vom Süden veranlasste die chilenische Führung dazu, mit Bolivien eine Reihe von Verträgen und Übereinkommen zur gemeinsamen Ausbeutung der Naturgüter abzuschließen. Damit sicherten sich chilenische Unternehmen Abbaurechte auf bolivianischem Gebiet. Demgegenüber kämpften Chile und Peru jahrzehntelang um die Handelsvorherrschaft an der Pazifikküste. Mit der Proklamation der peruanisch-bolivianischen Konföderation erreichten die Spannungen 1836 einen ersten Höhepunkt. Doch auch nach der Zerschlagung der Konföderation schwelte der Kampf um die Vormachtstellung in der Region weiter und die strittigen Gebietsansprüche blieben ungeklärt.

Die wirtschaftliche Depression der 1870er-Jahre traf Bolivien und Peru besonders hart. Peru hatte neben der exorbitanten Auslandsschuld und dem riesigen Staatsdefizit noch eine Bankenkrise und die beschleunigte Entwertung seines Papiergeldes zu schultern. Zudem waren die reichen Guano-Vorkommen der Chincha-Inseln weitgehend erschöpft. Perus wirtschaftliche Hoffnungen ruhten auf seiner südlichsten Provinz Tarapacá mit den Häfen Iquique und Pisagua. In diesem wüstenhaften Küstengebiet lagen nicht nur die ergiebigsten unter den verbliebenen Guano-Reserven, sondern auch reiche Nitratfelder, welche die Regierung zu verstaatlichen versuchte. Die Nationalisierung von über zwei Dritteln der nitratabbauenden Industrie war ein riskantes Manöver, das neben einheimischen auch britische Interessen tangierte und chilenische, deutsche wie französische Investoren aufschreckte. Außerdem verloren Hunderte von chilenischen Arbeitern ihre Stellen und mussten mit ihren Familien wieder nach Chile zurück.

Im angrenzenden Bolivien lag der Nitratabbau in den Händen der chilenischen Antofagasta Nitrate Company, an der auch die britische Antony Gibbs & Sons als Minderheitsaktionärin beteiligt war. Ihre Konzession stammte aus dem Jahr 1868, als die bolivianische Regierung zwei chilenischen Unternehmern das Recht eingeräumt hatte, 15 Jahre lang abgabenfrei Salpeter abzubauen. Im Jahr 1873 erhöhte das chilenische Unternehmen sein Kapital. Im Februar des gleichen

Jahres schlossen Bolivien und Peru einen geheimen Beistandspakt. Hauptsächlich ging es darum, ein Ausgreifen Chiles auf bolivianisches Gebiet zu verhindern. Im August 1874 unterzeichneten die bolivianische und die chilenische Regierung ihrerseits einen Vertrag, in dem Chile auf seine Ansprüche auf das umstrittene Gebiet nördlich des 24. Breitengrades verzichtete. Im Gegenzug erklärte sich die bolivianische Regierung bereit, den dort aktiven chilenischen Firmen 25 Jahre lang keine Steuererhöhungen aufzubürden. Allerdings wurde dieser Vertrag nicht vom bolivianischen Kongress ratifiziert.

Im Jahr 1877 verwüstete ein gewaltiger Tsunami die Küstenregion. Zusätzlich verursachte kurz darauf der stärkste El Niño des 19. Jahrhunderts eine kontinentumfassende Klimakatastrophe mit verheerenden Überschwemmungen an der Küste und verhängnisvollen Dürren im Hochland. Überaus hart traf es das Gebiet von Cochabamba, den Brotkorb Boliviens, das nun statt Nahrungsmitteln verzweifelte Bauern exportierte. Zur notfallmäßigen Finanzierung des Wiederaufbaus an der Küste beschloss die bankrotte bolivianische Regierung unter dem Militärdiktator Hilarión Daza am 14. Februar 1878 eine (moderate) Ausfuhrsondersteuer von 10 Centavos pro Quintal (46 kg) Salpeter. Zu den betroffenen Firmen gehörte die Compañía de Salitres y Ferrocarril de Antofagasta. Unter ihren Aktionären befanden sich Angehörige der politisch und wirtschaftlich mächtigsten Familien Chiles. Wegen der klaren Verletzung des Abkommens von 1874 legte der chilenische Präsident Aníbal Pinto seinen wohlbegründeten Protest ein. Pinto konnte in verschiedener Hinsicht aus einer Position der Stärke heraus auftreten, denn Chile hatte mit dem Erwerb zweier gepanzerter Kriegsschiffe im Jahre 1874 die militärische Überlegenheit zu Wasser erworben.

Nach Erhalt der chilenischen Protestnote verzichtete Bolivien vorerst auf das Einziehen der Steuer, beschloss dann aber gegen Jahresende, die Sondersteuer dennoch einzutreiben. Bolivien präsentierte der Compañía de Salitres y Ferrocarril eine Rechnung für akkumulierte Steuerschulden in der Höhe von 90 000 Pesos. Präsident Pinto befahl darauf dem Kriegsschiff Blanco Encalada Kurs auf den bolivianischen Hafen Antofagasto zu nehmen. Gleichwohl setzte der bolivianische Präfekt der Provinz Antofagasto der Compañía de Salitres ein dreitägiges Ultimatum zur Begleichung der Steuerschulden. Weil das Unternehmen die Zahlung verweigerte, ließ der Präfekt den Firmenbesitz beschlagnahmen und den britischen Geschäftsführer verhaften. Die bolivianische Regierung entzog der Compañía de Salitres die Konzession für den Nitratabbau und kündigte die Versteigerung des Firmenbesitzes zur Liquidierung der Steuerschulden für den 14. Februar 1879 an.

Am festgesetzten Versteigerungstag besetzten die Marinetruppen der Blanco Encalada die Stadt Antofagasta, worauf Bolivien Chile den Krieg erklärte. Am 5. April erfolgte die Kriegserklärung Chiles an die Adresse Boliviens und Perus, das sich aufgrund des geheimen Beistandspaktes nicht zur Neutralität bekannt hatte. Die chilenische Regierung, die von dem Geheimabkommen aus dem Jahr 1873 beinahe seit dessen Unterzeichnung wusste, warf Peru vor, Bolivien zur Erhebung der Nitratsondersteuer angestiftet zu haben, um sich Wettbewerbsvorteile gegenüber der chilenischen Konkurrenz zu verschaffen und das peruanische Staatsmonopol zu schützen. Die Kriegserklärung erfolgte für Peru zu einem höchst ungünstigen Zeitpunkt. Schon seit zwei Semestern hatte das Land die Zinsen seiner Auslandschulden nicht bezahlt, was den Ausschluss von den internationalen Kreditmärkten bedeutete. Auslandskredite, etwa für Waffenkäufe, waren dadurch nicht mehr erhältlich. Überdies hatte die chilenische Regierung im Dezember 1878 ein Abkommen mit Argentinien zur Entschärfung von Grenzstreitigkeiten ratifiziert. Damit war für Chile mit einem Schlag das Risiko einer Eskalation dieser Grenzkonflikte beziehungsweise die Gefahr einer peruanisch-bolivianisch-argentinischen Dreierallianz und eines Zweifrontenkrieges gebannt.

Abb. 13: Schlachtszene aus dem Ölgemälde »Bis zur letzten Patrone« (1894) des peruanischen Historienmalers Juan B. Lepiani. Chilenische und peruanische Soldaten kämpfen erbittert um die Hafenstadt Arica.

Der Kriegsverlauf

Der Pazifikkrieg wurde sowohl zu Wasser als auch zu Lande mit äußerster Härte geführt. Zum Einsatz kam moderne Kriegstechnologie: gepanzerte Dampfschiffe, Bugsporne zum Rammen feindlicher Schiffe, Torpedos, Gussstahlkanonen, Landminen, Maschinengewehre, Hinterladergewehre, aber auch Eisenbahnen und Telegrafen. Obschon das dünn besiedelte Chile weit weniger Soldaten als die peruanisch-bolivianische Allianz mobilisieren konnte, war es organisatorisch und waffentechnisch überlegen. Der chilenischen Armeeführung war es gelungen, Männer aus allen Landesgegenden zu einem einheitlichen Kampfverband zu integrieren und damit eine schlagkräftige Armee zu schaffen. Die chilenischen Truppen waren mit moderner Krupp-Artillerie und französischen Gewehren ausgerüstet. Bei den entscheidenden Seestreitkräften besaß Chile die größere Feuerkraft und die moderneren Kriegsschiffe. Seit den frühen 1870er-Jahren hatte Santiago die Marine aufgerüstet, sodass die chilenische Schiffs- und Mannschaftsstärke diejenige von Peru um das Dreifache übertraf. Demgegenüber waren unter der Regierung Pardo (1872–1876) die peruanische Armee und Marine geschwächt worden, während Bolivien über keine Kriegsflotte verfügte. Ein zusätzlicher Trumpf Chiles war, dass es wegen der gemeinsamen Nitratinteressen enge Beziehungen zur Weltmacht Großbritannien unterhielt, deren Beistand für einen militärischen Erfolg unabdingbar war. Innenpolitisch war Chile weniger zerstritten und wies eine weit größere Stabilität als seine beiden Gegner auf. In Peru drohten dagegen die innenpolitischen Fehden zwischen Anhängern der Civilistas auf der einen beziehungsweise des zivilen Caudillos Piérola auf der anderen Seite in einen Bürgerkrieg auszuarten. Sogar nach Ausbruch des Pazifikkriegs waren die peruanischen Caudillos zumindest zeitweilig ebenso sehr mit der Bekämpfung ihrer internen Gegner beschäftigt wie mit der Abwehr der chilenischen Truppen. Perus Eliten zeigten darüber hinaus wenig Bereitschaft, selbst finanzielle Opfer zu bringen. Sie verhinderten die Einführung außerordentlicher Kriegssteuern, die sie selbst belastet hätten, und hofften stattdessen auf neue ausländische Darlehen. Zusätzliche Finanzmittel erwarteten sie durch die neuerliche Einführung der Kopfsteuer, die in erster Linie die Landbevölkerung traf. Überhaupt zog der Krieg die ländlichen Regionen schwer in Mitleidenschaft. Weil der Sold für die Truppen und ihre Offiziere oft verspätet eintraf oder ganz ausfiel, pressten die Militärs der eigenen Landbevölkerung Naturalien oder Geld ab – ungeachtet aller Regierungsverbote. Dem verhassten Militärdienst versuchten sich die Betroffenen mit allen erdenklichen Mitteln zu entziehen. Wegen des Ausbleibens des Soldes, der miserablen Verpflegung und der Misshandlungen durch Vorgesetzte waren Desertionen in der peruanischen Armee häufig.

Der Pazifikkrieg, der über viereinhalb Jahre dauerte, kann in sechs Phasen eingeteilt werden. Die erste und kürzeste begann im Februar 1879 mit der Einnahme des bolivianischen Hafens Antofagasta und endete damit, dass die chilenischen Verbände den Rest der Atacama-Wüste – über das beanspruchte Gebiet auf dem 23. Breitengrad hinaus – besetzten.

Während der zweiten Phase, die vom April bis Oktober 1879 dauerte, fochten die beiden Kriegsflotten um die Kontrolle des Pazifiks beziehungsweise der Schifffahrtsrouten. Nachdem die chilenische Marine ihren gefährlichsten Gegner, den peruanischen Panzerkreuzer Huáscar außer Gefecht gesetzt und gekapert hatte, war der Weg frei für Angriffe auf Perus lange, schlecht geschützte Küstenlinie. Mit dem Verlust des Panzerkreuzers am 8. Oktober 1879 vor Punta Angamos (in der Nähe des Hafens von Mejillones) hatte Peru auch noch den Tod des charismatischen Schiffskommandeurs Miguel Grau zu beklagen.

Der Sieg von Angamos schuf die Voraussetzung zur Invasion der südlichsten peruanischen Provinz Tarapacá. Wie aus den Unterlagen der Firma Antony Gibbs & Sons hervorgeht, plante Chile bereits im Mai die Beschlagnahmung der peruanischen Nitratindustrie zur Entschädigung für seine Kriegsausgaben. Chilenische Truppen gingen in den Orten Junín und Pisagua an Land und bauten ihre Landeköpfe rasch aus. Mit dem Sieg bei der Schlacht von Dolores (auch: San Francisco) im November 1879 kontrollierten die Chilenen fast die gesamte

Provinz. Wenige Tage nach ihrer Niederlage errangen bolivianische und peruanische Truppenverbände jedoch einen Sieg und verhinderten damit die Einnahme der strategisch wichtigen Ortschaft Tarapacá. Allerdings stellte der Triumph der Alliierten – im Grunde genommen ihr einziger gewichtiger Militärerfolg überhaupt – keinen Wendepunkt dar. Isoliert und vom Nachschub abgeschnitten, blieb ihnen schließlich nichts als die Evakuierung übrig. Mit der Eroberung des südperuanischen Territoriums fielen die peruanischen Nitratfelder und Guano-Vorkommen ein für alle Mal in chilenische Hände. Santiago war damit in der Lage, seine Kriegsanstrengungen zu intensivieren und seinen guten Ruf in Großbritannien zu festigen, indem es die Hälfte aller peruanischen Schulden bei den britischen Gläubigern beglich. Peru verlor dagegen zwei wichtige Einkommensquellen, was seine ohnehin eng begrenzten finanziellen Möglichkeiten noch weiter einschränkte. Zudem büßte es einige der fähigsten Offiziere und seine stärksten regulären Truppenverbände ein.

Nächstes Ziel der chilenischen Truppen bildeten die nördlich angrenzenden peruanischen Küstenprovinzen Arica und Tacna. Die erbittert geführten Kämpfe forderten zahlreiche Tote. Krankheiten, ungenügende medizinische Versorgung und Wassermangel trieben die Opferzahlen zusätzlich in die Höhe. Im Verlauf ihrer Militärkampagne siegten die Chilenen zuerst bei Los Ángeles und am 26. Mai 1880 in der blutigen Schlacht von Campo de Alianza. Nach der Besetzung der nahen Garnisonsstadt Tacna nahmen die Sieger den abgeschnittenen Marinestützpunkt Arica im Süden ins Visier. Bei der aussichtslosen Verteidigung der befestigten Hügelanlage fanden am 7. Juni 1880 rund 1000 peruanische Soldaten den Tod – darunter die noch heute in Peru als Helden verehrten Befehlshaber Oberst Francisco Bolognesi, Oberst José Joaquín Inclán, Oberst Alfonso Ugarte und Adolfo King Loane. Bis Mitte 1880 hatten die chilenischen Streitkräfte die bolivianisch-peruanischen Alliierten aus dem Süden vertrieben und die Provinzen Arica und Tacna vollständig besetzt. Das Ende dieser vierten Kriegsphase bedeutete praktisch auch das Ende der regulären Armeen der Alliierten. Von nun an musste Peru zur Verteidigung hauptsächlich Rekruten, Reservisten und Milizionäre einsetzen. Damit nicht genug verlor Peru auch noch seinen Allianzpartner. Der bolivianische Diktator Daza war gestürzt worden und hatte sich mit 500 000 Pesos im Gepäck nach Europa abgesetzt. Die neue bolivianische Regierung gab nach der Niederlage von Campo de Alianza den Kampf auf und befahl ihre Soldaten in die Hauptstadt La Paz zurück.

Im August autorisierte der chilenische Präsident Pinto eine »Strafexpedition« der Marine. Ein 2000 Mann starkes Flottenkommando unter dem Befehl von Patricio Lynch erhielt den Auftrag, peruanische Stützpunkte entlang der Küste anzugreifen, Waffen und Eisenbahnanlagen zu zerstören, nützliche Versorgungsgüter zu beschlagnahmen und Kriegssteuern einzutreiben. Der Aktionsradius reichte von Quilca im Departement Arequipa bis Paita an Perus Nordküste. Die Zerstörungsaktionen des Marinekommandos machten auch vor den großen Zuckerplantagen nicht Halt. Wenn die peruanischen Zuckerbarone die geforderten Abgaben in Geld oder Naturalien nicht ablieferten, verwüsteten die chilenischen Marinesoldaten Plantagen, Zuckermühlen, Eisenbahnen und Hafeneinrichtungen. Perus Zuckerausfuhr – das nunmehr wichtigste Exportgut – ging von 81 500 Tonnen im Jahr 1879 auf 62 000 Tonnen zurück. Im Verlaufe ihrer Überfallkampagne vernichteten die Chilenen Besitztümer im Wert von 4,7 Millionen US$ und zerstörten die Hafenstädte Chimbote, Supe, Paita und Eten. Jedoch wurde das eigentliche Ziel dieser »Strafexpedition« nicht erreicht, nämlich Peru durch schmerzliche Nadelstichaktionen an den Verhandlungstisch und zur Einwilligung in einen Diktatfrieden zu zwingen.

Ein halbes Jahr nach der Einnahme Aricas setzte Chile zu seinem bislang schwierigsten Militärmanöver an: die Erstürmung der peruanischen Hauptstadt Lima. Dazu wurde das Marinekommando Lynch nach Arica zurückbeordert. Am 15. November verließen die ersten Verbände des chilenischen Invasionsheeres den Hafen Arica, um vier Tage später 800 Kilometer nordwärts am Strand von Paracas an Land zu gehen – dem gleichen Ort, wo argentinische und chilenische Truppen unter General San Martín 1820 gelandet waren. Am 20. November befand sich die nahe Hafenstadt Pisco in der Hand der Invasionsarmee. Über den Brückenkopf gelangten um die 30 000 Mann zusammen mit Reit- und Lasttieren, Waffen und Proviant ins Feindesland. Von Pisco aus rückten die Chilenen auf dem Landweg gegen Lima vor. Unter schweren Verlusten gelang schließlich die Einnahme der peruanischen Hauptstadt im Januar 1881. Entgegen den chilenischen Erwartungen war der Krieg damit noch lange nicht beendet. Zwar kontrollierte Santiago den Großteil des Küstengebiets und damit Perus wichtigsten Exportsektor, doch leisteten aus der Hauptstadt geflohene Truppen und Freischärler im Hochland zweieinhalb Jahre lang erbitterten Widerstand.

Innerperuanische Caudillo-Kämpfe

Weder vermochten die chilenische Kriegserklärung noch die ersten militärischen Niederlagen die zerstrittenen peruanischen Eliten zu einigen. Selbst in der Stunde höchster Not obsiegten Eigeninteressen über die nationalen Interessen. Der von den Civilistas beherrschte Kongress verwarf einen Notstandsplan zur Finanzierung des Kriegs. Eine Notsteuer auf exportierten Zucker forderte den geharnischten Protest der Plantagenbesitzer heraus. Nach der Rückkehr von seinem viermonatigen Kriegseinsatz im Süden wurde Präsident Mariano Ignacio Prado, der für die militärischen Misserfolge persönlich verantwortlich gemacht wurde, Zielscheibe gewalttätiger Straßenproteste. Zu seinem Schutz vor dem Volkszorn mussten zusätzliche Truppen um den Präsidentenpalast stationiert werden. Mit der Begründung, persönlich neue Waffen für die Weiterführung des Krieges in den USA beschaffen zu wollen, schiffte sich der befehdete Präsident im Hafen Callao ein und verließ Peru in Richtung Panama. Wie schon während seiner Militäroperation im Süden übertrug er die Regierungsverantwortung verfassungskonform dem Vizepräsidenten, dem General Luis La Puerta. Prados überstürzte Abreise wurde landesweit als beschämende, feige Desertion gebrandmarkt. Bald machte das (unbegründete) Gerücht die Runde, der Präsident sei mit Geldern geflohen,

115

die für den Kauf neuer Kriegsschiffe bestimmt gewesen seien. Der notorische Putschist Nicolás de Piérola nutzte den allgemeinen Unmut für einen Staatsstreich und proklamierte sich am 23. Dezember zum Diktator des Landes. Jedoch brachte auch er die nötige nationale Einheit nicht zustande, um das Kriegsglück noch zu wenden. Zur Wiedererlangung der Kreditwürdigkeit überschrieb Piérola die staatlichen Eisenbahnen den Besitzern der Auslandschuldscheine. Mit dem Hause Dreyfus schloss er einen neuen (nicht praktikablen) Guano-Vertrag ab, den sämtliche Besitzergruppen von Staatsanleihen ablehnten. Der Vertrag trug ihm denn auch prompt die Kritik der einflussreichen Zeitung *El Comercio* ein, was der Diktator wiederum mit der Schließung des Verlags quittierte. Um den drohenden Angriff auf Lima abzuwehren, mobilisierte Piérola ein Heer, dessen geschätzte Stärke zwischen 25 000 und 32 000 Mann lag. Laut Zeitzeugen soll etwa die Hälfte davon aus schlecht ausgerüsteten Quechua sprechenden Indianern bestanden haben, die kaum militärisches Training erhalten hatten und ihren kampferprobten Gegnern in keiner Weise gewachsen waren.

Am 13. Januar 1881 begann der chilenische Sturm auf die Hauptstadt. Zuerst fiel der Badeort Chorrillos, wobei die Chilenen angeblich zahlreiche verwundete und entwaffnete Gegner mit ihren Bajonetten töteten. Dies war die Vergeltung dafür, dass die Peruaner Landminen gelegt hatten. Außer Rand und Band geratene chilenische Soldaten plünderten und brandschatzten den mondänen Badeort und vergewaltigten die Frauen. Die chilenische Führung sah sich gezwungen, mit drakonischen Maßnahmen die Disziplin wiederherzustellen. Dabei kamen etwa 300 meuternde Chilenen ums Leben. Nach erbitterten und verlustreichen Gefechten verloren die Peruaner auch die Schlacht um Miraflores. Vor dem Einmarsch der Sieger ins Zentrum von Lima floh Piérola ins Hochland, wo er ein neues Hauptquartier in Ayacucho etablierte. Auf Intervention britischer und französischer Vermittler erklärte sich der chilenische Oberbefehlshaber bereit, nur 3000 verlässliche, disziplinierte Soldaten in die Hauptstadt einmarschieren zu lassen. Am 22. Januar 1881 rückten die ersten chilenischen Truppen in Lima ein.

Mit der Einwilligung Chiles traten im Februar peruanische Kongressmitglieder zusammen, die vor Piérolas Machtergreifung unter Mariano Ignacio Prado amtiert hatten. Der Rumpfkongress setzte die Konstitution von 1860 wieder in Kraft und bestimmte einen provisorischen Präsidenten, der Friedensverhandlungen mit den Chilenen führen sollte. Die Wahl fiel auf den Rechtsgelehrten Francisco García Calderón, ehemaliger Bankdirektor und Präsident der Nitratgesellschaft Compañía Administradora de los Salitres. Damit hatten die Civilistas unter dem Patronat der chilenischen Besatzungsmacht einen Teil ihrer verlorenen Macht zurückgewonnen. Der innerperuanische Zwist war damit natürlich nicht beigelegt, denn Piérola genoss noch immer breite Unterstützung. In den folgenden Monaten waren der geflohene Diktator und der provisorische Präsident hauptsächlich mit ihrem internen Machtkampf beschäftigt, während die Chilenen unter dem Kommando von Admiral Patricio Lynch die Hauptstadt und den Großteil der Küste kontrollierten. Nach einem Teilabzug der chilenischen Truppen befehligte Lynch eine Besatzungsmacht von 12 000 bis 15 000 Mann. Den Hauptteil benötigte er zur Besetzung Limas und des Hafens Callao.

Für die direkte Bekämpfung der verbliebenen peruanischen Truppen, die sich in ein nördliches, ein zentrales und ein südliches Armeekommando aufgeteilt hatten, sowie die Zerschlagung der zahlreichen Guerillaherde blieben nur rund 4000 Soldaten. Das war viel zu wenig, um eine effektive Kontrolle der Küste und des Hochlands, geschweige denn der Dschungelgebiete durchzusetzen.

Anfänglich war kein peruanischer Politiker bereit, ein Friedensdiktat zu unterzeichnen, bei dem Peru unwiderruflich Territorien an Chile abtreten musste. Auch García Calderón weigerte sich hartnäckig, weshalb seine Regierung im November 1881 aufgelöst und er selbst nach Chile deportiert wurde. Seine Stelle übernahm Vizepräsident Lizardo Montero, der bis zu diesem Zeitpunkt das politische und militärische Kommando Nordperus innegehabt hatte. Konteradmiral Montero zog von Cajamarca ins nicht okkupierte Arequipa, wo er den Sitz seiner neuen Regierung aufschlug. Der politische und militärische Kommandant Zentralperus, General Andrés Avelino Cáceres, sagte Montero seine Unterstützung zu, während der Großgrundbesitzer Miguel Iglesias den Platz Monteros als Oberkommandierender der Nordarmee einnahm. Nachdem seine ehemaligen Kommandanten Montero und Cáceres mit ihm gebrochen hatten, gab Piérola seine politischen Ambitionen vorläufig auf. Nach einer vertraulichen Vereinbarung mit den chilenischen Besatzungsbehörden und mit deren Einverständnis verließ er im März 1882 das Land, um erst nach Europa und dann in die USA zu reisen. Seine einjährige Diktatur hatte vielfältige Möglichkeiten eröffnet, um öffentliche Gelder abzuzweigen, die für die nationale Verteidigung vorgesehen waren. Für Abhebungen und Ausgaben in der Höhe zwischen 95 und 130 Millionen Soles fehlten jedenfalls jegliche offizielle Abrechnungen oder Registrierungen.

Zwei Jahre lang verwickelten die regulären peruanischen Truppen, verstärkt durch zahlreiche Freischärler, die Besatzungsmacht in einen zermürbenden Kleinkrieg, der stark an Chiles Ressourcen zehrte. Der breit gestreute Widerstand in der zentralen Sierra wurde von der Landbevölkerung getragen, die unter Zwangsrequisitionen und Vergeltungsmaßnahmen stark zu leiden hatten. Chilenische Truppen brannten ganze Ortschaften nieder. Kleinbauern wurden verhaftet, streng verhört, standrechtlich verurteilt und erschossen. Plünderungen und Vergewaltigungen gehörten zur Tagesordnung. Ihrerseits verstärkten die Freischärler ihre Überraschungsattacken, wobei sie nicht davor zurückschreckten, die Leichen der gefallenen Gegner zu verstümmeln. Im Verlauf des Jahres 1882 kam es zu mehreren Gefechten, bei denen die chilenischen Invasoren empfindliche Niederlagen einstecken mussten.

Anders als im zentralen Hochland präsentierte sich die Situation in den nördlichen Gebieten. Auf den Angriff peruanischer Truppen auf den chilenischen Garnisonsposten San Pablo im Juli 1882 folgte eine erbarmungslose Repressionskampagne. Unter dem Eindruck der Plünderungen, Brandschatzungen und sonstiger Repressalien verkündete der Großgrundbesitzer Iglesias von seiner Hacienda Montán aus, dass die Stunde für einen Friedensschluss gekommen sei, selbst wenn dies territoriale Verluste nach sich zöge. Der politische und militärische Oberkommandant des Nordens rief in der Stadt Cajamarca Provinzrepräsentanten aus den nördlichen Departements zusammen und ließ sich am 30. Dezember 1882 zum Präsidenten der Erneuerung (Presidente Regenerador) erküren. Wie an-

Der Pazifikkrieg und das Aufleben des militärischen Caudillismus (1879-1894)

Tab. 1: Pazifikkrieg: Geschätzte Verluste auf Seiten der *Chilenen* bzw. Alliierten

Schlacht	Tote	Verwundete	Tote	Verwundete	Gefangene
Calama (23.3.1879)	7	6	16		30
Iquique (21.5.1879)	51	6	2	19	
Angamos (8.10.1879)	1	9	31	3	162
Pisagua (2.11.1879)	58	155	567 (inkl. Verwundete)		56
San Francisco (19.11.1879)	61	176	135–500	88	87
Tarapacá (27.11.1879)	546	212	236	261	76
Los Ángeles (22.3.1880)	4	40	14–28	20–25	64
Alianza/Tacna (26.5.1880)	434–458	1373–1509	600–1500	1300	1300
Arica (7.6.1880)	117	355	700–1200	200	1328
Chorrillos (13.1.1881)	797	2522	4000–7500	3000	2000–3000
Miraflores (15.1.1881)	502	1622	6000	3000	3000
Arriagada (Militärexpedition von 1883)	130	574			
Huamachuco (10.7.1883)	55–66	101–119	1200		

Quelle: Sater, Andean Tragedy, 48–49, Tabellen 22 und 23

dere Großgrundbesitzer, deren Ländereien verwüstet worden waren, suchte er nun einen Verständigungsfrieden. Konteradmiral Lizardo Montero warf Iglesias Landesverrat vor, erkannte ihm den Generalstitel ab und berief einen Gegenkongress in Arequipa ein. Der Kongress bestätigte García Calderón, der noch immer in Chile festsaß, als Präsidenten und Montero als Vizepräsidenten. General Cáceres, der ebenfalls ein entschiedener Gegner des Manifests von Montán war, wurde zum zweiten Vizepräsidenten ernannt. Nicht zuletzt weil das zentrale Hochland Anzeichen wirtschaftlicher Erschöpfung zeigte und sich damit der Unterhalt eines stehenden Heeres zunehmend schwieriger gestaltete, leitete Cáceres eine militärische Offensive gegen den abtrünnigen Iglesias ein. Froh darüber, endlich einen peruanischen Caudillo gefunden zu haben, der willens war, das chilenische Friedensdiktat zu unterzeichnen, mobilisierte die Besatzungsmacht all ihre Kräfte, um Iglesias beizustehen. Seinerseits zögerte Iglesias nicht, die chilenische Armee mit allen nötigen Informationen über gegnerische Truppenbewegungen und Ressourcen zu versorgen, sodass diese in der Schlacht von Huamachuco im Juli 1883 den Cáceristen eine vernichtende Niederlage zufügten. Nach der weitgehenden Zerschlagung des Widerstands im Hochland konnte der chilenische Heereschef Lynch einen Angriff auf die 4000 Mann starke Armee von Vizepräsident Montero in Arequipa wagen. Ohne auf nennenswerte Gegenwehr zu stoßen, nahmen die Chilenen die Weiße Stadt am 29. Oktober 1883 ein. Montero floh über Bolivien nach Argentinien und reiste von dort aus weiter nach Europa. Bei seiner Überfahrt auf dem Titicacasee ernannte er Cáceres, der von Huamachuco nach Ayacucho geflohen war, zum Präsidenten.

Die chilenischen Truppen hielten Arequipa bis zum 21. Dezember 1883 besetzt, wobei ihnen große Lagerbestände an Waffen und militärischen Ausrüstungsgütern in die Hände fielen. Diese stammten aus Bolivien und waren entgegen Monteros Versprechungen nicht an Cáceres weitergeleitet worden. Infolgedessen hatten dessen Männer die verlorene Schlacht von Huamachuco in Sandalen, mit veralteten Gewehren, zu wenig Munition und ohne Bajonette führen müssen.

Staatskollaps

Noch vor der Besetzung Arequipas signierten Iglesias und Lynch am 20. Oktober 1883 in Ancón einen Friedensvertrag. Mit dem Friedensvertrag von Ancón trat Peru die Provinz Tarapacá an Chile ab, womit das 190 000 km² große, rohstoffreiche Territorium mit dem Nitratzentrum Iquique für immer verloren ging. Die Südprovinzen Tacna und Arica sollten für zehn Jahre unter chilenischer Verwaltung bleiben, die unmittelbar betroffene Bevölkerung nach Ablauf dieser Frist sich via Plebiszit für die Zugehörigkeit zu einem der beiden Staaten entscheiden. Außerdem verpflichtete sich Peru zu Wiedergutmachungszahlungen. Weil Chile Bolivien mit einer Invasion drohte, musste auch Perus ehemaliger Alliierter in ein Friedensdiktat einwilligen. Boliviens Hoffnungen, wenigstens von Chile einen Korridor mit Meerzugang durch die verlorene Provinz Antofagasta zurückzuerhalten, zerschlugen sich. Bis auf den heutigen Tag bleibt damit Bolivien eine Binnennation ohne eigenen Meereshafen. Infolge des Krieges wuchs Chiles Territorium um ein Drittel, wobei das Land die nitrat- und kupferreichen Gebiete des heutigen Nordchiles dauerhaft in Besitz nahm.

Im August 1884 schifften sich die letzten chilenischen Besatzungstruppen im südperuanischen Hafen Mollendo Richtung Santiago ein, ein ruiniertes Land zurücklassend. Wie zu den republikanischen Anfangszeiten hatte sich der peruanische Zentralstaat praktisch in ein Mosaik auseinanderstrebender regionaler Gesellschaften aufgelöst. Ähnlich wie damals kämpften Militärführer und Caudillos um die Macht. Bei den öffentlichen Finanzen herrschten chaotische Zustände, der Zugang zu Auslandkrediten war versperrt, und das Einziehen von Steuern und Abgaben erfolgte willkürlich und unter Androhung von Gewalt. Während sich die Binnen- und Auslandschulden auftürmten, lagen das Wirtschafts- und das Finanzsystem am Boden. Die meisten Guano-Vorkommen waren erschöpft, die Nitratlagerstätten für immer verloren und die Exporte eingebrochen. Kapitalflucht, Kapitalvernichtung und der kontinuierliche Wertverlust des ungedeckten Papiergelds schädigten den Finanzsektor aufs Schwerste. Von den 20 größten Banken des Landes überstanden nur zwei das Kriegsdebakel. Ebenfalls horrend waren die Opfer an Menschenleben, die Anzahl an Kriegsversehrten und die materiellen Verluste. Peru hatte seine Kriegsflotte verloren; die Hafenanlagen und die Eisenbahnen waren beschädigt, Landstriche und Plantagen verwüstet, die peruanischen Handelshäuser und die einheimische Zuckerindustrie ruiniert. Überdies zog die chilenische Besatzung das kulturelle Leben und das Bildungswesen schwer in Mitleidenschaft. Der Krieg brachte den Unterricht an sämtlichen nationalen Kollegien zum Erliegen. Limas stolze Universität San Marcos wurde von der Besatzungsarmee als Truppenunterkunft genutzt. Chilenische Soldaten plünderten die Möbel und zerstörten das Universitätsarchiv. Sie rissen Wände ein, um aus Schulzimmern Ställe zu machen. Überdies raubten sie die Nationalbibliothek aus, sodass vom ursprünglichen Bestand von 58 000 Werken gerade einmal 738 Bände zurückblieben. Die erbeuteten Bibliotheksschätze wurden zu Schleuderpreisen verkauft oder nach Chile gesandt. Selbst die Löwen aus dem Zoo, Denkmäler, Kunstgegenstände und die neuen Gelddruckmaschinen wurden nach Santiago überführt. Bis zum Abzug der Besatzungstruppen waren die Schulen und Kulturinstitute größtenteils verwaist und zahlreiche öffentliche Gebäude, Theater, Kabinette, Museen und Archive beschädigt oder zerstört.

Mancherorts führte der Krieg zum vollständigen Zusammenbruch der Ordnung und zu einem Machtvakuum, in dem sich die latenten ethnischen und sozialen Konflikte Perus in Gewaltexzessen entluden. Nach der Landung der chilenischen Truppenverbände in Paracas entwichen Tausende von chinesischen Kulis aus den Küsten-Haciendas, wo sie wie Sklaven gelebt hatten. Viele reihten sich ins chilenische Heer ein und kämpften zusammen mit den Invasoren gegen die ehemaligen Unterdrücker. Andere Kulis plünderten Gutshöfe und brachten verhasste Vorarbeiter und Hacienda-Besitzer um. Nicht immer zahlte sich die Parteinahme in der erhofften Weise aus, denn die chilenischen Invasoren schickten viele der Kulis auf die besetzten Guano- und Nitratfelder oder zwangen sie dazu, gefallene Soldaten zu begraben.

Auch schwarze Landarbeiter nutzten die Kriegswirren, um offene Rechnungen mit missliebigen Arbeitgebern oder Vorarbeitern zu begleichen. Allerdings finden sich keine Hinweise darauf, dass sich Afroperuaner den chilenischen Truppen angeschlossen hätten. Im Dezember 1879 erhoben sich 300 schwarze Tagelöhner im Chincha-Tal, wo sie plündernd und mordend in die drei größten Haciendas einfielen. Der anschließende Sturm auf die Ortschaft Chincha Alta brach unter dem Gewehrfeuer der Einwohnerschaft zusammen. Etwas weiter nördlich brachten schwarze und indianische Landarbeiter nach dem Durchmarsch der chilenischen Invasionsarmee das Cañete-Tal unter ihre Kontrolle. Ein aus Schwarzen und Indianern zusammengewürfelter Mob machte Jagd auf die verhassten Kulis. Die Meute klapperte Hacienda um Hacienda ab und massakrierte mit Messern, Steinen und Macheten bis zu 1000 Chinesen. Während Schwarze und Indianer im Cañete-Tal Seite an Seite Asiaten verfolgt hatten, so bekämpften sie sich andernorts bis aufs Blut. Beispielsweise brandschatzten Indianer 1882 in Chincha Alta, einem überwiegend von Schwarzen und Schwarzen gemischter Abkunft bewohnten Ort, um Misshandlungen zu rächen.

Zu schweren antiasiatischen Ausschreitungen kam es abermals in Lima. Kurz vor dem chilenischen Einmarsch plünderte und brandschatzte ein Mob am 15. Januar 1881 chinesische Geschäfte und Lagerhäuser. Bei den Überfällen und der Menschenhatz kamen 300 Chinesen ums Leben. Limas Bürgermeister musste die chilenische Militärführung zur Wiederherstellung von Ruhe und Ordnung bitten. Die ungeliebte asiatische Minderheit war aus mehreren Gründen Zielscheibe des Volkszorns geworden. Zum einen hatten sich chinesische Händler geweigert, (wertloses) Papiergeld – das einzige Zahlungsmittel, das der Bevölkerungsmehrheit zur Verfügung stand – zu akzeptieren. Zum anderen warf man den Asiaten Kollaboration mit den Invasoren vor und verdächtigte sie, den chilenischen Sieg in der Entscheidungsschlacht von Miraflores hinter verschlossenen Türen gefeiert zu haben.

Der Bürgerkrieg von 1884/1885

Dank chilenischer Unterstützung wurde Iglesias am 2. März 1884 als provisorischer Präsident vereidigt. Allerdings verweigerte ihm General Cáceres die Gefolgschaft. Zur Verwirklichung seiner eigenen präsidialen Ambitionen war Cáceres auf die Unterstützung der provinziellen Großgrundbesitzer angewiesen. Deshalb zögerte er nicht, den zuvor aufs Heftigste bekämpften Friedensvertrag von Ancón anzuerkennen und wenig später auch einstige Verbündete zu verraten. Hatte er während des Kriegs die Besetzungen von Haciendas durch Campesinos gutgeheißen, so forderte er nun die Rückkehr zu den Besitz- und Machtverhältnissen der Vorkriegszeit. Nach einem militärischen Schnellgerichtsverfahren ließ er am 2. Juli auf dem Hauptplatz von Huamanmarca vier Guerilla-Führer exekutieren, denen er unter anderem Mord und Banditentum vorwarf. Deutlicher konnte der General nicht zeigen, dass nun wieder ein neuer Wind wehte und die Kriegsallianzen nichts mehr galten. Im gleichen Monat erfolgte die Gründung der Verfassungstreuen Partei (Partido Constitucional) durch hauptstädtische Anhänger des Generals, ehemalige Civilistas und Anhänger der am 24. Januar 1884 gegründeten Liberalen Partei (Partido Liberal). Wie dem Namen der neuen Partei zu entnehmen ist, bezweckte der Partido Constitucional, die Verfassung von 1860 wieder vollumfänglich in Kraft zu setzten. Civilistas und sonstige Liberale unterstützten Cáceres nicht zuletzt deshalb, um eine neuerliche Machtübernahme durch Nicolás de Piérola zu verhindern. Derweil sammelten sich Piérolas Anhänger im Partido Demócrata. Bis in die frühen 1890er-Jahre wuchs die Demokratische Partei zu einer zentralisierten und stark hierarchischen Organisation heran mit Tausenden von Mitgliedern, Hunderten lokalen Zellen und zahlreichen Sympathisanten in den Küsten- und Berggebieten. Sie sprach insbesondere die mittleren Schichten (Handwerker, kleine Geschäftsbesitzer, Studenten, Besitzer mittelgroßer Landwirtschaftsbetriebe) und die ärmeren Schichten an.

Ohne die Rückendeckung durch chilenische Truppen konnte sich Iglesias nicht an der Macht halten. Während die letzten chilenischen Truppen das Land verließen, brach sich ein neuer Bürgerkrieg seine Bahn. Mit Hilfe loyaler Freischärler und dank der Unterstützung durch hauptstädtische Anhänger gelang General Cáceres Anfang Dezember 1885 die Einnahme Limas. Er zwang Iglesias zum Rücktritt und ließ sich zum provisorischen Präsidenten ernennen. Als Kandidat des Partido Constitucional gewann Cáceres problemlos die Präsidentschaftswahlen vom März 1886, zumal Piérolas Demokratische Partei die Wahlen boykottierte. Mit diesem Wahlerfolg schwang sich der General zur dominierenden politischen Persönlichkeit der nächsten zehn Jahre auf – eine Periode des nationalen Wiederaufbaus, die man auch als den »zweiten Militarismus« bezeichnet hat (nach dem ersten im Gefolge der Unabhängigkeit).

Gewaltausbrüche und Aufstände auf dem Lande

Im Chaos der Kriegs- und Nachkriegszeit flackerten in sämtlichen Landesteilen immer wieder Tumulte und Rebellionen auf. Während der chilenischen Invasion des zentralen Hochlands (1881–1882) zogen sich die regulären peruanischen Truppen unter Cáceres nach Ayacucho zurück. Sich selbst überlassen, organisierten Bauerndörfer ihre eigenen Guerilla-Verbände, die sowohl die Chilenen als auch einheimische Kollaborateure bekämpften. Im Namen der nationalen Verteidigung raubten sie von Großgrundbesitzern, die mit den chilenischen Besatzern zusammenarbeiteten, Ernteerträge, Viehherden und Geld. In einigen Fällen eigneten sie sich auch verlorenes Gemeinschaftsland wieder an. Als die Bewegung einen verstärkt sozialrevolutionären Charakter annahm und vermehrt Haciendas besetzt wurden, ließ Cáceres mehrere Bauernführer festnehmen und im Juli 1884 exekutieren (siehe oben). Doch war damit der Widerstand noch nicht gebrochen. Bis 1888 hielten Freischärler 45 der bedeutendsten Haciendas in einem Gebiet besetzt, das von Cerro de Pasco bis zum südlichen Rand des Mantaro-Tals reichte. Erst im Jahr 1902 wurden die letzten besetzten Gehöfte im Gebiet von Comas geräumt.

Der blutigste Konflikt der unmittelbaren Nachkriegszeit war der so genannte Atusparia-Aufstand – eine Massenerhebung von Indianern und Mestizen im Jahr 1885 im Hochland des Departements Áncash. Zu diesem Flächenbrand trugen verschiedenste Faktoren bei: Vor Ausbruch des Pazifikkriegs verwüsteten 1878 sintflutartige Regenfälle die Felder, zerstörten Brücken und Wege und unterbrachen die von Chimbote ins Hochland führende Eisenbahnlinie. Auf die El-Niño-bedingte Naturkatastrophe folgten militärische Aushebungen, zuerst für den Krieg gegen Chile, dann für die innerperuanischen Caudillo-Kämpfe. Dadurch fehlte es an Arbeitskräften sowohl auf den Feldern als auch für die Wiederherstellung der Verkehrsverbindungen. Infolgedessen traten Versorgungsengpässe auf, gefolgt von kräftigen Preiserhöhungen auf Güter des täglichen Gebrauchs. Verschlimmernd wirkten sich die galoppierende Entwertung des Papiergeldes beziehungsweise die Verknappung des zirkulierenden Münzgelds aus. Während der langen Besatzungszeit hatte die Landbevölkerung schwer unter Übergriffen, Abgabeforderungen und Requisitionen vonseiten chilenischer wie auch peruanischer Truppen zu leiden. Zudem beharrten staatliche und kirchliche Autoritäten sowie Großgrundbesitzer auf Fronarbeiten (Bau, Unterhalt und Reparatur von Wegen, Brücken, Kirchen, Friedhöfen, Bewässerungskanälen usw.) im Rahmen des »Dienstes zugunsten der Republik«.

Weil sich die Indianer weigerten, bei einem Gefängnisanbau in Huaraz unbezahlt Hand anzulegen, wurde Pedro Pablo Atusparia, der gewählte Ortsvorsteher von Marián (einem Vorort von Huaraz) verhaftet, ins Gefängnis gesteckt und zu einer Bußzahlung verurteilt. Bald nach seiner Freilassung wanderte der Ortsvorsteher erneut ins Gefängnis. Mittels einer Verordnung vom 22. Februar 1885 verlangte der Präfekt von Huaraz die Bezahlung einer Kopfsteuer in der Höhe von zwei Silber-Soles, und zwar innerhalb von drei Tagen. Diese Tributforderung stellte für die meisten der verarmten Bauern eine untragbare Belastung dar. Im Namen der gebeutelten Landbevölkerung überreichte Atusparia den Behörden eine von rund 50 Ortsvorstehern unterzeichnete Bittschrift, worin um die Aufhebung oder zumindest eine Reduktion der Kopfsteuer sowie die Abschaffung der »Republikdienste« ersucht wurde. Erzürnt ordnete der Präfekt die Verhaftung Atusparias an. Er ließ ihn auspeitschen, damit er verrate, wer die Bittschrift verfasst hatte. Als mehrere Ortsvorsteher vor der Präfektur die Freilassung ihres Delegierten forderten, wurden auch diese verhaftet, wobei man ihnen zur Demütigung die Haarzöpfe – Symbol von Autorität und Würde – abschnitt. Nur wenige Tage später erstürmte eine vielköpfige Menschenmenge die Stadt und rächte sich auf grausame Art und Weise an den Sicherheitskräften. Die Aufständischen plünderten nebst den Geschäften von prominenten Anhängern der Regierung Iglesias auch ausgewählte Privathäuser und die Läden chinesischer Händler.

Am 5. März versammelten sich rund 5000 Rebellen auf dem Hauptplatz, um den Rechtsanwalt Manuel Mosquera Arébalo zum neuen Präfekten des Departements zu ernennen. Mosquera, der das Präfektenamt bereits zuvor ausgeübt hatte, war ein überzeugter Anhänger von General Cáceres. Atusparia übernahm das Amt eines Delegierten der Präfektur. Tage später verliehen ihm seine Anhänger den Ehrentitel »Apu Inka Atusparia«. Die Rebellionswelle ergriff sämtliche Ortschaften im Callejón de Huaylas und Teile des benachbarten Callejón de Conchucos. Bei einem Großteil der Aufständischen handelte es sich um landlose Indianer oder Mestizen, die in Abhängigkeitsverhältnissen zu privaten Hacendados und Viehzüchtern standen. Mehr und mehr Landbewohner schlossen sich den Aufständischen an. Haciendas wurden besetzt und Landparzellen unter den Rebellen verteilt.

Die Regierung Iglesias reagierte unverzüglich, ernannte einen neuen Präfekten und entsandte Truppen ins Hochland. Als Zeichen des Entgegenkommens hob der neue Präfekt den Kopftribut und den »Republikdienst« auf. Verstärkt durch Freiwillige, Zwangsrekrutierte und chinesische Kulis marschierten die Regierungstruppen im Callejón de Huaylas ein, wo sie sich in der Ortschaft Yungay festsetzten. Trotz zahlenmäßiger Überlegenheit gelang es den indianischen Belagerern nicht, Yungay den Regierungstruppen wieder zu entreißen. Beim entscheidenden Sturm auf den Ort kamen zwischen 1000 und 2000 indianische Angreifer ums Leben. Nach nur mehr leichter Gegenwehr nahmen die Regierungstruppen am 3. Mai auch Huaraz ein. Die meisten Aufständischen streckten die Waffen und unterwarfen sich den iglesiastreuen Autoritäten. Viele Gefangene wurden ohne Gerichtsverfahren exekutiert, andere ohne Anwalt vor ein Kriegsgericht gestellt und im Schnellverfahren abgeurteilt. Im Gegensatz zu Mosquera, dem die Flucht gelang, arrangierte sich Atusparia mit den neuen Machthabern. Zugute kam ihm dabei, dass er rechtzeitig die Fronten gewechselt, Huaraz vor größeren Plünderungen bewahrt sowie die drohende Invasion der Ortschaft Caraz durch Aufständische verhindert hatte. Für viele enttäuschte Anhänger galt er spätestens seit der Mitunterzeichnung des Friedensvertrags vom 11. Mai 1885 als Verräter.

Nach dem Fall von Yungay und Huaraz führte Pedro Celestino Cochachín den Kampf der Landbevölkerung in den heutigen Provinzen Carhuaz und Yungay über vier Monate weiter. Am 28. September 1885 geriet er in einen Hinterhalt und wurde tags darauf ohne Prozess in Casma vor ein Erschießungskommando gestellt. Damit war der Aufstand, der Tausenden das Leben gekostet hatte, endgültig zerschlagen. Der unmittelbare Auslöser der Revolte – der Kopftribut, dessen Bezahlung am 12. Mai 1885 suspendiert worden war – wurde ab dem 1. Januar 1887 von der Regierung Cáceres erneut eingefordert.

Die Präsidentschaft des Generals Cáceres (1886–1890)

Bei seiner Amtsübernahme stand Andrés Avelino Cáceres vor dem Scherbenhaufen eines kriegsversehrten, bankrotten Landes. Seit der Ankündigung des Zahlungsmoratoriums von 1876 waren die Auslandschulden auf über 51 Million Pfund Sterling angewachsen. Allein für die Bezahlung der jährlichen Zinsen hätte Peru 2,5 Millionen £ gebraucht. Dabei war das Jahresbudget von 5 Millionen £ vor dem Krieg auf 1 Million £ gefallen. Kommerzielle Transaktionen wurden durch das fast wertlose Papiergeld und das zusammengeschrumpfte Bankensystem erheblich erschwert. An die Stelle einheimischer Banken und Geldverleiher traten nun ausländische Unternehmen. Bei der Kreditaufnahme hingen damit die exportorientierten Zuckerrohr- und Baumwollpflanzer von britischen oder US-amerikanischen Handelshäusern wie Gibbs & Sons, W. R. Grace & Co. und Graham Rowe ab. Viele Plantagen, die während des Krieges stark beschädigt wurden oder durch hohe Hypotheken aus der Zeit der späten Guano-Ära belastet waren, gingen in den Besitz ausländischer Kreditgeber über.

Zur Restrukturierung des Finanzsystems ließ Cáceres das Papiergeld einziehen und durch eine neue, silbergedeckte Währung ersetzen. Diese Maßnahme traf die Mittel- und Unterschichten besonders hart, die mit dem Papiergeld sämtliche Ersparnisse einbüßten. Den Wiederaufbau auf lokaler und regionaler Ebene suchte der General mittels Wiedereinführung der zutiefst verhassten Kopfsteuer (Contribución personal) zu finanzieren. Das Einziehen der Kopfsteuer erwies sich vielfach als unmöglich. Einzig im Departement Puno gelang die Eintreibung einer namhaften Summe. Mit den ausländischen Gläubigern traf die Cáceres-Regierung nach langwierigen Verhandlungen eine Übereinkunft, den so genannten Aspíllaga-Donoughmore-Vertrag. Bis dieser Kontrakt im Oktober 1889 von beiden Kammern des peruanischen Kongresses angenommen wurde, waren vier Sondersitzungen nötig. Erst nachdem Cáceres widerspenstige Senatoren und Abgeordnete durch gefügige Individuen ersetzt hatte, konnte er die Ratifizierung durch die Legislative erzwingen. Der von Ántero Aspíllaga und dem Briten Lord Donoughmore ausgehandelte Vertrag sah die Aufhebung der peruanischen Auslandschulden vor. Als Gegenleistung verpflichtete sich Peru, der Peruvian Corporation – dem britischen Konsortium, das mit der praktischen Umsetzung des Vertrags betraut war – die Kontrolle über das zehn Strecken umfassende Eisenbahnsystem für 66 Jahre abzutreten und ihr freie Schifffahrtsrechte auf dem Titicacasee zu gewähren. Außerdem musste Peru die verbliebenen Guano-Reserven bis zu einer Menge von drei Millionen Tonnen aushändigen und im Laufe von 33 Jahren Abzahlungen in der Höhe von jährlich 80 000 £ leisten. Überdies verpflichtete sich das Andenland, der Peruvian Corporation Steuerfreiheit einzuräumen und zwei Millionen Hektar Land im zentralen Dschungel zur Kolonisierung durch europäische Einwanderer zu überlassen. Im Gegenzug erklärten sich die britischen Gläubiger bereit, Peru Darlehen in Höhe von bis zu sechs Millionen £ zu gewähren und Investitionen ins Eisenbahnnetz zu tätigen. Dadurch konnten die schwer beschädigten Eisenbahnlinien repariert und das Streckennetz fertiggebaut werden. Zudem bildete die Einigung die Voraussetzung zur Installation, Vergrößerung oder Modernisierung von vier großen Industrieanlagen: der Brauerei Backus & Johnston, der alten Baumwolltextilfabrik in Vitarte, der Tuchfabrik Santa Catalina und der Mühle Santa Rosa. Großbritannien wiederum sicherte sich eine Verkehrsverbindung quer durch Südamerika, die vom Atlantik bis zum Pazifik reichte. Und auch für die Peruvian Corporation zahlte sich der Vertrag aus. Die Gesellschaft nahm im Laufe der folgenden 20 Jahre über drei Millionen £ ein. Der Aspíllaga-Donoughmore-Vertrag beziehungsweise die Konstituierung der Peruvian Corporation leiteten einen neuen Beziehungstyp zwischen Peru und dem ausländischen Kapital ein. Waren bislang vorwiegend indirekte Investitionen (Darlehen) üblich gewesen, nahmen Direktinvestitionen im Laufe der Zeit an Umfang und Wichtigkeit zu. Von Anfang an waren die Bedingungen für das Empfängerland ungünstig, ungeachtet des Stimulus für die Entwicklung der Exportlandwirtschaft und des Bergbaus.

Innenpolitisch begünstigte General Cáceres klar die Interessen der traditionellen Großgrundbesitzer des Hochlands. Nichtsdestotrotz fand er auch unter der städtischen Bevölkerung und unter den positivistischen Intellektuellen Anhänger. Beispielhaft für die Verbindung zwischen Letzteren und der Staatsmacht steht die Geografische Gesellschaft von Lima (Sociedad Geográfica de Lima), die man 1888 als Zweigstelle des Außenministeriums gründete. Vierteljährlich veröffentlichte sie das *Boletín de la Sociedad Geográfica*, das die neuesten Erkenntnisse von Forschern, Geografen und lokalen Gelehrten verbreitete. Die Geografische Gesellschaft förderte die naturwissenschaftliche Forschung, erläuterte die natürlichen Ressourcen und deren Nutzung und half bei der Markierung der Innen- und Landesgrenzen mit.

Der Bürgerkrieg von 1894/1895

Vor den Präsidentschaftswahlen von 1890 sprachen sich maßgebende Mitglieder der zivilrechtlichen Partei (Partido Civilista) gegen eine weitere Besetzung des Präsidentenamtes durch einen Vertreter des Militarismus aus. Von der zivilistischen Bewegung (Civilismo) war zu diesem Zeitpunkt weder die volksnahe Aura der Gründungsjahre übriggeblieben noch das reformistische Programm. Seine Repräsentanten hatten sich auf einen elitären Zirkel aus einflussreichen Personen, vermögenden Immobilien- und Großgrundbesitzern (Gamonales) aus der Provinz verengt. Ungeachtet des Widerstands seitens der Civilistas und einer breiten Opposition konnte Cáceres den Kandidaten seiner Wahl als Nachfolger ins Präsidentschaftsamt hieven. Am 10. August 1890 wurde Oberst Remigio Morales Bermúdez vereidigt. Nachdem der Oberst noch vor Beendigung der regulären Amtszeit verschieden war, stürzte Cáceres die Übergangsregierung und übernahm am 10. August 1894 zum zweiten Mal das Präsidentenamt. Der Staatsstreich bewirkte eine Annäherung zweier politischer Erbfeinde: Im Kampf gegen Cáceres taten sich Vertreter der Civilistas und Anhänger von Nicolás de Piérola zusammen. Zudem büßte der General die Unterstützung eines Teils der Großgrundbesitzer ein. In mehreren Provinzen formierten sich Freischärlertruppen.

Aus dem chilenischen Exil kommend, landete Piérola in Pisco. Er schlug sich nach Chincha durch, wo sich ihm zahlreiche (schwarze) Kämpfer anschlossen, und zog weiter zur Entscheidungsschlacht nach Lima. Piérolas Truppe erhielt Verstärkung durch Aufständische, die aus so entfernten Provinzen wie Huánuco oder Piura in die umkämpfte Hauptstadt strömten. Nach drei erbitterten Kampftagen waren die regulären Heerestruppen besiegt, die für das Cáceres-Regime kämpften. Der Bürgerkrieg forderte einen hohen Blutzoll. Allein bei der Erstürmung Limas kamen zwischen 2000 und 3000 Personen ums Leben. Die Kämpfe in den Provinzen forderten schätzungsweise 8000 zusätzliche Todesopfer. Hinzu kamen die materiellen Schäden und der Wirtschaftseinbruch. Ein militärisch geschlagener Cáceres gab am 19. März 1895 seinen Verzicht auf das Präsidentenamt bekannt und verließ Peru mit dem vorläufigen Ziel Buenos Aires. Auch nach dem erzwungenen Rücktritt bewahrte der General noch lange seinen starken Einfluss auf die peruanische Politik. Um ihn ruhigzustellen, verschafften ihm verschiedene Nachfolger im Präsidentenamt begehrte Diplomatenposten fern der Heimat. Im Umgang mit politisch ambitionierten, machthungrigen Militärs sollte das Abschieben auf gut bezahlte Ruheposten im Ausland in den kommenden Jahrzehnten zur Tradition werden.

Literaturhinweise

Alba Herrera, C. Augusto 1985, Atusparia y la revolución campesina de 1885 en Ancash, Lima

Basadre, Jorge 1983, Historia de la República del Perú, 1822–1933, 7. verb. und erw. Aufl., Bd. 6: La guerra con Chile (1879–1883), Lima

Ders. 1983, Historia de la República del Perú, 1822–1933, 7. verb. und erw. Aufl., Bd. 7: El comienzo de la reconstrucción (1884–1895), Lima

Blanchard, Peter 1982, The Origins of the Peruvian Labor Movement, 1883–1919, Pittsburgh

Contreras (Carranza), Carlos 2012, La economía pública en el Perú después del guano y del salitre. Crisis fiscal y élites económicas durante su primer siglo independiente, Lima

García Hierro, Pedro/Hvalkof, Søren /Gray, Andrew 1998, Liberation Through Land Rights in the Peruvian Amazon, hg. von Parellada, Alejandro /Hvalkof, Søren, Copenhagen

Middendorf, Ernst W. 1893–1895, Peru. Beobachtungen und Studien über das Land und seine Bewohner während eines 25jährigen Aufenthalts, 3 Bde., Berlin

Portocarrero, Gonzalo 2007, Racismo y mestizaje y otros ensayos, Lima

Rummenhöller, Klaus 1985, Vom Kautschukboom zum Goldrausch. Die Tieflandindios im peruanischen Departement Madre de Dios als Spielball von Abenteurern und Weltmarkt – eine historische Betrachtung, Bonn

Sater, William F. 2007, Andean Tragedy: Fighting the War of the Pacific, 1879–1884, Lincoln und London

Stanfield, Michael Edward 1998, Red Rubber, Bleeding Trees: Violence, Slavery, and Empire in Northwest Amazonia, 1850–1933, Albuquerque

Stein, Steve 1980, Populism in Peru: The Emergence of the Masses and the Politics of Social Control, Madison

Sulmont, Denis 1984, El movimiento obrero peruano (1890–1980). Reseña histórica, 4. Aufl., Lima

Tausch, Krystyna 1993, Frauen in Peru. Ihre literarische und kulturelle Präsenz, München

Taussig, Michael 1986, Shamanism, Colonialism, and the Wild Man: A Study in Terror and Healing, Chicago und London

Die Aristokratische Republik (1895–1919)

Auf den Bürgerkrieg von 1894/1895 folgte ein Vierteljahrhundert, das sich durch eine außergewöhnliche institutionelle Stabilität auszeichnete. Während dieser Periode vollzog sich die wirtschaftliche Erholung nach dem katastrophalen Pazifikkrieg und der Staatsbildungsprozess intensivierte sich. Der Civilismo lebte wieder auf und führte, von kurzen Unterbrechungen abgesehen, in den beiden ersten Jahrzehnten des 20. Jahrhunderts die Regierungsgeschäfte. Wirtschaftliche Kennzeichen dieser Zeit bildeten Modernisierung, Diversifizierung sowie Ansätze zu einer importsubstituierenden Industrialisierung, bei der durch Schutzzölle oder Verbote die ausländische Konkurrenz ferngehalten wird. Die Periode ist unter den Namen »Aristokratische Republik« (República Aristocrática) oder »Das goldenen Zeitalter der Oligarchie« in die Geschichtsbücher eingegangen. Die Angehörigen einer kleinen, exklusiven Elite machten große Vermögen durch direkte oder indirekte Verbindungen mit der Exportwirtschaft. In ihren Händen verschmolzen ökonomische und politische Macht. Die Oligarchenfamilien betrachteten den Staat quasi als ihr Eigentum. Sie sorgten dafür, dass Peru weitgehend autokratisch und paternalistisch regiert wurde. Ihren Reihen entstammten sowohl der Staatspräsident als auch die Kongressabgeordneten und die regionalen politischen Autoritäten. Sie bildeten eine abgeschottete Kaste, die durch Heiraten und Verwandtschaftsbeziehungen zusammengehalten wurde. Kulturell waren ihre Angehörigen durch den französischen Einfluss der Belle Époque geprägt. Charakteristisch für ihr Herrschaftssystem war der politische Ausschluss der überwiegenden Bevölkerungsmehrheit, weshalb man auch von einer »Republik ohne Bürger« sprach. Klientelistische Beziehungen verbanden die Herrschenden sowohl mit den Mittel- als auch den Unterschichten. Die Oligarchenfamilien agierten im Bündnis mit und im Interesse von ausländischen Rohstoffabnehmern, Handelshäusern, Banken und Unternehmen. Sie achteten auf die Einhaltung von Äußerlichkeiten, die ihrem Regime einen liberalen demokratischen Anschein verliehen. Die Presse war verhältnismäßig frei und kritisierte nicht selten die Regierungen. Üblicherweise waren die Oppositionsparteien in der Legislative vertreten, und die Streitkräfte griffen nur in Ausnahmefällen in die Politik ein. Wahlen fanden regelmäßig statt. Jedoch stand deren Ausgang in den meisten Fällen im Vornherein fest, wobei die überwiegende Mehrheit der Bevölkerung vom Wahlrecht ausgeschlossen war. Dennoch waren Wahlen nicht irrelevant. Sie stellten eine mehr oder weniger friedliche Wettbewerbsform unter oligarchischen Fraktionen und Provinzeliten dar und lieferten eine, wenn auch fragwürdige, Basis für Legitimationsansprüche der gewählten Führer.

Innerhalb der privilegierten Elite gab es neben persönlichen Rivalitäten auch Unterschiede, die entlang ökonomischer und regionaler Trennlinien verliefen. Es lassen sich mindestens vier Gruppen unterscheiden: Eine erste bestand aus den Zucker- und Baumwollbaronen der Küste, eine zweite aus Angehörigen des Limeñer Geldadels, eine dritte setzte sich aus Minenbetreibern und schafzüchtenden Großgrundbesitzern der zentralen Sierra zusammen, und eine vierte bildeten vermögende Wollhändler im Süden. Die größte, kohärenteste, bestorganisierte und für viele Jahrzehnte mächtigste Oligarchengruppe bildeten die Plantagenbesitzer der Küste. In Perus Aristokratischer Republik stand zumeist ein Plantagenbesitzer oder ein Angehöriger aus einer der Zucker produzierenden Großgrundbesitzerfamilien der Küste an der Spitze des Staates. Dies traf auf die Präsidenten Eduardo López de Romaña, José Pardo (zweimaliger Präsident) und Augusto Leguía zu. Auch die Schlüsselposten im Kabinett wurden von Ministern eingenommen, die einen ähnlichen familiären Hintergrund aufwiesen.

In politischen Fragen zeigte sich die Elite oftmals gespalten. So herrschte Uneinigkeit darüber, ob und inwieweit Sektoren der Mittelschichten und der Arbeiterschaft ins politische Leben inkorporiert werden sollten. Kontroversen zeigten sich ebenfalls bei den langwierigen parlamentarischen Diskussionen um arbeitsrechtliche Normen. Zwar hatten die Agrarexporteure der Küste einen entscheidenden Einfluss bei der Nominierung der Präsidentschaftskandidaten beziehungsweise der Präsidenten des zweikammerigen Kongresses. Doch hatten die mächtigsten Großgrundbesitzer in den Provinzen genügend Gewicht, um sich selbst oder ihre Günstlinge in den Senat, in die Abgeordnetenkammer oder in die Bürgermeisterämter wählen zu lassen. Damit waren sie in der Lage, den Handlungsspielraum der jeweiligen Zentralregierung erheblich einzuschränken. Die Zusammensetzung der Kabinette wechselte häufig, weil der Kongress gegenüber den Ministern das Recht auf Auskunft und Maßregelung hatte und der Präsident den Ministern das Vertrauen entziehen konnte. Entsprechend groß war die Fluktuationsrate: Zwischen 1886 und 1919 wechselten sich 57 Justiz-, 64 Kriegs-, 65 Finanz- und 70 Verwaltungsminister ab. Da die Parteien schwach und vollständig auf einzelne Führungspersönlichkeiten ausgerichtet waren, ergaben sich immer wieder neue politische Allianzen.

Technologischer Fortschritt und Modernisierung

Weltweit revolutionierten in den letzten Jahrzehnten des 19. beziehungsweise in den ersten Dekaden des 20. Jahrhunderts bahnbrechende Erfindungen und neue Technologien die Lebensgewohnheiten der Menschen. Die technologischen Neuerungen, als zweite industrielle Revolution bezeichnet, ermöglichten Massenproduktion und Massenkonsum und bildeten die Voraussetzung für die erste große Expansion der modernen Ökonomie. Kennzeichen für die zweite industrielle Revolution ist der Einsatz von Elektrizität, erzeugt von Hochdruckturbinen. Die erstmalige moderne Anwendung der Elektrizität fand in den 1840er-Jahren mit dem Telegrafen statt. In den 1890er-Jahren kam eine andere elektrische Form der Kommunikation auf: das Telefon. In diesen Jahrzehnten erlebte auch die chemische Industrie eine Revolution. Dank neuer Erkenntnisse über Keime und Infektionen brachte sie neue Arzneien auf den Markt: von Narkosemitteln über Antiseptika bis zum Aspirin. Zunehmende Wichtigkeit erlangte nun das Erdöl, insbesondere als Kraftstoff für Fahrzeuge (Diesel und Benzin). In den 1890er-Jahren begannen die ersten Experimente, aus denen sich Dieselmaschinen und Gasturbinen entwickelten. Diese sollten im folgenden Jahrhundert im wörtlichen Sinn die Antriebskräfte für den globalen Handel durch Lastwagen, Schiffe und Düsenflugzeuge werden.

Über die Hauptstadt Lima hielt die zweite industrielle Revolution auch in Peru ihren Einzug. Wichtige technologische Neuerungen betrafen die Kälteerzeugung, die Mechanisierung der Landwirtschaft, die selektive Viehzucht und die Einzäunung von Weiden und Grundstücken. Dampfschiffe, Eisen- und Straßenbahnen transformierten das Transportwesen; Telegrafen eröffneten Möglichkeiten zur schnellen Nachrichtenübermittlung. Mitte der 1860er-Jahre existierte in Peru erst eine einzige Telegrafenleitung (von Lima zum Hafen Callao). Wenige Jahre später gab die peruanische Regierung neue Leitungen in Auftrag, die Lima und Ica an der Süd- bzw. Lima und Paita an der Nordküste verbinden sollten. In den 1870er-Jahren verlegte eine Londoner Telegrafengesellschaft ein Unterwasserkabel, das vom chilenischen Caldera nach Chorrillos bei Lima reichte. Eine zusätzliche Leitung, die Panama mit dem Hafen Callao verband, stellte den Kontakt zum Rest der Welt her. Direkte Verbindungen zwischen London und Peru waren ab 1878 möglich. In diesem Jahr besaß Peru ein Telegrafennetz von 2554 Kilometern Länge. 120 Angestellte bedienten in 53 Stationen insgesamt 65 Apparate. Zu Beginn des 20. Jahrhunderts stationierte man Telegrafen auch im östlichen Tieflanddschungel – eine Arbeit, bei der franziskanische Mönche tatkräftig mitwirkten.

Die ersten Telefonleitungen des Landes wurden 1888 in Lima und im Hafen Callao verlegt. Radiotelegrafische Stationen, welche die Hauptstadt mit entlegenen Dschungelposten und der Urwaldmetropole Iquitos verbanden, nahmen 1906 ihren Betrieb auf. Mit dem Ziel, einen Dienst für telefonische Ferngespräche einzurichten, bildete sich 1928 die Nationale Telefongesellschaft. Erste Ferngespräche wickelten sich zwei Jahre später zwischen Lima und dem Departement Ica ab. Im Mai 1886 hielt die elektrische Beleuchtung ihren Einzug in der Hauptstadt. Erstmals erhellte elektrisches Licht den Hauptplatz, die Plaza de la Recoleta, eine Brücke und zwei Straßenzüge. Den Strom lieferte ein Dampfkraftwerk. Gegen Ende der 1880er-Jahre erhielten auch die hauptstädtischen Theatersäle eine elektrische Beleuchtung. Aber erst nach der Jahrhundertwende verdrängte das elektrische Licht die herkömmliche Innen- und Außenbeleuchtung (Gaslaternen in den Straßen beziehungsweise die Kerosinlampen, die Öllampen oder Kerzen in den Privathaushalten). Außerhalb der Hauptstadt dauerte es noch länger, bis sich die elektrische Beleuchtung durchsetzte. In Cusco erfolgten die ersten Installationen Ende 1914.

Die erste Textilfabrik Limas, die elektrische Energie anstelle der Wasserkraft nutzte, war 1890 die Sociedad Industrial Santa Catalina. Fünf Jahre später nahm die Empresa Transmisora de Fuerza Eléctrica ihren Betrieb auf, die von ihrem Elektrizitätswerk Santa Rosa de la Pampa aus Strom lieferte – unter anderem an die genannte Textilfabrik. In der Folgezeit entstanden zusätzliche Elektrizitätswerke. Sie ermöglichten den Betrieb von Straßenbahngesellschaften wie der Compañía del Ferrocarril Urbano de Lima (1898) oder dem Tranvía Eléctrico a Chorrillos – eine doppelspurige elektrische Bahn, die seit 1904 Lima mit dem 14 Kilometer entfernten Badeort verband.

Gegen Ende des 19. Jahrhunderts trat die Kinematografie ihren globalen Triumphzug an. Im Mai 1895 brachte der US-Amerikaner W. H. Cole das erste Kinetoskop – einen von Thomas A. Edinson 1891 patentierten Guckkasten – nach Lima. Ende Dezember 1896 gelangte ein von Edinsons Manufacturing Company entwickelter Filmprojektor namens Vitaskop in die peruanische Hauptstadt. Der Demonstrationsvorführung mit mehreren kurzen Stummfilmen wohnten als Ehrengäste der Staatspräsident und seine Minister bei. Zwei Jahre später spielte ein von dem französischen Brüderpaar Lumière entwickelter Kinematograf in Limas Jardín Estrasburgo dem entzückten Publikum Kurzfilme vor. Während die Vitaskope hauptsächlich Unterhaltungsstücke mit Gesang und Instrumentalbegleitung, Boxkämpfe oder kurze Ballettaufführungen zeigten, verbreiteten die Kinematografen Bilder von Weltreisen und militärischen Inszenierungen, wobei sich insbesondere Auftritte der Kavallerie großer Beliebtheit erfreuten. Aufführungsorte waren verschiedene Theater (wie etwa Limas Teatro Principal), Säle der Geografischen Gesellschaft und der Nationalbibliothek, Räumlichkeiten in den hauptstädtischen Badeorten oder Zelte. Von Lima aus gelangten die Vorführapparate in die bedeutenden Provinzstädte. Es dauerte nicht lange, bis die ersten in Peru gedrehten Dokumentarfilmstreifen zur Aufführung gelangten. So zeigte das hauptstädtische Teatro Politema am 23. April 1899 Aufnahmen von Limas Kathedrale, der Wegstrecke Lima–La Oroya und von Kolonien im Chanchamayo-Gebiet.

Kurz nach der Jahrhundertwende führten erste Limeñer Zeitungshäuser Linotype-Setzmaschinen und Rotationsmaschinen ein, die es ihnen gestatteten, billig und schnell Zehntausende von Zeitungen zu drucken. Zu dieser Zeit begannen auch die ersten dampf- und benzinbetrieben Autos in der Hauptstadt zu zirkulieren. Wesentlich zur Verbreitung der Automobile trug die Einfuhr von Fords Modell T um 1913 bei. Außerdem trafen die ersten benzinbetriebenen Traktoren in Peru ein, womit die Mechanisierung der Küstenlandwirtschaft einen weiteren gewichtigen Impuls erhielt. Am 15. Januar 1911 kreiste erstmals ein Flugzeug über Lima. Hinter dem Steuer saß der peruanische Pilot Juan Bielovucic. Bis sich ein regelmäßiger kommerzieller Luftverkehr im Inland etablierte, dauerte es noch weitere 17 Jahre. Kurz darauf setzte 1929 auch noch der internationale Flugbetrieb ein.

Von höchster Bedeutung für die Schifffahrt und den globalen Handel war die Eröffnung des Panamakanals. 1914 im Wesentlichen fertiggestellt, wurde die Wasserstraße offiziell am 12. Juli 1920 für den Handel freigegeben. Die

Reisezeit von Lima nach Liverpool reduzierte sich dadurch um die Hälfte; diejenige nach New York gar um zwei Drittel. Durch die Einrichtung neuer Dampfschifflinien nahm der Seehandel mit Europa und der Ostküste der USA einen markanten Aufschwung. Um neue Schiffsverbindungen im peruanischen Amazonasgebiet zu erkunden und um die riesige Dschungelregion besser zu erschließen, rief die peruanische Regierung im April 1901 die Junta de Vías Fluviales (Komitee für die Erforschung der Wasserwege) ins Leben. Die Organisation richtete Forschungsexpeditionen aus – insbesondere ins Gebiet der Ströme Marañón im nördlichen beziehungsweise Madre de Dios im südlichen Tiefland. Hauptziel war die Erschließung geeigneter Verkehrswege, die, den Kontinent durchquerend, von der Pazifikküste über die Anden zum Atlantik führten.

Wissenschaftlicher Fortschritt und die generelle Weiterentwicklung des Gesundheitswesens wirkten sich stark auf das Bevölkerungswachstum aus. Durch Verbesserungen bezüglich Hygiene und der medizinischen Versorgung erhöhten sich sowohl die Geburtenrate als auch die allgemeine Lebenserwartung. 1903 wurde innerhalb des Ministeriums für Öffentliche Arbeiten eine für die Volksgesundheit verantwortliche Behörde geschaffen (Dirección de Salubridad Pública). Ihr erster Direktor rief 1904 eine Gesundheitspolizei (Policía de Salubridad) ins Leben. Neu geschaffene Gesetze forderten die Bevölkerung auf, Cholera-, Beulenpest- und Gelbfieberfälle der Gesundheitspolizei zu melden. Wenn Familienangehörige, Ärzte oder Hotelbesitzer die Meldepflicht verletzten, mussten sie mit Bußen oder sogar mit Gefängnis rechnen. Das Gesundheitsgesetz (Ley Sanitaria) von 1905 erklärte Impfungen für obligatorisch. Noch im gleichen Jahr wurden 150 000 Personen (bei einer Gesamtbevölkerung von etwas mehr als drei Millionen) geimpft. Die offizielle Gesundheitspolitik bezweckte in erster Linie die Ausrottung von Epidemien; die Sorge um das individuelle Wohlbefinden war zweitrangig. So dienten die Lazarette, die man in mehreren größeren Städten einrichtete, mindestens ebenso sehr der Absonderung der Kranken wie deren Heilung.

Das rasante Bevölkerungswachstum in Europa löste dort einen starken Bevölkerungsdruck aus und führte zu Auswanderungswellen, die auch den Doppelkontinent Amerika erfassten. Andererseits stimulierte die steigende Konsumentenzahl den internationalen Handel. Zur Befriedigung der wachsenden Nachfrage verbesserten die exportorientierten Pflanzer an der peruanischen Küste die Anbautechniken und importierten Landwirtschaftsmaschinen. Die peruanische Regierung förderte die Modernisierungsbestrebungen, indem sie 1902 die Escuela Nacional de Agricultura (Nationale Landwirtschaftsschule) einrichtete. 1906 schlossen dort die ersten Agronomen ab. Überdies etablierte die Regierung Experimentierstationen, die den Einsatz von Dünger propagierten und landwirtschaftliche Fachzeitschriften herausgaben. Auch stimulierte sie die Planung erster Staudammprojekte, die der künstlichen Bewässerung dienen sollten. Zu den amtlichen Modernisierungsanstrengungen zählte außerdem die nachhaltige Förderung berufsspezifischer Zusammenschlüsse. Zwischen 1895 und 1915 bildeten sich folgende Verbände: Sociedad Nacional

> Agraria (Nationale Agrargesellschaft); Asociación de Ganaderos del Perú (Zusammenschluss der Viehzüchter); Sociedad Nacional de Industrias (Nationale Industriegesellschaft); Sociedad Nacional de Minería (Nationale Bergbaugesellschaft); Sociedad de Ingeniería (Ingenieursgesellschaft); Colegio de Abogados de Lima (Anwaltskammer).

Die Regierung Piérola (1895–1899)

Kraft der massiven Mobilisierung seiner Anhängerschaft aus den ländlichen und städtischen Unterschichten war es Nicolás de Piérola in traditioneller Caudillo-Manier gelungen, General Cáceres aus dem Präsidentenamt zu drängen. Erwartungsgemäß gewann Piérola, der als alleiniger Kandidat angetreten war, die Präsidentschaftswahlen von 1895. Einmal im Amt, veranlasste er die Auflösung der Freischärlertruppen. 1896 beauftragte er französische Militärexperten mit dem Aufbau einer professionellen Armee. Der Personalbestand der Streitkräfte wurde halbiert und von Anhängern des gestürzten Generals Cáceres gesäubert. Die französischen Experten – ausnahmslos Offiziere, die praktische Erfahrungen in den französischen Kolonien gesammelt hatten – richteten eine neue Militärakademie ein, nämlich die Escuela Militar de Chorrillos, die eine neue Generation von Armeeoffizieren ausbildete und trainierte. Ein neues Reglement legte die Richtlinien für den obligatorischen Militärdienst fest, und ein neues Militärrecht nach französischem Vorbild wurde erlassen.

Kurz nach der Machtübernahme setzte die Regierung Piérola einschneidende Bestimmungen bezüglich des Wahlrechts durch. Wahlberechtigt war nur mehr, wer lesen und schreiben konnte, über 21 Jahre alt – oder, falls jünger, verheiratet – und in die Wahllisten eingetragen war. Damit wurden sämtliche Analphabeten vom Wahlprozess ausgeschlossen. Ein Jahr nach der Änderung des Wahlrechts trat ein neues Wahlgesetz in Kraft. Die Direktwahl löste die indirekte Wahl ab. Die zentrale Wahlbehörde, die Junta Electoral Nacional, erhielt eine Schlüsselrolle. Wer diese Behörde kontrollierte, konnte die Wahlresultate zu seinen Gunsten beeinflussen. Solange das Wahlgesetz von 1896 Gültigkeit behielt, gewann nie ein Kandidat aus den Reihen der Regierungsopposition eine Präsidentschaftswahl. Ein weiterer Nachteil war, dass die Wahlreform keine geheime Stimmabgabe vorsah. Damit konnten Landbesitzer oder sonstige Patrons bei der Stimmabgabe direkt kontrollieren, ob die eigene Klientel auch tatsächlich in ihrem Sinn abstimmte – und falls nicht, entsprechende Sanktionen verhängen.

Piérola stärkte die Macht der Zentralregierung auf Kosten der lokalen Autoritäten, indem er mit den Provinz- und Departementsvorstehern (Jefes de Provincias bzw. Departementos) ein neues Korps regionaler Bürokraten etablierte. Diese von Lima eingesetzten, rotierenden »Karriere-Politiker« traten neben Subpräfekten und Gouverneure, die nach wie vor der Lokalelite entstammten. Unter Piérola tagte das Parlament regelmäßig, und auch die Gemeinderegierungen funktionierten wieder ordnungsgemäß. Die Währung erhielt ein gesundes Fundament auf der Grundlage des Goldstandards, womit Gehälter, Löhne, Ersparnisse und so weiter stabilisiert, ein fester Wechselkurs etabliert und ein investitionsfreundliches Klima geschaffen wurden. Während bis 1897 staatlich beaufsichtigte Privatbanken Geldscheine drucken durften, so beanspruchte nun der Staat das Monopol auf die Herstellung von Banknoten. Eine neue Währung ersetzte den Sol: Die Libra peruana (peruanisches Pfund) war gleich viel wie ein Britisches Pfund oder zehn Silber-Soles wert.

Während seiner gesamten Amtszeit vermochte sich Piérola die Unterstützung der Civilistas zu sichern, mit denen er schon die Nationale Koalition (Coalición Nacional) zum Sturz von Cáceres gebildet hatte. Wie schon sein Vorgänger ging Piérola Bündnisse mit Großgrundbesitzern in verschiedenen Regionen des Landes ein und pflegte Patron-Klient-Beziehungen. Wo dies missriet, setzte er – auch hier dem Beispiel von Cáceres folgend – auf Repression und Ausschluss. Im Gegensatz zur Politik seines Vorgängers, die auf eine Stärkung der provinziellen Großgrundbesitzer hinauslief, bemühte sich Piérola um eine Zentralisierung der Macht und eine Stärkung der zentralstaatlichen Autorität. Mit der neuerlichen Abschaffung der Kopfsteuer (Contribución personal) und ihrer faktischen Wiedereinführung durch eine Steuer auf Salz unter zentralstaatlicher Kontrolle entzog er den Departements deren wichtigste Einnahmequelle. In wirtschaftlicher Hinsicht erwies sich Piérola als modernisierungswilliger Kapitalist, der die Exporte von Rohstoffen favorisierte und die Industrialisierung vorantrieb. Die Etablierung eines Ministeriums für Entwicklung (Ministerio de Fomento y Obras Públicas) schuf die Voraussetzung für eine staatliche Wirtschaftsförderung. Unter dessen Leitung wurden zahlreiche öffentliche Bauprojekte verwirklicht, darunter Straßen, Eisenbahnlinien und Projekte zur künstlichen Bewässerung. Kulturell war Piérola ein hispanophiler, katholischer Traditionalist.

Die Civilistas erneut an der Macht

Gegen Ende seiner vierjährigen Amtszeit sorgte Piérola dafür, dass sein erster Minister für Entwicklung, der Arequipeñer Ingenieur Eduardo López de Romaña, zum Nachfolger gewählt wurde. Bei den Präsidentschaftswahlen von 1899 waren 108 597 Männer wahlberechtigt, das entsprach lediglich etwa 2,5 % der Gesamtbevölkerung. López de Romana musste nach der Amtsübernahme mit Aufständischen in verschiedenen Landesgegenden fertig werden. Während seiner Amtszeit kam es zum Bruch zwischen Piérolas Demokraten und den Civilistas, die wiederholt die Mehrheit der Minister stellten. Unter der Kontrolle eines Civilista-Kabinetts fanden die Präsidentschaftswahlen von 1903 statt. Da die Civilistas auch die zentrale Wahlbehörde kontrollierten, setzten sie ihren Kandidaten Manuel Candamo problemlos durch. Nach nur acht Monaten im höchsten Amt verstarb Candamo überraschend am 7. Mai 1904. Zu seinem Nachfolger wurde José Pardo y Barreda gewählt, der Sohn des Gründers des Partido Civil und ehemaligen Staatspräsidenten Manuel Pardo. Am 24. September 1904 übernahm José Pardo die Regierungsgeschäfte. Das Kabinett präsidierte der Finanzminister Augusto B. Leguía, der zugleich als Pardos wichtigster Berater fungierte. Leguía blieb bis im Juni 1907 Finanzminister. Dann trat er zurück, um seine Kandidatur für die Präsidentschaftswahlen von 1908 vorzubereiten.

Wie schon sein Vater legte Pardo großen Wert auf eine Verbesserung des Bildungswesens. Durch eine umfassende Reform erfuhr die Grundschulbildung eine starke Ausweitung und Verbesserung. Leitung, Verwaltung und Kontrolle der Primarschulen übernahm nun der Zentralstaat, der auch neues didaktisches Material importierte. Ab 1905 begann die Herstellung und landesweite Verteilung von standardisierten Lehrbüchern und Schultexten. Inspektoren besuchten die Schulklassen, prüften, ob die Lehrpläne erfüllt wurden und trugen statistisches Material zusammen. Bis zum Ende von Pardos Amtszeit 1908 steigerte sich die Anzahl der Schulen von 1425 auf beinahe 2700, während die Schülerzahl von 100 000 auf über 160 000 anwuchs. Viele dieser Schülerinnen und Schüler stammten aus Analphabetenfamilien und repräsentierten die erste Generation, die Lesen und Schreiben lernte. Allerdings waren die Schulen höchst ungleich verteilt, wobei generell das Hochland und die Dschungelgebiete gegenüber der Küste benachteiligt blieben. Bezüglich der Ausbildung der Grundschullehrer gab es nur bescheidene Fortschritte zu verzeichnen. Die Mehrheit der praktizierenden Lehrer blieb ohne jegliche pädagogische Ausbildung und ohne Seminarabschluss. Der Ausbau des Schulwesens, weitere staatliche Entwicklungsprojekte sowie Lohn- und Rentenerhöhungen für Politiker, Staatsangestellte und Funktionäre zogen neue Steuern nach sich. Den wachsenden Finanzbedarf deckte die Regierung mit der Aufnahme neuer Darlehen im Ausland. Die erste nach dem Pazifikkrieg aufgenommene Auslandanleihe vom Jahre 1905 in der Höhe von 600 000 Pfund Sterling diente dem Erwerb zweier Kreuzer und dem militärischen Küstenschutz.

Schon vor den Präsidentschaftswahlen von 1908 stand fest, dass Leguía die Nachfolge von Prado antreten würde. Daran änderte auch ein bewaffneter Aufstand im Mai 1908 unter Federführung des Gründers des Partido Liberal, Augusto Durand, nichts. Erwartungsgemäß gewannen die Civilistas die Wahlen, und Leguía übernahm am 24. September 1908 das Präsidentenamt. Seinen Versuchen, die Spitzen des Administrativapparates mit treuen Gefolgsleuten zu besetzen und sich mit gemäßigten Mitgliedern der Demokratischen Partei auszusöhnen, widersetzte sich der konservative Parteiflügel, wie dieser auch das gemäßigtreformerische, bürgerliche Regierungsprogramm ablehnte. Schließlich kam es zum offenen Bruch, und Leguías interne Gegner gründeten eine eigene Partei: den Partido Civil Independiente (Unabhängige Bürgerpartei). Leguía musste nicht nur die Abspaltung des konservativen Civilista-Flügels bewältigen, sondern auch mit gewaltsamen Umsturzversuchen fertigwerden. Im Mai 1909 drang eine Handvoll Putschisten – darunter der Bruder und zwei Söhne von Nicolás de Piérola – in den Regierungspalast ein, nahm den Präsidenten gefangen, um ihn zum Rücktritt zu zwingen – ohne Erfolg. Nach diesem fehlgeschlagenen Umsturzversuch verhärtete sich das innenpolitische Klima weiter. In Lambayeque, Ferreñafe und Apurímac formierten sich Freischärlerverbände, die aber bis Anfang 1911 allesamt von den Regierungstruppen zerschlagen wurden. Angesichts der Parlamentsmehrheit seiner Gegner und deren Kontrolle über die zentrale Wahlbehörde löste Leguía kurz vor den Kongresswahlen von 1911 eigenmächtig dieses wahlentscheidende Gremium auf. Mit Hilfe von Betrugsmanövern setzte er bei den Erneuerungswahlen im Kongress ihm ergebene Kandidaten durch, sodass er die zum Regieren notwendige Mehrheit erhielt.

Staatliche und kirchliche Bildungsanstrengungen

Für die maßgebenden Vertreter des Civilismo bildete der zahlenmäßig starke indianisch-ländlich geprägte Bevölkerungsteil eines der Haupthindernisse auf dem Weg Perus zu einer modernen, prosperierenden Nation. Um Abhilfe zu schaffen, entwarfen die Civilistas ein Modernisierungsprogramm, das die Ausweitung der staatlichen Präsenz bis in die entlegensten Gebiete vorsah. Die Bauherren der Nation planten die Ausweitung der Bildungsmöglichkeiten, die Etablierung eines Gesundheitsdienstes sowie die Verbesserung der sanitären Verhältnisse und der Hygienestandards. Oberste Priorität hatte das Bildungswesen, denn der Schulzensus von 1902 deckte alarmierende Bildungsdefizite auf. Die Untersuchung ergab, dass nur 29 % der sechs bis 14-jährigen Kinder eine Schule besuchten. Besonders gravierend waren die Verhältnisse im Departement Ayacucho, wo die Kinder in Weilern oder innerhalb privater Haciendas ohne jegliche Schulbildung aufwuchsen. Verglichen mit den Resultaten des nationalen Zensus von 1876 hatte die Grundausbildung praktisch keine Fortschritte gemacht.

Aufgerüttelt durch diesen Befund, investierten die verschiedenen Regierungen in der Folgezeit stark ins Bildungswesen. Betrug der Bildungsetat 1897 noch bescheidene 129 000 Soles, so waren es 1913 über 26 Mal mehr, nämlich über 3,4 Millionen. Vom neuen Bildungselan profitierten auch Gegenden, die zuvor keine Bildungseinrichtungen gekannt hatten. Ein Heer von Lehrern und Beamten kümmerte sich um die Grundschulausbildung, die Verbreitung der spanischen Sprache sowie westlicher Gepflogenheiten in den Bereichen Gesundheit, Ernährung und Wirtschaftsweise.

Während Pardos Amtszeit (1904–1908) wurden verschiedene Kollegien neu organisiert. Frauen erhielten nun allgemein Zugang zur Universität. Bisher hatten einzig Laura Esther Rodríguez Dulanto – die 1899 an Limas Hochschule San Marcos einen Abschluss in Naturwissenschaften machte – und Esther Festini de Ramos Ocampo – die ihr geisteswissenschaftliches Studium 1904 mit Erfolg abschloss – mittels Ausnahmebewilligungen an einer peruanischen Universität akademische Titel erwerben können (siehe unten). Zur Ausbildung des militärischen Führungspersonals und der Generalstabsoffiziere gründete man die Escuela Superior de Guerra (Militärakademie), während man für Arbeiter kostenlose Abendschulen in den Städten Arequipa, Cusco, Lima,

Trujillo und Piura einrichtete. In Iquitos, Tarapoto und Yurimaguas entstanden Gewerbe-, in mehreren Ortschaften auch Handelsschulen. Schließlich gründete man das Historische Institut und das Historische Nationalmuseum und organisierte die Nationalbibliothek neu.

Pardos Zentralisierungsbemühungen bewirkten im Bereich der Grundschulausbildung kurzfristig beträchtliche Verbesserungen. Indem die Regierung die Verwaltung und Kontrolle der Primarschulen übernahm, entzogen sie diese dem Zugriff lokaler Eliten. Wegen der Campesino-Aufstände, die um 1915 einsetzten, arbeiteten die Civilistas jedoch alsbald wieder enger mit den Großgrundbesitzern des Hochlands zusammen. Abermals leitete das Erziehungsministerium eine Dezentralisierung der Bildung ein und rückte von seiner vereinheitlichenden Politik wieder ab, was die erzielten Erfolge unterhöhlte und weitere Fortschritte verhinderte. Der Rückfall in die Zeit vor den Reformen zeitigte deprimierende Resultate. Im ganzen Departement Ayacucho unterrichteten 1920 nur 148 Lehrer an insgesamt 137 Schulen – bei einer Bevölkerung von 300 000 Einwohnern. Typisch waren Schulklassen, bei denen ein einziger Lehrer um die 50 Kinder zweier oder dreier Klassenstufen betreute. Viele Schülerinnen und Schüler mussten mehrstündige Wege zurücklegen, um überhaupt zur Schule zu gelangen. Die überwiegende Mehrheit der praktizierenden Lehrer hatte selbst nur die Primarschule absolviert und keinerlei pädagogische Schulung erhalten.

Neben dem peruanischen Staat engagierten sich katholische und protestantische Kirchengemeinschaften im Bildungsbereich. Nachdem sich 1849 die erste protestantische Kirche – eine anglikanische – formell etabliert hatte, trafen 1877 die ersten methodistischen Missionare aus den USA ein. Auf sie folgten Angehörige der Siebenten-Tags-Adventisten. Binnen weniger Jahre richteten die Methodisten vier Schulen im Hafen Callao und eine in Lima ein. Die Adventisten ihrerseits entsandten Missionare und Lehrer ins südliche Hochland. Bis 1916 etablierten sie um die 19 Indianerschulen in der Titicacasee-Region. Zehn Jahre später existierten bereits 80 solcher Schulen, in denen 3892 Kinder unterrichtet wurden. Daneben gründeten die Adventisten zahlreiche Gesundheitszentren. Diese dienten nicht nur der Behandlung und Versorgung von Kranken, sondern auch der Krankheitsprävention durch die Verbreitung von Grundregeln zu Gesundheit und Hygiene. Dem Vormarsch der Adventisten begegneten manche katholische Prälaten, Großgrundbesitzer und Notabeln mit Misstrauen und offener Ablehnung. In der Provinz Azángaro kam es sogar zu einem Massaker an adventistischen Indianern.

Angesichts der wachsenden protestantischen Konkurrenz verstärkte die katholische Kirche die Bemühungen, sich durch erstklassige, prestigeträchtige Schulen ihren Einfluss auf die peruanische Gesellschaft und insbesondere die Oberschicht zu sichern. Trotz eines Gesetzes aus dem Jahre 1855, das Niederlassungen des Jesuitenordens in Peru verbot, eröffneten Jesuitenpatres in den frühen 1870er-Jahren das Colegio de la Inmaculada in der Hauptstadt. Es entwickelte sich rasch zu einer der angesehensten Ausbildungsstätten mit entsprechend großer Anziehungskraft für Kinder aus der Oberschicht. Den Mädchen aus der Limeñer Oberschicht standen derweil die katholischen Kollegien von Belén, Sagrado Corazón und – ab 1893 – de la Recoleta offen. Demgegenüber unterrichteten die Salesianermönche, die nach ihrer Ankunft in Peru im September 1891 eine intensive Lehrtätigkeit entfalteten, auch Kinder aus weniger begüterten Familien.

Abb. 14: Adventistische Missionare sind seit über 100 Jahren in der Gegend von Puno aktiv. Adventisten-Schule auf einer der schwimmenden Inseln der Uros im Titicacasee.

1915 wurde der Artikel 4 der Verfassung abgeschafft und die Glaubensfreiheit garantiert – ungeachtet heftiger Gegenwehr vonseiten der katholischen Kirche. Mit der 1917 erfolgten Gründung der Katholischen Universität (Universidad Católica del Perú) in Lima versuchte die Kirche, verlorenes Terrain durch das Anbieten eigener Hochschulabschlüsse zurückzugewinnen. Erster Rektor wurde die treibende Kraft bei der Etablierung der Hochschule, der aus Frankreich stammende Georges Dintilhac von der Ordensgemeinschaft der Heiligsten Herzen Jesu und Mariä (SSCC). Die erste private Universität des Landes, die von 1942 bis 2012 offiziell den Titel »Päpstliche Katholische Universität von Peru« (Pontificia Universidad Católica del Perú) führte, entwickelte sich zur elitären katholischen Kaderschmiede. Zu den herausragenden Professoren zählten Víctor Andrés Belaúnde (1883–1966) und José de la Riva-Agüero (1885–1944). Die beiden katholischen Intellektuellen trugen maßgeblich zur Herausbildung einer neuen Generation junger Professoren und Berufsleute bei und machten aus der Katholischen Hochschule eine national hoch angesehene Institution. Mit der Universität verbunden war auch der jesuitische Historiker Rubén Vargas Ugarte (1886–1975), der die erste vollständige Kirchengeschichte Perus verfasste.

Ein proto-populistisches Intermezzo und die Schlussphase der Aristokratischen Republik

Trotz der erbitterten parlamentarischen und außerparlamentarischen Opposition war Augusto B. Leguía in der Lage, seine reguläre Amtszeit zu beenden und als Nachfolger den ehemaligen Finanzminister und mehrfachen Senatspräsidenten Antero Aspíllaga in Stellung zu bringen. Als stärkster Konkurrent kristallisierte sich Guillermo Billinghurst heraus. Der vermögende Nitratmagnat war 1909 zum Bürgermeister von Lima gewählt worden. Während seiner zweijährigen Amtszeit gewann er unter den Unterschichten eine große Anhängerschaft, indem er eine Reihe von populären Maßnahmen durchsetzte. Beispielsweise sorgte er für den Bau von preisgünstigen Wohnungen oder die Versorgung von Armenquartieren mit vergünstigtem Fleisch. Billinghurst erwirkte Verbesserungen bei der städtischen Wasserversorgung oder im Gesundheitsbereich durch den Abriss von Elendsvierteln (inklusive des chinesischen Ghettos), die Brutstätten von Krankheiten aller Art waren. Bei Streiks intervenierte er mehrmals zugunsten der Arbeiterschaft.

Im Vorfeld der Präsidentschaftswahlen gewann Billinghurst die Unterstützung von Politikern aus der Gruppe der Unabhängigen Civilistas, von Mitgliedern der Liberalen Partei und seiner eigenen, der Demokratischen Partei. Allerdings entzog ihm Piérola im Verlauf der Präsidentschaftskampagne die Unterstützung, was zu einer Spaltungsbewegung innerhalb der Demokratischen Partei führte. Billinghursts wichtigster politischer Trumpf lag in seiner Fähigkeit, die Arbeiterschaft zu mobilisieren und durch den Druck der Straße den Kongress und das Establishment zu Reformen zu bewegen. Wie vor ihm Piérola verfolgte Billinghurst einen populistischen Stil und pflegte das Feindbild Civilismo. Im Bewusstsein, dass die Civilistas wegen ihrer Kontrolle des Wahlapparats auf regulärem Wege nicht zu schlagen waren, griff Billinghurst zu einer List. Gemäß der Verfassung waren Wahlen nur dann gültig, wenn mehr als ein Drittel der registrierten Wähler ihre Stimmen abgaben. Um das Quorum zu verhindern, rief Billinghurst zum Generalstreik während der zwei Wahltage auf. Tatsächlich gelang es ihm mit diesem Manöver, Lima oder Städte wie Arequipa und Huaraz lahmzulegen. Anhänger Billinghursts zerstörten die Tische mit den Wahlurnen und hielten die willigen Wähler, wenn nötig, gewaltsam von der Stimmabgabe ab, sodass die benötigte Mindeststimmenzahl nicht erreicht wurde. Für diesen Fall sah die Verfassung vor, dass der Kongress den Präsidenten bestimmen sollte. Unter dem Druck der Straße ernannten die Parlamentarier Billinghurst zum Staatsoberhaupt. Schon bald nach dem Amtsantritt am 24. September 1912 kam es zum Zerwürfnis zwischen dem Präsidenten und dem Kongress. Wegen der hohen Verschuldung stoppte Billinghurst mehrere Eisenbahn- bzw. Bewässerungsprojekte und stornierte Waffengeschäfte, die sein Vorgänger Leguía in die Wege geleitet hatte. Im August 1913 veranlasste er die Deportation des intrigierenden Ex-Präsidenten nach Panama. Augusto Leguía reiste von dort in die USA weiter, um sich schließlich bis 1918 in London niederzulassen.

Bei seinen öffentlichen Auftritten, in Ansprachen und Reden präsentierte sich Billinghurst als Freund der Arbeiterschaft. Er intervenierte bei verschiedenen Arbeitskonflikten zugunsten der Arbeitnehmer – so im Streik der Hafenarbeiter von 1913, der diesen nebst Lohnerhöhungen den Acht-Stunden-Arbeitstag bescherte. Oft füllten sich die Straßen der Hauptstadt mit demonstrierenden Arbeitern, die der Regierung ihre Loyalität beteuerten.

Wenn Billinghurst darauf hoffte, kraft der Massenmobilisierungen den feindlich gesinnten Kongress aufzulösen und Neuwahlen durchzusetzen, warben die oppositionellen Parlamentarier bei der Armee um Unterstützung für den Sturz des Präsidenten. Bei der Militärführung stießen die Putschpläne auf offene Ohren. Denn die Oberkommandanten hatten nicht nur Budgetkürzungen hinnehmen müssen, sondern sie verdächtigten Billinghurst auch, seine städtische Anhängerschaft mit Waffen zu versorgen.

Noch bevor Billinghurst die Auflösung des Kongresses verkünden konnte, beendete ein Staatsstreich der Garnison von Lima unter Leitung des Generalstabschefs Oberst Óscar R. Benavides am 4. Februar 1914 jäh seine Amtszeit. Den Auftakt des Umsturzes bildete die Ermordung von Billinghursts Kriegsminister, General Enrique Varela. Billinghurst selbst musste seinen Rücktritt unterzeichnen und wurde zusammen mit dem Arbeiterführer Carlos del Barzo ins Ausland abgeschoben, ohne dass Limas Unterschichten aufbegehrt hätten. Der gestürzte Präsident starb im Folgejahr im chilenischen Iquique.

Nach dem Staatsstreich leitete der Putschist Benavides als provisorischer Präsident für ein Jahr die Geschicke des Landes. Der Regierungsumsturz markierte den Beginn einer engen Verbindung zwischen dem Oligarchen-Klan der Prados – die Gebrüder Jorge und Manuel Prado hatten den Putsch orchestriert – und dem Obersten (und späteren General) Benavides. Jahre später sollte Benavides den Prados zum Präsidentschaftsamt verhelfen.

Wie versprochen leitete Benavides nach einem Jahr Neuwahlen ein. Als Sieger aus den Präsidentschaftswahlen ging José Pardo hervor, der bereits von 1904 bis 1908 Staatschef gewesen war. Pardos zweite Amtszeit, die im August 1915 begann, wurde überschattet von den ökonomischen Auswirkungen des Ersten Weltkriegs und Konflikten mit ausländischen Unternehmen. Die angespannte soziale Situation äußerte sich in Kleinbauern-Aufständen und Banditenkriegen auf dem Lande, während in den Städten Arbeiterproteste gegen die Inflation und Demonstrationen für den Acht-Stunden-Tag für Unruhe sorgten. Außenpolitisch war Peru darauf bedacht, strikte Neutralität zu wahren. Nachdem aber ein deutsches U-Boot ein peruanisches Schiff versenkt hatte, beendete die peruanische Regierung im Oktober 1917 die diplomatischen Beziehungen zum Deutschen Reich.

Während seiner Regierungszeit gelang es Pardo weder, die Elite zu einer politischen Einheit zusammenzuschweißen noch die Unterstützung der breiten Bevölkerung zu gewinnen. Vor den Wahlen von 1919 war das Vertrauen der breiten Öffentlichkeit in den Civilismo und die übrigen Parteien der Oligarchie vollständig geschwunden. Der Partido Demócrata hatte den Tod seines Führers Nicolás de Piérola im Juni 1913 nicht verkraftet, während die Liberalen von Augusto Durand kaum je ein Zeichen politischer Stärke gezeigt hatten. Und Cáceres' Constitucionalistas erweckten den Eindruck eines Vereins abgehalfterter Kriegsveteranen, die sich vergeblich bemühten, ihre militärischen Erfolge von gestern aufs Feld der Politik zu überführen.

Wiederaufbau des Finanz- und Wirtschaftssystems

Nach dem Debakel des Pazifikkriegs bildeten der Wiederaufbau der Wirtschaft, die Neubelebung des Banken- und Finanzsystems sowie die Stabilisierung und Gesundung der Staatsfinanzen die dringendsten Aufgaben. Der Großteil des Guanos und die Nitratlagerstätten waren für immer verloren. Nur langsam erholte sich das weitgehend zerstörte Finanzsystem. Mit der Eliminierung der Ausfuhrsteuern auf Zucker und Baumwolle hoffte die Regierung, der Landwirtschaft an der Küste neuen Auftrieb zu verschaffen. Zugleich senkte sie die Importzölle auf Kohle, Eisen, Maschinen und Geräte – Maßnahmen, die unter anderem dem Bergbau und der nationalen Industrie zugutekommen sollten. Die Tarife für die Einfuhr von Konsumgütern wurden angehoben. Im Jahr 1895 trafen die Regierung und finanzkräftige Unternehmergruppen eine Übereinkunft, welche das Marktmonopol von Großunternehmen (Oligopol) garantierte. Kaufleute wie Bankiers investierten mit gutem Gewinn in privilegierte, vor der ausländischen Konkurrenz geschützte Fabriken. Profitieren konnten auch die Importeure von industriellen Maschinen und Materialien, die Nutzen aus den tiefen Importzöllen zogen und die sich durch ausländische Kredite finanzierten. Die bedeutendsten unter den oligopolistischen Industriebetrieben waren Textilunternehmen (Baumwolle und Wolle), Getreidemühlen, Bierbrauereien, Seifensiedereien, Teigwaren- und Zigarrenfabriken sowie Betriebe, die Streichhölzer, Kerzen und Hüte herstellten. Leidtragende waren die Konsumenten, die für die konkurrenzgeschützten Produkte hohe Preise bezahlten.

Stammten vor dem Pazifikkrieg die meisten der einheimischen Fertigwaren aus kleinen Handwerksbetrieben, so verstärkte sich in der Nachkriegszeit die Industrialisierung. Im Jahr 1905 existierten in Peru annähernd 300 Fabriken, eine Zahl, die bis 1918 auf über 500 anwuchs. Zu den Fabrikanlagen gesellten sich Hunderte von Handwerksbetrieben, von denen 1903 allein in Lima 730 existierten. Neben den bereits genannten oligopolistischen Betrieben entstanden Eisen-

und Metallgießereien, Dampfsägewerke, Gerbereien, modernisierte Werke, in denen man Keramikprodukte und Fliesen herstellte, Abfüllanlagen für alkoholfreie Getränke, eine große Zwiebackbäckerei, Eismanufakturen und Möbelfabriken. Über 20 Betriebe stellten aus Coca-Blättern Kokain her. Über den Hafen Callao verschiffte man einen Großteil der Produktion nach Deutschland, wo pharmazeutische Labors zu den Abnehmern gehörten.

Im Jahr 1920 verfügte Peru über 15 größere Textilbetriebe, wovon neun in Lima beziehungsweise in der näheren Umgebung der Hauptstadt angesiedelt waren. Diese Fabriken befanden sich hauptsächlich in den Händen von ausländischen Investoren und Unternehmern, welche die Management- und technisch anspruchsvollen Positionen mit Ausländern besetzten. Zur Textilbranche gehörten ferner Spinnereien und die Bekleidungsindustrie. Allgemein herrschten in den Textilfabriken prekäre Bedingungen. Die Arbeitszeiten waren lang, die hygienischen und sanitären Zustände kümmerlich. Es gab weder eine Trinkwasserzufuhr noch Abwasserkanäle. Malaria und typische frühindustrielle Krankheiten wie chronische Bronchitis dezimierten die Arbeiterschaft.

Bevölkerungszunahme und Städtewachstum bewirkten einen enormen Aufschwung im Baugewerbe und erhöhten zugleich den Bedarf an Lebensmitteln und Versorgungsgütern. Die Städte bezogen Reis, Zucker und Baumwolle von den Plantagen an der Küste. Fleisch und Molkereierzeugnisse stammten von spezialisierten Haciendas im Hochland. Gegen Ende des Pazifikkriegs und verstärkt zu Beginn des 20. Jahrhunderts führten Viehzüchter im Hochland von Cajamarca bis Puno europäische Zuchtrinder ein. Felle, Fleisch, Butter, Milch und Käse wurden entweder an die Zuckerrohrplantagen der Nordküste verkauft oder in den Städten vermarktet oder exportiert. Fortschrittliche Gutsherren in Junín und Pasco importierten Schweizer Zuchtrinder und -schafe. Zwischen 1905 und 1910 gründeten Großgrundbesitzer im Verbund mit Limeñer Investoren die Sociedad Ganadera Junín und die Sociedad Ganadera del Centro. Bis um 1920 dehnten diese Vereinigungen ihre Ländereien auf 114 542 bzw. 230 673 Hektar aus. Im Departement Pasco kaufte das land- und viehwirtschaftliche Unternehmen Eulogio Fernandini, das auch im Bergbau eine starke Position innehielt, zwischen 1903 und 1931 mehrere Haciendas auf, sodass es schließlich 423 398 Hektar Land besaß. Sowohl in der zentralen als auch der nördlichen Sierra entschieden sich die peruanischen Besitzer, ihre Betriebe nach den erfolgreich durchgeführten Modernisierungen an Ausländer zu verkaufen.

Florierende Exportwirtschaft

Vom letzten Viertel des 19. Jahrhunderts und bis ins Jahr 1929 expandierte die Weltwirtschaft in einem noch nie dagewesenen Ausmaß. Der wachsende Wohlstand in Westeuropa und Nordamerika, die weithin verbreitete Akzeptanz des Silber- und Goldstandards, allgemeine Anerkennung von Verträgen, wachsender

Respekt für Privateigentum und die Verbilligung der Transportkosten ließen die Nachfrage nach lateinamerikanischen Naturprodukten stark anschwellen. Die Prosperität in Westeuropa und in den USA ermöglichte erstmals Massenmärkte für Konsumenten aus der Mittel- und sogar aus der Arbeiterklasse, die zuvor fast ausschließlich lokale Güter verbraucht hatten. Diese Entwicklungen führten zu bemerkenswerten Exportbooms, wobei die lateinamerikanischen Staaten neben ihren traditionellen Naturschätzen wie Edelmetallen nun auch Öl und Kupfer im großen Maßstab ausführten.

Perus wirtschaftliche Erholung hing anfänglich eng mit der Entwicklung des Silberbergbaus im Zentralgebirge zusammen. Dank neuer technischer Verfahren und der Verlängerung der Bahnlinie nach La Oroya im Jahr 1893 nahm die Silberförderung einen mächtigen Aufschwung. Die neuen Methoden benötigten kein Quecksilber mehr. Sie ermöglichten eine profitable Verwertung von Gesteinen mit geringem Erzgehalt und machten den Weg zum industriellen Großbergbau frei. In der Folgezeit ersetzten große Erdbaumaschinen weitgehend Arbeiter mit Pickel und Schaufel. Während des Pazifikkriegs produzierte Peru im Jahresdurchschnitt 35 Tonnen Silber. Gegen das Jahrhundertende betrug die jährliche Fördermenge bereits 150 Tonnen. Während des Ersten Weltkriegs überflügelte Perus Silberabbau mit rund 300 Tonnen sogar die besten Resultate der vizeköniglichen Blütezeit. Und dies, obschon Kupfer Silber als das einträglichste Metall abgelöst hatte. Aufgrund der vielfältigen Anwendungsmöglichkeiten in der Elektrizitätswirtschaft kletterten die Kupferpreise zwischen 1894 und 1900 in die Höhe. Nach der Entdeckung ergiebiger Kupfervorkommen im Minengebiet von Cerro de Pasco im Jahre 1897 erlebte der Kupferbergbau einen gewaltigen Aufschwung. Perus Produktion an reinem Kupfer stieg im ersten Viertel des 20. Jahrhunderts um fast das Achtfache, nämlich von 6400 Tonnen im Jahr 1900 auf 47 000 Tonnen im Jahr 1924. Einen wesentlichen Beitrag dazu leistete die US-amerikanische Cerro de Pasco Mining Corporation, die sich zum mächtigsten Bergbaubetrieb Perus entwickelte. Neben Kupfer, Silber und Gold bauten Perus Bergleute Kohle und seit 1904 bzw. 1907 Bismut und Vanadium ab. Was die beiden letztgenannten Metalle betrifft, stieg das Andenland zum weltweit führenden Produzenten auf. Im Jahre 1910 begann man zudem mit dem Abbau von Wolfram.

Allmählich erholte sich auch Perus Exportlandwirtschaft. Allerdings musste die Zuckerproduktion unter dem doppelten Druck von sinkenden Weltmarktpreisen und einer verschärften internationalen Konkurrenz völlig umgestellt werden. Kleinbetriebe waren kaum mehr überlebensfähig und wurden zumeist von Besitzern größerer Plantagen aufgekauft. An der Zentral- und an der Nordküste bildeten sich große agroindustrielle Komplexe, wobei ausländische Banken und Handelshäuser das zur Modernisierung notwendige Kapital bereitstellten. Massiv investierten die deutschen Gildemeister, das britische Handelshaus Grace, die italienische Familie Larco sowie weitere ausländische Handelshäuser wie Duncan Fox, Graham and Rowe, Prevost und Kendall. Zusammengelegte Besitzungen wurden von Grund auf modernisiert und mit Dampfpflügen, Schmalspureisenbahnen für den Transport des Zuckerrohrs, automatischen Entladevorrichtungen sowie großen Zuckermühlen ausgerüstet. Überdies verbesserte man die herkömmlichen Systeme zur künstlichen Bewässerung. Die fortschrittlichsten Unternehmen heuerten ausländische Agronomen an, installierten Laboratorien und legten Experimentierfelder an. Gegen Ende des Jahrhunderts übertraf die Zuckerproduktion das Vorkriegsniveau. Bis 1914 stiegen die Exporte auf 177 000 Tonnen. Nach der Eröffnung des Panamakanals lösten die USA Großbritannien als Hauptimporteur von peruanischem Zucker ab.

Gegen Ende des 19. Jahrhunderts stellten in zahlreichen Küstentälern Zuckerrohrpflanzer auf den Baumwollanbau um oder verpachteten ihr Land. Rasch wuchs das Exportvolumen der Baumwollfasern. Geschätzte Nebenprodukte bildeten das Öl aus den Samen und Ölkuchen, die als Viehfutter dienten. Da die Nachfrage nach Baumwolle auf dem Weltmarkt hoch blieb, sahen sich die Produzenten nicht zu kostspieligen Innovationen gezwungen. Zwar begannen sie mit der Einführung neuer Baumwollsorten, doch behielten sie die traditionellen Anbautechniken bei. Im Gegensatz zu den agroindustriellen Zuckerbetrieben kamen die Gewinne einem weit größeren Produzentenkreis zugute. Gleichwohl waren auch die Baumwollbetriebe, wenn es um Kredite und den Absatz ihrer Produkte ging, weitgehend auf ausländische Kaufleute angewiesen. Bereits in den 1890er-Jahren führte Peru bedeutend mehr Baumwolle aus als vor dem Krieg – eine Menge, die sich in den Folgejahren noch kräftig steigerte. Im Jahr 1905 produzierte das Land annähernd 9500 Tonnen für den Export. In diesem Jahr waren schätzungsweise 20 000 Hektar mit Baumwollsträuchern bepflanzt und um die 16 000 Personen in der Branche beschäftigt. In den Departements Ica und Piura sowie im Cañete-Tal gewann man neue Felder durch die Bewässerung von brach liegendem Ödland. Gegen Ende des Ersten Weltkriegs war die Baumwollindustrie die mit Abstand größte Arbeitgeberin.

Von den Verwüstungen des Pazifikkriegs weitgehend verschont geblieben war die südperuanische Region. Die lange Blütezeit des Wollhandels, die von 1875 bis zum Ende des Ersten Weltkriegs dauerte, wurde durch den Pazifikkrieg verhältnismäßig wenig tangiert. Von den anziehenden Weltmarktpreisen profitierend, exportierten die in Arequipa ansässigen ausländischen Handelshäuser Schaf-, Lama- und Alpakawolle. Änderungen zeichneten sich insofern ab, als im letzten Jahrzehnt des 19. Jahrhunderts vermögende Arequipeñer die direkte Kontrolle von Haciendas im Landesinnern übernahmen. In der Folgezeit weitete sich der private Großgrundbesitz im südlichen Hochland beträchtlich aus. Bis zum Jahrhundertende führte der Eisenbahnbetrieb zum Niedergang der großen jährlichen (Woll-)Märkte (Vilque, Rosaspata, Pucará). An ihre Stelle traten Sonntagsmärkte, die an allen Ortschaften mit Bahnhaltestellen regelmäßig durchgeführt wurden.

Von 1881 bis 1896 wuchsen Perus Exporte pro Jahr um durchschnittlich 4,7 %; von 1896 bis 1900 sogar um 12,7 %. Wertmäßig wichtigstes Ausfuhrprodukt bildete bis 1906 Zucker. Um den zweiten Rang konkurrierten Kupfer (ab 1900), Kautschuk, Baum- und Tierwolle. Abgesehen von kleineren Unterbrechungen hielt der Exportboom zwei Jahrzehnte lang an, wobei sich zwischen 1895 und 1913 das Exportvolumen versechsfachte. Während des Ersten Weltkriegs erzielten Zucker, Baumwolle, Kupfer, Tierwolle und Erdöl Rekordumsät-

Florierende Exportwirtschaft

Abb. 15: Ein trüber Wintertag in Cerro Azul, Cañete-Tal (Dep. Lima).

ze. In dieser Zeit lösten die USA Großbritannien als wichtigsten Handelspartner ab. 1913 stammten 30 % der peruanischen Importe aus den USA; 1919 waren es 62 %. Gleichzeitig wuchsen die Ausfuhren in umgekehrter Richtung von 33 % auf 46 %. Seit dem Ende des Ersten Weltkriegs waren die Vereinigten Staaten nicht nur in Peru, sondern in den meisten Ländern Lateinamerikas gleichermaßen wichtigster Handelspartner und wirkmächtigster internationaler Akteur.

Tab. 2: Wert der wichtigsten Exportprodukte von 1887–1919 (in Tausend Libras peruanas)

Jahr	Baumwolle	Zucker	Kautschuk	Wolle	Öl	Kupfer
1887	60	300	64	110	–	–
1892	403	900	–	171	–	–
1897	200	843	259	246	175	–
1902	294	1300	369	230	3	311
1907	487	827	945	428	49	1791
1912	1100	1500	1308	385	755	2332
1917	2900	4200	600	1800	1182	6251
1919	6700	8700	474	1700	2320	4921

Bei Zucker und Öl sind Nebenprodukte mit einbezogen.
Quelle: Contreras und Cueto, Historia del Perú contemporáneo, 212

Multinationale Unternehmen

Durch verschiedene Gesetzesänderungen und Dekrete bemühten sich die peruanischen Regierungen, ein investitionsfreundliches Klima zu schaffen, ausländisches Kapital anzuziehen und die Exporte anzukurbeln. Ein Gesetzeserlass vom November 1886 machte den Weg frei für eine weitgehende Steuerbefreiung von Exportprodukten. Und ein Dekret fror 1890 die Höhe der Exportsteuern für die Dauer von 25 Jahren ein. Am 1. Januar 1901 trat zudem ein bahnbrechendes neues Bergbau-Reglement (Código de Minas) in Kraft. Bisher hatten sämtliche mineralische Ressourcen dem Staat gehört, der jeweils Abbaurechte gegen die Bezahlung einer jährlichen Gebühr Interessenten überließ. Die neue Bergbauverordnung erlaubte die Privatisierung von Minen oder Erdölfeldern. Gegen Bezahlung einer jährlichen Steuerabgabe gingen die Lagerstätten in den Besitz des privaten Investors über, der diese auch weiterverkaufen durfte. Außerdem hob das neue Reglement sämtliche Importabgaben für Maschinen, Gerätschaften und Materialien auf, die man im Berg- und Straßenbau benötigte.

Bald nach der Entdeckung der reichen Kupfervorkommen in der zentralen Sierra sahen sich die einheimischen Bergwerksunternehmer mit finanziellen Problemen konfrontiert. Es fehlte das Kapital, um einen zentralen Entwässerungskanal fertigzustellen und um die Bahnstrecke von La Oroya nach Cerro de Pasco zu verlängern. Im Jahr 1901 erwarb das New Yorker Haggin-Konsortium – aus dem die Cerro de Pasco Mining Company hervorging – fast 80 % der Minen in der Region von Cerro de Pasco. Innerhalb von drei Jahren führte die sehr gut kapitalisierte Gesellschaft die von La Oroya kommende Eisenbahn durch Cerro de Pasco hindurch ins nahegelegene Steinkohlegebiet von Goyllarizquizga. Auch die Kohlebergwerke hatte die Gesellschaft aufgekauft, in der Absicht, sich Brennstoffe für den Betrieb des mit Abstand größten Schmelzwerks des Landes zu sichern. Bis 1906 war die Schmelzhütte von Tinyahuarco bezugsfertig. Bei Vollauslastung beschäftigte sie zwischen 1500 und 2000 Arbeiter. Das Unternehmen tätigte noch weitere Investitionen: Es stellte zwei Elektrizitätswerke auf und modernisierte die bestehenden Schächte und Tunnel durch die Installation von Ventilationssystemen und Entwässerungspumpen. Ein Netzwerk an Transportliften, Lastwagen und Eisenbahnen beförderte die Erze von den Minen in die Schmelzhütte, die 1906 mit dem Export von Kupferbarren begann. In den folgenden Jahren erstand die Cerro de Pasco Corporation die meisten der Morococha- und Casapalca-Gruben, die ebenfalls im Zentralgebirge liegen. 1919 kaufte sie das letzte von ihr unabhängige Großschmelzwerk auf und errichtete drei Jahre später in La Oroya eine leistungsfähige Aufbereitungsanlage. Damit befand sich Perus so einträglicher wie kapitalaufwändiger Kupferbergbau in fremden Händen: Technologie, Maschinen, Hilfsmaterialien und das leitete technische Personal stammten aus dem Ausland.

Wie der Kupferbergbau ging auch die Erdölindustrie in ausländischen Besitz über. 1890 übernahm die London and Pacific Petroleum die Konzessionen für die nordperuanischen Erdölfelder von La Brea und Pariñas für 99 Jahre. In der zweiten Dekade des 20. Jahrhunderts kaufte die US-amerikanische Standard Oil of New Jersey die London and Pacific Petroleum sowie weitere Firmen auf. Die Macht der Standard Oil, die in Talara eine Raffinerie aufbaute, war so groß, dass sie ohne Konsequenzen die Bezahlung einer unter Präsident Pardo eingeführten Bergbausteuer verweigern konnte.

Weitere lukrative Wirtschaftszweige gerieten unter ausländische Kontrolle. Bis 1918 absorbierte ein einziges agroindustrielles Zuckerunternehmen, die Casa Grande der deutschen Überseefirma J. Gildemeister & Co., mehrere Haciendas mit einer Gesamtfläche von 6894 Hektar. Unterdessen ging der Großteil des Gebiets um Paramonga in den Besitz von W. R. Grace & Co. über. Von der Regierung Benavides erhielt Gildemeister 1915 eine Konzession für die Nutzung des Hafens Malabrigo. Die Vollmacht erlaubte sowohl den Direktexport der Landwirtschaftserzeugnisse aus der Casa Grande als auch den direkten Import ausländischer Güter und Waren. Das Unternehmen ließ eine Eisenbahnlinie von der Hacienda zum Hafen bauen und eröffnete 1917 ein Geschäft, das Handelswaren nicht nur an die eigenen Arbeiter, sondern auch an die Bewohner der benachbarten Ortschaften verkaufte.

Obschon die Händler der Region Trujillo vehement gegen die neue Konkurrenz protestierten, blieb die Konzession unangetastet. In den 1920er-Jahren führte die Casa Grande über den Hafen enorme Gütermengen für den allgemeinen Weiterverkauf ein. Dies hatte den Niedergang und die Lähmung des Handels in Trujillo und in den Ortschaften des Chicama-Tals zur Folge.

Das mehrfach erwähnte Handelshaus mit irischen Wurzeln W. R. Grace & Co. nahm während des Ersten Weltkriegs einen klar nordamerikanischen Charakter an. W. R. Grace & Co. war die größte Handelsgesellschaft in Peru. Das Unternehmen besaß Zuckerrohrplantagen und eigene Schiffe (Grace-Line), die Zucker und andere Landeserzeugnisse exportierten beziehungsweise Importgüter einführten. Dem Handelshaus gehörten außerdem mehrere peruanische Tuchfabriken. Im Jahr 1918 kontrollierten Grace & Co. 45 % der einheimischen Textilproduktion und fast 60 % der Baumwollexporte. Überdies behauptete das Unternehmen eine starke Stellung im Banken- und im Versicherungswesen sowie in weiteren Geschäftszweigen.

Vor dem Pazifikkrieg befanden sich Bergbau, Landwirtschaft und Eisenbahnen vorwiegend in lokaler Hand. Beginnend mit dem Aspíllaga-Donoughmore-Vertrag von 1889, wurden Schlüsselbereiche der Wirtschaft von London und New York aus kontrolliert. Für die peruanischen Regierungen bedeutete das eine starke Einschränkung des Handlungsspielraums, wenn es um die Entscheidung über die zukünftige Wirtschaftsentwicklung im eigenen Lande ging.

Der Kautschukboom und Kautschukbarone

Lange vor dem Auftauchen der ersten Europäer nutzten die Indianer Mittelamerikas und Amazoniens in vielfältiger Weise den milchigen Saft des Kautschukbaums (Latex), der seinen Zustand je nach Temperatur rasch verändert. Die Berichte des französischen Gelehrten La Condamine über seine Amazonasreise zwischen 1743 und 1744 führten zu den ersten Experimenten und Patenten mit dem wasserabweisenden Werkstoff. 1839 erhitzte der US-amerikanische Chemiker Charles Goodyear ein Gemisch aus Kautschuk und Schwefel. Durch dieses neue Verfahren (Heißvulkanisation) erhielt er einen elastischen, widerstandsfähigen und vielseitig verwendbaren Werkstoff, den heutigen Gummi. Sechs Jahre später meldete der schottische Erfinder Robert William Thomson beim Londoner Patentamt den ersten vulkanisierten Luftreifen an. 1855 wurden die ersten Gummikondome produziert und 1878 die ersten Tennisbälle hergestellt. Nachdem in den späten 1880er-Jahren Gummireifen und -schläuche sowohl für Fahrräder als auch für Automobile in den Handel gelangten, schnellte die Nachfrage nach dem Rohstoff Kautschuk in die Höhe. An der Londoner und New Yorker Börse erzielte der Kautschukpreis Rekordnotierungen.

Vor dem Anlegen von Kautschukplantagen in den tropischen britischen Kolonien Südostasiens – die Samenkörner waren im Auftrag der englischen Regierung in den 1870er-Jahren aus Brasilien herausgeschmuggelt worden – lagen die weltweit einzigen Kautschukgebiete im tropischen Teil Mittel- und Südamerikas. Unter den Latex produzierenden Bäumen gab es zwei Hauptarten: *Castilla elastica* (Kautschuk), die im ganzen peruanischen Osten in Höhen von bis zu 500 Metern wuchs, und *Hevea brasiliensis*. Die Gewinnung von *Castilla elastica* war aufwändiger, weil die Bäume gefällt werden mussten. Dagegen gewann man den Saft der in Brasilien, Peru, Kolumbien und Bolivien verbreiteten *Hevea brasiliensis* durch das Anritzen des Stammes. *Hevea brasiliensis* brachte die beste Qualität hervor. Üblicherweise ritzten die Kautschukzapfer die Bäume innerhalb eines Jahres während zweier Perioden täglich. Danach ließen sie die Baumstämme für sechs oder sieben Jahre regenerieren. Da die Kautschukbäume oft weit voneinander entfernt standen, mussten die Sammler lange Wege durch den Dschungel zurücklegen und den gewonnenen Latex zu den Lagerplätzen schleppen. Oftmals ließen sich die Kautschukzapfer im Konzessionsgebiet eines Patrons nieder, bauten dort Nahrungsmittel für den Eigenkonsum an und hielten Nutztiere.

An der Spitze der Kautschukökonomie standen transnationale Konsortien, die von der peruanischen Regierung enorme Landkonzessionen erhielten. Darunter waren die englische Tambopata Rubber Co. Ltd, die nordamerikanische Inca Mining Co. und der Comptoire colonial français. Ein zweites Schlüsselelement bildeten die wichtigsten Handelshäuser in Iquitos, die oftmals ihr Kapital aus den Zentren der Industrienationen bezogen. Die Handelshäuser finanzierten ihrerseits die Kautschukpatrons und versorgten diese mit Waffen, Macheten, Lebensmitteln und Geld. Damit blieb die Kautschukgewinnung im Dschungel Patrons überlassen, bei denen es sich häufig um Abenteurer und skrupellose Geschäftemacher handelte. Den Geldgebern in Iquitos und in den Industrienationen genügte es, die Aufkaufstrukturen sowie das Import- und Exportgeschäft im Griff zu haben.

Bei der Latexgewinnung stellten sich zwei fundamentale Probleme: Zum einen standen die Kautschukbäume großenteils auf dem Territorium von Dschungelvölkern, die nicht in den peruanischen Staat integriert waren und die sich dem Eindringen der Latexsammler widersetzten. Zum anderen mangelte es an Arbeitskräften. Skrupellose Patrons lösten die beiden Probleme, indem sie Ausrottungszüge und Menschenjagden organisierten. Entweder rüsteten sie verbündete Indianer mit Schusswaffen aus und stifteten sie zu Jagden auf Kinder und Frauen aus verfeindeten Gruppen an. Oder sie ließen zum gleichen Zweck bewaffnete Banden ausschwärmen, die den Dschungel auf der Suche nach Arbeitssklaven durchkämmten. Indianische Männer wurden – um Vergeltungsaktionen vorzubeugen – zumeist getötet. Das gleiche Schicksal erlitten Alte, Kranke und all diejenigen, die zum Latexsammeln ungeeignet erschienen. Von der Nordgrenze zu Kolumbien über den zentralperuanischen Dschungel bis hin zum südlichen Manú-Fluss lebten die Dschungelindianer in ständiger Gefahr, versklavt, verschleppt oder getötet zu werden. Trotz des offiziellen Verbots der Sklaverei etablierte sich im Amazonasgebiet eine eigentliche Sklavenwirtschaft, die auch den Handel mit indianischen Sklaven umfasste.

Die statistisch erfasste Kautschukproduktion setzte um 1882 ein und erreichte 1897 einen ersten Höhepunkt. Noch 1912 wurden mit Kautschuk große Vermögen gemacht. Peru produzierte in diesem Jahr 3200 Tonnen, womit das Dschungelprodukt in der Exportrangliste hinter Kupfer und Zucker die dritte Stelle einnahm (s. Tabelle oben). Das Ausmaß des Handels reflektierte indirekt auch Iquitos, das bis zum Ersten Weltkrieg zu einer blühenden Stadt mit 20 000 Einwohnern anwuchs. Allerdings hatte der Boom bereits vor Kriegsausbruch seinen Höhepunkt überschritten. Aufgrund ihrer aufwändigen Gewinnungsmethoden konnte sich die peruanische Produktion der Konkurrenz aus den britischen Kautschukplantagen Asiens nicht erwehren und versank bis zum Zweiten Weltkrieg in der Bedeutungslosigkeit.

Der Preisverfall auf dem Weltmarkt löste in den peruanischen Dschungelgebieten eine schwere Wirtschaftskrise aus. Die überschuldeten Kautschukzapfer hatten kaum mehr eine Möglichkeit, ihre Schulden zu tilgen. Die Handelshäuser mussten hohe Verluste hinnehmen, ohne Hoffnung darauf, dass sich die getätigten Investitionen auszahlten. Viele Handelshäuser gingen bankrott, und nur die größten überlebten. Im Departement Loreto fielen die Zolleinnahmen bis Ende 1914 um über 80 %. Das Finanzamt war nicht mehr in der Lage, ausstehende Löhne und Zahlungsverpflichtungen in Höhe von 1 Million Soles (= 100 000 £ Sterling) zu begleichen. Entlang der Flüsse kam der Handel praktisch zum Erliegen, und die Arbeiter zogen aus den Kautschukgebieten ab. Die indianischen Schuldknechte weigerten sich, unter den verschlechterten Bedingungen Kautschuk zu gewinnen und verließen ihre Patrons. In der zentralen Selva führte der Kollaps der Kautschukökonomie zu einem allgemeinen Gütermangel und einer Hungersnot. Ashaninka-Indianer und Angehörige anderer Ethnien, die sich von ihren Patrons verraten fühlten, griffen von 1912 bis 1915 wiederholt zu den Waffen. Aufständische Ashaninka zerstörten im Mai 1913 die franziskanische Missionsstation Apurucayali am Pichis-Fluss. Die Franziskaner zogen aus dem Gebiet des Oberen Ucayali vorübergehend ab. Mit der Gründung der Missionsstationen Satipo (1918), Puerto Ocopa (1919) und Atalaya (1929) meldeten sie sich Jahre später wieder zurück.

Die Inbesitznahme des peruanischen Amazonasgebiets

In der Anfangszeit der peruanischen Republik kamen Missionstätigkeit und Kolonisation in den Dschungelgebieten praktisch zum Stillstand (siehe oben). Nur langsam erhöhte der Staat seine Präsenz in dem riesigen Territorium, das über die Hälfte des Landes umfasste. Vorerst ging es in erster Linie darum, dieses unwegsame Gebiet systematisch durch Forschungsexpeditionen und mit Hilfe von Dampfschiffen kennenzulernen. Zugleich zeigte der peruanische Staat eine erhöhte Präsenz beispielsweise durch die Etablierung eines militärischen Flottenstützpunktes (Apostadero) in Iquitos, der Einführung von Zollstationen und dem Aufbau einer Flotte von Flussbooten. Ein Regierungsdekret von 1853 erlaubte den Handel und den Schiffsverkehr auf dem peruanischen Amazonasteil für Schiffe aus Brasilien und aus weiteren Vertragsländern. Der freie Schiffsverkehr begünstigte den Handel im Amazonastiefland und eröffnete Exportmöglichkeiten in die atlantischen Länder. 1863/1864 trafen in Iquitos vier Dampfschiffe ein, hergestellt in einer Londoner Werft. Damit war die Basis für eine nationale Flussflotte gelegt.

Ab der Jahrhundertmitte strömten Kolonisten aus den Hochland- und Küstenregionen in die Dschungelgebiete. Unaufhaltsam wuchs die Mestizen-Bevölkerung in der oberen Amazonasregion an. Die Einwohnerzahl im entlegenen Iquitos erhöhte sich von 277 Personen im Jahr 1850 auf 15 000 Personen im Jahr 1876, dem Beginn des Kautschukbooms. Dank der Dampfschifffahrt öffnete sich das obere Amazonasgebiet dem Weltmarkt und dem kapitalistischen System. Die Handelsposten, die sich entlang der Flussufer bildeten, gehörten meist europäischen Patrons, die durch Verwandtschaftsbeziehungen oder Verträge mit verschiedenen Handelshäusern in Iquitos in Verbindung standen. Derweil war der peruanische Staat im Amazonastiefland lediglich durch einige wenige politische Repräsentanten sowie vereinzelte Garnisonen vertreten. Nichtsdestoweniger pochte die peruanische Regierung darauf, Alleinbesitzerin dieser Gebiete zu sein und vergab großzügig Nutzungskonzessionen an in- und ausländische Interessenten. Die republikanischen Gesetze gingen davon aus, dass die östlichen Territorien weitgehend unbewohnt beziehungsweise die dort lebenden »Wilden« ohne Rechtsansprüche seien. Nur wenn sich indianische Gemeinschaften unter Anleitung von Missionaren in Dörfern niederließen, hatten deren Mitglieder Anrecht auf eine kleine Landparzelle zur Selbstversorgung. Besitzansprüche von Kolonisten wurden anerkannt, falls diese Landtitel aus der Kolonialzeit nachweisen konnten.

Bereits vor dem Beginn des Kautschukbooms gelangten Naturprodukte aus dem Amazonasgebiet in den internationalen Handel. Aus den peruanischen Urwäldern stammten Heilpflanzen, Harze, Felle, Hölzer, auch getrockneter und gesalzener Fisch sowie lebende Tiere. Besonders begehrt waren die Rinde des Kaskarillbaums und die Stechwinde (Sarsaparille), aus deren Wurzeln man Arzneien gegen Malaria und die Geschlechtskrankheit Syphilis herstellte. An Extraktion und Handel beteiligten sich sowohl Dschungelindianer als auch Kolonisten, die sich entlang der schiffbaren Ströme und Flüsse niederließen. Das Wirtschaftssystem – im oberen Amazonasgebiet auch als Ermächtigungssystem (Systema de Habilitación) bekannt – basierte auf der Ausbeutung der indianischen Arbeitskräfte: Ein kapitalkräftiger Patron gewährte einem »Vertragspartner« (Contratista) einen Vorschuss, wenn sich dieser verpflichtete, eine bestimmte Menge gewünschter Naturprodukte auf einen festgelegten Zeitpunkt hin abzuliefern. Der »Contratista« seinerseits leistete, unter den gleichen Auflagen, Vorauszahlungen an weitere Vertragspartner (Subcontratistas), die ihrerseits zusätzliche »Contratistas« bezahlten. Am Ende der Kette standen die Indianer, die häufig mittels Schuldknechtschaft oder offener Gewalt zum Sammeln und Abliefern der gewünschten Naturprodukte gezwungen wurden. Allerdings waren Indianer nicht immer einfach nur Opfer dieses Systems, sondern oftmals waren sie es, die auf einen Patron zugingen und diesem eine Partnerschaft antrugen. Aus indianischer Sicht entstand so eine reziproke Beziehung, die für alle Beteiligten Vorteile bot und es den Einheimischen ermöglichte, begehrte auswärtige Güter zu erlangen.

Der Kautschukboom weckte in den Nachbarländern Begehrlichkeiten, was einen verstärkten Schutz der Außengrenzen notwendig machte. Die peruanische Regierung bemühte sich einerseits durch die Kolonisation sowie den Unterhalt von Militärposten und Missionsstationen Präsenz zu zeigen. Andererseits versuchte sie, dem Eindringen kolumbischer, brasilianischer und bolivianischer Kautschuksammler durch die Etablierung neuer Ortschaften Einhalt zu gebieten. Um die Jahrhundertwende wurden beispielsweise Nuevo Iquitos im Oberteil des Flusses Yurúa (1899), Leticia (1900), Nazareth am Río Yavarí (1902) und Tarapacá am Río Putumayo gegründet. Dagegen blieb die infrastrukturelle Erschließung der Urwaldgebiete weitgehend den ausländischen Handelsgesellschaften beziehungsweise deren Geschäftspartnern überlassen.

Genozid und Sklaverei

Für die Dschungelindianer stellte der Kautschukboom eine existenzbedrohende Periode mit langfristig destruktiven Auswirkungen dar. Das Geschäft mit dem begehrten Latex hatte die massenhafte Versklavung beziehungsweise Ermordung der Einheimischen zur Folge und brachte die Spannungen zwischen verfeindeten Indianergruppen zur Explosion. Zu den einschneidenden demografischen Veränderungen gesellten sich empfindliche ökologische und wirtschaftliche Schäden. Als Hauptgewinner gingen europäische und nordamerikanische Finanzhäuser aus dem Kautschukboom hervor, ohne dass sich der peruanische Staat in nennenswertem Umfang bereichert hätte.

In den wichtigsten peruanischen Produktionszonen, dem Departement Madre de Dios und dem Norden von Loreto, galt einzig das Gesetz des Stärkeren. Im südperuanischen Dschungel von Madre de Dios fand mehr als die Hälfte der ursprünglichen indigenen Bevölkerung den Tod. Im Falle der Arazairi und Toyeri, die zu den Harakmbut-Indianern gehörten, kamen zwischen 1894 und 1914 sogar 95 % ums Leben. Ethnische Gruppen aus weit entfernten Gebieten wurden als Zwangsarbeiter in die entvölkerten Gebiete verschleppt. Wie schon während der Kolonialzeit zeigten auch jetzt eingeschleppte Krankheiten verheerende Wirkungen. Im Jahre 1918 erreichte die weltweit wütende Spanische Grippe das Amazonasgebiet und dezimierte eine Bevölkerung, deren Immunsystem über keinerlei epidemiologische Erfahrungen mit dem Krankheitserreger verfügte. Die häufigen Menschenjagden, die schonungslose Zwangsarbeit und die Sklaverei taten ein Übriges. Getrieben von einer ständig wachsenden Nachfrage, nahm der Handel mit indianischen Sklaven ab der Mitte des 19. Jahrhunderts ständig zu. Die Patrons benötigten nicht nur billige Arbeitskräfte zum Kautschuksammeln, sondern sie (miss)brauchten auch indianische Frauen oder Kinder als Haushaltshilfen oder Sexsklavinnen. Mittels der Abgabe von Werkzeugen (Macheten, Messer, Stahläxte), Feuerwaffen, Textilien und anderer Güter gewannen Kautschukbarone und Patrons Alliierte unter den Indianern, die sie mit Sklaven versorgten. Im Falle der Matsigenka (auch: Machiguengas) verkauften ambitionierte Häuptlinge sogar Angehörige ihrer eigenen Gruppe. Gedeckt durch die verbündeten Patrons und ausgerüstet mit Feuerwaffen, verwandelte sich so mancher Häuptling in einen allmächtigen Tyrannen, der die traditionellen inner- und interethnischen Beziehungen vollständig umkrempelte. Auch unter den Aruak sprechenden Gruppen in der zentralen Montaña (Gran Pajonal, Satipo, Pangoa, Perené und Chanchamayo-Tal) intensivierten sich die Menschenjagden. Die Raub- und Beutezüge zerstörten Handelsnetze und Austauschsysteme und hinterließen ein langwieriges Erbe tiefsitzender Ressentiments und gegenseitigen Hasses. Zwar wurde die Kautschuksklaverei 1905 gesetzlich verboten, doch konnte das Verbot nicht durchgesetzt werden. Das Problem lag bei der Unfähigkeit oder der fehlenden Bereitschaft der Regierung, nationales Gesetz in entlegenen Gebieten durchzusetzen, wo korrupte Autoritäten das Sagen hatten. Sklaverei und Menschenhandel hielten sich im Gebiet von Atalaya, am oberen Ucayali, bis in die späten 1980er-Jahre.

Der Kautschukboom brachte so berühmte wie berüchtigte Gestalten hervor wie beispielsweise Carlos Fermín Fitzcarraldo (1862–1897). Fitzcarraldo, der in Huari (Dep. Áncash) das Licht der Welt erblickt hatte, organisierte 1893 eine Flussexpedition auf dem Río Camisa. Dabei machte er eine nach ihm als »Isthmus des Fitzcarraldo« bezeichnete Landpassage ausfindig, die das Ucayali- mit dem Madre-de-Dios-Becken verband. Um von dem einen Fluss zum andern zu gelangen, mussten die Expeditionsteilnehmer – eine Hundertschaft Weißer oder Mestizen und eine Tausendschaft Yine-Indianer (auch: Piro) – das drei Tonnen schwere Dampfschiff Contamana in Einzelteile zerlegen und durch einen zehn

Kilometer langen Dschungelpfad transportieren. Damit nicht genug galt es erst noch eine Anhöhe von 500 Metern zu überwinden und Angriffe feindlicher Indianer abzuwehren. Fitzcarraldo unterhielt eine eigene Armee, der angeblich fast 10 000 Dschungelindianer angehörten. Mit ihrer Hilfe hielt er brasilianische und bolivianische Konkurrenten von Perus südlichem Dschungelgebiet fern. Der Kautschukbaron, der bei einem Schiffbruch auf dem Río Urubamba ertrank, war für den Tod und die Vertreibung von Tausenden von Dschungelindianern verantwortlich, die sich seinem Regime widersetzt hatten.

Ein ähnliches Regime zog Fitzcarraldos Landsmann Julio César Arana (1864–1952) im von Peru und Kolumbien beanspruchten Dschungelgebiet zwischen den Flüssen Caquetá und Putumayo auf. Im Gegensatz zu Fitzcarraldos Gewalttaten in Südperu wurden die im Putumayo begangenen Gräuel durch einen offiziellen Untersuchungsbericht ans Licht gebracht. Im Auftrag der britischen Regierung reiste der Ire Roger Casement in die Putumayo-Region. Casement war bereits entscheidend an der Aufklärung der Kautschukgräuel im Kongo beteiligt gewesen. Nach Beendigung seiner zweimonatigen Untersuchungstätigkeit im Amazonasgebiet zog Casement in einem Bericht zuhanden des Leiters des Britischen Auswärtigen Dienstes folgenden Schluss:

> »Die Anzahl an Indianer, die entweder durch Verhungern – oft durch die absichtliche Zerstörung der Ernten in ganzen Distrikten oder als Form der Todesstrafe, wenn der Sammler die geforderte Menge nicht erbrachte – oder durch vorsätzlichen Mord – ausgeführt durch Erschießen, Verbrennen, Köpfen, Auspeitschen oder sonstige grauenhafte Foltern – umkamen, dürften im Laufe von zwölf Jahren nicht weniger als 30 000, wahrscheinlich aber viel mehr, betragen haben. Dies, um 4000 Tonnen Kautschuk aus dem Gebiet herauszupressen.« (Casement, Roger 1912/13, zit. nach: Taussig 1986, 29)

Casement gelangte ferner zur Erkenntnis, dass die Huitoto-, Hora-, Andoke- und Ocaína-Indianer eigentliche Sklaven von Aranas Peruvian Amazon Co. waren. Im entmilitarisierten Grenzgebiet der Putumayo-Region gab es weder peruanische oder kolumbische Sicherheitskräfte noch staatliche Autoritäten. Obwohl Casements Report einen internationalen Skandal auslöste, ging Julio Arana straflos aus. Die Untersuchungskommission, die die peruanische Regierung einberufen hatte, erwirkte keine Verurteilung. Im Gegenteil: Auf Druck Aranas trat der Untersuchungsrichter Carlos Valcárcel zurück. Statt im Gefängnis landete Arana im peruanischen Kongress. Er wurde zum Senator des Departements Loreto gewählt.

Straffrei blieb auch der Spanier Máximo Rodríguez (1876–1942), der in der Abgeschiedenheit des Nordostens des Departements Madre de Dios ein rigoroses Ausbeuterregime durchsetzte. Von 1900 bis zu seinem Tod 1942 war Rodríguez allmächtiger Herrscher, Richter und Polizeichef einer ca. 4000 km² großen Region, in der er die von ihm verschleppten Indianer drangsalierte.

Zusammengefasst bildete der Kautschukboom den Höhepunkt einer Entwicklung, die mit der Intensivierung der kommerziellen Aktivitäten ab Mitte des 19. Jahrhunderts im peruanischen Amazonasgebiet eingesetzt hatte. Kolonisten aus dem Hochland und den Küstengebieten stießen immer tiefer in den Dschungel vor, bedrängten die Ureinwohner und gefährdeten deren Überleben nicht zuletzt durch die Verbreitung epidemischer Krankheiten. Während die christianisierten Indianer entlang der Ströme in vollständige Abhängigkeit zu den Handelspatrons gerieten, wurden zahlreiche Gruppen im Hinterland dezimiert und vertrieben. Die traditionellen (Handels-)Netzwerke, die Hoch- und Tieflandindianer verbunden hatten, brachen endgültig zusammen. Der Kautschukboom erschloss Gebiete, die bisher von der Kolonisierung unberührt geblieben waren. Er führte zur Desintegration oder Ausrottung vieler indianischer Gruppen. Auf den zunehmenden Siedlerstrom reagierten die Überlebenden in verschiedener Weise. Die einen kapitulierten und gingen in der Mestizenbevölkerung auf. Andere formierten sich in abgelegenen Rückzugsgebieten als kleinere, ärmere Einheiten neu. Und wieder andere griffen mit dem Mut der Verzweiflung zu den Waffen – wie die rebellierenden Asháninka der zentralen Selva. Von 1912 bis 1914 überfielen die Aufständischen Siedlungen mit weißer oder mestizischer Bevölkerung. Sie brachten schätzungsweise 150 Siedler um und blockierten die Wege nach Lima. 1915 ereignete sich ein weiterer knapp drei Monate dauernder Aufstand unter der Führung eines Schamanen, der unter der Ehrbezeichnung Tasorentsi (allmächtiger Weltveränderer) bekannt war. Dabei brachten Krieger einer Konföderation verschiedener Ethnien aus dem Gran Pajonal und dem Ucayali-Gebiet mehrere Hundert Kolonisten um. Sie vertrieben die meisten Patrons für etwa fünf Jahre aus der Region. Ein Baumwollboom brachte eine neue Generation von Patrons in die Region des Oberen Ucayali. Erneut setzte eine starke Nachfrage nach billigen Arbeitskräften ein, mit dem Resultat, dass alte Versklavungspraktiken wiederauflebten und Patrons in Komplizenschaft mit Asháninka-Chefs Menschenhandel betrieben.

Die peruanische Gesellschaft

An der Spitze der Gesellschaftshierarchie standen einige wenige Familiengruppen – die Angaben reichen von 30 bis 44 –, die den Großteil des Landesvermögens innehatten und die politische Macht monopolisierten. Ihren Reihen entstammten die maßgebenden Politiker, die Baumwoll- und Zuckerbarone der Küste, die Großgrundbesitzer des Landesinnern, die reichsten Bergwerksbesitzer, die Besitzer großer städtischer Liegenschaften, Bankiers, hohe Militärs und Prälaten sowie die berühmtesten Anwälte, Ärzte und Universitätsprofessoren. Nach wie vor bildete Grundbesitz ein Schlüsselkriterium für die Zugehörigkeit zur Oberschicht. Die wirtschaftlichen Schwerpunkte variierten von Familie zu Familie, wobei alle über ausgezeichnete Verbindungen zu Kreditgebern und Regierungsstellen verfügten. Die Elitefamilien verdienten ihr Geld hauptsächlich in der (Export-)Landwirtschaft, im Fernhandel, im Banken- und Versicherungswesen, im städtischen Versorgungswesen und mit Immobiliengeschäften. Dagegen blieb die industrielle Entwicklung mit dem Aufbau von Fabriken weitgehend Einwanderern überlassen. Zur Hauptsache stammten diese aus anderen lateinamerikanischen Ländern oder aus Italien. Erfolgreiche ausländische Unternehmer integrierten sich schnell in die Elite, sei es durch Heirat oder Landerwerb, sei es durch die Übernahme eines Vorstandsitzes in einem der Finanzinstitute. Zahlreiche peruanische Politiker, Unternehmer und Wirtschaftsführer eigneten sich bei Auslandaufenthalten in Großbritannien, Frankreich oder den USA die neuesten Wirtschafts- und Arbeitsmethoden an. Oder sie arbeiteten, mit dem gleichen Resultat, eine Zeit lang für ausländische Handelsgesellschaften und Finanzhäuser, die in Peru operierten.

Im Landesinnern kontrollierten vermögende Großgrundbesitzer, die eine zahlreiche Gefolgschaft zu mobilisieren vermochten, Politik und Wirtschaft. Nicht wenige schafften den Sprung ins Parlament und nahmen über Gebühr Einfluss auf örtliche Behörden und staatliche Beamte. Innerhalb ihrer weitläufigen Haciendas führten sie ein eigenmächtiges, straffes Regiment. In ihrem Machtbereich überdauerten vorkapitalistische Wirtschaftsformen und Sozialbeziehungen sowie private Kerker und Körperstrafen. Indem sie ihre Gefolgschaft bewaffneten und mit militärischen Mitteln ihre Gegner bekämpften, unterliefen sie das Gewaltmonopol des Staates.

Untereinander waren die Elitefamilien verbunden durch wirtschaftliche Netzwerke, enge persönliche Beziehungen (Freundschaften, Verschwägerung, Patenschaften) sowie durch die Mitgliedschaft in renommierten sozialen Klubs oder in exklusiven ökonomischen Gesellschaften. Man traf sich an den Sonn- und Feiertagen in denselben Kirchen zum Gottesdienst, und man ließ den Nachwuchs in denselben exklusiven Schulen ausbilden.

Heiraten wurden gewöhnlich von den Eltern eingefädelt und nach einer langen Verlobungszeit geschlossen. Stolz auf ihren Stammbaum, der sich nicht selten auf bedeutende Familien der Kolonialzeit zurückführen ließ, teilten die Eliten ein weltmännisches Wertesystem, bei dem Selbstgewissheit, Durchsetzungskraft, Höflichkeit und die Familienehre eine zentrale Bedeutung hatten. Wie schon bei der Elite der Vorkriegsära waren bei ihnen Paternalismus und eine Vorliebe für alles Europäische (Kultur, Geistesströmungen, Lebensstil, Mode, Reiseziel) ausgeprägt. Gegenüber den ländlich-indianischen Unterschichten traten sie mit einem markanten Rassismus auf. Als Legitimation für ihre privilegierte Stellung dienten gleichermaßen die Genealogie und die Zugehörigkeit zur »überlegenen weißen Rasse«.

Zu den mittleren Sektoren der Gesellschaft zählten so unterschiedliche Berufsgruppen wie Anwälte, Ärzte, Ingenieure, Geistliche, Lehrer, Militärs, Börsenmakler, Ladenbesitzer, Angestellte und Landwirte mit mittelgroßen Betrieben. Unter den Mittelschichten finden sich verhältnismäßig viele Absolventen einer höheren Schule, Akademiker und Kleriker. Die zahlenmäßig stärkste Gruppe bildeten die Angestellten. Sie arbeiteten für die großen Import-Export-Häuser, im Einzelhandel, in Banken und Versicherungen sowie in den Büros von Bergbaukonzernen, Landwirtschaftsunternehmen und industriellen Betrieben. Je nach Beruf variierten die Einkommensverhältnisse der Mittelschichten stark. Das Spektrum reichte von relativ hohen Gehältern bis zu solchen, die unter denen eines Arbeiters lagen. Indem die Mittelschichten in Auftreten, Erscheinungsbild, Lebensstil und Freizeitverhalten den Eliten nacheiferten, wollten sie sich von der Masse der Arbeiter und Handwerker abheben.

Die kleinen Handwerksbetriebe beschäftigten nach wie vor mehr Arbeiter als die Fabriken. Aufgrund der Fabrikarbeit erhöhte sich der Anteil erwerbstätiger Frauen stark. Gingen während eines Großteils des 19. Jahrhunderts nur 20 bis 25 % der Frauen im erwerbstätigen Alter einer bezahlten Arbeit nach, so stieg die Beteiligung zu Beginn des 20. Jahrhunderts auf bis zu 66 %. Gleichzeitig ging der Anteil des weiblichen Dienstpersonals kontinuierlich zurück. Bei den Haushälterinnen, Dienstmädchen, Wäscherinnen, Köchinnen, Pförtnerinnen und Ammen handelte es sich überwiegend um Indianerinnen, gefolgt von Mestizinnen und Schwarzen. Zahlreiche weitere Angehörige dieser drei ethnischen Kategorien verdienten sich ihren Lebensunterhalt als fliegende Händlerinnen oder Esswarenverkäuferinnen in den Straßen und auf den Plätzen der Hauptstadt. Wer sich im öffentlichen Raum einen Standplatz ergattert hatte, musste diesen nicht selten handgreiflich gegen die Konkurrenz verteidigen. Als die Ladenbesitzer am Platz der Inquisition zu Beginn des 19. Jahrhunderts versuchten, die fliegenden Händlerinnen zu vertreiben, hagelte es Steine und wüste Beschimpfungen. Das kräftige Bevölkerungswachstum in der Hauptstadt führte zusammen mit der Konzentration des Immobilienbesitzes und dem Anstieg der Liegenschaftspreise zu hohen Mieten. In den armseligsten Quartieren mit den tiefsten Mietpreisen nahm die Überbevölkerung gesundheitsgefährdende Ausmaße an. Von 10 000 Personen fielen durchschnittlich 62,1 der Tuberkulose und 11,3 Typhus-Krankheiten zum Opfer. Ein Viertel der Kleinkinder starb vor Vollendung des ersten Lebensjahrs.

Vorkämpferinnen und Mütter der Frauenbewegung

Unter dem Einfluss von Modernisierung und Säkularisierung begannen sich traditionelle geschlechtsspezifische Rollenmuster langsam aufzuweichen. Vermehrt gewannen Mädchen und Frauen Zugang zu Bildung, selbst wenn diese nur elementar war. In der zweiten Hälfte des 19. Jahrhunderts setzten sich die ersten Peruanerinnen in Wort und Tat für die Besserstellung der Frauen ein. An erster Stelle ist die Cusqueñerin Trinidad María Enríquez y Ladrón de Guevara y Castilla (1848–1891) zu nennen, die unermüdlich für die Rechte der Frauen und Arbeiter focht. Bereits mit elf Jahren sammelte die Hochbegabte an einer Mädchenschule in Cusco erste Unterrichtserfahrungen. Im Alter von 22 Jahren gründete sie in ihrer Heimatstadt eine Mädchenschule, in welcher der Lehrplan keine geschlechtsspezifischen Unterschiede vorsah. Ihre prominenteste Schülerin war Clorinda Matto de Turner (1852–1909), die als Schriftstellerin und Journalistin internationale Bekanntheit erlangte und ebenfalls für das Recht der Frauen auf Bildung und Arbeit kämpfte. Im Jahre 1874 erhielt Trinidad María Enríquez von Präsident Manuel Pardo eine Sonderbewilligung, die es ihr erlaubte, als erste Frau an einer peruanischen Universität zu studieren. 1880 rief sie eine Abendschule für Arbeiterinnen und Arbeiter ins Leben. Als Journalistin und Herausgeberin der Zeitschrift *La Voz del Perú* (1884) kämpfte sie für soziale Anliegen und die Verbreitung fortschrittlicher Ideen. Obschon Trinidad María Enríquez ihr Rechtsstudium an der Cusqueñer Universität San Antonio Abad 1878 erfolgreich mit dem Bakkalaureat abschloss, durfte sie den Anwaltsberuf nicht ausüben. Eine dazu benötigte präsidiale Autorisation traf erst nach ihrem Ableben in Cusco ein.

Nach dem Pazifikkrieg bemühten sich mehrere junge Frauen um eine Zulassungsbewilligungen für ein Studium an Limas Universität San Marcos. Außer einer speziellen Autorisation des Kongresses mussten sie eine Prüfung über den Stoff der sechs Jahre dauernden vorbereitenden Schule bestehen – obwohl es keine solche Schule für Mädchen gab. Erst im Jahre 1908 wurde ein Gesetz verabschiedet, das Frauen den Besuch einer Hochschule ohne Spezialverfahren gestattete. Die ersten Studentinnen sahen sich mit zahlreichen Vorurteilen konfrontiert, darunter auch der weit verbreiteten Ansicht, dass es dem weiblichen Geschlecht an der nötigen Intelligenz für ein wissenschaftliches Studium mangle. Trotz aller Schwierigkeiten ließen sich diverse junge Frauen nicht entmutigen und nahmen ein naturwissenschaftliches oder mathematisches Studium in Angriff. Margarita Práxedes Muñoz (1848–1909) schloss 1890 das naturwissenschaftliche Studium mit dem Bakkalaureat ab. Sie setzte ihre wissenschaftliche Karriere in Chile fort, wo sie Medizin studierte und 1895 den Universitätstitel als Ärztin erlangte. Erste in Peru ausgebildete Ärztin war Laura Esther Rodríguez Dulanto (1872–1919), die 1892 in die Universität San Marcos eintrat, das Bakkalaureat 1899 in Medizin erhielt und im Folgejahr den Eid als Ärztin ablegte. Als erste promovierte Geisteswissenschaftlerin beendete Esther Festini de Ramos Ocampo (1875–1956) – die Gründerin der Sekundarschule für Mädchen Liceo Grau – 1904 ihr Studium an der Universität San Marcos.

Erzieherin, Lehrerin von Trinidad María Enríquez, Gründerin des Mädchen-Kollegiums Fanning (1881) und Schriftstellerin zugleich war Teresa González de Fanning (1836–1918). Unter den Pseudonymen »Clara del Risco« oder »María de la Luz« verfasste sie zahlreiche Artikel in der Zeitung *El Comercio*, in denen sie die soziale und kulturelle Diskriminierung der Frauen an den Pranger stellte und verbesserte Bildungsmöglichkeiten für das weibliche Geschlecht forderte. In den 1870er-Jahren frequentierte sie den literarischen Salon, den die bereits erwähnte Argentinierin Juana Manuela Gorriti (1816–1892) – selbst Autorin und Leiterin einer prestigeträchtigen Mädchenschule – in Lima unterhielt.

Eine der bedeutendsten Vorkämpferinnen des Feminismus und der sozialen Basisbewegungen war die Pädagogin, Journalistin, Literatin und Soziologin María Jesús Alvarado Rivera (1878–1971). Sie setzte sich für die Abschaffung der Bildungsschranken ein und gründete 1914 die Organisation »Evolución Feminina«. Diese gilt als erste feministische Organisation des Landes, die für die vollständige Gleichberechtigung der Frau im zivilen, beruflichen und intellektuellen Leben kämpfte. In ihrem Haus richtete sie eine Schule ein, in der junge Frauen aus der Arbeiterschicht kostenlos verschiedene Berufe und handwerkliche Fertigkeiten erlernen konnten. Im Jahre 1923 war María Jesús Alvarado maßgebend an der Gründung des »Consejo Nacional de Mujeres del Perú« beteiligt – einer Institution, die sich unter anderem für die Einführung des Frauenstimmrechts engagierte. Weil sie Arbeiter, Indianer, Studenten und Frauen im Kampf gegen das diktatorische Leguía-Regime unterstützte, wurde sie 1924 ins argentinische Exil verbannt, wo sie die folgenden zwölf Jahre verbrachte.

Bemerkenswert ist auch die Lehrerin Elvira García y García (1862–1951), die sich für die Ausweitung der Primarschulausbildung einsetzte und viel beachtete bildungspolitische Werke verfasste. In ihrem 1924 erschienenen zweibändigen Werk *La mujer peruana a través de los siglos* (Die peruanische Frau im Laufe der Jahrhunderte) zeigte die Autorin unter anderem auf, wie schwierig die intellektuelle Entwicklung in einem Umfeld war, das die vordringlichste Aufgabe der Frau darin sah, eine gute Heiratspartie zu machen. 1915 erschien der erste explizit feministische Roman Perus: *Zarela. Una historia feminista* (Zarela. Eine feministische Geschichte), verfasst von der Arequipeñerin Leonor Espinoza de Menéndez.

In den 1920er-Jahren traten emanzipierte Vertreterinnen einer neuen Generation in die Öffentlichkeit. An erster Stelle stehen Ángela Ramos Relayze (1896–1988) und Magda Portal (1903–1989), die beide in der bedeutendsten Zeitschrift Perus – José Carlos Mariáteguis *Amauta* (siehe unten) – das Wort ergriffen. Ángela Ramos arbeitete als Journalistin für die führenden Zeitungen und Zeitschriften des Landes. Schon früh in ihrer langen schriftstellerischen Karriere verfasste sie Kurzgeschichten, Gedichte und Theaterstücke. Magda Portal, die aus der unteren Limeñer Mittelschicht stammte, war Mitherausgeberin bei mehreren experimentellen Publikationen, so auch bei *Flechas* (1924), die als erste Avantgarde-Zeitschrift Perus gilt. In ihrer frühen, preisgekrönten Gedichtreihe *Nocturnos* (Nachtstücke; 1923) brach Portal mit der traditionellen Frauenliteratur, indem sie sexuelle Tabuthemen anschnitt und die herkömmlichen Vorstellungen von Tugend und Moral herausforderte. Neben Gedichten verfasste sie Kurzgeschichten, Essays und Zeitschriftenartikel. Außerdem war Magda Portal eine umtriebige Politaktivistin im Dienst der Partei Alianza Popular Revolucionaria Americana (Amerikanische Revolutionäre Volksallianz; APRA). Als Generalsekretärin der Frauensektion war sie das einzige weibliche Mitglied des nationalen Exekutivkomitees der APRA. In zahlreichen Zeitschriftenartikeln und Essays machte sie sich für die Frauenrechte stark. Das parteipolitische Engagement brachten ihr wiederholt Gefängnis und Deportation ein.

Der langwierige feministische Kampf trug schließlich seine Früchte: 1933 erhielten die Frauen das Wahlrecht bei Gemeindewahlen, und bei den Präsidentschaftswahlen von 1956 waren Frauen erstmals auch auf nationaler Ebene wahlberechtigt. Allerdings galt das Wahlrecht – wie im Falle der Männer – nur für erwachsene Personen, die des Lesens und Schreibens kundig waren.

Arbeiterschaft und Arbeiterbewegung

Arbeiter und Handwerker machten 1920 rund 20 % der hauptstädtischen Bevölkerung aus. Die meisten der städtischen Arbeiter lebten dichtgedrängt in baufälligen Häusern oder familienweise in langen Reihen von engen, stickigen Räumen, die kaum über sanitäre Einrichtungen verfügten. Entsprechend verbreitet waren gefährliche Krankheiten wie Ruhr oder Tuberkulose und entsprechend hoch war die Säuglingssterblichkeit (siehe oben). Zu den kritischen Wohnverhältnissen gesellten sich prekäre Arbeitsbedingungen mit wenigen Urlaubstagen und sehr langen Arbeitszeiten. So dauerte kurz nach der Jahrhundertwende der Arbeitstag in einer hauptstädtischen Bäckerei 14 Stunden oder 1912 in der Textilfabrik Santa Catalina zwölf Stunden. Auf dem Lande, wo der Hauptteil der Bevölkerung lebte, existierten verschiedenste Arbeitsformen und Anstellungsverhältnisse. Die Heterogenität der Landarbeiter und die Verschiedenheit ihrer Interessen gestalteten Organisierungsanstrengungen weit schwieriger als im Falle der städtischen Arbeiterschaft. Die ländlichen Arbeiter, die meist Analphabeten waren, lebten in unhygienischen Behausungen ohne sanitäre Anlagen, ohne fließendes Wasser und ohne Elektrizität.

Unter langen Arbeitszeiten, niedrigen Löhnen und dem Fehlen arbeitsrechtlicher Schutzbestimmungen litten auch die Bergleute in der Sierra. Noch immer verbreitet waren dort 36-Stunden-Schichten und das Ficha-System – die Entlohnung in Gutscheinen, die man nur in den betriebseigenen Geschäften einlösen konnte. Hinzu kamen häufige Arbeitsunfälle, die zu Invalidität oder zum Tod führten. Nicht viel besser als um die Arbeits- stand es um die allgemeinen Lebensbedingungen. Zwei, drei oder gar vier Arbeiterfamilien teilten sich einen einzigen dunklen, feuchten Raum, der vielleicht 15 m²maß und zwei Meter hoch war. Sanitäre Einrichtungen waren kaum vorhanden, sodass jederzeit Epidemien ausbrechen konnten. Stark gefährdet waren die Kinder, die oft Krankheiten wie Bronchitis, bronchialer Lungenentzündung, Masern oder Keuchhusten zum Opfer fielen. Kinderarbeit war selbstverständlich. So bestand die Belegschaft von Morococha 1907 zu einem Drittel aus Kindern. In grellem Kontrast zum kläglichen Leben der einheimischen Bergarbeiterschaft stand der luxuriöse Lebensstil der ausländischen Betriebsleiter. Diesen stand in ihrer Freizeit ein erstklassiges Klubhaus zur Verfügung, ausgestattet mit einer Bibliothek, einer Bowlingbahn, einem Billardzimmer, einem Gymnastikraum und einem Schwimmbecken.

Da die meisten Bergleute hauptberuflich Bauern waren und nur befristet in den Minen arbeiteten, ließ sich die Bergarbeiterschaft anfänglich kaum organisieren. Allgemein blieb die Arbeiterbewegung auf dem Lande schwach und uneinig. Anders präsentierte sich die Situation in der Hauptstadt. Dank der hohen Konzentration an Werktätigen sowie der Offenheit für ausländische Einflüsse bot Lima ideale Voraussetzungen für das Entstehen der modernen peruanischen Arbeiterbewegung. Zwischen 1850 und 1920 wetteiferten Gesellschaften gegenseitiger Hilfe (Wohlfahrtsgesellschaften), Anarchisten und Syndikalisten um die Gunst der Arbeiterschaft. Erstere vereinten – ähnlich wie zu früheren Zeiten die Handwerkerzünfte – Meister, Arbeiter und Lehrlinge. Gegen Bezahlung eines geringen wöchentlichen oder monatlichen Beitrags boten sie ihren Mitgliedern finanzielle Hilfe an im Falle von Krankheit oder Arbeitsunfähigkeit, manchmal auch bei Arbeitslosigkeit. Wenn ein Mitglied starb, übernahmen sie einen Teil der Begräbniskosten. Die Gesellschaften engagierten sich außerdem in der Erwachsenenbildung. Sie veröffentlichten Zeitungen, veranstalteten Warenmessen und organisierten gesellige Treffen. Im Vereinslokal trafen sich die Mitglieder zum Gedankenaustausch, zum Tanzen oder zum Fußballspielen. Politisch waren sie zumeist gemäßigt und zogen im Gegensatz zu den Anarchisten versöhnliche Töne einer Konfrontationspolitik vor.

Politisch und organisatorisch erfahrene Anarchisten, die aus Spanien, Argentinien und Italien einwanderten, verstärkten gegen Jahrhundertende ihre propagandistische Tätigkeit. Sie erhielten den Zuspruch prominenter lokaler Ideologen wie Manuel González Prada. Vom Oktober 1904 bis Juli 1909 übte González Prada einen direkten Einfluss auf die anarchistische Bewegung Perus aus, indem er unter Pseudonymen oder anonym eifrig für die Monatszeitschrift *Los Parias* schrieb und sich für eine Allianz zwischen Intellektuellen und Arbeitern sowie den Acht-Stunden-Tag einsetzte. Von anarchistischen Positionen am meisten beeinflussen ließen sich anfänglich Bäcker und Druckarbeiter. Bald gesellten sich Schneider, Schuhmacher, Steinmetze und später Textilarbeiter hinzu. Der Anarchismus fand auch in den Provinzen Zuspruch, insbesondere in Huacho, Sayán, Barranca, Trujillo, Chiclayo, Pomalca, Ica und Arequipa. Freilich schafften es die Anarchisten nie, eine ideologisch geeinte Front zu bilden. Stets erwiesen sich die führenden Köpfe effizienter als Theoretiker und Verfasser aufrüttelnder Zeitungsartikel denn als Organisatoren schlagkräftiger Gewerkschaften. Zudem sprachen sie mit ihren Maximalforderungen – nach unbeschränkter individueller Freiheit und der Abschaffung sämtlicher Herrschaftsformen inklusive des Staates, der politischen Parteien und des Privateigentums – nur einen begrenzten Kreis an. Das änderte sich erst, als anarchistische Führer ihre Taktiken wechselten und für konkrete Verbesserungen wie Arbeitsplatzsicherheit oder Lohnerhöhungen kämpften. Der Generalstreik um den Acht-Stunden-Tag (siehe unten) zeigte, dass das syndikalistische Element an Gewicht gewonnen hatte, während anarchistische Maximalforderungen aufgegeben wurden. An Einfluss büßten auch die Organisationen gegenseitiger Hilfe ein. Von 1911 an dominierten die Anarchosyndikalisten die Arbeiterbewegung, bis ihnen in den 1920er-Jahren konkurrierende Organisationen der Linken die Hegemonie streitig machten.

Arbeitskämpfe

Im letzten Viertel des 19. Jahrhunderts kam es – insbesondere in Lima und Callao – gelegentlich zu spontanen Streiks, die zumeist erfolglos blieben. Nach 1895 wurden Arbeitskämpfe häufiger und intensiver. Die Mobilisierungen waren die Reaktion einer zunehmend organisierten Arbeiterschaft auf armselige Löhne sowie die harten Arbeits- und Lebensbedingungen, die sich durch die Verteuerung der Grundnahrungsmittel verschlimmerten. Hauptforderungen der Streikenden waren höhere Löhne, kürzere Arbeitszeiten, Kompensationen bei Arbeitsunfällen und die Entlassung verhasster Vorarbeiter. Am meisten Streiks ereigneten sich in den Textilfabriken und damit im größten Industriearbeitersektor des Landes.

Das Jahr 1910 wurde von zwei Sprengstoffunfällen im Bergbau überschattet: Im Januar starben 29 Arbeiter, im August in einer Steinkohlemine von Goyllarizquizga 70 Bergarbeiter – darunter zahlreiche Kinder. Unter dem Eindruck dieser tragischen Ereignisse verabschiedete der Kongress endlich ein über mehrere Jahre hinweg debattiertes Arbeitsgesetz. Es enthielt 82 Artikel und wurde von Präsident Leguía am 20. Januar 1911 unterzeichnet. Eine der Gesetzesbestimmungen verpflichtete die Arbeitgeber zu Entschädigungszahlungen bei Arbeitsunfällen. Noch im gleichen Jahr streikten Textilarbeiter aus Vitarte für höhere Löhne, für die Verkürzung der Arbeitszeit auf zehn Stunden und für die Abschaffung der Nachtarbeit. Nach der Verhaftung des Streikkomitees brach der erste landesweite Generalstreik aus. Dieser brachte das Leben in der Hauptstadt zum Erliegen und zwang die Regierung, die Forderungen der Protestierenden zu erfüllen. Nicht zuletzt dank des Generalstreiks und der Demonstrationszüge besetzte Guillermo Billinghurst im September 1912 das höchste Regierungsamt. Die Gunst der Stunde nutzend, nahmen Ende November die anarchosyndikalistischen Gewerkschaften Unión General de Jornaleros (Allgemeine Vereinigung der Lohnarbeiter) im Hafen Callao beziehungsweise die Federación Obrera Regional Peruana (Regionaler Peruanischer Arbeiterverband) ihren Kampf um die Einführung des Acht-Stunden-Tags, um Gehaltserhöhungen und um die Verbesserung der Arbeitsbedingungen auf. Gemeinsam mit den Mühlen-, Bäckerei- und Textilarbeitern traten die Hafenarbeiter in den Streik. Sie brachten das öffentliche Leben im Hafen Callao zum Stillstand, worauf die Regierung den Ausnahmezustand verhängte. Schließlich kam Billinghurst den Forderungen des Streikkomitees in einer Resolution am 10. Januar 1913 nach und führte den Acht-Stunden-Tag für alle Hafenarbeiter ein. Außerdem verkündete er das erste Streikreglement, mit dem er die anarchistische Methode der direkten Aktionen zu bekämpfen suchte.

Auf dem Lande kam es vor dem Ausbruch des Ersten Weltkriegs immer wieder zu Arbeitskämpfen. Ausgehend von der Plantage Casa Grande – dem agroindustriellen Zuckerrohrkomplex der deutschen Überseefirma J. Gildemeister & Co. mit 5000 Arbeitern – ergriff eine Streikwelle im April 1912 die Täler Chicama und Santa Catalina. Die Arbeiter von Casa Grande forderten die Erhöhung ihres Taglohns, der armselige 60 Centavos betrug, eine Reduzierung ihres 14-stündigen Arbeitstags und die Entlassung der deutschen Vorarbeiter. Im Zuge der Protestaktionen ereigneten sich Ausschreitungen, Plünderungen und Brandschatzungen. Mit einem brutalen Gewalteinsatz, der zwischen 150 und 500 Menschenleben kostete, stellten Militärtruppen die Ordnung wieder her.

Der Erste Weltkrieg mit dem neuerlichen Aufschwung der heimischen Industrie beschleunigte die Bildung zahlreicher neuer Gewerkschaften. Zugleich nahm die staatliche Repression zu. In dieser Zeit begannen sich auch die Arbeiterinnen in den Textil-, Seifen-, Kerzen- und Biskuitfabriken sowie in den Post- und Fernsprechämtern in eigenen Verbänden zu organisieren. Von 1916 an verstärkte sich die Streiktätigkeit auf den Plantagen, wobei gewalttätige Konfrontationen häufig waren. Zumeist kämpften die Arbeiter um höhere Löhne und kürzere Arbeitszeiten. 1916 legten die Landarbeiter in Huacho, Sayán und Pativilca die Arbeit nieder. Bei Zusammenstößen mit der Polizei starben mehrere protestierende Frauen, sodass sich die Regierung zur Einführung eines Mindestlohns für die Landarbeiterschaft gezwungen sah. Im November des gleichen Jahres unterzeichnete Präsident Pardo ein Gesetz, das arbeitenden Frauen und Kindern einen besseren Schutz bot. Kinder im Alter von zwölf bis 14 Jahren durften nur mehr unter strengen Auflagen einer Arbeitstätigkeit nachgehen. Ihre Arbeitszeit wurde auf sechs Tage beziehungsweise 33 Stunden pro Woche beschränkt. Für Jugendliche im Alter von 14 bis 18 Jahren und Frauen galt nun der Acht-Stunden-Tag beziehungsweise maximal eine 45-Stunden-Woche. Bei Arbeitsunfällen standen den Frauen 25 % höhere Entschädigungszahlungen als den Männern zu. Zudem hatten die Frauen nun Anrecht auf einen bezahlten Mutterschaftsurlaub, während die Arbeitgeber für die Einrichtung von Kinderkrippen zu sorgen hatten. Schwerarbeit in den Minen und Nachtarbeit wurde für Frauen, Jugendliche und Kinder verboten.

Das Jahr 1919 bildete den Kulminationspunkt der anarchosyndikalistischen Agitation. Ausgehend von den hauptstädtischen Textilarbeitern, bahnte sich gegen Ende 1918 in Lima ein neuer Generalstreik an. Nach der Verhaftung mehrerer Arbeiterführer bildete sich in den ersten Januartagen ein Zentralkomitee, das die Aktionen koordinierte. Vom 13. bis zum 15. Januar legten die streikenden Arbeiter, denen sich Studenten und weitere Teile der hauptstädtischen Bevölkerung anschlossen, Lima und den Hafen Callao lahm. Präsident Pardo sah sich gezwungen, den Acht-Stunden-Tag plus weitere Verbesserungen für Industriearbeiter in Lima und in weiteren Küstenstädten zu dekretieren. Beflügelt von diesem Erfolg, schlossen sich mehrere Einzelgewerkschaften in verschiedenen Branchen zu Dachverbänden zusammen. Auf Initiative des Textilarbeiterverbands bildete sich im April 1919 eine Einheitsfront aus Gewerkschaften und städtischen Volksorganisationen, die für eine Verbilligung der Lebenshaltungskosten kämpfte. Erneut wurde ein Generalstreik ausgerufen. Dieser dauerte nicht nur ausnehmend lange (von Mai bis Juni), sondern wurde auch mit äußerster Erbitterung geführt. Es kam zu Ausschreitungen, Gewaltexzessen und Plünderungen. Mit aller Härte, unter Anwendung des Standrechts, gingen die Sicherheitskräfte gegen die Demonstranten vor. Je nach Quelle kamen zwischen 100 und 400 Menschen ums Leben. Über 200 kleine Läden, die meisten davon im Besitz von chinesischen und japanischen Familien, wurden ausgeplündert und zerstört, als sich der Volkszorn an diesen verhassten Minderheiten austobte. Die Sicherheitskräfte verhafteten und exilierten radikale Gewerkschaftsaktivisten und Agitatoren, wodurch die Anarchosyndikalisten ihren dominierenden Einfluss auf die Gewerkschaftsbewegung einbüßten. Mit dem Scheitern des Generalstreiks gerieten auch die anarchosyndikalistische Theorie und die Strategie der direkten Konfrontation in die Krise.

Im Großen und Ganzen erzielte die peruanische Arbeiterbewegung beachtliche Fortschritte. Durch die Mitgliedschaft in den verschiedenen Arbeiterorganisationen, durch den Einsatz bei Arbeitskämpfen und durch solidarisches Verhalten erlangten die Arbeiter eine Klassenidentität. Bei der Wahl des Präsidenten Billinghurst spielten demonstrierende Arbeiter eine wichtige Rolle. Mittels Streiks und Boykotten erstritten die am besten organisierten Sektoren der Arbeiterschaft Lohnerhöhungen, verbesserte Arbeits- und Wohnbedingungen, kürzere Arbeitstage, Sozialversicherungsleistungen, Schulen, sanitäre Anlagen und kostenlose medizinische Betreuung. Neue Gesetze gewährten den Acht-Stunden-Tag, zusätzliche Urlaubstage, Entschädigungen bei Arbeitsunfällen sowie verbesserten Schutz im Falle der Frauen- und der Kinderarbeit. Arbeitsrechtlich gesehen war Peru damit eines der fortschrittlichsten Länder Lateinamerikas.

Immigranten

Im Laufe des 19. Jahrhunderts trafen rund 50 000 Einwanderer aus Europa in Peru ein. Die meisten stammten aus Spanien, gefolgt von Italien, Frankreich, Deutschland, Portugal, England und Irland. Von 1900 bis 1930 gelangten weitere 15 000 Europäer nach Peru, wobei nun die Italiener das größte Kontingent stellten. Obwohl ein Teil der europäischen Migranten bei ihrer Ankunft bettelarm war, gelangten viele rasch zu Wohlstand und Ansehen. Insbesondere Spanier, Italiener und Deutsche heirateten in die alteingesessene peruanische Elite ein. Aus solchen Heiratsallianzen gingen einige der bis heute mächtigsten und vermögendsten Familienclans hervor.

Die meisten der im 19. Jahrhundert eingewanderten Italiener hatten ihre Ursprünge im nordwestitalienischen Ligurien. Sie waren verhältnismäßig gut gebildet und besetzten oftmals leitete Stellen im Textilsektor, in der Versicherungs- und Bankbranche sowie im Kunsthandwerk, vor allem in der Bildhauerei. Dank dem Banco Italiano hatte die italienische Gemeinschaft einen privilegierten Zugang zu Krediten, was sich positiv auf die Gründung von neuen Handelsunternehmen und Fabriken auswirkte. Um 1906 kontrollierten Italiener 975 Unternehmen: davon 624 im Handels- und 131 im Industriesektor. Besonders ausgeprägt war die italienische Präsenz in der Teigwaren- und in der Weinproduktion.

Gegen Ende des Jahrhunderts wanderten die ersten Araber aus der Levante (Syrien, Libanon und Palästina) nach Peru aus. Die erste Migrationsetappe fiel mit der krisenhaften Endphase des osmanischen Reichs von 1885 bis zum Beginn des Ersten Weltkriegs zusammen. Zahlenmäßig weit größeres Gewicht als der arabischen kam aber noch immer der asiatischen Immigration zu. Zwar hatte Peru 1874 die Einfuhr chinesischer Kulis verboten. Wegen des Arbeitskräftemangels nach dem Pazifikkrieg erlaubte die Regierung jedoch – unter Einhalt strenger Auflagen – 1884 die Einschiffung chinesischer und 1899 neu auch japanischer Arbeiter. Bis zum Ende dieser neuen Einwanderungswellen im Jahre 1923 gelangten 15 000 Chinesen und rund 18 000 Japaner, davon 13 % Frauen, ins Andenland.

Die Rahmenbedingungen für die neu zugewanderten asiatischen Kontraktarbeiter unterschieden sich im Allgemeinen vorteilhaft von den kläglichen Arbeits- und Lebensbedingungen, welche die chinesischen Kulis vor dem Pazifikkrieg hatten erdulden müssen. So wurden die Japaner von eigenen Auswanderungskompanien unter Vertrag genommen, die japanisches Personal nach Lima und in die Plantagen entsandten. Zudem sorgte die japanische Regierung für einen gewissen Schutz. Umgekehrt hingen die Plantagenbesitzer weniger von asiatischen Arbeitskräften ab. Denn sie rekrutierten jetzt Zehntausende von peruanischen Arbeitern aus den Dorfgemeinschaften der Sierra. Diese waren billiger und produzierten noch mehr. Verglichen mit den früheren Zeiten, ereigneten sich weit weniger Übergriffe und der Einsatz von physischer Gewalt als Disziplinierungsmittel ging zurück. Wenn Plantagenbetreiber die standardisierten Verträge nicht einhielten – diese sahen Taglöhne vor und nicht eine leistungsabhängige Bezahlung – protestierten die Japaner, indem sie sich bei ihren Repräsentanten beschwerten, mit Streik drohten oder gelegentlich auch die Arbeit niederlegten. 1923 kamen die peruanische und die japanische Regierung überein, die Emigration zu beenden. Die Plantagenbetreiber waren nicht weiter auf Japaner angewiesen, weil genügend Einheimische als Arbeitskräfte bereitstanden. An der südlich-zentralen Küste verdrängte außerdem die Baumwolle das Zuckerrohr. Der Baumwollanbau brauchte weniger Arbeitskräfte und wurde vielfach von günstig und effizient produzierenden Pächtern bewerkstelligt.

Die indianische Landbevölkerung

Infolge der liberalen Land- und Steuerreformen erhöhte sich der Druck auf indianisches Gemeinschaftsland. Gleichzeitig öffneten die Freihandelspolitik und der Bau von Eisenbahnlinien das Hochland für billigen Weizen und Konsumgüter, wodurch lokale Produzenten, Händler und Transportunternehmer (Maultiertreiber) Konkurrenz erhielten. Mit dem Diktator Nicolás de Piérola setzte eine Entwicklung ein, bei der die Präfektenämter nicht mehr durch hohe Militärs, sondern durch regional verwurzelte Großgrundbesitzer besetzt wurden. Diesen untergeordnet waren die fast 1000 Gouverneure, die ihr Amt ohne reguläres Gehalt ausübten. Dank der ausgezeichneten Kenntnisse ihrer Distrikte und deren Ressourcen ergaben sich für die hohen Amtsträger mannigfaltige Möglichkeiten, sich auf legalem oder illegalem Weg zu bereichern. Das Recht, die Lokalbevölkerung für Arbeiten und Dienstleistungen im öffentlichen Interesse aufzubieten konnte leicht für private Zwecke missbraucht werden. Amts- und Machtmissbrauch blieben auch bei den Zwangsrekrutierungen für den gefürchteten Militärdienst nicht aus.

Vor dem Pazifikkrieg war im südlichen Hochland indianischer Landbesitz – die Grundlage für den blühenden Wollhandel – nur selten in fremde Hände übergegangen. Mit dem Vordringen kapitalistischer Wirtschaftsformen und der territorialen Erschließung durch die Eisenbahn nahm der Wert von Grund und Boden stark zu. Hacendados kauften Land auf, richteten Großbetriebe ein und drängten die Indianer aus dem Wollgeschäft. Für die einheimischen Kleinproduzenten wurde es zunehmend schwieriger, neu geschaffene Steuern zu bezahlen, angehäufte Schulden zu begleichen oder die kirchlichen Abgaben zu entrichten. Zwischen 1879 und 1915 vervierfachte sich in der Lampa-Ayaviri-Region (Dep. Puno) die Anzahl der privaten Haciendas. Großgrundbesitzer drängten die bäuerlich-indianische Bevölkerung entweder auf die unproduktivsten Ländereien ab oder inkorporierten die landlosen Angehörigen ehemaliger Dorfgemeinschaften und verschuldeten Kleinpächter in ihre expandierenden Haciendas. Indem sie mehr Land nutzten und zusätzliche Arbeitskräfte einsetzten, vermochten sie unter Beibehaltung der traditionellen Weidewirtschaft die Wollproduktion zu steigern. Gegenüber seinen Arbeitskräften und Pächtern besaß der Grundherr eine fast uneingeschränkte Verfügungsgewalt: Jene unterstanden seiner Gerichtsbarkeit, sie schuldeten ihm die Produkte ihrer Arbeit und waren zu Arbeitseinsätzen und Dienstleistungen verpflichtet. Vollständig dem Hacendado ausgeliefert, der ebenso ein gutmütiger Patriarch wie ein tyrannischer Ausbeuter sein konnte, lebten sie isoliert vom Rest des Landes.

Insgesamt zeigt sich ein vielfältiges Mosaik mit zahlreichen regionalen Varianten. Im zentralperuanischen Mantaro-Tal, wo hauptsächlich Mestizen lebten, nutzten reiche Händler und Beamte ihre politische Macht, um verschuldeten Bauern Land abzuknüpfen und sich billige Arbeitskräfte zu sichern. Während sich mancherorts Dorfgemeinschaften auflösten oder von Haciendas absorbiert wurden, formierten sich im Hochland von Piura neue indianische Gemeinschaften. Auch innerhalb der indianischen Gemeinschaften gab es unterschiedliche Entwicklungen. So beschlagnahmten Nachkommen kolonialzeitlicher Curacas (Häuptlinge) Gemeindeland und bemühten sich um die Übernahme eines Subpräfekten-Amts. Andererseits kauften reich gewordene Aufsteiger aus einfachen Verhältnissen Ländereien verschuldeter Gemeinschaften auf und gewannen damit an Einfluss und Prestige. Im nordwestlichen Küstengürtel, wo Modernisierung und kulturelle Vielfalt besonders ausgeprägt waren, gingen zahlreiche indigene Brauchtümer, Traditionen und Gepflogenheiten verloren. Mit Ausnahme des Quechuas verschwanden dort innerhalb eines halben Jahrhunderts – zwischen 1870 und 1920 – sämtliche indianischen Sprachen.

Schuldenfalle und Schuldknechtschaft

Ob bei den Kautschukzapfern im Dschungel oder den Alpaka- und Schafhirten im südperuanischen Hochland, ob bei den Minenarbeitern im Zentralgebirge oder den Plantagenarbeitern der Küste: Überall in Peru waren Formen der Schuldknechtschaft verbreitet. Sie erlaubten es Unternehmern und Patrons, ihren hohen Bedarf an Arbeitskräften zu decken und die Arbeiter dauerhaft an die Betriebe zu binden. Für die Kautschukhändler des Amazonasgebiets oder die Wollhändler in Südperu stellten sie das probate Instrument dar, um Konkurrenten auszuschalten und alleiniger Abnehmer begehrter Rohstoffe zu werden.

Im südperuanischen Hochland bezogen Rescatistas genannte Zwischenhändler Vorschüsse von den großen Handelshäusern in Arequipa. Die Rescatistas leiteten diese Gelder an indianische Hirten weiter. Diese mussten dafür eine genau festgelegte Wollmenge im folgenden Jahr abliefern. Eine Ablehnung der Vorauszahlung war kaum möglich, selbst dann nicht, wenn die Hirten beim Auftauchen des Rescatista die Flucht ergriffen. In solchen Fällen brach der Zwischenhändler einfach die Hüttentür auf und deponierte das Geld im Innern zusammen mit einem Schriftstück, das die Höhe des Vorschusses und die geforderte Wollmenge festhielt. Am angekündigten Tag erschien der Rescatista wieder, nun in Begleitung von Landjägern oder bewaffneten Eintreibern. Lieferte der Hirte weniger Wolle ab als verlangt, wurde die Differenz zur Vorauszahlung errechnet und der Fehlbetrag mit einem Wucherzins belegt. Einmal in die Schuldenfalle geraten, war ein Loskommen äußerst schwierig. Um die Schulden zu begleichen, sahen sich die Hirten gezwungen, Weideland oder Nutztiere zu verkaufen.

Ein weiteres Zwangssystem, das ebenfalls mit Vorauszahlungen begann und im schlimmsten Fall in unentrinnbarer Schuldknechtschaft endete, war unter der vielsagenden Bezeichnung Enganche (wörtlich: »das Anspannen von Zugtieren«) bekannt. Das Enganche-System hatte seine Ursprünge in der kolonialen Schlusszeit gegen Ende des 18. Jahrhunderts, und zwar im Bergbau der zentralen Sierra. Es konsolidierte sich während des folgenden Jahrhunderts, insbesondere in den Jahren nach 1854, als die Kopfsteuer für Indianer wiederholt außer Kraft gesetzt wurde. Damit entfiel auch das letzte institutionelle Druckmittel, durch das der Staat die Subsistenzwirtschaft betreibende Landbevölkerung in das geldwirtschaftliche System eingespannt hatte. Um dennoch genügend Arbeitskräfte zu erhalten, wandten sich Bergbauunternehmer wie auch Plantagenbetreiber an Agenten, die sich auf die Anwerbung von Arbeitern spezialisiert hatten. Diese Mittelsmänner beauftragten ihrerseits Händler, Laden- und Kneipenbesitzer, Hacendados und Dorfautoritäten mit der Rekrutierung. Um Campesinos zur Annahme eines Arbeitsvertrags zu bewegen, erhielten diese als Lockmittel einen Teil des Lohns oder sogar den ganzen Lohn im Voraus. Bei solchen Rekrutierungen ließen die Agenten oft freigiebig Unmengen von Alkohol ausschenken. Dabei drängten sie den Betrunkenen nutzlose Waren auf und überredeten oder nötigten sie zur Unterzeichnung der Arbeitsverträge. Danach brachten sie die angeworbenen Campesinos zu den Betrieben, wo sie bis zur Erfüllung ihrer Verpflichtungen oder bis zur Abarbeitung ihrer Schulden festgehalten wurden.

Obschon jahrzehntelang praktiziert und allgegenwärtig, war das Enganche-System bis zum Beginn des 20. Jahrhunderts keiner gesetzlichen Regelung unterworfen. Erst im Minengesetz von 1903 wurde es für legitim erklärt, allerdings nur bis 1914. In diesen elf Jahren zeigte sich in aller Deutlichkeit, wie schwierig die Durchsetzung in der Praxis war. Denn nicht wenige der angeworbenen Campesinos nutzten das System zu ihren Gunsten – sei es, dass sie

> Vorschüsse von verschiedenen Agenten einkassierten und nicht zur Arbeit erschienen oder sei es, dass sie vor Ablauf der vertraglich festgelegten Zeit desertierten. Schätzungen für das Jahr 1910 gehen davon aus, dass fast die Hälfte der Arbeitskräfte der Cerro de Pasco Corporation ihre Enganche-Verträge nicht einhielt und vorzeitig aus dem Minenbezirk entwich.

Campesino-Aufstände

Wo die Annexion von Ländereien drohte, wo Steuern, Abgaben und Frondienste ein unerträgliches Maß erreichten, wo Missbräuche und Ausbeutungsformen herrschten, formierte sich vielfältiger Widerstand. Allein im ersten Jahrzehnt des 20. Jahrhunderts ereigneten sich 65 Rebellionen; im zweiten Jahrzehnt waren es sogar 72. Sie wurden ausnahmslos niedergeschlagen, wobei die Opferzahlen sehr hoch sein konnten. An den Erhebungen beteiligten sich hauptsächlich Angehörige von Dorfgemeinschaften, während die abhängigen Indianer und Mestizen auf den Haciendas seltener rebellierten.

Die Einführung der Salzsteuer im Jahr 1896 löste geharnischte Reaktionen der Landbevölkerung aus, beispielsweise in Huanta (Dep. Ayacucho), in Maras (Dep. Cusco), im Departement Apurímac oder am Titicacasee. Huanta war bereits anlässlich der Präsidentschaftswahlen von 1890 Schauplatz schwerer Ausschreitungen gewesen. Damals erhoben sich Campesinos, die die Salzsteuer bekämpften, gemeinsam mit Cáceres-treuen Großgrundbesitzern. Über 2000 Aufständische überwältigten das Städtchen Huanta, töteten den Subpräfekten, den Bürgermeister und mehrere Händler. Die staatliche Reaktion auf die Morde und Plünderungen fiel vehement aus: 800 mit modernsten Waffen ausgerüstete Soldaten befreiten am 2. November Huanta, verfolgten die Aufständischen, konfiszierten Vieh und Geld und verwüsteten die Unruheprovinz. Zahlreiche Rebellenführer wurden gefangengenommen und hingerichtet. Auch wandten die Regierungstruppen den berüchtigten »Quintado« an. Dabei mussten sich die Einwohner eines Dorfes in einer Reihe aufstellen. Jeder Fünfte wurde herausgeholt und erschossen. Unter den Offizieren der Regierungstruppen befand sich der junge Leutnant Óscar Benavides, der beim Sturz des Präsidenten Billinghurst 1914 eine entscheidende Rolle spielen sollte.

Erbarmungslos niedergekämpft wurden auch die auf 30 000 Mann geschätzten Bauerntruppen, die 1896 die Zone zwischen Chucuito und Zepita am Titicacasee unsicher machten. Großgrundbesitzer unterstützten die Regierungstruppen, indem sie ihre Hacienda-Arbeiter bewaffneten. Der brachiale Gewalteinsatz brachte die Proteste der Landbevölkerung nur für kurze Zeit zum Verstummen. Der Unmut im Seengebiet entlud sich im Aufstand von Rumi Maqui und einer Welle spontaner Rebellionen, die erst 1924 mit der gewaltsamen Zerschlagung der Bauernbewegung endete. Rumi Maqui Ccori Zoncco, »steinerne Hand, goldenes Herz« – so die Ehrenbezeichnung auf Quechua für den Anführer Teodomiro Gutiérrez Cuevas – war ein Feldwebel der Kavallerie, der von 1903 bis 1904 als Subpräfekt von Chucuito und 1907 als Subpräfekt von Huancayo amtete. Während seiner Amtszeit zeigte Gutiérrez Cuevas großes Verständnis für die Probleme der (indianischen) Landbevölkerung. Insbesondere im Titicacasee-Gebiet zog er dadurch den Missmut der ländlichen Elite und der Gamonales auf sich. Denn er bekämpfte die unentgeltliche Zwangsarbeit und die Missbräuche im Wollhandel. Auf seine Initiative hin entstand außerdem in der Ortschaft Juli eine Schule für die Kinder der einfachen Landbevölkerung. Nachdem es 1913 im Altiplano zu einer Mordserie an Indianern gekommen war, ernannte ihn Präsident Billinghurst zum Sonderbeauftragten, der den bäuerlichen Klagen und Anzeigen nachgehen sollte. Kaum hatte Gutiérrez Cuevas die Arbeit aufgenommen, machten einflussreiche Hacendados und Großgrundbesitzer Druck, um seine unverzügliche Absetzung zu erzwingen. Der Militärputsch, der Billinghurst im Februar 1914 aus dem Amt verjagte, zwangen den Sonderbeauftragten zum Abbruch der Untersuchung und zum Untertauchen. Offenbar glaubte er nach dem gewaltsamen Regierungswechsel nicht mehr daran, dass eine Lösung der ländlichen Probleme innerhalb des institutionellen Rahmens möglich sei. Damit blieb für ihn nur mehr die direkte Aktion.

Mit dem Versprechen, das vergangene inkaische Reich wiederaufzurichten, mobilisierte Gutiérrez Cuevas unter dem Decknamen Rumi Maqui die indianische Landbevölkerung. Im Dezember 1915 überfiel eine Campesino-Truppe unter seiner Führung ein Gehöft und nahm dieses ein. Der Angriff auf eine zweite Hacienda, die dem mächtigen Großgrundbesitzer Bernardino Arias Echenique gehörte, missriet jedoch. Dessen Privatarmee gelang es, die Attacke der schlecht bewaffneten und betrunkenen Angreifer abzuwehren und diese in die Flucht zu schlagen. In der Folgezeit hetzten die Großgrundbesitzer ihre mit Schusswaffen ausgerüsteten Schlägertruppen auf die aufständische Landbevölkerung. Rumi Maqui wurde in Arequipa verhaftet, wobei er eine Beteiligung am Aufstand abstritt. Unter nebulösen Umständen gelang ihm am 30. Dezember 1916 die Flucht aus dem Gefängnis, womit sich seine Spur für immer verlor.

Der Rumi-Maqui-Aufstand richtete sich in erster Linie gegen Großgrundbesitzer, die sich im Laufe der Zeit mehr und mehr Land angeeignet hatten. Ins Visier der Aufständischen gerieten überdies Großgrundbesitzer, die die Wollproduktion und -vermarktung zu monopolisieren trachteten. Im Aufstand vereinigten sich sozioökonomische Ziele mit dem Streben nach mehr Autonomie, dem Festhalten an bestimmten Elementen der eigenen Kultur sowie dem Glauben an die Wiederkunft Jesu Christi und das Errichten seines tausend Jahre währenden Reichs. Den unmittelbaren Anlass bildete die Wut über den Verlust von Ländereien, angestachelt durch zahlreiche Missbräuche, die sich Vertreter der lokalen Elite hatten zuschulden kommen lassen. Bei anderen Bauernerhebungen lösten Steuerforderungen und/oder Amtsmissbräuche lokaler Beamter Unruhen aus. Stets waren die tieferen Gründe komplexer Natur: Ursachen konnten sowohl ethnische und soziale Spannungen sein als auch Konflikte zwischen Großgrundbesitzern, die ihrerseits Machtkämpfe auf nationaler Ebene widerspiegelten.

Abschließende Bemerkungen

Zwischen 1894 und 1920 verfolgte Perus Oligarchie das Projekt, das Andenland in eine geordnete, wirtschaftlich blühende, moderne und gebildete Nation nach europäischem Vorbild zu verwandeln. Zu Beginn dieser Periode war eine wirtschaftliche Erholung zu registrieren. Es wurden bedeutende Fortschritte im Bildungswesen erzielt und die Streitkräfte neu aufgebaut. Solange die Macht gesichert war, respektierten die Herrschenden die legalen Normen und Institutionen weitgehend und tolerierten die Meinungsfreiheit – selbst im Falle bissiger Kritik und revolutionären Gedankenguts. Manuel González Prada konnte so seine scharfzüngigen Kommentare zu Politik und Gesellschaft verbreiten und Santiago Giraldo (1850–1929) aus Puno den Acht-Stunden-Tag und das Recht auf Streik fordern.

Obschon mit Piérola ein kirchentreuer Absolvent des Priesterseminars Santo Toribio von 1895–1899 das Präsidentschaftsamt innehatte, ging der Säkularisierungsprozess weiter. Dieser gipfelte im Gesetz der Religionstoleranz, das am 11. November 1915 in Kraft trat und auch Nichtkatholiken die öffentliche Ausübung ihrer Religion erlaubte. Unter Piérola führte die Regierung die zivile Heirat für Nichtkatholiken ein und übertrug das Anlegen von Zivilregistern, in denen Taufen und Todesfälle festgehalten wurden, staatlichen Stellen. Damit entzog man der Kirche ein wichtiges demografisches Kontrollinstrument. Gleichzeitig förderte die Regierung die stockende katholische Missionsarbeit unter Perus Tieflandindianern. Papst Leo XIII. (1878–1903) ratifizierte im Februar 1900 die Etablierung von drei Apostolischen Vikariaten mit dem Ziel, die Missionstätigkeit durch den Einsatz von mehr Personal zu intensivieren. Dabei handelte es sich um: 1) San León del Amazonas mit Sitz in Iquitos und geleitet vom Augustinerorden (das gesamte nordöstliche Departement Loreto); 2) San Francisco del Ucayali, dessen Zentrum das Kloster Santa Rosa de Ocopa unter Aufsicht der franziskanischen Barfüßler bildete (zentrales Dschungelgebiet mit den Flüssen Ucayali und Huallaga); und 3) Santo Domingo de Urubamba mit Sitz im Cusqueñer Kloster Santo Domingo unter Leitung der Dominikaner (südperuanisches Dschungelgebiet mit den Flüssen Urubamba und Madre de Dios. Bis 1930 nahm die Ansiedlung der Indianer in Missionsdörfern – ein Prozess der sich häufig unter Anwendung von Zwang vollzog – einen beachtlichen Aufschwung. Parallel zur Konsolidierung neuer Ortschaften erlebten um 1910 Dschungelschulen einen Aufschwung. Zuerst entstanden Internate für Knaben, dann auch externe Schulen für Mädchen, die hauptsächlich von Nonnen geleitet wurden. Die Dominikaner richteten ihre erste Missionsstation 1902 in Chirumbia ein, im Gebiet der Matsigenka im Alto Urubamba. Weitere Missionsschulen entstanden im Gebiet der Huarayo, der Yine, Asháninka und Mashcos. Im Jahre 1917 waren in den drei Apostolischen Vikariaten insgesamt 49 Patres als Missionare tätig. Zur Hauptsache stammten sie aus Italien und Spanien. Die Missionsaktivitäten in den östlichen Dschungelgebieten trugen zur Integration des Territoriums und seiner Urbevölkerung in den peruanischen Staat bei. Die Regierung unterstützte aktiv die Bemühungen der Missionare, lag es doch in ihrem Interesse, dass durch die Bekehrungsarbeit aus ›Wilden‹ ›Zivilisierte‹ und letztlich Staatsbürger wurden.

Im immens großen Amazonasgebiet bildeten strittige Grenzverläufe immer wieder Anlass zu Streit und Krieg. Im Velarde-Río Branco-Vertrag – benannt nach dem peruanischen Bevollmächtigten Hernán Velarde und dem Leiter der diplomatischen Vertretung Brasiliens José María da Silva Paranhos de Río Branco – regelten die beiden Nachbarländer definitiv ihre gemeinsame Grenze. Der Vertrag wurde am 8. September 1909 in Rio de Janeiro unterzeichnet und am 10. Januar 1910 vom peruanischen Kongress gebilligt. Damit konnte der rasanten brasilianischen Expansion im Amazonasgebiet ein Riegel vorgeschoben werden. Nur wenig später legten Peru und Bolivien ihre Grenzen im Dschungelgebiet vertraglich fest. Innerhalb von knapp eineinhalb Jahrzehnten trat Peru Urwaldgebiete an seine Nachbarn ab, deren Fläche mehr als das 10-Fache der heutigen Schweiz betrug. Keine dauerhafte Einigung konnte hingegen mit Ecuador erzielt werden. Zwischen 1899 und 1904 kam es wegen der Grenzstreitigkeiten erneut zu militärischen Zusammenstößen. Spannungsgeladen blieb ebenfalls die Situation im peruanisch-kolumbianischen Grenzgebiet. Im Juli 1911 vertrieben peruanische Truppen unter dem Kommando von Óscar R. Benavides kolumbianische Einheiten, die in Puerto Córdoba eine befestigte Zollstation etabliert hatten.

Zusammengefasst handelte es sich bei der Aristokratischen Republik um den Versuch einer Modernisierung von Staat und Gesellschaft von oben. Eine verschwindend kleine Minderheit bestimmte die Geschicke des Staats unter Ausschluss der Bevölkerungsmehrheit und monopolisierte während langer Jahre die Macht. Bei den Präsidentschaftswahlen von 1895 gaben nur 0,1 % der Gesamtbevölkerung ihre Stimme ab; 1903 waren es 2,5 % und 1908 um die 4 %. Von den vier existierenden Parteien waren drei vollständig auf die Caudillos Piérola, Cáceres und Durand ausgerichtet, während die vierte – der Partido Civil – in rivalisierende Gruppierungen zerfiel. Stets setzten sich wirtschaftliche oder regionale Interessen über parteipolitische Schranken hinweg. Einmal im Amt waren die Gewählten hauptsächlich daran interessiert, sich und ihrer Klientel Vorteile zu verschaffen, was mit zur Aufblähung des öffentlichen Verwaltungsapparats beitrug. Es herrschte eine Vetternwirtschaft, die jeder echten Reform und einer Demokratisierung im Wege stand. Das politische System begünstigte die Grundbesitzer gegenüber den Bewohnern der expandierenden Städte. Gegen Ende des Ersten Weltkriegs begannen mittelständische Gruppen, Intellektuelle und Studenten, Facharbeiter und die städtischen Armen die herrschende Ordnung zu hinterfragen. Kritische Mitglieder der Elite und des Militärs wie auch radikale Führer der städtischen Arbeiterklasse drangen auf die Überwindung des Status quo.

Literaturhinweise

Basadre, Jorge 1983, Historia de la República del Perú, 1822–1933, 7. verb. und erw. Aufl., Bd. 8: La República aristocrática (1895–1919), erster Teil, Lima

Ders. 1983, Historia de la República del Perú, 1822–1933, 7. verb. und erw. Aufl., Bd. 8: La República aristocrática (1895–1919), zweiter Teil und El oncenio (1919–1930), Lima

Burga, Manuel/Flores Galindo, Alberto 1991, Apogeo y crisis de la República Aristocrática. Con la versión original del testamento político de Alberto Flores Galindo, 5. Aufl., Lima

Flores Galindo, Alberto 2005, Buscando un inca: Identidad y utopía en los Andes, in: Flores Galindo, Alberto, Obras Completas, Bd. 3:1, hg. von Maruja Martínez et al., Lima

McClintock, Cynthia /Vallas, Fabián 2003, The United States and Peru: Cooperation at a Cost, New York und London

Parker, David S. 1998, The Idea of the Middle Class: White Collar Workers and Peruvian Society, 1900–1950, Pennsylvania

Rénique, José Luis 2009, Indios e indigenistas en el altiplano sur andino peruano, 1895–1930, in: Sandoval, Pablo (Compilador), Repensando la subalternidad. Miradas críticas desde/sobre América Latina, Lima, 461–495

Santos-Granero, Fernando 2018, Slavery and Utopia: The Wars and Dreams of an Amazonian World Transformer, Austin

Taussig, Michael 1986, Shamanism, Colonialism, and the Wild Man: A Study in Terror and Healing, Chicago und London

Taylor, Lewis 1996, Peru. Aus dem Engl. übersetzt von Petra Post, in: Tobler, Hans Werner/Bernecker, Walther L. (Hg.), Lateinamerika im 20. Jahrhundert. Handbuch der Geschichte Lateinamerikas, Bd. 3, Stuttgart, 761–819

Leguías Elfjahres-Herrschaft (1919–1930)

»Ich bin angetreten, um die alten Zustände auszumerzen, und auch, um den Vormarsch des Kommunismus aufzuhalten.« (Augusto B. Leguía, Antrittsrede anlässlich der Übernahme der Präsidentschaft im Jahre 1919, zit. nach: Gilbert 2017, 111)

Zur Zeit der Aristokratischen Republik vertraten die wenigen Parteien ausschließlich die Interessen der Oligarchie, die ihrerseits die Exportwirtschaft im Verbund mit ausländischen Investoren kontrollierte. Auf die Machtmonopolisierung und die Profitmaximierung der Exportwirtschaft fixiert, versäumte die Machtelite die politische Integration sowohl der aufstrebenden Mittelschichten als auch der städtischen Arbeiterklasse und der marginalisierten Landbevölkerung. Keine Partei trug dem demografischen und dem sozialen Wandel Rechnung oder machte Anstrengungen, sich zu einer modernen Massenorganisation zu entwickeln. Aufgrund von Ausschlussklauseln wie Analphabetismus, Besitzlosigkeit oder weibliches Geschlecht wurde die erdrückende Mehrheit der Bevölkerung vom Wahlrecht und damit von einer formalen Teilnahme am demokratischen Prozess ferngehalten. Durch die Kontrolle des Wahlapparats, notfalls auch durch Wahlbetrug, beherrschte die Oligarchie das nationale politische Leben.

Krawalle und Tumulte prägten die Schlussphase des Civilista-Präsidenten José Pardo (1915–1919). Auf Streiks und Demonstrationen reagierte Pardo mit einer blutigen Repressionswelle. In diesem aufgeheizten Klima erkannte der aus langem Exil heimgekehrte ehemalige Präsident Augusto B. Leguía die Chance, erneut das höchste Amt zu übernehmen. Leguía empfahl sich seinen Landsleuten als Alternative zu den verhassten Civilistas. Sein sozialpolitisches Credo lautete, dass man die drohende Revolution nur abwenden könne, wenn man eine Politik der kapitalistischen Modernisierung von oben betreibe. Gleichzeitig signalisierte er die Bereitschaft zur Durchführung gemäßigter sozialer Reformen, um so den revolutionären Elementen den Wind aus den Segeln zu nehmen. Als Präsidentschaftskandidat erhielt Leguía Zuspruch von einem ungewöhnlich breiten Spektrum der peruanischen Gesellschaft. Seine Anhängerschaft umfasste aufstrebende Kapitalisten, positivistische Reformer, Studenten, Handelsangestellte, Beamte im öffentlichen Dienst, Militärs der mittleren und unteren Hierarchiestufen, Handwerker und Arbeiter. Die Angestelltenorganisation Sociedad Empleados de Comercio (SEC) unterstützte Leguías Kampagne. Die reformorientierten Studenten, deren Forderungen bei Präsident Prado abgeblitzt waren, ernannten ihn zum »Meister der Jugend«. Und namhafte, progressive Persönlichkeiten wie Víctor Raúl Haya de la Torre oder José Carlos Mariátegui sicherten ihm ihre Beihilfe zu. Unterstützung erhielt er zudem von Cáceres' Partei, dem Partido Constitucional, und der befreundeten Oligarchenfamilie Prado. Gegen diese breite Unterstützungsfront hatte der offizielle Kandidat der Civilistas keine Chance, sodass Leguía als klarer Sieger aus den Präsidentschaftswahlen hervorging. Allerdings blieb der Einfluss des Partido Civil im Parlament weiterhin stark. Kurz vor dem Ende von Präsident Pardos regulärer Amtszeit führte Leguía deshalb – mit dem Einverständnis der Parteiführer Andrés Cáceres und Augusto Durand – einen Staatsstreich durch. Wie beim Putsch gegen den Präsidenten Billinghurst vom Februar 1914 übernahm die Garnison von Lima die Ausführung. Offenbar beteiligte sich die Royal Dutch Shell an der Finanzierung des Coups als Gegenleistung für versprochene exklusive Explorationsrechte. Der vorteilhafte Eindruck, den Leguía während seinem Exil in den USA und bei seinen Aufenthalten in London bei Schlüsselfiguren des US-amerikanischen Großbusiness und des diplomatischen Korps gemacht hatte, half mit, dass die USA seine Regierung anerkannten.

Nach der Abschiebung des gestürzten Präsident Pardo nach Europa und der Auflösung des Kongresses übernahm Leguía als provisorischer Präsident die Macht. Das neue Regime, das sich den Namen »Neues Vaterland« (Patria Nueva) gab, rief zu Neuwahlen für den Kongress und zur Volksabstimmung über eine neue Verfassung auf. Im Oktober 1919 wählte das neue Parlament – jetzt unter der Bezeichnung Nationalversammlung – Leguía zum verfassungsmäßigen Präsidenten für eine Amtszeit von fünf Jahren. Die neue Verfassung, die 1920 in Kraft trat, untersagte zwar eine unmittelbare Wiederwahl, Leguía hatte jedoch keine Skrupel, sich über diese wie auch sonstige verfassungsrechtliche Bestimmungen hinwegzusetzen. Für die Präsidentschaftswahlen von 1924 ließ er einfach den entsprechenden Verfassungsartikel abwandeln. Eine weitere Verfassungsänderung, die eine unbeschränkte Wiederwahl gestattete, setzte er 1929 durch. Bis zu seinem jähen Sturz im August 1930 stand Leguía ununterbrochen als gewählter Präsident an der Spitze des Landes. Insgesamt hielt er sich elf Jahre an der Macht – daher der Begriff »Oncenio«, was mit »elf Jahre dauernde Herrschaft« übersetzt werden kann.

Kampf der Opposition

Das Problem eines potenziell aufmüpfigen Parlaments gelöst, entfachte Leguía eine unerbittliche Verfolgungskampagne gegen seine Widersacher. In erster Linie richtete sich die Repression gegen Oppositionelle aus dem Partido Civil, sparte aber Rivalen aus anderen politischen Lagern nicht aus. Der Präsident ließ prominente Civilistas inhaftieren oder – ohne formelle Anklage oder Gerichtsprozess – ins Exil verbannen und griff die Quellen ihrer politischen Macht an. Im September 1919 überfiel ein aufgewiegelter Mob die Büros der einflussreichen Limeñer Tageszeitungen *El Comercio* und *La Prensa* und plünderte die Häuser der Besitzerfamilien. Die Regierung enteignete die Verlagsbüros sowie die Druckmaschinen der Prensa und gab die Zeitung unter gleichem Namen als Regierungsblatt wieder heraus. Mittels einer Universitätsreform entledigte sich Leguía regimekritischer, mit dem Civilismo verbundener Lehrkräfte. In einigen Fällen erhielten betroffene Professoren einen Landesverweis. Selbst ökonomische Grundpfeiler der Civilistas gerieten ins Visier, indem der Fiskus die Gewinnsteuern erhöhte oder indem ein Gesetz von 1920 Wasser zum Staatseigentum erklärte. Letzteres schuf die Grundlage für eine gerechtere Verteilung des Wassers in den Küstentälern und für eine höhere Besteuerung des für die künstliche Bewässerung benötigten Wassers. Hauptbetroffene waren die Großgrundbesitzer der Küste, die zuvor die Wasserverteilung zu ihren Gunsten manipuliert hatten.

Um die Armee zu neutralisieren, führte Leguía bereits 1919 ein Marineministerium ein, das vom Kriegsministerium unabhängig war. Unverlässliche Generäle wurden in den Ruhestand versetzt und durch loyale Offiziere ersetzt. Zur Stärkung und Ausbildung der Sicherheitskräfte zog Leguía ausländische Spezialisten herbei. Unter spanischer Anleitung entstand 1924 die Guardia Civil, die die Landjägertruppe ersetzte und mitunter als Instrument sozialer Kontrolle diente. Als Gegengewicht zur Armee, wo er immer noch gefährliche Gegner hatte, erhöhte Leguía die Mannschaftsstärke der Guardia Civil, sodass diese fast gleich viele Männer umfasste wie die Armee.

Nachdem er den Kongress unter seine Kontrolle gebracht hatte, sorgte Leguía für die Besetzung der lokalen Unterpräfekturen und der regionalen Parlamente durch ihm ergebene Mitstreiter. Außerdem blies er zum Kampf gegen selbstherrliche Großgrundbesitzer. Im Umgang mit der Gegnerschaft befolgte er das altrömische Prinzip des »Divide et impera« (Stifte Unfrieden unter denen, die du beherrschen willst). Durch Begünstigungen aller Art, Pfründen- und Ämtervergaben zog er einstige oder potenzielle politische Kontrahenten auf seine Seite. Arbeiter- bzw. angestelltenfreundliche Gesetze und Zugeständnisse sicherten ihm den Rückhalt bei den Mittel- und Unterschichten. So ließ Leguía ein Gesetz für Angestellte (Ley del Empleado) verabschieden, den Acht-Stunden-Tag legitimieren, Schiedsgerichte etablieren, die bei Arbeitskonflikten vermittelten, oder einen Mindestlohn festsetzen. Um die Unterstützung der einfachen Landbevölkerung zu gewinnen, initiierte er eine Kampagne für den Schutz und die Rechte der Indianer und führte offiziell einen Tag zu Ehren des Indianers (Día del Indio) ein. Außerdem ordnete er den Bau von land- und viehwirtschaftlichen Zentren sowie von Landwirtschaftsschulen in den ländlichen Zonen an.

Die politische Marginalisierung der Civilistas auf der einen, die Etablierung eines autokratischen Regimes auf der anderen Seite, führte zu blutigen Aufständen. Allein die Erhebungen im Departement Cajamarca in den Jahren 1924 bis 1927 kosteten Hunderte von Menschenleben. Die Rebellion von Militärs in Cusco vom 17./18. August 1922 forderte gegen 100 Tote. Dabei wurde der Mayor Luis M. Sánchez Cerro festgenommen und später nach Europa abgeschoben. Exilierungen, »freiwillige« Auswanderungen und »innere Emigration« waren verbreitete Phänomene der Elf-Jahres-Herrschaft. Bereits 1919 verließ José de la Riva Agüero, Führer des Partido Nacional Democrático, das Land. Óscar R. Benavides, der General, der 1914 Präsident Billinghurst gestürzt hatte, wurde 1921 zusammen mit Jorge Prado y Ugarteche ausgeschafft. Antero Aspíllaga, Präsident des Partido Civil und Gegenkandidat Leguías bei den Präsidentschaftswahlen von 1919, hatte sich schon zuvor gänzlich aus dem politischen Leben zurückgezogen. 1921 wurde auch Víctor Andrés Belaúnde verbannt, nachdem er an der Universität San Marcos in einer Rede gegen die Unterdrückung der zivilen Freiheiten durch die Leguía-Regierung protestiert hatte. Zwei Jahre später war Víctor Raúl Haya de la Torre an der Reihe, der anfänglich mit dem Regime zusammengearbeitet hatte. Nach einigen im Hungerstreik verbrachten Tagen auf der Gefangeneninsel San Lorenzo wurde Haya, wie so viele vor und nach ihm, 1923 deportiert. Mittels seiner Zuckerbrot-und-Peitsche-Politik gelang es Leguía, die Opposition auszuschalten oder zumindest in Schach zu halten. Am härtesten trafen die repressiven Maßnahmen den einst allmächtigen Partido Civil, dessen Machtapparat und Hegemonie ein für alle Mal zerstört wurden.

Modernisierung durch Anleihen und Direktinvestitionen

Leguías »Neues Vaterland« basierte auf einem Entwicklungsmodell, dessen Finanzierung stark von ausländischem Kapital abhing. Auswärtige Darlehen und Investitionen sollten das Wirtschaftswachstum ankurbeln, das Land modernisieren und generell in ein kapitalistisches Wirtschaftssystem überführen. Allerdings wurde das angestrebte Ziel einer schnellen Modernisierung nur teilweise erreicht. Einerseits versickerten aufgenommene Gelder in unproduktiven Projekten und korrupten Netzwerken. Oder sie wurden für den Schuldendienst verwendet und dienten der Deckung von Haushaltsdefiziten. Andererseits trieb die fatale Entwicklung der Weltwirtschaft auch die Andenländer in den Ruin.

Bei der Modernisierung der Infrastruktur und der Institutionen stützte sich das Leguía-Regime hauptsächlich auf Expertenwissen, Kredite und Direktinvestitionen aus den USA. Nordamerikanische Militärs halfen bei der Erneuerung der Seestreitkräfte mit. Die Electric Boat Company im Bundesstaat Connecticut lieferte neue Unterseeboote. Auf der Insel San Lorenzo entstand ein neuer Marinestützpunkt, und unter der Leitung des nordamerikanischen Fregattenkapitäns Harold Grow etablierte sich die Marinefliegerei. Grow wurde bald zu einem engen Freund des Präsidenten. Er hatte entscheidenden Anteil sowohl bei der Einführung eines inländischen Luftdienstes als auch von Langstreckenflügen für Passagiere zwischen Lima und den Vereinigten Staaten. Sein Landsmann, der Pilot und Luftfahrtunternehmer Elmer Faucett, gründete eine Fluggesellschaft, die Passagiere, Frachtgüter und Briefe zwischen Nordperu und Lima transportierte. Der erste kommerzielle Flug seiner Airline (Aerolíneas Faucett) von Lima nach Chiclayo fand im September 1928 statt. Im selben Monat nahm eine zweite Fluglinie namens Panagra ihren Betrieb auf der Strecke Lima–Talara auf. Einige Monate zuvor hatte Panamerican Airways – im Besitz der US-amerikanischen Handelsfirma Grace – ihr Flugnetz nach Südamerika ausgeweitet und New York mit

Lima verbunden. 1929 war Faucett für den Bau des ersten kommerziellen Flughafens in Peru verantwortlich.

Vom US-amerikanischen Know-how blieb fast kein Lebensbereich unberührt: Dank eines Abkommens mit der Rockefeller-Stiftung gelang es, das Gelbfieber, das seit 1919 die Nordküste Perus heimsuchte, dort wieder auszurotten. Nordamerikanische Experten sicherten sich die Verträge zur Verbesserung des Schulsystems, der städtischen Hygiene und von Sanitäranlagen. Sie waren dabei, wenn es um die Reformierung des Steuersystems oder des Geheimdienstes ging, wenn die Einrichtung einer Luftfahrtschule, die Verkehrsplanung in Lima oder die Verwaltung der Landwirtschaftsbank anstand oder wenn die Planung von Großprojekten für die künstliche Bewässerung in der Küstenlandwirtschaft fällig war. Finanzexperten aus den USA standen bei der Einrichtung der Zentralen Reservebank (Banco Reserva del Perú) Pate, die dem Vorbild der US Federal Reserve Bank folgte und die man im April 1922 einweihte. Der Zentralbank oblagen die Ausgabe der Banknoten und die Verwaltung der Geldreserven – Aufgaben, die zuvor private Geldinstitute wahrgenommen hatten. Zusammen mit der Etablierung der Zentralbank wurde die staatliche Aufsicht bezüglich der Geldemission, der Steuern, der Tarife, der Hypotheken und der Sparkassen verstärkt.

Leguías Bewunderung für die Vereinigten Staaten, in denen er einen Teil seiner Exiljahre verbracht hatte, trieb merkwürdige Blüten. Sie ging so weit, dass er den Prunkbau der Zentralbank vollständig in den USA vorfabrizieren und mitsamt dem Mobiliar nach Lima verschiffen ließ. Nicht nur besetzte Leguía zahlreiche hohe Positionen in Schlüsselministerien mit nordamerikanischen Spezialisten, er proklamierte auch noch den 4. Juli – den Nationalfeiertag der USA – zum gesetzlichen Feiertag. Ferner hieß Peru als einziger unter den lateinamerikanischen Staaten die Besetzung Nicaraguas durch US-amerikanische Marinesoldaten (1912–1933) gut. Mindestens ebenso willkommen wie technisches Wissen war US-amerikanisches Kapital, sei es in Form von Direktinvestitionen oder von Krediten. Viele nordamerikanische Großunternehmen nahmen erstmals ihre Geschäftstätigkeit im Andenland auf. Andere, wie die Cerro de Pasco Corporation, weiteten ihre Aktivitäten und Geschäftsfelder stark aus. Allein aus der Kupferproduktion bezog die Cerro de Pasco Corporation 1921 Einnahmen in der Höhe von rund 12 Millionen Gold-Soles; 1928 waren es sogar 25 Millionen. Das Unternehmen bezahlte praktisch keine Steuern und führte die Gewinne fast vollständig ins Ausland ab.

Die nordperuanischen Ölfelder von La Brea und Pariñas waren 1916 in den Besitz der International Petroleum Company (IPC) übergegangen, einer Tochtergesellschaft von Standard Oil aus New Jersey. 1922 schloss die Ölfirma mit der Leguía-Regierung einen äußerst vorteilhaften Vertrag über die Steuermodalitäten ab. Aufgrund der niedrigen Besteuerung und fehlender Regierungsauflagen betrug die geschätzte Gewinnrate der IPC im Jahr 1929 über 80 %. Während des Oncenio steigerte die IPC ihre peruanische Ölproduktion beträchtlich. Zwischen 1919 und 1929 verfünffachte sich die Fördermenge. Gleichzeitig wuchs die Ölraffinerie im nordperuanischen Talara zur größten Anlage ihrer Art an Südamerikas Westküste heran. Unterdessen expandierte auch die Grace Company. Auf ihr starkes Wachstum in der Schifffahrtsbranche, das bereits während dem Weltkrieg einsetzte, folgte die Expansion im Textilsektor. In den späten 1920er-Jahren kontrollierte die Grace Company über die Hälfte der peruanischen Textilproduktion. Insgesamt stiegen die US-amerikanischen Direktinvestitionen außerordentlich stark an: von 6 Millionen US$ im Jahr 1900 auf 200 Millionen gegen Ende der Leguía-Jahre. Damit übertrafen sie die britischen Investitionen, die 1925 die Höhe von 125 Millionen US$ erreichten.

Ungeachtet des grimmigen Widerstands vonseiten der Zucker- und Baumwollbarone erhöhte das Leguía-Regime die Exportsteuern. Zwar wuchsen die staatlichen Einnahmen in den elf Jahren um mehr als das Doppelte, doch konnten sie mit den Ausgaben nicht mithalten. Um den enormen Finanzbedarf zu decken, nahm die Regierung im großen Stil Darlehen von US-amerikanischen Privatbanken und Firmen auf. Prompt schnellten die Auslandschulden von 12 Millionen US$ im Jahre 1919 auf 100 Millionen im Jahre 1929. Anfänglich brauchte die peruanische Regierung die aufgenommenen Gelder in erster Linie für ambitionierte Infrastrukturvorhaben, für den Ausbau des Schul- und Gesundheitswesens und für Landwirtschaftsprojekte. Dabei flossen hohe Summen in die Modernisierung der kräftig wachsenden Hauptstadt. Während des Oncenio entstanden zahlreiche öffentliche Bauten aus Stein oder Zement mit Bronze- und Marmordekorationen. Grundlegende Infrastrukturprojekte (Trinkwasserversorgung, Kanalisationssystem) wurden vollendet, Straßen gepflastert oder asphaltiert, Plätze und Freizeitanlagen errichtet. An der Plaza Dos de Mayo wuchs ein Gebäudekomplex in die Höhe, der den modischen Architekturstil von Paris imitierte. Derweil bezogen die wohlhabenden Limeñer neue Residenzzonen in Miraflores und San Isidro. Dank der breiten Boulevards, der großzügigen Parkanlagen, der eleganten Geschäfte und Hotels galt die Stadt als eine der modernsten und schönsten Hauptstädte Südamerikas. Lima bildete einen würdigen Standort für die aufwändigen Feiern zum hundertsten Geburtstag der Unabhängigkeit (1921) und zum 100. Jahrestag der Schlacht von Ayacucho (1924). Außerdem fand 1927 in der Hauptstadt der südamerikanische Fußball-Cup statt. Leguía ließ sich die Chance nicht entgehen, dieses sportliche Großereignis in einem Dokumentarfilm zu verewigen. Damit demonstrierte er zum einen seine Verbundenheit mit den peruanischen Massen und deren Lieblingssport. Zum andern bekundete er den kosmopolitischen, modernen Geist seines Regimes, das in der Lage war, effizient einen internationalen Anlass in dieser Größenordnung zu organisieren. Ohnehin spannte Leguía virtuos die Massenmedien für seine Zwecke ein. So beauftragte er Filmproduktionsgesellschaften mit der Herstellung dokumentarisch-propagandistischer Streifen, die die Werke, Aktivitäten und Auftritte seines Regimes in ein vorteilhaftes Licht rückten.

Moderne Trinkwasserversorgungs- und Kanalisationssysteme erhielten ebenfalls Arequipa, Cusco, der Hafen Callao, Mollendo, Pimentel, Chosica und Barranco. Solche Anlagen befanden sich in Iquitos, Puno, Ayacucho, Pisco und Cañete im Bau, als Leguía 1930 gestürzt wurde. Unter seiner Herrschaft öffneten über 800 Primarschulen die Tore, wobei deren Schülerzahl von 176 680 im Jahr 1921 auf 318 735 im Jahr 1929 stieg. Impfkampagnen sorgten zusammen mit Verbesserungen bei der Ausbildung des Pflegepersonals und dem Aus- bzw. Neubau von Krankenstationen – in Lima entstand beispielsweise ein Modellspital für

Kinder – für Fortschritte im Gesundheitswesen. Zudem nahm im Jahr 1929 das Nationale Amt zur Seuchenbekämpfung (Servicio Nacional Antipestoso) seinen Kampf gegen Seuchen, Ratten und Infektionsherde auf. Zu seinen Aufgaben gehörten Impfkampagnen und die Sanierung verslumter Stadtviertel.

Was die Landwirtschaft betrifft, verwandelte ein Großprojekt zur künstlichen Bewässerung in der wüstenhaften Ebene bei Cañete 4000 Hektar Ödland in fruchtbare Böden. In Olmos und weiteren Provinzen des Departements Lambayeque wurde der Bau zusätzlicher künstlicher Bewässerungsanlagen in Angriff genommen, in Pampas de La Joya (Dep. Arequipa) mit der Planung eines gleichartigen Projekts begonnen. Landwirtschaftliche Versuchsstationen nahmen in Lambayeque, Piura und Tumbes ihren Betrieb auf. In mehreren Departements führte man neu gezüchtete Reissorten ein, während Modellbetriebe für die Schaf- und Viehzucht in Puno und weiteren Ortschaften des Hochlands aufgingen. Überdies öffnete die Nationale Landwirtschaftsschule in La Molina, außerhalb von Lima, ihre Pforten. All diese Neuerungen wirkten sich positiv auf die landwirtschaftliche Produktion aus, die sich zwischen 1919 und 1930 fast verdreifachte.

Je länger, desto weniger dienten die Darlehen ihrem eigentlichen Zweck, nämlich der Finanzierung der Modernisierungsprojekte. Der Schuldendienst verschlang immer höhere Beträge, was zu scharfer Kritik führte. Beanstandet wurden einerseits die hohen Profite der Gläubiger, andererseits die weitgehenden Konzessionen, die Leguía ausländischen Unternehmen erteilte, um sich weiterhin Darlehen zu sichern. Auf heftige Ablehnung stießen außerdem die hohen Kommissionen, die einheimische Unterhändler aus dem näheren Umfeld des Präsidenten einsteckten. Beispielsweise ließ sich Leguías Sohn bei einem Geschäft 415 000 US$ auszahlen. Angesichts der grassierenden Korruption und der staatlichen Geldverschleuderung schränkten die amerikanischen Banken gegen Ende des Jahres 1928 den Umfang ihrer Darlehen ein. Schätzungen gehen davon aus, dass die peruanische Regierung nur 30 % der Staatsanleihen in Projekte der öffentlichen Hand investierte. Der Hauptteil versickerte durch Unterschlagungen, Veruntreuungen und Betrügereien in undurchsichtigen Kanälen. Die Korruption erlangte ein Ausmaß, das erst wieder gegen Ende des 20. Jahrhunderts erreicht werden sollte.

Binnenmigration

Im Verlauf des 20. Jahrhunderts wanderten weltweit Millionen von Landbewohnern in der Hoffnung auf bessere Lebensbedingungen in die Städte ab. In Peru entfaltete die Hauptstadt, deren Einwohnerzahl förmlich explodierte, die weitaus stärkste Anziehungskraft. Damit potenzierte Lima ihre traditionelle Dominanz im politischen, wirtschaftlichen, kulturellen, publizistischen und wissenschaftlichen Leben des Landes. Im Jahre 1931 zählte die Provinz Lima 373 500, der Hafen Callao 69 800 Einwohner. Verglichen mit dem Zensus von 1920 war die Bevölkerung in Lima um rund zwei Drittel, im Hafen Callao um einen Drittel angewachsen. Die meisten der provinziellen Zuzügler stammten aus den Departements Junín, Ica, Áncash und Arequipa. Wenn sie mittellos waren, suchten sie sich eine Bleibe mit Hilfe von Verwandten oder Freunden, die sich bereits in der Hauptstadt etabliert hatten. Dabei kamen folgende drei für die städtischen Armen typische Wohnstätten in Frage: Callejón, Solar oder Casa de Vecindad. Letztere war eine zweistöckige Mietskaserne in Zentrumsnähe. Beim Callejón handelte es sich um einen langen Gang, der beidseits von aneinandergereihten Zimmern gesäumt war und der am Ende einen einzigen Wasseranschluss aufwies. Und ein Solar war ein baufälliges ehemaliges Herrschaftshaus, das man mittels Trennwände in eine Vielzahl kleiner Einzimmerwohnungen unterteilte. Die chronische Überbelegung, die prekären sanitären Verhältnisse und die Unmöglichkeit, ein Privatleben zu führen, bargen permanenten Konfliktstoff. So angespannt und problematisch die Lebensbedingungen in solchen Absteigen auch waren, im Vergleich zum harten Dasein auf dem Lande stellten sie zumeist eine Verbesserung dar. Zudem durften die Zuwanderer bis zum Ausbruch der Weltwirtschaftskrise damit rechnen, eine vergleichsweise gut bezahlte Stelle zu ergattern. Mit Tüchtigkeit und Glück konnten sie ihre Kinder zumindest für einige Jahre zur Schule schicken. Den Provinzlern kam zugute, dass sie zumeist auf ein zuverlässiges Beziehungsnetz zählen konnte, das Hilfe gewährte, für eine provisorische Unterkunft sorgte und die Startschwierigkeiten milderte. Regionale Vereine und Sportklubs, deren Mitglieder häufig aus den Unterschichten des gleichen Herkunftsortes oder der gleichen Provinz stammten, vermittelten ein Heimatgefühl und minderten die Anfangsschwierigkeiten in der ungewohnten städtischen Umgebung. Viele dieser Vereine zählten Hunderte von Mitgliedern. Einige brachten genügend Geld zusammen, um ein Vereinslokal zu erwerben. Die 44 Regionalklubs, die Lima im Jahre 1928 zählte, dienten als Kontakt- und Stellenbörsen sowie als Heiratsmarkt. Sie bildeten die Mittelpunkte traditioneller Festanlässe – wie den Feiern der Dorfheiligen – und ermöglichten es, Klientelverbindungen zu den arrivierten Mitgliedern zu etablieren.

Die (Export-)Wirtschaft

Die 1920er-Jahre brachten für die exportorientierte Landwirtschaft und die Wollbranche gravierende Probleme. Hatte die Zuckerproduktion zwischen 1915 und 1920 maßgeblich zu Perus positiver Handelsbilanz beigetragen, so hielt ab 1921 eine Zuckerschwemme die Weltmarktpreise niedrig. Die Rezession auf den Zuckerplantagen, nur von zwei kurzlebigen Erholungen in den Jahren 1923 und 1927 unterbrochen, führte bei den rund 30 000 Arbeitern zu stagnierenden oder abnehmenden Löhnen. Gleichzeitig ging der Prozess der Landkonzentration weiter. Die Anzahl der Zuckerrohrplantagen fiel von 118 im Jahr 1910 auf 64 im Jahr 1932. Gegen die übermächtige Konkurrenz der agroindustriellen Komplexe an der Nordküste hatten die kleinen Betriebe keine Chance.

Dank eines denkwürdigen Züchtungserfolgs erlebten Perus Baumwollexporte vorerst einen kräftigen Aufschwung. Der in Puerto Rico geborene Pflanzer Fermín Tangüis (1851–1932), der sich seit 1890 in Pisco dem Baumwollanbau widmete, brachte eine neue, hochwertige Baumwollsorte hervor. Nachdem eine Pflanzenkrankheit die Baumwollfelder im Departement Ica verwüstet hatte, experimentierte er mit resistenten Pflanzen. Bis 1912 hatte Tangüis eine Sorte gezüchtet, die resistent gegen die Welke war und hohe Erträge lieferte, insbesondere, wenn sie mit Guano gedüngt wurde. Weil sie starke, weiße und sehr lange Fasern besaß, war sie ideal für die Verarbeitung mit Hochgeschwindigkeits-Textilmaschinen. Außerdem brauchte die Pflanze wenig Wasser und wuchs auch auf kargen Böden, auf denen die gebräuchlichen Sorten nicht gediehen. Eine Baumwollkapsel-Käferplage in den USA trieb die Weltmarktpreise in die Höhe und führte zu einer stetigen Ausweitung der peruanischen Anbauflächen. Von 1916 bis 1925 nahmen diese um mehr als das Doppelte zu: von 55 600 auf 119 000 Hektar. Infolge des weltweiten Preissturzes im Jahr 1925 reduzierten sich die Einnahmen aus dem Baumwollexport. Die Reallöhne der Landarbeiter gingen zurück, und viele verloren ihre Stelle. 1928 beschäftigten die 674 Baumwollbetriebe nur mehr rund 27 000 Leute, während es 1922/1923 noch 40 000 gewesen waren. Von Arbeitslosigkeit betroffen waren auch die Arbeiter auf den Reisfeldern. Innerhalb von fünf Jahren, von 1922/1923 bis 1927/1928, schrumpfte ihre Zahl von 16 000 auf knapp 12 000.

Wie im Falle des Zuckers blieben die Weltmarktpreise für Schaf- und Kamelidenwolle niedrig und bewirkten im südlichen Hochland eine wirtschaftliche Rezession. Zahlreiche Händler machten Bankrott. 1921 war der regionale Handel paralysiert: Die Großhändler Arequipas stellten ihre Wollkäufe ein und die Kleinbauern erschienen nicht mehr auf den Märkten entlang der Bahnlinie.

Während die exportorientierte Landwirtschaft in der Krise steckte, entwickelten sich Kupfer und Erdöl zu Perus wichtigsten Ausfuhrgütern. Dementsprechend hoch war der Anteil an Arbeitern, die im Bergbau und im Ölsektor ein Auskommen fanden. Für 1929 registrierte man 32 321 Bergmänner und 5831 Arbeiter auf den Ölfeldern. Die beiden Schlüsselsektoren der peruanischen Wirtschaft befanden sich fest in ausländischen Händen. Die Cerro de Pasco Corporation verlegte ihren Hauptsitz nach La Oroya, wo sie eine der größten Raffinerien des Kontinents für Mineralien wie Kupfer, Blei und Zink installierte. Nach der Betriebsaufnahme im Jahr 1922 verpesteten Rauchschwaden aus den Fabrikkaminen die Gegend. Im Rauch enthalten waren Arsen, Schwefeldioxid, Blei, Bismut und andere Gifte. Eukalyptus-Bäume starben ab, Ernten gingen verloren, Menschen und Tiere litten unter Unwohlsein und Vergiftungserscheinungen. Erst nach langwierigen Verhandlungen erhielten die Betroffenen geringe Entschädigungen, während die Cerro de Pasco Corporation die ruinierten Ländereien aufkaufte. Viele Bauern, die ihr Land veräußerten, mussten als abhängige Lohnarbeiter im Bergbau ein Auskommen suchen. Nach der Installation von Rauchfiltern erholten sich die verseuchten Weiden, worauf die Cerro de Pasco

Corporation einen Viehzuchtbetrieb etablierte, der dem neuesten technischen Stand entsprach. Das Bergbauunternehmen stieg zur größten Grundherrin Perus auf. Seine Landwirtschaftsabteilung verwaltete zur Spitzenzeit 325 000 Hektar Land. Als größte Arbeitgeberin Perus hielt sie einen Großteil der zentralen Sierra fest im Griff. La Compañía, wie die Cerro de Pasco Corporation auch genannt wurde, besaß oder kontrollierte beinahe alles und jeden in ihrem Einzugsbereich: Straßen, Wasser, Strom, Schulen, Krankenhäuser, Politiker, Kleriker. Und sie besaß ihre eigene Währung, mit der sie die Arbeiter entlohnte, sodass diese in den firmeneigenen Geschäften einkaufen mussten. Wenn nötig half La Compañía der Regierung bei finanziellen Engpässen aus – so 1926, als sie eine Vorauszahlung auf zukünftige Zollabgaben für Mineralien und Metalle im Wert von 120 000 Libras peruanas leistete.

Neben der Cerro de Pasco Corporation dominierten zwei weitere US-amerikanische Unternehmen den peruanischen Bergbau, nämlich die Northern Peru Mining and Smelting Company und die Vanadium Corporation. Zusammen kamen diese drei Gesellschaften 1929 für über 97 % der Mineralienexporte auf. Ähnlich verhielt es sich im Falle des Erdöls, das 1924 zu Perus wichtigstem Exportprodukt aufstieg und fünf Jahre später 30 % der Exporteinnahmen erbrachte. Angeführt von der International Petroleum Company, festigten in den 20er-Jahren US-amerikanische bzw. britische Firmen ihre Kontrolle über die Ölfelder im nördlichen Departement Piura.

Der kapitalkräftigen Konkurrenz aus dem Ausland war das nationale Unternehmertum nicht gewachsen, sodass die ausländischen Unternehmen ihre Präsenz in den einträglichen Sektoren (Import- bzw. Exportgeschäft, industrielle Produktion, Binnenhandel, Dienstleistungen und Finanzbereich) weiter ausdehnen konnten. In Limas Finanzsektor etablierten sich 1919 gleich zwei US-amerikanische Banken: die Anglo South American Bank und die First National City Bank. Fast zur gleichen Zeit erhöhte die in Mailand ansässige Banca Commerciale Italiana ihre Beteiligung am Banco Italiano merklich. Und 1924 öffnete die Royal Bank of Canada ihre Tore. Im Jahre 1930 kontrollierten die Handelshäuser Duncan Fox und Grace über 80 % der Baumwollproduktion, womit sie sich auch eine beherrschende Position in der peruanischen Textilindustrie sicherten.

Gesamthaft gesehen wirkte sich die ausländische Dominanz in den lukrativsten Wirtschaftssektoren negativ auf Perus Wirtschaftsentwicklung aus. Der Gewinnabfluss, kombiniert mit den niedrigen Weltmarktpreisen für Rohstoffe, bremste gleichermaßen das industrielle wie das langfristige Wirtschaftswachstum. Aufgrund der Kapital- und Marktsituation war Peru als Rohstoffproduzent und Schuldnerland ökonomisch von den USA und von Europa abhängig. Dadurch war das Andenland den wirtschaftlichen Wechsellagen der Industriestaaten ausgesetzt. Zwar wirkte sich das zwischen 1913 und 1928 gewinnbringend aus, änderte sich aber ab der Weltwirtschaftskrise von 1929 dramatisch.

Das soziale Panorama

Weder der Partido Civil noch sonst eine Partei aus der Blütezeit der Aristokratischen Republik überstand die Leguía-Diktatur. Ungeachtet der politischen Entmachtung blieben aber die alten Elitegruppen bestehen. Ihre sozialen und wirtschaftlichen Privilegien ließ Leguía, selbst Agrarexporteur und durch verwandtschaftliche Beziehungen mit etlichen Elitefamilien verbunden, weitgehend unangetastet. An die Schalthebel der Macht drängten Neureiche sowie Aufsteiger aus den Mittelschichten. Im Dunstkreis der zahlreichen Entwicklungsprojekte bereicherten sich nicht nur Leguías Familienangehörige, sondern auch Vertraute und Mitarbeiter des Präsidenten sowie Günstlinge aus den Mittelschichten. Solch neureiche Profiteure büßten jedoch nach dem Zusammenbruch des Regimes rasch wieder an gesellschaftspolitischem Gewicht ein.

Durch die Vergrößerung des staatlichen Verwaltungsapparats sowie das Wachstum des Dienstleistungssektors erlangten die Mittelschichten eine zunehmende Bedeutung. Besonders stark wuchs die Anzahl der Angestellten des öffentlichen Dienstes, nämlich von 975 im Jahr 1920 auf 6285 im Jahr 1931. Dementsprechend nahmen die Ausgaben für den Unterhalt des Staatsapparates zwischen 1919 und 1929 um fast das Dreifache zu. Die Vervielfachung der Beamtenstellen veranlasste einen Kritiker, das Leguía-Regime als »bürokratischen Cäsarismus« zu bezeichnen. Zu Beginn des Jahres 1924 unterzeichnete Leguía ein Gesetz über die Rechte der Angestellten. Es verbot Entlassungen ohne Vorankündigung, regelte im Falle einer Kündigung die Höhe der Kompensationszahlung und sah Unterstützungsbeiträge im Todes- und Unglücksfall vor.

Obschon Leguía der ranghöchste Freimaurer Perus war, suchte er die Unterstützung durch die katholische Kirche. Zusammen mit dem Erzbischof von Lima wollte er Anfang 1923 Peru dem Heiligsten Herzen Jesu weihen. Wegen gewalttätiger Demonstrationen durch hauptstädtische Studenten und Arbeiter musste das Vorhaben jedoch aufgegeben werden. Elitäre katholische Schulen – wie die Limeñer Kollegien Recoleta, Inmaculada, Maristas, La Salle, Villa Mara – oder die 1917 gegründete Katholische Universität konnten unter Leguía uneingeschränkt funktionieren. Auch zirkulierte die Zeitschrift *El Amigo del Clero* (Der Freund der Geistlichkeit) ungehindert. Das Blatt pries den Katholizismus als Bollwerk gegen die sozialistische oder kommunistische Gefahr und offenbarte früh Sympathien für den italienischen Faschismus. Während die franziskanische Missionsarbeit in Satipo und Puerto Ocopa in der zentralperuanischen Dschungelregion Fortschritte machte, gründeten die Salesianer zwei indianische Landwirtschaftsschulen: Die eine in Yucay bei Cusco (1924), die andere in Salcedo bei Puno (1929). Perus katholischer Klerus (Weltgeistliche, Mönche, Nonnen) umfasste 1928 über 3000 Personen. Demgegenüber betreuten zu Ende des Oncenio 339 protestantische Seelsorger die auf rund 15 000 Gläubige – ca. 0,3 % der Gesamtbevölkerung – geschätzten Protestanten.

Den Wünschen der Mittel- und Unterschichten nach besseren Ausbildungsmöglichkeiten kam Leguía durch die Reorganisation, Ausweitung und Modernisierung des Erziehungssystems entgegen. Die Anzahl an Schülern und Studenten stieg von 195 000 im Jahr 1920 um über 60 % auf 313 000 im Jahr 1930. Abgesehen vom schwach besiedelten Dschungel-Departement Madre de Dios verfügte jedes Departement über mindestens ein Colegio Nacional (höhere Schule). Im Jahre 1925 zählten die insgesamt 28 Colegios Nacionales 4596 Schüler. Waren 1916 an den peruanischen Universitäten insgesamt 1791 Studenten eingeschrieben, so registrierte man 14 Jahre später bereits 2948. Davon studierten 2201 allein an Limas Universität San Marcos. Die Mehrheit der Neuimmatrikulierten entstammte den provinziellen Mittelschichten. Reformorientierte Studenten setzten sich zu Beginn des Oncenio erfolgreich für eine Änderung der internen Universitätsstrukturen ein, sodass einerseits eine studentische Beteiligung an der Universitätsleitung ermöglicht wurde und andererseits wissenschaftlicher Leistungsausweis und intellektuelle Fähigkeiten die Hauptkriterien bei der Vergabe von Lehrstühlen und administrativen Stellen bildeten. Der Frauenanteil an Kollegien und Hochschulen nahm beträchtlich zu. Frauen drangen in Männerdomänen ein. 1929 schloss Mary Doris Clark, die erste in Peru ausgebildete Ingenieurin, ihr Studium ab.

Abb. 16: Innenhof des Kulturzentrums der Universität San Marcos in Lima.

Eine neue Generation von Intellektuellen änderte radikal das Panorama des Geisteslebens und brach das Monopol, das die Civilistas seit dem 19. Jahrhundert an den Universitäten innehatten. Für die städtischen Mittelschichten bedeutete ein höherer Bildungsabschluss die wichtigste soziale Aufstiegsmöglichkeit und Voraussetzung für eine Anstellung in einem gut bezahlten, anspruchsvollen Beruf. Gegenüber den Intellektuellen verfolgte Leguía verschiedene Strategien, die von

Vereinnahmungsversuchen – etwa durch das Anbieten eines Regierungsamtes – bis zur Verbannung reichten. Solange das kritische Denken keine unmittelbare Gefahr für den Bestand seines Regimes darstellte, ließ Leguía intellektuelle Opponenten zumeist gewähren und versuchte nicht, ihr Schaffen abzuwürgen oder unter seine Kontrolle zu bringen. Trotz der politischen Repression entfaltete sich ein blühendes Geistesleben, ablesbar unter anderem daran, dass sich die Anzahl der Zeitungen und Zeitschriften von 1918 bis 1928 fast verdreifachte. Auch wurde die Zusammenarbeit zwischen Intellektuellen und Arbeitern, die während des Generalstreiks von 1919 eingesetzt hatte, nicht unterbunden, was zur Gründung der Volksuniversität »González Prada« führte.

Innerhalb der Arbeiterbewegung büßten die Anarchosyndikalisten an Rückhalt ein, während marxistisch beeinflusste Strömungen erstarkten. 1922 etablierte sich die Federación Obrera Local de Lima (FOL), die die Einigung der gesamten Arbeiterbewegung unter einem einzigen Verband anstrebte. Mehrere neue Arbeiterzeitschriften erschienen, Gewerkschaften richteten Bibliotheken ein, und führende Arbeiter bildeten sich mit Hilfe von Volksuniversitätskursen weiter. Ein unbegrenztes Erstarken der sozialistischen Kräfte, die letztlich das herrschende kapitalistische Regierungssystem stürzen wollten, konnte und wollte Leguía nicht dulden. Hatte er anfänglich aus taktischen Überlegungen die Arbeiterbewegung unterstützt, nahm er alsbald zu repressiven Maßnahmen Zuflucht. Er verbot Arbeiterzeitungen, drangsalierte die Volksuniversitäten, verfolgte und inhaftierte Aktivisten. Vier Jahre später holte das Leguía-Regime zum entscheidenden Schlag gegen die organisierte Arbeiterschaft aus. Es ließ im Juni 1927 verkünden, die Regierung habe eine kommunistische Verschwörung aufgedeckt. Im Rahmen ihrer bislang größten Verfolgungskampagne verhaftete die Geheimpolizei rund 200 der bekanntesten noch im Lande verbliebenen Arbeiter- und Studentenführer. Gewerkschaftliche Aktivitäten wurden verboten und konnten bis 1929 nur mehr im Untergrund stattfinden. In diesem Jahr ersetzte der neu gegründete Allgemeine Gewerkschaftsbund Perus (Confederación General de Trabajadores del Perú) die FOL.

Im Verlauf der 1920er-Jahre nahm die Zahl der Arbeiter stark zu: im Manufaktursektor und im Bergbau von je rund 20 000 auf 30 000, im agroindustriellen Bereich von rund 70 000 auf 90 000, wobei ein Drittel auf den Zuckerrohrfeldern und in den Zuckerfabriken beschäftigt war. Vermittels Reformen, Fürsorgemaßnahmen und arbeitsrechtlichen Verbesserungen bemühte sich die Leguía-Regierung, proletarische Anhänger zu gewinnen. Konkrete Maßnahmen bildeten die Einrichtung von Schiedsgerichten, die Lohnstreitigkeiten regelten, und die Etablierung einer eigenen Sektion »Arbeit« im Ministerium für Entwicklung (Ministerio de Fomento). Die Regierung legte Mindestlöhne fest, schuf einen Fonds für die Opfer von Arbeitsunfällen, regelte Arbeitsverträge bzw. Löhne und legte eine Obergrenze für die städtischen Mieten fest. Außerdem schuf die Vielzahl staatlicher Bauprojekte – darunter die Erstellung von Arbeitersiedlungen und Kinderkrippen – zahlreiche Arbeitsplätze. Andererseits zögerte Leguía nicht, Arbeitskonflikte mit Waffengewalt brutal zu unterdrücken, wie geschehen während der Streiks der Landarbeiter auf den Zuckerrohrplantagen der Küste in den Jahren 1921 und 1923.

Der anhaltende Konzentrationsprozess im Plantagensektor reduzierte die Anzahl der mittelgroßen Produzenten und machte aus Pächtern Lohnarbeiter. Zusammen mit Wanderarbeitern bildeten sie den Kern eines neuen Landarbeiterproletariats. Während die anrüchigen Praktiken zur Anwerbung von Arbeitskräften (Enganche-System) allmählich in den agroindustriellen Betrieben der Küste aufgegeben wurde, hielten sich in den entlegenen ländlichen Gebieten des Hochlands hartnäckig Formen der Schuldknechtschaft, in Dschungelregionen auch Sklaverei und Leibeigenschaft. Mancherorts in der Sierra behaupteten sich traditionelle Verhältnisse, basierend auf extensiver landwirtschaftlicher Produktion und quasifeudalistischen Arbeitsbedingungen. Dass sich in den abgeschiedenen Dörfern, in denen von alters her Großgrundbesitzer und Pfarrer das Sagen hatten, wenig geändert hatte, deckt ein Inspektionsbericht auf. Im Auftrag des Bischofs von Trujillo inspizierten die Mönche Deogracias de Ondonégui und Luis Arroyo in den Jahren 1924 und 1926 die ländlichen Pfarreien der Diözese. Nebst einem vorbildlichen und pflichtbewussten Seelsorger – dem 80-jährigen Antonio Rodríguez – trafen die beiden auch Weltgeistliche an, die kolonialzeitliche Unsitten weiter pflegten. So hielt es der Pfarrer von Pataz nicht für nötig, die Inspektoren zu empfangen. Während die Dorfkirche in einem erbärmlichen Zustand war, besaß der Pfarrer mehrere komfortable Häuser. Nie predigte er das Evangelium, und nur selten feierte er die Messe und wenn, dann nur gegen Bezahlung. Er lebte öffentlich im Konkubinat und mischte sich zusammen mit seinen »Neffen« in alle Dorfangelegenheiten lauthals ein.

Leguías Indianerpolitik

Leguía versprach den Peruanern nichts weniger als ein »Neues Vaterland«: Eine Ordnung, in der nicht nur die Küstengebiete modernisiert, sondern auch im Hochland der Fortschritt Einzug halten sollte. Zu Beginn des Oncenio trat Leguía tatsächlich als ein entschlossener Reformer auf, der regionalistische und indigenistische Forderungen in sein Regierungsprogramm einbezog. Er ließ 1920 ein Büro für indianische Angelegenheiten unter der Leitung des bekannten Soziologen Hildebrando Castro Pozo im nationalen Entwicklungsministerium einrichten, etablierte als neuen nationalen Feiertag den »Día del Indio« (Tag des Indianers) und anerkannte die Organisation Comité Pro-Derecho Indígena »Tahuantinsuyu« (Komitee für die Rechte der Indianer »Tahuantinsuyo«) als Vertreterin indianischer Interessen. Im Komitee versammelten sich junge Rechtsanwälte, Lehrer und Journalisten, welche die Kleinbauern in rechtlichen und organisatorischen Fragen berieten. Ziel war es, die Indianer für den Kampf um eine gerechtere Gesellschaftsordnung zu organisieren. Während die einen Aktivisten anarchistischen Ideen anhingen, neigten andere einem romantischen Sozialismus oder millenaristischen Ideologien zu. Grundsätzlich waren sie überzeugt, dass das Vorbild der inkaischen Epoche – als bäuerlicher Kommunismus interpretiert

– eine gangbare Alternative zur Herrschaft der Großbauern sei. Der Organisation, die aus einem Zentralkomitee mit Sitz in Lima sowie untergeordneten Stellen in Departementen, Provinzen und Distrikten bestand, schlossen sich Indianer an, die mit anarchosyndikalistischen, sozialistischen oder indigenistischen Ideen in Berührung gekommen waren. Dazu zählten Indianer, die im Rahmen der obligatorischen Militärdienstzeit Lesen und Schreiben gelernt hatten und gleichzeitig auch politisiert worden waren. Als Alternative zum Komitee Tahuantinsuyo etablierte die Regierung Ende Mai 1922 eine Organisation mit Zweigstellen bis auf Distriktebene: den Patronato de la Raza Indígena (Schirmherrschaft über die Indianer). Die Mitglieder setzten sich aus Honoratioren und Würdenträgern zusammen, wobei der Limeñer Erzbischof Lissón der Organisation als Präsident vorstand.

Auch in legislatorischer Hinsicht entfaltete die Leguía-Regierung eine intensive Tätigkeit. Zwischen 1919 und 1924 wurden mehr Gesetze betreffs der indigenen Bevölkerung angenommen als während der fast hundert Jahre seit der Ausrufung der Unabhängigkeit zusammen. Im Artikel 58 der neuen Verfassung machte es sich der Staat zur Aufgabe, die Indianer zu schützen und zu fördern. Erstmals in der Geschichte des republikanischen Perus fanden die indianischen Dorfgemeinschaften offiziell Anerkennung, und ihre kollektiven Besitztümer wurden als unveräußerlich erklärt. Obschon die Konstitution von 1920 in der breiten Öffentlichkeit vorerst geringen Widerhall fand, deutete sie doch eine neue Einstellung gegenüber der indigenen Bevölkerung an. Amtlicherseits versuchte man nun nicht mehr, die indigene Bevölkerung zu »assimilieren«, sondern in die nationale Gesellschaft zu »integrieren«, indem man ihre kulturellen Eigenheiten und Wertvorstellungen respektierte. Zugleich kam ein langwieriger, bis in die Gegenwart andauernden Prozess ins Rollen, in dem die staatlichen Behörden indianische Gemeinschaften registrierten und deren Ländereien kartografierten. Bis 1930 wurden 321 Comunidades anerkannt und deren Ländereien amtlich erfasst. Damit konnten sie allfälligen Expansionsbestrebungen benachbarter Großgrundbesitzer einen Riegel vorschieben.

In offenem Widerspruch zu seiner Indianerschutzpolitik autorisierte Leguía 1920 ein Gesetz zur Fronarbeit im Straßenbau (Ley de Conscripción Vial). Mit dem forcierten Ausbau des Straßennetzes wollte die Regierung das Landesinnere besser erschließen und damit auch den Binnenmarkt ausweiten. Zu diesem Zweck institutionalisierte sie ein System der Zwangsarbeit, das hauptsächlich zu Lasten der mehrheitlich indianischen Landbevölkerung ging. Jeder Peruaner im Alter zwischen 21 und 50 Jahren hatte während mindestens 12 Tagen im Jahr einen unentgeltlichen Arbeitseinsatz zu leisten. Für die 18- bis 21-Jährigen bzw. 50- bis 60-Jährigen betrug die Arbeitszeit die Hälfte. Von der Fron befreit waren Geistliche, Militärs, Ausländer sowie Dienstpflichtige, die entweder einen Stellvertreter zur Baustelle schickten oder eine Befreiungszahlung leisteten. Die Höhe des Befreiungsbetrags variierte von Region zu Region, lag aber für die meisten Campesinos außer Reichweite. Das neue Frongesetz ermöglichte oder verbilligte eine Vielzahl staatlicher Projekte, da genügend kostengünstige Arbeitskräfte zur Verfügung standen. Während ein Teil der Fronarbeiter Straßen anlegte oder Wege pflasterte, erweiterten andere Friedhöfe oder leisteten ihren Frondienst in einem Schlachthof ab. Auch die Großgrundbesitzer wussten vielfältigen Nutzen aus dem Gesetz zu ziehen, indem sie Fronarbeiter beim Bau ihrer Privatstraßen, bei landwirtschaftlichen Arbeiten oder als Hausknechte einsetzten.

Bei einer Dienstzeit, die bis zu drei Monate betragen konnte, wurden die Fronarbeiter oftmals für bedeutend längere Perioden eingesetzt als gesetzlich vorgeschrieben. Nicht selten mussten sie fern ihrer Heimatorte zur Arbeit erscheinen, ohne auf eine angemessene Verpflegung oder medizinische Versorgung zählen zu können. Während der Arbeiten ereigneten sich immer wieder Unfälle, die im schlimmsten Fall tödlich ausgingen. Die Missbräuche im Zusammenhang mit der Ley de Conscripción vial sowie der Ley de Vagancia (Gesetz gegen die Landstreicherei) trieben in der Provinz Andahuaylas die Abwanderung voran. Andererseits provozierten sie Gewaltausbrüche und Erhebungen.

Aufstände auf dem Lande

Zwischen 1919 und 1923 flackerten in einem riesigen Gebiet, das vom bolivianischen Cochabamba über das südperuanische Hochland bis nach Ayacucho reichte, Dutzende von Rebellionen und Tumulten auf. Bei den Protesten ging es hauptsächlich um Land, das indianische Gemeinschaften und Bauern von Großgrundbesitzern zurückverlangten. Zugleich zirkulierten prophetisch-erlöserische Proklamationen, die eine egalitäre Gesellschaftsordnung nach dem Beispiel des idealisierten inkaischen Reichs propagierten. Diese Aufrufe kombinierten Gedankengut aus verschiedenen Quellen, wie der sozialistischen Bewegung, dem intellektuellen Indigenismus oder dem indigenistischen Populismus des Präsidenten Leguía. Bei den Ausschreitungen wurden Hacienda-Verwalter – in Abwesenheit der Besitzer Sinnbilder der Ausbeutung – umgebracht, Höfe geplündert und vereinzelt auch angezündet. Aus taktischen Gründen tolerierte die Leguía-Regierung anfänglich manche Übergriffe, schwächten sie doch die Stellung der überwiegend mit dem Civilismo verbundenen Großgrundbesitzer im Landesinnern.

Im Unterschied zur Zeit des Rumi-Maqui-Aufstandes (siehe oben) entstammten die Anführer nun den Reihen der Bauernschaft. Die radikalsten Rebellen schworen dem Katholizismus ab und vertrieben die Pfarrer, die sie als Verbündete der Großgrundbesitzer abqualifizierten. Unter dem Hinweis, die legitimen Erben der Inkas zu sein, forderten andere sämtliche Ländereien zurück. Neu zeigten sich auch die Colonos – die von den Hacendados abhängigen Arbeiter – für nativistische Heilsbotschaften empfänglich. Dass sich selbst ehedem unterwürfige Colonos auflehnten, bedeutete, dass die Hacendados nicht wie üblich ihre Arbeiterschaft bewaffnen und gegen Aufständische einsetzen konnten. Die Gamonales waren damit nicht mehr in der Lage, Meutereien selbstständig niederzuschlagen und mussten staatliche Hilfe in Anspruch nehmen.

Trotz der Vielzahl an Unruheherden weiteten sich die Proteste nicht zu einer allgemeinen, großflächigen Erhebung aus. Nur in wenigen Fällen konnten sich

Abb. 17: Gegend von Huancané (Dep. Puno) mit der Hochebene (Altiplano).

Aufstandsbewegungen über mehrere Wochen behaupten. Üblicherweise brachen sie in kurzer Zeit zusammen oder wurden brutal von Gamonales oder den staatlichen Sicherheitskräften zerschlagen. Zu den massivsten Erhebungen, die Hunderte, wenn nicht Tausende von Menschenleben kosteten, kam es in Huancané (Dep. Puno, 1922 und 1923), in La Mar (Dep. Ayacucho, 1923) und in Parcona (Dep. Ica, 1924). Im Falle von Huancané waren den Aufständen zahlreiche Verbrechen von Gamonales vorausgegangen, die versucht hatten sich indianischer Ländereien zu bemächtigen. In einem Bericht an den Präsidenten des Abgeordnetenhauses dokumentierte der Aktivist Ezequiel Urviola aus Puno Fälle von unentgeltlicher Zwangsarbeit, Folterungen und Auspeitschungen sowie die Ermordung von mehr als 100 Bauern.

Bis 1923 konnte Leguía auf die Unterstützung durch das Komitee Tahuantinsuyo zählen. Als Leguía mit der (missglückten) Weihung Perus an das Heiligste Herz Jesu einen Kurswechsel einleitete und energische Schutzmaßnahmen zugunsten der einfachen Landbevölkerung ausblieben, legten führende Mitglieder des Komitees ihre Ämter nieder. Beunruhigt über die zunehmende Militanz der Aufständischen, revidierte Leguía seine indianerfreundliche Politik. Er schlug sich auf die Seite der Gamonales und ließ die radikalsten Indigenisten verfolgen. Schließlich verordnete er im August 1927 die Auflösung des Comité Pro-Derecho Indígena »Tahuantinsuyo«.

Indigenismus

Der Indigenismus war eine der wichtigsten intellektuellen, künstlerisch-kulturellen und politischen Avantgardebewegungen im Andenraum. Es handelte sich um heterogene Initiativen, die sich für soziale und politische Reformen zugunsten der andinen Urbevölkerung einsetzten. Die Anfänge des literarischen Indigenismus werden zumeist um die Mitte des 19. Jahrhunderts angesetzt. Generell blühte der Indigenismus zu Beginn des 20. Jahrhunderts auf und dauerte, zumindest in seinen literarischen Ausprägungen, bis in die 1970er-Jahre. Als frühester literarischer Vertreter wird oft Narciso Aréstegui genannt. Dieser verfasste den in Cusco spielenden Roman *El Padre Horán* (1848), in dem erstmals in der peruanischen Literatur der Blick auf Armut und Elend der Indianer gelenkt wurde. Ein Jahr später verteidigte Juan Bustamante Dueñas (siehe oben) die Indianer in einem Bericht über seine Reiseerfahrungen in Europa. Zu Beginn der 1860er-Jahre erschienen in der Zeitschrift *La Revista de Lima* zwei Erzählungen aus der Welt der Hochlandindianer. Die eine stammte von Juana Manuela Gorriti, die andere von Ladislao Graña. Zu erwähnen ist ferner ein Artikel aus der Feder der Cusqueñerin M. Ángela Enríquez de Vega, der 1875 in der Zeitschrift *La Alborada* unter dem Titel »El Indio« erschien. Darin beanstandete die Autorin den Indianertribut, die unentgeltlichen Zwangsarbeiten, die Missbräuche von kirchlichen und weltlichen Autoritäten sowie die Zwangsrekrutierungen der Armee. Zugleich forderte sie die Etablierung von Bildungseinrichtungen und weitere Maßnahmen, die dem moralischen und materiellen Fortschritt der Indianer dienen sollten.

Nach der kriegsbedingten Unterbrechung folgten weitere indigenistische Werke. José T. Itolararres (Pseudonym für José T. Torres Lara) publizierte *La Trinidad del indio o costumbre del interior* (Das Dreigestirn des Indianers oder Sitten des Landesinnern;1885). Für Verständnis warb Carlos L. Lissón, einer der Gründerväter des Partido Civil und Dekan an der literarischen Fakultät der Limeñer Universität San Marcos, mit seinem Buch *Breves apuntes sobre la sociología del Perú en 1886* (Kurze Bemerkungen zum Zustand der Gesellschaftswissenschaft in Peru im Jahre 1886; 1887). Lissón deutete die den Indianern allgemein zugeschriebenen Laster wie Faulheit, Trägheit und Trunksucht nicht als Ausdruck einer angeborenen Inferiorität, sondern der eng begrenzten Welt und den ungünstigen Verhältnissen, in der zu leben sie gezwungen waren. Trotzdem habe die Urbevölkerung ihren Sinn und ihre Kraft für die Arbeit bewahrt.

Mit ihrem Roman *Aves sin nido* (Vögel ohne Nest; 1889), in dem sie die auf dem Lande herrschenden Ausbeutungsverhältnisse beschrieb, fand die Schriftstellerin Clorinda Matto de Turner viel Beachtung. Die Zweitausgabe widmete sie dem scharfzüngigen Kritiker Manuel González Prada, der mit den Essaysammlungen *Páginas libres* (Freie Seiten; 1894) und *Horas de lucha* (Zeit der Kämpfe; 1908) weit über Peru hinaus bekannt werden sollte. González Prada wiederum fasste seine Gedanken über die Stellung der Indianer in der peruanischen Gesellschaft in einer Abhandlung mit dem Titel *Nuestros In-*

dios (Unsere Indianer; 1904) zusammen. Symptomatisch für den Indigenismus denunzierte er darin die Ausgrenzung, Erniedrigung, Unterdrückung und Ausbeutung des indigenen Bevölkerungsteils:

> »Das, was wir die Indianer erleiden machen, genügt, um uns mit menschlichem Fluch zu beladen. Wir erhalten sie in der Unwissenheit und Knechtschaft, brutalisieren sie in der Kaserne, verdummen sie mit Alkohol, schicken sie zur Selbstzerfleischung in die Bürgerkriege, und ab und zu organisieren wir Menschenjagden und Gemetzel wie die von Amantaní, Ilave und Huanta. [...] Unsere Regierungsform reduziert sich zu einer großen Lüge, weil ein Staat, in dem zwei oder drei Millionen Individuen außerhalb des Gesetzes leben, nicht verdient, demokratische Republik genannt zu werden.« (Gonzáles Prada, Nuestros Indios, zit. nach: Sarkisyanz 1985, 104).

Die erste republikanische Organisation zum Schutz und zur Verteidigung der Indianer formierte sich 1867 in Lima unter dem Namen »Sociedad Amiga de los Indios«. Zu den Gründungsmitgliedern zählten Narciso Aréstegui und Juan Bustamante Dueñas. Die Gesellschaft der Indianerfreunde verstand sich als Mittlerin zwischen der institutionellen Ordnung und der Urbevölkerung. Sie setzte sich dafür ein, dass die Indianer als gleichberechtigte Staatsbürger anerkannt würden. Ähnliche Ziele verfolgte die »Asociación pro Indígena« (Verein zum Wohle der Indianer), die 1909 in Lima gegründet wurde. Zu den wichtigsten Gründungsmitgliedern gehörten die in Deutschland geborene Dora Mayer, der chinesischstämmige Philosophiestudent Pedro S. Zulen und der Ingenieur, Soziologe und Senator Joaquín Capelo. In den Provinzen war die Asociación pro Indígena mit über 60 Abordnungen vertreten. In ihrer Zeitschrift *El Deber Pro-Indígena* (Die Pflicht gegenüber den Indianern), die von 1912 bis 1915 erschien, prangerten sie Fälle der Ausbeutung, Benachteiligung und Gewalt auf dem Lande an. Nach der Auflösung der Asociación aufgrund persönlicher Zwiste setzten sich ehemalige Mitarbeiter für den Aufbau einer Nachfolgeorganisation ein. Ihre Bemühungen mündeten im Juni 1920 in die Gründung des bereits erwähnten Comité Central Pro-Derecho Indígena »Tahuantinsuyo«.

Außerhalb Limas, in den Provinzstädten Cusco, Arequipa und Puno, ging der Indigenismus eine enge Verbindung mit regionalistischen Strömungen ein. Für die Ausgestaltung des Indigenismus am Titicacasee waren verschiedene Bildungsprojekte entscheidend. So leitete der in Lima zum Primarlehrer ausgebildete José Antonio Encinas von 1907 bis 1911 ein Schulzentrum in Puno, in dem der Unterricht in der Muttersprache der Schüler, dem Aymara, stattfand. Mehrere Schulabgänger wurden später selbst Lehrer in ihren Heimatgemeinden. Encinas pädagogische Vorstellungen fanden Eingang in seiner Abhandlung *Un ensayo de escuela nueva en el Perú* (Eine Studie über die neue Schule in Peru; 1932). Zusätzliche Impulse ergaben sich aus der Bildungsarbeit nordamerikanischer adventistischer Missionare. Dank der tatkräftigen Unterstützung des US-amerikanischen Adventisten-Ehepaares Ferdinand und Anna Stahl weitete sich ein von Manuel Zúñiga Camacho aus Puno initiiertes Schulprojekt stark aus. Dieser hatte mit dem Aufbau von »Freien Schulen« mit Aymara sprechenden Lehrern im Titicacasee-Gebiet begonnen. Um 1919 besuchten rund 2000 Kinder solche Schulen. Gegen Ende der 1920er-Jahre zählte die Adventisten-Kirche ungefähr 7000 Gläubige, eine Zahl, die um 1940 auf 30 000 stieg. Die adventistischen Missionare bewirkten Änderungen der traditionellen Verhaltensmuster, indem sie versuchten, die Landbevölkerung ins bürgerlich-zivile Leben zu integrieren, ihr bürgerliche Rechte und Pflichten zu vermitteln, sie von Alkohol- und Coca-Konsum abzubringen sowie als abergläubisch gebrandmarkte Sitten und Praktiken auszurotten.

In Cusco bildete die lokale Universität San Antonio Abad das Strahlungszentrum des Indigenismus. Bereits zu Beginn des 20. Jahrhunderts beschäftigte sich das universitäre Centro Científico mit Indianerfragen. Dessen Bulletin veröffentlichte erste ethnografische Arbeiten. Die archäologischen Ausgrabungen in Machu Picchu riefen 1911 eine allgemeine Begeisterung hervor und entfachten unter Cuscos Studentenschaft das Interesse an der inkaischen Geschichte. Für die Verbreitung der wissenschaftlichen Erkenntnisse zur inkaischen Vergangenheit wie auch für eine intellektuelle Auseinandersetzung mit den aktuellen Problemen der indianischen Landbevölkerung sorgte das Publikationsorgan der Hochschule, die *Revista Universitaria*.

Abb. 18: Inkaische Gebäude und Terrassen in Machu Picchu, dem touristischen Mekka des Landes.

Um 1920 schlossen sich Dora Mayer de Zulen, der Maler José Sabogal sowie die in Cusco tätigen Luis E. Valcárcel und José Uriel García zum Grupo Resurgimiento (»Aufbruch«, »Wiederbelebung«) zusammen. Von 1927 bis 1930 gab die Gruppe die indigenistische Zeitschrift *La Sierra* heraus. In dieser Zeit verfassten der Universitätsdozent Valcárcel und der Historiker García mit *Tempestad en los Andes* (Sturm über den Anden; 1927) und *El Nuevo Indio* (Der neue Indianer; 1930) zwei viel beachtete Abhandlungen, die den Aufstieg eines neuen Indianertums prophezeiten.

Das bedeutendste Diskussionsforum für Vertreter unterschiedlicher ideologischer Strömungen bildete die avantgardistische Zeitschrift *Amauta* (Quechua-Wort für Gelehrter oder Weiser), die zwischen September 1926 und August/September 1930 in 32 Ausgaben in Lima erschien. In zahlreichen Beiträgen suchten verschiedene Autoren nach Verbindung zwischen Indigenismus und Sozialismus. Die diesbezüglichen Artikel präsentierten sich facettenreich. Sie thematisierten die Verteidigung bzw. Stärkung der indianischen Kultur, die Integration der Urbevölkerung in die Nation sowie die Ursachen von Ausbeutung und Diskriminierung. Für José Carlos Mariátegui und Víctor Raúl Haya de la Torre, die beiden wirkungsmächtigsten politischen Denker, die in der *Amauta* das Wort ergriffen, bildete das überkommene Latifundien-System das zentrale Problem. Beide gaben sich überzeugt, dass nur eine radikale Landreform Abhilfe schaffen könne. Kulturell forderten sie eine Abkehr von der traditionellen Europazentriertheit und eine Rückbesinnung auf die eigenen indianischen Traditionen.

Der Indigenismus hinterließ im lateinamerikanischen Geistesleben tiefe Spuren und nahm vielerlei Formen an. Der frühe republikanische Indigenismus zielte auf eine Assimilierung der indigenen Bevölkerung. Mittels staatlicher Bildungs- und Erziehungsmaßnahmen sollten die Indianer ihre »barbarischen« Sitten überwinden, ihre Muttersprachen aufgeben und wie die Mestizen zu peruanischen Staatsbürgern aufsteigen oder sich in ein »zivilisiertes« Proletariat verwandeln. Für die Cusqueñer Intelligenzija der 1920er-Jahre war der Indigenismus eine regionalistische, gegen den Limeñer Zentralismus gerichtete Doktrin. Vertraten die einen Indigenisten einen humanistischen Paternalismus, forderten andere die Wiederherstellung eines verklärten inkaischen Reiches, während dritte die sozialrevolutionäre Umgestaltung des Staates Peru propagierten. In der peruanischen Literatur reichte das Spektrum von gut gemeinten paternalistischen Romanen (wie die von Matto de Turner) bis zu regionalistischen Fiktionen eines Enrique López Albújar; vom romantischen Realismus eines Ciro Alegría bis zum »Neoindigenismus« eines José María Arguedas. In der Malerei erschienen Indigenista-Themen im Werk von José Sabogal, in der Musik von Daniel Alomía Robles – dessen Werk »El Cóndor pasa« 1913 uraufgeführt wurde – und in der Archäologie in den Pionierarbeiten zur vorinkaischen Geschichte eines Julio C. Tello. In enger Beziehung zum Indigenismus stand die wissenschaftliche Anthropologie, die 1946 als neue universitäre Disziplin von Luis E. Valcárcel in Peru eingeführt wurde. Als Erziehungsminister rief Valcárcel in diesem Jahr das Instituto de Etnología y Arqueología de la Universidad de San Marcos ins Leben. Parallel dazu wurde das Fach Anthropologie auch an Cuscos Universität San Antonio Abad eingeführt, nachdem man drei Jahre zuvor dort bereits das Fach »Folklore und indianische Sprachen« etabliert hatte. Valcárcel gründete 1947 den Instituto Indigenista Peruano und übernahm dessen Leitung. Ziel des Instituts war, die Forschung voranzutreiben und Programme der angewandten Anthropologie zum Nutzen der indigenen Bevölkerung durchzuführen. Das erste und zugleich größte dieser Programme bildete das Perú-Cornell-Projekt, für dessen Koordinierung die Universität von Cornell (USA), Limas Universität San Marcos und der Instituto Indigenista Peruano verantwortlich waren. Allgemein konzentrierten sich die Programme der angewandten Anthropologie auf ländliche Entwicklungsprojekte. Schwerpunkte bildeten die Modernisierung der Landwirtschaft durch Technologietransfer, Maßnahmen zur Verbesserung der Marktintegration sowie die Ausbildung und Förderung von modernisierungswilligen Führungskräften mit unternehmerischen Fähigkeiten.

Massenparteien

Während des Oncenio bildeten sich zwei neuartige moderne Massenparteien: Víctor Raúl Haya de la Torre gründete 1926 in Paris die Alianza Popular Revolucionaria Americana, kurz APRA (Revolutionäre Volksallianz Amerikas). Und José Carlos Mariátegui rief im Oktober 1928 den Partido Socialista del Perú (PSP) ins Leben, der kurz nach seinem frühzeitigen Tode im Jahre 1930 in »Peruanische Kommunistische Partei« umbenannt wurde.

Als Studentenführer im Generalstreik vom Januar 1919 machte sich Haya de la Torre einen Namen. Unmittelbar nach Beendigung des erfolgreichen Generalstreiks, der Limas Industriearbeitern den Acht-Stunden-Tags brachte, übernahm er kurzfristig das Präsidium der neu gegründeten Textilarbeitergewerkschaft Federación de Trabajadores de Tejidos del Perú – eine Organisation, die sich in den 1920er-Jahren zur stärksten Kraft innerhalb der peruanischen Arbeiterbewegung entwickelte. Auch nachdem Haya das Amt wieder abgegeben hatte, blieb er in Kontakt mit zahlreichen Arbeiterführern. Anlässlich des ersten nationalen Studentenkongresses vom März 1920 in Cusco setzte er eine Resolution durch, welche die Mitarbeit der Studentenschaft bei der Etablierung von Volksuniversitäten dekretierte. Im Folgejahr wurde Haya zum Rektor der ersten peruanischen Volksuniversität (Universidad Popular) gewählt. Bis 1922 schrieben sich 50 000 Arbeiter für Kurse in Mathematik, Chemie, Physik, Biologie, Physiologie, Hygiene, Sozialgeschichte, Psychologie und politischer Ökonomie ein. Neben den Lehrveranstaltungen organisierten die Volkshochschulen Kulturanlässe, Exkursionen und Tanzabende. Zudem versuchten sie, die Volksgesundheit zu fördern, indem sie den Alkoholismus sowie den Konsum von Coca-Blättern bekämpften. Sie ermöglichten Kontakte und den gegenseitigen Austausch zwischen progressiven Intellektuellen und engagierten Studenten auf der einen, Arbeitern und Angehörigen der Unterschicht auf der anderen Seite.

Aus der studentischen Aktivistengruppe, die an den Volksuniversitäten lehrte, rekrutierte sich der Führungskern der APRA. Anfänglich arbeiteten Haya und die Volksuniversitätsbewegung mit dem Leguía-Regime zusammen. Den endgültigen Bruch provozierte Leguías eigenmächtiger Entscheid, Peru dem Heiligsten Herzen Jesu weihen zu lassen. Bei den gewaltsamen Straßenprotesten vom 23. Mai 1923 fanden ein Student und ein Arbeiter den Tod. Der Erzbischof sah sich gezwungen, die Pläne für den Weiheakt aufzugeben. Leguía reagierte mit einer Verfolgungskampagne, die sich gegen Arbeiterführer und die Volkshochschulen richtete. Im Oktober wurde Haya verhaftet, für einige Tage auf der Gefangeneninsel San Lorenzo inhaftiert und dann deportiert. Im Exil arbeitete er als Sekretär des mexikanischen Erziehungsministers José Vasconcelos. Die Leitung der Zeitschrift *Claridad* – das radikale Organ »der freien Jugend Perus und der Volksuniversitäten« – übertrug er seinem Freund und Mitarbeiter in der Volkshochschulbewegung José Carlos Mariátegui.

Nach einem sechsmonatigen Aufenthalt in Mexiko reiste Haya zum Fünften Kommunistischen Weltkongress nach Moskau. Der Kongress mit Delegationen aus aller Welt übte einen nachhaltigen Einfluss auf ihn aus. Die Kongressleitung rief die Teilnehmer dazu auf, in den Fabriken kommunistische Zellen aufzubauen mit dem Ziel, die Arbeiterschaft für die Revolution vorzubereiten. Haya organisierte später die APRA nach dem Vorbild dieser Zellenorganisation. Der kommunistische Anti-Imperialismus und Internationalismus fanden ebenfalls einen Widerhall in der APRA-Ideologie. Im Dezember 1926 veröffentlichte Haya in der KP-nahen britischen Zeitschrift *Labour Monthly* die erste öffentliche Stellungnahme zur APRA mit einem Grundsatzprogramm. Es umfasste folgende fünf Punkte: 1) Aktionen gegen den nordamerikanischen Imperialismus; 2) politische Einheit Lateinamerikas; 3) Nationalisierung des Landbesitzes und der Industrie; 4) internationale Kontrolle des Panamakanals; 5) Solidarität mit allen unterdrückten Völkern und Klassen der Welt. Unter Mitwirkung von verbannten peruanischen Studenten bildeten sich APRA-Sektionen und Zellen in Paris, Argentinien, Mexiko, Bolivien, Kuba und sogar in New York. Obwohl sich Haya aus dem marxistisch-leninistischen Ideologiearsenal bediente, zog er es vor, unabhängig vom internationalen Kommunismus zu bleiben. Beim antiimperialistischen Kongress vom Februar 1927 in Brüssel kam es zum Bruch mit der Dritten Internationalen; ein Jahr später entzweiten sich Haya und Mariátegui.

Bereits 1926 begannen sich im peruanischen Untergrund APRA-Sektionen zu formieren. Als nationale politische Kraft trat die Partei jedoch erst nach dem Sturz Leguías in Erscheinung, und zwar im September 1930 unter dem Namen Partido Aprista Peruano (PAP). Die Parteiführung entstammte der Mittel- und der Oberschicht, wobei ehemalige Instruktoren der Volksuniversitäten den harten Kern bildeten. Zu den proletarischen Anhängern, die hauptsächlich den Reihen des organisierten Limeñer Industrieproletariats entstammten, gesellten sich Angehörige der Mittelschichten, die unter der Konkurrenz kapitalkräftiger ausländischer Unternehmen litten. Dies traf in besonderem Maß auf die peruanische Nordküste zu – Hayas Herkunftsort und zukünftige Hochburg der APRA zugleich. In der Umgebung von Trujillo schluckten zwei agroindustrielle Großkomplexe die ehemals prosperierenden kleinen und mittleren Zuckerrohrbetriebe und brachten mit ihren plantageneigenen Läden den städtischen und ländlichen Handel in Bedrängnis. Die klassenübergreifende, heterogene APRA, die durch die charismatische Persönlichkeit von Haya de la Torre zusammengehalten wurde, vereinigte in sich sowohl reformistische als auch populistische Züge. Als reformistische Partei besaß sie ein detailliertes Programm, verfolgte langfristige strukturelle Reformen und zählte auf eine organisierte Basis. Populistisch hingegen waren ihr hetzerischer Diskurs gegen Oligarchie und Imperialismus, der Personenkult und der hohe Stellenwert einer identitätsstiftenden politischen Symbolik. Haya selbst war ein mitreißender Prediger, der es virtuos verstand, durch seine Erlösungsversprechungen die religiösen und emotionalen Seiten seiner Anhängerschaft anzusprechen.

Die APRA gründete gewerkschaftliche, kulturelle und sportliche Organisationen sowie Jugend- und Studentenverbände. Obschon die Partei verschiedene Segmente der peruanischen Bevölkerung zu begeistern vermochte, fand sie unter der indianisch-ländlichen Bevölkerung des südperuanischen Hochlands kaum Zuspruch. Bis zu seinem Tod im Jahr 1979 blieb Haya das unanfechtbare Parteioberhaupt mit absolutistischen Vollmachten. Der Parteiapparat war streng hierarchisch gegliedert. Angesichts der militärisch-getreuen Erfüllung der von der Führungsetage angeordneten Befehle war die Selbstbezeichnung der APRA als zivile politische Armee nicht unzutreffend. Jede Sektion, angefangen beim nationalen Exekutivkomitee bis hinunter zur kleinsten lokalen Zelle, unterstand einer Disziplinarkommission, die eine zentrale Kontrolle gewährleistete und über die Parteiorthodoxie wachte.

Nach der Exilierung Hayas im Oktober 1924 wurde José Carlos Mariátegui zur führenden Figur der Linken im Lande. Er leitete die Zeitschriften *Claridad* und *Amauta*, gab Kurse an verschiedenen Volkshochschulen und war ein emsiger Verfasser von Zeitungsartikeln und Essays. Unter der Koordination Mariátguis wuchs die Volkhochschulbewegung zu einer ernstzunehmenden politischen Kraft heran. Allerdings bahnte sich bereits Ende 1927 der Bruch mit Haya an. Mit scharfen Worten erteilte Mariátegui Hayas präsidialen Ambitionen eine deutliche Abfuhr. Denn Haya plante, bei den Präsidentschaftswahlen von 1929 als Kandidat einer klassenübergreifenden Partei gegen Leguía anzutreten. Mariátegui kanzelte dieses Ansinnen als kleinbürgerlichen Nationalismus ab, der nicht zur Überwindung des Kapitalismus beitrage und den unumgänglichen Klassenkampf nur aufschiebe. Für ihn stand fest, dass einzig eine starke sozialistische Arbeiterpartei im Verbund mit der Landarbeiterschaft zur revolutionären Umgestaltung des Landes imstande sei. Haya warf er Machtgier und Opportunismus vor. Um Präsident zu werden, habe der Gründervater der APRA eigenmächtig eine Bewegung alten Stils lanciert, basierend auf den traditionellen Lastern der kreolischen Politikerkaste wie Caudillismus, leerer Rhetorik, hohlem Pomp, Blendwerk und Lügen.

Nach dem Bruch mit Haya beteiligte sich Mariátegui maßgeblich am Aufbau des Partido Socialista del Perú (PSP). Er verfasste das Programm, mit dem er die proletarischen Massen gewinnen wollte, und übernahm den Posten des Generalsekretärs der im Oktober 1928 gegründeten Partei. Außerdem war er treibende Kraft und Chefideologe bei der Schaffung des Gewerkschaftsdachverbands Confederación General de Trabajadores del Perú (CGTP), der am 17. Mai 1929 seine Arbeit aufnahm. Bei seiner ersten Vollversammlung im November 1930 vertrat die CGTP rund 50 000 Arbeiter. Demgegenüber missrieten Hayas Versuche, einen von ihm dominierten Dachverband zu schaffen.

1928 publizierte Mariátegui sein wichtigstes Werk, das ihn weit über Peru hinaus bekannt machte. Es handelte sich um eine Zusammenstellung von Essays aus den Zeitschriften Amauta und Mundial mit dem Titel *Siete Ensayos de Interpretación de la Realidad Peruana* (auf Deutsch erschienen unter der Bezeichnung »Sieben Versuche, die peruanische Wirklichkeit zu verstehen«). Dabei deutete Mariátegui die peruanische Vergangenheit und Gegenwart aus einer unorthodoxen marxistischen Warte. Ausgehend von der als »sozialistisch« interpretierten Wirtschaftsform der Inkas und dem Kollektivismus der indianischen Gemeinschaften, stellte er sich die Aufgabe, das andine Erbe mit dem Marxismus zu verknüpfen und den Sozialismus an die nationalen Bedingungen anzupassen. Er arbeitete ein originelles politisches Projekt aus, in das er Ideen aus dem Arsenal des Indigenismus genauso integrierte wie die Arbeitskämpfe für den Acht-Stunden-Tag und die ländlichen Aufstände eines Atusparia oder eines Rumi Maqui.

Mariáteguis Ansichten riefen an der ersten lateinamerikanischen kommunistischen Konferenz vom Juni 1929 in Buenos Aires das stalinistische südamerikanische Politbüro der Internationalen auf den Plan. Die Genossen verurteilten unter anderem Mariáteguis Aufruf zu einer klassenübergreifenden Allianz aller fortschrittlichen Kräfte. Wegen seiner unorthodoxen Positionen wurde der Querdenker als »Populist« klassifiziert. Nichtsdestotrotz kam für Mariátegui der Bruch mit der Internationalen keinesfalls in Frage. Am 4. März 1930 trat Perus Partido Socialista nachträglich der Dritten Internationalen bei. Noch im gleichen Monat erkrankte Mariátegui schwer. Eine Notoperation brachte nur kurzfristige Linderung. Am 16. April 1930 starb Mariátegui im Alter von 36 Jahren. Gleich nach seinem Tode setzten die Auseinandersetzungen um das politische Erbe ein. Schon am 9. Mai 1930 gab der neue Generalsekretär Eudocio Ravines die Umbenennung der Sozialistischen Partei in Partido Comunista del Perú und den Anschluss an die Kommunistische Internationale bekannt. Damit gaben Mariáteguis Erben die Unabhängigkeit und Eigenständigkeit des peruanischen Sozialismus auf. Gleichzeitig beendeten sie den fruchtbaren intellektuellen Austausch, den Mariátegui über die Parteigrenze gepflegt und in der *Amauta* zum Ausdruck gebracht hatte.

Fazit des Oncenio

In Leguías Modernisierungsprogramm hatte der Ausbau der Verkehrsinfrastruktur oberste Priorität. Im Hafen Callao und in Matarani wurden die Hafenanlagen erweitert; landesweit ging der Straßenbau zügig voran. Von 1926 bis 1930 verlängerte sich das Straßennetz von knapp 11 000 auf über 18 000 Kilometer. Neue Straßen verbanden die Küste mit dem Hochland und dem Landesinnern. Eine rasch wachsende Auto- und Lastwagenflotte sorgte für die deutliche Reduktion der Transportkosten und der Lieferzeiten. Gegen Ende der 20er-Jahre zirkulierten entlang der Küste – zwischen Lima und Pisco bzw. zwischen Lima und Trujillo – die ersten Transportfahrzeuge, die Passagiere über lange Strecken beförderten. Für die Dampfschifffahrt bedeuteten sie eine ernstzunehmende Konkurrenz.

Parallel zum Straßen- vergrößerte sich auch das Schienennetz. Dieses wuchs von 3488 Kilometern im Jahr 1919 auf 4522 Kilometern im Jahr 1929. Im Dezember 1926 fand die Einweihung der Bahnlinie von Huancayo nach Huancavelica im zentralen Hochland statt. Die Bahnstrecke Cusco–Santa Ana, die letztlich bis zum Dschungelort Quillabamba führen sollte, wurde verlängert. Als Kompensation für Zahlungseinstellungen – gemäß dem Aspíllaga-Donoughmore-Vertrag von 1889 musste Peru der britischen Peruvian Corporation jährlich 80 000 Pfund Sterling bezahlen – trat Leguía das gesamte nationale Eisenbahnnetz 1928 an dieses britische Konsortium ab.

Abb. 19: Der Bahnhof von Huancavelica.

Mit zwei internationalen Abkommen regelte die Leguía-Regierung den Grenzverlauf zwischen Peru und Kolumbien beziehungsweise Peru und Chile. Der Salomón-Lozano-Vertrag wurde 1922 im Geheimen zwischen den Kanzlerämtern

Perus und Kolumbiens geschlossen und im Dezember 1927 vom peruanischen Kongress ratifiziert. Peru überließ seinem Nachbarn das linksseitige Ufer des Río Putumayo, zuzüglich einer Fläche, die bis zum Río Amazonas reichte und unter dem Namen Trapez von Leticia bekannt ist. Damit erlangte Kolumbien direkten Zugang zum Amazonasstrom und erhielt gleich noch die Ortschaft Leticia zugesprochen. Im Gegenzug verzichtete Kolumbien auf ein wesentlich kleineres Dschungelgebiet, das Dreieck San Miguel-Sucumbios. Im Gegensatz zum Leticia-Trapez, das reich an Edelhölzern und Kautschuk war und eine wichtige landwirtschaftliche und kommerzielle Zone bildete, hatte das Dreieck kaum nennenswerte Ressourcen und wurde zudem von Ecuador beansprucht. Im Vertrag von Lima vom 3. Juni 1929 zog Leguía einen Schlussstrich unter den Pazifikkrieg. Während Chile die besetzte Provinz Tacna an Peru zurückgab, ging die Provinz Arica definitiv verloren. Peru erhielt 6 Millionen US$ als Abfindung und das Hafenrecht in der Bucht von Arica. Der Abschluss der beiden Verträge stieß in Peru auf breite Ablehnung und löste heftige Proteste aus.

Aus dem Oncenio gingen Teile der Mittelschichten gestärkt hervor. Insbesondere die Bürokräfte und Beamten profitierten vom Angestelltengesetz, das als große soziale Errungenschaft überdauern sollte. Weiterhin blieb die Masse der Bevölkerung von einer demokratischen Partizipation ausgeschlossen, während die mit dem Civilismo verbundene Oligarchie politisch entmachtet wurde. Unangetastet blieb die dominierende Stellung der katholischen Kirche, gegenüber der sich Leguía unterwürfig verhielt. In wirtschaftlicher Hinsicht bestand eine Scheinblüte, welche die Bildung neuer Vermögen ermöglichte. Sektoren der Mittelschichten und die bestbezahlten Gruppen innerhalb der Arbeiterschaft erstanden moderne Haushaltsgeräte und Radioapparate. Ihre Wohnungen erhielten Elektrizitätsanschlüsse und wurden an das städtische Trink- und Abwassersystem angeschlossen. In der Freizeit stand genügend Geld für Kinobesuche oder sonstige Veranstaltungen der wachsenden Unterhaltungsindustrie zur Verfügung. Aus Vollbeschäftigung und wachsendem Wohlstand zogen auch die Unterschichten ihren Nutzen. Allerdings setzte die Weltwirtschaftskrise dieser Entwicklung ein jähes Ende.

Letztlich gelang es Leguía nicht, sich einen soliden Rückhalt unter der Bevölkerungsmehrheit zu sichern. So positiv gewisse Reformen und Modernisierungsmaßnahmen waren, so gravierend wirkten sich die finanz- und wirtschaftspolitischen Fehlentscheide, die grassierende Korruption und die systematische Repression aus. Leguía trieb den Aufbau eines Polizeistaates mit einem verzweigten Geheimdienst voran. Er war verantwortlich für die Verbannung oder die Einkerkerung führender Oppositioneller, die Einschränkungen der Pressefreiheit, die Eingriffe in die Universitätsautonomie sowie für Korrumpierungs- und Einschüchterungsversuche auf individueller Ebene. Umgeben von schmeichlerischen in- und ausländischen Günstlingen und Nutznießern, regierte Leguía mit einem größtenteils folgsamen bis unterwürfigen Kongress. In den elf Jahren seiner diktatorischen Herrschaft änderte er Verfassung und Gesetze nach Belieben. So ließ er sich entgegen den Vorschriften seiner eigenen Konstitution wiederwählen. Dass er bei der Präsidentschaftswahl von 1924 – wie auch 1929 – der einzige zugelassene Kandidat war, rechtfertigte er damit, dass das rückständige

Peru für eine wahre Demokratie noch nicht reif sei und durch einen aufgeklärten Caudillo – in seinen eigenen Worten: »un Caudillo Constructor« (Macher/Erbauer) – regiert werden müsse. Leguías Fall hätte tiefer nicht sein können. Eben noch von seinen Günstlingen und Schmeichlern als »Gigant des Pazifiks« oder »Präsident Jupiter« bejubelt, wurde der Präsident von rebellierenden Regierungstruppen verhaftet. Man steckte den 67-jährigen Staatschef in eine dunkle Gefängniszelle, wo man ihm die medizinische Betreuung solange vorenthielt, bis es zur Rettung zu spät war. Erst als der Schwerkranke auf rund 30 Kilogramm abgemagert war, wurden Arztbesuche und die überfällige Prostata-Operation zugelassen. Leguía starb nach 14-monatiger Haft am 6. Februar 1932 im Marinespital im Callao.

Im Strudel der Weltwirtschaftskrise

Auf den Börsencrash vom Oktober 1929 folgte die langwierige Große Depression. In den entwickelten Industrieländern stagnierte 1929 die industrielle Produktion, um in den folgenden zwei Jahren regelrecht einzubrechen. In diesen drei Jahren ging die Industrieproduktion in den USA und in Deutschland um mehr als 40 % zurück, was Massenarbeitslosigkeit zur Folge hatte. Unter dem Diktat einer historisch einmaligen Deflation sank das Preisniveau in den westlichen Industrieländern um mehr als 20 %. Eine drastische Kontraktion erfuhr auch der Welthandel. Durch protektionistische Maßnahmen der Industrieländer und durch die Bildung währungspolitisch abgeschotteter Wirtschaftszonen wurde der internationale Handel stark eingeschränkt.

Die Weltwirtschaftskrise traf den Rohstoffproduzenten Peru mit voller Wucht und besiegelte den Sturz des Leguía-Regimes. Zwischen 1929 und 1932 sanken die Weltmarktpreise für peruanische Primärgüter massiv: Im Falle von Zucker um 22 %, von Baumwolle um 42 %, von tierischer Wolle um 50 % und von Kupfer um 69 %. In dieser Zeit brachen die Steuererträge um 40 % ein. Der Schuldendienst – Resultat der im verschwenderischen Stil aufgenommenen Darlehen – lastete umso schwerer auf dem Staatshaushalt und zwang die Regierung zu drastischen Ausgabenkürzungen, beispielsweise bei den öffentlichen Bauprojekten. Während nordamerikanische und britische Investoren ihr Kapital abzogen, setzte eine Kette von Konkursen ein. Der Bankrott des Banco de Perú y Londres zog dessen Geschäftspartner im Süden des Landes schwer in Mitleidenschaft.

Die Große Depression trieb die Zahl der Arbeitslosen in die Höhe und ließ die Reallöhne einbrechen. Die ausländischen Bergwerksunternehmen und Landwirtschaftsbetriebe entließen über die Hälfte ihrer Arbeiterschaft und halbierten die Löhne. Für die ungefähr 40 000 Wanderarbeiter aus dem Hochland, die jeweils zum Baumwollpflücken in die Küstengebiete reisten, gab es keine Arbeit mehr. Die Krise verschonte weder die staatliche Bürokratie noch die Angestellten und gut ausgebildeten Berufsleute. Dem Zensus vom November 1931 zufolge waren 22 % der hauptstädtischen Angestellten ohne Arbeit. Nachdem auch die Universität von San Marcos auf Regierungsbefehl im März 1932 ihre Tore schloss, suchten zahlreiche Studenten eine Stelle auf dem überfüllten Arbeitsmarkt. Während der Schließung der Universität, die bis 1935 dauerte, erhielten die Dozenten keine Löhne. Nicht viel besser erging es den Lehrern an den öffentlichen Schulen Limas und des Hafens Callao, die im April 1931 ebenfalls auf ihre Gehälter verzichten mussten. Dramatische Gehaltseinbußen erlitten auch freiberuflich Tätige wie Anwälte oder Ärzte. Die Arbeitslosigkeit in Kombination mit massiven Einkommenseinbußen trug zu einem brüsken Einbruch bei der Nachfrage nach Konsumgütern und Lebensmitteln bei. Dies bekamen sowohl die Handwerker als auch die Produzenten von Nahrungsmitteln (Groß-, Kleinbauern und indianische Dorfgemeinschaften) schmerzhaft zu spüren.

Ende 1931 war ein Viertel der hauptstädtischen Arbeitskräfte ohne feste Stelle, wobei die Baubranche am stärksten von der Arbeitslosigkeit betroffen war. Wer entlassen wurde, musste als Straßenhändler, Hausierer, Kleinhändler oder Losverkäufer ein Auskommen suchen. Der Anteil an Personen, die einer für die Unterschichten typischen prekären Arbeit nachging, erhöhte sich von 58,5 % im Jahr 1920 auf 67,6 % im Jahr 1931. Ein Untersuchungsbericht des gleichen Jahrs hielt fest, dass 62 % der Schulkinder an den öffentlichen Schulen Limas an Hunger und Unterernährung litten. Viele Kinder erhielten pro Tag lediglich eine einzige Mahlzeit, die zudem häufig nur aus einer dünnen Suppe bestand. Wahrscheinlich war die Situation bei Kindern noch kritischer, die aus finanziellen Gründen überhaupt keine Schule besuchten. Neben der Versorgungslage verschlimmerten sich auch die Wohnbedingungen. Zahlreiche Familien konnten ihre Mieten nicht mehr bezahlen und mussten eine billigere Bleibe suchen. Bereits vor der Krise überbelegte Einzimmerwohnungen wurden nun unterteilt und von zwei bis drei Familien belegt.

Literaturhinweise

Basadre, Jorge 1983, Historia de la República del Perú, 1822–1933, 7. verb. und erw. Aufl., Bd. 10: El oncenio (1919–1930), zweiter Teil und El comienzo de la irrupción de las masas organizadas en la política (1930–1933), Lima
de la Cadena, Marisol 2000, Indigenous Mestizos. The Politics of Race and Culture in Cuzco, Peru, 1919–1991, Durham und London
García-Bryce, Iñigo 2018, Haya de la Torre and the Pursuit of Power in Twentieth-Century Peru and Latin America, Chapel Hill
Gilbert, Dennis L. 2017, The Oligarchy and the Old Regime in Latin America, 1880–1970, Lanham
Graham, Carol 1992, Peru's APRA: Parties, Politics, and the Elusive Quest for Democracy, Boulder (Colorado)
Maihold, Günther 1988, José Carlos Mariátegui: Nationales Projekt und Indio-Problem. Zur Entwicklung der indigenistischen Bewegung in Peru, Frankfurt am Main

Sarkisyanz, Manuel 1985, Vom Beben in den Anden. Propheten des indianischen Aufbruchs in Peru. Eine historische Darstellung und Anthologie, München
Werz, Nikolaus 2010, Víctor Raúl Haya de la Torre, in: Ders. (Hg.), Populisten, Revolutionäre, Staatsmänner. Politiker in Lateinamerika, Frankfurt am Main, 368–383

Zwischen Diktatur und Demokratie (1930–1968)

Die Weltwirtschaftskrise zog global die politische Radikalisierung breiter Bevölkerungsschichten nach sich und brachte zahlreiche Landesregierungen zu Fall. In Peru eskalierte im Mai 1930 ein Konflikt zwischen Leguía und dessen ehemaligen Finanzminister Enrique de la Piedra. Dieser gehörte dem Direktorium der Sociedad Nacional Agraria an, dem bedeutendsten Verband der peruanischen Agrarexporteure. Der mächtige Unternehmerverband entzog Leguía die Unterstützung, womit der Präsident einen wichtigen Teil seiner Machtbasis verlor. Noch folgenschwerer war, dass auch der Rückhalt in Militärkreisen bröckelte. Zahlreiche Militärs hielten den von Leguía unterzeichneten Friedensvertrag mit Chile, der den Verlust von Arica endgültig besiegelte, für Landesverrat. Zudem sorgten eine massive Verfolgungskampagne und die Inhaftierung hoher Offiziere infolge eines missratenen Staatsstreichs im September 1929 für Unruhe. Von der allgemeinen Kürzung der staatlichen Gehälter waren auch die Streitkräfte betroffen, was deren Unmut zusätzlich anheizte.

Mitten in den Vorbereitungen zu einer militärischen Erhebung in Lima putschte sich Oberstleutnant Luis M. Sánchez Cerro in Arequipa an die Macht. Sánchez Cerro, ein 1889 in Piura geborener Mestize aus einer Mittelschichtfamilie, hatte sich zuvor schon mehrfach an Revolten beteiligt. Sein Einsatz beim Sturz des Präsidenten Billinghurst 1914 brachte ihm die Beförderung zum Hauptmann und den Posten eines Militärattachés in Washington ein. Gegen die Leguía-Regierung hatte Sánchez Cerro schon zwei Mal aufbegehrt: erstmals 1919 in Iquitos, dann 1922 in Cusco, wobei er sich schwere Verletzungen zuzog. Nach dem Absitzen einer Gefängnisstrafe erhielt er probehalber eine Anstellung als Adjutant im Kriegsministerium. Um den rebellischen Offizier loszuwerden, sandte ihn Leguía zur militärischen Weiterbildung nach Europa (Spanien, Italien und Frankreich). Sánchez Cerro traf gegen Ende des Jahres 1929 wieder in Peru ein. Im Juni des folgenden Jahres wurde er nach Arequipa versetzt. Dort gewann er für seine neuerlichen Umsturzpläne die Unterstützung junger Offiziere und liberaler Intellektueller. In den frühen Stunden des 22. August 1930 rückten Sánchez Cerros Truppen aus und übernahmen die Kontrolle Arequipas. Das Aufstandsfeuer ergriff alsbald die Hauptstadt, wo jüngere Offiziere Leguía zum Rücktritt nötigten. Während der Präsident hinter Schloss und Riegel kam, plünderte eine aufgebrachte Menge seinen Wohnsitz und die Häuser ehemaliger Regierungsmitglieder.

Von Ende August 1930 bis zum Februar 1931 stand Sánchez Cerro als Präsident einer Militärjunta an der Spitze des Landes. In diesem halben Jahr säuberte er die Armee von Gegnern und leitete Schritte zur Schwächung der Guardia Civil (Leguías Prätorianergarde) ein. Er orchestrierte Schauprozesse gegen Gefolgsleute

Leguías, die sich wegen Korruption und Misswirtschaft vor Gericht verantworten mussten. Durch die Abschaffung der verhassten Fronarbeit im Straßenbau und durch die kostenlose Abgabe von Nahrungsmitteln in lokalen Polizeistationen gewann Sánchez Cerro die Unterstützung eines Teils der Unterschichten. Die Einführung der Zivilheirat und die Legalisierung der Ehescheidung trugen zur wachsenden Beliebtheit unter den Mittel- und Oberschichten bei. Während Sánchez Cerro einem konservativen Populismus frönte, umgab er sich mit Ratgebern, die der Civilista-Elite der Aristokratischen Republik entstammten. Für die Masse der Bevölkerung war der dunkelhäutige Mestize einer von ihnen. Für die Civilista-Elite hingegen verband sich mit dem Offizier die Hoffnung auf die starke Hand, die energisch die alte Ordnung wiederherstellen und die sozialistische Revolutionsgefahr bannen sollte.

Da die Staatskasse leer war, handelte die Militärjunta mit der International Petroleum Company ein Geheimabkommen über ein Darlehen von 1,5 Millionen Soles aus. Damit konnten wenigstens die Angehörigen von Armee, Marine und Polizei entlohnt werden. Außer repressiven Maßnahmen fand der Junta-Chef kein Rezept gegen die zunehmende Militanz der organisierten Arbeiterschaft und der Studenten. Im Gefolge der dramatischen Wirtschaftsdepression häuften sich die Streiks im Bergbau, auf den Ölfeldern, in der Exportlandwirtschaft und im Textilsektor. Handwerker und Angehörige anderer Berufszweige, die von Preisverfall und Nachfrageeinbruch betroffen waren, schlossen sich den Streikenden an. Schon kurz nach dem Putsch ereigneten sich blutige Arbeiteraufstände in Cerro de Pasco (7. September 1930) und Mal Paso (11. November 1930) in der Nähe von La Oroya. Im Distrikt Oyolo (Dep. Ayacucho) lieferten sich Polizisten und Campesinos am 6. Januar 1931 blutige Kämpfe. Die Militärs verhängten den Ausnahmezustand über die betroffenen Departements. Sie verboten Linksparteien und Gewerkschaften und richteten besondere Kriegsgerichte ein, gegen deren Urteile es keine Berufungsmöglichkeiten gab. Als linksgerichtete Studenten Limas Universität San Marcos besetzten, stürmten Regierungstruppen das Hochschulgebiet.

Sánchez Cerros Repressionspolitik sowie seine Versuche, die anstehenden Präsidentschaftswahlen zu seinen Gunsten zu manipulieren, lösten eine mächtige Gegenbewegung aus: Die Presse kritisierte die Machenschaften im Vorfeld der Wahlen in aller Schärfe. Hohe Militärs, die sich von allem Anfang an nur widerwillig dem rangniedrigen Kommandanten untergeordnet hatten, konspirierten gegen den Junta-Chef. Sie erhielten Unterstützung von der APRA, die auch zukünftig immer wieder versuchen sollte, Spannungen innerhalb des Militärs für ihre Zwecke auszunutzen. Im Februar 1931 brachen innerhalb von zwei Wochen mehrere Militärrevolten aus, und für kurze Zeit wurde Peru von zwei »revolutionären« Regimes beherrscht. In den letzten Februartagen herrschte landesweit ein Chaos, das an die schlimmsten Caudillo-Zeiten des 19. Jahrhunderts erinnerte. Schließlich zwang der heftige Widerstand von militärischer und ziviler Seite Sánchez Cerro dazu, sein Amt als Junta-Präsident niederzulegen und sich für vier Monate ins selbstgewählte Exil nach Europa abzusetzen.

Unter der Leitung von David Samanez Ocampo konstituierte sich am 10. März 1931 eine nationale Regierungsjunta. Deren Hauptaufgaben bestanden in der Organisation allgemeiner Wahlen zur Bestimmung des Staatspräsidenten und der Abgeordneten einer verfassunggebenden Nationalversammlung (Asamblea Constituyente). Die Regierungsjunta dekretierte ein Wahlgesetz, das erstmals in der Geschichte Perus die geheime Abstimmung gesetzlich verankerte. Indem es die Besitzklauseln aufhob, wuchs die Zahl der Stimmberechtigten um fast 60 %. Wahlberechtigt waren nun alle des Lesens und Schreibens kundigen Männer, die über 21 Jahre zählten. Frauen, wie auch die zahlreichen männlichen Analphabeten, waren aber nach wie vor ausgeschlossen. Damit blieb der großen Mehrheit weiterhin die politische Mitbestimmung versagt.

Zu den Präsidentenwahlen von 1931 präsentierten sich vier Kandidaten. Nur zwei hatten eine wirkliche Wahlchance: Víctor Raúl Haya de la Torre von der APRA (unter der Bezeichnung PAP) und Luis Sánchez Cerro. Von der Ausweitung des Wahlrechts und der Möglichkeit zur geheimen Abstimmung profitierten in erster Linie die Massenbewegungen von Haya de la Torre und von Sánchez Cerro. Die peruanische Kommunistische Partei, die nach dem Tode von Mariátegui strikt den Anweisungen der stalinistischen Komintern folgte, hatte sich durch ihre Taktik der direkten Konfrontation in die Illegalität und politische Bedeutungslosigkeit manövriert. Reelle Wahlchancen besaßen nur Haya de la Torre und Sánchez Cerro. Kurz nach dessen Rückkehr im Juli 1931 gründete Antonio Miró-Quesada (der Herausgeber der einflussreichen Tageszeitung *El Comercio*) zusammen mit anderen konservativen Politikern die Unión Revolucionaria als Vehikel für Sánchez Cerros Präsidentschaftskandidatur. Hinter Sánchez Cerro standen außerdem Repräsentanten des ausländischen Kapitals, die katholische Kirche und ehemalige Civilistas – inklusive des Ex-Präsidenten Benavides, der unter seinen Militärfreunden vom Ausland aus Wahlpropaganda betrieb. Dank dieser finanzkräftigen Unterstützungsfront führte Sánchez Cerro einen populistischen Propagandafeldzug, der sich mittels Großkundgebungen und Plakatkampagnen direkt an die verarmten städtischen Massen richtete. In Limas Armenvierteln entstanden um die 155 Wahlclubs mit rund 20 000 Mitgliedern. Die Revolutionäre Union präsentierte sich streng nationalistisch und antikommunistisch, ja sogar faschistoid. Bis zu den Wahlen gelang es dem ehemaligen Junta-Chef, eine klassenübergreifende Koalition zu schmieden. Dazu zählten Angehörige des Limeñer Lumpenproletariats, Zuwanderer aus den Provinzen, Teile der unorganisierten Arbeiterschaft sowie Nationalisten aus den oberen Mittelschichten und Repräsentanten der alten Civilista-Elite.

Während die alte Civilista-Garde Sánchez Cerro unterstützte, setzten die Anhänger des gestürzten Leguía auf den APRA-Chef und finanzierten dessen Wahlkampf mit. Außerdem leiteten zwei ehemals führende Mitarbeiter Leguías die Sekretariate für Finanzen bzw. Politik der APRA. Der Aprismus war der Unión Revolucionaria in dreierlei Beziehungen überlegen: Zum einen durch seine langjährige Gewerkschaftsarbeit, zum andern durch seinen kontinuierlichen Einsatz zugunsten der vernachlässigten sozialen Schichten und drittens durch den hohen Organisationsgrad auf nationaler, regionaler und lokaler Ebene. Zudem betrieb Haya eine flexible Realpolitik und ließ seine früheren radikalen Forderungen weitgehend fallen. Dank seiner Verbindungen zu gestandenen Gewerkschaftsführern unterstützte ihn auch ein großer Teil der organisierten Arbeiterschaft. Auch die städtischen Mittelschichten waren ihm gewogen. Im Verlauf eines längeren Gesprächs mit dem US-amerikanischen Botschafter gelang es Haya, Bedenken der Vereinigten Staaten gegen seine Kandidatur aufgrund der früheren antiimperialistischen Rhetorik zu zerstreuen.

Die Verfassung von 1933

Nach dem Ausschluss der 23 oppositionellen Abgeordneten arbeiteten die restlichen Mitglieder der verfassunggebenden Nationalversammlung ein neues Grundgesetz aus, welches dasjenige von 1920 ablöste und am 9. April feierlich verkündet wurde. Die Verfassung von 1933 basierte zwar auf dem Modell einer repräsentativen Demokratie, machte jedoch gewichtige Einschränkungen. Artikel 53 bestimmte, dass der Staat Parteien internationalistischer Ausrichtung nicht anerkannte und dass deren Anhänger keine öffentlichen Ämter bekleiden durften. Das faktische Verbot von Parteien mit internationalem Charakter richtete sich in erster Linie gegen die APRA und die KP. Mit der Festsetzung der Todesstrafe im Falle von Landesverrat oder qualifiziertem Mord sicherte sich die Staatsmacht ein mörderisches Repressionsinstrument. Im Verlaufe der 30er-Jahre wurden zahlreiche politisch motivierte Delikte als Landesverrat eingestuft und mit der Todesstrafe geahndet.

Als Regierungsform sah die neue Verfassung ein »abgeschwächtes Präsidialsystem« vor, bei dem die Legislative auf Kosten der Exekutive gestärkt wurde. Allerdings wurden einige der diesbezüglichen Verfassungsartikel mittels einer Volksabstimmung vom 18. Juni 1939 wieder abgeschwächt. Durch das Plebiszit von 1939 erfolgte eine Verlängerung der Amtszeit des Präsidenten von fünf auf sechs Jahre, wobei eine unmittelbare Wiederwahl verboten blieb. Das Parlament setzte sich weiterhin aus zwei Kammern zusammen, in denen die Senatoren beziehungsweise die Provinzabgeordneten tagten. Zu den Wahlen auf nationaler Ebene waren ausschließlich Männer zugelassen, die das 21. Altersjahr erfüllt hatten und die Lesen und Schreiben konnten. Frauen billigte man nun ein Wahlrecht bei Gemeindewahlen zu. Die Stimmabgabe war obligatorisch und geheim.

Die Verfassung von 1933 wurde erst 1979/1980 durch eine neue ersetzt. De facto blieb ihre Gültigkeit in diesen knapp 50 Jahren in zentralen Bereichen über längere Perioden ausgesetzt. Von 1936 bis 1939 regierte General Benavides mittels Dekreten. Und drei Mal übernahmen Armeekommandanten jeweils nach einem Putsch die Macht. Von 1948 bis 1956, in den Jahren 1962/1963 und von 1968 bis 1980 übte das Militär die exekutive und legislative Gewalt aus und setzte damit die konstitutionelle Ordnung in wesentlichen Bereichen außer Kraft.

Die kurze Regierungszeit von Sánchez Cerro (1931-1933)

Obwohl der Wahlkampf von Gewalttaten überschattet wurde, spielte sich der Urnengang vom 11. Oktober 1931 in geordnetem Rahmen ab und verlief bemerkenswert fair. Mit 152 062 Stimmen (50,7 %) gegen 106 007 (35,4 %) stach Sánchez Cerro seinen schärfsten Gegner deutlich aus. Nichtsdestotrotz ließ die APRA-Führung keinerlei Bereitschaft zur Anerkennung der Niederlage erkennen. Im Gegenteil: Sie protestierte lautstark, dass das Ergebnis das Resultat eines massiven Wahlbetrugs sei. Kurz darauf kam es erneut zu gewaltsamen Zusammenstößen zwischen Apristen und Sánchezcerristen.

Während der Amtseinsetzung am 8. Dezember 1931 blieben Haya de la Torre und die APRA-Kader den Feierlichkeiten demonstrativ fern. Haya hielt an einer Großkundgebung in seiner Hochburg Trujillo eine Brandrede gegen die neue Regierung. Sánchez Cerros Reaktion fiel prompt und harsch aus. Gleich nach seiner Amtsübernahme begann er mit einer Säuberungskampagne, die sich in erster Linie gegen Apristen in den Reihen der Guardia Civil und innerhalb der Streitkräfte richtete. Sánchez Cerro ernannte ein Kabinett, das streng anti-apristisch war und in dem ehemalige Civilistas einen starken Einfluss hatten. Der neuen Regierung machten die Nachwehen der Weltwirtschaftskrise schwer zu schaffen: Die Staatskasse war leer und das Land von den internationalen Finanzmärkten abgeschnitten; Pensionen blieben unbezahlt und die Bauarbeiten der öffentlichen Hand standen still. Die kritische Situation auf dem Arbeitsmarkt verschärfte sich weiter, sodass sich die Arbeitslosenzahl im ersten Regierungsjahr beinahe verdoppelte. Während Straßenproteste gegen Arbeitslosigkeit und steigende Preise den Präsidenten unter Druck setzten, agitierte die APRA in der verfassunggebenden Nationalversammlung gegen die Regierung. Sánchez Cerro reagierte darauf, indem er die 22 Abgeordneten der APRA-Fraktion und einen Vertreter des Partido Decentralista verhaften und deportieren ließ. Als rechtliche Grundlage diente ihm ein umstrittenes Notstandsgesetz, das an einer tumultartigen Sitzung am 8. Januar 1932 verabschiedet worden war. Das Notstandsgesetz – eine Kopie des »Gesetzes zur Verteidigung der Republik« von Spanien – setzte sich über das Prinzip der Gewaltenteilung hinweg, indem es der Exekutive erlaubte, Strafen auszusprechen und somit in die Domäne der Judikative einzugreifen. Unter Berufung auf das Notstandsgesetz wurde die oppositionelle Presse zum Schweigen gebracht und die Demokratie de facto bis zum Jahr 1945 außer Kraft gesetzt. Marxistische oder internationalistische Parteien wurden verboten, apristische Versammlungslokale angegriffen, regierungskritische Verlage und die Volksuniversitäten geschlossen. Die Gefängnisse vermochten all die verhafteten Regimegegner aus den Reihen der APRA, der Kommunisten und Sozialisten kaum mehr zu fassen. Kritische Intellektuelle und als unzuverlässig eingestufte Militärs wurden ins Ausland abgeschoben.

In einem von Repression und Gewalt aufgeheizten Klima verübte ein junger APRA-Anhänger im März 1932 einen Anschlag auf Sánchez Cerro und verletzte diesen schwer. Der verhaftete Attentäter erklärte Haya de la Torre zum geistigen

Vater der Tat, worauf der APRA-Chef am 6. Mai in Gewahrsam genommen und in völliger Abschottung für 15 Monate in Lima eingekerkert wurde. Kurz nach seiner Verhaftung scheiterte ein Aufstand apristischer Matrosen und Offiziere im Hafen von Callao. Nur einen Monat später missglückte der Versuch einer Apristen-Zelle, den Militärflughafen in der Nähe der Hauptstadt gewaltsam einzunehmen. Die Apristen ließen sich durch diese Misserfolge nicht entmutigen. Unter der Leitung von Agustín Haya de la Torre – dem Bruder des inhaftierten APRA-Chefs – planten sie gleichzeitige Erhebungen in verschiedenen Landesteilen. Weil aber die O'Donovan-Kaserne in Trujillo personell unterbesetzt war und ein leicht zu überwältigendes Ziel bot, entschloss sich Agustín Haya, bereits am 7. Juli, und damit früher als ursprünglich beabsichtigt, loszuschlagen. Tatsächlich nahmen die Aufständischen die Garnison nach einem vierstündigen Gefecht ein, womit sie die wichtigste Stadt an der Nordküste unter ihre Kontrolle brachten.

Die Apristen in den anderen Regionen steckten noch mitten in den Vorbereitungen für den Aufstand und wurden durch das vorzeitige Losschlagen überrumpelt. Da die erhofften Revolten in anderen Landesteilen ausblieben, gelang es der Regierung, genügend Truppen zur Rückeroberung Trujillos zusammenzuziehen. Am 9. Juli flohen Agustín de la Torre und andere APRA-Kader aus der Stadt, wobei sie 35 Gefangene – Angehörige der Guardia Civil und der Armee – in den Zellen der O'Donovan-Kaserne zurückließen. Obschon die Aufstandsführer das Weite suchten, setzte sich ein großer Teil der Einwohnerschaft verbissen gegen die Regierungstruppen zur Wehr. Selbst Frauen kämpften gegen die übermächtige Armee, die sogar Kampfflugzeuge gegen die Zivilbevölkerung einsetzte. Den Regierungstruppen blieb nichts anderes übrig, als in verlustreichen Kämpfen Haus um Haus zu erstürmen, bis sie die Stadt vollständig unter ihre Kontrolle gebracht hatten. Als sie schließlich in die O'Donovan-Kaserne eindrangen, stießen sie auf die Überreste der ermordeten Gefangenen. Fünf Leichen waren derart verstümmelt, dass sie nicht mehr identifiziert werden konnten.

Die Rache der Militärs für die feigen Morde und die erlittenen Verluste war furchtbar. Exekutionskommandos erschossen Hunderte von Gefangenen. Allein in den stadtnahen Ruinen von Chan Chan sollen 600 bis 1500 Apristen ohne Gerichtsurteil hingerichtet worden sein. Insgesamt dürfte die Erhebung unter Trujillos Einwohnerschaft bis zu 6000 Todesopfer gefordert haben. Ein Kriegsgericht verurteilte 44 verhaftete und 54 flüchtige Aufständische – unter Letzteren auch Agustín Haya – zum Tode. Die Urteile wurden noch im Juli in Chan Chan vollstreckt. Bereits im August schlug in der Provinzstadt Huaraz ein nächster apristischer Aufstand fehl. Und im März 1933 missriet ein weiterer Umsturzversuch im Departement Cajamarca. Als Sánchez Cerro am 30. April 1933 nach der Abnahme einer Truppenparade in Lima zum Regierungspalast zurückfuhr, bahnte sich ein jugendlicher APRA-Anhänger seinen Weg durch die Zuschauermenge am Straßenrand. Er stieß bis zum eskortierten Präsidentenauto vor. Aus nächster Nähe feuerte er mehrere Schüsse auf den Präsidenten ab, der kurz darauf seinen Verletzungen erlag.

Die Morde in der O'Donovan-Kaserne beziehungsweise die Erstürmung Trujillos und die Massenexekutionen zogen eine unerbittliche Feindschaft zwischen dem peruanischen Militär und der APRA nach sich. Über Jahre hinweg ehrten die Sicherheitskräfte an jedem 9. Juli mit feierlichen Zeremonien ihre gefallenen Kameraden. Auf Kosten der Bevölkerungsmehrheit verteidigten sie die Interessen der kleinen wirtschaftlichen und politischen Elite des Landes. In den Worten eines Generals diente die Armee für Jahrzehnte als »Wachhund der Oligarchie«. Sobald sich auch nur die Möglichkeit abzeichnete, dass die APRA die Macht übernehmen könnte, schritt das Militär energisch ein und vereitelte jeden Versuch Hayas zur Machtergreifung. Obgleich die APRA bis Ende der 1970er-Jahre aus dem offiziellen politischen System verbannt war, vermochte sie sich als wichtigste organisierte Repräsentantin der Mittel- und Unterschichten zu behaupten. Verfolgung, Inhaftierung, Exilierung und Ermordung ihrer Mitglieder verschafften ihr den Nimbus einer Märtyrerpartei und verliehen ihr eine mystische Aura. Die Zugehörigkeit zum Aprismus wurde zu einer emotionalen Angelegenheit, die, zusammen mit den sozialen und familiären Werten, von den Vätern auf die Söhne überging.

Populismus und Faschismus

»Gebt mir einen Balkon, und ich werde Präsident!« (José María Velasco Ibarra, fünfmaliger Staatspräsident Ecuadors, zit. nach: Barr 2017, 11)

Unter dem Eindruck der Weltwirtschaftskrise begann sich der Politbetrieb in Peru wie in anderen lateinamerikanischen Ländern radikal zu ändern. Ein neuer Politikstil, Massenaufmärsche, ideologische Polarisierung und politischer Fanatismus kennzeichnen eine Zeit, in der sich Tausende von Menschen erstmals in ihrem Leben Massenparteien anschlossen. Die ideologischen und organisatorischen Vorbilder finden sich in den westeuropäischen Massenparteien oder Bewegungen der Nachkriegszeit, in denen Kommunisten, Faschisten oder Nationalsozialisten an die Macht drängten.

Der neuartige Kampagnen- und Regierungsstil wird in den Sozialwissenschaften als Populismus bezeichnet. Zwar weisen die Populismen in den einzelnen Ländern und im jeweiligen historischen Kontext deutliche Unterschiede auf, dennoch gibt es gemeinsame Hauptkennzeichen:

1) Dreh- und Angelpunkt sind autoritär-paternalistisch auftretende Führer, die fähig sind, einen großen Teil der Bevölkerung emotional anzusprechen. Sie konzentrieren die politische Macht in ihrer Person anstatt in einer Parteienbürokratie.

2) Populistische Führer sind keine Verfechter der repräsentativen Demokratie, die Gewaltenteilung, Rechenschaftspflicht und Pluralismus achten würden. Sie behaupten, dass sie allein den allgemeinen Willen der Bevölkerungsmehrheit verkörpern. Die heterogene Zusammensetzung der Anhängerschaft, in der sämtliche Schichten vertreten sind, birgt ein hohes Konfliktpotential, das die blind verehrte Führergestalt zu neutralisieren vermag.

3) Populistische Bewegungen ziehen gegen das Establishment zu Felde. Ihre Anführer kritisieren unablässig die politischen und wirtschaftlichen Eliten und verwenden dabei oft eine aufhetzende, vulgäre Sprache. Die Aufrufe

richten sich an Gruppen, die mit dem Status quo unzufrieden sind, die keinen Zugang zur Macht haben und/oder politisch marginalisiert sind. Obwohl populistische Führer die Repräsentanten der herrschenden Ordnung heftig angreifen, lehnen sie den revolutionären Klassenkampf zur Umgestaltung der Gesellschaftsordnung explizit ab.

4) Populisten kultivieren einen Anti-Intellektualismus. Gesten, Stil, Symbole und eine ständig wiederholende Rhetorik spielen eine größere Rolle als umfassende Sachprogramme und klare Definitionen.

Im Peru des 20. Jahrhunderts wechselten sich Populismen ziviler und militärischer Natur ab. Dabei gab es in ideologischer und wirtschaftspolitischer Hinsicht starke Unterschiede. Nach einem kurzen proto-populistischen Experiment unter Präsident Billinghurst stellte Leguías Oncenio ein längeres populistisches Regime eines Zivilisten dar. Auf militärischer Seite sind die Putschisten Sánchez Cerro und Manuel Odría (1948–1956) zu erwähnen. Für den Zivilisten Leguía wie für General Odría charakteristisch war das Bestreben, konkurrierende politische Organisationen zu neutralisieren und klientelistische Verbindungen zu pflegen.

Bei beiden kam eine äußerst kulante Behandlung von ausländischen Investoren und Kreditgebern hinzu, woraus langanhaltende Abhängigkeitsverhältnisse mit dem Ausland resultierten. Im Gegensatz dazu betrieb die Militärregierung von Juan Velasco Alvarado (1968–1975) einen ausgeprägten Staatsinterventionismus und gab sich betont nationalistisch und antiimperialistisch.

In den 1930er-Jahren rangen zwei populistische Parteien mit allen legalen und illegalen Mitteln um die Macht: Die APRA (bzw. PAP) und die Unión Revolucionaria. Nach der Ermordung von Sánchez Cerro übernahm Luis A. Flores die Parteiführung. Unter ihm wandelte sich die Unión Revolucionaria in eine Bewegung faschistischen Zuschnitts. Flores baute eine Parteiarmee auf, die rund 6000 Mann zählte. Die Parteimitglieder trugen schwarze Hemden und begrüßten sich mit dem Faschistengruß. Als gewichtigstes intellektuelles Sprachrohr der peruanischen Faschismusvariante positionierte sich José de la Riva Agüero. Der vermögende Gründer des Partido Nacional Democrático (1915), der während des Oncenio im Exil lebte, wurde in Europa zum Bewunderer Mussolinis. Nach seiner Rückkehr im September 1930 propagierte Riva Agüero das Idealbild einer erneuerten nationalen Elite, die sich durch eine überlegene Moral und überragende intellektuelle Fähigkeiten auszeichnen sollte. Während eines reumütigen öffentlichen Auftritts verkündete er 1932 seine Rückkehr in den Schoß der katholischen Kirche. In der Folgezeit ließ er verlauten, nur der Katholizismus und der Faschismus seien in der Lage, die kommunistische Gefahr zu bannen. Kennzeichnend für Riva Agüeros Denken war eine Symbiose zwischen Faschismus und Katholizismus. Für ihn stand das politisch-wirtschaftliche Programm des Faschismus in Einklang mit der kirchlichen Gesellschaftslehre und den Auffassungen der päpstlichen Rundschreiben. Er verdammte Liberalismus, Kapitalismus und Kommunismus als egoistische, gottlose, materialistische Systeme. Von einem faschistischen Regime erhoffte Riva Agüero das Wiederaufleben der sozialen und wirtschaftlichen Verhältnisse der zur Blütezeit verklärten spanischen Kolonialherrschaft. Er sehnte sich in längst vergangene Zeiten zurück, in denen eine aristokratische, autoritäre Gesellschaftsordnung existierte, eine paternalistische, korporative Wirtschaftsordnung herrschte und Kirche und Staat eng verflochten waren. Indem er die koloniale Zeit verherrlichte und gleichzeitig die indigenen Kulturen geringschätzte, bildete Riva Agüero einen Kontrapunkt zu den zeitgenössischen indigenistischen Strömungen.

Das Comeback des Generals Benavides

Wie im Salomón-Lozano-Vertrag vereinbart, trat die Leguía-Regierung am 17. August 1931 – wenige Tage vor ihrem Sturz – weite Dschungelgebiete an Kolumbien ab. Viele Peruaner lehnten den Kontrakt als ungerecht und schmählich ab. Durch den Vertrag geschädigte Unternehmer wie der peruanische Kautschukbaron Julio C. Arana, der sich lange Zeit skrupellos im Putumayo-Gebiet bereichert hatte, wiegelten die Dschungelbevölkerung auf. Ende August 1932 besetzten bewaffnete Milizen unter tatkräftiger Mithilfe regulärer Armeeeinheiten aus Iquitos den abgetretenen Hafenort Leticia. Damit begann ein nicht deklarierter Krieg zwischen Peru und Kolumbien. Am 21. Oktober fiel auch die Ortschaft Tarapacá am Río Putumayo in peruanische Hände. Im Gegenzug mobilisierte Kolumbien 1000 Infanteristen und sechs Flussboote mit dem Ziel, die verloren Gebiete wieder zurückzuerobern. Sánchez Cerro war von der Einnahme Leticias zwar überrascht worden, vor vollendete Tatsachen gestellt, zögerte er aber nicht, die Aktion gutzuheißen. Er ordnete die Mobilisierung der Armee an, befahl die Aktivierung sämtlicher Sondereinheiten und ernannte General Óscar R. Benavides zum Oberbefehlshaber. Aus London kommend, traf Benavides – der Kriegsheld im Grenzkonflikt mit Kolumbien von 1911 und provisorischer Staatspräsident Perus 1914/1915 – am 25. März 1933 in Lima ein. Noch bevor der Konflikt mit Kolumbien weiter eskalierte, setzte das Attentat vom 30. April 1933 dem Leben von Sánchez Cerro ein jähes Ende. Nach der Ermordung des peruanischen Präsidenten erkor die verfassunggebende Nationalversammlung unverzüglich den obersten Heereschef zum neuen Staatsoberhaupt. Die Ernennung von Benavides stellte eine eindeutige Verletzung der neuen Verfassung dar, denn diese verbot aktiven Mitgliedern der Streitkräfte ausdrücklich die Übernahme des Präsidentenamts.

Zwei Monate nach der Amtsübernahme ersetzte Präsident Benavides das von Sánchez Cerro übernommene Kabinett, eine Abkehr von der drakonischen Repressionspolitik signalisierend. Der neuen Regierungsmannschaft stand Jorge Prado y Ugarteche vor, ein Enkel des ehemaligen Präsidenten Mariano Ignacio

Prado. Das neue Kabinett erließ eine Amnestie für die politisch Verfolgten der Sánchez-Cerro-Zeit. Verbannte kehrten ins Land zurück, politische Gefangene verließen die Gefängnisse (darunter auch Haya de la Torre), geschlossene Parteilokale wurden wieder geöffnet und die Pressezensur eingestellt. Das politische Tauwetter dauerte jedoch nur kurze Zeit. Bald schon flammten die alten Dispute und Konflikte in alter Heftigkeit wieder auf. Verschwörer aus den Reihen der Unión Revolucionaria heckten ein Mordkomplott gegen Präsident Benavides aus, das noch rechtzeitig aufgedeckt wurde. Prado reichte seinen Rücktritt ein; ein neues Kabinett übernahm Anfang Dezember das Ruder. Für ein halbes Jahr übte der Faschist Riva Agüero zugleich das Amt des Premier- und Justizministers aus. Erneut erfolgte eine Repressionswelle, die zahlreiche Sozialisten und APRA-Anhänger ins Gefängnis oder ins Exil beförderte. Im November 1934 erhoben sich in einer konzertierten Aktion Apristen in Ayacucho, Huancayo und Huancavelica. Bevor der Aufstand vom Militär niedergeschlagen wurde, gelang es ihnen, die Stadt Ayacucho für vier Tage in ihre Gewalt zu bringen. Im Folgejahr ermordete ein Mitglied der APRA-Jugendorganisation den Herausgeber der Zeitung *El Comercio* Antonio Miró-Quesada zusammen mit dessen Ehefrau.

Wenn es Benavides auch nicht gelang, die politische Gewalt innerhalb Perus zu stoppen, so vermied er immerhin den offenen Krieg mit Kolumbien. Nachdem sich der Völkerbund als Vermittler in den Grenzkonflikt eingeschaltet hatte, willigte er in ein Friedensabkommen mit Kolumbien ein. Im sogenannten »Protokoll von 1934« erkannte Peru dem Nachbarland das umstrittene Dschungelgebiet inklusive Leticia endgültig zu.

Gemäß Verfassung endete Benavides Amtszeit bereits 1936, also im Jahr, in dem die reguläre Regierungszeit seines ermordeten Vorgängers ablief. Verfassungskonform fanden 1936 allgemeine Wahlen statt. Um das Präsidentschaftsamt bewarben sich vier Kandidaten, von denen drei eine reelle Chance hatten: Antonio Eguiguren von der Demokratischen Front, Luis A. Flores von der faschistischen Unión Revolucionaria und Jorge Prado y Ugarteche. Entgegen Benavides' Erwartungen landete der von ihm geförderte Prado abgeschlagen auf dem dritten Platz. Am meisten Stimmen erzielte dank Unterstützung durch die APRA Eguiguren. Dass sich die verbotene APRA in den Wahlkampf eingemischt hatte, diente der von der Regierung kontrollierten nationalen Wahlbehörde als Vorwand, um die Wahlen sowohl für die Präsidentschaft als auch für die Nationalversammlung für ungültig zu erklären. Die willfährige verfassunggebende Nationalversammlung verlängerte Benavides' Mandat um weitere drei Jahre und löste sich gleich selbst auf. Gleichzeitig übertrug sie der Exekutive die Befugnis per Dekret zu regieren, sodass Benavides vom 14. November 1936 an mit diktatorischer Vollmacht regierte. APRA und Unión Revolucionaria riefen zu Protestaktionen auf. Im Gegenzug verschärfte die Regierung das geltende Notstandsgesetz und dehnte den Kompetenzbereich der Militärjustiz aus. Über Attentate auf Amtsträger oder die Organisation von Streiks urteilten nun Militärrichter. Es folgte eine neue Welle von Deportationen und Hinrichtungen, die ihrerseits Konspirationen und mehrere erfolglose Aufstände nach sich zogen.

Wichtigste Machtstütze des Benavides-Regimes war der militärische Sektor, dem konsequenterweise erhebliche Staatsmittel zuflossen. Ein Marinespital und

18 über das ganze Land verteilte Kasernen nahmen neu ihren Betrieb auf. Durch den Erwerb zweier Zerstörer und den Ausbau der Amazonasflotte verstärkte die Marine ihre Schlagkraft. Ein 1939 eingeweihtes Trockendock im Hafen Callao erleichterte Reparatur- und Wartungsarbeiten an den Kriegsschiffen. Für die Schulung und das Training der nationalen Polizei engagierte Benavides spanische Spezialisten. Deutsche und italienische Fachleute wurden zum gleichen Zweck in der Armee und in der im Aufbau befindlichen Luftwaffe eingesetzt. Dass Benavides die etablierten französischen und US-amerikanischen Missionen durch deutsche und italienische ersetzte, trug ihm den Vorwurf ein, zu enge Beziehungen zu den faschistischen Mächten zu unterhalten. Andererseits kündigte Benavides im Oktober 1937 den 13 Jahre zuvor geschlossenen Freundschafts-, Handels- und Schifffahrtsvertrag mit Japan. Bereits 1936 hatte er mit einem neuen Immigrationsgesetz die japanische Einwanderung praktisch beendet.

Mittels Sozial- und Beschäftigungsprogrammen, durch Investitionen in die Grundschulausbildung, den Erziehungsbereich und den sozialen Wohnungsbau versuchte das Benavides-Regime, den Einfluss der APRA auf die Unterschichten zu neutralisieren. Es sorgte für die Vollendung einer Reihe von Bauvorhaben aus der Leguía-Zeit, darunter Straßen, Hafenanlagen und städtebauliche Projekte. 1933 fanden 4500 Arbeiter ein Auskommen im Straßenbau; 1939 waren es bereits 37 000. Bis 1936 wuchs das Straßennetz um 1826 Kilometer und 79 Brücken wurden neu gebaut. Die Bauarbeiten für die 3200 Kilometer lange Küstenschnellstraße Panamericana und die Hauptstraße ins Zentralgebirge (Lima–La Oroya–Huancayo–Huancavelica–Ayacucho) kamen zügig voran. Es entstanden Arbeiter- und heilklimatische Kursiedlungen, Polikliniken, ein Arbeiterspital und Volksküchen in den Armenvierteln. Tausende bedürftiger Schüler erhielten vor Schulbeginn ein kostenloses Frühstück. Eine obligatorische Sozialversicherung für Arbeiter und Arbeiterinnen gewährleistete finanzielle Hilfe beziehungsweise Rentenzahlungen im Falle von Krankheit, Mutterschaft, Invalidität und Pensionierung. Die Arbeitnehmer hatten nun einen gesetzlichen Anspruch auf bezahlten Urlaub. Außerdem unterzeichnete Peru die 42 Konventionen der Internationalen Arbeitskonferenz in Genf. Darin waren unter anderem Vorschriften bezüglich der Nachtarbeit von Frauen und Kindern oder der wöchentlichen Ruhezeiten festgesetzt. Ein neues Privatrecht trat 1936 in Kraft. Für die Frauenrechtlerinnen enttäuschend, hielt es – obschon in gemilderter Form – noch immer am Prinzip der Unterordnung der Ehefrau unter den Ehemann fest.

Während Benavides' zweiter Amtsperiode wurden die ersten künstlich bewässerten Parzellen des landwirtschaftlichen Großprojekts Pampas de La Joya in Arequipa an kleine und mittlere Betriebe abgegeben. Die Kolonisierung der Dschungelgebiete von Tingo María machte Fortschritte, und erstmals wurden Ölquellen unter peruanischer Leitung erschlossen. Autobuslinien verbanden die Südküste mit der Hauptstadt und machten die Schiffsverbindung Matarani–Lima überflüssig.

Im Februar 1939 scheiterte ein militärischer Putschversuch unter Führung von General Antonio Rodríguez kläglich. Benavides fühlte sich sicher genug, um noch für das gleiche Jahr Präsidentschafts- und Kongresswahlen anzusetzen. Sein Wunschkandidat für die Nachfolge war abermals ein Exponent der Elitefamilie

Prado – jetzt der jüngere Bruder von Jorge Prado und Präsident der Zentralbank: Manuel Prado y Ugarteche. Zur Wahl des Staatschefs traten nur zwei Kandidaten an. Die KP und die APRA waren als »internationalistische« Parteien laut Verfassung nicht zugelassen. Derweil befand sich Luis A. Flores, der Führer der Unión Revolucionaria, in der chilenischen Verbannung. Diktator Benavides bot sämtliche staatliche Mittel auf, um ein Wahlresultat nach seinem Gusto zu erzielen, mit dem Resultat, dass Manuel Prado 78 % der Stimmen erhielt. Für den haushohen Wahlsieg mitverantwortlich war die Rückendeckung durch die APRA-Führung. In Verhandlungen hinter den Kulissen hatte sich Prado deren Unterstützung gesichert, indem er versprach, nach seiner Wahl das Verbot der Partei aufzuheben.

Die peruanische Oligarchie

Bis in die späten 1960er-Jahre stand Peru in dem Ruf, von einigen wenigen oligarchischen Familien oder Clans regiert zu werden. Teils waren diese während des Guano-Booms zu Geld und Ansehen gekommen, teils erwirtschafteten sie ihre Vermögen in der Plantagenlandwirtschaft (Zucker, Baumwolle), im Bergbau oder im Handels- und Finanzwesen. Während der Aristokratischen Republik (1895–1919) waren die Plantagenbesitzer an der Küste die dominanten wirtschaftlichen und politischen Akteure. Sie besetzten die Vorstandsposten der neu etablierten Banken und Versicherungsgesellschaften. Aus ihren Reihen rekrutierten sich die Führer der Civilista-Partei und die wichtigsten Politiker des Landes. Die halboffizielle Nationale Landwirtschaftsgesellschaft (Sociedad Nacional Agraria), gegründet 1896 und von den bedeutendsten Plantagenbesitzern kontrolliert, beeinflusste die nationale Ökonomie und Sozialpolitik bis in die 1960er-Jahre.

Leguías Oncenio markierte das Ende der Aristokratischen Republik und den Aufstieg gut organisierter Massenparteien. Die peruanischen Oligarchen mussten einsehen, dass sie das Land nicht mehr direkt und offen beherrschen konnten. Aber sie konnten mit Hilfe des Militärs und mit Unterstützung der Großgrundbesitzer im Hochland indirekt ihre Interessen durchsetzen. Während fast vier Jahrzehnten gelang es ihnen fast immer, die jeweilige Regierung zu steuern. Der einzige Staatspräsident, der sich vollständig ihrem Zugriff entzog – José Luis Bustamante y Rivero (1945–1948) – wurde durch einen von ihnen organisierten und finanzierten Militärputsch gestürzt. Auch in anderen Fällen zögerten Oligarchen nicht, erhebliche finanzielle Mittel für politische Zwecke einzusetzen. Der Pflanzer-Clan der Aspíllagas bestritt die Auslagen bei der Ausschaltung von linken Agitatoren in Lambayeque. Die Prados vergaben Kredite zu Vorzugsbedingungen an Militäroffiziere. Die Gildemeister und der Agrarexporteur Pedro Beltrán kauften *La Prensa* auf und verwandelten die Zeitung in ein einflussreiches politisches Organ. Egal, ob unter militärischer oder ziviler Regierung – den oligarchischen Exporteuren gelang es in bemerkenswerter Weise, ihre wirtschaftsliberalen Forderungen durchzusetzen. Dazu gehörten Freihandel, uneingeschränkte Devisenmärkte, Privatisierungen, tiefe Steuern und Zölle, monetäre Stabilität sowie der Abbau staatlicher Vorschriften bezüglich der Preise und Löhne.

Das Organisationsschema der peruanischen Wirtschaftsimperien war patriarchal. Obschon die Frauen zu gleichen Teilen erbten, monopolisierten die Männer die exekutiven Funktionen und die Vorstandspositionen. Heiraten wickelten sich zwischen Paaren gleicher sozialer und wirtschaftlicher Position ab und besiegelten immer auch ökonomische Allianzen. Arrangierte Ehen oder Zwangsheiraten kamen selten vor und waren auch nicht nötig, denn die Oligarchenkinder lebten in ihrer eigenen Welt, die aus exklusiven Privatschulen und Clubs, abgeschotteten Villenvierteln und mondänen Urlaubsorten bestand. In diesen elitären Zirkeln lernten sie von klein auf ihre zukünftigen Heiratspartner kennen.

Die führenden Elitefamilien unterhielten enge Verbindungen zur Armee und zur katholischen Kirche auf der einen, zu ausländischen Regierungen und Kapitalgebern auf der anderen Seite. Gemeinsame soziokulturelle Merkmale waren ein vornehmer Lebensstil, »Noblesse« und Exklusivität. Während sie das Wertesystem der westlichen Zivilisation hoch schätzten, erachteten sie das indianische Erbe – mit Ausnahme der idealisierten inkaischen Kultur – und die aktuellen Manifestationen aus dem indigenen Universum als minderwertig. Zwischen der Oligarchie und den renommiertesten Limeñer Oberschichtsfamilien gab es beträchtliche Überschneidungen. Jahrzehnte endogamer Heiraten sorgten für ein dichtes Verwandtschaftsnetz und bildeten den Schlüssel zur großen Kohäsionskraft innerhalb der Elite. Nichtsdestotrotz gab es verschiedene Fraktionen, die Konflikte unterschiedlicher Stärke untereinander austrugen. Konkrete Interessenskonflikte gab es beispielsweise zwischen den Agrarexporteuren und Industriellengruppen, die sich auf den Binnenmarkt konzentrierten. Repräsentanten der zweiten Strömung, zu der Manuel Prado gehörte, traten für die staatliche Förderung der einheimischen Industrie und für eine Erhöhung der öffentlichen Ausgaben ein. Sie befürworteten eine Lockerungspolitik gegenüber der APRA, um so deren revolutionäres Potential zu mindern. Diese Umgarnungsversuche trug den Prados bis Ende der 1950er-Jahre die Feindschaft der Plantagenbesitzer ein. Im Falle der Miró Quesadas, die wegen der Ermordung von Familienangehörigen einen jahrzehntelangen publizistischen Kreuzzug gegen die APRA führten, hielt die Feindschaft sogar bis in die späten 1960er-Jahre an.

Die Regierung Prado (1939–1945)

Mit Manuel Prado amtierte während des Zweiten Weltkriegs wieder ein verfassungsmäßig gewählter Präsident und auch der Kongress tagte wieder regelmäßig. Trotz dieser Rückkehr zur Verfassungsmäßigkeit blieben zentrale konstitionelle Rechte und Garantien außer Kraft. Denn das Notstandsgesetz von 1932 behielt nach wie vor seine Gültigkeit. Im Amt erwies sich Prado als ein gewiefter konservativer Modernisierer, der populäre Gesetzesbestimmungen zugunsten der Unterschichten ermöglichte. Unter ihm wurden ein Mindestlohn und Lohnerhöhungen für Arbeiter verfügt. Die 1939 gegründete Aufsichtsbehörde für das Sozialwesen (Superintendencia de Bienestar Social) wachte strikt über die Einhaltung sowohl der staatlich festgelegten Wohnungsmieten als auch der Preise für lebenswichtige Produkte. Obschon die APRA nach wie vor aus dem offiziellen politischen Leben verbannt blieb, minderte sich der staatliche Druck. Dass oppositionelle Organisationen mehr Bewegungsfreiheiten erhielten, wurde nicht zuletzt durch die globalen Entwicklungen ermöglicht. Der Ausbruch des Zweiten Weltkriegs bewog die Kommunistische Partei zu einem taktischen Kurswechsel. Die Kommunistische Partei vertrat nun die Ansicht, dass der Kapitalismus in Peru vorerst zur vollen Entfaltung kommen müsse und dass man deshalb Bündnisse mit der nationalen Bourgeoisie eingehen sollte. Die APRA ihrerseits rutschte weiter nach rechts und gab ihre Kritik an Kapitalismus und US-Imperialismus vollends auf. Vom toleranteren politischen Klima profitierte auch die Gewerkschaftsbewegung, sodass die Anzahl der anerkannten Gewerkschaften von 33 auf 118 stieg.

Was das Schulwesen anbelangt, trat 1941 ein erneuertes Bildungsgesetz in Kraft (Ley orgánica de Educación Pública). Es setzte die Dauer des kostenlosen und obligatorischen Volksschulunterrichts auf sechs Jahre fest. Schulen wurden auch für erwachsene Analphabeten eingerichtet. Indem die Prado-Regierung das Bildungsbudget zwischen 1939 und 1945 um mehr als das Vierfache erhöhte, konnte sie sowohl die Anzahl an Schulen und Lehrern wie auch an eingeschulten Kindern stark erhöhen.

Neben den Verbesserungen im Bildungsbereich trugen wichtige Infrastrukturprojekte zur Entwicklung des Landes bei. Nach jahrelanger Bauzeit erfolgte im September 1943 die Einweihung der Straße Huánuco–Tingo María–Pucallpa. Damit gab es nun eine durchgehende Hauptstraße von Lima in die zentrale Dschungelregion. Pucallpa, am Río Ucayali gelegen, entwickelte sich in der Folgezeit zum bedeutsamen Flusshafen, der die Verbindung zum Amazonas und nach Iquitos sicherstellte. Mit dem Bau eines Wasserkraftwerks im Cañón del Pato (Dep. Áncash) startete die Regierung ein energetisches Großprojekt von überregionaler Bedeutung. Das spektakuläre Kraftwerk am Río Santa sollte gemäß den Plänen 125 000 Kilowatt Strom produzieren und zukünftige Industrieanlagen, wie die Eisenhütte von Chimbote, mit Energie versorgen.

Inmitten des Zweiten Weltkriegs befehdeten sich Peru und Ecuador aufs Neue. Am 5. Juli 1941 brachen offene Kämpfe im Gebiet der Grenzflüsse Zarumilla und Marañón aus. In einem Blitzkrieg überrumpelten die hoch überlegenen peruanischen Truppen ihre Gegner und besetzten große Gebiete jenseits der Grenze. Bis die Kampfhandlungen Mitte August eingestellt wurden, hatte sich die ecuadorianische Armee fast vollständig aufgelöst. Der triumphale Sieg brachte Prado einen erheblichen Popularitätsschub ein. Die peruanischen Truppen blieben vorerst im eroberten Territorium, bis im Januar 1942 ein Friedensabkommen im brasilianischen Rio de Janeiro unterzeichnet war. Das Abkommen, das in Gegenwart von Repräsentanten der Garantiemächte USA, Brasilien, Argentinien und Chile geschlossen wurde, erklärte Peru zur rechtmäßigen Besitzerin der umstrittenen Dschungelgebiete in den Provinzen Tumbes, Jaén und Maynas. Ecuador erhielt zwar Zugang zum Río Putumayo, büßte aber den direkten Zugang zum Amazonas-Strom ein. Ein Zusatzprotokoll anerkannte Perus Besitzanspruch auf über 310 000 km² Landes. Bis 1948 kartografierte ein US-amerikanisches Luftwaffenteam das Grenzgebiet und kennzeichnete über 95 % der Grenzlinie. Nicht markiert blieb ein rund 80 Kilometer langer Abschnitt im schwer zugänglichen Dschungelgebiet der Cordillera del Cóndor und dem Río Cenepa. Bis zum definitiven Ende des Konflikts im Jahr 1998 sollte es in diesen Sektoren immer wieder zu Scharmützeln kommen.

Beim Ausbruch des Zweiten Weltkriegs (1. September 1939) erklärte sich Peru für strikt neutral. Wo die eigentlichen Sympathien Prados lagen, wurde jedoch bald klar. Schon im März 1940 mussten die italienischen Luftwaffenspezialisten, die seit Mitte der 1930er-Jahre mit der Ausbildung der peruanischen Militärpiloten betreut waren, das Land verlassen. Ihre Trainings absolvierten die Peruaner nun in den USA und in Großbritannien. Ein US-Beraterteam der Marinefliegerei traf noch im gleichen Jahr in Peru ein. Nach dem Überfall der japanischen Streitkräfte auf Pearl Harbor (7. Dezember 1941) und der kurz darauf erfolgten Kriegserklärung der Achsenmächte an die USA brach Peru seine diplomatischen Beziehungen zu Tokio, Berlin und Rom ab. Im Mai 1942 stattete Prado dem Präsidenten Franklin D. Roosevelt im Weißen Haus einen Freundschaftsbesuch ab, bei dem die beiden Staatschefs einen Handelsvertrag unterzeichneten. Von nun an kauften die USA vermehrt peruanische Produkte, lieferten Waffen und Munition und sorgten sowohl für Darlehen als auch für technische Hilfe im Bildungsbereich und im öffentlichen Gesundheitswesen. Als Gegenleistung für das Senken der Importtarife verzichtete Peru auf Preiserhöhungen für seine Rohstoffexporte. Im April 1945 nahm Peru an der United Nations Conference on International Organization in San Francisco teil und wurde Gründungsmitglied der Vereinten Nationen (UNO resp. UN).

Peru war das erste lateinamerikanische Land, das mit den Achsenmächten brach. Es erlaubte den USA die Etablierung eines Luftwaffenstützpunkts in Talara (nahe der nordperuanischen Ölfelder) und deportierte auf Wunsch der Vereinigten Staaten deutsch-, italienisch- und japanischstämmige Bürger. Wenige Monate vor Kriegsende erklärte Peru den Achsenmächten den Krieg, entsandte aber weder Truppen noch Waffen nach Europa. Indem die Regierung Prado politisch, wirtschaftlich und militärisch vollumfänglich mit Washington kooperierte, erteilte sie den faschistischen und autoritären Strömungen im eigenen Land – zumindest offiziell – eine Abfuhr. Dennoch hielten sich Sympathien für das franquistische Spanien hartnäckig. Dafür sorgte nicht zuletzt die Propaganda spanischer Geistlicher, die insbesondere in den privaten Lehranstalten die Kinder der peruanischen Elite unterrichteten.

Demografie und Gesellschaft

Über sechs Jahrzehnte nach der Durchführung des letzten landesweiten Zensus führte die Prado-Regierung 1940 unter großem Aufwand die fünfte nationale Volkszählung durch. Die statistische Auswertung ergab eine Gesamtbevölkerung von 7 023 111 Personen. 64 % der Peruaner lebten in der Sierra, 28 % an der Küste und 7 % im Dschungel. Über die Hälfte der Bevölkerung (57,7 %) zählte weniger als 20 Jahre, 57 % waren Analphabeten, und 35 % verstanden die Landessprache Spanisch nicht. Noch immer war Peru stark ländlich geprägt: 65 % wohnten auf dem Land. Die größte Stadt war Lima, die zusammen mit dem Hafen Callao 562 885 Einwohner zählte, gefolgt von Arequipa (71 768) und Cusco (45 667). Die Hälfte der Departements-Hauptstädte hatte weniger als 15 000 Einwohner. In den meisten Städten fehlte es an elektrischem Licht und an Trinkwasserleitungen. Die Straßen waren unbefestigt und zahlreiche Ortschaften isoliert, weil Verbindungsstraßen und Telefonverbindungen fehlten. Von den 2,5 Millionen ökonomisch aktiven Peruanern und Peruanerinnen fanden 62 % in der Land- und Viehwirtschaft ein Auskommen, 17,5 % in der Industrie und 20,5 % im Dienstleistungssektor. Verglichen mit dem Zensus von 1876 war die Anzahl an Ausländern stark zurückgegangen und betrug noch 62 680 Personen. Die größte Gruppe bildeten die Asiaten mit 46,4 %.

Der Zensus von 1940 war der letzte, in dem nach der ethnischen Zugehörigkeit gefragt wurde. Die zahlenmäßig größte Gruppe bildeten die Mestizen und die Weißen, die man in einer einzigen Kategorie zusammenfasste. Sie machten 52,9 % der Bevölkerung aus. An zweiter Stelle folgten die Indianer (45,9 %), die sich nach wie vor im südlichen und zentralen Hochland konzentrierten. Die dritte und vierte Stelle nahmen Asiaten (0,68 %) und Schwarze (0,47 %) ein. Dass der Anteil der Afroperuaner von bescheidenen 1,5 % im Jahre 1876 noch weiter zurückgegangen war, ist einerseits mit der starken Vermischung zu erklären. Andererseits schämten sich zahlreiche Afroperuaner ihrer schwarzen Abstammung und ordneten sich selbst der weniger stigmatisierten Kategorie »Mestizen« zu.

Von 1876 bis 1940 vermehrte sich Perus Bevölkerung um mehr als das Zweieinhalbfache, wobei die jährliche Wachstumsrate 1,5 % betrug. Das Bevölkerungswachstum hatte für die meisten Kleinbauern negative Folgen, führte es doch zu einer Parzellierung der Felder durch Erbteilung und einer Überbeanspruchung der Böden. Viele Campesinos versuchten, die Anbauflächen auszuweiten, was Abholzungen und zusätzliche Bodenerosionen nach sich zog. Unter Anleitung apristischer und sozialistischer Agitatoren organisierten sich Teile der notleidenden Landbevölkerung mit dem Ziel, Ländereien zurückzugewinnen, die Hacendados besetzt hielten. Widerstand formierte sich auch gegen die staatlichen Frondienste. Zwar war der verhasste Arbeitseinsatz im Straßenbau (Conscripción vial) 1930 offiziell abgeschafft worden. Nichtsdestotrotz spannten die Behörden die Lokalbevölkerung beim Bau wichtiger Straßen nach wie vor ein, beispielsweise im südlichen Hochland. Dabei stellte der Staat die Baumaterialien und das Know-how bereit. Distriktbeamte rekrutierten die Arbeitskräfte, die im

Rahmen der Faena – Arbeitsdienst zur Realisierung von Gemeinschaftsprojekten – ohne Lohn die Ausführung übernehmen mussten.

Positiv zu bewerten sind dagegen staatliche Initiativen im Bildungs- und Rechtsbereich, die die kulturelle Identität der indianischen Bevölkerung stärker als bisher berücksichtigten. 1931 begann ein zweisprachiges Ausbildungspilotprojekt in Huanta (Ayacucho), dem 1933 die Eröffnung von Rijchary-Zentren (»Zentren des Erwachens«) in Juliaca (Puno) folgten. Bis 1935 wuchs die Anzahl anerkannter indianischer Gemeinschaften auf 411, in denen über 200 000 Personen lebten. Bis zum Jahr 1939 legitimierte die Benavides-Regierung rund 700 weitere indianische Gemeinschaften. Zudem trat sie als Schlichterin bei Landstreitigkeiten auf und vermittelte indianischen Bauern moderne land- und viehwirtschaftliche Methoden. Im letzten Amtsjahr machten sich Ausbilderteams auf den Weg in die entlegensten Winkel des Hochlands, um die Einheimischen in Lesen, Schreiben und Gesundheitspflege zu unterweisen.

Arbeiter und Angestellte, Freizeit und Studium

Unter den Folgen der Weltwirtschaftskrise hatten die Lohnarbeiter noch Jahre zu leiden. Auf Massenentlassungen und Lohneinbußen reagierten sie mit Demonstrationen, Streiks und Straßenkämpfen. Protestierende Arbeiter hielten im Mai 1931 die Stadt Arequipa und den Hafen von Mollendo für kurze Zeit besetzt. Bis zu den Neuwahlen vom Oktober 1931 weiteten sich die Protestaktionen in noch nie dagewesenem Maße aus. Es kam zu erneuten Unruhen im Minendistrikt Mal Paso, denen eine breite Streikwelle folgte, die selbst Chauffeure und Telefonoperateure in Lima erfasste. Die Kommunistische Partei verfolgte eine Strategie der direkten Konfrontation in der Hoffnung, eine landesweite Revolution zu entfachen. Mit aller Gewalt schlug die Militärregierung zurück. Es gelang ihr mit repressiven Mitteln, die bis zu Massakern reichten, die Kommunisten zu isolieren und entscheidend zu schwächen. Der von Mariátegui gegründete Gewerkschaftsdachverband CGTP fiel 1932 den Repressionsmaßnahmen der Regierung zum Opfer. Von der massiven gegen die KP gerichteten Verfolgungskampagne profitierten nicht zuletzt die APRA und deren Gewerkschaften, die sich als einzig mögliche Alternative profilieren konnten.

Unter Präsident Prado lockerte sich der staatliche Würgegriff wieder, der seit den frühen 30er-Jahren die Arbeiterbewegung zu ersticken drohte. Dazu trug auch die APRA bei, die auf Verhandlungen setzte und auf Streiks verzichtete. Als Folge davon stieg die Anzahl der anerkannten Gewerkschaften stark an. Zudem ließ Prado 1944 einen neuen Gewerkschaftsdachverband zu, die Confederación de Trabajadores del Perú (CTP). Dabei stellte die KP den Generalsekretär, während die APRA den Posten des Vorstands besetzte. Nach dem Ablauf von Prados Amtszeit kam es wieder vermehrt zu Streiks. Begünstigt durch die ambivalente Haltung der KP gelang es der APRA, die Kommunisten aus den Führungsgremien der CTP zu drängen und sich als führende politische Kraft in den Gewerkschaften zu verankern. Neue Föderationen entstanden unter den Bergarbeitern des mittleren Andenhochlandes, den Erdölarbeitern Nordperus, den Zuckerarbeitern und den Angestellten.

Gegenüber dem Primär- und dem Sekundärsektor der Wirtschaft gewann der Tertiärbereich stark an Wichtigkeit. Neue Arbeitsinstrumente wie Telefone, Schreib- und Rechenmaschinen revolutionierten den Alltag im Dienstleistungssektor. Die Anzahl der Angestellten schnellte in die Höhe. Es kamen Großunternehmen auf, die Dutzende, wenn nicht sogar Hunderte von Angestellten beschäftigten. Allmählich machte der herkömmliche Paternalismus der etablierten Handelshäuser einer unpersönlichen Arbeitswelt Platz, in der zahlreiche Hierarchiestufen, standardisierte Karrieremuster und Gewerkschaften existierten. Gleichzeitig büßte das Angestelltendasein an Ansehen und Exklusivität ein, weil Mestizen, Angehörige der Unterschichten und immer mehr Frauen in die Sphären nichtmanueller Arbeiten einzudringen vermochten. Dem Zensus von 1940 zufolge betrug der weibliche Angestelltenanteil in Lima und im Hafen Callao rund 20 %. Am meisten Frauen fanden sich in den Kategorien Regierungsadministration und Dienstleistungen, gefolgt vom Handels-, Banken- und Versicherungswesen. Während die Durchschnittslöhne bei männlichen Angestellten und Arbeitern 4,00 Soles pro Tag betrugen, erhielten die Frauen lediglich 1,46 Soles. Nicht nur wurden Frauen schlechter bezahlt, im Falle der Angestellten mussten sie auch die eintönigsten Arbeiten erledigen.

In Lima veränderten sich Arbeitswelt und Stadtbild rasant. Neue Urbanisationen entstanden. Wer es sich leisten konnte, verließ die überfüllten und lärmigen kolonialen Residenzen im Zentrum und zog in Einfamilienhäuser oder Mietwohnungen in aufstrebenden Distrikten wie Miraflores oder San Isidro. Diese Entwicklung wurde begünstigt durch den ausgeweiteten Zugang zu Krediten – ein Umstand, der sowohl zu neuen Konsummustern als auch zu neuen Problemen wegen Überschuldung führte. In den 30er- und 40er-Jahren erfreuten neue Formen der Unterhaltungs- und Freizeitkultur ein schnell wachsendes Publikum, angefangen beim Radio, über das Kino und Zuschauersportarten bis hin zu Urlaub und Ausflügen. Die Ausweitung der öffentlichen Schulbildung ließ erstmals einen höheren Schulabschluss in die Reichweite eines durchschnittlichen Angestelltenkindes kommen. Besonders ambitionierte Angestellte bemühten sich, ihre Kinder in exklusiven und teuren Privatschulen unterzubringen. Zur prestigeträchtigsten Hochschule des Landes schwang sich die private Katholische Universität in Lima auf. Nachdem Sánchez Cerro im März 1932 die Schließung von San Marcos befohlen hatte, wechselten die finanziell besser gestellten Studenten an die Katholische Universität über. Von 1934 bis 1942 verdoppelte sich die Studentenzahl der Katholischen Universität von 1167 auf 2320. Im Gegensatz zu San Marcos, deren Studenten mehrheitlich sozialistische und indigenistische Positionen verfochten, verteidigte die Katholische Universität in ihren Publikationen in der Regel den Katholizismus, den Faschismus und das koloniale spanische Erbe.

Die Wirtschaft

Gegen Ende 1932 erreichte die von der Weltwirtschaftskrise gebeutelte peruanische Wirtschaft ihren Tiefpunkt. In der Folgezeit legte die Produktion bei lokal kontrollierten Exportgütern wie Baumwolle, Gold, Blei und Zink kräftig zu. Mit der expandierenden Fischerei entwickelte sich ein neuer vielversprechender Wirtschaftszweig. Anziehende Preise für Baumwolle auf der einen, niedrige Zuckerpreise auf der anderen Seite verdrängten den Zuckerrohranbau in den Tälern der zentralen Küstenregion. Der Baumwollsektor, der 1932/1933 bereits über 65 000 Personen beschäftigte, bildete in den folgenden Jahren die mit Abstand wichtigste Erwerbsquelle für die ländliche Küstenbevölkerung und die vielen Wanderarbeiter aus dem Hochland.

Von 1935 bis 1939 stieg das Nationaleinkommen um rund 60 %, hauptsächlich dank der Baumwoll-, Erdöl- und Metallexporte. Eine kräftige Erhöhung erfuhren ebenfalls die staatlichen Ausgaben, die im Verlauf der Großen Depression stark eingeschränkt worden waren. Ermöglicht wurde dies durch die Aufnahme von Krediten im Inland und durch erhebliche Steuererhöhungen bei den traditionellen Exportgütern, die gegen den erbitterten Widerstand der Arbeitgeber und der Exporteure durchgesetzt wurden. Die kontinuierlich steigenden Staatseinkünfte ermöglichten eine Erhöhung der Ausgaben im Sozialbereich und bei der Infrastruktur (öffentliche Gebäude, Straßen, Bewässerungsanlagen). Derweil machte der Anteil der Militärausgaben jeweils um die 14 % des Staatsbudgets aus. Zur Deckung der chronischen fiskalischen Defizite nahm die Prado-Regierung Kredite bei der Zentralbank auf – eine fragwürdige Maßnahme, die zu einer galoppierenden Inflation führte. Zwischen 1939 und 1944 verdreifachte sich die in Umlauf gebrachte Geldmenge.

Anders als im Falle der meisten lateinamerikanischen Nationen stagnierte der Handel mit den Großmächten USA und Großbritannien in den 30er-Jahren. Benavides, der verschiedene militärische und diplomatische Posten in Europa bekleidet hatte, unterhielt mit dem faschistischen Italien sehr gute Beziehungen. Gegenüber den USA bestand ein abgekühltes Verhältnis. Dies änderte sich unter Präsident Prado, ohne jedoch die Intensität der Leguía-Jahre zu erreichen. Benavides wie Prado förderten gezielt die einheimische Industrie. Zu den bemerkenswertesten Maßnahmen gehörten die Schaffung des Banco Industrial (1936), das Industrieförderungsgesetz von 1940 und die Etablierung der Corporación Peruana del Santa 1943. Die starke Abwertung der einheimischen Währung gekoppelt mit höheren Importtarifen verteuerten die Preise für Importgüter und machten einheimische Erzeugnisse konkurrenzfähig. Ein erleichterter Zugang zu Krediten stimulierten die Etablierung neuer Fabriken, die Reifen, Schuhe, Papier, Glaswaren, Dünger, Milch und Konstruktionsmaterialien produzierten. Um die Lebensmittelpreise geringzuhalten, setzten die Regierungen Preiskontrollen auf Kosten der einheimischen Landwirtschaft durch.

Neben dem Banco Industrial war der solide Banco Italiano, hinter dem italienische und schweizerische Kapitalinteressen standen, einer der wichtigsten Kreditgeber sowohl für die Regierung als auch für Unternehmer und Monopolgesellschaften wie den Empresas Eléctricas Asociadas oder der Cía. Peruana de Teléfonos. Um der politischen Verfolgung während des Zweiten Weltkrieges zu entgehen – die Sympathien einiger Direktoren für den Faschismus waren offenkundig – änderte die Bank 1941 ihren Namen in Banco de Crédito um.

Während der Kriegsjahre war der Zugang zu den kontinentaleuropäischen und japanischen Märkten weitgehend gesperrt. Infolgedessen verzeichneten der Bergbau und die Erdölförderung nur ein geringes Wachstum. Zwar erhöhte sich die Zinkproduktion stark, jedoch blieben die Kupferpreise niedrig und wurden – wie die Preise für Öl und Baumwolle – von den Alliierten diktiert. Die tiefen Weltmarktpreise bewogen zahlreiche peruanische Baumwollpflanzer, auf den staatlich subventionierten Reisanbau umzusteigen. Das Erntevolumen für Reis stieg enorm, auch weil es gelang, die Hektarerträge in den 40er-Jahren um etwa 70 % zu steigern. Ohne Subventionen mussten dagegen die Getreide und Fleisch produzierenden Bauern im Hochland auskommen. Sie wirtschafteten auf technisch niedrigem Niveau und waren der Billigkonkurrenz aus dem Ausland nicht gewachsen. Das einzige landwirtschaftliche Exportgut, das während des Zweiten Weltkriegs einen beachtlichen Preisanstieg verzeichnete, war Zucker. Wegen der kräftigen Erhöhung der Ausfuhrsteuern stagnierte jedoch dessen Exportvolumen.

Abb. 20: Reisfelder nahe der nordperuanischen Stadt Jaén (Dep. Cajamarca).

Einen erneuten, allerdings nur kurzlebigen Boom erlebten der Kautschuk und die Chinarinde. Um in malariaverseuchten Gebieten kämpfen zu können, waren die US-amerikanischen, australischen und britischen Truppen auf Chinarinde – den Ausgangsstoff für die Herstellung von Chinin – aus den peruanischen und bolivianischen Dschungelgebieten angewiesen. Nachdem die japanischen Streitkräfte 1942 Südostasien überrannt und die Kontrolle über die Kautschuk-Plantagen übernommen hatten, zog die Nachfrage nach wildwachsendem Kautschuk aus dem Amazonasgebiet wieder stark an. Die US-Regierung etablierte die Rubber Reserve Company, die die Versorgung mit diesem gefragten Rohstoff sicherstellen sollte. Von 1941 bis 1944 steigerte Peru seine Kautschukproduktion um mehr als das 20-Fache auf rund 1400 Tonnen. Ein Teil davon wurde zur Herstellung von Goodyear-Autoreifen verwendet, die in Peru angefertigt und anschließend in die USA exportiert wurden.

Wie schon in den Vorkriegsjahren verbuchte Peru auch von 1940 bis 1945 alljährlich einen Handelsüberschuss. So exportierte das Andenland 1940 bzw. 1945 Waren im Wert von 406 bzw. 675 Millionen Soles, während die Importe einen Wert von 319 Millionen bzw. 550 Millionen Soles erreichten. In diesem Jahrzehnt wurden erstmals statistische Erhebungen zur Bestimmung des Bruttoinlandsproduktes vorgenommen. Als wichtigster Wirtschaftssektor figurierte 1942 die Land- und Viehwirtschaft, auf die 32 % des Bruttoinlandsproduktes entfielen. Demgegenüber machte der Anteil des Handels 15 % aus, während der Bergbau, die Industrie und der Dienstleistungssektor je 12 % beisteuerten. Unter den Bodenschätzen war Öl wertmäßig das wichtigste Erzeugnis, gefolgt von Kupfer und Silber. In der Landwirtschaft beanspruchten die einheimischen Nutzpflanzen Mais, Kartoffeln und Baumwolle mit 278 000 bzw. 218 000 und 157 000 Hektar die größten Flächen. Insgesamt umfasste die Anbaufläche 1 138 000 Hektar, was weniger als einem Prozent des peruanischen Territoriums entsprach.

Demokratisches Tauwetter (1945–1948)

Im Vorfeld der Präsidentschaftswahlen von 1945 bildete sich eine neue Partei: der reformorientierte Frente Democrático Popular (Demokratische Volksfront). Ihr Führungskomitee nahm Verhandlungen mit dem APRA-Chef Haya de la Torre auf. Man einigte sich auf einen gemeinsamen Präsidentschaftskandidaten, nämlich den Juristen, Hochschuldozenten und aktuellen Botschafter im bolivianischen La Paz, José Luis Bustamante y Rivero. Als Gegenleistung für ihre Unterstützung forderte die APRA ein Ende der Repression und die Zulassung eigener Kandidaten bei den Parlamentswahlen. Tatsächlich durfte die APRA unter der Bezeichnung Partido del Pueblo (Volkspartei) an den Wahlen teilnehmen. Bustamante seinerseits profitierte von der organisatorischen Stärke der APRA und ihrer Verankerung in der Arbeiterschaft und den Mittelschichten. In ungewöhnlich fairen Wahlen errang der Jurist einen klaren Sieg über den konservativen Gegenkandidaten. Die APRA ihrerseits erlangte die Mehrheit im Kongress. Allerdings nutzte Hayas Partei ihre parlamentarische Stärke nicht, um entscheidende soziale und politische Reformen einzuleiten. Vielmehr bestand das Hauptanliegen ihrer zunehmend konservativen Führung darin, die Partei für die USA, die einheimische Elite und das Militär tragbar zu machen, um so weitere Jahre politischer Verfolgung abzuwenden. Die langen Jahre im Untergrund hatten aus der APRA eine streng hierarchische, dem Führer Haya hörige Organisation gemacht. Jeder der gewählten Apristen händigte Haya ein undatiertes unterschriebenes Rücktrittsgesuch aus. Damit sicherte sich dieser die vollständige politische Kontrolle über das Abstimmungsverhalten »seiner« Parlamentarier, die jeweils als geschlossener Block votierten.

Der frisch gewählte Präsident berief ein Kabinett aus geachteten Intellektuellen ein, in dem auch drei Vertreter der APRA Ministerposten übernahmen. Unter Bustamante wurden 264 neue Gewerkschaften anerkannt, die Löhne der organisierten Arbeiter den stark gestiegenen Lebenskosten angepasst und die Arbeitsbedingungen verbessert. Die Anzahl der Beamten stieg konstant an, wobei die APRA sich bemühte, die neu geschaffenen Stellen durch Parteianhänger zu besetzen. Um die urbanen Mittelschichten zufriedenzustellen, hob die Regierung die Gehälter der Angestellten und Beamten durch Gesetzesbeschluss stark an. Sie führte Preiskontrollen ein und kontrollierte direkt die Importe und die Wechselkurse. Mit dem Yanacona-Gesetz von 1947 (Ley de Yanaconaje) bekämpfte sie die quasifeudalen Arbeitsverhältnisse, die immer noch auf vielen Haciendas herrschten. Wie im Falle der Arbeiterschaft nahm auch unter der Landbevölkerung der Organisationsgrad zu. Bauern schlossen sich zusammen und suchten auf rechtlichem Weg die Anerkennung ihrer Gemeinschaften. Selbst innerhalb von Haciendas bildeten sich Gewerkschaften.

Wie in die meisten lateinamerikanischen Staaten blieb Peru auch nach dem Ende des Zweiten Weltkriegs in einem informellen Abhängigkeitsverhältnis zu den USA gefangen. Die erdrückende US-amerikanische Vormachtstellung wurde unterstrichen durch die Unterzeichnung des »Interamerikanischen Vertrags über gegenseitigen Beistand« (auch: Rio-Pakt) im Jahre 1947. Der Rio-Pakt richtete sich in erster Linie gegen sowjetrussische Expansionsbestrebungen und subversive Linkskräfte, indem er enge Beziehungen zwischen den US-amerikanischen und lateinamerikanischen Streitkräften etablierte. Die School of the Americas – 1946 in der Kanalzone von Panama gegründet – war eine konkrete Umsetzung dieser Bemühungen. Als Trainingszentrum für lateinamerikanisches Militärpersonal spezialisierte sie sich auf Strategien der Aufstandsbekämpfung. Im Verlauf des Kalten Krieges riefen die USA und Lateinamerika weitere gegen kommunistische Einflüsse gerichtete Institutionen ins Leben. Im April 1948 wurde die »Organisation Amerikanischer Staaten« (OAS) gegründet. Ihr Ziel war die Förderung der Menschenrechte, die Bekämpfung von Kriminalität und Drogen sowie die Etablierung einer panamerikanischen Freihandelszone.

Finanz- und wirtschaftspolitisch wurde der von der Prado-Regierung eingeschlagene Kurs beibehalten. Die öffentlichen Ausgaben stiegen gleichermaßen weiter wie die in Umlauf gebrachte Geldmenge, was die Geldentwertung rasant beschleunigte. Nach wie vor musste Peru große Mengen an Grundnahrungsmitteln importieren. Denn die einheimische Produktion von Weizen, Reis, Fleisch und Milchprodukten vermochte mit der rasch wachsenden Bevölkerungsentwicklung nicht Schritt zu halten. Um die Preise für Grundnahrungsmittel zu deckeln, subventionierte auch die Bustamante-Regierung Nahrungsmittelimporte. Die verfehlte Wirtschaftspolitik mit Preis- und Wechselkurskontrollen, Subventionen auf Nahrungsmittelimporten sowie der hohen Besteuerung von einheimischen Landwirtschaftsprodukten führte zu Versorgungsengpässen und wirkte sich verheerend auf die inländische Nahrungsmittelproduktion aus. Deutlich traten nun die strukturellen Probleme der peruanischen Wirtschaft zutage: Die einheimische Produktion von Grundnahrungsmitteln reichte längst nicht aus und der steigende Verbrauch von Benzin und Erdöl belastete die Handelsbilanz. Durch die marktbeherrschende Stellung einiger weniger Großunternehmer fehlte der Wettbewerbsdruck, sodass es nur geringe Anreize gab, durch Produktivitätssteigerung Waren kostengünstiger herzustellen.

Neben den wirtschaftlichen Problemen machte Bustamante die verbissene Opposition führender Agrarexporteure schwer zu schaffen. Gegen die Erhöhung der Exportsteuern führte deren Zeitung *La Prensa* einen erbitterten publizistischen Feldzug. Zusätzlichen Konfliktstoff barg das Gesuch der US-amerikanischen International Petroleum Company für neue Erdölkonzessionen im nordperuanischen Sechura. Regierung und APRA sprachen sich dafür aus, der IPC die Bewilligung zur Erforschung und Ausbeutung der Zone zu übertragen, falls sie höhere Steuerabgaben akzeptiere. Die Gegner ihrerseits denunzierten dieses Entgegenkommen als Kniefall vor den Vereinigten Staaten und verlangten eine Bevorzugung nationaler Investoren.

Im April 1946 lancierten militante Apristen, die sich dem moderaten Kurs ihrer Parteileitung widersetzten, verschiedene Attacken gegen politische Gegner. Die Gewaltwelle kulminierte mit einer Bombenexplosion im Haus des Innen- und Polizeiministers im Dezember und der Ermordung des Herausgebers der Prensa im Januar 1947, Francisco Graña Garland. Bustamante sah sich gezwungen, ein Militärkabinett unter Ausschluss der APRA einzuberufen. Das Innen- und Polizeiministerium leitete bis Mitte Juni 1948 General Manuel A. Odría. Den rechtsgerichteten Senatoren reichte diese Konzession nicht aus. Sie inszenierten im Juni 1947 einen Kongressboykott, der die Legislative lahmlegte und die APRA ihrer rechtmäßigen gesetzgeberischen Rolle beraubte. In Abwesenheit einer funktionierenden Legislative regierte Bustamante per Dekret.

Wenig überraschend war die APRA nicht bereit, ihre parlamentarische Ausschaltung widerstandslos hinzunehmen. Zwischen Januar und Mai 1948 reiste Haya zu Sondierungsgesprächen in die USA, während Apristen in Armeekreisen um Unterstützung für einen Putsch warben. Als die APRA zum Generalstreik aufrief, ließ Bustamante die verfassungsmäßigen Garantien für 30 Tage außer Kraft setzen. Im Februar 1948 deckte die Regierung ein Komplott der APRA in Marinekreisen im Hafen Callao auf. Dennoch widersetzte sich Bustamante hartnäckig den Forderungen der Rechten und seines Innenministers Odría nach einem Verbot von Hayas Partei. Vergrämt legte Odría sein Mandat nieder und begann selbst mit der Vorbereitung zu einem Staatsstreich. Nach einem weiteren Aufstand im Hafen Callao – die schweren Gefechte kosteten etwa 60 Soldaten und 175 Zivilisten das Leben – verbot Bustamante Anfang Oktober 1948 die APRA und ging zum Gegenangriff über. Rund 1000 Zivilisten und 800 Marineangehörige wurden verhaftet und verhört. Viele APRA-Führer, darunter auch Haya de la Torre, tauchten unter oder baten in ausländischen Botschaften um Asyl. Noch im gleichen Monat, als sich die Inflation verschärfte, Lebensmittel knapp wurden und Studenten demonstrierten, schlug General Odría zu. Unterstützt vom Oberkommando der Streitkräfte und dem Großteil der Armee, aber auch von mächtigen Vertretern der Elite, wie der Miró-Quesada-Familie, dem Plantagenbesitzer-Clan der Aspíllagas und Pedro Beltrán, stürzte er Ende Oktober den Präsidenten. Bustamante hatte sämtlichen Rückhalt in der Bevölkerung eingebüßt. Ohne dass ein Schuss fiel, riss Odría die Macht an sich und schob den Präsidenten ins ausländische Exil ab.

Abermalige Bildungsinitiativen

Zwischen 1900 und 1930 unternahmen die verschiedenen peruanischen Regierungen große Anstrengungen, um das allgemein tiefe Bildungsniveau anzuheben. Das Bildungsbudget wurde hochgeschraubt, die Anzahl an Primarschulen und Lehrern stark erhöht. Gleichwohl waren die Resultate ernüchternd: Von 1902 bis 1940 stieg der Anteil der 6- bis 14-Jährigen, die eine Schule besuchten, lediglich um 6 % (von 29 auf 35 %); in den zehn Hochland-Departements gar nur um 3 % (von 21 auf bescheidene 24 %). Für das dürftige Ergebnis im Hochland waren einerseits die mangelhafte Ausbildung oder charakterliche Schwächen bestimmter Lehrer sowie ein auf bloßes Auswendiglernen fixierter Unterricht verantwortlich. Andererseits spielte die Obstruktionspolitik der ländlichen Eliten eine zentrale Rolle. Manche Grundbesitzer befürchteten, die Kontrolle über ihre servile Arbeiterschaft zu verlieren, wenn Bildung und Rechtskenntnisse in ihren Haciendas Einzug hielten. Sie bekamen Rückendeckung von zivilen und kirchlichen Autoritäten, die ebenfalls um ihre Vormachtstellung bangten. Gemeinsam befeindeten sie Missionare und politische Agitatoren, die die indianischen Gemeinschaften organisierten, um Schulhäuser zu bauen und Lehrkräfte anzuwerben.

Mit dem Bildungsgesetz von 1941 strebte die Prado-Regierung Verbesserungen im Hochland an. Die Bildungsbehörden versuchten, den spezifischen Bedürfnissen der ländlichen Bevölkerung besser Rechnung zu tragen. Der Anteil an Lehrern, die selbst aus dem Hochland stammten und deren Muttersprache Quechua oder Aymara war, wuchs stark an. Zudem erhielten die beiden indianischen Sprachen ein standardisiertes Alphabet, was den muttersprachlichen Unterricht zusätzlich erleichterte. Die Lehrerlöhne wurden angehoben und die ersten drei Jahre der Sekundarschule für obligatorisch und kostenlos erklärt. Eine weitere Verfügung betraf die Haciendas bzw. die ländlichen Privatbetriebe. Dort, wo 30 oder mehr Kinder im schulpflichtigen Alter lebten, mussten die Besitzer auf eigene Kosten eine Schule einrichten und unterhalten. Das Bildungsbudget wurde massiv erhöht: von 15,7 Millionen Soles im Jahr 1936 auf 101,7 Millionen Soles im Jahr 1947 und 195,1 Millionen im Jahr 1949. Betrug 1936 der Anteil des Bildungsministeriums am gesamten Staatsbudget 10,1 %, waren es zehn Jahre später 16,5 % und 1949 sogar 17,1 %.

Ein Heer zweisprachiger Lehrer schwärmte in die Schulen aus, die unter tatkräftiger Mithilfe der Landbevölkerung selbst in abgelegenen Winkeln entstanden. Die Campesinos begriffen schnell den Wert der Bildung. Sie unterstützten die staatlichen Bildungsanstrengungen, auch wenn die Anschaffung von Schulheften und Schulmaterialien eine starke finanzielle Belastung darstellte. Für die Lehrerschaft – darunter zahlreiche Frauen – waren die Lebens- und Arbeitsbedingungen in den abgeschiedenen Gebieten der Sierra schwierig. Nicht selten wohnten die Landlehrer in improvisierten Hütten neben der Schule oder in bescheidenen Zimmern, die die Dorfgemeinschaften zur Verfügung stellten. Schulmobiliar und didaktische Hilfsmittel waren Mangelware – kein Vergleich zum exquisiten Zubehör, das ein halbes Jahrhundert zuvor aus Paris eingeführt worden war. Manchmal mussten Lehmziegel als Bänke und Pulte herhalten.

Neben den staatlichen Bildungseinrichtungen existierten zahlreiche religiöse Schulen. Nach wie vor behauptete die katholische Kirche ihre starke Position im Erziehungswesen. 1949 bot sie in insgesamt 162 Schulen die vollständige zehn Jahre dauernde Schulausbildung an (Primar- und anschließende Sekundarschule). An 51 Knabenschulen unterrichteten Ordensgeistliche 18 834 Schüler, während Angehörige weiblicher Kongregationen an 111 Schulen 34 471 Schülerinnen betreuten. Teils entstammten die lehrenden Brüder und Schwestern alteingesessenen Orden, teils Gemeinschaften, die sich erstmalig in Peru engagierten. Bald handelte es sich um peruanische Staatsangehörige, bald um Ausländer, die aus zahlreichen Ländern herbeiströmten, um im seelsorgerischen, im karitativen oder im Bildungsbereich zu wirken.

Tab. 3: Entwicklung der Primarschüler- und Primarlehrerzahlen an öffentlichen Schulen, 1905–1948

Jahr	Primarschulen	Primarlehrer	Primarschüler
1905	1425	1657	85 000
1915	2276	–	165 724
1920	3107	4452	195 701
1925	3270	5359	236 482
1933	3789	7064	379 643
1935	4511	–	465 274
1937	4579	8911	468 617
1943	6570	12 411	664 444
1948	10 512	22 238	990 458

Quelle: Contreras, El aprendizaje del capitalismo, 263–264, Tabelle 7.8

Zweifellos zeigen die neuerlichen Bildungsinitiativen positive Effekte. Mehr und mehr Kinder absolvierten die Grund- und auch die Sekundarschule. Jedoch ließ die Unterrichtsqualität noch immer viel zu wünschen übrig. In den ärmsten Hochland-Departements gelang es nicht, das Bildungsniveau anzuheben. Als völliger Fehlschlag erwies sich die Gesetzesbestimmung zur Etablierung von Hacienda-Schulen, denn die Gamonales hintertrieben systematisch die diesbezüglichen Vorschriften. Im Jahr 1958 besuchten nur gerade 4 % der schulpflichtigen Hacienda-Kinder eine Schule.

Summer Institute of Linguistics und die Dschungelindianer

Im August 1945 autorisierte Präsident Bustamante die Etablierung des Summer Institute of Linguistics and Wycliffe Bible Translators Inc. (SIL). Das Sommer-Institut für Linguistik und deren Schwesterorganisation – die Wycliffe-Bibel-Übersetzer-Gesellschaft – waren eine Gründung des US-amerikanischen, presbyterianischen Missionars William Cameron Townsend (1896–1982). Kurz nach der Ermächtigung nahm das SIL von seiner Operationsbasis in Yarinacocha aus seine Aktivitäten auf. Zu den wichtigsten Aufgaben des Instituts, das dem peruanischen Erziehungsministerium angegliedert war, zählten: 1) Das Betreiben linguistischer Feldstudien, um unbekannte Sprachen der Amazonasvölker zu erforschen, 2) Die Leitung zweisprachiger Schulen, in denen der Unterricht in der Sprache der indigenen Lokalbevölkerung erfolgen sollte und die auch Spanisch-Kenntnisse vermittelten, 3) Die Verbreitung von technischem Wissen durch Kurse, 4) Die Förderung des kulturellen Bewusstseins der Einheimischen, 5) Die Bildung indianischer Gemeinschaften und 6) die Übersetzung der Bibel in die lokalen Indianersprachen.

Das SIL entfaltete seine Tätigkeit zuerst im Gebiet der Shipibo-Conibo. Die presbyterianischen Missionare erteilten Religionsunterricht und bildeten Einheimische zu Lehrern aus. 1966 unterrichteten 25 Shipibo-Conibo-Lehrer an zwölf zweisprachigen Schulen, die sich über ein großes Gebiet in der zentralen Selva verteilten. Die Schulen bildeten die Zentren neu entstandener Ortschaften, bevölkert von Dschungelindianern, die zuvor verstreut in den Weiten der Urwälder gelebt hatten. Ähnlich wie bei den katholischen Missionsdörfern der Kolonialzeit führte dies dazu, dass sich Familienverbände neu gruppierten und an einem ausgesuchten Standort sesshaft wurden. Außerdem hatte die Einführung einer standardisierten Schriftsprache zur Folge, dass dialektale Differenzen ausgelöscht wurden, womit die Sprachen der Shipibos und der Conibos zu einer neuen ethnolinguistischen Kategorie amalgamierten, nämlich dem Shipibo.

Bis in die frühen 1980er-Jahre hatten Mitarbeiter des SIL über 30 Sprachen des peruanischen Amazonasgebiets erforscht. In 210 indianischen Gemeinschaften unterrichteten sie über 12 000 Schüler. Alles in allem standen sie in regelmäßigem Kontakt mit rund einem Drittel der auf 150 000 Personen geschätzten Amazonasindianer Perus. Da die peruanische Regierung die »linguistischen Schulen« als Institutionen der nationalen Integration betrachtete, unterstützte sie die Arbeit des SIL vorbehaltlos. Dass konservative, presbyterianische Geschäftsleute in Kalifornien hinter dem SIL standen und dass möglicherweise Wirtschaftsinteressen (Öl) dem Engagement zugrunde lagen, hielt die Regierung nicht davon ab, dem SIL ihr volles Vertrauen auszusprechen. Präsident Belaúnde Terry zeichnete 1980 den Gründer des SIL mit einer Medaille für seine Verdienste um die Assimilation der Amazonasindianer aus.

Sowohl Ethnologen als auch die peruanische Presse griffen das SIL wiederholt an. Den Kritikern war die intensive Bekehrungsarbeit ein Dorn im Auge. In der Tat bestand das Hauptziel des SIL darin, die Dschungelindianer zu christianisieren und unter ihnen evangelische Gemeinden mit einer fundamentalistischen Grundhaltung zu etablieren. Ihre Bestrebungen mündeten in die Zerstörung der traditionellen indigenen Kulturen. Wie die jesuitischen, franziskanischen oder augustinischen Missionare der Kolonialzeit versuchte auch das SIL die Wertvorstellungen und die Werthaltungen der von ihm betreuten Gemeinschaften zu beeinflussen und zu verändern. Den indianischen SIL-Lehrern, die sich zur Einhaltung christlicher fundamentalistischer Werte verpflichteten, kam eine zentrale Mittler- und Vorbildfunktion zu. Der Schulunterricht und die Gottesdienste in den neuen Dörfern boten die Möglichkeit, traditionelle Praktiken – Polygynie, unehelichen Geschlechtsverkehr, Trinkgelage, schamanische Rituale – zu brandmarken und zu ächten. Weil die indianischen SIL-Lehrkräfte vom Erziehungsministerium entlohnt wurden, konnten sie sich Prestigegüter wie Außenbordmotoren und Schrotflinten anschaffen. Dadurch wurden sie zu Vermittlern heiß begehrter Waren und erlangten hohes Ansehen. Die Verbindung von materiellem und geistlichem Einfluss führte im weiten Dschungelgebiet zur Bildung kleiner presbyterianischer Enklaven, die eigentliche Staaten im Staat bildeten.

So berechtigt Kritik an der Missionsarbeit – sei sie evangelikaler, protestantischer oder katholischer Provenienz – auch war: Die Erschließung des Amazonasgebiets und die Binnenkolonisation waren nicht mehr aufzuhalten. Die Vollendung der zentralen Hauptstraße (Carretera Central), die Lima mit dem Río Ucayali verband, und der Bau des Flugplatzes von Pucallpa erleichterten die Kommunikation zwischen Küste und Dschungel. Auf der Suche nach einer besseren Existenz zogen Tausende von Mestizen in die Urwaldregion. Dank Steuerbefreiung ließen sich auch zahlreiche Händler und Unternehmer in Pucallpa, inmitten des Shipibo-Territoriums, nieder. Innerhalb zweier Jahrzehnte nahm die Einwohnerzahl um das 50-Fache zu: von 1000 im Jahre 1940 auf 50 000 im Jahre 1960. Die Ölförderung in Ganso Azul am Río Pachitea – das Öl wurde mittels einer Pipeline nach Pucallpa transportiert und nach Brasilien weiterverkauft – begünstigte die Entwicklung des Hafens von Pucallpa und die damit verbundenen kommerziellen Möglichkeiten. Damit nahm der Anpassungsdruck auf die Urbevölkerung, unter der Mitglieder des SIL bereits intensiv missioniert hatten, noch stärker zu.

Weiter südlich, im Chanchamayo-Tal, bildeten die Plantagen der Peruvian Corporation seit dem späten 19. Jahrhundert ein Scharnier zwischen den Asháninka und Kolonisten. Wie die Ashéninka, die den nahen Gran Pajonal für fast 200 Jahre kontrolliert hatten, sahen sie sich mit einem zunehmenden Siedlerstrom konfrontiert. Die massive Einwanderung von Kolonisten aus dem Hochland beschleunigte ab 1940 auch den Integrationsprozess der Yánesha-Indianer in die regionale Wirtschaft. Zuerst arbeiteten die Einheimischen als saisonale Tagelöhner im Dienst großer Kaffeeplantagen oder Viehzuchtbetriebe. Später machten sie sich als unabhängige Kleinproduzenten von Kaffee und Nutzvieh selbständig.

Derweil widmeten sich im nordöstlichen Departement Loreto zugewanderte Kleinbauern und Dschungelindianer dem Anbau von Baumwolle. Sie waren eingespannt in ein überregionales Handelsnetz, in dem neben der Baumwolle Barbasco (Lonchocarpus nicou, ein Fischgift und Insektizid) sowie gesammelte Früchte, Harze und die Holzwirtschaft die wichtigste Rolle spielten. Im südöstlichen Dschungelgebiet folgten auf die Armeen der Kautschukbarone Pelz- und Reptilienjäger, die die Raubkatzen (Jaguare, Ozelote), Riesenotter und Schwarzen Kaimane an den Rand der Ausrottung brachten. In den 1950er-Jahren drangen Holzfäller und Sägewerksbetreiber in das abgeschiedene Gebiet vor. Letztere stellten einheimische Tagelöhner ein, die Edelhölzer wie Mahagoni oder Zedern fällten und diese zu den Sägewerken flößten.

Ganz im Norden Perus, im Grenzgebiet zu Ecuador, siedelten sich nur wenige Kolonisten an. Dennoch intensivierten sich auch in dieser schwer zugänglichen Region die Kontakte zum Nationalstaat. In dem riesigen Gebiet, das Hoch- und Tieflanddschungel umfasst, leben Jívaro sprechende Völker sowie Gruppen, die ähnliche kulturelle Praktiken wie diese pflegen – beispielsweise die Quechua sprechenden Canelos oder die Candoa sprechenden Shapra und Candoshi (auch: Murato). Im peruanisch-ecuadorianischen Grenzkrieg von 1942 nutzten sowohl die peruanische als auch die ecuadorianische Armeeführung die kriegerischen Qualitäten der Jívaros für ihre Zwecke. Die Shuar Ecuadors wie die Awajún in Peru, die Wampís und die Achuar, die dies- und jenseits der Grenze lebten, wurden von beiden Armeen eingezogen und gegeneinander eingesetzt. Die traditionellen gegenseitigen Feindschaften, kombiniert mit materiellen Anreizen, erleichterten die Rekrutierungen. Während das ecuadorianische Heer zwei Elite-Bataillone aus Shuar-Kämpfern zusammenstellte, setzten die Peruaner Awajún und Wampís als Träger, ortskundige Führer und Spione ein. Durch ihren Militäreinsatz wandelten sich die Jívaros über Nacht von »wilden Kopfjägern« zu tapferen Verteidigern des bedrohten Vaterlandes.

Nach dem Abflauen des Kautschukbooms stellten Militärs und Missionare den Kontakt zwischen den Völkern des Dschungels und dem Nationalstaat her. Die Missionare boten den Indianern einen gewissen Schutz vor Unternehmern, Händlern und Kolonisten. Sie bildeten zahlreiche zweisprachige Lehrer, »Kulturförderer« und Krankenpfleger aus mit dem Ziel, die indianischen Gemeinschaften zu assimilieren und in die kapitalistische Wirtschaft zu integrieren. In ihren Schulen vermittelten sie nicht nur fundamentalistische christliche Werte, sondern auch die spanische Sprache und Kenntnisse über

> die peruanische Nation und die westliche Welt. Letztlich brachte die Missionsarbeit eine neue Schicht indigener Führer hervor. Dank Zweisprachigkeit und der Vertrautheit mit dem nationalen wie dem internationalen Politikbetrieb wurde diese befähigt, die Überlebenschancen ihrer Völker in unschätzbarer Weise zu verbessern.

Die Diktatur des Generals Odría (1948–1956)

Der Staatsstreich vom Oktober 1948 beendete die kurze Phase relativer Demokratisierung und leitete eine Militärdiktatur ein, die acht Jahre dauern sollte. Odría etablierte am 1. November eine Militärjunta mit ihm als Juntachef. Der Kongress wurde aufgelöst und die verfassungsmäßigen Kompetenzen der Justiz eingeschränkt. Für die nächsten zwei Jahre regierte das Militärregime per Dekret. Anfänglich arbeitete General Odría eng mit Vertretern der Agrarexporteure zusammen. Als im November 1950 Landarbeiter der Plantage Cayaltí – im Besitz der Oligarchenfamilie Aspíllaga – streikten, feuerte die Guardia Civil in die Menge und setzte schießend den Fliehenden nach. Mindestens 120 Protestierende verloren bei diesem Massaker ihr Leben.

Bis im April 1950 stand der Unternehmer und Zeitungsverleger Pedro Beltrán an der Spitze der Zentralbank. Beltrán sorgte für die Implementierung der wichtigsten Empfehlungen, die eine US-amerikanische Handelsmission unter Leitung des Wirtschaftsberaters Julius Klein ausgearbeitet hatte. Der orthodox-liberale Wirtschaftskurs beendete die Ansätze zu einer Industrialisierung durch Importsubstituierung. Zu den finanz- und wirtschaftspolitischen Maßnahmen gehörten die Freigabe des Wechselkurses, die Aufhebung der Importbeschränkungen, die Senkung der Exportsteuern und großzügige Steuererleichterungen. Außerdem wurden die Restriktionen für ausländische Investoren aufgehoben und die Drosselung der Gewinnabflüsse ins Ausland gelockert, sodass das peruanische Wirtschaftssystem zu Beginn der 1950er-Jahre als das liberalste in Lateinamerika galt. Nach der Aussetzung des Schuldendienstes im Jahr 1931 nahm das Odría-Regime einen neuerlichen Anlauf zur Begleichung seiner Außenschulden, womit Peru wieder kreditwürdig wurde. Die außer Kontrolle geratene Inflation konnte auf 12 % gesenkt werden. Kapitalkräftige ausländische Gesellschaften sicherten sich die begehrten Bergbau- und Erdölkonzessionen. Ausländische Investitionen flossen in sämtliche Wirtschaftssektoren (inklusive des Bankwesens). Vom aufblühenden Außenhandel profitierten die einheimischen Minenbetreiber sowie die Agrarexporteure der Küste, für die zusätzliches Kulturland zur Verfügung stand dank der Vollendung von Bewässerungsprojekten in Piura.

Mit seiner Wirtschaftspolitik sicherte sich Odría den Rückhalt der Finanzbranche und der Agrarexporteure. Naturgemäß rekrutierten sich die wichtigsten Verbündeten des Generals aus den Reihen der Militärs, die sich besonderer finanzieller Zuwendungen erfreuen durften. Während des ersten Regierungsjahres wuchs das Militärbudget um 45 %. Armeeoffiziere und Polizisten erhielten zwischen 15 und 25 % mehr Lohn. Aktive Dienstleistende und Offiziere im Ruhestand sowie deren Familienangehörigen kamen in den Genuss einer kostenlosen Krankenversicherung. Außerdem erlaubte Odría den Offizieren, steuerbefreite Autos aus dem Ausland zu importieren. Es wurden exklusive Läden für Militärs etabliert, die ein breites Sortiment an steuerbefreiten Importgütern und -waren feilboten. Um seine Machtbasis zu erweitern, kam Odría auch den städtischen Mittel- und Unterschichten entgegen. So verordnete er eine 20-prozentige Lohnerhöhung für Regierungsangestellte. Zugleich profitierten Arbeiter von einem Dekret, das den Deckungsgrad der Sozialversicherung stark erhöhte. Darüber hinaus richtete die Junta zwei Fonds ein: Der Fondo Nacional de Educación förderte den Bau von Schulhäusern; der Fondo Nacional de Salud kam für Projekte im Gesundheitswesen auf. Die erwähnten Maßnahmen nahmen den Klientelismus und Paternalismus vorweg, die Odrías gesamte Regierungszeit charakterisierten und die ein Gegengewicht zum ökonomischen Liberalismus seiner Förderer auf der Rechten bildeten.

Das Odría-Regime herrschte mittels einer Kombination von klientelistischem Paternalismus, Autoritarismus und schonungsloser Repression. Es führte die Todesstrafe im Falle »politischen Terrorismus« ein. Im Juli 1949 wurde ein Gesetz zur inneren Sicherheit verabschiedet, das bis zum Ende der Diktatur in Kraft blieb. Es setzte die verfassungsmäßigen Habeas-Corpus-Garantien nur schon bei Verdacht auf politische Vergehen außer Kraft. Das Sicherheitsgesetz liquidierte den Rechtsstaat und zog das politische, kulturelle und intellektuelle Leben schwer in Mitleidenschaft. Am stärksten trafen die staatlichen Verfolgungskampagnen die APRA. Über 1000 Apristen landeten im Gefängnis. Außer auf die APRA und den von ihr kontrollierten Gewerkschaftsdachverband CTP zielte die Repression auf die kommunistische Partei sowie die organisierte Arbeiter- und Bauernschaft. Bis 1950 waren sämtliche führenden Regimegegner verhaftet, geflohen oder untergetaucht, wobei die Binnenflüchtlinge jederzeit mit ihrer Inhaftierung oder Ermordung rechnen mussten. Haya de la Torre rettete sich ins kolumbianische Konsulat in Lima. Für über fünf Jahre blieb er in seinem Zufluchtsort eingeschlossen, der von Sicherheitskräften umstellt war.

Um seinem Regime einen demokratischen Anstrich zu geben, rief Juntachef Odría 1950 zu Präsidentschafts- und Kongresswahlen auf. Dabei setzte er sich über mehrere gesetzliche Bestimmungen hinweg, sodass die Wahlen zur Farce verkamen. Eine Studentenrevolte in Arequipa, gefolgt von einem blutig zerschlagenen Generalstreik, vermochte nicht, die Wahlfarce zu verhindern. Siegreich aus den »Wahlen« vom 2. Juli 1950 hervorgegangen, setzte Odría noch stärker auf ein Programm, das dem Modell des argentinischen Generals Juan Perón folgte. Insbesondere in den rasch wachsenden Elendsvierteln der großen Städte sicherte er sich eine treue politische Klientel, indem er Landbesetzungen tolerierte und den Zuwanderern in den improvisierten Hüttensiedlungen Zugang zu städtischen Dienstleistungen, zum Gesundheits- und Bildungssystem gewährte. Arbeit und Verdienst fanden die zahllosen Binnenmigranten, die weder gewerkschaftlich noch politisch organisiert waren, bei den zahlreichen öffentlichen Bauvorhaben. Dank anziehender Preise für Exporte während des Korea-Kriegs (1950–1953) und dank der wiedererlangten internationalen Kreditfähigkeit standen beträchtliche Finanzmittel bereit. Die öffentlichen Ausgaben schossen in die Höhe. Budget-Defizite wurden mit Hilfe von Auslandskrediten ausgeglichen. 1953 handelte das Odría-Regime mit dem Internationalen Währungsfonds, dem US-Finanzministerium und der Chase Manhattan Bank ein Darlehen über 30 Millionen $ aus. In Lima entstanden monumentale Verwaltungsgebäude, ein Angestelltenspital, ein Militärspital und das kolossale Nationalstadion. Landesweit wurden einheitliche Schulzentren (Grandes Unidades Escolares) etabliert, in denen die Schüler die letzten beiden Primarschuljahre und die gesamte Sekundarschulzeit absolvierten. Jedes Schulzentrum umfasste Lehrerwohnungen sowie Krankenzimmer für die medizinische Betreuung der Schüler. Ein nationaler Bildungsplan regelte den Ausbildungsverlauf. Während man in Arequipa und Huancayo militärische Kollegien gründete, entstanden in anderen Städten polytechnische und industrielle Kollegien. Für die indianischen Gemeinschaften im Hochland und im Urwald etablierte man zusätzliche Primarschulen. Derweil erhielten die Schuluniformen der Knaben ein militärisches Aussehen. Außer neuen Schulhäusern ließ das Odría-Regime Arbeiter- und Angestelltenwohnungen bauen. Odrías Ehefrau, María Delgado de Odría, präsidierte die 1951 gegründete Fürsorgezentrale (Central de Asistencia Social), die sich hauptsächlich für Frauen und Kinder einsetzte. In ihrem fürsorgerischen Engagement eiferte die Ehefrau des Generals der argentinischen Präsidentengattin Evita Perón nach.

In der Landwirtschaft wurden der Weizen- und der Reisanbau mit dem Ziel intensiviert, die Auslandabhängigkeit bei der Versorgung mit Grundnahrungsmitteln zu reduzieren. Gleichzeitig gelangen merkliche Verbesserungen bei der Baumwoll- und der Zuckerrohrproduktion. Die Regierung startete Kampagnen zur Wiederaufforstung und verabschiedete ein Kolonisierungsgesetz für die Gegend des Huallaga-Flusses mit dem Zentrum Tingo María. Neue Landerschließungs- und Bewässerungsprojekte sahen die Fruchtbarmachung von 281 000 Hektar Land vor.

Die Odría-Diktatur konnte auf die uneingeschränkte Unterstützung Washingtons zählen. Als strammer Anti-Kommunist, der in US-amerikanischen Armeeschulen einen Teil seiner Ausbildung absolviert hatte, erhielt Odría von Präsident Dwight D. Eisenhower (1953–1961) den höchsten an ausländische Persönlichkeiten verliehenen Militärorden, den Legion of Merit. Die US-amerikanische Militärhilfe schnellte in die Höhe: von 100 000 US$ im Jahr 1952 auf 9,2 Millionen US$ im Jahr 1956. Ebenfalls stark zu nahm die Anzahl peruanischer Offiziere, die in der School of the Americas in der Kanalzone von Panama oder in Fort Bragg (North Carolina) unter Leitung amerikanischer Instruktoren trainierten. Mit seiner Wirtschaftspolitik erfüllte Odría ebenfalls vollumfänglich die Erwartungen Washingtons. Die drei nordamerikanischen Bergbauunternehmen Cerro de Pasco Corporation, Southern Peru Copper Corporation und Marcona Mining weiteten ihre Aktivitäten beträchtlich aus; die US-Investitionen kletterten von 1950 bis 1955 von 145 auf 304 Millionen US$.

Um den hohen Finanzbedarf zu decken, ließ die Odría-Regierung mehr Papiergeld drucken. Das Anwerfen der Notenpresse heizte die Inflation an und trieb die Preise in die Höhe. Enttäuschung und Unzufriedenheit griffen um sich, zusätzlich genährt durch die Günstlingswirtschaft und die fortwährende Repression. Selbst die ehemaligen Förderer aus der Wirtschaftselite distanzierten sich von dem notorisch korrupten Regime, zumal sie befürchten mussten, dass Odría seine Herrschaft über die reguläre Amtszeit von sechs Jahren ausdehnen könnte. Im Dezember 1955 entlud sich die aufgestaute Wut in einem Volksaufstand in Arequipa. Der so verhasste wie gefürchtete Innenminister Alejandro Esparza Zañartu musste zurücktreten. Die breite Ablehnungsfront zwang Odría, jeglichen Gedanken an eine Amtsverlängerung aufzugeben. Widerstrebend willigte er ein, 1956 freie Wahlen abzuhalten. Ein breites Spektrum aus oppositionellen Gruppierungen gründete eiligst die Alianza Nacional und ernannte den vormaligen Präsidenten Manuel Prado zu ihrem Kandidaten.

In Sondierungsgesprächen sicherte sich Prado sowohl die Unterstützung der APRA-Führung als auch diejenige Odrías. Letzterem sicherte Prado Straffreiheit zu. Den Apristen versprach er, unverzüglich nach seiner Amtsübernahme das Parteiverbot zusammen mit dem knebelnden Sicherheitsgesetz aufzuheben. Zu den Wahlen von 1956 waren erstmals Perus Frauen zugelassen, sofern sie lesen und schreiben konnten. Alles in allem beteiligten sich rund 1 250 000 Männer und Frauen am Wahlgang, was gut einem Drittel der Bevölkerung im wahlfähigen Alter entsprach. Verglichen mit 1950 verdreifachte sich die Wählerzahl. Wegen der Analphabeten-Klausel blieb die Mehrheit der Bevölkerung jedoch nach wie vor ausgeschlossen. Der Wahlausgang bot keine Überraschung: Mit Unterstützung der APRA übertrumpfte Prado seine beiden Gegenkandidaten, wobei er rund 45 % der abgegebenen Stimmen erhielt.

Tab. 4: Index des BIP, 1948–1956 (1942 = 100)

Jahr	1948	1950	1952	1954	1956
Land- und Viehwirtschaft	321	595	750	827	814
Bergbau	187	463	671	892	1202
Industrie	414	596	778	1084	1366
Dienstleistungen	134	224	310	352	487
Handel	372	578	821	925	1329
Finanzsektor	176	299	489	735	1009
Regierung	300	560	901	1076	1751
Sonstiges	262	419	769	901	998
Total BIP	292	512	708	847	1068

Quelle: Pease G. Y., Breve Historia Contemporánea del Perú, 216, Tabelle IV.4

Manuel Prados zweite Präsidentschaft (1956–1962)

Am 28. Juli 1956 trat Prado seine zweite Amtszeit an. Er konnte auf eine große Mehrheit in beiden Kammern des Kongresses zählen, in dem nun erstmals auch Frauen saßen. Wie versprochen legalisierte er die APRA, hob das Gesetz der inneren Sicherheit auf und erließ eine Amnestie für die politischen Gefangenen und die Exilierten. Im Gegenzug unterstützte die APRA die Regierung und nutzte ihren Einfluss, um eine Radikalisierung der unzufriedenen Unter- und Mittelschichten zu verhindern. Haya de la Torre, der selbst zu den Präsidentschaftswahlen von 1962 antreten wollte, gab die antiimperialistische APRA-Ideologie nun endgültig auf. Prado erfüllte auch sein – in Absprache mit der APRA – gemachtes Versprechen gegenüber Odría, das diesem und dessen Ministern Immunität gewährte. Sämtliche Vorstöße im Kongress, die auf eine Aufarbeitung der korrupten Praktiken und allfälliger Verbrechen der Odría-Diktatur zielten, wurden sowohl in der Abgeordnetenkammer als auch im Senat abgeschmettert.

Während der ersten beiden Regierungsjahre sah sich Prado mit einer fast leeren Staatskasse, geschmolzenen Devisenreserven und ausgeprägten wirtschaftlichen Problemen konfrontiert. Infolge der internationalen Rezession von 1957 verstärkten sich auch in Peru die wirtschaftlichen Krisensymptome. Aufgrund der schlechten Wirtschaftslage erließen die USA neue Importtarife und setzten Quoten fest, welche die Blei- und Zinkproduzenten sowie die Zuckerrohrpflanzer in Peru trafen. Nach dem Ende der internationalen Rezession erholte sich Perus Exportsektor schnell wieder. Bis zum Ende von Prados Amtszeit zeigte die wirtschaftliche Wachstumskurve steil nach oben. Mit dem Industrieförderungsgesetz (Ley de Promoción Industrial) rückte Prado 1959 vom orthodox-liberalen Wirtschaftskurs Odrías ab und gab wichtige Impulse für die industrielle Entwicklung des Landes. Das Gesetz bildete den rechtlichen Rahmen für das Modell einer importsubstituierenden Industrialisierung. Durch einen fiskalischen Schutzwall aus hohen Abgaben, Zöllen und Tarifen wurde das einheimische Unternehmertum dazu ermutigt, selbst Gebrauchsgüter für den Heimmarkt zu produzieren und ausländische Produkte zu ersetzen. Energisch trieb Prado wichtige industrielle und infrastrukturelle Bauwerke voran. Es entstanden ein Eisenhüttenwerk in Chimbote, Düngemittelfabriken in Cachimayo, eine Zementfabrik in Lima, Montagebetriebe für Autos sowie Fabriken für feuerfeste und sanitäre Geräte, für Elektrohaushaltsgeräte und für pharmazeutische Produkte. An Infrastrukturprojekten sind in erster Linie zu nennen: Limas internationaler Flughafen Jorge Chávez, neue Provinzflugplätze und die hydroelektrische Zentrale von Huinco. Zudem wurden die Asphaltierungsarbeiten der Küstenhauptstraße Panamericana abgeschlossen und eine Schotterstraße vollendet, die das südliche Hochland mit Puerto Maldonado – dem Hauptort des Amazonas-Departements Madre de Dios – verband. Die Eisenproduktion, zusammen mit der Inbetriebnahme von Fischmehlfabriken, verwandelten das ehedem verschlafene Fischerdorf Chimbote in den bedeutendsten Fischereihafen des Landes und in eine boomende Industriestadt.

Unter Prado nahm das Institut für Agrarreform und Kolonisierung seine Arbeit auf. Zwar setzte das Institut noch keine konkreten Reformen durch, es machte aber statistische Erhebungen und Untersuchungen, die später bei der Verwirklichung von Landreformen dienlich sein sollten. Das Institut war zudem für die Planung und Durchführung von Siedlungsprojekten im Dschungelgebiet zuständig. Mit der Umsiedlung von Campesinos sollten in erster Linie die sozialen Konflikte im Hochland entschärft, daneben auch geopolitische und wirtschaftliche Ziele erreicht werden. Freilich gelang es nicht, die Lage der Hochlandbevölkerung zu verbessern oder die Abwanderung in die Städte zu stoppen. Die Regierung erwies sich als unfähig oder nicht willens, den andinen Zuwanderern genügend Arbeitsplätze, Wohnungen und Schulen zur Verfügung zu stellen. Im Hochland selbst intensivierten sich die Spannungen zwischen Großgrundbesitzern und Bauern. Ausgehend von der Küstenregion erfassten Landbesetzungen die Sierra. Indianische Gemeinschaften oder Hacienda-Arbeiter, oftmals in Allianz mit Gewerkschaften und unterstützt von linken Parteien, beschlagnahmten Ländereien, Äcker und Weiden. Die Landbesetzungen erreichten 1959 einen ersten Höhepunkt, als um die 1200 Campesinos die Hacienda Paria in der zentralen Sierra besetzten. Brisant war, dass sich die weitläufige Hacienda seit 45 Jahren im Besitz der Cerro de Pasco Mining Corporation befand. Die Aktion inspirierte den Schriftsteller Manuel Scorza zum Erfolgsroman *Redoble por Rancas* (1970), der auf Deutsch unter dem Titel »Ein Trommelwirbel für Rancas« erschien. Im Verlaufe der folgenden zwei Jahre nahmen die Landinvasionen im zentralperuanischen Hochland stark zu. Ein zweiter Unruheherd war das Dschungelgebiet von La Convención und Lares, das 90 Kilometer nordwestlich von Cusco liegt. Seit 1957 organisierten sich dort Landarbeiter, die auf dem Land privater Grundbesitzer Kaffee, Tee und Coca anbauten. 1961 bildete sich unter Führung des Agronomen und Trotzkisten Hugo Blanco die Federación Departamental del Cusco, die 214 Lokalsektionen vereinte. Im Folgejahr besetzten Mitglieder dieser Bauerngewerkschaft Dutzende von Haciendas. Unter dem Druck der ländlichen Mobilisierungen begannen Grundbesitzer in der Sierra damit, ihre Haciendas ganz oder parzellenweise zu veräußern. Auch die katholische Kirche und deren Ordensgemeinschaften erkannten die Zeichen der Zeit und begannen mit dem Verkauf ihre Ländereien, insbesondere in Cajamarca und Cusco.

Wie schon in seiner ersten ließ Prado in seiner zweiten Amtszeit eine nationale Volkszählung durchführen. Der Zensus von 1961, der zusammen mit einer Bestandsaufnahme im Wohnungswesen und in der Landwirtschaft erfolgte, offenbarte zahlreiche Problembereiche. Noch immer war die Kindersterblichkeitsrate sehr hoch. In gewissen Regionen starb die Hälfte der Kleinkinder vor Vollendung des ersten Lebensjahres. Im Bildungsbereich gab es weiterhin erhebliche Defizite. Zwar verzeichneten Schulklassen, in denen mehrere Jahrgänge gleichzeitig unterrichtet wurden, einen markanten Rückgang. Gleichzeitig nahm die Anzahl der Sekundarschulen stark zu und auch die Anzahl der Universitäten stieg. Dennoch hatten etwa eine Million Kinder im Alter von mehr als fünf Jahren keinen Zugang zu einer Bildungseinrichtung. Noch immer verstand ein Fünftel aller Peruaner die Hauptsprache Spanisch nicht. Rund 40 % der Bevölkerung waren Analphabeten, wobei sich am Gefälle zwischen Küste (27 % Analphabeten) und Hochland (56 %) und zwischen den Geschlechtern nicht viel geändert hatte. Frauen waren vom Analphabetismus doppelt so häufig betroffen wie Männer.

Die Gesellschaft: Bevölkerungsexplosion und Landflucht

Von 1900 bis 1940 nahm Perus Bevölkerung von schätzungsweise 3,8 Millionen auf über sieben Millionen zu. Im Jahr 1961 zählte Peru über zehn Millionen Einwohner. Bis 1972 kamen weitere vier Millionen dazu, was eine rekordhohe Wachstumsrate von 2,9 % bedeutete. Ein wesentlicher Grund für die Bevölkerungsexplosion waren die markanten Fortschritte in den Bereichen Medizin und Hygiene. Mittels Impfkampagnen gelang es, die gefährlichsten Infektionskrankheiten unter Kontrolle zu bringen. Die Trinkwasserversorgung und das Abwassersystem erfuhren Verbesserungen; die sehr hohe Kindersterblichkeit konnte stark gesenkt werden. Dadurch stieg die allgemeine Lebenserwartung kontinuierlich an: Betrug sie 1940 lediglich 37 Jahre, so waren es drei Jahrzehnte später 54 Jahre.

Der Bevölkerungsdruck im Hochland, kombiniert mit der Hoffnung auf bessere Lebensbedingungen in den Städten, führte zu einer Landflucht. Viele Campesinos zogen von der Sierra in die Zentren an der Küste oder in die großen Provinzstädte im Landesinnern. Limas Einwohnerzahl erhöhte sich von 560 000 Personen im Jahr 1940 auf rund drei Millionen im Jahr 1968. An den Stadträndern wucherten Elendsviertel, die sich weit ins landwirtschaftliche Nutzgebiet hineinschoben. Die ersten Elendssiedlungen Limas entstanden 1946, als etwas mehr als 100 Personen den Cerro San Cosme besetzten und über den kahlen Hügelflanken prekäre Hütten errichteten. Auf die gleiche Weise sicherten sich in der Folgezeit zahllose organisierte Gruppen in Lima und anderen Städten Baugrund und Unterkünfte. Weil für den gewaltigen Strom an Zuwanderern viel zu wenige reguläre Arbeitsstellen zur Verfügung standen, waren die meisten Migranten gezwungen, sich mit Gelegenheitsarbeiten oder im informellen Sektor (Schattenwirtschaft) über Wasser zu halten. Nur ein kleiner Teil fand in der Industrie eine Stelle oder konnte in die untere Mittelklasse aufsteigen. Vom Willen getrieben, ihren niedrigen sozio-ökonomischen Status zu verbessern, waren die bäuerlichen Migranten bereit, westlich-urbane Verhaltensnormen mitsamt der spanischen Sprache zu übernehmen. Einer vollständigen Assimilation widersetzten sie sich aber, indem sie enge Verbindungen zu ihren Herkunftsorten aufrechterhielten und andine Prinzipien der gegenseitigen Hilfe weiterpflegten.

Nach der achtjährigen Odría-Diktatur erlaubte die demokratische Öffnung die Reorganisation und die Neugründung zahlreicher Gewerkschaften. Die Anzahl anerkannter Gewerkschaften stieg von 493 im Jahr 1955 auf 2317 im Jahr 1968.

Bis 1968 waren 450 000 Arbeitnehmer (11 % der Erwerbstätigen) gewerkschaftlich organisiert, in erster Linie in den hochkapitalisierten Sektoren Industrie, Bergbau, Zuckerrohrplantagen, Banken und Bauwirtschaft. Seit den 1950er-Jahren verlagerte sich das Schwergewicht der Arbeiterbewegung in die städtisch-industriellen Zentren, wo mittels moderner Arbeitsorganisation und fortschrittlicher Technologie produziert wurde. Die hier beschäftigten Arbeiter entstammten meist dem städtischen Milieu, waren höher qualifiziert und weniger anfällig für paternalistische Beziehungsmuster als die übrige Arbeiterschaft. Sie organisierten sich in neuen Industriegewerkschaften und erkämpften höhere Löhne und politischen Einfluss. In den traditionellen Industriezweigen blieb die APRA die prägende Kraft. In den kleinindustriellen und handwerklichen Betrieben, die Teile der ländlichen Zuwanderer absorbierten, herrschten weiterhin Wertmuster der bäuerlichen Kultur vor. Dementsprechend gab es innerhalb der Arbeiterklasse ausgeprägte Unterschiede bezüglich Lohnniveau, Arbeitsbedingungen, Bildungshintergrund, politischer Sozialisation und Lebenserfahrung.

Heterogen zeigten sich auch die wachsenden Mittelschichten, die trotz unterschiedlicher Interessenlagen an politischem Gewicht gewannen. Die Angestellten hatten mit verschiedenen Problemen zu kämpfen. Einerseits war der Arbeitsmarkt hoffnungslos überlaufen, was erbitterte Konkurrenzkämpfe befeuerte und die politische Organisierung erschwerte. Andererseits zog ein »standesgemäßes« Dasein, das sich von demjenigen eines Arbeiters abhob, hohe Auslagen nach sich.

Gesamthaft gesehen präsentierte sich die peruanische Gesellschaft noch immer geprägt von sozialer Ungleichheit und kultureller Verschiedenartigkeit. Die Lebensrealitäten in den Städten und auf dem Land, im Dschungel, im Hochland und an der Küste unterschieden sich stark. Nach wie vor waren die Unterschiede zwischen Arm und Reich enorm. Einer Schätzung zufolge besaßen anfangs der 1960er-Jahre 700 Großgrundbesitzer ungefähr ein Drittel der produktiven Ländereien. Auf die reichsten fünf Prozent der Bevölkerung entfiel fast die Hälfte des Nationaleinkommens. Während dem reichsten Prozent 19 % des Nationaleinkommens zufloss, mussten sich die ärmsten 20 Prozent der Bevölkerung mit 2,5 % des Nationaleinkommens begnügen. Große Unterschiede gab es auch von Region zu Region. Betrug das durchschnittliche Pro-Kopf-Einkommen im südlichen Hochland 280 US$ pro Jahr, so war es in Lima mehr als das Dreifache, nämlich 870 US$. Das ärmste Viertel der Sierra-Bewohner, zumeist Subsistenzbauern, erwirtschaftete zwischen 40 und 120 US$ im Jahr. Diese Klein- und Kleinstbauern waren zu 70 % Analphabeten, die Quechua oder Aymara sprachen. Durch wiederholte Erbteilungen hatte sich ihr Besitz in kleine Landparzellen zerstückelt, die keine ausreichende Existenz mehr boten und deshalb in vielen Fällen verkauft wurden. Dem durchschnittlichen Kleinbauern des Hochlands gehörte ein 0,9 Hektar umfassender Acker, drei Stück Vieh und etwas Kleinvieh. Um zu überleben, musste er sich als Saisonarbeiter verpflichten. Da die Löhne in den exportorientierten Küstenplantagen doppelt so hoch wie vor Ort waren, besserten zahlreiche Hochlandbewohner ihre Einkünfte durch temporäre und saisonale Einsätze an der Küste auf. Im Jahr 1961 arbeiteten 250 000 Familien – das waren 20 % aller in der Landwirtschaft tätigen Familien – auf modernen Küstenplantagen. Weitere 22 % waren Kleinbauern, deren Einkommen von Familie zu Familie zum Teil stark variierten. Um die 40 % der Landbevölkerung lebte in Dorfgemeinschaften. Diesen gehörte weniger als ein Viertel des produktiven Landes. Ein gewichtiger Teil der ländlichen Familien – Schätzungen geben bis zu 30 % an – besaß kein eigenes Land und musste als Pächter, Tagelöhner oder Wanderarbeiter ein Auskommen finden.

Je länger, desto weniger waren die verarmten Bauern und Landarbeiter bereit, ihre miserablen Lebensbedingungen zu akzeptieren. Zwischen 1960 und 1965 beteiligten sich etwa 300 000 Campesinos an der Besetzung von 350 bis 400 Haciendas in den Hochland-Departements Junín, Pasco und Cusco. Unter tatkräftiger Mitwirkung von städtischen Linksaktivisten – darunter radikalisierte Studenten, deren Eltern indianische Bauern waren – bildeten sich Gewerkschaften und Verbände. Diese traten oftmals betont klassenkämpferisch auf, ohne sich auf die eigene indigene Abstammung zu berufen. Auf die revolutionäre Agitation und Propaganda der radikalen Linken reagierte der offizielle Indigenismus mit ländlichen Entwicklungsprojekten. Während linke Aufwiegler Landarbeitergewerkschaften und Hacienda-Besetzungen organisierten, engagierte sich der staatliche Indigenismus beim Bau von Bewässerungskanälen, bei Alphabetisierungskampagnen oder bei Modernisierungsexperimenten wie dem Cornell-Peru-Projekt. In diesem Gemeinschaftsprojekt US-amerikanischer Ethnologen der Universität Cornell mit peruanischen Wissenschaftlern des Indigenistischen Instituts wurde die »rasche Modernisierung« der Hacienda Vicos (Dep. Áncash) von 1952 bis 1966 verfolgt. Die Hacienda umfasste 2250 an den Betrieb gebundene Bewohner (Yanaconas). Sie galt als eine der rückständigsten Haciendas der Region, in der vorkapitalistische, quasi-leibeigenschaftliche Verhältnisse herrschten. Zehn Jahre nach Beginn des Cornell-Peru-Projekts präsentierte sich Vicos als blühende Kooperative, deren Arbeiter in der Lage waren, die Hacienda als neue Besitzer zu übernehmen.

Die Kirche, neue Parteien und das Militär

Manuel Prados zweite Amtszeit markierte den Schlusspunkt eines überkommenen Systems, in dem einige wenige Familiengruppen das Land politisch und wirtschaftlich kontrollierten. Angesichts der demografischen Entwicklung und der Verstädterung sowie der politischen Mobilisierung der Unter- und Mittelschichten war ein Regime nicht mehr länger haltbar, das auf klientelistischen Beziehungen und dem Ausschluss der Bevölkerungsmehrheit von der politischen Partizipation basierte. Zum endgültigen Niedergang des oligarchischen Systems trugen verschiedene Faktoren bei. Einerseits verschaffte die siegreiche kubanische Revolution der militanten lateinamerikanischen Linken starken Auftrieb. Revolutionshelden wie Fidel Castro und Che Guevara übten eine starke Vorbildfunktion auf all jene aus, die autoritär-konservative Regimes, die freie Marktwirtschaft und Allianzen mit den USA bekämpften. Andererseits vollzog sich ein tiefgreifender Wandel innerhalb der katholischen Kirche und der Streitkräfte – zwei Bollwerke der traditionellen Ordnung. Die katholische Kirche wandelte sich von einer ultrakonservativen zu einer fortschrittlichen Institution, die entschieden für soziale Gerechtigkeit kämpfte und sich auf die Seite der Armen und Unterdrückten stellte. Mitverantwortlich für diesen Wandel waren die zahlreichen ausländischen Missionare, die unter den städtischen und ländlichen Unterschichten Basisarbeit betrieben. Beispielsweise führten die nordamerikanischen Maryknollers seit den 1940er-Jahren Kirchgemeinden in den Städten Lima und Arequipa sowie im südlichen Hochland (Puno, Juli und weitere Orte). Sie organisierten Basisgemeinschaften unter den Ärmsten und halfen beim Aufbau von Kredit- und Konsumgenossenschaften. Über Transistorradios verbreiteten sie Bildungskurse, Hygieneanleitungen, Ratschläge zum Bau sanitärer Einrichtungen oder zur Verbesserung der landwirtschaftlichen Produktion in den Sprachen Spanisch, Aymara und Quechua. Vom neuen, offenen Geist ließ sich auch der hohe, einheimische Klerus inspirieren. Das Erzbistum Cusco verkaufte viele seiner Ländereien an Landarbeiter – zu Preisen, die unter dem Marktwert lagen. In einer viel beachteten Rede trat der Kardinal und Erzbischof von Lima, Juan Landázuri Ricketts, 1959 für eine Reformierung und Verbesserung der aktuellen wirtschaftlichen und sozialen Ordnung ein. Zudem forderte er eine gerechtere Verteilung des Wohlstands und die Zügelung des privaten Egoismus. Rückendeckung erhielten die progressiven Kräfte durch das Zweite Vatikanische Konzil, das zwischen 1962 und 1965 unter Papst Johannes XXIII. tagte. Das Konzil stellte den Versuch dar, den Katholizismus mit der Moderne zu versöhnen und an Konzepte wie Demokratie, Menschenrechte und soziale Gerechtigkeit heranzuführen. Im Zuge dieser Öffnung bildete sich ein progressiver, politisierter Flügel heraus. Einer der bedeutendsten Repräsentanten dieser Strömung war der peruanische Theologe Gustavo Gutiérrez Merino, der 1971 sein einflussreiches Grundlagenwerk *Teología de la Liberación: Perspectivas* (»Theologie der Befreiung: Perspektiven«) veröffentlichte. In diesem Jahr existierten in Peru 1051 katholische Schulen: 342 waren unentgeltlich und 626 auch für Eltern mit geringem Einkommen erschwinglich. Ordensangehörige unterrichteten nicht nur an den katholischen, sondern auch an staatlichen Schulen. Damit erweiterte sich der Fokus der katholischen Kirche innerhalb verhältnismäßig kurzer Zeit. Ordensgeistliche widmeten sich verstärkt der Ausbildung von Kindern aus den Unterschichten, ohne jedoch die traditionsreichen exklusiven Schulen für die reiche Elite zu vernachlässigen.

In den späten 1950er-Jahren formierten sich drei neue politische Organisationen, die ihre ideologischen Wurzeln in den fortschrittlichen Strömungen der Kirche hatten und deren soziale Basis sich aus den Mittelschichten rekrutierte. Es handelte sich um den Partido Demócrata Cristiano (Christdemokratische Partei), den Partido Social Progresista (fortschrittlich-soziale Partei) und die Acción Popular (Volksaktion). Gemeinsam waren ihnen ein sozialreformerisches Programm, die Ablehnung des traditionellen oligarchischen Systems und der Verdruss über die opportunistische Politik der APRA. Unter der reformwilligen neuen Politikergeneration war Fernando Belaúnde Terry, ein Neffe des katholischen Intellektuellen Víctor Andrés Belaúnde, die herausragende Persönlichkeit.

Belaúndes Acción Popular begann als linkszentristische Partei. Durch sukzessive Ausschlüsse verflüchtigten sich bis in die 1980er-Jahre die Linkstendenzen und die Partei rückte klar nach rechts. Im Partido Demócrata Cristiano, dessen Hochburg Arequipa war, flossen fortschrittlicher Katholizismus und die Erfahrungen der europäischen christdemokratischen Parteien zusammen. Im Partido Social Progresista sammelten sich radikalere Kräfte aus dem linkszentristischen Lager, die im Laufe der Zeit weiter nach links drifteten.

Der opportunistische Kurs der APRA ermöglichte Hayas Partei die Rückkehr ins öffentlich-politische Leben. Freilich forderten das Taktieren und die ideologische Kehrtwende ihren Preis. Nachdem prominente Mitglieder wie Alberto Hidalgo, Magda Portal oder Ciro Alegría schon früh der APRA den Rücken zugekehrt hatten, splitterte sich 1959 der linke Flügel unter dem Namen APRA Rebelde ab. 1962 benannte sich dieser in Movimiento de Izquierda Revolucionaria (MIR, Bewegung der Revolutionären Linken) um, eine Organisation, die stark von der kubanischen Revolution inspiriert war und unter der politisierten Jugend großen Anklang fand. An den Universitäten drängten radikale Linksaktivisten die APRA aus den studentischen Führungsgremien. Die Radikalisierung der Studentenschaft hatte verschiedene Gründe. Lange Zeit galt ein Universitätsstudium als effizienter Weg für eine berufliche Karriere und den sozialen Aufstieg. Die explodierenden Studentenzahlen hatten jedoch eine Vermassung der höheren Bildung und Qualitätseinbußen zur Folge. Zahlreiche Hochschulabsolventen, insbesondere solche aus bescheidenen Verhältnissen, mussten erleben, dass ihre Diplome nichts wert waren. Bei dieser enttäuschten Jugend fielen revolutionäre Ideen auf einen fruchtbaren Boden, wobei gleich mehrere linke Gruppierungen um Anhänger buhlten. Infolge des Bruchs zwischen der Sowjetunion und China und unter dem Einfluss der kubanischen Revolution entstanden eine Reihe linker Gruppen mit marxistischem, maoistischem oder guevaristischem Einschlag. In den frühen 1960er-Jahren strömten jährlich bis zu 1500 lateinamerikanische Marxisten nach Kuba, wo sie ein Guerillatraining erhielten. Eine Generation peruanischer Revolutionäre – darunter Héctor Béjar, Luis de la Puente Uceda, Guillermo Lobatón und Javier Heraud – erlernte dort die Grundlagen des Guerillakampfs.

Während die radikale Linke Unterstützung in Kuba, China oder der Sowjetunion suchte, blieb das Militär vorerst seiner traditionell US-freundlichen Haltung treu. Nichtsdestotrotz zeichneten sich auch in ihren Reihen fundamentale Einstellungsänderungen ab. Im Juli 1950 hatte Diktator Odría die Etablierung eines Schulungszentrums für militärische Führungskräfte bewilligt, das Centro de Altos Estudios Militares (CAEM). An dieser Bildungsanstalt unterrichtete eine neue Instruktoren-Generation. Diese fortschrittlichen Dozenten behandelten die nationale Sicherheitspolitik nicht mehr nur unter rein militärischen Gesichtspunkten, sondern zogen auch die sozialen und wirtschaftlichen Gegebenheiten mit ein. Sie plädierten für eine erweiterte Rolle des Militärs, das Modernisierungsaufgaben erfüllen und grundsätzliche nationale Probleme lösen sollte. Am CAEM studierte eine Reihe junger Männer, die später Schlüsselpositionen in Militär und Politik einnehmen sollten. Bildete die Armee lange Zeit eine konservative Institution, deren Offiziere sich vorwiegend aus den Oberschichten rekrutierten und die eine verlässliche Stütze des oligarchischen Systems waren, so entstammten nun zahlreiche Offiziere der unteren Mittelklasse. Viele hatten einen provinziellen Hintergrund und waren Mestizen. Bei der Bekämpfung der verschiedenen Guerillaherde (siehe unten) wurden sie direkt mit der ländlichen Armut und den vorherrschenden Unterdrückungsmechanismen konfrontiert. Aufgrund der eigenen Erfahrungen und bekräftigt durch die neue Sicherheitsdoktrin, zeigten sie sich in zunehmendem Maße für grundlegende Sozialreformen offen.

1957 etablierte sich erstmals in der Geschichte der peruanischen Armee eine vereinigte Kommandostruktur, bestehend aus Marine, Luftwaffe und Landstreitkräfte. Zwei Jahre später erfolgte die Gründung einer Ausbildungsstätte für angehende Geheimdienstleute, der im Frühjahr 1960 die Schaffung einer speziellen Anti-Guerillaeinheit folgte. Deren Angehörige trainierten in militärischen Ausbildungszentren sowohl in Peru als auch in den USA. Unter dem Eindruck der kubanischen Revolution reifte in Washington die Überzeugung, dass der Kampf gegen die erstarkenden revolutionären Kräfte in Lateinamerika nur dann Erfolgsaussichten habe, wenn man den Revolutionären durch Reformprogramme den Nährboden entzöge. Konsequenterweise umfasste die US-Militärhilfe an Peru außer Waffen und militärischen Komponenten auch zivile Aktionsprogramme wie Straßenbauten und Entwicklungsprojekte. Präsident Prado revanchierte sich für die US-Hilfe, indem er die diplomatischen Beziehungen zu Kuba abbrach und Washingtons Anstrengungen zur Isolierung der Revolutionsregierung in Havanna unterstützte. Im März 1961 kündigte Präsident John F. Kennedy seine »Allianz für den Fortschritt« an. Hauptsächlich bezweckte Kennedys Allianz eine Verhinderung weiterer Aufstände durch die Förderung von Demokratie und Kapitalismus. Im August trafen sich die Länder der Region – ohne Kuba – im uruguayischen Punta del Este und verabschiedeten einen Zehnjahresplan mit dem Ziel, die Entwicklung in Lateinamerika beschleunigt voranzutreiben. Das von den USA finanzierte Vorhaben sah die Förderung einer demokratischen Gesellschaftsordnung vor, die Unterstützung von Reformen in der Landwirtschaft und in der Steuerpolitik sowie die Verbesserung der Wohnverhältnisse, der Arbeitsbedingungen, des Erziehungs-, Bildungs- und Gesundheitswesens. Weiter sollten das private Unternehmertum und die wirtschaftliche Integration gefördert werden. Freilich brachte die Allianz nur bescheidene Resultate hervor. In den 1960er-Jahren übernahmen in zahlreichen lateinamerikanischen Ländern Militärs die Macht. Die US-Regierung unter Präsident Lyndon B. Johnson (1963–1969) verschob ihre Hilfszahlungen zunehmend von den ökonomischen Programmen zu militärischen, die den lateinamerikanischen Streitkräften zugutekamen. Statt Demokratie und Fortschritt unterstützten die US-Hilfsgelder die autoritären Regimes der Region.

Der Militärputsch vom 18. Juli 1962

Im Dezember 1961 arbeitete die peruanische Regierung – an deren Spitze mit dem Präsidenten Prado und dem Finanzminister Pedro Beltrán zwei der mächtigsten Vertreter der traditionellen Oligarchie standen – relativ harmonisch mit der APRA-Führung zusammen. Der Rechtsrutsch von Haya de la Torre hatte dessen Partei salonfähig gemacht und selbst konservative Kreise unterstützten eine Kandidatur des APRA-Führers für das frei werdende Präsidentschaftsamt. Dadurch sahen sich die Apristen in der beispiellosen Situation, über einen von der Regierung unterstützten Kandidaten zu verfügen, den sogar die konservative Elite unterstützte und dem zudem die Sympathien des US-Botschafters galten. Herausforderer von Haya de la Torre waren der Ex-Diktator Manuel A. Odría sowie der dynamische Architekt Fernando Belaúnde Terry. Belaúndes Reformprogramm fand sowohl bei den Mittelschichten als auch bei Industriellen Anklang, die es dank des Fischereibooms und der positiven Entwicklung der verarbeitenden Industrie zu Wohlstand gebracht hatten. Eine breite Koalition unterschiedlicher Interessensgemeinschaften, die alle mit dem Status quo unzufrieden waren, sicherte Belaúnde ihre Unterstützung zu.

Noch vor Beginn der Präsidentschafts- und Kongresswahlen protestierte Belaúndes Lager gegen massive Fälschungen bei der Registrierung der Wahlberechtigten. Der von der Prado-Regierung kontrollierte nationale Wahlausschuss ignorierte die Betrugsvorwürfe und führte die Wahlen unbeirrt durch. Mit knappem Vorsprung gewann Haya de la Torre vor Belaúnde, ohne jedoch das für die Amtseinsetzung notwendige Minimum an Stimmen auf sich zu vereinigen. Für einen solchen Fall sah die Verfassung vor, dass der neu gewählte Kongress den Präsidenten aus der Reihe der Kandidaten mit den meisten Stimmen erkürt. Angesichts dieser Ausgangslage schlossen sich Belaúndes Gegner zusammen, wobei Haya sich bereit erklärte, Odría die Präsidentschaft zu überlassen. Mit seinem Verzicht auf das Präsidentschaftsamt wollte sich Haya wenigstens den überwältigenden Erfolg der APRA bei den Kongresswahlen sichern. Dass der APRA-Chef mit dem Ex-Diktator zusammenspannte – unter dem wenige Jahre zuvor zahlreiche apristische Führer und Militante verfolgt, gefoltert und ermordet worden waren – stellte für viele Peruaner eine Ungeheuerlichkeit sondergleichen dar. Belaúnde, sekundiert von der Zeitung *El Comercio* und der modernisierungswilligen Fraktion innerhalb der Elite, verurteilte den Haya-Odría-Pakt scharf. Auch für die nach wie vor streng anti-apristischen Streitkräfte war der Pakt inakzeptabel. Die reformistischen Offiziere befürchteten zudem, dass die dringend notwendigen Reformen blockiert blieben. Aus sicherheitspolitischen Gründen gehörten ihre Sympathien klar dem technokratisch orientierten Belaúnde.

Einen Tag nach der Bekanntmachung des Haya-Odría-Pakts und zehn Tage vor dem regulären Ablaufen von Prados Amtszeit setzte das vereinigte Militärkommando den Präsidenten ab. Die Militärs erklärten die Wahlen wegen Fälschungen für ungültig und kündigten die Bildung einer militärischen Übergangsregierung an, die innerhalb der Jahresfrist Neuwahlen durchführen werde. Im Unterschied zu früheren militärischen Coups trat die Armee als institutionelle Einheit auf, in der Heer, Luftwaffe und Marine im gemeinsamen Sicherheitsinteresse und nicht als Instrument eines Präsidentschafts-Prätendenten oder Caudillos handelten.

Abb. 21: Landbesetzer-Siedlung über dem kahlen Hügel Cerro San Cristóbal in Lima.

Zu Beginn ihrer einjährigen Regierungszeit machten sich die Militärs daran, Armut und Unterentwicklung ernsthaft zu bekämpfen. Eine ihrer ersten konkreten Maßnahmen bildete die Etablierung einer nationalen Planungsbehörde für die wirtschaftliche und soziale Entwicklung (Sistema Nacional de Planificación del Desarrollo Ecónomico y Social). Außerdem gründeten sie die Junta Nacional de la Vivienda, die Projekte zur Sanierung von städtischen Elendssiedlungen durchführte, und den Banco de la Vivienda – eine Bank, die günstige Kredite für den Erwerb von preiswerten Wohnungen zur Verfügung stellte. Angesichts der Landbesetzung im Cusqueñer Dschungelgebiet von La Convención und Lares wandten die Militärs eine Spaltungstaktik an, die Repression mit Konzessionen kombinierte. Einerseits verfolgte sie Bauernführer und linke Agitatoren und bekämpfte Aufstandsherde mit militärischen Mitteln. Andererseits setzte sie ein agrarisches Reformprogramm in Gang, das die systematische Umverteilung von Land erlaubte. Der Instituto de Reforma Agraria y Colonización – die mit der Ausgestaltung und Umsetzung der Agrarreform beauftragte Behörde – erhielt das Recht, direkt mit Landbesetzern zu verhandeln und diesen gegen Bezahlung Land zu übereignen. Parallel zur Verteilung von Landparzellen bauten die Militärs im Unruhegebiet Gesundheitsstationen, Schulen und Straßen. Mit diesen Maßnahmen, finanziert durch Gelder der U.S. Agency for International Development (USAID), gelang es, die Landbesetzerbewegung in Südperu zu spalten. Nur mehr eine Minderheit setzte dort den bewaffneten Kampf fort.

Nach Unruhen im zentralperuanischen Bergbaugebiet von La Oroya und auf Zuckerrohrplantagen in der Nähe von Chiclayo ließ die Militärjunta in einer landesweit koordinierten Aktion zu Beginn des Jahres 1963 Hunderte von Linksaktivisten (Kommunisten, Studenten, Gewerkschafter, Politiker, Campesinos) festnehmen. Mit dieser Verhaftungswelle verhärteten sich die Fronten, und die begonnenen Reformen gerieten ins Stocken. Kurz nachdem die Streitkräfte einen Aufstandsversuch im zentralperuanischen Jauja (Dept. Junín) niedergeschlagen hatten, drang die erste, in Kuba ausgebildete Guerillagruppe über Bolivien ins Dschungel-Departement Madre de Dios ein. Der kleine Trupp mit der Selbstbezeichnung Ejército de Liberación Nacional (ELN; Nationale Befreiungsarmee) setzte sich unter anderem aus ehemaligen Mitgliedern der Kommunistischen Partei Perus zusammen. Gegen die hoffnungslos überlegenen Streitkräfte hatten die Guerilleros keine Chance. So starb am 15. Mai 1963 beispielsweise der kämpferische Dichter Javier Heraud im Alter von 21 Jahren im Kugelregen.

Belaúnde Terry (1963–1968)

Wie bei ihrer Machtübernahme angekündigt, beraumte die Militärregierung Neuwahlen für den Juni 1963 an. Als Alleinverantwortliche für die Durchführung des Wahlprozesses kontrollierten die Militärs die gesamte Wahlmaschinerie. Weil sie die Erfolgschancen ihres Kandidaten Belaúnde als wesentlich besser einstuften als 1962, tolerierten sie auch die Kandidaturen von Odría und Haya de la Torre. Alle drei Präsidentschaftsanwärter setzten sich bei ihren Wahlveranstaltungen für eine Agrarreform ein. Angesichts der kubanischen Revolution und der Landinvasionen der letzten Jahre stand allgemein fest, dass nur Reformen radikalen Elementen den Wind aus den Segeln nehmen konnten – eine Ansicht, die auch die Fortschrittsallianz der Kennedy-Regierung vertrat. Wesentliche Unterschiede gab es hinsichtlich des Wirtschaftskurses. Haya und Odría favorisierten eine Politik des ›laissez faire‹ und lehnten staatliche Interventionen ab. Damit sicherten sie sich die Unterstützung der Agrarexporteure, der international tätigen Großhändler und all derjenigen Kreise, die enge Verbindungen zu ausländischen Kapitalgebern unterhielten. Belaúnde dagegen sprach sich für eine Vertiefung der Politik der importsubstituierenden Industrialisierung aus, wie sie von der CEPAL (Comisión Económica para América Latina; UN-Wirtschaftskommission für Lateinamerika) propagiert wurde. Hinter Belaúnde und dessen Acción Popular standen, nebst den Militärs, progressive Sektoren der Elite, die Christdemokraten des Partido Demócrata Cristiano, die Kommunistische Partei, sozialreformerische Strömungen innerhalb der Kirche und die Zeitung *El Comercio*. Mit

39 % der Stimmen ging Belaúnde vor Haya (34,4 %) und Odría (25,5 %) als Wahlsieger hervor. Seine Partei verfehlte jedoch die Mehrheit im Kongress, wo die Apristen und Odriísten dominierten. Am 28. Juli 1963 trat der neu gewählte Präsident seine sechsjährige Amtszeit an.

Ein erster wichtiger Schritt der neuen Regierung war die Durchführung von Gemeinderatswahlen im Dezember des gleichen Jahres. Erstmals seit Jahrzehnten konnten die Wahlberechtigten wieder die Amtsträger auf lokaler Ebene selbst bestimmen, womit die Gemeindeautonomie und die demokratische Partizipation eine Stärkung erfuhren. Zum Bürgermeister von Lima wurde der gemeinsame Kandidat von Acción Popular und den Christdemokraten, Luis Bedoya Reyes, gewählt. Wegen der zähen Obstruktionspolitik des Kongresses war Belaúnde weder in der Lage, wesentliche Wahlversprechen zu erfüllen noch effizient zu regieren. Gemäß der Verfassung bestimmte der Präsident die Minister, doch hatte das Parlament ein Interpellationsrecht und konnte durch ein Misstrauensvotum Minister zum Rücktritt zwingen. Die oppositionelle Mehrheit machte ausgiebig Gebrauch von diesen Instrumenten und zwang Belaúnde, Minister gleich dutzendweise auszuwechseln. Bald änderte der Kongress Vorstöße der Regierung zur Behebung von Missständen ab, bald blockierte er Regierungsinitiativen. Hinsichtlich der Landreform drängten Odriísten, die die Interessen der Großgrundbesitzer vertraten, zusammen mit den taktierenden Apristen auf eine Abschwächung der ohnehin zaghaften Reformvorschläge der Regierung. Noch während der Kongress über ein Reformgesetz debattierte, zwang eine Welle von Landbesetzungen Belaúnde zum Handeln. Dem Druck der Landbevölkerung in Pasco und Junín nachgebend, enteignete er per Dekret 100 000 Hektar Hacienda-Ländereien. Als die Invasionen und Streiks auf Cusco und Südperu übergriffen, brachte der Präsident die Unruheherde durch Spezialtruppen der Guardia Civil zum Ersticken. Bis das stark verwässerte Landreformgesetz endlich den Kongress passierte, waren über 300 Campesinos im Süden von den Sicherheitskräften getötet worden. Entwicklungsprojekte für den Bau von Straßen, Gesundheitsposten und Schulen versandeten, weil die oppositionellen Parlamentarier die bescheidenen Hilfsgelder blockierten.

Ohne die dringende Landfrage gelöst zu haben, wandte sich die Belaúnde-Regierung weniger umstrittenen Projekten im Bereich von Bildung und Infrastruktur zu. Die Investitionen im Erziehungsbereich stiegen stark an, und auch die Schülerzahlen der Primar- und Sekundarstufe hatten ein starkes Wachstum zu verzeichnen. Das Gleiche galt für die Studentenzahlen bei den technischen Ausbildungsgängen. Allerdings zog das beachtliche quantitative Wachstum keine qualitative Verbesserung nach sich. Bei der Hochschulbildung ergab sich ein ähnliches Bild. Gab es 1955 erst sechs Universitäten, so erhöhte sich deren Anzahl bis zum Ende der Belaúnde-Regierung auf 30. Dementsprechend schwoll die Anzahl an Studenten an: von 20 000 im Jahr 1956 auf 94 000 im Jahr 1968. Über 65 % der Studenten an Limas Universität San Marcos stammten 1966 aus der unteren Mittelschicht oder der Arbeiterklasse. Dass viel zu wenig adäquate Arbeitsstellen für Universitätsabsolventen zur Verfügung standen, begünstigte die Radikalisierung der Jungakademiker und eine scharfe Linksorientierung studentischer Politik in den nächsten zwei Jahrzehnten.

Was die Außenpolitik betrifft, verschlechterten sich die Beziehungen zur Großmacht USA. Über fünf Jahre verhandelte die Belaúnde-Regierung mit der US-amerikanischen International Petroleum Company (IPC) über ein neues Abkommen. Die zähen Verhandlungen belasteten die Beziehungen zu den Vereinigten Staaten, die als Druckmittel von Ende 1963 bis März 1966 sämtliche Hilfsgelder einfroren. Als der US-Kongress 1967 den Verkauf von Überschall-Kampfflugzeugen verhinderte, beschaffte sich Peru kurzerhand zwölf Mirage-V-Kampfflieger in Frankreich. Erneut stellte Washington seine Hilfsgeldzahlungen ein.

Auch ohne US-amerikanische Finanzhilfe nahm die Belaúnde-Regierung eine Fülle monumentaler Projekte in Angriff und vollendete Bauvorhaben der Vorgängerregierungen. So weihte sie Ende 1965 im Hafen Callao den Internationalen Flughafen Jorge Chávez ein. Provinzflughäfen sowie zahlreiche Urbanisierungs- und Wohnbauprojekte wurden vollendet. Man erweiterte das Wasserkraftwerk im Cañón del Pato und die Eisenhüttenwerke in Chimbote, begann mit der Konstruktion eines neuen Wasserkraftwerks in Huancavelica, baute Stauseen, errichtete die Raffinerie von Pampilla und so weiter. Vielleicht das ambitionierteste Projekt war der Bau der Carretera Marginal de la Selva – einer 2600 Kilometer langen Straße entlang der Ostabhänge der Anden, die Peru mit den Dschungelgebieten Ecuadors und Boliviens verbinden sollte. Die Planer sahen vor, dass die Straße die Integration der angrenzenden Dschungelgebiete in das wirtschaftliche und soziale System des Landes ermögliche und dass durch Kolonisierungsprojekte die sozialen Spannungen in den dicht besiedelten Regionen vermindert würden. Den Interessen und Bedürfnissen der traditionell lebenden Urbevölkerung schenkten sie keinerlei Beachtung, mit dem Resultat, dass der Strom der Kolonisten die Dschungelindianer aus den angestammten Territorien vertrieb und großflächige Rodungen ganze Talschaften entwaldeten. Gegen die Eindringlinge setzten sich die Matsés im zentralperuanischen Gebiet des Río Yaquerana mit Waffengewalt zur Wehr. Als Vergeltungsmaßnahme bombardierte die peruanische Luftwaffe Indianersiedlungen; Bodentruppen durchkämmten den Urwald.

Konfrontiert mit mehreren Guerillaherden drohte die Militärführung dem Präsidenten 1965 mit einem Staatsstreich, falls sie nicht die vollständige Kontrolle über sämtliche Antiguerilla-Operationen erhalte. Belaúnde gab dem Druck nach und rief für mehrere Bezirke den Ausnahmezustand aus. In diesen Bezirken übernahm das Militär administrative und gerichtliche Aufgaben. Ohne zivile Kontrolle und ohne Rücksichten auf die Menschenrechte gingen die Streitkräfte mit brachialer Gewalt gegen die Guerillaherde vor. Innerhalb von sieben Monaten waren die subversiven Gruppen zerschlagen. Die entfesselte Militärgewalt eliminierte nicht nur die Guerilleros, sondern kostete auch bis zu 8000 Bauern, Landarbeitern und Dschungelindianern das Leben. Überdies fanden zwischen 32 und 56 Soldaten den Tod; 19 000 Hektar Land wurden (wahrscheinlich durch Napalmbomben) verwüstet. Selbst ein CIA-Agent kam zum Einsatz. Dem Geheimdienstler war es gelungen, unerkannt eine der Guerillakolonnen zu infiltrieren.

Die Wirtschaft

Kennzeichnend für die Nachkriegszeit waren ein exportgeführtes Wirtschaftswachstum, zunehmende Auslandsinvestitionen, die Anbindung an das US-amerikanische Wirtschaftssystem und eine verstärkte Integration in den Weltmarkt. Zwischen 1950 und 1965 erhöhten sich die US-amerikanischen Direktinvestitionen im Bergbau um 379 %, in den übrigen Wirtschaftssektoren um 180 %. Die Öl- und die Eisenproduktion befanden sich vollständig in ausländischer Hand. Bei Kupfer und den Baumwollexporten kontrollierten ausländische Firmen über 80 % der Fabrikation.

Während die Ausfuhren einen steilen Anstieg verzeichneten, stagnierte die Produktion von Nahrungsmitteln, die nicht mit dem starken Bevölkerungswachstum Schritt zu halten vermochte. Musste Peru 1960 bereits 13 % der benötigten Lebensmittel importieren, waren es sechs Jahre später 24 %. Der Konkurrenz von ausländischem Fleisch und Weizen waren die Bauern im Hochland mit ihrer rudimentären Technologie nicht gewachsen. Viele verarmte Hochlandbewohner wanderten in die neu erschlossenen Gebiete am Ostabhang der Anden ab, wo sie sich als Landarbeiter verdingten oder als Kleinbauern niederließen. In der Sierra existierten nur wenige Wachstumsenklaven. Der Anbau von Gerste, für den Brauereien Saatgut und Kredite zur Verfügung stellten, verhalf einigen Bauern im nördlichen und südlichen Hochland zu einem ausreichenden Einkommen. Einen Aufschwung verzeichnete auch die kommerzielle Milchwirtschaft (Milch, Molkereiprodukte, Käse) im Mantaro-Tal, in Arequipa und in Cajamarca, wo der Carnation- bzw. der Nestlé-Konzern aktiv waren.

Während die Mehrheit der Kleinbauern im Hochland darbte, verbuchte die Agrarindustrie in den 1960er-Jahren Zuwachsraten von jährlich etwa 6 %. Der Einsatz von Düngemitteln und vermehrt auch von Traktoren ermöglichte Produktionssteigerungen bei Futtermais, Reis, Gemüse und Obst. Die Investitionen in groß angelegte Bewässerungsprojekte ermöglichten eine kontinuierliche Ausweitung der küstennahen Felder, in denen traditionell die beiden Exportgüter Zucker und Baumwolle dominierten. Das Überangebot im Baumwollsektor – zum Teil ausgelöst durch eine Zunahme synthetischer Textilien – bewirkte eine Umschichtung bei den Kulturpflanzen. Beim Zuckerrohranbau führten Mechanisierung und Technisierung zur Reduktion der festangestellten Arbeitskräfte, zur bedarfsweisen Einstellung billiger Zeitarbeiter und damit insgesamt zur Senkung der Lohnkosten. Obschon die betroffenen Arbeiter mit Streiks und Bummelstreiks ihre Löhne und Arbeitsplätze zu verteidigen suchten, konnten sie Entlassungen nicht verhindern. Für viele blieb nur die Hoffnung, in den nachgelagerten Industrien (Papier, Chemie, Viehfutter) eine Anstellung zu finden. Trotz der Entlassungen und der zunehmenden Industrialisierung absorbierte der Agrarsektor noch immer die meisten Arbeitskräfte. Mitte der 1960er-Jahre fanden 60 % der werktätigen Bevölkerung ein Auskommen in der Landwirtschaft, die ihrerseits aber nur zu einem Viertel des Bruttosozialprodukts beitrug.

Von 1956 bis 1968 verzeichnete Peru einen bemerkenswerten Industrialisierungsschub. Während der Anteil der Landwirtschaft am Bruttoinlandsprodukt von 20,4 % im Jahr 1950 auf unter 15 % im Jahr 1968 fiel, stieg der Anteil der verarbeitenden Industrie von 16,7 % auf 22,2 %. Das Industrieförderungsgesetz von 1959 stimulierte den Bau zahlreicher Fabriken, Werke und Betriebe. Dennoch nahm der Anteil der Industriearbeiter an der erwerbstätigen Bevölkerung nur geringfügig zu, nämlich von 4,5 % im Jahre 1961 auf etwas mehr als 5 % im Jahre 1968. Gegen Ende der 1960er-Jahre beschäftigten Klein- oder Handwerksbetriebe immer noch beinahe doppelt so viele Personen wie die Industrie – und damit fast gleich viele wie der Handel (400 000). Überdurchschnittlich viele Beschäftigte wiesen die staatliche Bürokratie (260 000), der Bausektor (150 000) und die Lehrerschaft (100 000) auf. Hinzu kamen zahllose Haushaltsangestellte sowie Erbringer weiterer Dienstleistungen. Im Bergbau fanden 80 000 Personen ein Einkommen, in der Fischerei 20 000 und im Ölsektor 7000.

Mit jährlichen Zuwachsraten von 13 bis 20 % erlebte der Bergbau von 1950 bis 1957 einen außerordentlichen Aufschwung. Auch in der Folgezeit behauptete sich das Andenland als einer der weltweit führenden Produzenten von Zink, Blei, Silber und Kupfer. 1952 bildete sich die Southern Peruvian Copper Corporation, die 200 Millionen US$ zur Erschließung der Kupferminen von Toquepala im südperuanischen Departement Tacna investierte. Im Unterschied zum traditionellen Bergbau, wo man mittels Stollen arbeitete, vollzog sich hier der Abbau unter Einsatz riesiger Maschinen unter offenem Himmel (Tagebau). Das neue Verfahren erlaubte den Abbau gewaltiger Mengen an schwach kupferhaltigem Gestein, das man zur Gewinnung von hochwertigem Kupfer in die Schmelzwerke transportierte. War der Tagebau zu Beginn der 1950er-Jahre in Peru noch unüblich, wurden zehn Jahre später drei Viertel des Kupfers und sämtliche Eisenerze mittels dieses Verfahrens gewonnen.

Bis 1960 kontrollierten ausländische Gesellschaften 73 % der peruanischen Minen; 1950 waren es noch 49 % gewesen. Die öffentlichen Proteste gegen die hohen Gewinnraten und die enormen Gewinnabflüsse der ausländischen Bergwerksgesellschaften zwangen die Belaúnde-Regierung zu Steuererhöhungen und zur Revision großzügiger Konzessionen. Im Gegenzug drosselten die multinationalen Konzerne ihre Investitionen, was zu einem steilen Fall der jährlichen Wachstumsraten auf ca. zwei bis drei Prozent führte. Gegenüber dem Bergbau vermochte der Ölsektor nicht mitzuhalten, hauptsächlich weil keine bedeutenden Vorkommen mehr neu entdeckt wurden. Obschon die Förderung von 16 Millionen Barrel im Jahr 1950 auf 18,5 Millionen 1959 stieg, gingen die Mineralölexporte wegen des steigenden Inlandbedarfs zurück. Diese Entwicklungstendenz verstärkte sich in den 1960er-Jahren, sodass Peru 1968 zum Nettoimporteur wurde.

In den 1950er- und 1960er-Jahren erlebten die Fischerei und die Fischindustrie einen gewaltigen Aufschwung. Fisch entwickelte sich zum eigentlichen Exportschlager. Bis zum Jahr 1955 führte Peru in erster Linie Fischkonserven aus. In den folgenden zehn Jahren erweiterten industriell gefertigtes Fischmehl und Fischöl das Angebot. Volumenmäßig avancierte das Andenland zum größten Fischexporteur der Welt. Trotzdem war der Pro-Kopf-Verbrauch im Land selbst rückläufig, ungeachtet dessen, dass Peru mit Versorgungsschwierigkeiten bei den Grundnahrungsmitteln zu kämpfen hatte. 99 % des Fangs wanderte in die industrialisierten Länder – der Großteil davon als Düngemittel oder Tierfutter, das man an nordamerikanische und europäische Schweine und Hühner verfütterte. Die schnell expandierende Fischindustrie erzielte riesige Gewinne, wobei der Fischsektor weitgehend in lokaler Hand blieb. Auf der Suche nach Arbeit strömten Tausende von Binnenmigranten in die wichtigsten Fischereihäfen wie Chimbote, Paita und Supe, wo attraktive Löhne winkten. Allerdings musste die Fischindustrie mehrfach schwere Rückschläge einstecken. In Ermangelung wirksamer staatlicher Kontrollen kam es zu Überfischungen. Der Raubbau, verbunden mit Veränderungen der Meeresströmung infolge des Unwetterphänomens El Niño, bewirkte einen alarmierenden Rückgang der Fischbestände und 1973 einen verheerenden Einbruch in der fischverarbeitenden Industrie.

Von 1955 bis 1962 verdoppelte sich der Gesamtwert der Exporte von 271 Millionen auf 540 Millionen US$, um von 1963 bis 1969 etwas langsamer von 541 Millionen auf 866 Millionen US$ anzusteigen. Mit Ausnahme der Jahre 1958/59 bzw. 1966/67 erzielte Perus Wirtschaft eine positive Außenhandelsbilanz. Zwischen 1955 und 1960 erhöhte sich das Bruttoinlandsprodukt jährlich um 4,5 %, zwischen 1960 und 1965 um 6,7 % und zwischen 1965 und 1970 um jährlich 4,4 %.

Belaúndes Sturz

Während Belaúndes Amtszeit stiegen die Staatsschulden stark an. Subventionen für die Importsubstitutionspolitik, Lebensmittelimporte, Ausgaben für kostspielige Infrastrukturprojekte, aufwändige Sozialprogramme in den Bereichen Bildung, Gesundheit und Wohnungsbau trieben das Haushaltsdefizit in die Höhe. Einer Regierungsinitiative zur Erhöhung der Staatseinnahmen durch die Reformierung des Steuersystems erteilte der Kongress eine Abfuhr. Gegen die hohe Inflationsrate fand die Regierung ebenfalls kein wirkungsvolles Rezept. Von 1964 bis 1967 betrug die Geldentwertung 14 %, im Lebensmittelsektor sogar 70 %. Im September 1967 sah sich die Regierung zu einer Abwertung der Währung gezwungen, was einen Preisanstieg bei den Lebensmittelimporten nach sich zog und besonders stark die städtischen Armen traf. Das Auffliegen von Schmugglerringen, in die zahlreiche Militärs, hohe Regierungs- und Zollbeamte verwickelt waren, erschütterte das Vertrauen der Öffentlichkeit in die Staatsführung weiter. Das Fass zum Überlaufen brachte schließlich ein Skandal, in dessen Zentrum die International Petroleum Company (IPC) stand. Für peruanische Nationalisten stellte die IPC ein verhasstes Symbol für die erdrückende ausländische Übermacht im nationalen Wirtschaftsgefüge dar. In den 1960er-Jahren wies die multinationale Ölgesellschaft jährliche Einnahmen auf, die Perus Bruttosozialprodukt um das Dreifache übertrafen. Um 1960 war die IPC mit 18 000 Angestellten die größte private Arbeitgeberin und eines der wichtigsten Unternehmen des Landes, das rund drei Viertel des peruanischen Öls produzierte. Die

IPC bestimmte nicht nur den peruanischen Ölpreis, sondern erfreute sich seit Jahrzehnten eines äußerst günstigen Steuerregimes. Nach langjährigen, zähen Verhandlungen unterzeichneten Belaúnde und die Unterhändler des IPC einen Vertrag, den der Präsident der Öffentlichkeit als peruanischen Verhandlungserfolg präsentierte. Fast einen Monat nach Vertragsunterzeichnung kritisierte der zurücktretende Chef der staatlichen peruanischen Ölfirma Empresa Petrolera Fiscal, dass der Vertrag dem Land zum Nachteil gereiche. Er behauptete, dass er eine letzte Seite des Übereinkommens mitunterzeichnet habe, die jetzt fehle und die unvorteilhafte Verkaufspreise für das von der Empresa Petrolera Fiscal geförderte Rohöl festschrieben. Obwohl diese Vorwürfe nicht bewiesen werden konnten, schienen sie einer Mehrheit von Peruanern glaubhaft genug, um ihren Ärger über die Belaúnde-Regierung auf die Spitze zu treiben.

Belaúndes Unfähigkeit, seine Reformversprechen wirkungsvoll umzusetzen und den Staatsapparat zu modernisieren, die wirtschaftlichen Schwierigkeiten, die Obstruktionspolitik des Kongresses und der USA ließen unter hohen Militärs die Überzeugung reifen, dass die für die Stabilität und das Wohlergehen des Landes nötigen Reformen nicht auf demokratischem Weg durchzusetzen seien. Das politische Szenario für die im Folgejahr fälligen Präsidentschaftswahlen verhieß in ihren Augen kaum Besserungen: Acción Popular lag in Scherben, und die Christdemokraten waren stark geschwächt, sodass keine moderate reformistische Alternative zur APRA übrig blieb. Schon bevor der IPC-Skandal die peruanische Öffentlichkeit in Aufruhr versetzte, begann der Präsident des Vereinigten Armeekommandos, General Juan Velasco Alvarado, mit den Vorbereitungen zu einem Staatsstreich. In einer sorgfältig geplanten, unblutigen Aktion wurde Belaúnde, dessen Regierung in den Tagen vor dem Putsch praktisch paralysiert war, am 3. Oktober 1968 des Amtes enthoben und nach Buenos Aires abgeschoben. Im Zuge des Putsches durchkämmten Angehörige der Streitkräfte die Kongressbüros. Offenbar beschlagnahmten sie auch Unterlagen zu den Schmuggelskandalen, in die hohe Militärs verwickelt waren. Der Leiter der Untersuchungskommission, der APRA-Abgeordnete Héctor Vargas Haya, verfasste darauf ein Buch mit den Ermittlungsresultaten. Kurz vor der Auslieferung konfiszierten Agenten der Geheimpolizei die druckfrischen Bände und zerstörten sie. Aufgrund dieser Vorkommnisse behauptete Vargas Haya, dass die Putschisten zwei Ziele verfolgt hätten: Erstens sollten die Beweise für die Verwicklung des Militärs und insbesondere des Generals Velasco in die Schmuggelaffären beseitigt und zweitens der APRA die Machtübernahme mittels allgemeiner Wahlen verhindert werden.

Literaturhinweise

Baer, Gerhard 1984, Die Religion der Matsigenka, Ost-Peru. Monographie zu Kultur und Religion eines Indianervolkes des Oberen Amazonas, Basel

Barr, Robert R. 2017, The Resurgence of Populism in Latin America, Boulder und London
Basadre, Jorge 1948, Chile, Perú y Bolivia Independientes, Barcelona und Buenos Aires
Brown, Michael F. /Fernández, Eduardo 1991, War of Shadows: The Struggle for Utopia in the Peruvian Amazon, Berkeley
Connell, Thomas 2002, America's Japanese Hostages. The World War II Plan for a Japanese Free Latin America, Westport und London
Contreras (Carranza), Carlos 2004, El aprendizaje del capitalismo. Estudios de historia económica y social del Perú republicano, Lima
Gootenberg, Paul/Dávalos, Liliana M. (Hg.) 2018, The Origins of Cocaine: Colonization and Failed Development in the Amazon Andes, Abingdon und New York
Lindig, Wolfgang/Münzel, Mark 1992, Die Indianer, Bd. 2: Mittel- und Südamerika, 5. Aufl., München
Madrid, Raúl L. 2012, The Rise of Ethnic Politics in Latin America, Cambridge
Masterson, Daniel M. 1991, Militarism and Politics in Latin America: Peru from Sánchez Cerro to Sendero Luminoso, New York, Westport und London
Portocarrero Suárez, Felipe 2007, El imperio Prado: 1890–1970, Lima
Sheahan, John 1999, Searching for a Better Society. The Peruvian Economy from 1950, Pennsylvania
Werz, Nikolaus (Hg.) 2003, Populismus. Populisten in Übersee und Europa, Opladen

Militärischer Reformismus (1968–1980)

Mit dem Staatsstreich von 1968 nahmen reformwillige Militärs die Geschicke des Landes für zwölf Jahre selbst in die Hand und leiteten umwälzende Veränderungen ein. Ihre Strukturreformen zielten darauf ab, Peru zu modernisieren, die Abhängigkeit vom Ausland auf ein Minimum zu beschränken und den Grundstein für den Aufbau einer demokratischeren Gesellschaft zu legen. Es handelte sich um das autoritäre, technokratische Projekt einer gelenkten Modernisierung des Landes, welches das explosive soziale Konfliktpotential entschärfen und eine Revolution von unten nach dem Vorbild der kubanischen Revolution verhindern wollte. Mittels einer tiefgreifenden Landreform und durch Mitbestimmungsmöglichkeiten in den Fabriken hofften die Militärs, Bauern und Industriearbeiter für ihr Modernisierungsprojekt zu gewinnen. Von ihnen gegründete und kontrollierte Massenorganisationen sollten die Teilnahme breiter Schichten am Reformprozess sicherstellen und mithelfen, die Integration bislang marginalisierter oder ausgeschlossener Gesellschaftsgruppen in den Nationalstaat voranzutreiben. Dahinter standen durchaus auch militärische, sicherheitspolitische Überlegungen, denn eine Stärkung der nationalen Einigkeit trug zur Sicherheit im Innern bei und schuf eine geeinte Abwehrfront angesichts feindseliger Nachbarländer.

Die meisten der Armeeoffiziere, die an Velascos Regierung partizipierten, hatten Mitte oder gegen Ende der 1940er-Jahre ihre militärischen Studien abgeschlossen. Sie waren beeinflusst durch den Sozialaktivismus der französischen Militärdoktrin und die Kalte-Kriegs-Perspektive, die sie sich in Fort Bragg oder Fort Leavenworth in den USA angeeignet hatten. Viele hatten praktische Erfahrungen im Geheimdienst und bei Einsätzen in den Antiguerilla- und Landreformkampagnen der 1960er-Jahre gesammelt. Ergänzt wurde diese militärische Führungsschicht durch Absolventen des CAEM (Zentrum für Höhere Militärstudien). Nebst militärischen Kenntnissen vermittelte diese Institution den angehenden Offizieren auch Basisinformationen bezüglich Politik, Wirtschaft, Soziologie und Administration.

Bei den engsten Vertrauten Velascos handelte es sich um eine Kerngruppe von rund 20 untereinander befreundeter nationalistischer Offiziere. Jeder von ihnen hatte seine Karriere als Kadett begonnen, seine Sporen als Stabsoffizier im militärischen Geheimdienst verdient und eine Zeit lang als Instruktor an einer Militärakademie gewirkt. Fast alle hatten Aufgaben bei der Reorganisation der Armee erfüllt und als Militärattachés in einem strategisch wichtigen Land gedient. Drei Generäle entstammten der oberen Mittelschicht, aus Familien, deren Angehörige traditionell hohe militärische Posten bekleideten. Die Obersten dagegen kamen überwiegend aus provinziellen bescheidenen Verhältnissen. Sie kannten die prekären Lebensumstände der armen Bevölkerungsschichten nicht zuletzt auch deshalb, weil der Großteil ihrer Rekruten aus diesem Segment stammte.

Zu den progressiven Militärs, die die Schlüsselstellen innerhalb der Staatsbürokratie besetzten, gesellten sich zivile Planer und Berater sowie reformorientierte Politiker und linke Aktivisten. Unter Letzteren befanden sich auch Agitatoren, die seit 1961 von Kuba finanziell unterstützt wurden und die sich in den langwierigen Kampagnen gegen die International Petroleum Company hervorgetan hatten. Während sich ein Teil der peruanischen Linken für eine Zusammenarbeit mit dem Velasco-Regime entschied, lehnten andere das Regime rundum ab, weil sie es für korporatistisch und faschistisch hielten und weil sie glaubten, dass der staatliche Reformismus die fällige Revolution verhindere. Manche Linksaktivisten befürchteten zudem, dass das Militärregime ihre Parteien und Organisationen verdrängen könnte, da es klassische linke Forderungen aufnahm und neue staatlich gelenkte Körperschaften schuf, die sowohl Arbeiter als auch verarmte Schichten mobilisierten.

Dass das Velasco-Regime als »sozialistisch« oder gar »kommunistisch« bezeichnet wurde, ist irreführend und falsch. Befragt zu seinen politischen Präferenzen gab Velasco in einem Interview kurz vor seinem Tod im Jahr 1977 Sympathien zur Christdemokratie und deren Prinzipien an. Nicht umsonst hatte der General den Führer von Perus Christdemokratischer Partei, Héctor Cornejo Chávez, als einen seiner engsten Berater in die Regierung berufen. Velascos »Dritter Weg« zwischen Kapitalismus und Kommunismus glich stark der Position, welche die lateinamerikanische Bischofskonferenz in Medellín (Kolumbien) 1968 propagiert hatte. Von Beginn an konnte das Militärregime auf die Unterstützung der fortschrittlichen Kreise in der katholischen Kirche zählen. Selbst höchste Repräsentanten der katholischen Kirche, wie etwa der Kardinal Juan Landázuri Ricketts, unterstützten die Reformbestrebungen der Velasco-Regierung. Überall im Land entstanden christliche Basisgemeinden. Viele Bauern ließen sich zu Laienkatecheten ausbilden und traten für eine neue Gesellschaftsordnung ein, die, inspiriert von den päpstlichen sozialen Enzykliken, weder kapitalistisch noch marxistisch sein wollte.

Die Politik der sozialreformerischen, nationalistischen Offiziere reihte sich ein in die populistischen Bewegungen und Regimes, die in Lateinamerika ihre Blütezeit zwischen den 1930er- und den 1970er-Jahren erlebten. Dabei versuchten Führerpersönlichkeiten, die nicht den traditionellen Oligarchien entstammten, Arbeiter, kleine Angestellte, Bauern und die vom Land in die Städte abgewanderte Bevölkerung klassenübergreifend zur Durchsetzung von Strukturreformen zu mobilisieren. Die lateinamerikanischen Populisten traten gleichermaßen für eine durchgreifende Agrarreform ein wie für eine Sozialpolitik, von der Arbeiter und Unterschichten profitierten. Sie befürworteten den Ausbau der (importsubstituierenden) heimischen Industrie und die Etablierung einer Mixed Economy. Gelegentlich strengten sie auch die Nationalisierung der Banken an. Begleiterscheinungen bildeten ein gemäßigter, gegen die USA und Großbritannien gerichteter Antiimperialismus sowie der Ausbau des staatlichen Sektors. Verglichen mit den lateinamerikanischen Nachbarn, in denen Militärdiktaturen unter dem Banner der »nationalen Sicherheit« erbarmungslos schmutzige Kriege gegen die revolutionäre Linke und sonstige innenpolitische Gegner führten, bildete Peru insofern einen Sonderfall, als das Militärregime weit weniger stark auf Repression setzte und stattdessen die soziale Mobilisierung förderte. Die Militärherrschaft unter Velasco und mehr noch unter dessen Nachfolger Morales Bermúdez stellte ein weiches autoritäres Regime dar, dessen Menschenrechtsbilanz besser als die der demokratisch gewählten Regierung unter Alan García (1985–1990) war.

Velasco Alvarados Regime (1968–1975)

Am Tage der Machtübernahme bildeten die Oberkommandanten des Heeres, der Marine und der Flugwaffe eine Militärjunta, die sich selbst als »Revolutionäre Regierung der Streitkräfte« bezeichnete. Die Leitung der Junta übernahm General Velasco Alvarado, der hauptverantwortliche Planer des Putsches. Die Militärs regierten diktatorisch, mit einer Flut von gesetzlichen Verordnungen. Unter Velasco blieben der Kongress geschlossen und Wahlen ausgesetzt. Die Verfassung von 1933 wurde durch ein revolutionäres Statut, der oberste Gerichtshof durch einen Nationalen Justizrat ersetzt. Selbständige politische Organisationen waren entweder verboten oder aber in extremer Weise eingeschränkt. Nach und nach ersetzten aktive oder pensionierte Militäroffiziere die Präfekten und Bürgermeister der größeren Städte. Das Militärregime verfolgte Oppositionelle aus der traditionellen Elite genauso wie Repräsentanten radikaler Linksparteien und Führer der Lehrergewerkschaft SUTEP. Im August 1975 ließ Velasco 29 Dissidenten deportieren und die Zeitschrift *Marka*, Sprachrohr der Neuen Linken, schließen. Bereits im März 1970 hatten die Militärs die Tageszeitungen *Expreso* und *Extra* enteignet, die dem gestürzten Belaúnde nahestanden. *Expreso* wurde in ein offizielles Regierungsorgan umgewandelt. Die Enteignung der übrigen maßgeblichen Zeitungen wie *El Comercio* erfolgte Mitte 1974. Radio- und Fernsehstationen gerieten ebenfalls unter militärische Kontrolle und dienten nun der Verbreitung reformistischer und antiimperialistischer Propaganda. Damit konnte die Presse ihre Rolle als unabhängige Wächterin und Denunziantin von Ungerechtigkeit, Missbrauch und Korruption nicht mehr wahrnehmen.

Als zivilen Stützpfeiler ihres Regimes gründeten die Militärs die Organisation SINAMOS (Sistema Nacional de Apoyo a la Movilización Social; Nationales System zur Unterstützung Sozialer Mobilisierung). Formell im Juli 1971 eingeführt, hatte die hierarchisch aufgebaute Organisation die Aufgabe, die Massen von Bauern, Slumbewohnern und Industriearbeitern zu mobilisieren. Die Spitze nahm eine Reihe von Generälen ein, die 7000 bis 8000 Técnicos genannten Funktionären vorstanden. SINAMOS verfügte über eine große Machtfülle und erfahrenes Personal, was ihr erlaubte, in Konkurrenz zu den traditionellen Gewerkschaften und Parteien zu treten. Auf die Dauer gelang es ihr aber nicht, sämtliche der von ihr ins Leben gerufenen Massenorganisationen unter Kontrolle zu halten. Am erfolgreichsten war sie in den hauptstädtischen Elendssiedlungen, in denen um 1970 etwa ein Drittel der 3,5 Millionen Einwohner Limas hausten. Mit Hilfe von SINAMOS entstanden 1000 Gemeinschaftszentren, die den städtischen Armen soziale Dienstleistungen zugänglich machten. Darüber hinaus trug ein staatlich subventioniertes Gesundheitsprogramm zur Verbesserung der medizinischen Grundversorgung bei.

Telekommunikation

Neben den maßgeblichen Zeitungen kontrollierten die Militärs auch die Radio- und Fernsehstationen. Die fundamentalen Fortschritte im Telekommunikationsbereich erlaubten es, eine breite Öffentlichkeit mit Informationen und Nachrichten zu versorgen beziehungsweise mit gezielten Desinformationen zu manipulieren. Mit der Verbreitung von Transistorradios in den 1960er-Jahren erreichten die Radiostationen eine große Zuhörerschaft sowohl in den ländlichen Gebieten als auch in den Armenvierteln der Städte. In diesem Jahrzehnt trat auch das Fernsehen seinen Siegeszug an, nachdem im Januar 1958 die ersten Bilder auf dem Kanal 7 über die wenigen Bildschirme geflimmert waren. 1969 existierten bereits sieben TV-Kanäle und 292 000 Haushalte besaßen einen Fernseher. Neun Jahre nach der offiziellen Einführung des Farbfernsehens hielt 1989 das Kabelfernsehen in Lima seinen Einzug. Ungeachtet der Konkurrenz durch das Internet ist das Fernsehen, das die öffentliche Meinung maßgeblich mitbestimmt, das wichtigste Medium des Landes. Wie in den meisten lateinamerikanischen Ländern folgen Qualität und Programmierung auch in Peru dem Werbediktat und zielen auf den Massengeschmack. Außer Kanal 7, dessen Zuschauerraten niedrig sind, befinden sich alle Stationen in privaten Händen, wo die Höhe der Einschaltquote vor der Qualität kommt.

Die Fortschritte der Nachrichtentechnik zogen tiefgreifende kulturelle Änderungen nach sich. Radio und Fernsehen erlaubten es Politikern, Religions- und sonstigen Führern ihre Botschaften einem Massenpublikum zu übermitteln und das Bewusstsein hinsichtlich der nationalen Identität mitzuprägen. Eine gemeinsame kulturelle Vorstellung nahm Gestalt an, als die Massenmedien nicht nur den Inhalt ihrer Programme standardisierten, sondern auch die Umgangssprache, das Sozialverhalten, den Humor und allgemein den Habitus.

Reduktion der Auslandsabhängigkeit

Zum Zeitpunkt von Belaúndes Sturz kontrollierten ausländische Unternehmen das peruanische Öl, drei Viertel des Bergbaus, zwei Drittel des kommerziellen Bankensektors und einen Drittel der industriellen Gesamtproduktion. Mit allen

Mitteln versuchten die nationalistischen Militärs, Perus außenwirtschaftliche Abhängigkeit zu reduzieren und die wirtschaftlichen Schlüsselbereiche unter ihre Kontrolle zu bringen. Zudem bemühten sie sich, die importsubstituierende Industrialisierung zu verstärken und den Binnenmarkt auszuweiten. Ihr wirtschaftspolitisches Programm sah einen ausgeprägten Interventionismus vor, der eine gemischte Wirtschaft mit stark staatskapitalistischen Zügen etablieren sollte.

Sechs Tage nach dem Militärputsch besetzten peruanische Truppen die IPC-Ölraffinerie bei Talara. Die Ölquellen und sämtliche Anlagen, die mit der Raffinierung, Vermarktung und Verteilung der Ölprodukte zusammenhingen, wurden enteignet und der staatlichen peruanischen Erdölgesellschaft Petro-Perú übertragen. Schlag auf Schlag verstaatlichten die Militärs anschließend ausländische Unternehmen, die Schlüsselsektoren der peruanischen Wirtschaft beherrschten. Betroffen waren Firmen in der Agrarindustrie, im Bergbau, im Ölsektor sowie im Bank-, Transport-, Fernmelde- und Elektrizitätswesen. So enteigneten die Militärs das US-amerikanische Handelshaus W. R. Grace mit seinen Zuckerrohr-Haciendas, den Landbesitz der Cerro de Pasco Corporation und deren Minen im Zentralgebirge, die Marcona Mining Company – ein Eisenerzproduzent, der mit der Utah Construction Company verbunden war – sowie die Conchán Oil Refinery und einige kleinere Fischereiunternehmen. Von den Verstaatlichungen betroffen war auch die Peruvian Corporation, welche die wichtigsten Eisenbahnlinien des Landes seit dem Abschluss des Aspíllaga-Donoughmore-Vertrags im Jahr 1889 verwaltet hatte. Ein Teil der Nationalisierungen vollzog sich durchaus zur Zufriedenheit der enteigneten Besitzer. Dies war etwa bei der International Telephone and Telegraph und der Chase Manhattan Bank der Fall. Mit anderen multinationalen Unternehmen wurde mit harten Bandagen gestritten – beispielsweise mit der Occidental Petroleum um die Rechte zur Erforschung von Ölvorkommen im peruanischen Dschungel oder mit der Southern Peru Copper Corporation. Seit 1966 arbeitete die Southern an der Erschließung der riesigen Kupfervorkommen im südperuanischen Cuajone. Nachdem sie mit dem Militärregime eine Einigung über die Abbaurechte erzielt hatte, begann sie Ende 1976 mit der Kupferförderung. Dank Cuajone nahm Perus Kupferproduktion um 60 % zu. Nach zähen Verhandlungen gelangten Peru und die USA auch zu einer Einigung bezüglich der Kompensationszahlungen an die IPC.

Von Nationalisierungen blieben auch peruanische Unternehmen nicht verschont. Ein prominentes Beispiel war der im Besitz der Prado-Familie befindliche Banco Popular del Perú. Damit einher gingen Änderungen in der Kreditvergabepolitik zugunsten des industriellen Sektors. Trotz inländischer Proteste wurde auch das Fischereiwesen verstaatlicht. Nachdem ein heftiger El Niño kombiniert mit jahrelanger Überfischung die Sardellenschwärme dezimiert hatte, enteigneten die Militärs im Mai 1973 sämtliche Fischmehlfabriken – Schulden in Höhe von zehn Milliarden Soles übernehmend. 1975 fassten sie die Fischmehl- und Guanoindustrie zur staatlichen Pesca-Perú zusammen. Dem Staatsbetrieb gelang es zwar, Perus Fischindustrie zu diversifizieren und – dank einer Flotte von Kühlwagen – selbst das Hochland mit frischen Meeresfischen zu versorgen. Jedoch erreichten die Fischexporte nicht mehr den Umfang früherer Glanzzeiten.

Gegen Ende von Velascos Regierungszeit kontrollierte der Staat den größeren Teil des Bankensystems, wichtige Unternehmen im Rohstoffsektor (Bergbau, Öl, Fischerei), Manufakturen und Industrien (Papier, Zement, Stahl, Schiffbau) sowie zahlreiche öffentliche Dienstleistungsbetriebe. Die enteigneten Gesellschaften gingen entweder direkt in Staatsbesitz über, oder sie fielen an neue Eigentümer, die unter der Kontrolle staatlicher Funktionäre standen. Parallel dazu bildete sich ein riesiger Administrationsapparat mit einer ausufernden Bürokratie. Insgesamt wurden 150 neue Staatsbetriebe ins Leben gerufen. Verglichen mit 1967 erhöhte sich die Beamtenzahl bis 1975 um über die Hälfte auf geschätzte 450 000 Staatsangestellte oder 11 % aller Arbeitskräfte. Der Anteil des öffentlichen Sektors am Bruttoinlandsprodukt verdoppelte sich im gleichen Zeitraum auf 22 %.

Unter den Militärs nahmen die staatlichen Investitionen in die Wirtschaft drastisch zu: Betrug der staatliche Anteil an den Gesamtinvestitionen im Jahr 1965 nur 16 %, so waren es zehn Jahre später 50 %. Dessen ungeachtet beteuerte die Velasco-Regierung, dass die Einführung einer auf Staatskapitalismus beruhenden Entwicklungsphase keinesfalls mit einer generellen Feindseligkeit gegenüber dem ausländischen Kapital verwechselt werden dürfe. Im Gegensatz zum sozialistischen Chile unter Salvador Allende erklärten Perus Militärs, dass das ausländische Kapital für die lateinamerikanische Entwicklung notwendig und dass ihre Einstellung gegenüber dem Auslandkapital pragmatisch sei. Nichtsdestotrotz gingen die ausländischen Investitionen Im Vergleich mit der Belaúnde-Zeit um 40 % zurück. Und auch die Weltbank ließ Peru zwischen 1969 und 1973 nur mehr ein Drittel der Geldsumme zukommen, die sie dem Land in der vorhergehenden Fünf-Jahres-Periode zugesprochen hatte. Zu weiterreichenden Sanktionen gegen Perus Verstaatlichungspolitik kam es vorerst nicht. Washington war in den Vietnamkrieg verstrickt und in Lateinamerika hatten sich sozialistische Regierungen (Kuba und Chile) oder betont nationalistische Regimes (Panama, Ecuador, Bolivien) etabliert. Außerdem zeichnete sich eine weltweite Verknappung des Öls und anderer wichtiger Rohstoffe ab. Die Industriestaaten wollten deshalb das rohstoffreiche Peru nicht verprellen.

Außenpolitik

Wie im Falle der Wirtschaftspolitik bemühten sich die Militärs auch in der Außenpolitik um eine Minderung der Abhängigkeit von den USA. Erstmals in seiner Geschichte nahm Peru im Spätjahr 1968 diplomatische Beziehungen zur Sowjetunion auf. In der Folgezeit verstärkten sich der Handelsaustausch und die gegenseitigen (kulturellen) Kontakte in starkem Maße. Engere Verbindungen zur Sowjetunion wurden überdies gefördert durch deren rasche und großzügige humanitäre Hilfe nach der Naturkatastrophe vom 31. Mai 1970 im Callejón de Huaylas. Das Unglück – ein Gletscherabbruch, der eine Lawine aus Wasser-, Eis-,

Schlamm- und Geröllmassen ins Tal donnern ließ – kostete 70 000 Menschen ihr Leben und machte 500 000 Personen obdachlos.

Im Februar 1969 ereignete sich ein Konflikt, der unter dem Namen »Thunfisch-Krieg« bekannt wurde. Die peruanische Marine fing zwei US-amerikanische Fischerboote ab, die in das von Peru beanspruchte Küstengebiet eingedrungen waren. Als Gegenmaßnahme suspendierte die Nixon-Administration die amerikanische Militärhilfe. Velasco wiederum verfügte die Ausweisung eines großen Teils der US-Militärmission. Parallel dazu diversifizierte das Militärregime seine Waffenkäufe. Es erwarb französische Kampfpanzer und Mirage-Kampfflugzeuge, kanadische Transportflugzeuge und Panzerfahrzeuge aus Westdeutschland sowie Zerstörer, Fregatten und Kreuzer aus den Niederlanden und aus Großbritannien. Zu günstigen Konditionen beschaffte sich Peru russische Kampfpanzer und Kampfjets, Panzerfahrzeuge aus dem Ostblock und Raketensysteme aus Frankreich. Innerhalb von 12 Jahren (1968–1980) bezog das Andenland sowjetische Waffen im Wert von über 1,6 Mia. US$. Während dieser Periode waren ungefähr 100 technische Berater aus der Sowjetunion im Andenland stationiert. Sie warteten das Material und bildeten die Peruaner im Gebrauch der Waffen aus. Überdies reisten von Mitte der 1970er- bis in die späten 1980er-Jahre über 800 peruanische Armeeangehörige zu Ausbildungszwecken nach Russland.

Entgegen den globalen US-amerikanischen Interessen unterstützte das Velasco-Regime Initiativen, welche die engere Zusammenarbeit unter den lateinamerikanischen Staaten und den Entwicklungsländern zum Ziel hatten. Peru spielte 1969 eine zentrale Rolle bei der Gründung der Andengemeinschaft (auch: Andenpakt; Comunidad Andina de Naciones), einer Organisation, die die wirtschaftliche, politische und soziale Integration der Mitgliedsstaaten zum Ziel hatte. Außerdem übernahm das Andenland 1971/1972 den Vorsitz in der Gruppe 77, damals ein loser Zusammenschluss lateinamerikanischer, afrikanischer und asiatischer Entwicklungsländer. Peru unterhielt freundschaftliche Beziehungen zu den Ostblockstaaten und beteiligte sich nicht mehr länger an der US-amerikanischen Blockadepolitik gegenüber Kuba. Anlässlich der Aufnahme diplomatischer Beziehungen zwischen Peru und Kuba spielte Fidel Castro in seiner Rede in Lima auf die jahrzehntelange peruanische Bündnistreue zu Washington an. Dabei verglich er die aktuelle peruanische Militärregierung mit einem »Feuer, das in der Feuerwehrstation ausbrach« (Castro, Rede vom 04.12.1971, zit. nach: Masterson 2009, 173).

Aufgrund der internationalen Konstellation blieben schmerzhafte Retorsionsmaßnahmen seitens der US-amerikanischen Regierung vorerst aus. Erst ab der zweiten Hälfte des Jahres 1974 hatte Washington freiere Hand: Der Vietnamkrieg war zu Ende gegangen, in Panama hatte ein Putsch die nationalistische Regierungsmannschaft verjagt, und Ecuador schlug nach dem Tode des Generals Rodríguez Lara einen US-freundlichen Kurs ein. Außerdem hatte General Augusto Pinochet mit Unterstützung der USA in Chile den demokratisch gewählten Präsidenten Allende gestürzt. Washington lieferte in der Folgezeit den Chilenen Waffen, während die Schiffsladungen mit Kriegsmaterialien und Ersatzteilen für Peru blockiert wurden.

Reformeifer

Die chaotischen letzten Monate der Belaúnde-Regierung hatten deutlich gemacht, dass eine Reform der staatlichen Bürokratie überfällig war. Das Fehlen moderner Budget- und Planungsmechanismen, multifunktionale Ministerien, Antagonismen zwischen exekutiven und legislativen Behördenstellen sowie die verfassungsbedingten Rahmenbedingungen verhinderten ein effizientes Regieren und begünstigten die Korruption. Zu den notorischen Schwachstellen der Staatsbürokratie gehörten unter anderem das Überschneiden von Funktionen, die geringe Kontrolle durch die Exekutive (außer im Falle des repressiven Sicherheitsapparats) und eine starke Einflussnahme privater Kreise auf politische Entscheidungsprozesse. Von einem Nationalbudget, einem Schlüsselelement zur Ausgestaltung einer rationalen staatlichen Politik, konnte keine Rede sein. Nach dem Staatsstreich setzten die Militärs eine Reihe von administrativen Maßnahmen zur Behebung der aufgezählten Schwachstellen durch.

Parallel zu ihrer Industrieförderungspolitik experimentierten die Militärs mit verschiedenen Formen von Besitzverhältnissen und erweiterten Mitspracherechten der Arbeiterschaft. Sowohl in der Industrie als auch im Bergbau und in der Fischerei gründeten sie Arbeitsgemeinschaften (Comunidades laborales) mit dem Ziel, die Arbeiter am unternehmerischen Entscheidungsprozess und am Gewinn zu beteiligen. Die meisten Industriellen missbilligten diese Initiativen. Ebenfalls lehnten sie Gesetze ab, die den Arbeitern größere Arbeitsplatzsicherheit einräumten, den gewerkschaftlichen Spielraum erweiterten oder die Sozialleistungen erhöhten.

Das Kündigungsschutzgesetz von 1970, mit dem Massenentlassungen verhindert werden sollten, trug erheblich zur politischen Aufwertung und zur Konsolidierung der Gewerkschaften bei. Zahlreiche neue Gewerkschaften wurden zugelassen, die Mitgliederzahl erhöhte sich beträchtlich. Selbst Arbeitnehmer von Kleinbetrieben, aus dem Dienstleistungssektor und dem Handel, die bislang kaum organisiert waren, gründeten Gewerkschaften. Die von der regierungsfreundlichen Kommunistischen Partei (PCP) geführte CGTP (Confederación General de Trabajadores del Perú; Allgemeine Arbeitervereinigung Perus) löste die APRA als stärkste Kraft innerhalb der Gewerkschaftsbewegung ab. Freilich musste auch die CGTP Rückschläge einstecken. Gegen Reformen im Bildungsbereich lief die zahlenmäßig starke Lehrerschaft Sturm. Nachdem die CGTP-Führung eigenmächtig einen Streik aufgehoben hatte, trat die Mehrheit der Lehrer 1971 aus dem Dachverband aus und schloss sich der neu gegründeten SUTEP (Sindicato Único de Trabajadores de la Educación del Perú; Einheitsgewerkschaft der Arbeitenden im Bildungswesen Perus) an. Diese Lehrergewerkschaft, in der maoistische Gruppen eine starke Stellung innehatten, führte in der Folgezeit aggressive Mobilisierungskampagnen gegen die Militärregierung durch. Der Unmut der unterbezahlten Lehrerschaft, der sich über Schüler und Eltern rasch auf breite Schichten übertrug, barg gefährlichen Zündstoff. 1973 organisierte die SUTEP einen landesweiten Lehrerstreik. Dem Streik schlossen sich weitere radikalisierte Gruppen aus der Arbeiterschaft und den Unterschichten an. In wichtigen Provinzstädten zogen Protestierende durch die Straßen. Über 500 Lehrer wurden verhaftet. Das Militärregime ließ Razzien in lokalen Gewerkschaftsbüros durchführen. Es kam zu Versetzungen von Lehrern, Entlassungen, Inhaftierungen und Deportationen.

Trotz des breiten Widerstands verabschiedeten die Militärs 1972 ein neues Bildungsgesetz, das die Eigenheiten des Andenlandes verstärkt berücksichtigte und einen zweisprachigen Unterricht für indigene Kinder vorsah. Neue Lehrbücher wurden geschaffen und unentgeltlich an ländliche Schulen verteilt. Im Vordergrund stand die Vermittlung humanistischer und partizipatorischer, aber auch nationalistischer Werte. Den Schwerpunkt des Geschichtsunterrichts bildete nun die eigene peruanische und nicht mehr die europäische Geschichte. Die Militärs erhoben die »malerischen« Teile der peruanischen Traditionen (beispielsweise farbenfrohe Umzüge und Tänze) zum nationalen Kulturerbe und machten das Quechua 1975 zur zweiten offiziellen Landessprache. Sie unterstützten volkstümliche Feiern und andine Kulturanlässe. Zum neuen Nationalhelden und Revolutionssymbol erkoren die Militärs Túpac Amaru. Das frei erfundene Porträt dieses Aufstandsführers, der heldenhaft gegen die spanische Kolonialmacht gekämpft hatte, war allgegenwärtig und zierte Poster, Fahnen und Publikationen. Zusätzlich etablierten die Militärs das Instituto Nacional de Tele-Educación (Nationales Institut zur Bildung durch Fernsehen). Dieses unterstützte die Bildungsreformen durch die Produktion von Filmen, Radiosendungen und Fernsehprogrammen. Außerdem schufen die Militärs das Nationale Kulturinstitut (Instituto Nacional de Cultura; INC), eine staatliche Behörde, welcher der Schutz des nationalen Kulturerbes sowie die landesweite Förderung kultureller Institutionen und Aktivitäten oblagen. Ähnlich wie in Kuba oder in den europäischen Ostblockstaaten förderten die Militärs Schulen und Gruppen in den Sparten Musik, Theater und Tanz. Dadurch ermöglichten sie Künstlern eine feste Anstellung und sorgten für eine größere Wertschätzung der peruanischen Kultur im In- und Ausland. Allerdings beschränkte sich der kulturelle Enthusiasmus auf das nationale Kulturschaffen. Kulturelle Ausdrucksformen, die als »entfremdend« erachtet wurden wie Rock 'n' Roll fielen der Zensur zum Opfer. Bands aus den USA oder Großbritannien wurden kaum im Radio gespielt oder im Fernsehen gezeigt, womit eine »kulturelle Penetration« verhindert werden sollte. Das neue Bildungsgesetz gewährte den Frauen Zugang zu sämtlichen Ausbildungsstätten und Führungsposten innerhalb des Bildungssystems. Mittels der Bildungsreform und der nationalen Kampagne gegen den Analphabetismus von 1974 gelang es, die Analphabetenrate merklich zu senken und die Einschulungsquote in allen drei Landesregionen zu erhöhen.

Gegenüber der indigenen Bevölkerung schlug die Militärregierung eine neue Tonart an. Die Bezeichnung »Indio« wurde aus dem offiziellen Vokabular verbannt und durch »Campesino« (Bauer, Kleinbauer) ersetzt – ein Begriff, den linke Politiker und Kulturschaffende seit den 1930er-Jahren verwendeten. Man benannte die Comunidades indígenas (indianische Gemeinschaften) im Hochland und an der Küste in Comunidades campesinas um. Die indianischen Gemeinschaften in den Dschungelgebieten hießen von nun an Comunidades nativas. Mit den neuen Sprachregelungen und der Propagierung einer nicht nach ethnischen Kriterien definierten Campesino-Identität versuchte das Militärregime, das diskriminierende koloniale Erbe sowie die Trennung zwischen ethnischer und nationaler Identität zu überwinden. Im Umgang mit den Dschungelindianern in den östlichen Landesteilen läuteten die Militärs ebenfalls Änderungen ein. Bahnbrechend war das Dekret vom 24. Juni 1974: Erstmals in der republikanischen Geschichte anerkannte der peruanische Staat ausdrücklich einen Rechtsanspruch der amazonischen Indianer auf das Land ihrer Vorväter. Und erstmals akzeptierte eine peruanische Regierung das Anrecht der indigenen Bevölkerung auf ein kulturelles Anderssein.

Unter den Bildungsreformen der Velasco-Zeit verdient die Universitätsreform eine zusätzliche Erwähnung. Nebst der Modernisierung der Hochschulorganisation bezweckte sie die Neutralisierung des radikalsten Flügels der Studentenschaft. Um die Autorität an den Universitäten wiederherzustellen und um die subversiven Aktivitäten zu unterdrücken, erhielten die Rektoren mehr Befugnisse. Dagegen wurden studentische Mitbestimmungsrechte beschnitten und revolutionäre Studenten polizeilich verfolgt. Gleichzeitig erließen die Militärs Maßnahmen, die den Massenandrang auf Studienplätze bremsen sollten. Einerseits führten sie abgestufte Gebühren für Universitätsstudenten ein, andererseits hoben sie teilweise die Kostenlosigkeit der Sekundarbildung auf. Dies provozierte heftige Proteste. In den Städten Ayacucho und Huanta lieferten sich Tausende von Demonstranten Straßenschlachten mit den Sicherheitskräften. Dutzende von Personen kamen ums Leben. Die Armee verhängte eine Ausgangssperre. Unter den Festgenommenen befand sich auch ein Philosophie-Professor der Universität Ayacucho: Abimael Guzmán, der Gründer der maoistischen Partei Sendero Luminoso (Leuchtender Pfad). Wegen der heftigen Proteste sah sich das Velasco-Regime gezwungen, Änderungen an der Universitätsreform durchzuführen und die Unentgeltlichkeit des Grundschulunterrichts wieder zu garantieren. Um die Gemüter zu beruhigen und um sich die Unterstützung der Landbevölkerung zu sichern, verkündete General Velasco kurz darauf ein durchgreifendes Gesetz zur Agrarreform.

Peru vor der Agrarreform

Vor Velascos Agrarreform existierten in Peru verschiedene Typen land- und viehwirtschaftlicher Betriebe. Die agroindustriellen Großbetriebe der Küste umfassten Flächen zwischen 4500 und 18 000 Hektar. Produziert wurde auf einem relativ hohen technischen Niveau und in erster Linie auf der Basis von (permanenter oder temporärer) Lohnarbeit. Die nach kapitalistischen Grundsätzen organisierten Plantagen bauten Zucker, Baumwolle, Zitrusfrüchte oder Weintrauben hauptsächlich für den Export an, während die Grundnahrungsmittel Reis und Mais für den Binnenmarkt bestimmt waren.

Einen zweiten Typus stellten die mittelgroßen über das ganze Land verteilten Betriebe dar. Diese produzierten entweder für den Export (Baumwolle, Zucker, Kaffee, Wolle) oder für den nationalen Markt (Reis, Mais, Milch, Rindfleisch). Sie verkauften ihre Produkte im Rohzustand, entweder zur Weiterverarbeitung im Inland oder direkt für den Export (Kaffeebohnen). Im Unterschied zu den agroindustriellen Unternehmen basierte die Produktion im Wesentlichen auf traditionellen Arbeitssystemen wie der Aparcería. Bei diesem Teilpacht-System musste der Pächter – als Gegenleistung für den Erhalt einer Landparzelle, von Saatgut oder Gerätschaften (Pflug, Ochsengespann) – üblicherweise einen Teil der Ernte dem Grundbesitzer abliefern oder zu einem Preis verkaufen, den dieser selbst bestimmte. Im Unterschied zum dritten Betriebstyp, der großflächigen, extensiv bewirtschafteten Hacienda, unterlagen die Pächter keinen besonderen persönlichen Dienstverpflichtungen. Die traditionellen (in der Literatur auch als feudalistisch, halb- oder quasifeudalistisch bezeichneten) Haciendas waren vorwiegend Selbstversorgungsbetriebe im Hochland. Sie bauten Weizen, Mais, Gerste, Kartoffeln, Quinoa und Olluco an. Als Nutztiere hielten sie Schafe, Rinder und Kameliden. Es handelte sich bei diesen Agrarbetrieben um eine abgekapselte, verschlossene Welt. Zur Bestreitung ihres Lebensunterhalts erhielten die Yanaconas (abhängige Arbeitskräfte, die sich innerhalb der Hacienda niedergelassen hatten) Landparzellen zugewiesen. Im Gegenzug verpflichteten sie sich, die Felder ihres Herrn zu bestellen, einen Teil der eigenen Ernte abzuliefern und zusätzliche Dienstleistungen unentgeltlich zu entrichten. In Extremfällen, wie auf den Haciendas von Tingo und Chuquishuari, arbeiteten die Yanaconas sechs Tage pro Woche für ihren Herrn. Noch kurz vor der Agrarreform soll der Großgrundbesitzer Mariano Alvarez die Arbeiter seiner Hacienda im Distrikt Colquemarca mit glühendem Eisen ein A in die Haut eingebrannt haben – in gleicher Weise brandmarkte Alvarez seine Stiere.

Neben den erwähnten Betrieben existierten die bäuerlichen indianischen Gemeinschaften. Kennzeichnend für die Comunidades waren das Zusammenspiel von Kollektivbesitz und individueller Nutzung der Böden sowie ein Arbeits- und Wertesystem, bei dem Gemeinschaftsarbeiten und gegenseitige Hilfeleistungen eine herausragende Rolle spielten. Bei Velascos Machtübernahme gab es landesweit 2228 offiziell anerkannte indianische Gemeinschaften. Zählt man die nicht anerkannten Dorfgemeinschaften hinzu, dürfte es zwischen 5000 und 6000 Comunidades mit fünf Millionen Angehörigen gegeben haben.

Mancherorts schwelten langjährige Landkonflikte zwischen Dorfgemeinschaften und benachbarten Hacendados. Der Mangel an kultivierbarem Land kombiniert mit einer höchst ungleichen Verteilung von Grund und Boden schuf eine explosive Situation. Über 80 % der Bauernfamilien verfügten nur über einen Kleinst- oder Kleinbesitz. Im Jahre 1961 besaßen 290 900 Kleinstbauern 127 867 Hektar Land. 417 357 Kleinbauern teilten unter sich 926 851 Hektar auf. Demgegenüber kontrollierten rund 2200 Großgrundbesitzer 70 % des Kulturbodens.

Die Agrarreform

Unter Belaúnde wurden rund 835 000 Hektar Land verstaatlicht und davon knapp 385 000 Hektar an Dritte verteilt. Im Dezember 1968 enteignete das Velasco-Regime den Landbesitz der Cerro de Pasco Corporation, der über 260 000 Hektar umschloss. Sechs Monate später trat ein umfassendes Landreformgesetz in Kraft, das die rechtliche Grundlage für eine Umwälzung der bestehenden Verhältnisse auf dem Lande schuf. Im Gegensatz zu früheren Versuchen trachteten die Reformer jetzt danach, den gesamten Agrarsektor neu zu strukturieren. Die vorgesehenen Maßnahmen zielten in erster Linie auf Veränderungen in den bestehenden Besitz- und Eigentumsverhältnissen, in der Arbeitsverfassung und in den Vermarktungsstrukturen. Sie bezweckten die Abschaffung der vorkapitalistischen Arbeits- und Abhängigkeitsverhältnisse. Letztlich sollten Produktivität und Einkommen gesteigert, eine Reduktion der Lebensmittelimporte und die Ausweitung des Binnenmarktes erreicht werden. Zugleich stellte die Landreform ein Instrument dar, um die extremen Ungleichheiten auf dem Land zu mindern, einem Wiederaufleben der Guerillabewegung vorzubeugen und durch eine Verminderung der Landflucht die sozialen Spannungen in den Städten abzubauen. Mit der Agrarreform traten zudem neue Bestimmungen zur Nutzung des Wassers in Kraft. Sie ersetzten die gesetzlichen Regelungen von 1902 und erklärten sämtliches Wasser zum Staatseigentum.

Bis 1979 eliminierten die Militärs mit ihrer Landreform – der nach Kuba radikalsten Bodenreform der Hemisphäre – den privaten sowie den ausländischen Großgrundbesitz. Sie lösten die Grundbesitzervereinigung (Sociedad Nacional Agraria) auf und gründeten mit der Nationalen Landarbeitervereinigung eine neue mitgliederstarke Bauernorganisation. Alles in allem verstaatlichten sie über neun Millionen Hektar Land und verteilten dieses an rund 370 000 Nutznießer. 16 000 Landwirtschaftsbetriebe wechselten die Besitzer, wobei sich die Begünstigten verpflichteten, die Kosten des Landtransfers innerhalb von 20 Jahren der Regierung zurückzuzahlen. Von den Enteignungen betroffen waren Flächen von mehr als 50 Hektar im Falle von künstlich bewässertem Land beziehungsweise von über 150 Hektar im Falle von Trockenlandwirtschaft. Ebenfalls an den Staat fiel Land, das die Eigentümer nicht selbst bewirtschafteten. Außerdem wurden landwirtschaftliches Gerät, Gebäude, Installationen und Nutztierbestände beschlagnahmt. Wann immer möglich, versuchten die Militärs, eine Zerteilung der Ländereien zu vermeiden und stattdessen verschiedene Typen von Kooperativen zu bilden. Anstatt die Flächen in kleine Landparzellen aufzuteilen, schufen sie große Einheiten, die manchmal nicht zusammenhängende Gebiete umfassten und innerhalb deren Grenzen verschiedene Besitz- und Produktionsverhältnisse herrschten. Rund 500 indianische Gemeinschaften, die 122 000 Familien umfassten, erhielten 0,9 Millionen Hektar Land zugesprochen. Die restlichen Dorfgemeinschaften, in denen sich die Hälfte der ländlichen Bevölkerung konzentrierte, gingen leer aus. Sie fühlten sich übergangen und sannen nach Alternativen, wie sie sich auch ohne militärische Hilfe benötigtes Land beschaffen könnten. Ohnehin stimmten die eingeleiteten Maßnahmen oftmals nicht mit den Bedürfnissen der ländlichen Bevölkerung überein. Das militärische Organisationsschema ließ kaum Raum für eine demokratische Mitsprache. Die leiteten Funktionäre, die im Auftrag der Militärs die Reformen durchführten, schränkten die Entscheidungsbefugnis der Genossenschaftsmitglieder stark ein. Ein weiterer Schwachpunkt war, dass die Bodenreform die auf eine Million geschätzten landlosen Saisonarbeiter unberücksichtigt ließ. Nutznießer waren üblicherweise diejenigen, die eine lange Beziehung zum enteigneten Gut gehabt hatten (Pächter und festangestellte Arbeitskräfte). Außer Acht gelassene Teilzeitarbeiter und landlose Campesinos begannen sich ihrerseits zu organisieren. Sie besetzten Ländereien, die das Militär zuvor enteignet und an Kooperativen übertragen hatte. Solche Landinvasionen setzten 1972 im Küstengebiet von Piura ein und dauerten bis in die 1990er-Jahre fort. Seit Mitte der 1970er-Jahre koordinierte die Nationale Landarbeitervereinigung mit Unterstützung verschiedener Linksparteien den Kampf um Land, das sich im Besitz von Kooperativen befand. Letztendlich hatten die meisten der neu etablierten Genossenschaften keinen dauernden Bestand. Im Hochland ging das Gros ihrer Ländereien an die ländlichen Gemeinschaften und an Kleinbauern über, die ihre kleinen Parzellen auf individueller Basis bewirtschafteten.

Die Landreform konzentrierte sich hauptsächlich auf die großen Viehzuchtbetriebe und die Großkooperativen, die für die städtischen Märkte oder den Export produzierten. Dagegen erhielten die Kleinbauern nicht genügend technische Unterstützung oder Kredite, um ihre Ernteerträge oder deren Vermarktung zu verbessern. Ausbleibende Privatinvestitionen, der Mangel an unternehmerischer Erfahrung und Disziplin sowie mangelhafte Transportnetze führten zu starken Substanz- und Produktivitätsverlusten. Um die städtische Bevölkerung weiterhin mit billigen Nahrungsmitteln versorgen zu können, hielten die Militärs die Preise tief und bezogen noch mehr Lebensmittel aus dem Ausland, was der Entfaltung der inländischen Landwirtschaft natürlich abträglich war. Für landlose Tagelöhner und viele Kleinbauern blieben die Lebensbedingungen prekär, sodass die Abwanderung in die Städte nicht gestoppt werden konnte.

Die enteigneten Landbesitzer erhielten nur bescheidene Kompensationen – hauptsächlich in Bonds mit einer Laufzeit von 20 bis 30 Jahren. Insgesamt belief sich die Höhe der Entschädigungszahlungen auf 15 Milliarden Soles oder 300 Millionen US$. Davon wurden 73 % in Bonds beglichen. Aufgrund der Inflation verringerte sich deren tatsächlicher Wert im Laufe der Zeit stark. Gerichtliche Streitigkeiten im Zusammenhang mit den Expropriationen und den Bonds zogen sich endlos in die Länge. Ein Teil der enteigneten Hacendados verließ die ländlichen Gebiete endgültig. Andere nahmen neue Berufe an wie Lastwagenfahrer oder Zwischenhändler. Dritte klammerten sich an den verbliebenen Landbesitz oder bemühten sich um einen Führungsposten in einer Kooperative.

Trotz vieler Mängel schaffte die Agrarreform den auf Servilität basierenden Produktionsbeziehungen zwischen Großgrundbesitzern und Landarbeitern sowie den unentgeltlichen Arbeitspflichten ein Ende. Sie liquidierte ein für allemal das traditionelle Hacienda-System mit seinen stoßenden Missständen und Hörigkeitsverhältnissen. Darüber hinaus trug sie dazu bei, die extrem ungleiche Verteilung des Landbesitzes zu beheben.

Wirtschaftsentwicklung und Velascos Sturz

Aufgrund der starken Erhöhung der Rohölpreise im Jahre 1973 schlitterte die Weltwirtschaft in eine schwere Rezession. Bis zu diesem Zeitpunkt waren die Preise für Perus wichtigste Exportprodukte aus dem Rohstoffsektor hoch, brachen jedoch in der Folgezeit ein. Ungeachtet der sinkenden Rohstoffpreise und des Zusammenbruchs der Fischmehlindustrie wuchsen die Exporte von 1971 bis 1975 um durchschnittlich 11,8 %. Allerdings nahmen die Importe noch weit stärker zu. Sie stiegen um jährlich 23 %, hauptsächlich infolge des Kaufs von Produktionsgütern zur Stützung des industriellen Aufschwungs. Von 1968 bis 1975 wuchs Perus Wirtschaft jährlich um etwa 5,5 %. Die Wachstumsraten im Industrie- und Manufaktursektor blieben von 1971 bis 1975 in etwa gleich hoch wie während der 1960er-Jahre, weil sowohl die privaten peruanischen als auch die ausländischen Investitionen zurückgingen. An die Stelle der privaten Anleger trat als Hauptinvestor der Staat. Wegen der staatlichen Eingriffe in die unternehmerischen Freiheiten – Restriktionen bei Entlassungen oder Planungsvorgaben – kam es zu ernsthaften Spannungen zwischen Unternehmern und den Militärs. Letztere ignorierten Beschwerden von Unternehmerseite oder ließen Kritiker deportieren. Angesichts eines Regimes, dem sie misstrauten und das sie nicht kontrollieren konnten, reagierten die einheimischen Kapitalgeber und Industriellen zunehmend mit Investitionsstreiks und Kapitalflucht. Deutlich zeigten sich nun auch Grenzen und Mängel des Modells einer importsubstituierenden Industrialisierung. Sie manifestierten sich in hohen Preisen, minderwertiger Qualität, oligopolistischen Produktionsstrukturen, devisenverschlingenden Anlagen und verhältnisweise wenig neuen Arbeitsplätzen. Und auch die ökonomische Abhängigkeit vom Ausland konnte nicht durchbrochen werden. Viele der neu gegründeten Betriebe waren Tochtergesellschaften ausländischer Unternehmen oder hingen stark von importierten Maschinen, Technologien und Rohstoffen ab. Darüber hinaus trug die industrielle Entwicklungsstrategie kaum etwas zum Abbau der regionalen Ungleichheiten bei. Denn die Industrialisierungsbemühungen konzentrierten sich fast vollständig auf die Küstenregion und insbesondere auf Lima.

In wenigen Jahren entstand ein eindrückliches Konglomerat an staatlichen Unternehmen. Deren Anzahl stieg annähernd um das Zehnfache: von 18 Unternehmen vor 1969 auf 174 im Jahr 1974. Jedoch bildeten Mängel in der Unternehmensführung kombiniert mit fehlenden Kontroll- und Koordinierungsinstanzen schwere Hypotheken, die sich im Staatshaushalt niederschlugen. Die öffentlichen Ausgaben stiegen zusätzlich durch kostspielige Investitionen in entwicklungsstrategische Großprojekte. Dazu zählten Bewässerungsprojekte wie Majes in der Nähe von Arequipa, Cao-Virú bei Trujillo und das unvollendete Projekt Olmos an der Nordküste. Hinzu kamen die Zinkraffinerie in Cajamarquilla, die Minen von Cerro Verde und die Nordperuanische Pipeline. Letztere führt Rohöl aus den nordöstlichen Dschungelgebieten über die Anden zum Pazifikhafen von Bayóvar.

Obgleich die staatlichen Ausgaben ungemein stark zunahmen, verzichteten die Militärs auf eine Steuerreform zur Steigerung der Einnahmen. Stattdessen dehnten sie die Geldmenge aus und nahmen Kredite bei internationalen Banken auf, die daran interessiert waren, ihre Petrodollars in Umlauf zu bringen. Perus öffentliche Verschuldung erhöhte sich von 1968 bis 1976 von 0,797 Mrd. US$ auf 4,127 Mrd. US$. In den Jahren 1969 bis 1973 verschlang der Schuldendienst 4,5% des Bruttoinlandsprodukts; von 1974 bis 1976 gar 11 %. Durch die Verschuldung gerieten die Militärs in die Abhängigkeit ausländischer Banken, die bald einmal ihre Politik leicht erhältlicher Darlehen revidierten und eine strenge Sparpolitik verlangten.

Mit dem Wirtschaftseinbruch zwischen 1973 und 1975 fielen die Reallöhne wieder auf die Höhe von 1968. Die Zeit des relativen Arbeitsfriedens fand ihr Ende; Arbeitskämpfe häuften sich. Im Februar 1975 streikten in Lima Angehörige der Guardia Civil. Als das Militär mit Gewalt gegen die protestierenden Polizisten vorging, kam es zu Ausschreitungen und Plünderungen. Randalierer griffen regierungsfreundliche Zeitungsredaktionen und die Zentrale der SINAMOS an. Offiziellen Angaben zufolge forderten die Tumulte 86 Menschenleben. 155 Personen wurden verletzt und 500 Polizeibeamte verhaftet. Das bereits beschädigte Vertrauen der breiten Öffentlichkeit in die Fähigkeit der Militärregierung erhielt einen weiteren Dämpfer. Im August 1975 stürzte Velascos designierter Nachfolger – Premierminister Francisco Morales Bermúdez – den schwer kranken, bettlägerigen und zunehmend isolierten Juntachef in einem unblutigen Staatsstreich. Die Absetzung des Reformgenerals Velasco leitete einen deutlichen Kurswechsel ein.

Francisco Morales Bermúdez (1975–1980)

Als Velascos Finanz- und Premierminister hatte General Morales Bermúdez eine Wirtschaftspolitik zu verantworten, die im Laufe der Zeit immer unhaltbarer wurde. Die Zahlungsbilanzkrise von 1975 zwang Morales Bermúdez zu einem ökonomischen Richtungswechsel. Im Juni 1976 kündigten die Militärs ein drastisches Sparpaket an. Perus Währung (Sol) wurde um 44 % abgewertet und das nationale Haushaltsbudget um 13 % gekürzt. Subventionen auf Benzin und Nahrungsmittel wurden gestrichen, was eine Verdoppelung des Benzinpreises beziehungsweise eine 50-prozentige Erhöhung der Nahrungsmittelpreise nach sich zog. Gegen die harten Sparmaßnahmen formierte sich eine breite Ablehnungsfront: Die Bewohner von Limas Elendsvierteln, Angehörige des Transportgewerbes sowie Lehrer und Studenten in den Provinzen gingen auf die Straße. Um der Protestwelle Herr zu werden und um koordinierte gewerkschaftliche Gegenmaßnahmen zu erschweren, verhängte das Militärregime für 14 Monate den Ausnahmezustand über das ganze Land. Streiks wurden unter Androhung der Entlassung verboten. Gegenüber dem Unternehmersektor zeigte sich das Morales-Regime dagegen konziliant. Mit dem Dekret vom 12. August 1976 setzte es das Gesetz über Arbeitsplatzsicherheit von 1971 außer Kraft. Die neue Verordnung erlaubte Entlassungen nicht nur im Falle von Streiks, sondern auch im Falle eines Produktionsrückgangs oder bei fehlendem Respekt gegenüber Vorgesetzten. Ideologisch vollzog sich ein Rechtsrutsch: Morales ließ Velasco-Anhänger und Linksaktivisten exilieren, die Armee von 300 Offizieren säubern und die Reformer im Regierungskabinett durch konservativere Mitglieder ersetzen. Der Term Sozialismus wurde aus der Regierungsrhetorik verbannt, die Bildungsreform ausgesetzt, die Agrarreform offiziell für beendet erklärt, SINAMOS geschlossen und die Zusammenarbeit mit der Kommunistischen Partei und anderen Gruppierungen der Linken beendet. Zugleich hoben die neuen Machthaber die Einschränkungen der Pressefreiheit auf. Die Presseorgane der traditionellen Parteien und Eliten durften wieder publiziert werden. Auch das KP-Blatt *Unidad* konnte ab Januar 1977 neuerlich erscheinen, nachdem sich die Redaktionsleitung verpflichtet hatte, weder die »Subversion« zu begünstigen noch klassenkämpferische Aufrufe zu erlassen.

Von 1968 bis 1976 erhöhten sich Perus Staatsschulden um mehr als das Fünffache. Um weiterhin kreditwürdig zu bleiben, lud Morales 1977 ein Expertenteam des Internationalen Währungsfonds (IWF) nach Lima ein, das ein Spar- und Stabilisierungspaket ausarbeitete. Auf das Inkrafttreten der vom IWF diktierten Sparmaßnahmen regierte Perus Linke mit dem Generalstreik vom 19. Juli. Der seit 1919 größte nationale Streik legte das Land für 24 Stunden still und zog die Entlassung von etwa 5000 Gewerkschaftsführern nach sich. Ein weiteres einschneidendes Sparpaket bewirkte im Mai 1978 erneut einen nationalen Generalstreik, auf den eine Streikwelle folgte. Eine grundlegende Änderung der Wirtschaftspolitik erzwangen die Streiks jedoch auch dieses Mal nicht. So endete der 81-tägige Lehrerstreik Ende Juli mit einigen unbedeutenden Konzessionen des Regimes. Dass die Streiks von 1978/1979 trotz rekordhoher Beteiligung nur wenig erreichten, führte zu einer starken Desillusionierung innerhalb der Arbeiterbewegung. Ohne greifbare Erfolge nahm ihre Kampfbereitschaft gegen Ende des Jahrzehnts stark ab.

Die vom IWF geforderte und vom Morales-Regime durchgepeitschte Austeritätspolitik hatte einen starken Rückgang der Produktion, der Reallöhne und der Beschäftigtenzahlen zur Folge. Zwischen 1973 und 1979 sanken die Reallöhne um die Hälfte, während sich die Lebenskosten verfünffachten. Hunger und Verelendung bedrohten große Teile der städtischen Bevölkerung. Die Säuglingssterblichkeit wie allgemeine Erkrankungen nahmen zu. Für viele Familien waren Arzneien und Medikamente nicht mehr erschwinglich. Da die staatlichen Gelder zur Erhaltung oder Verbesserung der Infrastruktur versiegten, verschlechterten sich auch noch die Wohnbedingungen in den Armenvierteln.

Ohne soziale Basis und allgemein verhasst, konfrontiert mit zunehmendem Widerstand innerhalb des Offizierskorps und der Lateinamerika-Politik des US-Präsidenten Jimmy Carter, entschied sich Morales 1978 zur schrittweisen Rückkehr zu einer demokratischen Regierungsform. Nach der Ankündigung, Wahlen für eine verfassunggebende Versammlung abzuhalten, stieg die US-Hilfe an Peru beträchtlich an. Im Gegensatz zu früheren Jahren setzten die peruanischen Militärs nun voll und ganz auf die APRA. In Haya de la Torres Partei erkannten sie nunmehr eine gemäßigte konservative Kraft, die einerseits in der Lage war, die politische und gewerkschaftliche Linke zu bremsen und die andererseits den Antimilitarismus von Parteien wie Acción Popular nicht teilte. Ihren Einstellungswandel manifestierten die Militärs öffentlich dadurch, dass sie ihrem jahrzehntelangen Erzfeind Haya 1979 den Sonnenorden – Perus höchste Auszeichnung – verliehen.

Bei den Wahlen zur verfassunggebenden Versammlung vom 4. Juni 1978 entfielen auf die APRA 35 % der Stimmen und auf den von Luis Bedoya Reyes angeführten Partido Popular Cristiano (PPC) 24 %. Die sozialistisch und kommunistisch ausgerichteten Parteien und Allianzen der Linken erreichten zusammen 30 %, andere reformorientierte Parteien 6 %. Nicht zu den Wahlen angetreten war die Acción Popular. Durch den Boykott der Wahlen bewahrte sich die Partei des Ex-Präsidenten Belaúnde den Nimbus einer standhaften demokratischen Oppositionspartei, die sich nicht von den Militärs vereinnahmen ließ. Innerhalb der verfassunggebenden Versammlung gaben die verbündeten APRA und PPC den Ton an. Zum Präsidenten wurde der 83-jährige an einem tödlichen Lungenkrebs erkrankte Haya de la Torre gewählt. Nach elfmonatiger Arbeit setzte er auf dem Sterbebett seine Unterschrift unter die frisch vollendete Konstitution. Die neue Verfassung kodifizierte manche der Reformen im Agrar-, Arbeits- und Bildungsbereich, die die Militärs von 1968 bis 1978 erlassen hatten. Beispielsweise wurde der neue Status des Quechua als offizieller Landessprache in der Konstitution verankert. Insgesamt stärkte die Verfassung die Exekutive. Der Präsident erhielt das Recht, spezielle Dekrete in ökonomischen und finanziellen Angelegenheiten zu erlassen. Auch war es ihm gestattet, in Notfällen konstitutionelle Rechte für (erneuerbare) 60-Tages-Perioden außer Kraft zu setzen. Eine wesentliche Neuerung stellte die Änderung des Wahlrechts dar: Mit Inkrafttreten der Verfassung (28. Juli 1980) wurden auch Analphabeten wahlberechtigt.

Bis zur Machtübergabe an eine gewählte Regierung blieb dem Militärregime genügend Zeit, unliebsame Entwicklungen abzublocken und die Weichen für die Zukunft zu stellen. So erließ Morales ein Immunitätsgesetz, das allfällige Verfahren gegen Militärs wegen Menschenrechtsverletzungen verhinderte.

Neue politische Akteure und Bewegungen

Mit den verordneten Sozialreformen und der Mobilisierung von Unter- und Mittelschichten schufen die Militärs ein Klima, in dem die radikale Linke gedieh und ihren Einfluss unter den Bauern und besitzlosen Arbeitern erheblich auszuweiten vermochte. Bei den Landbesetzungen in Andahuaylas von 1974 gelang es linken Agitatoren, 30 000 Campesinos zu mobilisieren, die über 70 Haciendas erstürmten. Die langwierigen Proteste von Bergarbeitern, Lehrern und Industriearbeitern gegen das Morales-Regime gipfelten in drei Generalstreiks. Obschon das Militär mit umfassenden Repressionsmaßnahmen reagierte, gelang es nicht, eine erwachte Bevölkerung zu demobilisieren, die vehement Mitspracherechte einforderte.

Nach Velascos Sturz kappten die Arbeitsplatz- und Nachbarschaftsorganisationen ihre Bindungen zum Militärregime. Basisbewegungen traten immer öfter als eigenständige soziale und politische Kraft auf. Über ihre spezifischen Kernanliegen hinaus strebten sie weiter gesteckte politische Ziele an. Sie schmiedeten Allianzen mit anderen Akteuren, insbesondere mit Linksparteien, Gewerkschaften und lokalen oder regionalen Bewegungen.

Unter den Nachbarschaftsorganisationen verdienen die Müttervereinigungen in den Elendsvierteln spezielle Erwähnung. Um ihre Familien in den Hungerjahren des Morales-Regimes über Wasser zu halten, schlossen sich viele Frauen in Basisorganisationen zusammen. Oftmals unterstützt vom Ausland leisteten diese Frauen auch in den folgenden Jahrzehnten (Überlebens-)Hilfe. Neben den klassischen Müttervereinigungen, die von staatlichen Fürsorgeprogrammen abhingen, entstanden neue Basisorganisationen wie die Volksküchen oder die Glas-Milch-Komitees. Bei den Volksküchen handelte es sich um Vereinigungen, deren Mitglieder gemeinsam Nahrungsmittel besorgten, zubereiteten und verteilten. Sie erhielten Unterstützung von der katholischen Kirche oder Nichtregierungsorganisationen. Die Glas-Milch-Komitees bestanden aus Frauengruppen, die täglich für die Kinder ihres Wohnviertels Pulvermilch zubereiteten. Das Milchpulver erhielten sie kostenlos von der Gemeindeverwaltung. Für die Gesundheitsberatung in den Armenvierteln zuständig waren organisierte und vernetzte Fachfrauen. Die Sozialarbeiterinnen halfen auch bei Erziehungsproblemen und leisteten rechtlichen Beistand. Gegen Ende der 1970er-Jahre rückten die zahllosen weiblichen Organisationen, die sich im Gefolge der Wirtschaftskrise, innerhalb der politischen Linken oder aufgrund der Verbreitung feministischer Diskurse gebildet hatten, zu einer vielschichtigen Frauenbewegung zusammen. Mütter aus den Elendsvierteln, Parteiaktivistinnen und Feministinnen aus den Mittelklassen trugen ihre Forderungen gemeinsam auf die Straße. Lautstark forderten sie eine Verbesserung der Lebensbedingungen, Subventionen und Nahrungsmittelhilfe sowie ein Ende der häuslichen Gewalt, der männlichen Dominanz und der kirchlichen Bevormundung, die sich beispielsweise durch das Verbot der Antibabypille ausdrückte.

Organisationen der Dschungelindianer

Von der allgemeinen Mobilisierungswelle erfasst wurden auch die Indianer an den Ostabhängen der Anden und im Amazonasgebiet. Eine neue indigene Führungsschicht, die aufgrund persönlicher Erfahrungen sowohl die moderne städtische als auch die traditionelle amazonische Lebenswelt kannte, schob den Organisationsprozess an. Unterstützung erhielten ihre Vertreter einerseits von kritischen Ethnologen und Nichtregierungsorganisationen, andererseits von staatlichen und kirchlichen Instanzen, insbesondere dem progressiven Flügel der katholischen Kirche.

Im peruanischen Dschungelgebiet begann der Organisationsprozess 1968 mit einem Kongress der Amuesha. Zwischen 1977 und 1980 vereinten sich verschiedene Organisationen unter dem Dachverband Asociación Interétnica de Desarrollo de la Selva Peruana (AIDESEP), der sich zum wichtigsten Sprachrohr der peruanischen Dschungelindianer entwickelte. Gemeinsam mit nichtindianischen Unterstützungskomitees richtete sich der Dachverband an die Öffentlichkeit, um auf die drängendsten Probleme in den Urwäldern aufmerksam zu machen. Im März 1984 schufen Perus AIDESEP zusammen mit den wichtigsten Tieflandindianerorganisationen aus Ecuador und Bolivien den Dachverband COICA (Coordinadora de las Organizaciones de la Cuenca Amazónica). Mittlerweile sind Amazonasbewohner aus sechs weiteren Ländern dazugestoßen, sodass das ganze Amazonas-Becken, das Orinoco-Gebiet und die Guayanas-Länder abgedeckt sind. COICA, dessen Hauptquartier im ecuadorianischen Quito steht, spielt eine wichtige Rolle bei der Demarkation indianischer Territorien. Der internationale Dachverband hält seine Mitglieder zur Teilnahme an Umweltschutzprogrammen an und verteidigt die indigenen Interessen gegen das Vordringen von Öl- und Pharmaziekonzernen.

Seit 1988 unterhält AIDESEP ein interkulturelles Ausbildungsprogramm für zweisprachige Lehrkräfte. Dieses versteht sich als Brückenschlag zwischen einer von traditionell-amazonischen und einer von westlichen Kulturinhalten geprägten Erziehung. Die Kurse befähigen die angehenden Lehrerinnen und Lehrer sowohl in ihrer Muttersprache als auch in der Zweitsprache Spanisch zu unterrichten. Sie sollen der sozioökonomischen, politischen und kulturellen Realität der heutigen Dschungelindianer Rechnung tragen und ökologische Anliegen berücksichtigen. Nach ihrer sechs Jahre dauernden Ausbildung in Iquitos, die durch Stipendien finanziert wird, kehren die Absolventen als interkulturell ausgebildete Lehrer in ihre Dörfer zurück, um in den dortigen Gemeinschaftsschulen zu unterrichten.

Nicht immer treten die indigenen Repräsentanten mit geeinter Stimme auf. Interessenkonflikte sowohl innerhalb als auch zwischen Gemeinschaften, politische Gegensätze, persönliche Ambitionen und nicht zuletzt internationale Geberinstitutionen – diese vielfach unwissentlich – tragen dazu bei, bestehende Konflikte zu verschärfen. Folge davon sind Ausschlüsse aus bestehenden Organisationen, Spaltungen und Neugründungen. Seit 1987 existiert eine zweite, zahlenmäßig kleinere ethnische Vereinigung namens CONAP (Confederación de Nacionalidades Amazónicas del Perú). Im Gegensatz zur AIDESEP verficht sie eine konziliantere Strategie, indem sie die indigenen Gemeinschaften dazu ermutigt, sich an Planung und Nutzung von staatlichen Entwicklungsprojekten zu beteiligen und sich der Rohstoffausbeutung nicht a priori zu widersetzen.

Die heutigen Führer indianischer Organisationen nutzen zum einen das nationale politische System, zum andern die internationalen Plattformen für Problematiken der sogenannten Dritten Welt, der Menschenrechte und des Umweltschutzes. Mediengewandt verschaffen sie ihren Forderungen Gehör. Mit basisdemokratischen Kampfmitteln – Protestmärschen, Straßensperren,

> Besetzungen von Land, öffentlichen Gebäuden, Ölförderanlagen, in Ausnahmefällen mit Gewalt und Geiselnahmen – verleiht die Urbevölkerung ihren Forderungen nach einer multiethnischen und plurikulturellen Gesellschaftsordnung Nachdruck. Zu den zentralen Forderungen gehören die Zuerkennung eigener Territorien, das Recht auf Selbstbestimmung und die Würdigung kultureller Andersartigkeit im Rahmen der Nation. Ferner kämpfen die Dschungelvölker um die Bewahrung ihrer Sprachen, ihrer Spiritualität und ihrer sozialen Organisationsformen. Sie verlangen die Anerkennung eigener Autoritäten und ihres Gewohnheitsrechts. Und sie beharren auf der Selbstgestaltung der Schulbildung und der Kontrolle der natürlichen Ressourcen.

Das Erstarken der radikalen Linken und die Anfänge des Sendero Luminoso

Zu einer Zeit, in der sich die APRA durch ihre opportunistische Wende nach Rechts diskreditierte und die Kommunistische Partei (PCP) in doktrinärer Treue zur Sowjetunion verharrte, entstand eine Vielzahl von Parteien oder Bewegungen, die sich als revolutionäre Alternativen anboten. Während der Militärdiktatur agitierten über drei Dutzend Linksorganisationen, die sich selbst fast ausnahmslos als marxistisch bezeichneten. Begünstigt wurde diese Mehrung durch den noch nie dagewesenen Mobilisierungs- und Politisierungsgrad der Bevölkerung, die Ausweitung des öffentlichen Bildungssystems und die offizielle Anerkennung zahlreicher neuer Gewerkschaften. Zudem hatten die Militärs diplomatische Beziehungen zu den sozialistischen Ländern aufgenommen, was den gegenseitigen Kulturaustausch und die Beschaffung sozialistischer Lektüre über Botschaften und andere offizielle Kanäle wesentlich erleichterte.

Ob Maoisten oder Trotzkisten, ob Anhänger Che Guevaras oder der Vanguardia Revolucionaria (Die Revolutionäre Vorhut): Gemeinsam war den radikalen Kräften, dass sie das Projekt einer revolutionären Umgestaltung der Gesellschaft hin zum Sozialismus verfolgten und in einer liberalen parlamentarischen Demokratie bestenfalls eine Übergangslösung sahen. So konzentrierten sie sich auf die Arbeit in den verschiedenen Basisorganisationen, auf subversive Aktivitäten oder den bewaffneten revolutionären Kampf. Wegen ihrer unterschiedlichen Ideologien, Strategien und Taktiken waren sie untereinander zerstritten. Wiederholte Teilungen, Parteiausschlüsse und Absplitterungen schwächten ihre Aktionskraft zusätzlich. Infolge des chinesisch-sowjetischen Zerwürfnisses teilte sich der Partido Comunista Peruano (PCP) im Januar 1964 in zwei eigenständige Parteien: den pekingorientierten Partido Comunista del Perú und den moskautreuen PC-Unidad. Ende der 1960er-Jahre, während die von Mao Zedong ausgelöste Kulturrevolution tobte, schlossen Perus chinaorientierte Kommunisten der Bandera

Roja (Rote Flagge) eine revolutionäre Gruppierung um den Philosophie-Professor Abimael Guzmán Reynoso aus ihren Reihen aus. Im Februar 1970 gründete Guzmán seine eigene Partei namens Partido Comunista del Perú en el Sendero Luminoso de Mariátegui (kurz: Sendero Luminoso, Leuchtender Pfad oder PCP-SL). Damit übernahm er den Namen, den er seiner studentischen Gruppierung an der Nationalen Universität San Cristóbal de Huamanga in Ayacucho verliehen hatte. Wie andere revolutionäre Gruppierungen versuchte der Leuchtende Pfad, sich als die einzige legitime kommunistische Partei Perus darzustellen und die Abstammungslinie auf die Galionsfigur der peruanischen Linken, José Carlos Mariátegui, zurückzuführen. Unermüdlich propagierte Guzmán einen langen Volkskrieg nach chinesischem Vorbild. Neben Mao galt Guzmáns uneingeschränkte Bewunderung Josef Stalin, den er als siegreichen Großmarschall des Zweiten Weltkriegs und Sinnbild für Effizienz und Disziplin verherrlichte. Stalins Politik der verbrannten Erde und dessen Bereitschaft, ungeheure Menschenopfer in Kauf zu nehmen, um die Nazi-Invasoren zurückzuschlagen, dienten ihm als vorbildhaftes Beispiel. Die stalinistischen Morde und Säuberungen bagatellisierte Guzmán als notwendige Opfer, ohne die der Aufbau einer gerechten Gesellschaftsordnung nicht möglich wären. Im Gegensatz zu anderen radikalen Linkskräften schloss der Leuchtende Pfad taktische Allianzen mit progressiven lateinamerikanischen Organisationen kategorisch aus. Gegenüber der Sowjetunion, Kuba oder Nordkorea zeigte er die gleiche bedingungslose Feindschaft wie gegenüber den USA.

Geschickt nutzte Guzmán seine Dozentenstelle in Ayacucho, um seine ideologischen Grundsätze zu verbreiten und unter den Studenten Anhänger zu rekrutieren. Bald schon weitete der Leuchtende Pfad sein Engagement auf weitere Bildungseinrichtungen aus, wo er zahlreiche Gefolgsleute unter Lehrern und Schülern gewann. Seit Mitte der 1970er-Jahre arbeiteten Mitglieder des Leuchtenden Pfads an allen wichtigen Universitäten des Landes. Nicht selten handelte es sich dabei um Absolventen der Hochschule von Ayacucho und ehemalige Studenten Guzmáns. Sie gründeten studentische Arbeitskreise und Diskussionsgruppen. Zugleich versuchten Senderisten, das sind Anhänger des Leuchtenden Pfads, die jeweiligen Universitätsverwaltungen und den Lehrkörper zu infiltrieren, Lehrpläne zugunsten der eigenen ideologischen Überzeugungen zu ändern und Studenten zur Teilnahme an außeruniversitären Aktivitäten zu animieren. Guzmáns Anhänger störten den Lehrbetrieb und provozierten gewaltsame Konfrontationen mit ihren politischen oder akademischen Gegnern.

Nachdem der Leuchtende Pfad bei den Universitätswahlen in Ayacucho eine herbe Niederlage eingefangen hatte, gab Guzmán 1976 seine Stelle als Universitätsprofessor auf, um sich vollumfänglich der Leitung seiner Partei zu widmen. Er tauchte mit den engsten Mitstreitern in Lima unter. Von der Hauptstadt aus kommandierte er das Netz aus subversiven Zellen, das sich an verschiedenen Universitäten und innerhalb von Gewerkschaften gebildet hatte. Gemäß der maoistischen Auffassung, dass der »Volkskrieg« auf dem Lande seinen Anfang nehmen und von der Landbevölkerung getragen werden müsse, konzentrierte der Leuchtende Pfad seine Agitationsarbeit auf die ländlichen Provinzen Huamanga, Cangallo und Víctor Fajardo in Ayacucho. Zu diesem Zeitpunkt war

Ayacucho eines der rückständigsten und ärmsten Departements. Über zwei Drittel der Bevölkerung waren Analphabeten, die Kindersterblichkeit war ungemein hoch und die durchschnittliche Lebenserwartung mit 51 Jahren sehr gering. Von der Landreform des Militärregimes hatte nur eine kleine Minderheit profitiert: 87 % der Familien blieben unberücksichtigt. Über Volksschullehrer und Quechua sprechende Militante begann Sendero, Einfluss auf die verarmte Landbevölkerung zu nehmen. Senderistische Lehrer indoktrinierten ihre Schüler. Sie spielten der Parteileitung detaillierte Informationen über die lokalen Machtverhältnisse und Autoritäten, über die internen dörflichen Strukturen und über verhasste Personen oder Einrichtungen zu.

Ab 1977 erhielten die einzelnen peruanischen Geheimdienste Kenntnis von den zunehmenden subversiven Aktivitäten des Leuchtenden Pfads. Ein Agentenbericht vom Oktober 1979 hielt etwa fest, dass der Polizeiposten in Vilcashuamán aufgegeben worden war und eine ca. 40-köpfige Bauern-Patrouille für Sicherheit und Ordnung sorgte. Für die Vertreibung der Polizisten waren hauptsächlich Dorfschullehrer verantwortlich, die revolutionäre Agitationsarbeit unter der Lokalbevölkerung betrieben. Der Report eines Militärkommandanten deckte auf, dass maoistische Gruppierungen eine »befreite Zone« in Pomacocha eingerichtet hatten, wobei die Polizei gewaltsam aus Vischongo und Pomacocha vertrieben worden war. Treibende Kräfte hinter diesen Aktionen waren wiederum Lehrer, die in der Lehrergewerkschaft SUTEP organisiert waren, sowie Studenten der Nationalen Universität San Cristóbal de Huamanga. Wegen zahlreicher Unzulänglichkeit der Geheimdienste wurden solche frühen Erkenntnisse von den verantwortlichen Amtsträgern nicht zur Kenntnis genommen oder nicht weitergeleitet. Ungestört von staatlichen Ordnungskräften, trieben die Senderisten die Vorbereitungen für ihren »Volkskrieg« in den »befreiten Zonen« voran. Trotz zahlreicher alarmierender Reporte und Hilferufe seitens lokaler Autoritäten, unterließen es die verantwortlichen Behörden, Ordnungskräfte in die von der Polizei aufgegebenen Distrikte zu entsenden. Dadurch hatten die Senderisten freie Hand, eigene oder von ihnen kontrollierte kommunale Sicherheitsdienste einzusetzen. Unbehelligt gründeten sie neue Basisorganisationen, richteten »Volksschulkurse« zur Indoktrinierung ausgewählter Jugendlicher ein und führten militärische Trainingsprogramme durch.

Auf Drängen Guzmáns entschied sich das Zentralkomitee des Leuchtenden Pfads 1979 zur Aufnahme des bewaffneten Kampfs. Wer sich Guzmáns Ansinnen widersetzte, wurde aus der Partei ausgeschlossen. Im folgenden Jahr nahmen die subversiven Aktionen zu. Erstmals ins Licht einer breiteren Öffentlichkeit rückte der Leuchtende Pfad mit einer Aktion am Vorabend der allgemeinen Wahlen. Fünf bewaffnete und vermummte Aktivisten drangen am 17. Mai 1980 im Marktort Chuschi (Dept. Ayacucho) ins Wahllokal ein. Sie überwältigten den Registrierungsbeamten und verbrannten das Wählerregister und die Wahlurnen. Die Zerstörung der Urnen und des Wahllokals markierten den Beginn des bewaffneten Kampfs. Allerdings schien der Zeitpunkt wenig erfolgversprechend, da der allgemeine Wunsch nach einer Rückkehr zu demokratischen Verhältnissen nach zwölfjähriger Militärdiktatur weit verbreitet war. Vertreter der Linksparteien, die sich zur Teilnahme an den Wahlen entschlossen hatten, verurteilten die Haltung Senderos als dogmatisch, verblendet und aussichtslos. Wie fast alle zeitgenössischen Analysten glaubten sie nicht daran, dass eine kleine Gruppe fanatischer Maoisten, deren wichtigste Waffe geraubtes Dynamit war, auch nur den Hauch einer Chance gegen die solide, unter der Militärregierung modernisierte Armee habe. Auch der internationale Kontext sah für eine maoistische Gruppierung alles andere als vielversprechend aus. 1976 war Mao Zedong gestorben, die von Maos Witwe angeführte Viererbande zerschlagen, und die Kulturrevolution, Inspirationsquelle mancher chinaorientierter Parteien, hatte ihr Ende gefunden. Die neue Regierung unter Deng Xiaoping konzentrierte ihre Anstrengungen auf die ökonomische Entwicklung im eigenen Lande und hörte auf, revolutionäre maoistische Gruppen im Ausland ideell oder materiell zu unterstützen.

Bilanz der Militärdiktatur

1968 übernahm Perus Militär die Herkulesaufgabe, die Strukturen einer durch Ungleichheit und Unterentwicklung gekennzeichneten Gesellschaft zu ändern und das Land von Grund auf zu erneuern. Zum Teil konnten die Uniformierten Erfolge vorweisen, obschon allein die schiere Anzahl der in kurzen Zeitabständen eingeleiteten Reformen ein vollumfängliches Gelingen verunmöglichen musste und den Verantwortlichen zahlreiche schwere Fehler unterliefen. Immerhin packte das autoritäre, technokratische Regime überfällige Reformen an – Reformen, wie sie Belaúndes Acción Popular, Haya de la Torres APRA oder die Christdemokratischen Parteien propagiert und die andere lateinamerikanische Länder längst schon verwirklicht hatten.

Unter den Militärs veränderte sich die Besitzverhältnisse an Grund und Boden gründlich und permanent. Rolle und Einfluss ausländischer Privatunternehmen wurden drastisch beschnitten, einige übermächtige Gesellschaften wie IPC, Cerro de Pasco Corporation, Grace oder Marcona Mining gänzlich eliminiert. Wer sich behaupten konnte, etwa die Southern Peru Copper Corporation, Occidental Petroleum oder mehrere Manufaktur- und Dienstleistungsbetriebe, unterstand nun einer strengeren staatlichen Kontrolle. Zu fundamentalen Änderungen kam es ebenfalls innerhalb der einheimischen Elite. Infolge der Machtübernahme verloren die oligarchischen Familien ihre politischen Repräsentanten in der Regierung. Damit entfielen die mannigfachen Möglichkeiten, die Wirtschafts-, Finanz- und Preispolitik des Landes direkt zu den eigenen Gunsten beeinflussen zu können. Die Land- und Wirtschaftsreformen versetzten den traditionellen oligarchischen Gruppen den Todesstoß. Betroffen waren insbesondere Agroexporteure (Zucker- und Baumwollbarone), deren Banken und Presseorgane sowie die extensiv wirtschaftenden Großgrundbesitzer im Hochland. Viele der ehedem mächtigen Familien versanken in der Bedeutungslosigkeit oder gingen ins Exil. An ihre Stelle trat eine neue Elite, bestehend aus einer modernisierungswilligen Unternehmergeneration, die während der Militärherrschaft hauptsächlich in den importersetzenden Industriezweigen, im Bergbau und im Immobiliensektor gut verdient hatte. Beispiele sind die von Immigranten der zweiten oder dritten Generation abstammenden Familien Romero, Brescia, Gerbolini oder Raffo, denen man arabische, jüdische, chinesische und japanische Namen anfügen kann. Hinzu kamen eine technokratische Schicht, die sich mit der raschen Expansion des Staates gebildet hatte, sowie – etwas später – Aufsteiger, die in Institutionen des internationalen Finanzwesens oder innerhalb multinationaler Gesellschaften Karriere machten und über enge Beziehungen zum Staat verfügten. Die Umverteilung von Reichtum und Vermögen vollzog sich überwiegend innerhalb des wohlhabendsten Viertels der Bevölkerung. Von den Reformen blieb die untere Hälfte der Lohnbezüger praktisch unberührt und die Einkommensunterschiede blieben eklatant. Für die ärmsten Sektoren verschlimmerten sich die ohnehin prekären Lebensbedingungen sogar noch weiter.

Die importsubstituierende Politik der Militärs bewirkte einen Industrialisierungsschub. Der Anteil der verarbeitenden Industrie am Bruttoinlandsprodukt stieg – auf Kosten des Agrarsektors – stark an. Allerdings ging sowohl in der Landwirtschaft als auch der Industrie die Produktivität zurück. Das Wirtschaftswachstum war gering bis rückläufig, obschon sich eine Erholung im letzten Regierungsjahr ankündete. Peru kämpfte mit Zahlungsbilanzschwierigkeiten und einer hohen öffentlichen Auslandsverschuldung, die 1980 über 6 Milliarden US$ betrug. Mitverantwortlich für den enormen Schuldenberg war das ambitiöse Rüstungsprogramm der Militärs. Zum wichtigsten Exportsektor entwickelte sich der Bergbau, der seit 1974 über die Hälfte der Exporterlöse erzielte. Beträchtlich zulegen konnten auch die nicht-traditionellen Exporte.

Von der Reformflut der Velasco-Ära überdauerte letztlich nur wenig. Die Korrekturen und Änderungen, die Morales Bermúdez und dessen Nachfolger vornahmen, brachten die meisten der Reformen zum Stillstand oder zum Verschwinden. Nur kurzlebig waren die viel gerühmte Bildungsreform und die Experimente mit verschiedenen Formen von Eigentumsverhältnissen in Unternehmen oder erweiterten Mitspracherechten der Arbeiterschaft. Längeren Bestand hatten die Agrarreform und die Reformen innerhalb der staatlichen Bürokratie. Bis in die 1990er-Jahre hielt sich zudem die außerordentlich hohe staatliche Partizipation im Wirtschafts- und Finanzwesen. Allen Misserfolgen, Ungereimtheiten und Irrtümern zum Trotz; in einem zentralen Punkt erzielten die Militärs einen langfristig wirkenden Erfolg: Sie leisteten einen maßgeblichen Beitrag zur Nationsbildung. Unter ihrer Herrschaft wuchs die Zahl und Durchsetzungskraft von Organisationen (Kooperativen, Gewerkschaften, Nachbarhilfe- und sonstige Basisorganisationen), mittels derer das Gros der peruanischen Bevölkerung seine Interessen verfolgen konnte. Ein Teil der einfachen ländlichen Bevölkerung wie auch die marginalisierten städtischen Unterschichten wurden in Projekte und Programme einbezogen, die letztlich die Inkorporierung als Bürger in den peruanischen Nationalstaat förderten. Die Militärregierung behandelte sie mit noch nie dagewesenem Respekt, Formen von Rassismus und sozialer Ungerechtigkeit vermeidend, die zuvor alltäglich gewesen waren. Mit der Ausdehnung des generellen Wahlrechts auf Analphabeten am Ende der Militärherrschaft erfolgte ein weiterer wichtiger Schritt auf dem Weg zu einer gerechteren und demokratischeren Gesellschaft.

Literaturhinweise

Aguirre, Carlos/Drinot, Paulo (Hg.) 2017, The Peculiar Revolution: Rethinking the Peruvian Experiment under Military Rule, Austin
Burt, Jo-Marie/Mauceri, Philip (Hg.) 2004, Politics in the Andes: Identity, Conflict, Reform, Pittsburgh
Chávez Wurm, Sebastian 2011, Der Leuchtende Pfad in Peru (1970–1993): Erfolgsbedingungen eines revolutionären Projekts, Köln, Weimar und Wien
Gorriti Ellenbogen, Gustavo 1999, The Shining Path: A History of the Millenarian War in Peru, Translated, with an Introduction, by Robin Kirk. With a New Preface by the Author, Chapel Hill und London
Kornberger, Reiner (Hg.) 1987, Peru: Materialien zur Landeskunde, 2. aktual. und erw. Aufl., Frankfurt am Main
Kruijt, Dirk 1994, Revolution by Decree: Peru 1960–1975, Amsterdam
Martens, Holger 1993, Gesellschaft und Raum in Peru: Peru und das Mantarotal von der Inkazeit bis in die jüngere Gegenwart, Münster
Mayer, Enrique 2009, Cuentos feos de la reforma agraria peruana, Lima
McClintock, Cynthia/Lowenthal, Abraham F. (Hg.) 1983, The Peruvian Experiment Reconsidered, Princeton
Merkel, Wolfgang/Puhle, Hans-Jürgen 2006, Aurel Croissant und Peter Thiery, Defekte Demokratie, Bd. 2: Regionalanalysen, Wiesbaden
Mücke, Ulrich 2008, Das politische System Perus, in: Stüwe, Klaus/Rinke, Stefan (Hg.), Die politischen Systeme in Nord- und Lateinamerika. Eine Einführung, Wiesbaden, 487-506
Poole, Deborah (Hg.) 1994, Unruly Order: Violence, Power, and Cultural Identity in the High Provinces of Southern Peru, Boulder, San Francisco und Oxford
Roncagliolo, Santiago 2007, La cuarta espada. La historia de Abimael Guzmán y Sendero Luminoso, Barcelona
Scott Palmer, David (Hg.) 1992, The Shining Path of Peru, New York
Weinstein, Jeremy M. 2007, Inside Rebellion: The Politics of Insurgent Violence, Cambridge

Ein verlorenes Entwicklungsjahrzehnt (1980–1990)

Die 1980er-Jahre gingen als eine »verlorene Dekade« in die Weltwirtschaftsgeschichte ein. Für die Mehrzahl der ärmeren Länder war es eine Periode des wirtschaftlichen Stillstands oder sogar der Rückentwicklung. Viele Länder machten schwere Wirtschaftskrisen durch: Die Wachstumsraten, die Manufakturproduktion und die Löhne sanken. Aufgrund fallender Rohstoffpreise gingen die Exporterlöse zurück, während sich Schuldenberge auftürmten. Schwer verschuldete Länder gerieten in Zahlungsschwierigkeiten und verloren ihre internationale Kreditwürdigkeit. Als erstes lateinamerikanisches Land musste sich der Großschuldner Mexiko 1982 gegenüber den ausländischen Kreditgebern als zahlungsunfähig erklären, was eine Kettenreaktion nach sich zog. Für Millionen von Menschen in der Region verschlechterten sich die Lebensverhältnisse und die Lebenschancen.

Besonders hart traf die hartnäckige Wirtschafts- und Schuldenkrise Peru, wo sich zwischen 1980 und 1990 das Pro-Kopf-Bruttoinlandsprodukt um etwa ein Drittel verringerte. Hatten das BIP bzw. das BIP pro Kopf von 1960 bis 1965 Wachstumsraten von 6,6 % bzw. 3,2 % verzeichnet, so lagen diese von 1985 bis 1990 mit –0,7 % bzw. –4,3 % im Negativbereich. Das Pro-Kopf-Einkommen ging jährlich um 2,8 % zurück und lag 1990 wieder unter dem Niveau des Jahres 1970. Neben Nicaragua hatte Peru die stärksten Wachstumsverluste in Lateinamerika zu verkraften. Die Regierung sah sich gezwungen, die Sparschraube bei den öffentlichen Ausgaben drastisch anzuziehen, worunter insbesondere das Bildungssystem zu leiden hatte. Die Einkommen der Lehrer schrumpften bis zu Beginn der 1990er-Jahre auf ungefähr ein Achtel des Niveaus von 1975, was ein wesentlicher Grund für die mangelhafte Qualität der öffentlichen Schulen war. Armut wurde zum Massenphänomen. Die Pro-Kopf-Kalorienaufnahme ging zurück, wobei der durchschnittliche Kalorienverbrauch in vielen Fällen den täglichen Mindestbedarf nicht abdeckte. Die Kindersterblichkeit und vermeidbare Krankheiten nahmen zu. Sogar die als ausgerottet geglaubte Cholera tauchte wieder auf und offenbarte die fatalen Konsequenzen, wenn Sektoren der städtischen Armen weder Zugang zu sauberem Trinkwasser noch zu angemessenen sanitären Anlagen haben. In Peru, das bereits in den 1970er-Jahren mit ernsten wirtschaftlichen Problemen konfrontiert worden war, hielt sich die Krise die ganzen 1980er-Jahre hindurch. Erst ab 1993 begann die Wirtschaft wieder zu wachsen, ohne dass sich die prekäre Situation auf dem Arbeitsmarkt besserte. Für die Re-Demokratisierung des Landes nach der Militärdiktatur stellte die verheerende Wirtschaftsentwicklung eine schwere Hypothek dar.

Belaúnde Terrys zweite Regierung (1980–1985)

Aus den allgemeinen Wahlen vom Mai 1980 ging mit Fernando Belaúnde Terry derjenige Politiker als klarer Sieger hervor, der 1968 von den Militärs als Präsident gestürzt worden war. Während seine Acción Popular rund 45 % der gültigen Stimmen gewann, erreichte die zweitplatzierte APRA 27 %. Belaúnde profitierte gleichermaßen von der antimilitaristischen Stimmung wie vom weitverbreiteten Misstrauen gegenüber der opportunistischen APRA und der Aufsplitterung der Linken in mehrere konkurrierende Splitterparteien. Im Gegensatz zu den wichtigsten Linksparteien, die antraten, um Wahlkampf und Parlament als Plattform für Agitation und Propaganda zu nutzen, beharrte der Leuchtende Pfad eisern auf dem »Volkskrieg« als einzigem Weg zur Machtübernahme. Aufs Heftigste kritisierte der Leuchtende Pfad die Wahlbeteiligung seiner linken Gegenspieler und hielt sich bewusst vom parlamentarischen Betrieb fern.

Der Regierungswechsel von 1980 markierte die Rückkehr zur parlamentarischen Demokratie und zu einer verfassungskonformen Regierung. Nichtsdestotrotz blieben der Hang zu Autoritarismus und Populismus Konstanten des peruanischen Politikbetriebs. Am Tage der Amtsübernahme ratifizierte Belaúnde die neue Verfassung, die zwar ohne die Mitwirkung seiner Partei entstanden war, ihm aber dennoch gelegen kam. So erlaubte sie dem Präsidenten, Dringlichkeitsdekrete im wirtschaftlichen und finanzpolitischen Bereich zu erlassen und dadurch das reguläre Gesetzgebungsverfahren zu umgehen. Dies sollte in den 1980er-Jahren dazu führen, dass der Kongress nur bei der Hälfte der erlassenen Gesetze aktiv beteiligt war, während die andere Hälfte aus Dekreten oder Notstandsverordnungen bestand. Neben der neuen Verfassung unterzeichnete Belaúnde auch ein Amnestiegesetz zugunsten der Militärs, das diese neben diversen Sonderrechten als Bedingung für ihren Rückzug in die Kasernen verlangt hatten. Am gleichen Tag rief der neue Präsident zu Gemeindewahlen auf. Zudem genehmigte er ein Gesetz, das die Pressefreiheit wiederherstellte und die Rückgabe der verstaatlichten Verlagshäuser an ihre früheren Eigentümer verfügte.

Als der neue Präsident am 28. Juli 1980 sein Amt antrat, präsentierte sich die Wirtschaft in einem ordentlichen Zustand: Die Exportzahlen waren am Wachsen, erstmals seit Jahren war die Handelsbilanz wieder positiv und Peru hatte Zugang zur internationalen Finanzwelt mit den kreditvergebenden Institutionen IWF und Weltbank. Belaúnde übertrug die Ausgestaltung der Wirtschafts- und Finanzpolitik einem Team junger Technokraten und Bankiers um den Finanzminister Manuel Ulloa. Unter Umgehung des Kongresses, per Dekret, setzte das Kabinett Ulloa seine wirtschaftspolitischen Maßnahmen durch. Zur Steigerung der Rohstoffexporte senkte es die Zölle und wertete in kleinen Schritten kontinuierlich die Währung ab. Es leitete Reprivatisierungen ein, kürzte die Subventionen bei Grundnahrungsmitteln und lockerte (um ausländische Investoren anzuziehen) die Bestimmungen über Gewinnabflüsse. Statt eine Steuerreform zur Erhöhung der staatlichen Einnahmen einzuleiten, nahm die Regierung zusätzliche Auslandsanleihen auf – just zu einer Zeit, in der die Zinsen stark ansteigen. Um das Haushaltsdefizit zu decken, wurden die Steuern auf inländische Benzinverkäufe in regelmäßigen Abständen erhöht. Die Inflationsrate schnellte in die Höhe. Wirtschaftliche Stabilisierungsprogramme bewirkten eine weitere Minderung der Reallöhne und führten zu einem Rückgang der Konjunktur. Im Jahr 1983 fiel das Bruttoinlandsprodukt um 12,3 %.

Außenpolitisch dominierten ein neuerlicher Grenzkrieg mit Ecuador und Spannungen mit den USA die politische Agenda. Im Januar 1981 lieferten sich peruanische und ecuadorianische Truppen im nicht markierten Grenzgebiet des Dschungels heftige Gefechte, die schätzungsweise 100 Todesopfer forderten. Aus dem Waffengang ging Peru erneut als Sieger hervor. Allerdings hatte der Sieg, nebst den menschlichen Opfern, einen hohen Preis. In ihrer fünfjährigen Amtszeit gab die Belaúnde-Regierung annähernd so viel Geld für Rüstungsgüter aus, wie die Militärs während ihrer zwölf Jahre dauernden Herrschaft. Auf Militär und Polizei entfielen faktisch 30 % des Nationalbudgets – fast doppelt so viel, wie öffentlich bekannt gegeben wurde. Zum Verdruss der USA unterstützte Peru 1982 im Falkland/Malvinas-Konflikt zwischen Argentinien und Großbritannien den südamerikanischen Nachbarn. Die US-Hilfe ging zurück und der amerikanische Geheimdienst CIA zeigte sich unwillig (oder unfähig), seinen peruanischen Kollegen vertrauliche Informationen über die stark zunehmenden Aktivitäten des Leuchtenden Pfads zu liefern.

Ein Schwerpunkt von Belaúndes Regierungsprogramm bildete der Ausbau des Bildungswesens. Mitte der 1980er-Jahre existierten landesweit 46 Hochschulen, an denen über 350 000 Studenten eingeschrieben waren. Das entsprach einem Anstieg der Studentenzahl um mehr als das Zehnfache innerhalb eines Vierteljahrhunderts. Zu erklären ist diese eindrückliche Entwicklung nicht nur durch den starken Bevölkerungsanstieg und die massive Abwanderung in die Städte. Vielmehr stellte sie das Resultat der politischen Anstrengungen dar, die Bildung auf allen Stufen zu fördern. Sie spiegelte den weit verbreiteten Wunsch nach Fortschritt und sozialem Aufstieg via Schulbildung. Der Triumph über Ecuador und gewisse Verbesserungen in den Bereichen Infrastruktur und Bildung vermochten nicht über den miserablen wirtschaftlichen Leistungsnachweis der Regierung hinwegzutäuschen. Bei den Gemeindewahlen von 1983 kassierte Belaúnde die beißende Quittung. Die regierende Koalition aus AP und PPC erhielt nur mehr 32 % der Stimmen, 2 % weniger als die APRA. Auf dem dritten Rang landete mit knapp 30 % die Vereinigte Linke (Izquierda Unida; IU). Letztere gewann insgesamt 33 Bürgermeistersitze, mit inbegriffen derjenige Limas, den der Führer der IU, Alfonso Barrantes, übernahm. Um die Auswirkungen der sich verschärfenden Wirtschaftskrise zu mildern, förderte Barrantes Basis- und Nachbarschaftshilfegruppen wie er auch Initiativen lokaler Selbstverwaltung unterstützte.

In der zweiten Hälfte des Jahres 1983 musste Peru die schweren Folgeschäden des Unwetterphänomens El Niño bewältigen. Überdies zog der Beginn einer weltweiten Rezession einen scharfen Einbruch der Exporte nach sich. Verglichen mit 1979 halbierte sich bis 1985 das Exportvolumen. Während das Bruttosozialprodukt um 12 % und die Industrieproduktion um 21 % fiel, gingen die Reallöhne um 31 %, die Privatinvestitionen um 34 % zurück. Das Pro-Kopf-Einkommen sank auf das Niveau der 1960er-Jahre und betrug 12 % weniger als 1980. Derweil verdoppelte sich die Inflationsrate auf 111 %. Die Zahl der Arbeitslosen erreichte Rekordhöhen und ließ den informellen Sektor anschwellen. Von 1980 bis 1985 erhöhten sich die Auslandsschulden um 43,8 % auf 13,753 Milliarden US$. Weil Kredite nur mehr schwer erhältlich waren, unterzeichnete Belaúndes Regierung im August 1984 ein Abkommen mit dem IWF. Allerdings war Peru nicht in der Lage, die Vertragsbedingungen zu erfüllen und stellte in aller Stille die Bezahlung der Schuldzinsen ein.

Gegen Ende von Belaúndes Amtszeit wurden die Einkommen von 57 % der ländlichen Haushalte als unter der Armutsgrenze klassifiziert; 32 % lagen gar unter der extremen Armutsgrenze. Mit einer durchschnittlichen Aufnahme von 1781 Kalorien pro Kopf erreichte Peru nur mehr 77 % des von der Weltgesundheitsorganisation empfohlenen Minimums. Fast die Hälfte der Kinder unter sechs Jahren litt an Unterernährung; an die 93 von 1000 lebend geborenen Kleinkindern starben vor der Vollendung ihres ersten Lebensjahres. Noch immer konzentrierte sich der Reichtum des Landes in den Händen einer kleinen Schicht. Soziale Proteste gingen in Ausschreitungen über, Streiks lähmten das Leben in den Städten und auf dem Land, Straßenkriminalität und politische Gewalt griffen um sich. Unter dem Dach der Vereinigten Linken (IU) erfolgte im Mai 1984 die Gründung des PUM (Partido Unificado Mariateguista). Als radikaler Flügel der IU stieg diese Neuformation rasch zur stärksten Kraft innerhalb der legalen Linken auf. Der Partido Unificado Mariateguista verfügte über die breiteste Wählerbasis und war in den Basisorganisationen gut vertreten. Wie die Senderisten befürworteten seine Anhänger revolutionäre Mittel zur Machtergreifung. Für sie war die Krise der 1980er-Jahre Zeichen genug, dass sich das Modell der repräsentativen Demokratie erschöpft hatte und dass die Zeit reif war für die ersehnte Revolution.

Sendero Luminoso und der MRTA

Nach der Aufnahme des bewaffneten Kampfes im Mai 1980 führten militante Senderisten eine Anschlagserie durch, wobei sie zumeist gestohlenes Dynamit gegen ausgewählte Sachziele einsetzten. Auch außerhalb des Departements Ayacucho erfolgten senderistische Gewaltakte. Am 16. Juni griff ein Mob von 200 Leuten das Gemeindehaus im Limeñer Distrikt San Martín de Porras an und brannte das Gebäude nieder. Den ersten Mord verübte der Leuchtende Pfad am 24. Dezember 1980 in Ayacucho. Eine Gruppe von 30 bis 40 Senderisten folterte den Hacienda-Besitzer Benigno Medina, bevor sie ihn zusammen mit dem 19-jährigen Angestellten Ricardo Lizarbe umbrachte. Nur zwei Tage später zeigte Sendero mit einer makabren Aktion in Lima, was er von der neuen Führung der Volksrepublik China hielt. An Straßenlaternen hingen aufgeknüpfte Hundekadaver, eingewickelt in Tücher. Darauf gepinselt stand in grellen Farben: »Deng Xiaoping, Hurensohn«.

Als der Leuchtende Pfad den bewaffneten Kampf in Ayacucho aufnahm, war er eine Organisation, die sich hauptsächlich aus Volksschullehrern, Universitätsprofessoren und Studenten zusammensetzte und nur vereinzelte ländliche Gebiete direkt kontrollierte. Aufgrund ihrer jahrelangen Wühltätigkeit kannten die Senderisten die dörflichen Verhältnisse genau. Sie waren bestens über die lokalen Hierarchien, die sozialen Gegensätze und die Konfliktfelder informiert. Das zusammengetragene Wissen bildete die Grundlage für eine rasche Expansion. Durch Drohungen zwangen Senderisten Dorfführer zum Rücktritt. Wer sich den Forderungen widersetzte, musste mit ernsthaften Repressalien, ja sogar der Ermordung rechnen. Bis Ende 1982 hatte der Leuchtende Pfad sowohl die Polizei als auch die staatlichen Repräsentanten auf Distrikt- und Lokalniveau aus weiten Gebieten der nördlichen Provinzen Ayacuchos vertrieben und traf Vorbereitungen zur Belagerung der Departementshauptstadt.

Neben der genauen Kenntnis der lokalen Verhältnisse basierte der Erfolg des Senderos auf der hohen Mobilisierungskraft unter den ländlichen Jugendlichen. Senderistische Dorfschullehrer indoktrinierten ihre Schüler und begeisterten sie für revolutionäre Ideale. Besonders eifrige Schüler bildeten den Nachwuchskader, der später im neu geschaffenen Verwaltungsapparat in den »befreiten Zonen« eingesetzt wurde. Junge Senderisten drängten Eltern und Verwandte dazu, den Leuchtenden Pfad zu unterstützen oder zumindest dessen Präsenz zu tolerieren. Ihrem Drängen gaben die älteren Familienangehörigen oftmals nach, besonders dann, wenn sie sich in persönlicher, familiärer oder kommunaler Hinsicht einen konkreten Nutzen versprachen. Mit gezielten Aktionen sicherte sich Sendero den Rückhalt bei der Landbevölkerung. Beispielsweise nahm er auf Seiten von Dorfgemeinschaften an Landinvasionen teil. Oder Sendero trat als strenger Richter auf, der ausbeuterische Kleinhändler, Diebe, korrupte Richter, betrunkene Ehemänner, Müßiggänger oder Ehebrecher hart bestrafte. Er richtete über verhasste Notabelnfamilien, die ihre Ämter und Machtpositionen zum Teil seit Generationen missbraucht hatten. Wo ausgeprägte interne Konflikte und ungezügelter Machtmissbrauch herrschten, begrüßten Dorfbewohner den Leuchtenden Pfad als Instanz, die für Ordnung und Gerechtigkeit sorgte und längst überfällige Bestrafungen vornahm. In anderen Fällen bot der Leuchtende Pfad die willkommene Gelegenheit, offene Rechnungen mit verfeindeten Ortschaften zu begleichen. In dem seit Jahrzehnten schwelenden Konflikt zwischen Chuschi und Quispillaccta, dem strittige Grenzen und gegenseitige Viehdiebstähle zugrunde lagen, ergriff Sendero Partei für Chuschi. Im August 1981 exekutierten acht vermummte Senderisten auf dem Hauptplatz von Chuschi zwei Männer aus Quispillaccta, denen Viehdiebstahl vorgeworfen wurde. Dies bildete den Auftakt zu einer Reihe von weiteren Morden an Quispillacctinos, womit der Leuchtende Pfad die Sympathien und Unterstützung der Dorfbevölkerung Chuschis gewann. Wo keine Nachbarschaftsfehden goren, wo die gemeindeinternen Justiz- und Autoritätssysteme funktionierten und wo ein fanatisierter Sektor jugendlicher Senderisten fehlte, verweigerten die Dorfgemeinschaften üblicherweise die Gefolgschaft.

Im Gegensatz zur prompten, rigorosen Bekämpfung der Guerillaherde von 1965 reagierte die peruanische Staatsgewalt nur zögerlich auf den weit gefährlicheren Vormarsch des Leuchtenden Pfads. Lange Zeit versuchte die Belaúnde-Regierung, mit Hilfe verschiedener Polizeikräfte den Aufstand unter Kontrolle zu bringen. Nach der zwölfjährigen Militärherrschaft war die neue Regierung nicht gewillt, die Hilfe der Armee so kurz nach deren Rückzug in die Kasernen in Anspruch zu nehmen. Die mit der Bekämpfung des Aufstands betrauten Polizeikräfte waren hoffnungslos überfordert. Sie zogen sich in befestigte Posten in größeren Ortschaften zurück und überließen weite Landgebiete dem Gegner. Ohne staatlichen Schutz blieb den zivilen Autoritäten in den »befreiten Zonen« nur die Flucht oder die Unterwerfung unter den Leuchtenden Pfad. Bald schon griff der Leuchtende Pfad gut gesicherte Polizeistationen in den größeren Ortschaften an. Am Spektakulärsten war der nächtliche Überfall auf das Gefängnis der Stadt Ayacucho im März 1982. Bei der blutigen Stürmung der Strafanstalt wurden 78 angeklagte oder verurteilte Senderisten befreit. 169 weiteren Insassen gelang die Flucht. Wenige Wochen später wohnten rund 30 000 Einwohner von Ayacucho dem Begräbnis von Edith Lagos bei, einer Senderistin, die von den Ordnungskräften getötet worden war. Der riesige Trauerzug war die bis anhin größte öffentliche Sympathiebekundung für den Sendero. Erst ein halbes Jahr später rang sich Belaúnde zum Einsatz der Armee durch. Im Dezember 1982 verhängte er den Ausnahmezustand über sieben Provinzen in den Departements Ayacucho und Apurímac. Damit hob er in den betroffenen Gebieten die verfassungsmäßig garantierte Rechte auf und stellte sie unter vollständige militärische Kontrolle.

1983 rückten Teile der Armee in ein ihr unbekanntes Territorium ein, in dem zahlreiche Bewohner ausschließlich Quechua sprachen und nur schwach in den peruanischen Nationalstaat integriert waren. Zum Handicap der späten Einberufung gesellten sich weitere gravierende Mängel: Die geheimdienstlichen Angaben zum Leuchtenden Pfad waren völlig unzureichend. Widersprüchliche Interpretationen zur Natur des Aufstands verhinderten eine adäquate Kampfstrategie. Die Truppen waren schlecht gerüstet und nicht in der Aufstandsbekämpfung geschult. Zudem standen nicht genügend funktionstüchtige Helikopter zur Verfügung. Zwischen Militär und Polizei fand keine wirkliche Zusammenarbeit statt wie auch die Rivalitäten und das tiefe Misstrauen zwischen den staatlichen Akteuren geeignet Maßnahmen erschwerten.

In ihrem Kampf gegen die Subversion setzten die Militärs einzig auf Repression. Dabei nahmen sie keinerlei Rücksicht auf die Zivilbevölkerung. Besonders brachial traten die Marinetruppen in den Provinzen Huanta und La Mar in Erscheinung. Wahllos behandelten sie die Einheimischen als potenzielle Terroristen. Massaker, Morde, Vergewaltigungen, Folter und das Verschwindenlassen von Personen bildeten einen grundlegenden Bestandteil der Aufstandsbekämpfung. Unter dem Ausnahmerecht war der Rechtsstaat de facto abgeschafft, und es gab prinzipiell keine juristische Möglichkeit, gegen Straftaten der staatlichen Sicherheitskräfte vorzugehen. Gegenüber der massiven Gewaltwelle reagierten die Betroffenen unterschiedlich. Ein kleiner Teil schloss sich noch enger an den Sendero an, diesen als kleineres Übel betrachtend. Angesichts der Unfähigkeit des Leuchtenden Pfads, Schutz vor der staatlichen Gewalt zu bieten, wandte sich der größere Teil desillusioniert von den Aufständischen ab. Dass ein ansehnlicher Teil der senderistischen Kader vor den anrückenden Militärs floh, wurde vielfach als Verrat angesehen. Andere Dorfgemeinschaften wollten ihren Traditionen treu und möglichst autonom bleiben. Sie widersetzten sich den senderistischen Übernahmeversuchen und waren zur Zusammenarbeit mit den Militärs bereit. In vielen Dörfern entstanden Milizen, die sich notfalls mit Waffengewalt gegen den Leuchtenden Pfad wehrten. Auf den zunehmenden Volkswiderstand reagierte der Leuchtende Pfad mit gezielten Massakern an der Zivilbevölkerung. Im April 1983 töteten Senderisten über 80 Bewohner des Dorfes Lucanamarca. Erstmals in der Geschichte Perus wandte eine linke Aufstandsorganisation systematisch Gewalt gegen die Zivilbevölkerung an, und zwar in einem Ausmaß, das der staatlichen Gewalt ebenbürtig war oder diese sogar übertraf. Senderos Geringschätzung des menschlichen Lebens, seine Verachtung – sowohl in der Theorie wie auch in der Praxis – der Menschenrechte und seine Weigerung, die Normen und Prinzipien des Internationalen Völkerrechts zu beachten, machten ihn einzigartig auf dem Kontinent.

Der bewaffnete Aufstand in den ländlichen Gebieten des Hochlands absorbierte einen Großteil der senderistischen Kräfte. Nichtsdestotrotz versuchte der Leuchtende Pfad weiterhin, öffentliche Universitäten und Gewerkschaften (speziell den Lehrerverband SUTEP) zu unterwandern sowie in den hauptstädtischen Elendsvierteln Fuß zu fassen. Studenten der Universitäten San Marcos, La Cantuta und der Universidad National de Ingeniería bildeten Zellen, die in der zweiten Hälfte der 1980er-Jahre eine starke Agitationstätigkeit unter den Mitstudenten entfalten sollten. Hochschüler von San Marcos organisierten überdies Studiengruppen in verschiedenen Limeñer Slums mit dem Ziel, neue Mitglieder für die Partei anzuwerben. Auch im Rahmen von Kulturvereinigungen, wie folkloristischen Tanz- und Musikgruppen oder Theaterensembles, leisteten Senderisten intensive Indoktrinationsarbeit.

Neben dem Leuchtenden Pfad erklärte eine zweite revolutionäre Gruppierung der Belaúnde-Regierung den Krieg. Es handelte sich dabei um den Zusammenschluss von Splitterparteien des äußersten Spektrums der Linken, in dem sich Militante des MIR, Kommunisten aus dem PCP sowie Radikale aus der APRA und den Streitkräften sammelten. Aus diesem revolutionären Bündnis entwickelte sich eine Guerillaorganisation, die sich 1982 den Namen MRTA (Movimiento Revolucionario Túpac Amaru) gab. Im gleichen Jahr entschied sich der MRTA, militärische Ausbildungslager und klandestine Zellen in verschiedenen Landesteilen einzurichten. Waffen und Geld sollten durch Raubzüge beschafft werden. In der Folgezeit überfielen Militante Polizeistationen und Banken und erpressten Lösegelder durch Entführungen reicher Geschäftsleute. Im Frühjahr 1984 setzte sich der MRTA mit einer Serie öffentlichkeitswirksamer Aktionen in Szene. Auf ein Sprengstoffattentat auf die US-Botschaft in Lima und die Verteilung von geraubten Lebensmitteln in Armenvierteln folgten weitere spektakuläre Raubüberfälle. Über die Besetzung von Presseagenturen, Radio- und Fernsehstationen erlangte der MRTA landesweit Bekanntheit, seine Aufrufe zum bewaffneten Kampf gegen den »Yankee-Imperialismus« und die mit diesem verbundene »Ausbeuterregierung« verbreitend. Ideologisch bewegte sich der MRTA im Umfeld der traditionellen lateinamerikanischen Foco-Theorie (Brandherd-Theorie), der zufolge eine kleine Guerillagruppe – wie das kubanische Beispiel lehrte – durch ihre resoluten Nadelstichaktionen die Revolution entzünden könne.

Demografische, soziale und kulturelle Entwicklungen

Von 1960 bis 1980 wuchs Perus Bevölkerung von rund 10 Millionen auf 17,3 Millionen. Die Hälfte der peruanischen Bevölkerung zählte weniger als 20 Jahre. In knapp 30 % aller Fälle waren die Familien »unvollständig«, das heißt, dass eine alleinerziehende Person – in den allermeisten Fällen die Mutter – für die Kinder sorgte. Während der europäische Teil der Bevölkerung nur ein geringes Wachstum verzeichnete, nahmen die japanische und die chinesische Gemeinschaft kräftig zu. Lebten 1961 47 % der Peruaner in Städten, so waren es 1981 bereits 65 %. Unentwegt strömten Migranten aus den ländlichen Provinzen in die großen Städte, allen voran den Großraum Lima. Hier konzentrierte sich ein Drittel der Gesamtbevölkerung. Infolge von Landbesetzungen entstanden Elendssiedlungen, die einen Armutsgürtel um die Stadt zogen. 1988 existierten schätzungsweise 1800 urbane Slums (Pueblos jóvenes) in Lima und anderen Küstenstädten, bevölkert von rund elf Millionen Emigranten aus dem Hochland – das war doppelt so viel wie die Campesino-Gemeinschaften auf dem Lande zählten. Das Ausmaß der Binnenwanderung überforderte die öffentlichen Dienstleistungen und die staatliche Grundversorgung vollständig. Die Großstädte hatten mit Armuts-, Infrastruktur- und Verkehrsproblemen sowie Umweltverschmutzung und Kriminalität zu kämpfen. Weil viel zu wenige Arbeitsplätze zur Verfügung standen, breitete sich seit Mitte der 1970er-Jahre die Schattenwirtschaft explosionsartig aus. Ohne staatliche Sozialhilfe musste sich ein großer Teil der Bevölkerung selbst irgendwie durchbringen: Sei es als Straßenverkäufer oder sei es als Arbeiter in informellen Betrieben oder Werkstätten, die Billigprodukte herstellten. Eine Armee von Straßenhändlern vertrieb massenweise Schmuggel-, Billig- und Ramschwaren. Für zahllose Binnenmigranten stellte der informelle Sektor die einzige Erwerbsmöglichkeit dar. Das bedeutete aber auch, dass die Betroffenen keinerlei arbeitsrechtlichen Schutz hatten, Gesundheits- und soziale Sicherheitsmaßnahmen vernachlässigten und keine direkten Steuern bezahlten.

In den wirtschaftlichen Krisenjahren boten die katholische Kirche und Basisorganisationen Überlebenshilfe. Erstere verstärkte ihren fürsorgerischen Einsatz und etablierte Pfarreien in den Elendsquartieren, die Unterstützung in Notsituationen gewährten und kostenlose medizinische Hilfe anboten. Neben und manchmal auch in Zusammenarbeit mit der katholischen Kirche bekämpften Basisorganisationen ebenfalls Elend, Hunger und Not. Als besonderer Erfolg stellte sich das »Glas-Milch-Programm« der Barrantes-Administration in Lima heraus. Es garantierte jedem Kind bis zu einem bestimmten Alter und schwangeren Frauen täglich ein festes Quantum Milch. Während die Gemeindeverwal-

Abb. 22: Straßenhändlerin in Huancayo (Dep. Junín). Wie diese Frau müssen Hunderttausende von Peruanerinnen und Peruanern im informellen Sektor ein Auskommen finden.

tung für die Verteilung des Milchpulvers in die ärmeren Distrikte verantwortlich war, sorgten die Frauen in den Lokalkomitees für die Zubereitung und die Abgabe der Getränke. Gegen Ende von Barrantes Amtszeit im Jahr 1986 nahmen rund 100 000 Frauen, die in 7500 Komitees organisiert waren, am Programm teil. Von ihrem Einsatz profitierten täglich bis zu einer Million Bezüger in 33 hauptstädtischen Distrikten. Bedingt durch die Verschärfung der Wirtschaftskrise, schnellte auch die Anzahl an Suppenküchen in die Höhe. Frauengruppen betrieben solche Comedores populares, indem sie gemeinsam größere Mengen an Lebensmitteln einkauften, um daraus günstige Mahlzeiten für die Quartierbewohner zuzubereiten. 1986 gab es allein in der Hauptstadt fast 800 kommunale Suppenküchen. Die meisten davon wurden eigenverantwortlich betrieben, waren demokratisch strukturiert und politisch unabhängig, selbst wenn sie organisatorische Hilfe und Lebensmittelspenden von wohltätigen Organisationen erhielten wie dem katholischen Hilfswerk Caritas, verschiedenen anderen NGOs oder von FOVIDA, dem Hilfsprogramm, das die Stadtregierung von Lima aufgebaut hatte.

Nicht nur in den Elendssiedlungen der Städte, sondern auch vielerorts auf dem Lande herrschten prekäre Verhältnisse. Von der Agrarreform der Militärs profitierte ein großer Teil der Landbevölkerung wenig bis gar nicht. Die Etablierung großflächiger staatlich kontrollierter Agrarkooperativen erwies sich als kapitaler Fehlschlag und provozierte Landinvasionen von benachbarten Campesinos oder Dorfgemeinschaften. Die meisten Kooperativen litten zudem unter erdrückenden Schulden. Ohne Zusatzkredite sahen sie keine Möglichkeit, wie sie wirtschaftlich überleben könnten. Präsident Belaúnde Terry autorisierte deshalb ein Gesetz, das die Kooperativen zu autonomen Betrieben erklärte, die selbst über ihre Zukunft entscheiden sollten. Der Gesetzesbeschluss löste eine Lawine von Genossenschaftsauflösungen aus, wovon nicht zuletzt die Dorfgemeinschaften profitierten. Die Anzahl offiziell anerkannter Dorfgemeinschaften wuchs von 2228 beim Putsch von Velasco im Jahr 1968 auf 4792 gegen Ende der 1980er-Jahre. Im Hochland kontrollierten die Dorfgemeinschaften nun über ein Drittel der Ländereien.

Zur Entlastung der ausufernden Städte lancierten verschiedene Regierungen Siedlungsprojekte in den Dschungelgebieten. Von 1940 bis 1972 zogen schätzungsweise 250 000 Personen aus dem Hochland und den Küstengebieten in die Dschungelregionen, um sich als Pflanzer und Kleinbauern eine neue Existenz aufzubauen. Riesige Gebiete wurden für die Kolonisation erschlossen – unabhängig davon, ob dort bereits Menschen lebten oder nicht. Für die betroffenen Dschungelindianer bedeutete das nicht selten die Vertreibung aus ihren Territorien.

Zu den sozial, kulturell, wirtschaftlich und politisch benachteiligten Gesellschaftsgruppen gehörten seit alters die Afroperuaner. In den 1970er- und 1980er-Jahren begannen sich Perus Schwarze zu organisieren. Es entstanden kulturelle Vereinigungen wie die Asociación Cultural de la Juventud Negra (Kulturelle Vereinigung der schwarzen Jugend), das Instituto de Investigaciones Afro-Peruano (Institut für afroperuanische Forschungen) oder der Movimiento Negro Francisco Congo (Schwarze Bewegung Francisco Congo), die zum kontinentalen Aufblühen der afroamerikanischen Kulturen beitrugen. Die Kulturvereine boten Vorträge und Kurse an, unterstützten Forschungsprojekte zur afroperuanischen Kultur und initiierten öffentliche Diskussionsrunden. Diese Arbeit wurde in den 1990er-Jahren durch die Agrupación Palenque (Rückzugsort geflohener Sklaven und Sklavinnen) und die Asociación Pro-Derechos Humanos (Verein zum Schutz der Menschenrechte) weiterverfolgt. Den Bemühungen umtriebiger schwarzer Kulturschaffender war es zu verdanken, dass eine Renaissance der fast erloschenen afroperuanischen Kultur stattfand. Schwarze Musik- und Tanzgruppen feierten nationale und internationale Erfolge. Wie im Falle anderer ethnischer Minderheiten bestand und besteht die Gefahr einer »Folklorisierung«, das heißt, dass die Kultur zu einem »folkloristischen«, auf ein bestimmtes Publikum zugeschnittenes Unterhaltungsspektakel zu verkommen droht. In diesem Zusammenhang sprach der afroperuanische Dichter Nicomedes Santa Cruz warnend von exotischer Effekthascherei und einem Rückgriff auf Mystifizierungen à la Hollywood.

Dorfgemeinschaften (Comunidades campesinas, Comunidades nativas)

Die Urform der indianischen Comunidad stellten die kolonialen Dorfgemeinschaften dar. In Dörfer umgesiedelt, die im Grundriss und in der Architektur spanischen Vorbildern folgten, erhielten die indigenen Gemeinschaften Acker- und Weideland in der Umgebung. Vorerst blieben die Böden im kollektiven Dorfbesitz. Sie wurden den einzelnen Familien temporär jeweils zur individuellen Nutzung und zur Selbstversorgung überlassen. Periodisch kam es zu Umverteilung von Land – entsprechend der wechselnden Größe der einzelnen Familien.

Seit der Velasco-Zeit unterscheidet man zwei Arten von Dorfgemeinschaften: Einerseits die ländlichen Gemeinschaften im Hochland (Comunidades campesinas), andererseits die Gemeinschaften in den östlichen Dschungelgebieten (Comunidades nativas), deren Mitglieder den diversen ethnischen Gruppen der Regenwälder angehören. Die Comunidades campesinas setzen sich typischerweise aus Quechua oder Aymara sprechende Kleinbauern im Hochland zusammen. Nebst ihrem privaten Landbesitz haben die Campesinos Zugang zu kollektiven, unveräußerlichen Ressourcen der Dorfgemeinschaft (Wasser, Weide- oder Ackerland). Das private Land in den Comunidades ist zwar vererbbar, sein Verkauf unterliegt aber Einschränkungen. Gemäß der Fachzeitschrift *La Revista Agraria* von 2013 gehörten 42,2 % der landwirtschaftlich genutzten Fläche Perus 6277 Comunidades campesinas, und 18,3 % befanden sich im Besitz von 1457 Comunidades nativas. Die heutigen Dorfgemeinschaften produzieren sowohl für den eigenen Lebensunterhalt als auch den nationalen Markt.

Bedingt durch die Akkumulation von Land in den Händen Einzelner sowie durch Einkommensunterschiede, sind die heutigen Comunidades weder sozial homogene Einheiten noch egalitär. Wer über ausreichend Land verfügt, entschädigt Hilfskräfte entweder mit Geldzahlungen oder mit der Abgabe eines Teils der Ernte. Trotz der sozialen Differenzierung innerhalb der Dorfgemeinschaft haben sich kollektive Arbeitsformen, ein starker Gemeinschaftssinn und Formen solidarischer Hilfe gehalten. Noch immer werden Landparzellen aus dem Kollektivbesitz von den Mitgliedern der Comunidad gemeinschaftlich kultiviert, sei es, um Neuanschaffungen oder Dorfprojekte zu finanzieren, oder um die Kosten für Feiern, namentlich des Dorfheiligen, zu bestreiten. Gemeinsame Angelegenheiten obliegen regelmäßig tagenden Versammlungen, wo Beschlüsse demokratisch aufgrund von Mehrheitsentscheiden gefällt werden. Alljährlich werden neue Amtsträger (Mandones) bestimmt. Theoretisch erlaubt das Ämtersystem jedermann die Übernahme jeder Stelle. Weil die höchsten Ämter aber zwingend mit hohen persönlichen Auslagen verbunden sind, steht eine Übernahme nur Kandidaten aus den vermögendsten Familien offen.

Alan García – APRAs neuer Hoffnungsträger (1985–1990)

Belaúndes Regierung hatte in zentralen Belangen kläglich versagt: Die Wirtschaftspolitik war komplett gescheitert, der allgemeine Lebensstandard weiter gesunken und die Schere zwischen Arm und Reich noch stärker auseinandergegangen. Peru zählte zum drittärmsten Land Südamerikas. Arbeitslosigkeit und Unterbeschäftigung waren Massenphänomene und in Ayacucho hungerten die Menschen. Die informelle Wirtschaft sowie der illegale Coca-Anbau florierten. Unter den Staatsangestellten feierte die Korruption Urstände, während die Reichen Steuern unterschlugen, ihr Kapital außer Landes schafften und ihr Einkommen (als Schutzmaßnahme vor der galoppierenden Inflation) in US-Dollars anlegten. Soziale Unruhen griffen um sich. Terroristische Anschläge auf dem Land und nun auch in den Städten gehörten zum Alltag. Sendero Luminoso war zu einer ernsthaften Bedrohung der nationalen Sicherheit und Stabilität geworden.

Aufgrund des kümmerlichen Leistungsnachweises hatte der Präsidentschaftskandidat von Belaúndes Acción Popular bei den Wahlen im April 1985 keine Chance. Für die APRA, die jahrzehntelang vergeblich um das höchste Regierungsamt gerungen hatte, schlug dagegen endlich die große Stunde. Rhetorisch geschickt verbreitete ihr Präsidentschaftskandidat – der erst 36-jährige, dynamische Alan García Pérez – eine Botschaft der Hoffnung und der nationalen Erneuerung. Mit 53,1 % der gültigen Stimmen erzielte die APRA einen überwältigenden Sieg. Sie sicherte sich zudem mit 32 Senatoren- und 107 Abgeordnetensitzen die absolute Mehrheit in beiden Kammern des Kongresses.

Zur Belebung der darniederliegenden Wirtschaft setzte die García-Regierung auf ein »heterodoxes« Programm. Durch Erhöhung der Massennachfrage, Preiskontrollen, administrierte Wechselkurse und den Ausbau eines umfangreichen Förderungsinstrumentariums (z. B. Steuererleichterungen) suchte sie das Wirtschaftswachstum anzukurbeln. Tatsächlich nahm die Wirtschaft in den ersten beiden Regierungsjahren einen bescheidenen Aufschwung. Von den staatlichen Maßnahmen zur Erhöhung der Kaufkraft und der Belebung der Wirtschaft profitierten Unternehmer wie Arbeiter. Über ein komplexes System von Lohn- und Preiskontrollen wurde zudem versucht, die hohe Inflation zu dämpfen. Ein Lichtblick für die Zukunft war die Entdeckung von riesigen Erdgasvorkommen in Camisea, im Urwaldgebiet von Cusco, durch das britisch-niederländische Unternehmen Shell. Die anfängliche wirtschaftliche Erholung festigte den hohen Popularitätsgrad des Präsidenten und verhalf der APRA zu Erfolgen in den Kommunalwahlen vom November 1986. Freilich sollte Garcías Höhenflug nicht lange andauern. Schon bald verschlimmerte sich die Wirtschaftslage, während dringend benötigte Finanzmittel fehlten.

Der Absturz

Bei seiner Amtsübernahme hatte García vollmundig angekündigt, die Auslandsschulden nur noch partiell bedienen zu wollen. Als Obergrenze gab er 10 % des jährlichen Exporterlöses an. Garcías Verlautbarung bewog US-amerikanische

Banken, ihre peruanischen Darlehen als wertvermindert einzustufen. Die Zweifel an Perus Kreditwürdigkeit regten sich zu einem höchst ungünstigen Zeitpunkt. Weil die Regierung Exporterzeugnisse auf den Binnenmarkt umlenkte, sanken nicht nur die Exporteinnahmen, sondern es tauchten auch ernste Zahlungsbilanzschwierigkeiten auf. Der Überschuss von 135 Millionen US$ des Jahres 1985 wandelte sich in ein Defizit, das sich 1987 auf 1,5 Milliarden US$ belief. Zum Defizit trugen die stetig steigenden Ausgaben für die Importe von Grundnahrungsmitteln bei. Wegen Versorgungsschwierigkeiten sah sich die Regierung 1986 gezwungen, eine breite Palette an Landwirtschaftsprodukten zu importieren, inklusive Reis und sogar Zucker und Kartoffeln. Zwar konnten dadurch Engpässe bei der Versorgung der städtischen Bevölkerung abgewendet werden, aber die Importe widersprachen der erklärten Absicht, die nationale Landwirtschaft zu fördern. Ansätze zur Ersetzung von ausländischen Einfuhren wie Weizen durch einheimische Getreideprodukte wurden dadurch im Keim erstickt.

Im August 1986 stufte der IWF Peru als nicht mehr kreditwürdig ein. Anfang 1987 stellte die Weltbank die Auszahlung von Darlehen ein, und im Frühjahr 1989 vollzog auch die Inter-Amerikanische Entwicklungsbank (IDB) diesen Schritt. Viele ausländische Investoren mieden Peru, internationale Hilfsgelder flossen weitaus spärlicher. Waren die US-amerikanischen Hilfsgelder bereits zwischen 1980 und 1985 zurückgegangen, kamen sie von 1985 bis 1990 praktisch zum Versiegen. Die Hauptgründe dafür lagen im gezielten Konfrontationskurs, den García gegenüber nordamerikanischen Banken und Unternehmen einschlug. Beispielsweise verstaatlichte die Regierung die maritimen Ölfelder der in den USA stationierten Belco Petroleum. Von den multilateralen Geberorganisationen und den internationalen Finanzmärkten abgeschnitten, versuchte die peruanische Regierung die Steuereinnahmen zu erhöhen. Jedoch scheiterte die Reform des laxen Steuersystems, das als eines der ineffizientesten in Südamerika galt.

Das wachsende Haushaltsdefizit destabilisierte zusammen mit nicht gedeckten Geldschöpfungen die Wirtschaft. Die großzügigen Subventionierungen und die Vergabe zinsloser Kredite führten zum Zusammenbruch der öffentlichen Finanzinstitutionen. Das ausufernde System der Preiskontrollen endete mit dem Bankrott vieler privater Unternehmer. Angesichts der misslichen Lage entschied sich García, der einen hochgradig ichbezogenen Regierungsstil pflegte, zu einem riskanten Schritt. In einem Überraschungscoup kündigte er im Juli 1987 die Verstaatlichung von zehn Geschäftsbanken, sechs Finanzierungsgesellschaften und 17 Versicherungen sowie die Schließung der privaten Wechselstuben an. Er rechtfertigte diese Maßnahme mit einem angeblichen Investitionsstreik seitens der »Oligarchie« beziehungsweise der Notwendigkeit einer staatlichen Investitionslenkung. Die tatsächlichen Beweggründe dürften anderswo gelegen haben: Der Präsident wollte zum einen von den wirtschaftlichen Schwierigkeiten ablenken und nach parteiinternen Niederlagen seine Führerschaft unter Beweis stellen, zum andern seine Beziehungen zur radikalen Linken aufbessern. Garcías eigenmächtige Ankündigung und seine radikale Rhetorik der Folgezeit erodierten die guten Beziehungen, die seit 1985 zwischen Regierung und Schlüsselsektoren der Geschäftswelt herrschten und entfremdeten den privaten Sektor. Als Folge davon brachen die Investitionen ein, und eine umfangreiche Kapitalflucht setzte ein. Zwischen August 1987 und August 1988 flossen etwa 5,5 Milliarden US$ aus Peru ab. Andererseits befriedigte Garcías' Vorpreschen auch die radikale Linke nicht, deren Forderungen viel weiter reichten. Die Umsetzung der Verstaatlichungspläne entwickelte sich zum monatelangen Hickhack, beginnend im Kongress und endend vor Gericht. Letztlich mussten die Enteignungen im Oktober 1988 zurückgenommen werden.

Die erdrückenden Wirtschaftsprobleme zwangen Peru zur Wiederaufnahme von Konsultationen mit Vertretern internationaler Finanzkörperschaften. Ein Abrücken von der bisherigen heterodoxen Wirtschaftspolitik kündigte sich an. Im Dezember 1987 wurde die Währung um 50 % abgewertet, um Exportanreize zu bieten und Währungsreserven zu bilden. Weil aber die Regierung fortwährend die Notenpresse betätigte, stieg die Inflation sprunghaft an. Sie schnellte von 114,5 % im Jahre 1987 auf 1722,3 % im Jahr 1988 und 2775,3 % im Jahr 1989. Im folgenden Jahr erreichte die Hyperinflation ihren Höhepunkt mit 7649,7 %! Selbst der zweimalige Wechsel der Währung (Sol und Inti) vermochten die rasende Geldentwertung nicht zu stoppen.

Bis Mitte 1988 war es fast unmöglich geworden, in Peru ein funktionierendes Geschäft zu führen. Zu den Versorgungsengpässen und der Inflationsspirale gesellte sich ein Gewirr von staatlichen Vorschriften und Eingriffen in die Wirtschaft. So gab es neun verschiedene Kategorien von Wechselkursen. Mit der Verordnungsflut stiegen auch die benötigten Genehmigungen, was wiederum eine deutliche Zunahme der Korruption in den Reihen der zuständigen Beamten nach sich zog. Diese setzten sich zu einem hohen Prozentsatz aus APRA-Mitgliedern zusammen, die ihre Posten aufgrund der Parteizugehörigkeit ergattert hatten und nicht aufgrund beruflicher Qualifikationen. Die Kombination von Klientelismus und Unfähigkeit wirkte sich negativ auf den ohnehin ineffizienten öffentlichen Sektor aus. Mittels drastischer Sparmaßnahmen – so genannten wirtschaftlichen Schockprogrammen – versuchte García im September 1988 vergeblich, die galoppierende Inflation unter Kontrolle zu bringen. Das Spar- und Stabilisierungspaket beinhaltete eine 75-prozentige Abwertung der Währung, höhere Steuern und Preise – Benzin verteuerte sich um das Vierfache, pharmazeutische Produkte sogar um das Sechsfache – sowie eine Kreditbeschränkung durch eine Verdopplung der Zinsrate. Bereits im November folgte ein weiteres, noch härteres Sparprogramm. Die ökonomischen und sozialen Kosten waren gewaltig. Der industrielle Produktionsausstoß und die Nachfrage fielen auf einen Tiefstand. Rund 800 000 Arbeiter, die 1987 in Lima eingestellt worden waren, verloren bis 1990 ihre Arbeitsplätze. Vom Dezember 1985 bis Dezember 1990 ging das BIP pro Kopf um 17,9 % zurück. Damit wies García einen noch miserableren Wirtschaftsausweis auf als die Vorgängerregierung unter Belaúnde.

Tatsächlich stellten die ausgehenden 1980er-Jahre die schwerste Binnenwirtschaftskrise der letzten hundert Jahre dar. Hyperinflation und Arbeitslosigkeit bewirkten eine Verelendung breiter Bevölkerungsschichten. Die kumulierte Inflation über die fünf García-Jahre betrug mehr als zwei Millionen Prozent. Der nominale Geldbetrag, der 1985 für den Kauf einer luxuriösen Residenz ausgereicht hatte, genügte 1990 gerade noch für den Erwerb einer Tube Zahnpasta. Bis zum Ende von Garcías Amtszeit waren 70 % der erwerbsfähigen Peruaner entweder unterbeschäftigt oder arbeitslos. In den ländlichen Gebieten brachen die landwirtschaftlichen Märkte und Preise zusammen. Wegen der sinkenden Nachfrage in den Städten und den steigenden Investitionskosten (etwa für Dünger) geriet die landwirtschaftliche Handelsbilanz in die roten Zahlen. Zu allem Übel konnte Garcías Kreditprogramm für Bauern nur zu einem geringen Teil umgesetzt werden, weil das benötigte Geld ausging. Nach einem Anstieg in den Jahren 1987 und 1988 ging die landwirtschaftliche Produktion 1989 stark zurück und machte kostspielige Importe notwendig. Reis musste aus Nordkorea eingeführt werden. Größte Schwierigkeiten bekundete auch die exportorientierte Landwirtschaft. Bis 1989 waren 430 der 609 staatlichen Landwirtschaftskooperativen aufgeteilt worden und in den Privatbesitz von Kleinbauern übergegangen. Diese Zerstückelungen verunmöglichten die industrielle Großproduktion und trübten die Erfolgschancen beim Export ein. Der internationalen Konkurrenz waren die kleinbäuerlichen Zuckerrohr- und Baumwollproduzenten nicht gewachsen.

In den Städten bildeten sich lange Warteschlangen vor den billigsten Marktständen und vor Geschäften, die Rinder- und Hühnerknochen, Schweinefett sowie Fischköpfe und -schwänze verkauften. Die Unterernährung nahm epidemische Ausmaße an. Gemäß einer Studie verdiente weniger als die Hälfte der Bevölkerung monatlich genug (48 US$), um diejenigen Waren einzukaufen, die für einen adäquaten Lebensunterhalt nötig waren. Über 6,5 Millionen Peruaner hatten nicht einmal genügend Geld (31 US$), um den Mindestkalorienbedarf abzudecken. Unterernährung war vor allem bei Kleinkindern akut und die Säuglingssterblichkeit erhöhte sich substanziell. Die staatlichen Hilfsprogramme für die Armen bewirkten wenig, sei es wegen bürokratischer Ineffizienz oder sei es wegen der leeren Staatskasse. Von den Sparbemühungen waren nicht nur die staatlichen Sozialprogramme, sondern auch das Gesundheits- und Bildungswesen stark betroffen. Die staatlichen Ausgaben in diesen beiden Sektoren gingen von 1980 bis 1990 um 30 % zurück.

Bei den Kommunalwahlen vom November 1989 erlebte die APRA eine schwere Niederlage. Zum Bürgermeister von Lima wurde der Unabhängige Ricardo Belmont gewählt. Dessen Sieg war das erste deutliche Zeichen für das Aufkommen eines neuen politischen Phänomens. Bei zukünftigen Wahlen sollten unabhängige Kandidaten eine ernsthafte Konkurrenz für die Vertreter der etablierten Parteien darstellen. Belmonts Triumph war der Vorbote für den erstaunlichen Aufstieg von Alberto Fujimori bei den Präsidentschaftswahlen von 1990.

Gegen Ende seiner Amtszeit, als sich die Devisenreserven erschöpft und ein riesiger Schuldenberg aufgetürmt hatte, sah sich García gezwungen, den Schuldendienst gegenüber dem IWF wieder aufzunehmen – freilich nun zu unvorteilhaften Bedingungen. Zeitgenössische Schätzungen bezifferten die peruanischen Außenschulden auf rund 20 Milliarden US$ – über das Doppelte der Summe, welche die Militärs während ihrer zwölfjährigen Herrschaft angehäuft hatte. García wirkte nun ebenso hilflos wie Belaúnde in seinem letzten Regierungsjahr. Schlimmer noch: Gegen Ende des Jahrzehnts war der peruanische Staat praktisch kollabiert.

Nach einer Anfangsperiode, während der es ihm in bemerkenswerter Weise gelungen war, einen Konsens herzustellen, zeigte Präsident García zwei Gesichter: Das eines Revolutionärs auf Konfrontationskurs und das eines pragmatischen Reformers – eine Doppelstrategie, die ihm schließlich die Glaubwürdigkeit in allen politischen Lagern kostete. Die abrupten Wechsel von Strategien und Prioritäten verursachten ein politisches und ökonomisches Chaos. Garcías widersprüchliche Haltung und sein autokratischer Führungsstil unterminierten zudem die Legitimität des legislativen Systems. Unter der regierenden APRA wandelte sich die Demokratie zunehmend zur bloßen Formalitätssache. Zur eskalierenden politischen und kriminellen Gewalt traten handfeste Korruptionsskandale. Von den Klagen über die illegale Bereicherung prominenter Regierungsvertreter war selbst der Präsidenten betroffen. Als García am 28. Juli 1990 das höchste Staatsamt räumte, herrschte allgemein die Meinung vor, dass seine Regierung die schlechteste gewesen sei, die man je erlebt habe.

Radikalisierung der Linken

Im Strudel von Wirtschaftskrise und Hyperinflation radikalisierten sich Teile der Bevölkerung und begegneten der García-Regierung mit unverhohlener Feindschaft. Im Falle der organisierten Arbeiterschaft blieb nicht vergessen, dass der Präsident diese als »privilegiert« bezeichnet und wie er bei der anfänglichen Zusammenarbeit mit den Großunternehmen die Gewerkschaften übergangen hatte. Auf die Sparmaßnahmen der Regierung folgten Demonstrationen, erbitterte Streiks, Straßenkämpfe und Plünderungen. Innerhalb der Vereinigten Linken (IU) verschärften sich die Gegensätze zwischen den moderaten und den radikalen Kräften. Die Richtungskämpfe, aus denen keines der Lager als Sieger hervorging, schwächten den Zusammenhalt der Allianz und deren Schlagkraft. Die moderaten Kräfte vermochten nicht, das System der repräsentativen Demokratie zu stützen, geschweige denn zu vertiefen. Die radikalen scheiterten daran, ein alternatives Machtzentrum außerhalb der etablierten Institutionen aufzubauen oder sich als revolutionäre Alternative zum Leuchtenden Pfad beziehungsweise zum MRTA zu positionieren.

In einem ambivalenten Verhältnis zur Demokratie stand nicht nur die Vereinigte Linke, sondern auch die APRA, deren Mitgliederspektrum vom verfassungstreuen Reformisten bis zum radikalen Revolutionsanhänger reichte. Unter der APRA- und der IU-Jugend sowie dem äußersten Flügel der beiden Parteien stieß der MRTA auf großen Zuspruch. Wollte Präsident García die Unterstützung der Radikalen nicht verlieren, musste er diesen zumindest rhetorisch entgegenkommen. Dass sich die APRA nicht unmissverständlich auf ein Reformprogramm innerhalb des demokratischen Systems festlegen wollte, verhinderte eine kohärente Strategie zur Aufstandsbekämpfung und belasteten die ohnehin schon angespannten Beziehungen zum Militär. Auf der anderen Seite eröffnete diese Ambivalenz die Möglichkeit zu einer Einigung mit dem MRTA, der García bei der Amtsübernahme einen – an bestimmte Bedingungen geknüpften – einseitigen Waffenstillstand angeboten hatte. Allerdings gab die MRTA-Führung schon ein Jahr später die Beendigung des Waffenstillstands bekannt. In der Zwischenzeit hatte sich der MRTA mit dem MIR-Voz Rebelde (MIR-Rebellenstimme) – einer der zahlreichen Nachfolgeorganisationen des historischen MIR – zusammengeschlossen. Durch jahrelange Basisarbeit hatte der MIR-Voz Rebelde Anhänger unter der Landbevölkerung gewonnen, und zwar vor allem in den Coca-Anbauzonen des Departements San Martín. Der Zusammenschluss erlaubte dem MRTA, dessen Mitglieder sich bislang hauptsächlich aus städtischen Studentenkreisen und den urbanen unteren Mittelschichten des Küstengebiets rekrutierte hatten, in ländlichen Zonen Fuß zu fassen. Nach der Aufkündigung der Waffenruhe eröffnete der MRTA verschiedene Guerillafronten im Norden und Osten des Landes. Dabei kam es nicht nur zu Kämpfen mit den staatlichen Sicherheitskräften, sondern auch zu gewaltsamen Zusammenstößen mit dem Leuchtenden Pfad. Im März 1987 lieferten sich die beiden umstürzlerischen Gruppen im Gebiet von Tocache (Dep. San Martín) ein langes Feuergefecht, bei dem der MRTA geschlagen wurde und 40 bis 60 Mann verlor. Während sich der MRTA in das mittlere und untere Huallaga-Tal zurückzog, weitete der Leuchtende Pfad seinen Einfluss im oberen Huallaga-Tal aus.

Seinen größten propagandistischen Erfolg feierte der MRTA am 06.11.1987, als er die 20 000 Einwohner zählende Stadt Juanjuí (Dep. San Martín) für einen Tag besetzte. Mit der Ausweitung der Guerillaaktionen auf zusätzliche ländliche Gebiete kam es nicht nur zu vermehrten Kämpfen mit den staatlichen Sicherheitskräften, sondern auch zu weiteren blutigen Konfrontationen mit dem Sendero Luminoso. Während der MRTA in San Martín stark blieb, geriet er in anderen Landesteilen und besonders in Lima immer stärker unter Druck. Viele Kader wurden verhaftet oder starben bei Gefechten. Infolge der Rückschläge griff der MRTA zu brutalen Methoden und verschonte auch die Zivilbevölkerung nicht. Durch den Einsatz menschenverachtender Praktiken glich er sich dem Leuchtenden Pfad an, was seine politische Marginalisierung beschleunigte. Gleichzeitig musste die Organisation eine ihrer schwersten militärischen Niederlagen einstecken. Ende April 1989 wurde eine Kolonne von MRTA-Kämpfern auf dem Weg nach Tarma von den Streitkräften vollkommen aufgerieben. Dabei starben 62 Guerilleros und mehrere Zivilisten. Im gleichen Jahr verhafteten die Sicherheitskräfte mehrere Führer. Interne Spannungen und Meinungsverschiedenheiten schwächte die angeschlagene Organisation weiter, Desertionen und Befehlsverweigerungen häuften sich. In den Coca-Anbauzonen beteiligten sich MRTA-Aktivisten am lukrativen Drogenhandel, die diesbezüglichen Verbote und Anweisungen der Nationalen Leitung ignorierend. Dass eine MRTA-Spezialeinheit Abweichler aus den eigenen Reihen verfolgte und auch Exekutionen durchführte, hatte kaum eine abschreckende Wirkung. Der Niedergang des MRTA, der während seiner aktivsten Phase annähernd 1000 Militante zählte und eine starke Präsenz in Lima, in Huancayo und dem Departement San Martín aufwies, war besiegelt. Daran änderte auch die aufsehenerregende Befreiung von 47 MRTA-Mitgliedern – darunter mit Víctor Polay Campos und Alberto Gálvez Olaechea zwei seiner wichtigsten Anführer – aus dem Hochsicherheitsgefängnis Canto Grande am 9. Juli 1990 nichts.

Sendero Luminoso (II)

Im Gegensatz zum MRTA gewann der Leuchtende Pfad zunehmend an Stärke und dehnte seine Aktivitäten kontinuierlich aus. Allerdings musste er hinnehmen, dass der Einfluss in seinem Stammgebiet Ayacucho zurückging, nicht zuletzt, weil das Militär einen Strategiewechsel in der Aufstandsbekämpfung vornahm. Ab 1985 lösten die Landstreitkräfte die verhassten Marinetruppen ab. Die Soldaten stammten nun mehrheitlich aus dem Hochland und sprachen auch Quechua. Damit ging die Armee vom schmutzigen Krieg zu einer Taktik über, die den Aufbau von Allianzen mit ländlichen Gemeinschaften und selektive Repression kombinierte. Parallel dazu erhöhte die Regierung die Wirtschaftshilfe – hauptsächlich in Form von zinslosen Agrarkrediten – in Ayacucho und im südlichen Hochland. Zwischen 1985 und 1986 nahm die Summe der für Ayacucho bestimmten Hilfsgelder um rund das Vierfache auf 30 Millionen US$ zu. Annähernd 100 000 Personen fanden in staatlichen Arbeitsprojekten im südlichen Hochland ein Auskommen.

Die schwindende Unterstützung in Ayacucho kompensierte der Leuchtende Pfad durch ein Ausgreifen in andere Landesteile. Freilich bekundete er zunehmend Mühe, Freiwillige aus den Reihen der Landbevölkerung zu mobilisieren, sodass er zu Zwangsrekrutierungen überging und verstärkt terroristische Mittel einsetzte. Gegen Ende des Jahres 1986 kontrollierte oder beeinflusste Sendero weite Gebiete entlang einer Nord-Süd-Achse im andinen Berggebiet. Auch gelang es ihm, im Coca-Anbaugebiet des oberen Huallaga-Tals politisch und militärisch Fuß zu fassen, indem er den Coca-Bauern Schutz vor den staatlichen Sicherheitskräften und der Drogenmafia bot. Durch eine Allianz mit dem Sendero waren die Bauern sowohl vor der Willkür der Drogenbanden als auch vor korrupten Polizisten und Militärs geschützt. Darüber hinaus erhielten sie bewaffneten Beistand im Widerstand gegen die staatlichen von den USA unterstützten Kampagnen zur Vernichtung ihrer Coca-Pflanzungen. Mit der Kontrolle über das obere Huallaga-Tal und seinen Tausenden von Coca-Bauern erschloss sich der Leuchtende Pfad eine einzigartige Finanzquelle. Zuvor hatte sich die Organisation hauptsächlich durch Banküberfälle, Schutzgelderpressungen, Entführungen und Zwangsabgaben sowie durch unterwanderte Privatschulen, Verkaufsveranstaltungen und den Vertrieb von Parteidokumenten finanziert. Die millionenschweren Gewinne vor Augen, zögerte das senderistische Regionalkomitee nicht, ins Drogengeschäft einzusteigen. Die Senderisten etablierten gesicherte Umschlagplätze, wo die Bauern ihre illegalen Produkte an Drogenhändler verkaufen konnten, und bauten auch selbst Coca-Sträucher an. Von kolumbianischen Drogenschmugglern kassierten sie saftige Abgaben für die Benutzung von geheimen Flugpisten. Sie trieben »Revolutionssteuern« ein und besteuerten Waren und Dienstleistungen in den von ihnen kontrollierten Zonen. Die jährlichen Einnahmen aus dem Drogengeschäft betrugen schätzungsweise zwischen 20 und 40 Millionen US$. Ungefähr ein Drittel davon wurde für die militärische Ausrüstung und die Besoldung gebraucht. Dank der Drogengelder verfügte das Regionalkomitee Huallaga über modernste Waffen. In den Jahren 1988 und 1989 war der peruanische Staat im oberen Huallaga praktisch nicht existent. Nach einem Überfall auf das Polizeihauptquartier von Uchiza (Dep. San Martín) im März 1989 verhängte die García-Regierung den Ausnahmezustand über die Huallaga-Region und übertrug die Befehlsgewalt einem politisch-militärischen Kommando.

Die zunehmenden Schwierigkeiten in den ländlichen Gebieten des Hochlands veranlassten den Sendero-Chef Guzmán, die Agitation in den Elendsvierteln der Städte und die Sabotageaktionen zu verstärken. Durch das Sprengen von Straßen, Brücken und Hochleistungsmasten brachte der Leuchtende Pfad periodisch das öffentliche Leben zum Erliegen. Mit Bombenattentaten und Mordanschlägen verbreitete er ein allgemeines Klima der Angst. In der zweiten Hälfte der 1980er-Jahre setzte Sendero eine Strategie um, die politische Aktivitäten, gewerkschaftliche Arbeit und die Unterwanderung von Basisorganisationen mit militärischen Aktionen kombinierte. Beispielhaft für die neue strategische Ausrichtung waren die Aktivitäten im Industriegebiet von Ate Vitarte bei Lima. Senderisten schüchterten dort Gewerkschafter, Gemeindeautoritäten und Führer von Basisorganisationen – wenn nötig unter Einsatz massiver Gewalt – ein und nötigten sie zur Zusammenarbeit. Die alten Führungskräfte gleichgeschaltet oder eliminiert, organisierten die Senderisten Landinvasionen, Streiks und Sabotageaktionen. Es gelang dem Leuchtenden Pfad, die Produktion in diesem wichtigen Industriegebiet an der zentralen Straße ins Hochland zu paralysieren und die Elektrizitätszufuhr, die Wasser- und Lebensmittelversorgung der Hauptstadt empfindlich zu beeinträchtigen.

Die systematischen Anstrengungen des Sendero Luminoso zur Durchdringung, Aufsplitterung oder Übernahme von Gewerkschafts- und Basisorganisationen stellte diese vor die Zerreißprobe, zumal sie ohnehin wegen der verheerenden Wirtschaftslage und der staatlichen Repressalien unter starkem Druck standen. Ob durch die Infiltration in bestehende oder ob durch die Etablierung rivalisierender Parallelorganisationen, Ziel des Sendero war die Schwächung der gemäßigteren Linksparteien bei gleichzeitiger Propagierung des bewaffneten Kampfs. Senderistische Agitatoren versuchten, die Nutzlosigkeit »reformistischer« Strategien aufzuzeigen und nutzen geschickt Spannungen innerhalb von Basisorganisationen aus – Zwistigkeiten zwischen Anhängern verschiedener Linksfraktionen, Rivalitäten unter Führern, Ressentiments zwischen neu angekommenen und alteingesessenen Slumbewohnern, Gerüchte über Korruptionsfälle –, um gestandene Führungskräfte zu diskreditieren oder einen Keil zwischen Basis und nationale Führung zu treiben. Wer die Zusammenarbeit verweigerte, musste mit der Ermordung rechnen. Hatte der Leuchtende Pfad während der Amtszeit von Präsident Belaúnde (1980–1985) hauptsächlich staatliche Lokalbeamte verfolgt, so weitete er seine Mordkampagnen in der Folgezeit erheblich aus. Ins tödliche Visier gerieten nun auch Gewerkschaftsführer sowie Aktivisten konkurrierender Linksparteien, von Basis- und Landarbeiterorganisationen, ja sogar deren Familienangehörige.

Für die Gemeindewahlen vom November 1989 wie für die Präsidentschaftswahlen im April/Juni 1990 rief der Leuchtende Pfad zum Boykott auf. Um der Forderung Nachdruck zu verschaffen, ließen Senderisten Autobomben hochgehen. Sie legten Brände, griffen Parteibüros und Wahlveranstaltungen an und überfielen die Wohnungen oder die Arbeitsorte von Kandidaten. In den Wochen vor dem Wahltermin ermordeten Senderisten Dutzende von Amtsinhabern. Jeder Todesfall löste eine Rücktrittswelle von amtierenden Gemeinderäten und von Kandidaten aus. Bis Anfang Juli waren landesweit 656 Bürgermeister-, Stadt- oder Gemeinderatssitze verwaist. Mancherorts bekundeten die politischen Parteien Mühe, überhaupt noch Kandidaten zu finden. Trotz Mord-, Terror- und Einschüchterungskampagnen gelang es dem Leuchtenden Pfad jedoch nicht, die Wahlen zu verhindern. Andererseits bekam auch das Militär den Terror nicht in Griff, obschon ein Drittel des nationalen Territoriums mit der Hälfte der Gesamtbevölkerung dem Notrecht unterstand.

Coca-Blätter und Kokain

Bei der Coca-Pflanze handelt es sich um einen holzigen, immergrünen Strauch, der winzige, weißliche Blüten, ovale, rote Früchte und ellipsenförmige, kleine Blätter besitzt. Wie die Tee- werden auch die Coca-Blätter mindestens drei Mal im Jahr sorgfältig gepflückt. Aus den Blättern zweier Arten wird die illegale Droge Kokain gewonnen, wobei der Alkaloidgehalt sorten- und standortbedingt zwischen 0,25 und 1,25 % schwankt. Seit Jahrtausenden verwendet die andine Bevölkerung die getrockneten nährstoff- und vitaminreichen Blätter für medizinische, rituelle und magische Zwecke. Im peruanischen Hochland gibt es heutzutage um die 600 000 regelmäßige Nutzer von Coca. Üblicherweise werden die Blätter zusammen mit einer Prise Kalk im Mund zerkaut, sodass sich die Alkaloide lösen, welche die Droge Kokain-Hydrochlorid bilden. Deren Anteil ist im Coca-Blatt so geringfügig, dass das Kauen weder giftig ist noch abhängig macht. Die gekauten Blätter wirken wie ein gemäßigtes Aufputschmittel, das Hunger, Durst und Müdigkeit vertreibt und das Kältegefühl dämpft. Neben dem alltäglichen individuellen Konsum haben die Blätter eine eminente Bedeutung im sozialen und rituellen Leben traditioneller andiner Gemeinschaften. Als Opfergaben für die Naturkräfte, bei Wahrsageremonien, während allgemeinen Feiern wie Übergangsriten (Taufen, Hochzeiten, Begräbnissen) sind sie unentbehrlich. Zusammen mit dem Alkohol gehören sie bei jeder Dorfversammlung im Hochland als sozialer Kitt dazu. Beides anzubieten, gehört zu den Grundnormen der Höflichkeit, etwa wenn man um eine bestimmte Hilfe bittet oder einen Vertrag abschließt oder wenn über Gemeindebelange diskutiert und entschieden wird.

Im heutigen Peru – wie auch in Bolivien – gibt es legale, staatlich kontrollierte Coca-Pflanzungen. Die Wiener Konvention von 1988 hat den traditionellen Gebrauch der Pflanze für legitim erklärt. Getrieben von der reißenden internationalen Nachfrage nach Kokain, haben sich die illegalen Anbauflächen seit Ende der 1960er-Jahre stark ausgeweitet. Für 2019 wurde Perus Anbaufläche vom Washingtoner Office of National Drug Control Policy auf 72 000 Hektar geschätzt, fast 20 000 Hektar mehr als im Jahr zuvor. Auf dieser Fläche hätte man 705 Tonnen reines Kokain produzieren können. Gemäß dem peruanischen Innenministerium beschlagnahmten die Sicherheitskräfte 2019 insgesamt 63 Tonnen der Droge.

Wie die riesigen Anbauflächen und die konfiszierten Drogenmengen zeigen, haben Anbau und Schmuggel heutzutage eine kritische Dimension erreicht. Zehntausende von Familien leben vom illegalen Coca-Anbau. Im Unterschied zu früher stellen jetzt viele Kleinbauern selber Kokain in einem dreistufigen chemischen Prozess her. Für die Kleinbauern stellen die Coca-Blätter das rentabelste landwirtschaftliche Produkt dar. Bei gleichem Arbeitseinsatz erwirtschaftet eine Bauernfamilie mit den Blättern im Durchschnitt fünf- bis zwölfmal mehr als mit dem Anbau von Kaffee, Kakao, Tee oder tropischen Früchten.

Der Arbeitskräftebedarf für den Anbau und die Ernte der Coca-Blätter sowie die Weiterverarbeitung zu Coca-Paste und Kokain ist hoch. Bei der landwirtschaftlichen Produktion kommen Coca-Bauern, Pflücker, Aufkäufer, Packer, Aushilfskräfte und Träger zum Einsatz; in der Verarbeitungsstufe Coca-Stampfer, Chemiker, Händler von Vorprodukten und Zwischenhändler. Am Drogenhandel beteiligen sich An- und Verkäufer, Schmuggler, Piloten von Kleinflugzeugen, Sicherheitspersonal, Manager und die Bosse der Kartelle. Zweifellos hat die Drogenwirtschaft zahllosen Peruanern zu einem Einkommen verholfen und einen nicht zu unterschätzenden Beitrag zur ökonomischen Entwicklung des Landes geleistet. Um Schwarzgelder in Milliardenhöhe zu waschen, haben Drogenbanden in bestimmte Sektoren der nationalen Wirtschaft investiert, insbesondere in Versorgungsbetriebe, ins Bankwesen und ins Baugewerbe.

Die Kehrseite der Medaille ist freilich, dass die Kokainindustrie einen Rattenschwanz negativer Begleiterscheinungen erzeugt. So hat der landesweite Konsum von Kokain und seiner Nebenprodukte stark zugenommen. Ebenfalls stark angestiegen sind die Produktivitätsverluste durch den Drogenkonsum sowie die Kosten im Zusammenhang mit den Ausgaben für Sicherheitsausgaben und der Drogenbekämpfung. Mehrere hunderttausend Hektar tropischen und subtropischen Regenwaldes haben den Coca-Plantagen weichen müssen. Talschaften mitsamt den von Erosion bedrohten Berghängen sind vollständig entwaldet worden. Durch das Verschwinden ganzer Wälder oder durch das Anlegen einer Vielzahl kleiner Felder inmitten des Urwalds sind zahlreiche Pflanzen- und Tierarten bedroht. Der Einsatz von Chemikalien – sowohl bei der Raffinierung von Kokain als auch im Zuge der früheren staatlichen Feldvernichtungskampagnen – belastet die Ökosysteme aufs Schwerste. Auf der Suche nach neuen, vor der staatlichen Zerstörung besser geschützten Feldern weichen die Bauern in abgelegene Zonen und Schutzgebiete wie den Nationalpark Cordillera Azul aus. Der Coca-Anbau dringt immer weiter in die amazonische Tieflandregion vor (Dep. Ucayali, Loreto und Madre de Dios) und verdrängt oder korrumpiert die dort lebende indigene Bevölkerung.

Die Gegensätze zwischen Coca-Bauern, deren Organisationen nicht selten von der Drogenmafia Finanzhilfe erhalten, und den staatlichen Sicherheitskräften besitzen ein gefährliches Konfliktpotential. Sie bilden einen idealen Nährboden für die Agitation von subversiven Gruppen und gefährden die Regierbarkeit bestimmter Dschungelzonen – allen voran in den Talgebieten der Flüsse Apurímac, Ene und Mantaro (VRAEM: Valle de los Ríos Apurímac, Ene y Mantaro). In diesen unter Ausnahmerecht stehenden Gebieten hat eine Korruptionswelle den staatlichen Repressionsapparat erfasst. Hier ist der »vielfach totgesagte« Leuchtende Pfad nach wie vor aktiv. Die Senderisten bieten den Coca-Bauern einen gewissen Schutz vor den Sicherheitskräften. Sie legen Hinterhalte, verminen Coca-Felder und sichern Kokaintransaktionen ab.

Korruption im Zusammenhang mit dem Drogengeschäft ist in allen Bereichen des öffentlichen Lebens verbreitet, angefangen bei Polizeibeamten und Gefängniswärtern bis hin zu hohen Militärs, Politikern, Ministern und höchsten Richtern. Seit den ersten ernsthaften Bemühungen zur Eindämmung der Coca-Produktion unter General Morales Bermúdez (1975–1980) haben Drogenkartelle versucht, durch Bestechung oder Erpressung Polizei und Ermittlungsbehörden zu beeinflussen. Durch großzügige Wahlkampfspenden bemühten sie sich um die Gunst von Politikern. Bei den Präsidentschaftswahlen von 1990 soll der kolumbianische Drogenboss Pablo Escobar den Wahlkampf des siegreichen Kandidaten Alberto Fujimori mit einer Million US$ unterstützt haben. Fujimoris engster Berater, der De-facto-Geheimdienstchef Vladimiro Montesinos, sorgte dann für eine geheime Flugpiste im Norden Perus. Dank seinen Kontakten zum Militär und zu den Gerichten stellte Montesinos sicher, dass Escobars Kleinflugzeuge ungestört ein- und vollbepackt mit Drogen ausfliegen konnten.

García und die Sicherheitskräfte

Von allem Anfang an herrschte zwischen Präsident García und den Militärs ein angespanntes Verhältnis. Zwar erhielten die Streitkräfte über 20 % des Nationalbudgets, doch belasteten Garcías Versuche, das Militär stärker unter seine persönliche Kontrolle zu bringen die gegenseitigen Beziehungen. Der frisch gewählte Präsident nutzte schwere Menschenrechtsverletzungen – beispielsweise das Massaker der Armee an 75 Zivilisten in Accomarca (Ayacucho) vom Oktober 1985 – um hohe Militärs aus dem Dienst zu entfernen. Ferner griff er in die traditionelle Budgetautonomie der Militärs ein, indem er die Anzahl der bestellten Mirage-Kampfflugzeuge halbierte. Ein weiterer Eingriff in die Autonomie der Streitkräfte stellte die Schaffung des Verteidigungsministeriums dar, dem die drei Heeresabteilungen unterstanden.

Zu einer schweren Belastungsprobe der gegenseitigen Beziehungen kam es während der Tagung der Sozialistischen Internationale in Lima Ende Juni 1986.

Kurz nach einem fehlgeschlagenen Mordanschlag auf García brachten senderistische Häftlinge in einer konzertierten Aktion drei Gefängnisse unter ihre Kontrolle. Präsident García setzte die Guardia Republicana und Armee-Einheiten zur Niederschlagung der Gefängnisrevolten in Bewegung. Alle Meuterer in Lurigancho und fast sämtliche auf der Insel El Frontón, wo Marinetruppen das Gefängnis stürmten, fanden den Tod. Nachweislich befanden sich unter den bis zu 300 Todesopfern etliche Gefangene, die sich ergeben hatten. Sie waren nach ihrer Kapitulation durch Kopfschuss gezielt getötet worden. Wegen der Massaker mussten sich 24 Offiziere der Guardia Republicana sowie der Armeegeneral Jorge Rabanal vor Gericht verantworten. Der Chef der Guardia Republicana, General Máximo Martínez Lira, sah sich zum Rücktritt gezwungen. Die Uniformierten reagierten empört, weil sie sich von der Regierung im Stich gelassen und hintergangen fühlten. Militärkreise ließen an die Presse durchsickern, dass der Exekutionsbefehl von García persönlich gekommen sei. Da für diese Behauptung keine Beweise vorgebracht wurden – die Anordnung soll mündlich erfolgt sein – ist bis heute unklar, inwieweit García für den massiven Gewalteinsatz und die Ermordung der Gefangenen verantwortlich war. Wie dem auch sei, ein gewichtiger Teil des Militärs war nun noch weniger zu einer Zusammenarbeit mit der Regierung bereit. Auf Anordnungen reagierten hohe Militärs mit Obstruktion und Ungehorsam. Befehle zur Aufstandsbekämpfung wurden missachtet, die Soldaten blieben in ihren Kasernen. Dem nicht genug arbeitete eine Gruppe innerhalb der Streitkräfte einen Putschplan aus. Wesentliche Teile dieses Planes, der die Implementierung eines autoritären Regimes vorsah, kamen vier Jahre später unter Präsident Alberto Fujimori zur Anwendung.

Hatte sich García zu Beginn seiner Amtszeit als aufrechter Verteidiger der Menschenrechte empfohlen, so rückte er in den letzten drei Regierungsjahren von dieser Haltung ab – ablesbar an der starken Zunahme schwerer Menschenrechtsverletzungen. Laut Amnesty International gab es von 1987 bis 1990 nirgendwo auf der Welt so viele gewaltsam entführte und verschwundene Personen wie in Peru. Und gemäß dem Physical Integrity Rights Index – ein Index, der Folterungen, außergerichtliche Tötungen, politische Inhaftierungen und Fälle des Verschwindenlassens auswertet – waren die letzten Jahre unter Präsident García die schlimmste Zeit hinsichtlich Menschenrechtsverletzungen in Peru. Im Land operierten vier bis fünf Todesschwadronen, die vorgeblich den Terrorismus der Linken bekämpften. Am berüchtigtsten war das Comando Rodrigo Franco, benannt nach einem jungen APRA-Funktionär, den der Leuchtende Pfad ermordet hatte. Der Todesschwadron, die im Juli 1988 erstmals in Erscheinung trat, wurden Verbindungen zu den Streitkräften und zum apristischen Innenminister Agustín Mantilla nachgesagt. Auf ihr Konto gingen 35 Überfälle und neun Morde. Unter den Opfern waren scharfe Kritiker der regierenden APRA, der Verteidiger eines Sendero-Kaders sowie Menschenrechtsaktivisten, die Übergriffe der Militärs denunziert hatten.

Literaturhinweise

Breuer, Martin 2014, »Con las Masas y las Armas!« Deutungs- und Handlungsrahmen des Movimiento Revolucionario Túpac Amaru (MRTA) im diskursiven Spannungsfeld Perus 1980–1990, Köln

Crabtree, John 1992, Peru under García: An Opportunity Lost, Oxford

Dietrich, Ingolf 1998, Die Koka- und Kokainwirtschaft Perus: Auswirkungen auf Wirtschaft und Gesellschaft und entwicklungspolitische Ansatzpunkte zur Eindämmung, Frankfurt am Main

Fuhr, Harald/Hörmann, Marion 1995, Peru, in: Nohlen, Dieter/Nuscheler, Franz (Hg.), Handbuch der Dritten Welt, Bd. 2: Südamerika, 3. Aufl., Bonn

Gootenberg, Paul (Hg.) 1999, Cocaine: Global Histories, London und New York

Kurtenbach, Sabine/Minkner-Bünjer, Mechthild/Steinhauf, Andreas (Hg.) 2004, Die Andenregion – neuer Krisenbogen in Lateinamerika, Frankfurt am Main

Maihold, Günther /Brombacher, Daniel (Hg.) 2013, Gewalt, Organisierte Kriminalität und Staat in Lateinamerika, Opladen

Ortiz Ortiz, Richard 2007, Demokratie in Gefahr. Institutionen und politische Entwicklung in der Andenregion, Marburg

Schönwälder, Gerd 2002, Linking Civil Society and the State: Urban Popular Movements, the Left, and Local Government in Peru, 1980–1992, Pennsylvania

Steinberg, Michael K./Hobbs, Joseph J. /Mathewson, Kent (Hg.) 2004, Dangerous Harvest: Drug Plants and the Transformation of Indigenous Landscapes, New York

Stern, Steve J. (Hg.) 1998, Shining and Other Paths: War and Society in Peru, 1980–1995, Durham und London

Vellinga, Menno (Hg.) 2004, The Political Economy of the Drug Industry: Latin America and the International System, Gainesville

Neopopulismus und neoliberale Wende (1990–2001)

Die katastrophale Wirtschaftslage und die tiefe Enttäuschung über den gescheiterten Hoffnungsträger Alan García führten in Peru zu Verwerfungen in der politischen Landschaft. Das Vertrauen der Bevölkerung in die herkömmlichen politischen Parteien und die Prinzipien der repräsentativen Demokratie war erschüttert, der Weg geebnet für eine politische Neuausrichtung. Ohne Hilfe und Unterstützung durch einen starken Parteienapparat bewarb sich mit Alberto Fujimori ein politischer Unbekannter und Quereinsteiger um das Amt des Staatspräsidenten. Fujimori machte ausgiebig Gebrauch von typisch populistischen Strategien, um Massenunterstützung zu gewinnen und um politische Gegner zu diffamieren. Zum Sündenbock für Perus Misere machte er »die politische Klasse« beziehungsweise die traditionellen politischen Parteien. Zu seinen Anhängern aus den volkstümlichen Schichten baute er eine personenorientierte, nicht-institutionalisierte Beziehung auf. Wie die klassischen lateinamerikanischen Populisten der 1930er- und 1940er-Jahre schätzte Fujimori die Attribute der liberalen Demokratie – Pluralismus, Bürgerrechte, das System gegenseitiger Kontrolle zwischen Exekutive, Legislative und Judikative – gering. Einmal an der Macht, regierte er auf autoritäre Weise. Er schaltete den oppositionellen Kongress aus, manipulierte das Justizsystem und ignorierte unbequeme Gesetze.

Mit Fujimori setzten fundamentale Änderungen in der Wirtschaftspolitik ein. Bis zum Ende der 1980er-Jahre prägten direkte staatliche Eingriffe in die Volkswirtschaft und ein hoher Grad an zentraler Planung die peruanische Wirtschaftspolitik. Lange Zeit galt eine staatlich gesteuerte nachholende Industrialisierung als Schlüssel, um sich durch die Herstellung bislang importierter Produkte im eigenen Land aus der Abhängigkeit vom Ausland zu befreien. Allerdings hatten sich die mit der importsubstituierenden Industrialisierung verbundenen Hoffnungen nicht erfüllt. Insgesamt wurde kein Prozess eigenständigen Wachstums eingeleitet, und die Industrialisierung verminderte keineswegs die Abhängigkeiten vom Ausland. Die Produkte der jungen Industrien waren weder qualitätsmäßig noch preislich gegenüber ausländischer Konkurrenz wettbewerbsfähig, weshalb der Binnenmarkt durch direkte Importverbote und hohe Einfuhrzölle abgeschottet wurde.

In einer Zeit, in der das Scheitern der importsubstituierenden Strategien unverkennbar und Lateinamerika in der Schulden- und Inflationsfalle gefangen war, übernahmen der Internationale Währungsfonds (IWF) und die Weltbank die Aufgabe der Schuldenrestrukturierung. Die beiden Organisationen vergaben Kredite an antragstellende Länder, wenn sich diese zu Strukturanpassungen bereit erklärten. Dabei handelte es sich um ein Bündel wirtschaftspolitischer Maßnahmen, das 1989 in den USA formuliert wurde, und als Washington Consensus bekannt ist. Das Maßnahmenpaket sah unter anderem vor: 1) Liberalisierung der Handelspolitik durch Abbau von Handelsbeschränkungen und Handelskontrollen sowie verbesserte Exportanreize; 2) Privatisierung staatseigener Betriebe; 3) Kürzung der Staatsausgaben und Abbau von Subventionen; 4) Deregulierung von Märkten und Preisen sowie des Arbeitsmarktes. Der Washingtoner Konsensus hatte die erklärte Absicht, einfache Wege zur Erreichung von mehr makroökonomischer Stabilität aufzuzeigen, den extremen Protektionismus der lateinamerikanischen Staaten abzubauen und das Potenzial des wachsenden globalen Handels sowie Auslandskapital besser zu nutzen. Auf dem Konsens von Washington basierte der Entwurf für die neoliberale Globalisierung.

Den Rezepten des IWF und der Weltbank folgend, beendete die Fujimori-Regierung endgültig Perus nationalistische Wirtschaftspolitik. Die Änderungen der Wirtschaftsordnung fanden ihren Niederschlag in einer neuen Verfassung. Während die Verfassung von 1979 den Staat als wichtigen wirtschaftlichen Akteur in der Wirtschaft hervorgehoben hatte, so wurde nun die wirtschaftliche Rolle des Staates zugunsten von Privatinitiative, marktwirtschaftlichem Wettbewerb und Freihandel zurückgestutzt. Gestrichen wurden auch die Artikel zur Agrarreform sowie – im Hinblick auf die Liberalisierung des Arbeitsmarktes – die Passagen zur Beschäftigungssicherheit.

Die Aufhebung von Handels- und Produktionshindernissen, massive ausländische Investitionen, die zunehmende Mobilität sowie die stetigen Verbesserungen im Transportsektor und in den Kommunikationstechnologien verhalfen der Globalisierung in Lateinamerika zum Durchbruch. Damit einher gingen wirtschaftliche und soziale Veränderungen, die auf der Übernahme zahlreicher Elemente des typischen US-amerikanischen Lebensstils basierten. Vor den 1980er-Jahren praktisch inexistent, drangen internationale Geschäfts- und Fast-Food-Ketten sowie weltweit aktive Herstellerfirmen in die Region ein und verdrängten so manches lokale Unternehmen. Global tätige Agrounternehmen mit ihrer industriellen Produktionsweise ersetzten zahlreiche Kleinproduzenten. Neue Gebäudekomplexe, erbaut durch große Hotel- und Restaurantketten, zusammen mit der Entwicklung von Erlebnis- und Erholungsräumen (Strände, Golfanlagen, Ökotourismus) bewirkten einen massiven Wachstumsschub der Tourismus-Industrie.

Unter Anwendung neoliberaler Konzepte gelang es Fujimori, die makroökonomischen Bedingungen zu stabilisieren und Peru aus der Schulden- und Inflationsfalle herauszuführen. Damit schuf er die Voraussetzungen für ein nachhaltiges Wirtschaftswachstum, das eine substanzielle Steigerung der staatlichen Einnahmen und letztlich auch die Finanzierung sozialpolitischer Programme ermöglichen sollte.

Die Präsidentschafts- und Kongresswahlen von 1990

Bei den Präsidentschaftswahlen von 1990 galt der international bekannte Schriftsteller und spätere Nobelpreisträger für Literatur Mario Vargas Llosa als haushoher Favorit. Er war der Kandidat einer Wahlallianz der Rechten und stand an der Spitze einer Protestbewegung, die gegen die erratische Politik von Präsident García aufbegehrt hatte. Trotz seiner Favoritenrolle und prall gefüllter Wahlkampfkasse, erwuchs Vargas Llosa mit Alberto Fujimori ein ernsthafter Gegner. Der Sohn japanischer Auswanderer war Agraringenieur mit einem Masterabschluss in Mathematik. Er amtete als Rektor der Universidad Nacional Agraria und als Präsident der Nationalen Hochschulrektorenkonferenz. Allgemeine Bekanntheit hatte Fujimori als Gastgeber in einer Fernsehdiskussionssendung erlangt. Fujimori führte eine auf seine Person zentrierte Wahlkampagne. Als politischer Neuling wusste er sich als »ehrliche« Alternative gegenüber der korrupten Politikerkaste zu präsentieren. Mit seinen gegen die traditionellen Parteien gerichteten Appellen und Wahlkampfauftritten, die auf die Bedürfnisse der benachteiligten und vernachlässigten Bevölkerungsschichten zugeschnitten waren, sicherte sich Fujimori zahlreiche Wählerstimmen.

Bei der Stichwahl im Juni erhielt Fujimori die Unterstützung durch die gemäßigte Linke und die APRA, was ihm zu einem deutlichen Sieg verhalf. Für den Überraschungssieg gab es eine Reihe von Gründen, wie die katastrophale wirtschaftliche Lage, die durch terroristische Gewalt erschütterte innere Sicherheit sowie die Verdrossenheit der Bevölkerung über die traditionellen Politiker und deren Parteien. Seit der Rückkehr zur Demokratie im Jahre 1980 hatten sich sämtliche größeren Parteien oder Parteibündnisse entweder durch Inkompetenz, Misswirtschaft und Korruption bloßgestellt (AP und APRA) oder weil sie es nicht schafften, sich ideologisch moderater zu geben und sich neuen Schichten zu öffnen (PPC) oder weil sie sich vor den Wahlen spalteten (IU). Dass Fujimori den Löwenanteil der Stimmen in den Elendsvierteln holte, offenbarte nicht nur die Unzufriedenheit über die Aufsplitterung der Linken, sondern auch deren Unfähigkeit, die sozialen Umwälzungen der letzten 15 Jahre mit der Explosion des informellen Sektors in ihre Wahlstrategie einzubeziehen. Hinzu kam, dass Fujimori von den internen Streitigkeiten innerhalb von Vargas Llosas Allianz und der Schwäche des offiziellen APRA-Kandidaten profitieren konnte. Letzterer musste die Quittung für die Unfähigkeit der García-Administration bezahlen, ohne von der Parteispitze uneingeschränkt unterstützt zu werden.

Neben dem Staatspräsidenten wurde auch ein neues Parlament gewählt. Als stärkste Kraft ging die rechte Allianz von Vargas Llosa aus den Parlamentswahlen hervor. Zweitstärkste Kraft wurde die APRA. Fujimoris Wahlvehikel Cambio 90 (C 90; Wechsel 1990) erlangte lediglich 32 der insgesamt 180 Abgeordnetensitze und 14 der 62 Senatorensitze. Damit war Fujimori der erste Präsident seit der Re-Demokratisierung, der über keine Mehrheit im Parlament verfügte. Er bildete ein Kabinett, das sich hauptsächlich aus Technokraten zusammensetzte und in dem kein einziger Mitstreiter seiner Cambio-90-Bewegung einen Posten erhielt.

Im Kongress in der Minderheit und ohne starke Partei im Rücken, suchte Fujimori Unterstützung im Lager der Militärs. Von unentbehrlichem Nutzen erwies sich dabei Vladimiro Montesinos, ein unehrenhaft entlassener Hauptmann und dubioser Rechtsanwalt mit trüber Vergangenheit, aber einem profunden Wissen über das »Who is Who« der Streitkräfte. Montesinos knüpfte die Kontakte zur Armee, die nach der Amtsübernahme die institutionelle Hauptstütze von Fujimoris Regime bilden sollte. Allerdings hatten hohe Militärs ihre Vorbehalte, sodass Fujimori gleich bei seiner Amtsübernahme am 28. Juli 1990 die Oberkommandierenden der Marine und der Luftwaffe ersetzte.

Der Fujischock

Mit seiner Amtsübernahme stand Fujimori an der Spitze eines Staates, der unter der Doppellast einer ruchlosen Terrororganisation und einer katastrophalen Wirtschaftssituation zu zerbrechen drohte. Der Leuchtende Pfad zog eine blutige Spur durch das Land. Er kontrollierte etwa ein Viertel aller Gemeinden und konnte auf die Unterstützung von rund 15 Prozent der Bevölkerung zählen. Über 25 000 militante Anhänger standen 1990 bereit, um zumindest elementare militärische Aufgaben auszuführen. Überdies verfügte der Sendero über beträchtliche finanzielle Ressourcen, die hauptsächlich aus den von ihm kontrollierten Coca-Zonen stammten. Um sich die Unterstützung der Militärs zu sichern, ließ Fujimori diesen bei der Aufstandsbekämpfung freie Hand. Zugleich erhöhte er, ungeachtet der verzweifelten wirtschaftlichen Lage, das Militärbudget.

Seit 1976 hatten die verschiedenen peruanischen Regierungen insgesamt 29 wirtschaftliche Stabilisierungsprogramme durchgeführt – ohne durchgreifenden Erfolg. Entgegen den Wahlversprechen kündigte die Fujimori-Regierung noch im August 1990 ein extremes Stabilisierungsprogramm an mit einer Reihe schockartiger Preis- und Wechselkursanpassungen: den so genannten Fujischock. Zu den Maßnahmen zählten die Streichung aller Subventionen, die Freigabe der Preise, die Aufhebung von Importbeschränkungen, die Senkung der Einfuhrzölle und eine Erhöhung der Exportsteuern. Schlagartig erhöhten sich die Preise für Konsumgüter. Über Nacht verteuerte sich eine Milchbüchse um das 2,75-Fache, das Kilo Kartoffeln um das 3,8-Fache, das Kilo Bohnen um das 11,7-Fache, ein Weißbrötchen um das 2,8-Fache, das Kilo Teigwaren um das 4,5-Fache, das Kilo weißer Zucker um das Doppelte und der Liter Speiseöl um das 3,9-Fache. Die Gallone Benzin kostete dreißigmal mehr und Kerosin, das den Armen als Brennstoff diente, war plötzlich zweiunddreißigmal teurer. Zu empfindlichen Preiserhöhungen kam es ebenfalls bei den Medikamenten, dem elektrischen Strom und dem Trinkwasser. Mithilfe dieser »Schocktherapie« gelang es, die monatliche Inflationsrate auf unter 10 % im Oktober und 5 % im November zu drücken.

Auf das wirtschaftliche Schockprogramm folgte im Februar 1991 eine Reihe von Maßnahmen, die auf die Umstrukturierung der Wirtschaft abzielten. Den

Rezepten des IWF und der Weltbank folgend, beendete die Fujimori-Regierung endgültig die protektionistische Wirtschaftspolitik ihrer Vorgänger. Stattdessen zeigte sie sich bereit, die peruanische Wirtschaft dem internationalen Wettbewerb auszusetzen, Investitionsanreize zu schaffen, staatliche Betriebe zu privatisieren sowie den Finanz- und den Arbeitsmarkt zu deregulieren. Einerseits wurden der Außenhandel liberalisiert, der Wechselkurs freigegeben und die Kapitalverkehrskontrollen abgeschafft, andererseits die Gewerkschaftsrechte und der Kündigungsschutz eingeschränkt. Noch im gleichen Jahr löste eine neue Währung – der Nuevo Sol (seit 2013 auch offiziell nur mehr Sol genannt) – den erst 1985 eingeführten Inti ab. Um das Vertrauen der internationalen Finanzmärkte wiederzugewinnen, erfolgten regelmäßige monatliche Schuldenzahlungen an internationale Finanzinstitute in der Höhe von 60 Millionen US$. Mit Hilfe der eingeleiteten Maßnahmen erreichte Peru die Wiedereingliederung in die internationale Finanzgemeinschaft und erneute Kreditwürdigkeit. Die frisch ins Land strömenden Gelder dienten zur Stabilisierung der Wirtschaft und zur Finanzierung öffentlicher Arbeitsprogramme. Sie ermöglichten die Neuorganisation des Steueramtes (SUNAT) und der Zollagentur (SUNAD), was eine effizientere Abgabeneinziehung erlaubte. Auch im Landwirtschaftssektor liberalisierte die Fujimori-Regierung die Preis-, Markt- und Handelspolitik. Ausnahmeregelungen und Einschränkungen bei den Importzöllen wurden abgeschafft und einheitliche Zollsätze eingeführt, Subventionen für bestimmte Agrarerzeugnisse gestrichen und staatlich garantierte Niedrigpreise für Grundnahrungsmittel aufgehoben. Gleichzeitig verfolgte die Regierung nun nachhaltig Steuerhinterzieher und eliminierte Zuschüsse und Steuerprivilegien für Großunternehmen. Alles in allem gelang es der Regierung, die Einnahmen kräftig zu erhöhen und die Wirtschaft zu stabilisieren. Erfolg hatte sie auch damit, die stark regulierte, abgeschottete Wirtschaft dem freien Markt, dem internationalen Handel und – mittels langjähriger Steuerbefreiungen – den ausländischen Investitionen zu öffnen, sodass Perus Wirtschaft ab 1993 wieder zu wachsen begann. Zwar brachte das Maßnahmenpaket die Wirtschaft wieder auf Kurs, doch waren die Kosten für die Bevölkerung beispiellos. In den ländlichen Regionen führten die sinkende Binnennachfrage, billige Nahrungsmittel aus dem Ausland, eine mehrjährige schwere Dürre und fehlende staatliche Unterstützung (Kreditvergabe) zu einer Verschärfung der Armut. Zwischen 1990 und 1992 fiel das Realeinkommen landesweit um einen Drittel. Neue Gesetze erleichterten Entlassungen und schränkten das Streikrecht ein. Sie vereinfachten die Bedingungen für befristete Arbeitsverhältnisse und förderten den Wettbewerb zwischen rivalisierenden Gewerkschaften in ein und demselben Betrieb. Die Anzahl an Streiks ging zwischen 1988 und 1993 um über 80 % zurück. Budgetkürzungen und Stellenabbau reduzierten die Anzahl der Staatsangestellten um mehr als die Hälfte: von 470 000 auf 210 000. In Lima nahm der ohnehin sehr hohe Anteil der Arbeitslosen beziehungsweise Unterbeschäftigten noch weiter zu.

Gegen die Massenentlassungen und die Lohnkürzungen fand die organisierte Arbeiterschaft kein adäquates Rezept. Drei missratene Generalstreiks offenbarten die Machtlosigkeit und politische Schwäche der Arbeiterbewegung. Im Bergbau gingen von 1985 bis 1993 über 23 000 Stellen verloren, das waren rund 40 % der

Arbeitsplätze. An die Stelle von Unternehmen, die eine Vielzahl von ungelernten Arbeitern beschäftigten, traten spezialisierte, kapitalkräftige Firmen, die die neuesten Technologien einsetzten. Generell zogen Unternehmen temporäre Arbeitskräfte den festangestellten vor, weil letztere besser durch Arbeitsgesetze geschützt und kämpferischer waren. Während die Anzahl der gewerkschaftlich organisierten Festangestellten sank, wuchs das Heer derjenigen, die im informellen Sektor individuell ums Überleben kämpfte.

Vorsichtige Schätzungen gehen davon aus, dass in den frühen 1990er-Jahren 54 % der Peruaner in Armut lebte. Trotz der Anstrengungen von Nachbarschafts- und internationalen Hilfsorganisationen nahmen Hunger und Unterernährung weiter zu und forderten sogar Todesopfer. Statt wie angekündigt die Auswirkungen des Schockprogramms durch ein 400 Millionen US$ umfassendes Nothilfeprogramm für die Ärmsten abzufedern, gab die Regierung nur 90 Millionen US$ aus. Verelendung, Mangelernährung, erbärmliche hygienische Bedingungen, gepaart mit den staatlichen Einsparungen im Gesundheitswesen, machten im Frühjahr 1991 den Ausbruch einer Choleraepidemie möglich. Diese schwere bakterielle Infektionskrankheit, die seit dem 19. Jahrhundert nicht mehr aufgetreten war, befiel über 250 000 Menschen und raffte 2500 dahin.

Selbstputsch

Im Spätjahr 1991 setzte Fujimori ein Gesetz durch, das den Beförderungsmechanismus bei der Besetzung der obersten Armeeposten änderte und Möglichkeiten für willkürliche beziehungsweise politisch motivierte Stellenbesetzungen eröffnete. Neu erhielt der Präsident die Befugnis, eigenmächtig die Oberkommandierenden aus den Reihen der höchsten Offiziere auszuwählen und Offiziere in den Ruhestand zu versetzen. Fujimori zögerte denn auch nicht, missliebige Dienstchefs in den Ruhestand zu versetzen. Zum neuen Chefkommandanten ernannte er General Nicolás Hermoza Ríos. Promotionen basierten fortan weniger auf militärischen Verdiensten als vielmehr auf Loyalitätsbekundungen gegenüber dem Präsidenten und dessen Entourage. In der Zwischenzeit war es Fujimoris rechter Hand Montesinos auch noch gelungen, sämtliche geheimdienstlichen Sektoren unter seine Kontrolle zu bringen. Damit konnte Montesinos nicht nur den Kampf gegen die Subversion intensivieren, sondern gleichzeitig die legale politische Opposition überwachen und bekämpfen.

Gegen Jahresende verhärteten sich die innenpolitischen Fronten. Mit aller Kraft widersetzte sich die APRA einem gerichtlichen Prozess gegen Ex-Präsident García. Eine angestrebte Untersuchung über Garcías Rolle bei den Gefängnismassakern von Lima scheiterte, weil das nötige Quorum im Parlament nicht zustande kam. Zudem weigerten sich die Richter der zweiten Strafkammer des obersten Gerichtshofs – Apristen oder von García eingesetzte Richter – Vorwürfen wegen illegaler Bereicherung des Ex-Präsidenten nachzugehen. Darüber hinaus lehnte der Kongress zentrale Gesetzesvorschläge der Exekutive zur Aufstandsbekämpfung und zur Reformierung der Wirtschaft ab, während das Verfassungsgericht bereits verabschiedete Dekrete für ungültig erklärte. Im Kongress gab es Bemühungen zur Einschränkung der legislativen Vollmachten des Präsidenten und einzelne Parlamentarier spielten mit dem Gedanken, ein Absetzungsverfahren gegen Fujimori wegen moralischer Unfähigkeit anzustrengen.

In diesem politisch vergifteten Klima holte Fujimori zum überraschenden Gegenschlag aus. Unterstützt vom Militär setzte er am 5. April 1992 die Verfassung außer Kraft und löste das Parlament auf. Die treibenden Kräfte dieses Staatsstreichs – der nachträglich die Bezeichnung Autogolpe (Selbstputsch) erhielt – waren sein Vertrauter Montesinos, der Kommandant der Militärregion Lima, General Valdivia, und der Chef des militärischen Geheimdienstes Alberto Pinto Cárdenas. Fujimori verkündete eine »Regierung des Notstands und des Nationalen Wiederaufbaus«, die den Weg zu »echter Demokratie« ebnen würde. Den Putsch rechtfertigte er mit dem angeblich unverantwortlichen und unpatriotischen Verhalten des Kongresses, der die Interessen kleiner Machtgruppen und Parteiführer über diejenigen des Landes gestellt habe. Das Parlament wurde auf unbestimmte Zeit und sämtliche Gerichte für 20 Tage geschlossen. Angehörige der Sicherheitskräfte nahmen mehrere Journalisten, Oppositionspolitiker und Arbeiterführer fest und besetzten während zweier Tage die Zentralen der wichtigsten Medien. Sie beschlagnahmten vertrauliche Dokumente aus den Archiven des Justizpalastes und der Staatsanwaltschaft und brachten die Akten an einen geheimen Ort. Unter der Bevölkerung fand der Selbstputsch eine breite Zustimmung. Den allgemeinen Verdruss über die herkömmliche Politikerkaste sowie die als willfährig und korrupt verschriene Justiz hatte Fujimori zuvor durch seine häufigen verbalen Attacken gegen die traditionellen Parteien kräftig angeheizt.

Aus sicherheitspolitischer Sicht erleichterte der Selbstputsch den Kampf gegen den Leuchtenden Pfad. Der Geheimdienst SIN erhielt mehr Geld und mehr Personal. Anti-Terror-Gesetze, die zuvor vom Kongress annulliert oder modifiziert worden waren, konnten nun vorbehaltlos durchgesetzt werden. So durften die Sicherheitskräfte jetzt auf Anordnung des Präsidenten auf das Gelände der Universitäten vordringen oder Haftanstalten durchsuchen. Die Selbstschutztruppen auf dem Lande (Rondas campesinas) erhielten explizit das Recht, sich mit Gewehren gegen Senderisten oder Kämpfer der MRTA zur Wehr zu setzen. Gleichzeitig erhielten die Militärkommandanten in den unter Ausnahmerecht stehenden Gebieten größere Machtbefugnisse.

Unter starkem Druck des Auslands – die USA und weitere Staaten froren unmittelbar nach dem Staatsstreich dringend benötigte Hilfsgelder ein und veranlassten die Blockierung der von den internationalen Finanzinstituten zugesprochenen Darlehen – kündigte Fujimori auf Ende des Jahres Wahlen zu einer verfassunggebenden Versammlung und Gemeindewahlen an. Bis es so weit war, regierte der Präsident per Dekret, wobei er es nicht versäumte, Apristen und sonstige Gegner aus dem Justizapparat entfernen zu lassen. Zwei Monate vor Beginn der Wahlen gelang dem peruanischen Geheimdienst mit der Verhaftung von Abimael Guzmán ein entscheidender Schlag im Kampf gegen den Leuchtenden Pfad. Fujimori feierte die Verhaftung des Sendero-Führers als persönliches Verdienst.

Von der engen Zusammenarbeit mit dem US-amerikanischen Geheimdienst CIA drang nichts an die Öffentlichkeit. Dieser hatte zwischen März und Juni 1990 – noch während der Amtszeit von García – bei der Einrichtung einer kleinen Spezialeinheit geholfen. Deren einzige Aufgabe war die Verfolgung und Gefangennahme Guzmáns. Auf die Verhaftung des Sendero-Chefs folgte alsbald die Inhaftierung weiterer Kader, wodurch Fujimori noch mehr an Popularität gewann.

Am 22. November 1992 fanden die Wahlen zur verfassunggebenden Versammlung statt. Die großen Parteien – APRA, AP und Vargas Llosas Movimiento Libertad – riefen zum Boykott auf, sodass Fujimoris neues Wahlvehikel namens Nueva Mayoría/Cambio 90 mit 44 von 80 Sitzen die absolute Mehrheit erhielt. Damit hatte das Duo Fujimori/Montesinos freie Hand eine für sie maßgeschneiderte Verfassung ausarbeiten zu lassen und die Rahmenbedingungen für die Ausweitung der neoliberalen Wirtschaftsreformen zu schaffen. An den Gemeindewahlen vom Januar 1993 beteiligten sich die traditionellen Parteien wieder. Ihre Kandidaten holten 40 % der Stimmen, während Nueva Mayoría/Cambio 90 nur gerade in einer einzigen Gemeinde siegte. Klare Gewinner waren die unabhängigen Kandidaten, die in der Mehrzahl der Gemeinden reüssierten. Die Wahlen besänftigten die internationale Gemeinschaft. Mitte 1993 erzielte die peruanische Regierung eine äußerst vorteilhafte Einigung bei Umschuldungsverhandlungen mit den westlichen Kreditgebern des Pariser Klubs. Die Übereinkunft öffnete den Weg für 500 Millionen US$ an Direktinvestitionen, die während der nächsten sechs Monate ins Land flossen.

Die Verfassung von 1993 und das Konzept einer plurikulturellen Nation

In der Volksabstimmung vom 31. Oktober 1993 nahm Perus Wählerschaft die neue Verfassung mit 52,3 % Ja-Stimmen an. Die Konstitution hat, von wenigen Änderungen und Ergänzungen abgesehen, ihre Gültigkeit bis heute bewahrt. Sie sieht ein semipräsidentielles Regierungssystem vor, das neben dem Staatspräsidenten einen Regierungschef kennt. Das Parlament kann durch ein Misstrauensvotum den Regierungschef stürzen. Wenn es dem Regierungschef zweimal das Vertrauen entzieht, darf der Staatspräsident den Kongress auflösen und mittels Notverordnungen bis zur Wahl eines neuen Parlaments weiterregieren.

Verglichen mit der Verfassung von 1979 dehnt das neue Grundgesetz die ohnehin schon weit gehenden Befugnisse des Staatspräsidenten aus. Dieser ernennt den Regierungschef und darf – ohne die Zustimmung des Kongresses – Botschafter ernennen und die höchsten Militärposten besetzen. Er hält das Oberkommando über Streitkräfte und Polizei inne. Die militärische Führungsspitze muss sich ausschließlich ihm gegenüber verantworten, während sie gegenüber dem Kongress und der Judikative autonom bleibt. Wie bis dahin räumt die Verfassung dem Präsidenten das Recht ein, Dekrete mit Gesetzeskraft auszufertigen (beispielsweise in Finanz- und Steuerangelegenheiten), die nur mit der absoluten Mehrheit im Parlament außer Kraft gesetzt werden können. Im Unterschied zu 1979 ist nun eine unmittelbare Wiederwahl des Staatsoberhaupts möglich. Wahlsieger wird, wer die absolute Mehrheit der Stimmen bei maximal zwei Wahlgängen auf sich vereint. Für alle Bürger und Bürgerinnen im Alter von 18 bis 70 Jahren besteht Wahlpflicht, wobei Angehörige von Polizei und Streitkräften nicht wahlberechtigt sind.

In der neuen Verfassung ist die Legislative geschwächt. An die Stelle des früheren Parlaments mit zwei Kammern tritt eine einzige Kammer, die nur mehr 120 Mitglieder umfasst. Nach wie vor hat der Kongress die Möglichkeit, Misstrauensanträge gegen den gesamten Ministerrat einschließlich des Regierungschefs zu stellen. Mit absoluter Mehrheit können die Kongressabgeordneten auch einzelnen Ministern das Misstrauen aussprechen und so zum Rücktritt zwingen. In Anlehnung an das US-amerikanische »Impeachment« gibt es ein Amtsenthebungsverfahren, das es ermöglicht, den Staatspräsidenten wegen schwerer krimineller oder verfassungsfeindlicher Verfehlungen aus dem Amt zu entfernen. Die Justiz wird nominell gestärkt durch die Einrichtung eines unabhängigen Organs zur Ernennung der Richter (Consejo Nacional de la Magistratura) und eines vom Parlament mit Zweidrittelmehrheit gewählten Ombudsmanns (Defensor del Pueblo). Eine Neuerung ist das Instrument des Referendums zu Verfassungsänderung, Gesetzesnormen oder Gemeindeordnungen.

Im Unterschied zur alten erlaubt die unter neoliberalen Vorzeichen stehende neue Konstitution den Verkauf beziehungsweise den Kauf von Gemeinschaftsland wie sie auch zahlreiche soziale Schutzmaßnahmen zugunsten der Arbeiter und Campesinos eliminiert. Bezüglich der Menschenrechte bedeutet die neue Verfassung einen Rückschritt, weil sie einerseits die staatlichen Verpflichtungen gegenüber den sozialen und wirtschaftlichen Rechten seiner Bürger reduziert, andererseits internationale Abkommen nur bedingt anerkennt.

Die Verfassung von 1993 bestätigt, dass die katholische Kirche ein wichtiges Element des Landes ist. Sie hebt die 1979 verankerte Trennung von katholischer Kirche und Staat wieder auf, betont aber gleichzeitig, dass eine Zusammenarbeit mit anderen Glaubensbekenntnissen möglich sei.

Neu anerkennt und würdigt die Verfassung den kulturellen und ethnischen Pluralismus der Nation. Der Staat verpflichtet sich, die Diversität und die kulturelle Identität seiner Bürger anzuerkennen und zu schützen. Erstmals in der republikanischen Geschichte billigt eine Verfassung den diversen indigenen Sprachen einen offiziellen Status zu, gültig für diejenigen Gebiete, in denen die entsprechenden Sprachen jeweils vorherrschen. Das bedeutet, dass die staatliche Verwaltung sie dort nach und nach in allen Bereichen des öffentlichen Lebens einführen muss. Die Verfassung gewährt den indigenen Gruppen das Recht auf eine zweisprachige Ausbildung (Muttersprache und Spanisch). Als offizielle Sprachen gelten nebst Spanisch, Quechua und Aymara auch die diversen Sprachen der Dschungelindianer. Den indigenen Gemeinschaften ist es erlaubt, ihre kommunalen sozialen Organisationen beizubehalten, ihre ureigenen Sitten und Bräuche zu pflegen und Recht nach den eigenen Grundsätzen anzuwenden.

Das Bekenntnis zu Multiethnizität und Plurikulturalität ist eine Abkehr vom herkömmlichen Konzept der Nation, das von einer einzigen kulturellen und ethnischen Einheit ausgeht. Im neuen Konzept werden weder die europäisch geprägte Kultur noch eine Mestizen-Identität favorisiert. Vielmehr sollen die unterschiedlichen ethnischen und kulturellen Bevölkerungsgruppen gleichwertige und gleichberechtigte Teile des Nationalstaates sein. Allerdings ist Peru noch weit von der Umsetzung dieses multikulturellen Konzepts entfernt. Denn rassistische und ethnozentrische Vorstellungen sind in den Mittel- und Oberschichten nach wie vor weit verbreitet. Und zahlreiche Individuen mit indigenem Hintergrund verfolgen nach wie vor traditionelle Assimilationsstrategien, um sich in die hispanische Kultur zu integrieren.

Die Zerschlagung des Sendero Luminoso

Im Kampf gegen den Sendero führte Fujimori die bereits bewährte Strategie fort, die um Unterstützung unter der Landbevölkerung warb und Allianzen zwischen Militär und Bauernschaft schmiedete. Der Staat finanzierte in den vernachlässigten Regionen Straßen, Schulen und Gesundheitszentren. Quechua sprechende Soldaten verteilten Nahrungsmittel und Werkzeuge, halfen bei Entwicklungsprojekten mit und verbrüderten sich anlässlich von Patronatsfesten mit den Einheimischen. Außerdem erlaubte das militärische Oberkommando, dass Rekruten den obligatorischen Militärdienst in ihren Herkunftsorten leisteten und stattete die Bauernwehren (Rondas campesinas) mit Schusswaffen aus. Bis zur Mitte der 1990er-Jahre bildeten sich mehrere Tausend solcher bäuerlicher Selbstschutzgruppen mit fast 250 000 Mitgliedern. Trotz gelegentlicher Dispute mit lokalen Militärkommandanten erwiesen sie sich höchst effizient im Kampf gegen den Leuchtenden Pfad. Sie trugen zudem dazu bei, das wegen der gravierenden Menschenrechtsverletzungen stark angeschlagene Bild der Streitkräfte aufzubessern.

Während sich die Beziehungen zwischen den staatlichen Sicherheitskräften und der Landbevölkerung verbesserten, wuchs der Widerwillen gegen Sendero. Immer mehr Dorfgemeinschaften rebellierten und bewaffneten sich gegen die als Unterdrücker empfundenen »Volksbefreier«. Durch seine Terrormethoden machte sich der Leuchtende Pfad zunehmend verhasst. Die Morde an basisdemokratisch gewählten Bauernführern und die bestialischen Exekutionen von »Volksfeinden«, die Familie, Verwandte und Freunde in den Dorfgemeinschaften hatten, lösten Entsetzen und Abscheu aus. Auf breite Ablehnung stießen sowohl die Abschaffung herkömmlicher Formen lokaler Selbstverwaltung als auch die Verbote von »rückständigen« Bräuchen. Die Ersetzung der traditionellen kommunalen durch revolutionäre Organisationen bei gleichzeitiger Ablösung der verdienstvollen, erfahrenen Autoritäten durch junge senderistische Kader stellte einen Affront gegenüber der dörflichen Vorstellungswelt dar. Der Leuchtende Pfad verbot religiöse und offizielle staatliche Feiertage wie etwa Weihnachten oder Ostern und ersetzte diese durch einen eigenen Festtagskalender. Den evangelikalen Gemeinschaften im Ené-Tal untersagte er unter Androhung der Todesstrafe, von Gott zu sprechen. Außer den kirchlichen Repräsentanten vertrieben die Senderisten in- wie ausländische (Nichtregierungs-)Organisationen, die an einer Stärkung der lokalen Ökonomie gearbeitet hatten. Dabei zerstörten sie agrarische Forschungsstationen, Landwirtschaftsgebäude, Traktoren und schlachteten das Zuchtvieh ab. Für Konfliktstoff sorgte außerdem Senderos Befehl, die Felder nur mehr für den Selbstverbrauch und den Unterhalt der Partei zu bestellen, um die Städte auszuhungern. Das Diktum zog die Verwaisung der traditionellen Marktplätze nach sich, womit eine wichtige Einnahmequelle für die bäuerlichen Haushalte entfiel.

Im Gleichschritt zu seinen stetig wachsenden Forderungen verschärfte der Sendero die Zwangsmittel. Er verlangte mehr Rekruten, mehr Verpflegung und forderte eine stärkere Beteiligung der Landbevölkerung an militärischen Aktionen. Aufkeimender Widerstand wurde mit der schnellen und summarischen Anwendung der Todesstrafe erstickt. Im Falle von Desertionen bestrafte der Sendero nun auch Familienangehörige des Flüchtigen. Wenn er einen Deserteur aufgriff, wurde dieser unverzüglich und auf grausame Art getötet. Selbst vor der Ermordung von Kranken und Invaliden, die er als nutzlose, parasitäre Last diffamierte, machte der Leuchtende Pfad nicht Halt. In den kontrollierten Gebieten zogen die Senderisten acht- bis neunjährige Kinder zu militärischem Training zusammen. Diese wurden im Alter von zwölf Jahren in die Basisstreitkräfte inkorporiert. Bei Überfällen und Landbesetzungen führten die Kindersoldaten als wild schreiende Vorhut die Schar der Angreifer an. Gegen die Rekrutierung ihrer Kinder und die damit verbundene Entfremdung von der eigenen Familie setzten sich vor allem Mütter im Hochland zur Wehr. Schonungslos ging der Sendero auch gegen Tieflandindianer vor. Im zentralperuanischen Dschungelgebiet zerstörte er zahlreiche indigene Siedlungen und richtete unter den Einheimischen Massaker an. Die Überlebenden ergriffen entweder die Flucht oder wurden in Konzentrationslager gesteckt, wo sie unter unmenschlichen Bedingungen für ihre Peiniger arbeiten mussten. Todesstrafen im Falle von Auflehnung oder Flucht, Körperstrafen bei Ungehorsam, Hunger und Krankheit bestimmten das Leben der Gefangenen. Mädchen wurden als Sexsklavinnen missbraucht, Kinder als Soldaten eingesetzt, Schwangere zum Abtreiben genötigt und Männer unter Morddrohungen gezwungen, »verräterische« Familienmitglieder oder Bekannte umzubringen.

Während die erste Generation jugendlicher Senderisten durch Gefühle oder Erfahrungen der Entrechtung, Diskriminierung und Unterdrückung motiviert war, machte die zweite Generation oftmals nicht mehr freiwillig, sondern gezwungenermaßen mit. Kinder wurden aus dem Schulunterricht entführt; Eltern, die die Auslieferung ihrer Kinder verweigerten, durch Drohungen und Vergeltungsmaßnahmen gefügig gemacht. Unfähig, die eigenen Versprechungen von wirtschaftlicher und sozialer Gerechtigkeit einzuhalten, herrschte der Leuchtende Pfad kraft einer rigiden Zwangsordnung. Er reproduzierte die rassistischen Vorurteile, die er mit seinem »Volkskrieg« auszurotten vorgab, indem er den ärmsten und schwächsten Teil der Gesellschaft tyrannisierte. Durch Mord und

Terror zwang er die Landbevölkerung in ein Gefolgschaftssystem, das keinen Widerspruch duldete, und das die »Befreiten« durch Abgaben am Leben erhalten mussten. Senderos Strategie zeitigte nur solange Erfolg, wie es ihm gelang, die Landbevölkerung durch Gewalt und Einschüchterung unter Kontrolle zu halten. Gegen die zunehmende Schlagkraft der bäuerlichen Selbstschutztruppen fand er indessen kein adäquates Mittel. Vielerorts hatten die Kämpfe, senderistischer Terror und staatlicher Gegenterror Tausende von Zivilisten vertrieben, sodass der Leuchtende Pfad nur mehr entvölkerte Gebiete kontrollierte, in denen die Schwächsten gefangen waren – das bedeutete, arme, monolinguale Bauern ohne Bekannte in den Städten oder Dschungelindianer wie die Asháninkas.

Rückschläge musste der Leuchtende Pfad nicht nur im Hochland, sondern auch im oberen Huallaga verkraften, wo die Einnahmen aus dem Drogengeschäft einbrachen. In erster Linie war dafür ein Strategiewechsel im staatlichen Antidrogenkampf verantwortlich. Anstatt die Coca-Pflanzungen zu vernichten, verstärkten die kombinierten Ordnungskräfte aus US-Amerikanern und Peruanern die Luftraumüberwachung, um den Abtransport der Coca-Paste durch kolumbianische Flugzeuge zu verhindern. Mit dem Rückgang der Flugbewegungen büßte der Leuchtende Pfad, der an jeder Flugzeugladung mitverdiente, hohe Summen ein. Ein zweiter Grund bestand darin, dass die peruanische Coca-Produktion auf dem Weltmarkt an Wichtigkeit verlor. Und drittens verschob sich die einheimische Produktion in neue und ruhigere Gebiete. Durch den drastischen Rückgang der Drogengelder reduzierte sich die Fähigkeit des Sendero zum Kauf von Waffen und zur Besoldung von Kämpfern erheblich.

Auf dem Lande in die Defensive gedrängt, intensivierte der Leuchtende Pfad seine subversive Aktionstätigkeit in den Städten. Es gelang ihm, durch Infiltration in Basisgruppen und durch offenen Terror ganze Elendsviertel unter seine Kontrolle zu bringen. Allein in Lima ermordeten Senderisten zwischen 1989 und 1992 über 100 Repräsentanten der Zivilgesellschaft (gewählte Gemeindebehörden, Führerinnen und Führer von Nachbarschafts- und Glas-Milch-Komitees, von Suppenküchen und kirchlichen Diskussionsgruppen). Prominentestes Opfer war María Elena Moyano, die stellvertretende Gemeindevorsteherin von Limas größtem und bestorganisiertem Elendsviertel Villa El Salvador. Weil sie sich strikt einer Kollaboration widersetzte, wurde sie von senderistischen Attentätern in aller Öffentlichkeit erschossen und ihr Leichnam mit Dynamit in die Luft gesprengt. Die Mordkampagne erfüllte ihre beabsichtigte Wirkung: Hunderte von bedrohten Führungskräften gaben ihre Posten auf; einige flohen ins Ausland. Der Terror riss zahlreiche Gemeinschaften auseinander, Basisorganisationen verloren erfahrene Führungskräfte, und zahllose Individuen wurden zum Verstummen gebracht und durch Senderisten ersetzt. Dass der Leuchtende Pfad Bollwerke der Linken und gut organisierte Basisgruppen zerstören beziehungsweise übernehmen konnte, ist nicht nur mit Mord- und Einschüchterungskampagnen zu erklären. Die prekäre Wirtschaftslage und die wirtschaftlichen Schockprogramme machten das bloße Überleben zunehmend schwieriger. Indem der Sendero dringend benötigte Güter verschenkte und seine eigene Form von »Volksjustiz« einführte, die mit drastischen Strafen gegen (vermeintliche) Diebe, Drogensüchtige und andere Randständige vorging, gewann er Sympathien und sicherte sich zumindest die passive Unterstützung in gewissen unterprivilegierten Kreisen. Andererseits wollten zahlreiche Linksaktivisten die vom Leuchtenden Pfad ausgehende (Lebens-)Gefahr nicht wahrhaben. Aufgrund ideologischer Affinitäten und gemeinsamer revolutionärer Ziele hegten sie eine gewisse Bereitschaft zur Koexistenz und unterließen es, infiltrierte Senderisten frühzeitig aus ihren Organisationen zu verbannen.

Zu Beginn der 1990er-Jahre war die Präsenz des Leuchtenden Pfads in zahlreichen Slums an Limas Peripherie offenkundig. Gegen Ende des Jahres 1991 befand sich die Hauptstadt praktisch im Belagerungszustand. Am 16. Juli 1992 rissen zwei Autobomben im Zentrum des Geschäfts- und Wohnviertels Miraflores mindestens 25 Menschen in den Tod und verletzten über 150 schwer. Die Explosionen bildeten den Auftakt zu einer einwöchigen Terrorwelle mit Überfällen auf Polizeistationen, Unternehmen, Schulen und Geschäfte. Sie kulminierte in einem zweitägigen bewaffneten Streik, der Lima lahmlegte. Die Straßen und die Eisenbahnlinie ins Landesinnere wurden unpassierbar gemacht. Im Verlauf der zweitägigen Offensive kamen landesweit an die 180 Personen um – Sendero schien unbesiegbar.

Die Kehrtwende kam unerwartet im September. Agenten einer geheimdienstlichen Spezialeinheit machten den Sendero-Chef Abimael Guzmán in einem vornehmen Wohnquartier in Lima ausfindig. Zusammen mit Guzmán nahmen die Geheimagenten zwei weitere Kadermitglieder fest. Vielleicht noch wichtiger war, dass ihnen das Organigramm der Terrorgruppe in die Hände fiel. Über tausend Verdächtige wurden während der folgenden Wochen inhaftiert. Zu Jahresende saßen neun Zehntel der Führungsmannschaft hinter Schloss und Riegel. Guzmán wurde zu lebenslanger Haft verurteilt. Aus dem Gefängnis rief er seine Gefolgschaft dazu auf, die Waffen niederzulegen und Verhandlungen mit der Regierung aufzunehmen. Darauf hin spaltete sich eine oppositionelle Fraktion unter Führung des Politbüromitglieds Oscar Ramírez Durand ab. Unter dem Namen Sendero Rojo setzte diese Gruppierung, die einige wenige hundert Anhänger umfasste, den terroristischen Kampf fort.

Mit Hilfe von Amnestieangeboten gelang es der Regierung, die Reihen der Aufständischen weiter zu lichten. Ein im August 1993 verabschiedetes Reuegesetz sicherte einfachen Mitgliedern, unteren und mittleren Parteikadern Straffreiheit zu. Schätzungen zufolge willigten rund 8500 ehemalige Anhänger des Leuchtenden Pfads in dieses Angebot ein und schworen – wie mehrere Hundert Renegaten der MRTA – dem bewaffneten Kampf ab. Damit hörte Sendero endgültig auf, eine ernsthafte Bedrohung für die Existenz Perus zu sein.

Fujimoris zweite Amtszeit (1995–2000)

Die Verfassung von 1993 gestattete eine unmittelbare Wiederwahl des Staatspräsidenten. Gegen Ende seiner ersten Amtszeit betrieb Fujimori zielstrebig die Wiederwahl. Dabei scheute er nicht vor der Verwendung von Staatsgeldern und der Instrumentalisierung der Entwicklungsagentur FONCODES zurück. Letztere war dem Präsidialamt angegliedert und für die staatlichen Sozialprogramme zuständig. Wenige Monate vor dem festgesetzten Wahltermin entwickelte FONCODES eine fieberhafte Tätigkeit: Die Anzahl der sozialen Hilfsprojekte kletterte auf 4760; monatlich fanden 23 000 Arbeitslose ein Auskommen in einem der staatlichen Erwerbsprogramme. Die sozialpolitischen Maßnahmen bildeten ein probates Mittel zum Aufbau von Klientelbeziehungen und sicherten Fujimori die volle Unterstützung der Begünstigten. Neben den Sozialarbeitern spannte Fujimoris Entourage das Militär für die Präsidentschaftskampagne ein. Den Staatsapparat fest im Griff und den Rückhalt bei der großen Masse der Bevölkerung durch die patrimoniale Politik gesichert, konnte der Präsident den kommenden Wahlen beruhigt entgegensehen. Es bestand keinerlei Zweifel, dass die Wählerschaft – nach den traumatischen Erfahrungen der 1980er-Jahre – Ordnung und wirtschaftliche Stabilität über soziale Gerechtigkeit und Demokratie stellen würde. Tatsächlich obsiegte Fujimori bei den Wahlen vom April 1995 und wurde mit rund 64 % der gültigen Stimmen klar wiedergewählt. Sein Wahlvehikel Cambio 90/Nueva Mayoría sicherte sich mit 67 von 120 Sitzen die absolute Mehrheit im Kongress. Von den vier traditionellen Parteien APRA, AP, PC und IU erzielte keine 5 %, was nach der neuen Verfassung nötig gewesen wäre, um weiterhin als regierungsfähige Partei anerkannt zu bleiben. Seinen Triumph verdankte Fujimori den ländlichen und städtischen Armen sowie den urbanen Mittel- und Oberschichten. Überall dort, wo er seine Sozialhilfe- und Infrastrukturprogramme eingesetzt hatte, erzielte er Mehrheiten – sogar in Puno (64 %), einem Departement, das die Verfassung 1993 noch verworfen hatte.

Während Fujimoris zweiter Amtszeit bannte ein Relikt aus den Terrorjahren über Wochen hinweg das Land. Niemand hatte mehr mit einer Aktion des MRTA gerechnet. Im Dezember 1996, während eine Geburtstagsfeier zu Ehren des japanischen Kaisers in vollem Gange war, stürmte ein schwer bewaffnetes MRTA-Kommando die japanische Botschaft in Lima und brachte über 600 Gäste in seine Gewalt. Die spektakuläre Geiselnahme, von der zahlreiche Angehörige der peruanischen Elite betroffen waren, hielt das Land in Atem und machte internationale Schlagzeilen. Nach 126 Tagen beendeten Spezialeinheiten der Armee mit einem Überraschungsangriff das Geiseldrama. Dabei kamen zwei Militärs, eine Geisel und sämtliche Geiselnehmer ums Leben. Für den MRTA, dessen Führungsriege ohnehin im Gefängnis saß, bedeutete dies faktisch den Todesstoß.

Was die Wirtschaftspolitik betrifft, nutzte Fujimori seine zweite Amtszeit, um die neoliberalen Wirtschaftsreformen zu konsolidieren und den Privatisierungsprozess voranzutreiben. Von 1991 bis 2000 gingen 220 staatliche Unternehmen – fast 80 % der Staatsbetriebe – in private Hände über. Die wichtigsten Investoren stammten aus den USA, Spanien, Chile und China. Daneben kamen auch brasilianische, mexikanische, japanische, deutsche und kanadische Geldgeber zum Zug, sodass wichtige Sektoren der peruanischen Wirtschaft erneut vom Ausland dominiert wurden. Den spektakulärsten Kauf tätigte die spanische Telefónica S. A., die sämtliche Telefongesellschaften des Landes für über 2 Milliarden US$ erwarb. Unter spanischer Leitung verdreifachten sich die Telefonanschlüsse von

643 000 auf 1,92 Millionen. Neue Telefonleitungen erreichten selbst Elendsquartiere und abgelegene Ortschaften. In fast allen privatisierten Unternehmen stiegen die operationale Effizienz und die Gewinne steil an. Zugleich erfolgte ein drastischer Abbau von Arbeitsplätzen, sodass das Heer der Entlassenen überwiegend im informellen Sektor ein Einkommen suchen musste. Im Agrarsektor führte die Liberalisierungspolitik zur neuerlichen Etablierung eines Marktes für landwirtschaftlich nutzbare Flächen. Mit dem Bodengesetz (Ley de Tierras) von 1995 hob die Regierung die Größenbeschränkungen für Landbesitz auf und erleichterte die Parzellierung von Ländereien ehemaliger Agrarkooperativen aus der Zeit der Militärdiktatur (1968–1980). Im Falle der Dorfgemeinschaften wurden deren Repräsentanten ermächtigt, die Ländereien ihrer Gemeinschaften zu veräußern oder als Garantien für den Erhalt von Krediten einzusetzen, falls die Gemeindeversammlung ein solches Vorhaben genehmigt hatte.

Unter Fujimori schlug das wirtschaftspolitische Pendel vom ausgeprägten Staatsinterventionismus der 1970er-Jahre wieder in die andere Richtung aus, sodass Peru zu einer der offensten Ökonomien der Hemisphäre avancierte. Mit ihrer neoliberalen Wirtschaftspolitik konnte die Regierung einige bedeutende Erfolge verbuchen: Die kumulierte Jahresinflation sank von 1990 bis 1999 von 7650 % auf 3,7 %. Im gleichen Zeitraum betrug das durchschnittliche jährliche Wirtschaftswachstum über 4 %. Die Investitionen erhöhten sich von 15,8 % des BIP auf 21,7 %. Insbesondere die ausländischen Direktinvestitionen nahmen stark zu: von 1,3 Milliarden US$ auf über 8 Milliarden. Verbesserungen gab es ebenfalls bezüglich des Steueraufkommens, das von weniger als 4 % des BIP im Jahr 1989 auf 14 % im Jahr 1995 stieg. Während die Auslandsverschuldung von 67 % (1989) auf 44 % des BIP (1997) sank, erreichten die Devisenreserven der Zentralbank mit 10 Milliarden US$ 1997 einen historischen Höchststand. Beachtliche Wachstumsraten verzeichnete der Außenhandel: Von 1989 bis 1999 wuchs der Wert der peruanischen Exporte um mehr als das Doppelte, von 2,7 Milliarden auf 6,1 Milliarden US$. Allerdings war die Zunahme bei den Importen, von 2,9 auf 6,7 Milliarden US$ noch größer. Mit Abstand wichtigster Handelspartner Perus waren die USA, deren jährlicher Anteil am Handelsvolumen zumeist zwischen 20 % und 25 % lag.

Neben dem chronischen Handelsdefizit muss kritisch bemerkt werden, dass Peru wieder stärker auf die Ausfuhr von nicht oder nur gering verarbeiteten Produkten aus Bergbau, Landwirtschaft und Fischerei setzte, womit sich das Land der Volatilität der Rohstoffpreise auf dem Weltmarkt aussetzte. Trotz beeindruckender Verringerung der Inflationsrate, der beachtlichen Konsolidierung des Staatshaushaltes und der bis 1998 erzielten Senkung der Armutsrate, waren die Kosten der Strukturreformen für die Ärmsten als auch Teile der Mittelschichten unverhältnismäßig hoch. Die Deregulierung des Arbeitsmarktes, die Restrukturierungen im Unternehmenssektor und die Privatisierung von Staatsunternehmen zogen einen umfangreichen Abbau von Arbeitnehmerrechten und einen erheblichen Personalabbau nach sich.

In den letzten beiden Jahren der Fujimori-Herrschaft trat die Verletzlichkeit des peruanischen Wirtschaftsmodells deutlich zutage. Im Zuge der von Asien ausgehenden internationalen Finanz- und Wirtschaftskrise schlitterte Peru von

1998 bis 2000 in eine Rezession. Verschlimmernd wirkte sich der verheerende El Niño von 1998 aus, der die Landwirtschaft und die Fischerei stark schädigte. Die Rezession, kombiniert mit dem empfindlichen Rückgang der ausländischen Investitionen, dem chronischen Handelsdefizit und wachsenden Auslagen für den Schuldendienst, erodierten den allgemeinen Lebensstandard. Das durchschnittliche Realeinkommen ging stark zurück und befand sich im Jahr 1999 deutlich unter dem Niveau der 1970er-Jahre. Schätzungen zufolge fiel der Haushaltskonsum zwischen 1997 und 2001 um 18 %, während die Zahl der städtischen Arbeitslosen und Unterbeschäftigten zunahm und die Armut um sich griff.

Friedensvertrag mit Ecuador und Korruptionssumpf

Ungeachtet der ökonomischen Probleme gegen Ende seiner zweiten Amtszeit, schuf Fujimoris neoliberale Wirtschaftspolitik die Grundlage, auf der sich nach der Jahrtausendwende das peruanische »Wirtschaftswunder« entfalten sollte. Positiv wirkten sich auch Maßnahmen zur Frauenförderung aus. 1996 wurde ein Ministerium zur Frauenförderung und zur Förderung der menschlichen Entwicklung ins Leben gerufen. Im gleichen Jahr etablierte sich ein Komitee weiblicher Kongressabgeordneter, und das neu eingerichtete Büro des Ombudsmanns erhielt eine spezielle Abteilung für Frauenanliegen. Ein im September 1997 angenommenes Gesetz schrieb den Parteien vor, dass der Frauenanteil auf ihren Wahllisten für den Kongress mindestens 25 % betragen müsse. Seither sind Frauen in den obersten Politiketagen präsent, sei es als Parteichefinnen oder Präsidentschaftskandidatinnen, sei es als Vizepräsidentinnen, Ministerpräsidentinnen oder als Ministerinnen.

Anzurechnen ist Fujimori ebenfalls eine außenpolitische Bravourleistung: Am 26. Oktober 1998 unterzeichneten Peru und Ecuador einen Friedensvertrag, der den umstrittenen Grenzverlauf definitiv regelte und damit den am längsten schwelenden Konflikt in Lateinamerika beendete. Seit der Ratifizierung des Protokolls von Rio de Janeiro im Jahre 1942 (siehe oben) hatte der Streit um den rund 80 Kilometer langen, nicht markierten Grenzabschnitt im schwer zugänglichen Dschungelgebiet der Cordillera del Cóndor fast zwei Dutzend bewaffnete Zusammenstöße provoziert. Zu Beginn der 1990er-Jahre, als das peruanische Militär mit der Bekämpfung des Leuchtenden Pfades vollauf beschäftigt war, nutzte Ecuador die Gelegenheit, seine Stellungen im Gebiet des oberen Cenepa-Tals auszubauen. Im Januar 1995 brachen heftige Kämpfe zwischen ecuadorianischen und peruanischen Truppeneinheiten aus. Der fünf Wochen dauernde Krieg forderte bis zu 1500 Menschenleben und verursachte Gesamtkosten von 500 bis 1000 Millionen US$, wobei die peruanische Luftwaffe neun Flugzeuge verlor. Im Februar beendete ein Waffenstillstandsabkommen die Kampfhandlungen. Fujimori und der ecuadorianische Staatspräsident Jamil Mahuad unterzeichneten im Beisein der Garantiemächte das endgültige Friedensabkommen in Brasiliens Hauptstadt Brasilia. Der definitive Grenzverlauf stimmte weitgehend mit demjenigen von 1942 überein, ohne zu berücksichtigen, dass er das Territorium der Jívaro sprechenden Achuar zerteilte.

Einer gütlichen Einigung hatte sich der langjährige Chefkommandant der peruanischen Streitkräfte, General Hermoza Ríos, medienwirksam widersetzt. Noch vor Unterzeichnung des Vertrags wurde der General im August abrupt in den Ruhestand versetzt. Sein brüsker Abgang erlaubte es Montesinos, die Armeespitze mit Vertrauten zu besetzen. Bis zum Jahr 2000 befanden sich unter den zwölf höchsten Armeekommandanten des Landes neun Generäle, die 1966 gemeinsam mit Montesinos die Ausbildung an der Militärakademie von Chorrillos abgeschlossen hatten. Damit kontrollierte Fujimoris rechte Hand nebst dem stark ausgebauten Geheimdienst faktisch auch noch das Militär. Die damit verbundene Machtfülle nutzte eine kleine Clique gleichermaßen zu politischen Zwecken wie zu kriminellen Machenschaften. Hohe Offiziere sackten beim Kauf von Flugzeugen, Waffen und militärischer Ausrüstung Schmiergelder in Höhe von mehreren Millionen US$ ein. Sie zweigten Millionenbeträge aus dem eigenen Pensionsfond, der Caja Militar, ab. Die Korruptionswelle erfasste auch die Politik und Wirtschaft. Jorge Camet, Wirtschaftsminister von 1993 bis 1998, war verantwortlich für die verschlungenen Geschäfte, von denen Regierungsvertreter und deren Partner im Privatsektor profitierten. Fast jede staatliche Finanztransaktion – von Geldaufnahmen über Privatisierungen bis zum Rückkauf von Perus Schuldpapieren – nutzten Offiziellen mit Insiderwissen und privilegiertem Zugang zu Geschäftssektoren zur illegalen Bereicherung. Vom Erlös aus den über 200 privatisierten Staatsbetrieben, der Schätzungen zufolge 9,2 Milliarden US$ betrug, flossen nur rund sieben Milliarden in die Staatskasse. Über zwei Milliarden US$ versickerte durch Korruption, Veruntreuung oder sonstige kriminelle Geschäfte. Offenbar ergriffen auch Fujimori selbst, enge Familienangehörige des Präsidenten und Freunde die Gelegenheit, um 400 Millionen US$ aus der Staatskasse in die eigenen Taschen zu leiten. Ein riesiges Vermögen raffte ebenfalls Montesinos zusammen, der sein Bargeld außer Landes schaffte. Die mit ihm in Zusammenhang gebrachten Konten auf ausländischen Banken umfassten eine Gesamtsumme von 246 Millionen US$. Allein auf Schweizer Bankkonten wurden fast 33 Millionen US$ sichergestellt. Außerdem beschlagnahmten die Schweizer Behörden millionenschwere Konten, die Montesinos auf seine Ex-Frau, seine Geliebte, seine Töchter, seine Schwester, seine Nichten und Neffen sowie seinen Schwager ausgestellt hatte.

Das System Montesinos oder die Aushebelung des Rechtstaats

Bis zu den späten 1990er-Jahren brachte das Tandem Montesinos/Fujimori den Staatsapparat fast vollständig unter seine Kontrolle. Damit waren auch die Voraussetzungen erfüllt, um Fujimori zum dritten Mal in Folge ins Präsidentenamt zu hieven. Dem Geheimdienst SIN, der 1500 Angestellte plus rund 13 500 Agenten innerhalb der verschiedenen Zweige der Streitkräfte und der Polizei umfasste, fiel bei der Realisierung dieses Plans eine entscheidende Rolle zu. Unter dem Befehl von Montesinos führte der SIN generalstabsmäßig geplante Spionage-, Einschüchterungs- und Schikanierungskampagnen durch, die sich gegen die politische Opposition, Medienmagnaten, Journalisten und Wahlbeamte richteten. Modernstes telefonisches Abhörgerät, von den USA zur Bekämpfung des Drogenhandels geliefert, wurde zum Ausspionieren politischer Gegner zweckentfremdet. Durch Erpressung, Bestechung oder Anschläge wurden politische Gegner gefügig und der Kongress willfährig gemacht. Mit denselben kriminellen Methoden gelang dem Geheimdienst auch die Gleichschaltung des Justizapparats. Bei der Besetzung der Richterstellen sprach Montesinos ein gewichtiges Wort mit. Gelegentlich diktierte er Richtern direkt die Urteilssprüche. Der Aushöhlungsprozess der Justiz gipfelte 1997 in der Amtsenthebung von drei Verfassungsrichtern, die sich der rechtswidrigen Wiederwahl Fujimoris in den Weg gestellt hatten. Durch die Kontrolle des Justizapparats und die Unterwanderung der Steuerbehörde SUNAT hatte das Duo Montesinos/Fujimori zwei wirkungsvolle Instrumente zur Ausschaltung von Gegnern in den Händen. Damit nicht genug verstärkte das Gespann den Zugriff auf die Medien, insbesondere die verschiedenen Fernsehsender. Als Mittel dienten hauptsächlich finanzielle oder wirtschaftliche Anreize (Bestechungsgelder, staatliche und private Werbespots, steuerliche Vergünstigungen), nötigenfalls arbeitete der SIN auch mit Drohungen. Die meisten Fernsehstationen kooperierten denn auch, wobei die privaten Besitzer nebst sonstigen Vorteilen bis zu 10 Millionen US$ an Schmiergeldern kassierten.

Trotz der Aushöhlung des Rechtsstaates und des zunehmend autoritären Kurses hielten der CIA und das SOUTHCOM (Gemeinschaftskommando des US-Verteidigungsdepartements für Lateinamerika) an der engen Zusammenarbeit mit dem peruanischen Geheimdienst und dem Fujimori-Regime fest. Solange die peruanische Regierung den Anschein erweckte, ein zuverlässiger Verbündeter zu sein, der die USA im Kampf gegen linke Rebellengruppen und den internationalen Drogenhandel vollumfänglich unterstützte, sah Washington über die Verletzung rechtsstaatlicher Prinzipien und der Menschenrechte geflissentlich hinweg. Erst als bekannt wurde, dass sich Montesinos außer an Drogengeschäften auch noch an Waffenschiebereien zugunsten der kolumbianischen Guerillaorganisation FARC (Fuerzas Armadas Revolucionarias de Colombia) beteiligt hatte, war er nicht mehr länger tragbar.

Unrühmliche Abgänge

Für die Wiederwahl boten Montesinos und Fujimori nicht nur den gesamten staatlichen Sicherheitsapparat auf, sondern sie zapften auch ungeniert Staatsgelder ab. Dem Geheimdienst und dem Militär standen beträchtliche Geldmittel zur Verfügung, von denen das Duo Teile zur Finanzierung der vielfältigen Aktivitäten rund um den Wahlkampf abzweigte. Außerdem setzte die Regierung erneut soziale Hilfsprogramme zum Stimmenfang ein. Das Budget für Sozialausgaben wurde auf 7,6 % des BIP aufgestockt. Von den Geldern profitierten insbesondere arme Haushalte, die Anschluss ans Trink- und Abwassersystem oder ans Stromnetz erhielten. Rund 38 % der Bevölkerung bezog täglich eine kostenlose Essensration, wobei die US-amerikanische Regierung für etwa ein Viertel der abgegebenen Lebensmittel aufkam. Über die staatlichen Wohlfahrtsprogramme sicherte sich Fujimori eine solide Wählerklientel, die zwischen 30 und 40 % der Bevölkerung umfasste. Für die Manipulation der Medien und für die Einschüchterung, Behinderung oder Diffamierung der Opposition war der Geheimdienst zuständig. Beispielsweise orchestrierte der SIN Verleumdungskampagnen gegen zahlreiche kritische Journalisten und Besitzer unabhängiger Medien. Die Geheimdienstler setzten dazu die Regenbogenpresse, eine Website im Internet, Hetzschriften und staatliche Dienststellen ein.

Unerwartet trübten sich die Aussichten auf einen sicheren Wahlsieg Ende Februar 2000. Denn die Zeitung *El Comercio* publizierte einen aufrüttelnden Report über die Fälschung von 1,2 Millionen Unterschriften bei der Einschreibung von Fujimoris neuem Wahlvehikel Frente Independiente Perú 2000. Nichtsdestotrotz fanden die Wahlen statt, die unabhängige Wahlbeobachter klar als ordnungswidrig verurteilten. Wegen der groben Manipulationen und der zahlreichen Unregelmäßigkeiten trat Fujimoris schärfster Gegner, Alejandro Toledo, gar nicht erst zur Stichwahl an. Damit stand einem neuerlichen Wahlsieg nichts mehr im Wege. Gute Miene zum bösen Spiel machten die USA, die ihren Botschafter zur Amtseinsetzung beorderten und keinerlei Wirtschaftssanktionen ergriffen.

Fujimoris Wahlbetrug stellte sich rasch als Pyrrhussieg heraus. Die Machenschaften rund um die Wiederwahl lösten massive, anhaltende Protestkundgebungen aus. Allen voran mobilisierten Studenten- und Frauengruppen, die mit symbolischen Aktionen ihren Unmut über die autoritären Auswüchse des Regimes ausdrückten. So wischten sie den Platz vor dem Kongress mit Besen oder wuschen in der Öffentlichkeit regelmäßig die Nationalfahne (um sie von der Korruption zu säubern). Zu den protestierenden Gruppen gesellten sich NGOs, die Gewerkschaften und die Verliererparteien, unterstützt von Teilen der urbanen Mittel- und Oberschichten. Inmitten von Gegenkundgebungen und Tränengaswolken trat Fujimori im Juli seine dritte Amtszeit an.

Eineinhalb Monate nach der Inaugurationsfeier strahlte der regimekritische Kabelfernsehsender Canal N ein Video aus der über 2400 Bänder umfassenden geheimen Sammlung von Montesinos aus. In einem Geheimdienstbüro aufgenommen, zeigte es, wie Fujimoris engster Berater einem Parlamentsabgeordneten der Opposition 15 000 US$ in bar aushändigte. Das Bestechungsgeld war der Preis dafür, dass der Parlamentarier ins Fujimori-Lager überwechselte, das bei den Wahlen die Mehrheit im Kongress verpasst hatte. Der kurze Videofilm löste einen neuerlichen Entrüstungssturm in der Öffentlichkeit aus und führte letztlich zum Bruch zwischen Fujimori und Montesinos. Auf das erste Video folgten Dutzende weiterer Bänder, die der De-facto-Geheimdienstchef angelegt hatte, um Gesprächs- und Geschäftspartner erpressen zu können. Sie dokumentierten die Machenschaften des SIN und offenbarten, dass Montesinos aus dem Hintergrund die Fäden zog. Ob bei Abstimmungen im Kongress, bei Entscheidungen der Exekutive oder der Judikative, ob bei Beförderungen oder auch Degradierungen und Amtsenthebungen, überall hatte der windige Anwalt seine Finger im Spiel. Auf seiner Gehaltsliste standen (Medien-)Unternehmer, Journalisten, Meinungsforscher, Bankiers und Künstler.

Einmal demaskiert, musste sich Montesinos ins Ausland absetzen. Er tauchte nach einer abenteuerlichen Flucht schließlich in Venezuela unter. Auch Fujimoris Position wurde im Laufe der Zeit immer unhaltbarer. Nach der Teilnahme am APEC-Gipfel (Asian Pacific Economic Cooperation) in Brunei kehrte der verfemte Präsident nicht mehr nach Peru zurück. Er reiste am 18. November von Südostasien direkt in die Heimat seiner Vorfahren, wo ihn das japanische Bürgerrecht vor einer allfälligen Auslieferung schützte. Zwei Tage später gab Fujimori per Fax seinen Rücktritt als Präsident bekannt. Der peruanische Kongress seinerseits erklärte ihn wegen moralischer Unfähigkeit für abgesetzt. Der kurz zuvor zum Parlamentspräsidenten gewählte Valentín Paniagua übernahm am 22. November eine Übergangsregierung, die damit begann, den vom Tandem Fujimori/Montesinos hinterlassenen Augiasstall auszumisten.

Peru zur Jahrtausendwende

Im Verlaufe des 20. Jahrhunderts verdreifachte sich die Zahl der Weltbevölkerung von knapp zwei Milliarden im Jahre 1900 auf über sechs Milliarden im Jahr 2000. Die peruanische Bevölkerung nahm in diesen hundert Jahren um annähernd das Siebenfache zu, nämlich von geschätzten 3 800 000 auf nahezu 26 000 000. Allerdings verlangsamte sich das Wachstum in den letzten beiden Jahrzehnten des Jahrhunderts. Die durchschnittliche jährliche Bevölkerungszunahme, die in der Dekade von 1962 bis 1972 mit fast drei Prozent einen Höchststand erreicht hatte, sank auf zwei Prozent. Zu dieser Verlangsamung trugen staatliche Verhütungskampagnen und Sterilisierungsprogramme bei. Den medizinischen Eingriffen in der zweiten Hälfte der 1990er-Jahre unterzogen sich über 357 000 Personen – hauptsächlich Frauen aus den Unterschichten. Dabei wurden mehrfach schwere Missbräuche vermeldet: So wurden Frauen nicht gebührend über den eigentlichen Zweck der Operation aufgeklärt. Im Verlauf der Sterilisierungskampagne kamen 18 Frauen ums Leben, weshalb 2002 Anklage gegen Fujimori wegen Genozids erhoben wurde.

Von 1960 bis 2003 sank die Anzahl der Kinder pro Frau von durchschnittlich 6,6 auf 2,8. Wachstumsbremsend wirkten sich die Wirtschaftskrisen und die terroristische Gewalt aus, die Auswanderungswellen auslösten. Zu Beginn der 1980er-Jahre verließen jährlich rund 30 000 Peruanerinnen und Peruaner ihre Heimat, eine Zahl, die sich bis in die frühen 1990er-Jahre auf 90 000 steigerte. Zwischen 1998 und 2002 verließen schätzungsweise weitere 330 000 Personen ihre Heimat.

Dem nationalen Zensus von 1993 zufolge lebte über die Hälfte der Bevölkerung in der Küstenzone. Während der Bevölkerungsanteil des Hochlands infolge der anhaltenden Abwanderung zurückging, steigerten die Dschungelregionen ihren Anteil von vier Prozent im Jahre 1940 auf zwölf Prozent. Mit Abstand größte Stadt blieb Lima, die jetzt 7,2 Millionen Einwohner zählte. Über 500 000 Einwohner wiesen Arequipa, Trujillo und Chiclayo auf. Die Verstädterung hielt auch in den Folgejahren an. Bis 2005 wuchs Lima auf über 8,1 Millionen Einwohner. Den Hafen Callao mitgezählt, wohnten rund 30 % der Peruaner im hauptstädtischen Großraum. Mit dem starken Zustrom konnten die städtischen Dienstleistungen und der Wohnungsbau nicht Schritt halten. Beispielsweise verfügten über ein Viertel der Haushalte über keinen Wasseranschluss. Mit der Verstädterung einher ging der Verlust der indigenen Sprachen. Gaben 1940 noch 51 % eine nichtspanische Sprache als Muttersprache an, so fiel dieser Anteil auf 18 % im Jahr 2007. 57,6 % der Bevölkerung über zwölf Jahren bezeichnete sich selbst als Mestizen, 26,9 % als Indianer (22,5 % als Quechua, 2,7 % als Aymara, 1,7 % als Dschungelindianer), 4,8 % als Weiße, 1,5 % als Schwarze oder Mulatten. Unter die Kategorie »Sonstige«, die 9,1 % ausmachte, fallen Asiaten wie Japaner und Chinesen.

Die Reformen unter den Militärs (1968–1980) sowie die Wirtschaftskrisen der 1980er- und frühen 1990er-Jahre zogen Umbrüche innerhalb der Eliten nach sich. Als mächtigste wirtschaftliche Akteure kristallisierten sich die sogenannten Grupos heraus. Es handelt sich um Unternehmenszusammenschlüsse, die durch Verwandtschaftsbeziehungen sowie informelle finanzielle und persönliche Beziehungsnetzwerke untereinander verbunden und in den unterschiedlichsten Wirtschaftssektoren tätig sind. Sie teilen sich Märkte und Rohstoffvorkommen; sie treffen Preisabsprachen und verteilen untereinander Aufträge. Die Grupos kontrollieren das Banken- und Finanzsystem, womit ihnen eine entscheidende Rolle bei Kreditvergaben zufällt. Zu den vermögendsten Konsortien der Gegenwart zählen: Grupo Romero, Grupo Hochschild, Grupo Brescia, Grupo Belcorp, Grupo Gloria und Grupo Intercorp.

Während die reichsten Haushalte offenbar von den neoliberalen Reformen der 1990er-Jahre profitierten, blieben die erhofften Verbesserungen für die Lebens- und Arbeitsbedingungen der armen Bevölkerungsmehrheit weit hinter den Erwartungen zurück. Namentlich bei der Schaffung formeller Arbeitsplätze wurden keinerlei Fortschritte erzielt. Zur Jahrtausendwende stellten die Arbeiter, die einen regelmäßigen Lohn bezogen, eine Minderheit dar. Zugenommen hatten stattdessen temporäre und prekäre Arbeitsverhältnisse in kleinen und kleinsten

Unternehmen. Für die Mehrheit der städtischen Bevölkerung bildete der informelle Sektor die einzige Möglichkeit, das Überleben zumindest rudimentär zu sichern. Die Hoffnungen gewisser Ökonomen, dass hier eine dynamische Entwicklung von Kleinstunternehmern ihren Ausgang nehme, blieben unerfüllt.

Einen Aufschwung verzeichnete hingegen der Landwirtschaftssektor. Die Agrargesetze der Fujimori-Regierung, die Kauf und Verkauf von landwirtschaftlichem Boden und Agrarbetrieben erlaubten, eliminierten die letzten Überbleibsel der Agrarreform aus den 1970er-Jahren. Fujimori veranlasste die Schließung der Landwirtschafts-Bank (Banco Agrario) und strich sämtliche staatlichen Beihilfen und Subventionen. Enteignete Hacendados des Hochlandes (und deren Erben) gewannen die Kontrolle über Teile ihres einstigen Besitzes zurück. Modernisierungswillige Landbesitzer, darunter auch solche ausländischer Herkunft, weiteten die traditionelle Produktepalette aus, indem sie beispielsweise Forellen oder Garnelen züchteten oder neue Käsesorten produzierten. An der Küste und in den Dschungelregionen reorganisierten sich mittelgroße Betriebe, welche die Verstaatlichungen unter den Militärs mehr oder weniger unbehelligt überstanden hatten. Sie konzentrierten sich auf neue Exportprodukte wie Spargel, Trauben oder Avocados, wobei sie von günstigen Krediten, Exportsubventionen und dem Beitritt Perus zur regionalen Handelsorganisation Acuerdo de Cartagena profitierten. Gegenüber diesen dynamischen, auf den Weltmarkt ausgerichteten Betrieben hatten die Klein- und Kleinstbauern mit Kreditengpässen und mangelndem Know-how zu kämpfen – nebst dem Stigma, »Campesino« zu sein. Um überleben zu können, gingen sie zu intensiven Anbauformen mit diversifizierten und rasch rotierenden Nutzpflanzen über. Viele dieser Kleinbauern hielten einige wenige Kühe oder Ziegen. Zwischen Baumwollsträuchern bauten sie Futterpflanzen oder Nahrungsmittel für den Eigenkonsum an. Indem sie wieder vermehrt Last- und Zugtiere einsetzten, reduzierten sie die Abhängigkeit von Agrarkrediten oder teurer, hochentwickelter Technologie. Bei den anfallenden Arbeiten packten sämtliche Familienangehörigen mit an, wodurch die Kosten für externe Hilfskräfte eingespart wurden. Mit diesen einfachen Maßnahmen konnten die Produktionskosten gesenkt und die Produktivität erhöht werden.

Parallel zum Auflösungsprozess der staatlichen Kooperativen aus der Zeit der Militärdiktatur nahmen die Anzahl der ländlichen Gemeinschaften und deren Landbesitz zu. Im Jahr 1998 existierten 5680 Comunidades Campesinas, die mit 2,7 Millionen Personen über die Hälfte der Land- bzw. 15 % der Gesamtbevölkerung repräsentierten. Sie besaßen über 50 % der land- und viehwirtschaftlich nutzbaren Fläche, das waren 18 Millionen Hektar von insgesamt 35 Millionen. Die meisten Gemeinschaften waren in den Hochland-Departements Puno (1274), Cusco (927) und Huancavelica (500) angesiedelt. Im Gegensatz zu den peruanischen Dschungelindianern oder zu anderen Andenländern wie Bolivien oder Ecuador organisierten sich die Gemeinschaften des peruanischen Hochlands weder als indigene Bewegungen noch machten sie eine tatsächliche oder vermeintliche ethnische Differenz zum politischen Projekt. Wie in den 1960er- und 1970er-Jahren verstanden sie sich als integraler Teil der Bauern- und Landarbeiterschaft und erhoben ihre Forderungen im Rahmen von klassenkämpferischen Konzepten der Linken. Zudem verhinderte die Gewalt des Leuchtenden Pfads und der MRTA die Bildung neuer »indianischer« Organisationen. Seit den 1990er-Jahren gewannen regionale Zusammenschlüsse im Politikbetrieb an Gewicht. Ohne Bezugnahme auf eine bestimmte Ethnie bezeichneten sich diese selbst als Verteidigungsfronten (Frente de Defensa), deutlich ihre Abwehrhaltung gegenüber dem Limeñer Zentralstaat bekundend.

Einen starken Zuwachs verzeichneten seit den 1970er-Jahren die Nichtregierungsorganisationen (NGOs). Üblicherweise handelte es sich dabei um zivile Organisationen, die von Fachleuten mit sozialwissenschaftlichem Hintergrund ins Leben gerufen wurden. 1998 gab es annähernd 800 Nichtregierungsorganisationen im Land. NGOs führten unter anderem land- und viehwirtschaftliche Entwicklungsprojekte durch. Sie betrieben Suppenküchen und betätigten sich im Bereich der Volksbildung, der Gesundheit und des Umweltschutzes. Ein beachtliches Wachstum wiesen ebenfalls protestantisch-evangelikale Glaubensgemeinschaften auf. Insbesondere unter der Landbevölkerung erfuhren sie einen regen Zulauf. Im Departement Cusco fassten evangelikale und Pfingstbewegungs-Gruppen, aber auch Zeugen Jehovas oder Mormonen selbst in den abgelegensten Winkeln Fuß. Diese Glaubensgruppen füllten das Vakuum, das durch den generellen Mangel an katholischen Priestern entstanden war. Für einen Austritt aus der katholischen Kirche gab es sowohl ökonomische als auch moralische Gründe. Durch einen Glaubenswechsel konnte eine Familie die Teilnahme und damit die finanzielle Beteiligung an den kostspieligen Dorffeiern vermeiden. Das Praktizieren einer sittenstrengen Lebensform bot zudem eine Alternative zu Unsitten, die im ländlichen katholischen Milieu verbreitet waren wie Alkoholismus, häusliche Gewalt und Vernachlässigung der Kinder. Andererseits kam es innerhalb von Dorfgemeinschaften zu Spannungen zwischen Neubekehrten und Katholiken. Bezeichneten sich 1993 noch 89,0 % der Peruaner als katholisch und 6,8 % als evangelisch, so verschoben sich die Anteile bis 2007 auf 81,3 % beziehungsweise 12,5 %. Trotz des Mitgliederrückgangs stellte die katholische Kirche noch immer einen bedeutsamen Machtfaktor dar. Vertreter der katholischen Kirche mischten sich nach wie vor regelmäßig in die politischen Auseinandersetzungen ein. Seit den 1980er-Jahren war Peru eine Hochburg des erzkonservativen Opus Dei, wo die Organisation in den Großstädten und in der Oberschicht Wurzeln gefasst hatte. Mehrere Opus-Dei-Anhänger saßen im Kongress. Im Jahr 2008 zählte die 49-köpfige Bischofskonferenz zwölf Opus-Dei-Mitglieder. Hinzu kamen noch zwei Bischöfe, die dem Sodalitium Christianae Vitae angehörten. Letzteres war eine vom peruanischen Priester Luis Fernando Figari 1974 gegründeten Organisation, die zum Ziel hatte, den Einfluss der Befreiungstheologie einzudämmen. Die Spitze der peruanischen Kirche besetzte von 1999 bis anfangs 2019 ebenfalls ein Mitglied des Opus Dei. Es handelte sich um den Erzbischof von Lima, Juan Luis Cipriani. Seit Cipriani in den 1980er-Jahren als Bischof von Ayacucho die massiven Menschenrechtsverletzungen des Militärs rundheraus in Abrede gestellt hatte, sorgte er immer wieder durch kontroverse Äußerungen für Schlagzeilen.

Abb. 23: Die Arbeiten am neokolonialen Erzbischofspalast in Lima waren 1924 abgeschlossen.

Die Übergangsregierung Paniagua und Strafprozesse

Am 22. November 2000 wurde Valentín Paniagua von der konservativen Acción Popular als Übergangspräsident vereidigt. Seine kurzfristig zusammengestellte Regierung hatte zwei Hauptaufgaben: Zum einen galt es, die Grundlage für eine institutionelle Restrukturierung und damit einen politischen Neubeginn zu schaffen, zum anderen Neuwahlen für April des folgenden Jahres vorzubereiten. Korrupte Amtsinhaber und Führungskräfte mussten entfernt beziehungsweise zur Rechenschaft gezogen, möglichst integre Persönlichkeiten für die Spitzenpositionen im Politik- und Justizbetrieb sowie im Sicherheitsapparat gefunden werden. Zusammen mit einer Equipe von fähigen Fachministern – Ministerpräsident wurde der ehemalige Generalsekretär der UN Javier Pérez de Cuéllar – erfüllte Paniagua seinen heiklen Auftrag meisterlich. Ein kompromittierendes Videoband aus der Sammlung von Montesinos zwang die oberste Armeeführung zum Rücktritt und erleichterte die Entlassungen innerhalb des Militärapparats. Der Geheimdienst SIN wurde aufgelöst und im Februar 2001 ein Gerichtsverfahren gegen Fujimori wegen Veruntreuung eingeleitet. In einer aufsehenerregenden Aktion, die sich am Rande der Legalität abwickelte, gelang es, den flüchtigen Montesinos im Juni aus Venezuela herauszuholen und vor Gericht zu stellen. Am Ende seiner kurzen Amtszeit konnte Paniagua eine eindrückliche Bilanz ziehen. Seine Regierung hatte Dutzende Generäle frühzeitig in den Ruhestand geschickt. Über 100 Polizeioffiziere hatten ihre Posten räumen müssen. Gegen über

30 Generäle beziehungsweise Admirale waren Korruptionsverfahren eröffnet worden. Drei frühere Vorsitzende des Oberkommandos der Streitkräfte – darunter General Hermoza Ríos – saßen zusammen mit Spitzenpolitikern, Medienmagnaten und Richtern im Gefängnis und warteten auf ihre Prozesse vor zivilen Richtern. Ironischerweise erleichterte Montesinos' Manie, alle wichtigen Gespräche aufzuzeichnen, den Untersuchungsbehörden die Arbeit wesentlich und machte das beispiellose Ausmaß des mafiösen Netzwerks für jedermann einsichtig.

Nach dem Abgang von Paniaguas Übergangsregierung kam die gerichtliche Aufarbeitung nur mehr schleppend voran. Prozesse nahmen mitunter Jahre in Anspruch. Am 30. Oktober 2001 klagte der Generalstaatsanwalt den flüchtigen Fujimori der unrechtmäßigen Bereicherung und der Unterschlagung in der Höhe von über 370 Millionen US$ an. Mangels Beweisen erfolgte aber vorerst noch keine Verurteilung. Montesinos musste sich wegen Waffenschieberei, Drogenschmuggels, Geldwäscherei und der Leitung einer Todesschwadron namens La Colina verantworten. Bis August 2002 waren immer noch Hunderte von Untersuchungs- und Gerichtsverfahren offen. 110 Angeklagte waren auf der Flucht und gegen sieben – darunter Fujimori – wurden im Ausland Auslieferungsgesuche eingereicht. Zu den prominentesten Häftlingen zählten neben Montesinos und General Hermoza Ríos der ehemalige Finanzminister Víctor Joy Way und die ehemalige Generalstaatsanwältin Blanca Nélida Colán. Letztlich wurden über 1300 Individuen aufgrund verschiedenster Verbrechen verurteilt. 106 Täter erhielten langjährige Freiheitsstrafen. Ein großer Teil kam mit Haftstrafen zwischen 18 und 36 Monaten davon, die sie in Übereinstimmung mit den peruanischen Gesetzesbestimmungen im Hausarrest absitzen konnten.

Obschon Ex-Präsident Fujimori international zur Verhaftung ausgeschrieben war, verließ er im Oktober 2005 Japan, wo ihn seine zweite Staatsbürgerschaft vor einer Auslieferung geschützt hatte. Er reiste nach Chile, um von dort aus sein politisches Comeback vorzubereiten. Jedoch verhafteten ihn die chilenischen Behörden und lieferten ihn nach einem langen politischen Tauziehen an die peruanische Justiz aus. Vor den Richtern sahen sich Fujimori und Montesinos nach Jahren wieder. Freilich in gänzlich anderen Rollen als in den 1990er-Jahren: Ersterer war nun Hauptangeklagter, Letzterer einer der Hauptbelastungszeugen. Im April 2009 verurteilten die Richter den Ex-Präsidenten zu 25 Jahren Gefängnis. Fujimori wurde zum einen des qualifizierten Mordes für schuldig gesprochen (die Ermordung von 25 Zivilisten durch die Todesschwadron Grupo Colina). Zum andern machten ihn die Richter verantwortlich für die Entführung beziehungsweise Arretierung des Journalisten Gustavo Gorriti und des Unternehmers Samuel Dyer durch den militärischen Geheimdienst während des Selbstputsches von 1992. Die Richter erklärten Fujimori zum Anstifter der Massaker von Barrios Altos (1991 mit 15 Ermordeten) und La Cantuta (1992 mit zehn Todesopfern) sowie der beiden Entführungen, konnten aber keine direkte, bis zu Fujimori führende Befehlskette nachweisen. Die Strafe wurde im Januar 2010 rechtskräftig. Erstmals wurde damit ein gewähltes peruanisches Staatsoberhaupt wegen Menschenrechtsvergehen gerichtlich verurteilt. Bis zum Frühjahr 2015 kassierte Fujimori vier weitere Strafurteile – unter anderem wegen

Amtsmissbrauch, Unterschlagung und Korruption – mit Gefängnisstrafen zwischen sechs und acht Jahren. Weil die verschiedenen Haftstrafen nach peruanischem Recht nicht kumuliert werden, muss der Verurteilte einzig die längste Strafe von 25 Jahren absitzen.

Die Urteile gegen den Ex-Präsidenten haben die peruanische Gesellschaft tief gespalten. Auf der einen Seite stehen die immer noch zahlreichen Anhänger, die Nachsicht fordern unter dem Hinweis, dass Peru Fujimori die Pazifizierung und die wirtschaftliche Stabilisierung des Landes zu verdanken habe. Auf der anderen Seite befinden sich die Gegner, die ihm die autokratische Herrschaft, die selektive Repression, das Erpressungssystem und die allumfassende Korruption nicht verzeihen. Bei einer Gesamteinschätzung der Fujimori/Montesinos-Jahre darf nicht vergessen bleiben, dass der Präsident stets hohe Zustimmungsraten unter der Bevölkerung erzielte. Auch während seiner zweiten Amtszeit sanken die jährlichen Zustimmungsraten im Durchschnitt nicht unter 40 %. Dass Fujimori noch immer über eine beachtliche Anhängerschaft verfügt, zeigte sich bei den allgemeinen Wahlen von 2006, als seine Tochter Keiko und sein Bruder Santiago in den Kongress gewählt wurden. Bei den Präsidentschaftswahlen von 2011 kam es zur Stichwahl zwischen Keiko Fujimori und Ollanta Humala, die Erstere mit 48,6 % der Stimmen nur knapp verlor. Und bei den Präsidentschaftswahlen von 2016 erzielte die Fujimori-Tochter in der ersten Runde mit Abstand das beste Resultat. In der Stichwahl verlor sie mit einem hauchdünnen Rückstand (41 000 Stimmen bei einem Total von über 17 Millionen). Es war dies die bislang knappste Entscheidung in der Geschichte der peruanischen Präsidentschaftswahlen.

Literaturhinweise

Carrión, Julio F. (Hg.) 2006, The Fujimori Legacy: The Rise of Electoral Authoritarianism in Peru, Pennsylvania

Conaghan, Catherine M. 2005, Fujimori's Peru: Deception in the Public Sphere, Pittsburgh

Henk, Elisabeth 2016, Indigene Sprachen in Peru: Status der Sprachen und Rechte der Sprecher, Gießen

Kenney, Charles D. 2004, Fujimori's Coup and the Breakdown of Democracy in Latin America, Notre Dame

Mainwaring, Scott/Bejarano, Ana María/Pizarro Leongómez, Eduardo (Hg.) 2006, The Crisis of Democratic Representation in the Andes, Stanford

Mealy, Marisa/Shaw Austad, Carol 2012, Sendero Luminoso (Shining Path) and the Conflict in Peru, in: Landis, Dan/Albert, Rosita D. (Hg.), Handbook of Ethnic Conflict: International Perspectives, New York, 553–583

Mücke, Ulrich 2008, Das politische System Perus, in: Stüwe, Klaus/Rinke, Stefan (Hg.), Die politischen Systeme in Nord- und Lateinamerika. Eine Einführung, Wiesbaden, 487–506

Muno, Wolfgang/Lauth, Hans-Joachim/Kestler, Thomas (Hg.) 2012, Demokratie und soziale Entwicklung in Lateinamerika, Baden-Baden

Scott Palmer, David 2007, Peru: Authoritarian Traditions, Troubled Democracy, in: Wiarda, Howard J./Kline, Harvey F. (Hg.), Latin American Politics and Development, 6. Aufl., Boulder (Colorado), 234–267

Schulte-Bockholt, Alfredo 2013, Corruption as Power: Criminal Governance in Peru during the Fujimori Era (1990–2000), Bern

de la Torre, Carlos/Arnson, Cynthia J. (Hg.) 2013, Latin American Populism in the Twenty-First Century, Washington D.C.

Peru im 21. Jahrhundert (2001–2020)

Seit der Amtsenthebung Fujimoris wurden die peruanischen Stimmbürger vier Mal an die Urnen gerufen, um jeweils zugleich einen neuen Kongress und ein neues Staatsoberhaupt zu bestimmen. Außerdem fanden im Januar 2020 außerordentliche Kongresswahlen statt, nachdem Präsident Martín Vizcarra im September 2019 das Parlament aufgelöst hatte. Die Präsidentschafts- bzw. Kongresswahlen verliefen weitgehend korrekt. Das gleiche gilt für die regionalen und lokalen Wahlen in den Jahren 2002, 2006, 2010, 2014 und 2018. Unter den vier Präsidenten der Ära nach Fujimori traten Alejandro Toledo (2001–2006) und Ollanta Humala (2011–2016) als Unabhängige auf, die mit populistischer Rhetorik und Strategien erfolgreich Stimmenfang betrieben. Im Gegensatz zu Toledo und Humala war der 2006 gewählte Ex-Präsident Alan García ein politisches Urgestein, der mit seinem Partido Aprista Peruano über eine gut organisierte Partei verfügte. Allerdings gehörte auch García zu jener für Lateinamerika typischen, caudillohaften Spezies von Autokraten, die dazu neigt, Macht in sich selbst zu konzentrieren anstatt in einer Parteienbürokratie. Über reichliche Regierungserfahrung verfügte auch Pedro Pablo Kuczynski (2016–2018). Er war Anfang der 1980er-Jahre Minister für Energie und Bergbau, unter Präsident Toledo Ministerpräsident. Allerdings trat auch Kuczynsik für keine der traditionellen Parteien an. Wie Toledo und Humala rief er eine Partei ins Leben, die nicht viel mehr als Vehikel für seine persönlichen politischen Ziele bildete. Kuczynski konnte die reguläre Amtszeit nicht beenden. Nach nicht einmal zwei Jahren im Amt, angesichts der drohenden Absetzung durch den Kongress, reichte er am 21. März 2018 seinen Rücktritt ein. Zwei Tage später wurde der Erste Vizepräsident Martín Vizcarra, ein Vertrauter Kuczynskis, als neuer Präsident vereidigt. Vizcarra wiederum wurde am 9. November 2020 wegen »dauerhafter moralischer Untauglichkeit« vom Kongress des Amtes enthoben. Nach heftigen Straßenprotesten, die zwei Menschenleben kosteten, trat sein Nachfolger, Übergangspräsident Manuel Merino, nur fünf Tage nach seiner Amtsübernahme zurück. Als Interimspräsident übernahm darauf Francisco Sagasti Hochhäusler das höchste Amt.

Die Fujimori-Ära warf ihre langen Schatten auf die politische und wirtschaftliche Entwicklung des 21. Jahrhunderts. In den 1990er-Jahren kollabierte das peruanische Parteiensystem, während die demokratischen Institutionen erodierten. Es bildeten sich einige der Hauptkennzeichen der 2000er-Jahre heraus: schwache demokratische Institutionen, das Vorherrschen informeller Institutionen, hohe Volatilität der Wählerschaft und stark personalistische Organisationen anstelle von Parteien. Die meisten Parteien der letzten beiden Jahrzehnte sind politische

Gruppierungen ohne organisierten Apparat. Weder besitzen sie ein definiertes, strukturiertes Programm noch ideologische Prinzipien. Es handelt sich um personalistische Vehikel, die vom Charisma ihres Führers und dem potenziellen Zugang zu Staatsressourcen abhängen, um klientelistische und Patronage-Netzwerke zu finanzieren. Die Schwäche der Parteien und des Parteizusammenhalts zeigt sich am Phänomen des Parteienwechsels nach einer Amtsübernahme: Individuen, die als Kandidaten einer Organisation gewählt wurden, wechselten nach der Wahl zu einer anderen Partei oder gründeten eine eigene Gruppierung.

In zentralen Bereichen setzten die Regierungen des 21. Jahrhunderts Politiken Fujimoris fort. Beispiele sind die Anstrengungen zur Dezentralisierung des Landes und die Wirtschaftspolitik. Obschon bereits die Verfassung von 1979 den dezentralen Charakter der peruanischen Regierung festgeschrieben hatte, wurden die ersten ernsthaften Dezentralisierungsmaßnahmen erst während Fujimoris ersten Amtszeit eingeleitet, indem die Regierung Gemeinden und Distrikte mit finanziellen Mitteln ausstattete. Auf der Basis der 1993er-Verfassung definierte das Verfassungsgericht Peru als dezentralen Einheitsstaat beziehungsweise Regionalstaat. Unter Präsident Toledo wurde 2002 ein Programm zur Dezentralisierung eingeführt, das die Departements in Regionen verwandelte, die ihre eigenen Autoritäten auf Regions- und Gemeindeebene wählen können. Es ermöglicht eine stärkere demokratische Partizipation der Wählerschaft in ihren unmittelbaren Angelegenheiten und eine verstärkte Beteiligung der regionalen und lokalen Regierungen an der Entwicklung des Landes.

Im Wirtschaftsbereich führten Fujimoris Nachfolger dessen liberale Außenhandelspolitik weiter. Sie vertieften den Prozess der Öffnung Perus gegenüber dem Weltmarkt durch den Abschluss zahlreicher bilateraler Freihandelsabkommen. Am neoliberalen Wirtschaftsmodell wurde nicht gerüttelt. Die Nachfolgeregierungen hielten die vorsichtige fiskalische und monetäre Politik, die Deregulierung des Binnenmarktes und die Reformen des öffentlichen Sektors bei. Die solide makroökonomische Politik und die Strukturreformen, kombiniert mit hohen Preisen für mineralische und agrarische Rohstoffe auf dem Weltmarkt, führten zu einem lang anhaltenden, kräftigen Wirtschaftswachstum. Zwischen 2000 und 2018 wies die peruanische Wirtschaft eine durchschnittliche jährliche Wachstumsrate von 4,9 % auf, während das Pro-Kopf-Einkommen im Durchschnitt um 3,7 % pro Jahr wuchs. Die positive wirtschaftliche Entwicklung machte bedeutende Fortschritte auf sozialem Gebiet möglich, wobei insbesondere die markante Reduktion der Armutsrate hervorzuheben ist.

Dem »kleinen peruanischen Wirtschaftswunder« bereitete die weltweite Corona-Pandemie vorerst ein jähes Ende. Nach Venezuela verzeichnet Peru den größten Wirtschaftseinbruch in Südamerika. Die Wirtschaftskommission für Lateinamerika und die Karibik (CEPAL) rechnet für 2020 mit einem Negativrekord des peruanischen Bruttoinlandsprodukts von Minus 14 %.

Die Regierung Toledo (2001–2006)

Bei den Präsidentschaftswahlen von 2001 setzte sich Alejandro Toledo – ein promovierter Wirtschaftswissenschafter aus einfachsten Familienverhältnissen – in der Stichwahl gegen Alan García durch. Sein Wahlvehikel, Perú Posible, erreichte 45 von 120 Mandaten. Da der neue Präsident weder auf die Unterstützung durch einen gut organisierten Parteiapparat zählen konnte noch über die Mehrheit im Kongress verfügte, versuchte er die nichtorganisierte breite Masse der Bevölkerung zu mobilisieren, um seine politischen Initiativen durchzubringen. Mit seinen Aufrufen an die Adresse der ärmeren ländlichen Sektoren und mit dem permanenten Rückgriff auf die andine Tradition und Kultur glich Toledos Regierungsstil auffallend dem Neopopulismus von Fujimoris Anfangszeit.

Außenpolitisch bemühte sich Toledo um exzellente Beziehungen zu den USA. Als Stipendiat, der seine akademischen Studien in den Vereinigten Staaten absolviert hatte, bekannte sich der neue Präsident zu Marktwirtschaft, Demokratie und Menschenrechten. Einer engen Zusammenarbeit im Sicherheitsbereich und im Kampf gegen Drogen stand nichts im Wege. Im März 2002 unterstrich Präsident George W. Bush mit einem Besuch in Peru – dem ersten eines US-amerikanischen Staatsoberhauptes überhaupt – die guten gegenseitigen Beziehungen. Dass Toledo den USA weiterhin Schützenhilfe beim Kampf gegen Drogen leistete, provozierte freilich die einheimischen Coca-Bauern, deren Protestaktionen sich radikalisierten.

Schon nach wenigen Monaten hatte Toledo seine Popularität verspielt. Charakterliche Defizite, Interventionen seiner so talentierten wie bestimmt wirkenden Gattin, kontroverse persönliche Berater und Familienmitglieder trugen erst zur Desillusionierung, dann zur offenen Ablehnung gegenüber seiner Person bei. Überdies sah sich Toledos Regierung mit der über Jahre aufgestauten Unzufriedenheit und einer Unzahl an partikulären Forderungen konfrontiert. In fast jedem Fall agierte die Regierung ungeschickt ohne zufriedenstellende Lösungen zu finden. Inmitten von Gewaltausbrüchen, Straßenblockaden und Vandalismus wurden Versprechen gegeben und bald schon wieder gebrochen, Entscheidungen gefällt und wieder rückgängig gemacht, neue Programme verkündet, die wegen fehlender Finanzierungsmöglichkeiten zum Scheitern verurteilt waren. Der Versuch, entgegen der Wahlversprechen in Arequipa zwei Elektrizitätswerke zu privatisieren, entfesselte im Juni 2002 einen Proteststurm, der mehr als 100 Verletzte forderte. Toledo verhängte den Ausnahmezustand und nahm die Privatisierungspläne zurück, was wiederum eine Regierungskrise provozierte.

Für den November 2002 setzte die Regierung Kommunalwahlen an – unter Bedingungen, die einen wesentlichen Fortschritt bei den Bemühungen um eine Dezentralisierung des Landes bedeuteten. Erstmals fanden Regionalwahlen unter einem Wahlgesetz statt, das die Teilnahme lokaler und unabhängiger Kandidaten erlaubte, die nicht als Mitglieder nationaler politischer Parteien registriert sein mussten. Im Vorfeld dieser Wahlen bildeten sich Hunderte lokaler Gruppierungen, die Kandidaten für die verschiedenen Ämter (Bürgermeister, Distriktsräte oder Regionalpräsidenten) aufstellten. Obschon die Qualität und Kompetenz der gewählten Kandidaten stark variierten, schuf die Neuordnung mit Distrikts- und Regionalregierungen, die über eigene finanzielle Ressourcen verfügten, willkommene Möglichkeiten für den Einstieg in die Politik. Sie kam den lokalen Wünschen entgegen und reduzierte die ausgeprägte politische Machtkonzentration auf nationaler Ebene. Allerdings schwächte die Neuordnung die traditionellen nationalen Parteien weiter, während Toledos Perú Posible die Quittung für die Inkompetenz des Staatschefs erhielt.

Im heiklen Umgang mit den eigenen Streitkräften nutzte Toledo die Gunst der Stunde, um nach den Entlassungen von korrupten Militärs, Geheimdienstlern und Justizbeamten die zivil-militärischen Beziehungen neu zu regeln. Durch die Korruptionsskandale geschwächt, mussten die Sicherheitskräfte akzeptieren, dass zwei von Fujimori erlassene Amnestiegesetze aufgehoben wurden. Das bedeutete, dass sich nun Angehörige von Militär und Polizei für Menschenrechtsverletzungen während der Terrorjahre vor Gericht zu verantworten hatten. Zum ersten Mal in der republikanischen Geschichte Perus konnten sich zivile Autoritäten – Rechnungshof, Antikorruptionskommission, Abgeordnete, Staatsanwälte – unbehindert Zutritt zu Militäreinrichtungen verschaffen. Und erstmals wurde ein Zivilist ohne jeglichen militärischen Hintergrund zum Verteidigungsminister ernannt. Ein Gesetz von 2007 bekräftigte den Primat der Regierung, indem es den Verteidigungsminister als Oberhaupt der Streitkräfte definierte. Die Schwächung der Armeeführung machte sich überdies in Budgetbeschränkungen und einer verbesserten Transparenz betreffs militärischer Finanzen bemerkbar. Eine Minderheit der Militärs war nicht bereit, den Machtverlust widerstandslos hinzunehmen. Unter Führung von Antauro Humala erhoben sich in Andahuaylas 200 Reservisten der Armee und forderten den Rücktritt des Präsidenten, dem sie Korruption vorwarfen. Im Zuge der Meuterei kamen mehrere Polizisten ums Leben.

Weit positiver als die Innenpolitik, wo zeitweise die Grenze zur Unregierbarkeit erreicht schien, präsentierte sich das wirtschaftliche Panorama. Von 2001 bis 2006 lag das durchschnittliche jährliche Wirtschaftswachstum bei über 5 %, während die durchschnittliche Inflationsrate mit mehrheitlich unter 2 % niedrig blieb. Es herrschte Budgetdisziplin, sodass die staatlichen Ausgaben die Einnahmen nicht überstiegen. Die Wirtschaftspolitik Fujimoris weiterführend, baute Toledos Regierung Handelsschranken und Hindernisse im Kapitalverkehr ab und strebte Freihandelsabkommen mit verschiedenen Ländern an, inklusive China und den USA. Im Dezember 2005 schloss Peru ein Freihandelsabkommen mit den Ländern des MERCOSUR (Mercado Común del Sur = Gemeinsamer Markt Südamerikas) ab. Mit der Regionalmacht Brasilien ging Peru eine strategische Allianz ein. Dies beinhaltete unter anderem eine verstärkte wirtschaftliche und politische Zusammenarbeit im Rahmen der IIRSA (Iniciativa para la Integración de la Infraestructura Regional Suramericana = Initiative zur Integration der regionalen Infrastruktur in Südamerika).

Obschon sich Toledo während seiner Präsidentschaftskampagne als Anwalt der Armen ausgegeben hatte, profitierten diese kaum vom Wirtschaftsaufschwung. Zwar stieß die Regierung 2005 ein (an Bedingungen geknüpftes) Programm von Barauszahlungen namens Juntos an. Aber es blieb ein Pilotprojekt, aus dem weniger als 100 000 Familien Nutzen zogen. Nutznießer des Wirtschaftswachstums war in erster Linie das reichste Drittel der Bevölkerung. Das Realeinkommen der meisten Peruaner stagnierte; die gesetzlichen Bestimmungen bezüglich Arbeitsplatzsicherheit erodierten weiter. Am Ende von Toledos Amtszeit wurden 48 % der Bevölkerung als arm klassifiziert, während das Pro-Kopf-Einkommen etwa gleich gering war wie im Jahr 1981. Gesamthaft gesehen blieb der Leistungsausweis der Toledo-Regierung sehr bescheiden. Nicht nur verharrten Perus Sozialausgaben deutlich unter dem lateinamerikanischen Durchschnitt, auch versandeten die institutionellen Reformen zur Bekämpfung der Korruption, welche die Übergangsregierung unter Paniagua angestoßen hatten.

Dschungelindianer unter Druck

Infrastrukturprojekte zur Erschließung des Amazonasgebiets und Großprojekte zur Ausbeutung der reichen Naturressourcen des Dschungels setzen die Urbevölkerung und deren Lebensraum stark unter Druck. Mit finanzieller Unterstützung internationaler Kreditgeber trieb Präsident Belaúnde Terry (1980–1985) den Bau der Dschungelstraße Carretera Marginal voran und nahm ein ambitioniertes Kolonisations- und Entwicklungsprojekt in der zentralen Selva in Angriff (Pichis-Palcazú-Projekt). Im August 2000 unterzeichneten zwölf südamerikanische Regierungen die IIRSA-Initiative. Diese sieht die ökonomische Integration des Kontinents durch das Erstellen von zehn länderübergreifenden Verbindungsachsen quer durch Südamerika vor. Drei dieser Achsen sollen durch Peru führen, den brasilianischen Amazonasteil mit dem Pazifik verbindend. Im September 2005 legten die Präsidenten Perus, Brasiliens und Boliviens den Grundstein für die erste dieser Achsen: die 810 Millionen US$ teure Transozeanische Straße (Transoceánica), die vom Atlantik über die Anden an den Pazifik führt. Die 2600 Kilometer lange Straße wurde im Januar 2011 eröffnet. Sie stellt eine neue Handelsroute für brasilianische (und peruanische Exporte) nach Asien dar. Die Erfahrungen mit der Carretera Marginal haben gezeigt, welch gravierende Probleme für Umwelt und Urbevölkerung entstehen, wenn Zehntausende von Kolonisten dank neuer Straßen Urwaldgebiete in Beschlag nehmen.

Eine Gefahrenquelle stellen auch die Öl- und Gasförderprojekte in entlegenen Dschungelregionen dar. Neben der Nordöstlichen Pipeline, die Rohöl über hunderte von Kilometer aus den nordöstlichen Dschungelgebieten über die Anden an die Küste bringt – und durch Öllecks immer wieder massive Umweltschäden verursacht – ist das Mammutprojekt von Camisea zu nennen. Via Pipelines wird Erdgas aus den riesigen Vorkommen im Urwaldgebiet des Departements Cusco über die Anden an die Küste gebracht. Camisea nahm in den 1980er-Jahren seinen Anfang, als das Mineralöl- und Erdgasunternehmen Shell im Nationalpark Manú das Terrain explorierte. Durch eingeschleppte Krankheiten starben zahlreiche Angehörige der Pano sprechenden Yaminahuas (auch: Yoras oder Nahuas). Aufgrund internationaler Proteste richtete die Fujimori-Regierung die Reserva del Estado Nahua Kugapakori zum Schutz der Yaminahuas und anderer indianischer Gruppen ein. Die Etablierung des Reservats hinderte die Regierung jedoch nicht daran, im gleichen Gebiet großzügig Konzessionen an ausländische Mineralöl- und Erdgasunternehmen zu vergeben. Nach Artikel 66 der peruanischen Verfassung gehören sämtliche Bodenschätze dem Staat, selbst in Gebieten, die seit Urzeiten von Indianern bewohnt und genutzt wurden. Explizit erlaubt die Verfassung die Vergabe von Konzessionen an in- und ausländische Unternehmen zur Ausbeutung der Bodenschätze. Fast 100 000 Hektar der 143 000 Hektar umfassenden Erdgasfelder von Camisea überschneiden sich mit der Reserva Nahua Kugapakori und den Territorien von vier Matsigenka-Gemeinschaften. Im März 1994 unterzeichneten Shell und die staatliche peruanische Erdölgesellschaft Petroperú ein Abkommen zur Weiterentwicklung des Camisea-Projekts. Die Verantwortlichen verhandelten direkt mit den Führern der Matsigenkas und boten den Gemeinschaften begehrte Gebrauchsgüter an, die jene auch akzeptierten. Damit stand einer ungestörten Arbeitsaufnahme im Dschungelgebiet nichts mehr im Wege.

Nachdem Shell/Mobil 1998 aus dem Camisea-Projekt ausgestiegen war, übernahmen zwei international wenig bekannte Konsortien mit Teilhabern in Argentinien, Algerien, Südkorea und den USA das Ruder. Dem einen Konsortium oblag die Gasförderung; das andere war für den Bau und den Betrieb einer Pipeline über die Anden verantwortlich. Auf gleiche Weise wie zuvor Shell sicherten sich die Unternehmen die Zustimmung und das Wohlwollen der indianischen Lokalbevölkerung. Zwischen 2002 und 2003 bevölkerten 1500 auswärtige Arbeiter die Lager der Ölunternehmen im unteren Urubamba-Gebiet. Gleichzeitig bauten 3100 weitere Arbeiter die Gasleitungen. Das Arbeitsheer schleppte Krankheitskeime ins Dschungelgebiet ein. Alkoholismus, Prostitution und Geschlechtskrankheiten verbreiteten sich. Gleichzeitig gingen die Fisch- und Wildbestände – die wichtigsten Proteinquellen der Einheimischen – zurück. Hinzu kamen Umweltschäden in Form von Entwaldung, Erosion, Erdrutschen und Verdreckung in der Umgebung der Camps. Keine vier Monate nach Inbetriebnahme der Gasleitung traten schätzungsweise 183 000 Liter Flüssiggas durch einen Riss aus. Weitere Havarien und Unfälle folgten.

Bis zum Ende des Jahres 2006 waren 70 % des peruanischen Amazonas-Regenwaldes für die Gas- oder Ölerschließung zoniert. Camisea wurde um die benachbarten Pagoreni-Erdgasvorkommen erweitert (Camisea II). Im Februar 2008 erklärten sich die internationalen Finanzinstitutionen bereit, Camisea II mitzufinanzieren.

Die Erdgas- und Erdölprojekte veränderten die Kultur, das Wirtschafts- und das Sozialleben der betroffenen Dschungelindianer stark. Zahlreiche Yaminahuas und Matsigenkas arbeiten heute für die Camisea-Körperschaft. Geldwirtschaft und der unterschiedliche Zugang zu modernen Gebrauchsgütern verstärkten die sozialen Unterschiede, was Konflikte innerhalb von Gemeinschaften und Familiengruppen nach sich zog. Für indianische Gruppen, die in selbst gewählter Isolation lebten, wurde es zunehmend schwieriger, die traditionelle Lebensweise aufrechtzuerhalten. Um Kontakte mit den fremden

> Eindringlingen zu vermeiden, zogen sich gewisse Lokalgruppen aus ihren angestammten Territorien zurück. Dabei ereigneten sich tödliche Konfrontationen zwischen ausweichenden Yaminahua-Gruppen und Matsigenkas. Der Bau neuer Verbindungsstraßen zu den Öl- und Gasfeldern eröffnete illegalen Goldschürfern, Holzfällern und Wilderern, aber auch Kolonisten und Viehzüchtern Einfallsachsen in die indianischen Territorien, womit soziale Konflikte, Abholzungen und empfindliche Umweltschäden vorprogrammiert sind.

Der Bericht der Wahrheits- und Versöhnungskommission

Knapp zwei Monate vor der Amtsübergabe an Toledo setzte Übergangspräsident Paniagua formell eine Wahrheits- und Versöhnungskommission – Comisión de la Verdad y Reconciliación (CVR) – ein. Das Gremium hatte den Auftrag, die Menschenrechtsverletzungen in der Zeit von 1980 bis 2000 zu dokumentieren, und zwar ohne politische Rücksichtnahmen. Nach zwei Jahren intensiver Untersuchungstätigkeit legte die zwölfköpfige Wahrheitskommission ihren bedrückenden Abschlussbericht vor. Sie kam zum Schluss, dass rund 69 000 Menschen aufgrund von Mord, außergerichtlicher Hinrichtung oder schwerer Folter ihr Leben verloren. Über ein Drittel der Todesopfer stammte aus den ärmsten Regionen des Landes. Mehr als drei Viertel hatten Quechua oder eine andere indigene Sprache zur Muttersprache und 79 % lebten als Bauern in ländlichen Gebieten. Über 11 000 kommunale und lokale Führungskräfte (Gemeinderäte, Bürgermeisterinnen, Gewerkschafter, Leiterinnen von Basisorganisationen) fanden einen gewaltsamen Tod oder waren »verschwunden«. Über 5000 Menschen, darunter ein hoher Prozentsatz an Polizisten und Militärs, erlitten schwere Verletzungen beziehungsweise Verstümmelungen. Tausende von Frauen oder Mädchen wurden auf Militärstützpunkten und in Polizeistationen vergewaltigt, wobei die Sicherheitskräfte Vergewaltigungen teilweise gezielt als Bestrafungs- und Erniedrigungsaktionen einsetzten. Schätzungsweise über 1000 Kinder wurden vom Leuchtenden Pfad zur Teilnahme an Kampfoperationen gezwungen. Bis zu 1000 Kinder wurden ermordet; 250 weitere verschwanden. Der Konflikt machte über 38 000 Kinder zu Waisen und 15 000 Frauen zu Witwen. Die materiellen Schäden dürften sich auf 25 Milliarden US$ summieren, womit Peru ein wirtschaftliches Wachstum von 25 Jahren verpasste.

Als Hauptschuldigen identifizierte die Wahrheitskommission den Sendero Luminoso, der 54 % der Todesopfer zu verantworten hatte. Demgegenüber betrug der Anteile der MRTA 1,5 % und derjenige der staatlichen Akteure 42 %. Den damaligen Staatsrepräsentanten (Polizei, Militärs, Präsidenten, Politikern und

Parteien) warf die CVR Vernachlässigung ihrer Pflichten, Verbrechen gegen die Menschlichkeit und massive Verletzungen der Genfer Konventionen vor. 28 % der Opfer verloren ihr Leben zwischen 1983 und 1984, nachdem Präsident Fernando Belaúnde die Aufstandsbekämpfung der Armee übertragen hatte. Die Menschenrechtsverletzungen gingen unter Alan García (1985–1990) weiter, wobei die CVR dem Präsidenten insbesondere die Gefängnismassaker vom Juni 1986 in Lima vorwarf. Massive Verletzungen der Menschenrechte ereigneten sich ebenfalls während des Regimes von Alberto Fujimori (1990–2001). Nach einer Meuterei im Limeñer Gefängnis Castro Castro richteten Sicherheitskräfte im Mai 1992 ein Blutbad unter Senderisten an, obschon sich diese ergeben hatten. In den 1990er-Jahren wurden rund 700 Unschuldige zu mehrjährigen Haftstrafen verurteilt, die sie zum Teil auch verbüßen mussten. Vielfach fällten mit anonymen Richtern besetzte Militärgerichte die Urteile. Andererseits sicherte Fujimoris Amnestiegesetze vom Juni 1995 Gewalttätern aus den Reihen der Sicherheitskräfte Straffreiheit zu.

Mit ihrem detaillierten Abschlussbericht trug die CVR viel zur Wahrheitsfindung und zur Aufarbeitung des langjährigen Blutvergießens bei. Der Bericht deckte auf, dass soziale und wirtschaftliche Ungleichheiten, Rassismus, die allgemeine Verachtung der indianisch-bäuerlichen Bevölkerung sowie kulturelles Unverständnis mit dafür verantwortlich waren, dass der tragische Tod von Tausenden von Campesinos ungesühnt und von der Mehrheit der Peruaner ignoriert blieb. Obschon ausländische Regierungen und internationale Menschenrechtsorganisationen die Arbeit der Wahrheits- und Versöhnungskommission als vorbildhaft lobten, stieß sie in Peru – sofern sie überhaupt zur Kenntnis genommen wurde – auf breite Ablehnung und entfesselte zum Teil heftige Kritik. Angehörige ländlicher Gemeinschaften zeigten sich bestürzt, weil 2000 Massengräber aus Zeit- und Geldmangel nicht inspiziert wurden und 35 000 Tote unidentifiziert blieben. Militär- und Polizeikreise, unterstützt von Politikern und dem Erzbischof von Lima, warfen der Kommission vor, parteiisch zu sein und die »Terroristen« zu begünstigen. Die inkriminierten Staatspräsidenten, Politiker und Parteien gaben sich unschuldig. Niemand wollte Tötungsbefehle ausgesprochen oder Menschenrechtsverletzungen begangen haben. Einen Schritt weiter ging Ex-Präsident García. Er rief seine Landsleute dazu auf, den Streitkräften dankbar für ihren Einsatz zu sein, der die peruanische Demokratie gerettet habe.

Von den zahlreichen Empfehlungen und Verbesserungsvorschlägen des Schlussberichts wurden nur wenige umgesetzt. Der fehlende politische Wille verhinderte, dass angemessene Wiedergutmachungsmaßnahmen getroffen wurden. Ebenfalls unterblieben staatliche Kampagnen gegen den tief verwurzelten Rassismus, der den indigen-bäuerlichen Bevölkerungsteil zu Bürgern zweiter oder dritter Klasse stempelt. Während die Anführer des Leuchtenden Pfades und der MRTA rechtskräftig verurteilt und in Haft sind, befinden sich die allermeisten Täter aus den Reihen des Staatsapparats auf freiem Fuß. Den rund 1000 Häftlingen, die gegen Ende des Jahres 2005 Strafen wegen terroristischer Vergehen absaßen, standen einige wenige Repräsentanten der Staatsorgane gegenüber, die wegen Verbrechen im Rahmen der Aufstandsbekämpfung im Gefängnis gelandet waren.

Alan García zum Zweiten (2006–2011)

Bei den Präsidentschaftswahlen von 2006 kam es zur Stichwahl zwischen dem Oberstleutnant im Ruhestand Ollanta Humala Tasso und dem Ex-Präsidenten Alan García. Damit hatte die peruanische Bevölkerung nur mehr die Wahl zwischen einem dubiosen Ex-Militär, dem schwere Menschenrechtsverletzungen während seiner Zeit als Militärkommandeur 1992 im Alto Huallago vorgeworfen wurden, und einem Ex-Präsidenten mit katastrophalem Leistungsausweis. Unterstützt von Venezuelas Hugo Chávez, polemisierte Humala gegen das »diktatorische Toledo-Regime« und die traditionelle Politikerkaste. Er verlangte die Einführung einer neuen Verfassung und anstelle des neoliberalen Wirtschaftsmodells forderte er die Nationalisierung strategisch wichtiger Bereiche sowie der natürlichen Ressourcen. Aus Angst vor Humalas Radikalismus votierte die Mehrheit der Wahlberechtigten für das kleinere Übel, sodass Alan García mit einem Vorsprung von 700 000 Stimmen (52,6 % vs. 47,4 % der Stimmen) siegte.

García trat seine zweite Regierung unter außerordentlich günstigen Rahmenbedingungen an. Da er sich im Wahlkampf als Bollwerk gegen Humalas Staatsinterventionismus inszeniert hatte, war ihm die Unterstützung eines Großteils der wirtschaftlichen Elite und der Medien sicher. Dank hoher Weltmarktpreise für Bergbauprodukte wie Gold oder Kupfer und dank der florierenden Exportgeschäfte mit Landwirtschaftsprodukten und Fisch wuchs die peruanische Wirtschaft überdurchschnittlich. Die staatlichen Einnahmen erreichten Rekordhöhen. Im markanten Gegensatz zu seiner ersten Amtszeit (1985–1990) setzte García nun die (neo-)liberale Wirtschaftspolitik seiner Vorgänger fort und schlug einen politischen Rechtskurs ein. Obwohl er im Wahlkampf das von Toledo eingeleitete Freihandelsabkommen mit den USA kritisiert hatte, sorgte er nach seiner Wahl für die rasche Ratifizierung und Implementierung des Vertragswerks. Unter García wuchsen die privaten Investitionen im Bergbau um annähernd das Vierfache, womit sich Peru als das Land mit den höchsten Bergbauinvestitionen in Lateinamerika positionierte. Für ausländische Anleger war Peru höchst attraktiv. Die fünf größten multinationalen Unternehmen in Peru – darunter Newmont und Barrick – erzielten zwischen 2005 und Juni 2010 Nettoeinnahmen von 20 Milliarden US$. Angeheizt durch den Rohstoffhunger Chinas wuchs die peruanische Wirtschaft jährlich zwischen 7,7 % und 9,8 %. Einzig das Krisenjahr 2009 stellte mit 0,9 % eine Ausnahme innerhalb dieses beachtlichen Wachstumszyklus dar. Die rekordhohen Regierungseinnahmen flossen einerseits in eine Vielzahl staatlicher Infrastrukturprojekte (Straßenbau, Strom- und Wasserversorgung). Andererseits erhielten die Regional- und Gemeinderegierungen, auf deren Gebiet Bergbau-, Öl- oder Gasprojekte durchgeführt wurden, die Hälfte der von der Rohstoffbranche bezahlten Steuereinnahmen auf Gewinne. Allerdings erwiesen sich viele Lokalbehörden als unfähig, diese Gelder effizient einzusetzen.

Entgegen den allgemeinen Erwartungen stellte die García-Regierung Programme zur Bekämpfung der Armut oder zur Verbesserung der Lebenschancen der ärmsten Bevölkerungssektoren hintan. Die Reallöhne stagnierten, der Mindestlohn blieb weit hinter der Produktivitätssteigerung zurück und die Sozialausgaben stiegen nur moderat. Zwar weitete die Regierung Toledos Juntos-Programm zur Bekämpfung der Armut aus, indem sie das Budget fast verdreifachte und die Anzahl der Begünstigten vervierfachte. Verglichen mit anderen südamerikanischen Ländern, die ebenfalls an Bedingungen geknüpfte Bargeldauszahlungen leisteten, fielen Umfang und Deckungsgrad in Peru weitaus bescheidener aus und erreichten nur 17 % der Armen.

Obschon die APRA nur 36 von 130 Sitzen im Kongress hielt, gelang es dem gewieften Politfuchs García immer wieder, oppositionelle Kongressabgeordnete auf seine Seite zu ziehen und parlamentarische Mehrheiten zu schmieden. In Verletzung seiner Aufsichtspflichten zeigte sich der Kongress gegenüber den wiederholten Machtmissbrauchsfällen der Exekutive nachgiebig. Im bedenklichsten Korruptionsfall – dem Petroaudios-Skandal (auch: Petrogate), der den Rücktritt des Ministerpräsidenten und eine Kabinettsumbildung bewirkte – verhinderte der Kongress einen kritischen Untersuchungsbericht.

Die Dezentralisierungspolitik seiner Vorgänger weiterführend, ließ García 2010 Regional- und Gemeindewahlen abhalten. Bei den Wahlen musste seine APRA, gleich wie die restlichen etablierten nationalen Parteien, eine schwere Niederlage einstecken. Zusammengenommen erreichten sie lediglich 34 % der Stimmen, während provinzielle und regionale »Bewegungen« deutliche Mehrheiten erzielten. Bei diesen »Bewegungen« handelte es sich um lose organisierte, kurzlebige Wahlbündnisse, die regional bekannte Persönlichkeiten – oftmals ohne politische Amtserfahrung – aufstellten.

Unter García konnten die Sicherheitskräfte verlorenen Spielraum zurückgewinnen, wodurch deren Bereitschaft zu einer Zusammenarbeit mit der Regierung wieder wuchs. Von 2000 bis 2008 hatte die Armee ihre Kräfte nur zögerlich bei der Bekämpfung der Überreste des Sendero eingesetzt oder sich sogar diesbezüglichen Anordnungen der Regierung widersetzt. Erst nachdem García dem Militär wieder mehr Autonomie zugebilligt hatte, ging die Armee bei der Aufstandsbekämpfung energischer vor. In den Coca-Anbaugebieten des oberen Huallaga und des VRAEM intensivierten sich 2008/2009 die Kämpfe und Scharmützel zwischen den Sicherheitskräften auf der einen, Senderisten und bewaffneten Drogenbanden auf der anderen Seite. Bei der Kontroverse um den Bericht der Wahrheits- und Versöhnungskommission (CVR) schlug sich die García-Regierung unverblümt auf die Seite der Sicherheitskräfte. Verteidigungsminister Rafael Rey – ein Kollaborateur Fujimoris in den 1990er-Jahren und Mitglied des Opus Dei – ließ verbreiten, dass der CVR gelogen habe und dass die Gerichtsverfahren gegen staatliche Sicherheitskräfte ein Verrat an denjenigen Männern sei, die das Land vor dem Terrorismus gerettet hätten. Damit gab die Regierung den Kampf gegen die Straflosigkeit bei Menschenrechtsverletzungen und gegen Korruption faktisch auf. Auch andere Empfehlungen der CVR stießen auf offene Ablehnung, etwa was individuelle Entschädigungszahlungen an die Opfer oder eine forensische Identifikation der Gewaltopfer in den über 4000 Gemeinschaftsgräbern betraf. Die Regierung unterließ es, strukturelle Reformen einzuleiten, die nötig gewesen wären, um extreme Armut, gesellschaftlichen Ausschluss, Rassismus und Ungleichheit auszumerzen, das heißt: diejenigen Bedingungen zu beseitigen, welche die Wahrheitskommission als die eigentlichen Gründe für den bewaffneten Konflikt herausgearbeitet hatte.

Während Garcías Amtszeit nahmen die sozialen Spannungen, Gewaltausbrüche und Krawalle ein bedenkliches Ausmaß an. Viel Konfliktstoff boten insbesondere Erdöl-, Erdgas- und Bergbauprojekte. Häufig setzte sich die direkt betroffene Lokalbevölkerung, die irreparable Umweltschäden und den Verlust ihrer herkömmlichen Lebensweise befürchtete, mit allen Mitteln zur Wehr. Der blutigste Konflikt ereignete sich 2009 in der Umgebung der nordostperuanischen Stadt Bagua. In Übereinstimmung mit der UN-Deklaration für die Rechte indigener Völker forderten Perus Amazonas-Indianer ein Anhörungsrecht, falls Großprojekte in ihren Territorien realisiert werden sollten. Zwar stimmte der Kongress einem entsprechenden Gesetz zu, Präsident García legte jedoch sein Veto ein. Um die geltenden Vorschriften an den Freihandelsvertrag mit den USA anzupassen, erließ er eine Reihe von Dekreten, welche die Verwertung der Bodenschätze, die forstwirtschaftliche Nutzung und die Wasserrechte im Amazonasgebiet regelten. Damit gab er 60 % des Primärwalds für die Erschließung der Erdgas- und Ölreserven oder zur Gewinnung von Biotreibstoffen frei. Aus Protest blockierten Dschungelindianer der Departements Amazonas, San Martín, Loreto, Ucayali und Cusco Straßen und Flüsse. Überdies besetzten sie Wasserkraftwerke sowie Erdöl- und Erdgasförderanlagen. Als die staatlichen Sicherheitskräfte am 5. Juni eine Straßenblockade in der Nähe von Bagua auflösen wollten, eskalierte die Gewalt. Mehrere tausend Demonstranten leisteten erbitterten Widerstand. Bei den stundenlangen Kämpfen starben mehrere Beteiligte. Darauf verlagerten sich die Auseinandersetzungen in die Ortschaften Bagua, Bagua Grande und Jaén, wo die wütende Menge eine Reihe öffentlicher Gebäude stürmte und in Brand setzte. Militante Indianer, die in einer Erdölanlage 38 Polizisten als Geiseln festhielten, brachten elf ihrer Gefangenen kaltblütig um. Offiziellen Angaben zufolge kosteten die Unruhen fünf Indianern, fünf Bewohnern der Stadt Bagua und 33 Polizisten das Leben. Rund 200 Personen wurden verletzt, und ein Polizeimayor blieb bis heute verschwunden. Präsident García musste seine umstrittenen Dekrete zurückziehen.

Ein zweiter Konfliktherd bildete das südöstliche Departement Madre de Dios. Angelockt von den hohen Goldpreisen auf dem Weltmarkt zogen Zehntausende von Goldsuchern in die Urwälder, wo sie ohne Bewilligung schürften und schwerste Umweltschäden verursachten. Durch den unkontrollierten Einsatz von Zyanid und Quecksilber verseuchten sie Flüsse und Böden, die Lebensgrundlagen der indianischen Urbevölkerung zerstörend. Zu den zahllosen Goldsuchern aus den ärmlichen Hochlandgebieten gesellten sich kapitalkräftige Unternehmer, die ohne Lizenz große Flussbagger einsetzen. Im Februar 2011 zerstörte das peruanische Militär elf solcher Bagger – ein jeder von ihnen düfte 250 000 US$ gekostet haben – und stellte deren Betreiber unter Anklage. Seither ist die Stimmung gespannt. Immer wieder blockierten protestierende Goldsucher die internationale Hauptstraße (Interoceánica), während die Vereinigung der Bergleute mehrfach die Stadt Puerto Maldonado über Tage hinweg besetzt hielt.

Die Regierung Humala (2011-2016)

Bei den nationalen Wahlen von 2011 durfte Alan García nicht kandidierten, denn eine Verfassungsänderung nach der Absetzung Fujimoris verbot die unmittelbare Wiederwahl. Die Wahlen entwickelten sich zu einem Kopf-an-Kopf-Rennen zwischen Keiko Fujimori – Tochter des inhaftierten Ex-Staatspräsidenten und Betriebswirtschaftlerin mit Abschlüssen in den USA – und Ollanta Humala, der bei den Wahlen von 2006 einen Sieg knapp verpasst hatte. Gewitzt durch seine Erfahrungen aus dem letzten Wahlkampf, verwandte Humala große Mühe darauf, sein radikales Image abzustreifen und sich von Venezuelas starkem Mann Hugo Chávez zu distanzieren. Er heuerte brasilianische Berater aus dem Umkreis des früheren Präsidenten Lula da Silva an und versprach, Privateigentum, ausländische Investitionen und das Freihandelsabkommen mit den USA zu respektieren. Von seinen früheren Plänen zu einer grundsätzlichen Verfassungsrevision distanzierte er sich. Zudem versprach er, keine direkte Wiederwahl anzustreben und stellte sich als vehementer Verfechter von Pressefreiheit und Bürgerrechten dar. An die Unterschichten gerichtet, verkündete er eine Botschaft des »großen Wandels« und der »Inklusion«, d.h. des Miteinbezogenseins und der gleichberechtigten Teilhabe. Mit mehreren Linksparteien ging Humala eine Wahlallianz ein. Das Wohlwollen konservativer katholischer Kreise sicherte er sich dadurch, dass er sich gegen die Homosexuellenehe und gegen das Recht auf Abtreibung aussprach. Im ersten Wahlgang erzielte Humala am meisten Stimmen, verfehlte aber die absolute Mehrheit. Damit musste erneut eine Stichwahl entscheiden, wobei die Peruaner – mit den sarkastischen Worten des Erfolgsschriftstellers Mario Vargas Llosa – die Wahl zwischen AIDS und Krebs im Endstadium hatten.

In der zweiten Wahlrunde gab sich Humala noch moderater. Er ging eine Allianz mit Ex-Präsident Toledo ein und ließ ein neues Regierungsprogramm ausarbeiten. Dieses sah einerseits die Ausweitung der Sozialprogramme vor. Auf Anregung von Ökonomen aus Toledos Team setzte es andererseits auf wirtschaftsliberale Konzepte wie die Schaffung von günstigen Rahmenbedingungen für Privatinvestitionen, Ankurbelung des Wirtschaftswachstums, verantwortungsvolle Haushaltspolitik und Preisstabilität. Humala versicherte, die Unabhängigkeit der Zentralbank zu respektieren, die Inflation tief zu halten und die existierenden Handelsverträge einzuhalten. Dadurch überzeugte er selbst konservative Skeptiker wie Vargas Llosa.

Mit 51,5 % der Stimmen ging Humala als Sieger aus der Stichwahl hervor. Keiko Fujimori gewann zwar in Lima und an der Nordküste, aber Humala dominierte in der Amazonas-Region und vor allem im Hochland. Wie in der ersten Runde sicherte er sich mehrheitlich die Stimmen von Indigenen, Linken und Armen. Hinzu kam nun auch die Unterstützung von urbanen Wählern und solchen aus der politischen Mitte und der Mittelklasse. Im 130-köpfigen Kongress holte Humalas Gana Perú 47 Sitze gegenüber 37 von Keiko Fujimoris Fuerza 2011 und 21 von Toledos Perú Posible. Als Kulturministerin ernannte Humala die afroperuanische Sängerin und Komponistin Susana Baca. Die berühmte Liedermacherin war die erste Schwarze im Kabinett seit der Unabhängigkeit. Nachdem sich die peruanische Regierung im November 2009 erstmals bei seinen Bürgern afrikanischer Abstammung für Jahrhunderte der »Misshandlung, Ausbeutung und Diskriminierung« (Regierungsbeschluss vom 28.11.2009, zit. nach: Klarén 2017, XXXI) entschuldigt hatte, setzte Humala mit ihrer Berufung ein weiteres Zeichen gegen Rassismus und für die soziale Inklusion. Unter den 130 gewählten Abgeordneten befanden sich außerdem drei, die sich als Indigene definierten.

Das brasilianische Erfolgsmodell von Lula da Silva imitierend, kombinierte Humala makroökonomische Orthodoxie mit einer redistributiven Sozialpolitik. Er ernannte einen orthodoxen Wirtschaftsminister, hielt an Garcías Zentralbankpräsidenten fest, hieß ausländische Investoren willkommen und garantierte die Einhaltung bestehender internationaler Verträge. Gleichzeitig verkündete er eine stufenweise Erhöhung des Minimallohns um 25 % und anerkannte das Recht der indigenen Völker auf vorherige Konsultation bei größeren Wirtschaftsprojekten. Neu wurde ein Ministerium für Entwicklung und soziale Inklusion geschaffen, das für sämtliche offizielle Sozialprogramme verantwortlich war. Dazu gehörten Pensión 65 (eine nicht beitragspflichtige Rente für Betagte, die in extremer Armut leben), Cuna Más (Kindertagesstätten in ländlichen Gebieten), Qali Warma (kostenlose Schulverpflegung), Haku Wiñay (Hilfsprogramm für Kleinbauernfamilien) und die Ausweitung von Juntos. Zur Mitfinanzierung dieser Sozialprogramme handelte Humala mit den Bergbauunternehmen eine Steuer auf zufällige Sondergewinne (Windfall Tax) in der Höhe von einer Milliarde US$ aus.

Außenwirtschaftlich führte Humalas Regierung den Kurs der vergangenen zwei Jahrzehnte fort und hielt die Politik der Freihandelsabkommen bei. Seit 2006 schloss Peru Freihandelsabkommen mit den USA, Kanada, Singapur, China, Korea, Mexiko, Japan, der EU, der Europäischen Freihandelsassoziation (EFTA), Chile, Thailand, Costa Rica, Panama, Venezuela und Honduras. Peru signierte zudem 2012 einen Handelspakt mit Chile, Kolumbien und Mexiko, die Pazifik-Allianz. Bei der Alianza del Pacífico handelt sich um eine lateinamerikanische Freihandelszone, die die Förderung des regionalen Handels und die wirtschaftliche Integration bezweckt. Zu ihren Zielen gehören die Schaffung einer Zollunion, die Sicherstellung der Reise-, Visa-, Investitions- und Bewegungsfreiheit sowie die Betreibung eines gemeinsamen Börsenplatzes. Trotz ungünstiger externer Entwicklungen – die internationale Nachfrage nach Rohstoffen ging zurück, die Preise für die mineralischen Exporte brachen ein und die ausländischen Investitionen flossen spärlicher – erwies sich Perus Wirtschaft im internationalen Vergleich als bemerkenswert stabil. Das BIP erreichte 2012 und 2013 eindrückliche 6,0 % bzw. 5,8 %, fiel 2014 auf 2,35 % und betrug in den zwei Folgejahren 3,3 % und 3,9 %. Während die Inflationsrate zwischen 2,7 % und 4,5 % lag, schwankte die Leistungsbilanz zwischen –3,2 % und 2,1 %.

Ungeachtet neuer Instrumente zur Beilegung sozialer Konflikte ereigneten sich heftige Zusammenstöße zwischen Protestierenden und den Sicherheitskräften. Radikalität und Gewaltbereitschaft nahmen stark zu, ablesbar an der Zahl der Verletzten, die von 184 auf 872 stieg (die Mehrheit davon Polizisten). Zumeist handelte es sich um Protestaktionen der Lokalbevölkerung gegen Bergbau-, Erdöl-

oder Erdgasprojekte – just einem Wirtschaftssektor, der wesentlich zum BIP und den Staatseinnahmen beisteuerte. Am gravierendsten waren die langwierigen Protestaktionen gegen das Riesenprojekt Conga im Hochland von Cajamarca. Unterstützt vom Regionalpräsidenten und einer Reihe von Gemeindevorstehern demonstrierten Gegner – hauptsächlich betroffene Campesino-Gemeinschaften – gegen das milliardenschwere Projekt. Mit Straßensperren und Streiks legten die Demonstranten die Region lahm. Präsident Humala verhängte Mitte 2012 den Ausnahmezustand über die Region. Bei gewalttätigen Auseinandersetzungen mit den Sicherheitskräften verloren fünf Demonstranten ihr Leben. Das Verhalten des Staatschefs, der sich im Wahlkampf mit der betroffenen Bevölkerung solidarisiert und gegen die Expansion der Bergbauaktivitäten in Cajamarca ausgesprochen hatte, wurde weithin als Verrat aufgefasst. Conga und die Proteste gegen ein Minenprojekt in Espinar (Dep. Cusco) zogen den Fall zweier Ministerpräsidenten nach sich und zerstörten Humalas Allianz mit der Linken. Ein drittes umstrittenes Bergbauprojekt war Tía María (Dep. Arequipa) mit einem Investitionsvolumen von 1,4 Milliarden US$. Gewalttätige Demonstranten lieferten sich offene Straßenschlachten mit der Polizei und übernahmen die Kontrolle des Tambo-Tals. Nach mehrwöchigen Krawallen, die drei Tote, über 200 Verletzte und Schäden in Millionenhöhe hinterließen, verhängte die Regierung im Mai 2015 den Ausnahmezustand über die Region.

Reichlich Konfliktstoff bildeten nach wie vor der Coca-Anbau bzw. die Kokainproduktion. Zwar wies die Regierung eindrückliche Zahlen bei der Vernichtung von Coca-Feldern aus, beispielsweise im Alto Huallaga. Gleichzeitig entstanden aber neue Felder in noch entlegeneren Gebieten. Die fast 20 000 Hektar umfassende Anbauflächen im VRAEM konnten nur wenig reduziert werden, trotz staatlicher Investitionen in Höhe von drei Milliarden Soles allein für das Jahr 2013. Damit blieb Peru einer der drei größten Kokainproduzenten der Welt. Nach der Entführung von drei Dutzend Arbeitern in Kepashiato, die für das Erdgasprojekt Camisea tätig waren, geriet der VRAEM plötzlich ins Visier der Medien. Bei der Suchaktion starben mehrere Soldaten in Hinterhalten oder wurden verletzt. Die Entführer konnten offenbar unbehelligt entkommen. Eine erstaunte Öffentlichkeit musste zur Kenntnis nehmen, dass in dem Dschungelgebiet, das seit Jahren unter Ausnahmerecht stand, rund 500 stark bewaffnete »Narkoterroristen« im Einsatz standen. Bei den Anführern der »Narkoterroristen« handelte es sich um untergetauchte Angehörige des Sendero Luminoso, die im Drogengeschäft mitmischten. Im Verlauf der letzten Jahre waren 90 Polizisten und Militärs bei Überfällen und in Hinterhalten ums Leben gekommen.

Hatte der Leuchtende Pfad lange Zeit auf eine gewaltsame Machtergreifung gesetzt, die parlamentarische Demokratie kategorisch abgelehnt und sämtliche Wahlen boykottiert, so zeichnete sich nun eine taktische Änderung ab. Die Fassadenorganisation Movimiento por Amnistía y Derechos Fundamentales (MOVADEF; Bewegung für Amnestie und Grundrechte) – 2009 unter Beteiligung zweier Anwälte des Sendero-Führers Abimael Guzmán zur Durchsetzung einer Generalamnestie für die inhaftierten Mitglieder des Leuchtenden Pfades gegründet – sammelte Unterschriften, um sich bei der nationalen Wahlkommission als politische Partei zu registrieren. Obschon die Organisation mehr als das

Doppelte der benötigten Unterschriftenzahl einreichte, versagte ihr die Wahlkommission die Anerkennung als offizielle Partei. Sie begründete dies mit der mangelnden Distanz der Organisation zu den Gewalttaten des Leuchtenden Pfades. Besorgniserregend bei MOVADEF war, dass er besonders stark innerhalb des Bildungssektors neue Aktivisten rekrutierte und mobilisierte – eine Strategie die Sendero bereits in den 1970er- und 1980er-Jahren mit Erfolg verfolgt hatte.

Gefahr drohte dem Staat nicht nur von linksextremer Seite, sondern auch von korrumpierenden Kräften aus dem Verbrechermilieu. Mehrere aufsehenerregende Fälle offenbarten die Komplizenschaft zwischen Drogenbanden und Angehörigen der Sicherheitskräfte oder Politikern, darunter auch Kongressabgeordneten. Dass die Unterwanderung der staatlichen Institutionen bedenkliche Dimensionen angenommen hatte, zeigte sich während den Regional- und Gemeindewahlen von 2014. Dabei deckten die Medien etliche Fälle auf, in denen sich Individuen aus dem Dunstkreis des organisierten Verbrechens – illegaler Bergbau und Holzschlag, Drogenhandel, mafiöse Netzwerke – für politische Ämter bewarben. Eine effiziente Bekämpfung der Korruption scheiterte an der Ineffizienz oder am Desinteresse der verantwortlichen Stellen und in vielen Fällen auch am mangelnden politischen Willen. Zwar stellte man korrupte Regionalpräsidenten und Gemeindevorsteher vor Gericht. Auf höchster Ebene wurden die Behörden aber erst aktiv, nachdem investigative Journalisten Skandale an die Öffentlichkeit gebracht hatten. Wie im Falle der Vorgängerregierungen unter Alan García und Alejandro Toledo war auch die Humala-Regierung in Korruptionsnetzwerke verwickelt, deren Fäden bis zum Präsidenten und dessen Ehefrau reichten.

Humalas Regierungsbilanz war durchwachsen. Ohne klare politische Orientierung gab es ungewöhnlich viele Kabinettswechsel. Abgesehen vom Wirtschafts- und Finanzministerium war die Fluktuationsrate unter den Ministern hoch, was die innenpolitische Stabilität beeinträchtigte. Zudem büßte Humalas Wahlvehikel Gana Perú im Verlaufe der Legislaturperiode fast die Hälfte seiner Kongressabgeordneten ein. Dieses Phänomen – in Peru unter der Bezeichnung Transfuguismo (»Überlaufen/Überwechseln«) bekannt – stärkte natürlich die Opposition und machte die Implementierung neuer Gesetze beziehungsweise Reformen zusehends schwieriger. Positiv zu vermerken ist, dass der Dezentralisierungsprozess mit den Regional- und Gemeindewahlen von 2014 weitergeführt wurde. Bei den Wahlen vom 5. Oktober erkoren die Peruanerinnen und Peruaner 25 Regionalpräsidenten, 195 Provinzvorsteher und 1643 Bürgermeister. Freilich war bedenklich, dass unter den gewählten Regionalpräsidenten nur fünf einer nationalen Partei angehörten und ein Drittel schwerer Korruptionsdelikte oder illegaler Aktivitäten dringend verdächtigt wurde. Einen außenpolitischen Erfolg konnte Peru 2014 mit der Beilegung eines seit langem schwelenden Streits mit Chile um die Meeresgrenze im Süden verbuchen. Die García-Regierung hatte den Fall im Januar 2008 vor den Internationalen Gerichtshof in Den Haag gebracht. Nach langjähriger Beratung legten die Richter die Seegrenze definitiv fest, wobei Peru rund 50 000 km² Meeresfläche zugesprochen erhielt. Zu den bemerkenswertesten Leistungen der Humala-Regierung zählten die Fortschritte bei der Bekämpfung von Armut und Ungleichheit. Von der Neuausrichtung der Sozialpolitik und den ambitionierten Sozialprogrammen profitierten diejenigen, die Hilfe am nötigsten hatten. Laut dem Nationalen Statistikinstitut (INEI) stieg das Durchschnittseinkommen des ärmsten Fünftels der peruanischen Familien von 2010 bis 2015 um 34 %. Demgegenüber steigerte das vermögendste Fünftel sein durchschnittliches Einkommen um 8 %. Erstmals seit einem Vierteljahrhundert wuchsen die Einkünfte auf dem Lande stärker als in den Städten. Die Erfolge bei der Reduzierung von Armut, Arbeitslosigkeit und Einkommensungleichheit wurden überschattet von den zahlreichen sozialen Konflikten und der grassierenden Kriminalität. Hinzu kam, dass Peru mit den Folgen eines verlangsamten Wirtschaftswachstums – verursacht durch das Abklingen des Rohstoffbooms – zu kämpfen hatte. Humalas Regierung verabschiedete 2014 mehrere wirtschaftliche Stimulierungspakete, um das Wachstum wieder anzukurbeln. Dazu gehörten auch Lockerungen bei den Umweltvorschriften, was der Regierung die Feindschaft von Umweltschutzgruppen eintrug.

In den Meinungsumfragen während der zweiten Hälfte seiner Amtszeit erhielt Humala zumeist schlechte Werte. Ihm wurden Passivität und blindes Vertrauen in die Ratschläge seiner Frau vorgeworfen, die vielen als Schattenpräsidentin galt. Spektakuläre Korruptionsaffären vertieften die allgemeine Unzufriedenheit mit den politischen Institutionen und dem Justizwesen und zogen den Ruf des Präsidentenpaares stark in Mitleidenschaft.

Regierungs-Karussell (2016–2020)

Bei den Präsidentschaftswahlen von 2016 schaffte keiner der Kandidaten die absolute Stimmenmehrheit, sodass wiederum eine Stichwahl die Entscheidung bringen musste. Es standen sich zwei erfahrene Politiker gegenüber: Pedro Pablo Kuczynski (Jahrgang 1938) war Anfang der 1980er-Jahre Minister für Energie und Bergbau, später, unter Präsident Toledo erst Wirtschafts- und Finanzminister, dann Ministerpräsident. Seine Gegnerin hieß Keiko Fujimori (Jahrgang 1975), Tochter des inhaftierten Ex-Präsidenten Alberto Fujimori, Kongressabgeordnete von 2006–2011, Präsidentin der gut organisierten Partei Fuerza Popular und knapp unterlegene Kandidatin bei den letzten Präsidentschaftswahlen. Mit einem hauchdünnen Vorsprung ging Kuczynski als Sieger aus der Stichwahl hervor. Im neugewählten Parlament errang Keiko Fujimoris Fuerza Popular die absolute Mehrheit, während Kucyzynskis Partei lediglich 18 von 130 Sitzen gewann. Der Frauenanteil im neuen Parlament betrug 27,7 %.

Zum Ersten Vizepräsidenten wurde der Ingenieur Martín Vizcarra gewählt. Er übernahm im ersten Kabinett das Transport- und Kommunikations-Ministerium. Das erste Regierungskabinett setzte sich aus 19 Ministern – 14 Männer und fünf Frauen – zusammen. Es handelte sich in erster Linie um Fachleute und nicht um Parteipolitiker. Dennoch herrschte zwischen der Exekutive und der Legislative bald ein gespanntes Verhältnis. Angeführt von der Fujimori-Partei, gelang es der starken Opposition wiederholt, ihre Forderungen gegen den Willen der Regierung durchzusetzen. Die gegenseitigen Beziehungen verschlechterten sich zusehends und mündeten in Misstrauensanträge und die Absetzung von Schlüsselfiguren von Kuczynskis Kabinett. Bei der Bewältigung der Schäden nach dem verheerenden El-Niño von 2017 zeigten sich abermals die Grenzen und Schwächen der Regierung. Gegen Jahresende war die Regierung stark angeschlagen.

Abb. 24: Postgebäude in Lima aus dem Jahre 1896.

In ökonomischer Hinsicht richtete die Kuczynski-Regierung ihre Anstrengungen auf Wirtschaftsreformen, eine Freie-Markt-Politik und die Schaffung attraktiver Investitionsbedingungen. Im August 2016 vergab sie 40 % eines 1,3 Millionen Hektar großen Schutzgebietes, das 2015 zum Nationalpark erklärt worden war, als Öl- und Gaskonzession an die Pacific Exploration and Production Company mit Hauptsitz in Kanada. Während Kuczynskis Amtszeit wuchs die Minenproduktion signifikant und half dabei, dass Peru eines der höchsten BIP-Wachstumsraten in Lateinamerika erzielte. Allerdings behinderten Verzögerungen bei großen Infrastrukturprojekten und Korruptionsskandale rund um die brasilianische Großfirma Odebrecht die Konjunkturentwicklung. Die Schäden bei den Überschwemmungen im Frühjahr 2017 bremsten das Wachstum zusätzlich.

Im Dezember 2016 leitete die Anti-Korruptions-Einheit der peruanischen Staatsanwaltschaft Ermittlungen gegen den Präsidenten ein. Kuczynski wurde vorgeworfen, 2006 als Ministerpräsident der Regierung Toledo das brasilianische Großbauunternehmen Odebrecht bei der Vergabe einer Konzession begünstigt zu haben. Die Vorwürfe führten zu einem ersten Amtsenthebungsverfahren. Damit der Kongress den Präsidenten verfassungskonform absetzen konnte, waren mindestens 87 Abgeordnetenstimmen (von 130) nötig. Das Quorum kam nicht zustande, weil elf Abgeordnete von Fuerza Popular – darunter der Bruder von Keiko Fujimori Kenji – die Parteidevise missachteten und gegen die Absetzung stimmten. Nur drei Tage später begnadete Kuczynski den inhaftierten Ex-Präsidenten Alberto Fujimori. Diese Entscheidung löste massive Protestkundgebungen in Lima und acht weiteren peruanischen Städten aus. Drei Minister traten zurück, und zahlreiche Persönlichkeiten im In- und Ausland kritisierten den Entscheid aufs Heftigste. Im Oktober 2018 erklärte die peruanische Justiz die Amnestierung für ungültig. Die Parlamentariergruppe um Kenji Fujimori wurde aus der Fuerza Popular ausgeschlossen.

Im März 2018 strengte die geschrumpfte Fuerza Popular zusammen mit linken Abgeordneten ein zweites Amtsenthebungsverfahren an. Zwei Tage vor der Abstimmung im Kongress präsentierte der Abgeordnete Moisés Mamani – Mitglied von Keiko Fujimoris Fuerza Popular – mehrere Videos. In den so genannten »Kenjivideos« sind Kenji Fuijmori und weitere Abgeordnete zu sehen. Mittels Konzessionen versuchten sie Mamani zu überreden, gegen die drohende Absetzung des Präsidenten zu stimmen. Einen Tag nach Erscheinen des kompromittierenden Videos reichte Kuczynski sein Rücktrittsgesuch ein. Zwei Tage später wurde der Erste Vizepräsident Martín Vizcarra als neuer Präsident Perus vereidigt.

Anfänglich schien Vizcarra vollständig mit Keiko Fujimori und deren Fuerza Popular zu kooperieren. Meinungsumfragen zeigten, dass er nur wenig Unterstützung im Volk fand. Ein neuer Korruptionsskandal im Juli 2018, in den hohe Justizbeamte und Oppositionspolitiker verwickelt waren, eröffnete jedoch Vizcarra die Möglichkeit, seine Regierung neu auszurichten. Der Skandal hing mit einem Netzwerk von Richtern und Anwälten zusammen, die untereinander Übereinkünfte und Gefälligkeiten aushandelten – beispielsweise betreffs Strafreduktionen oder Beförderungen. Im Zuge der Ermittlungen kam es zur Verhaftung hoher Beamter und der Entlassung der sieben Mitglieder des Nationalen Justizrates (Consejo Nacional de la Magistratura). Präsident Vizcarra berief eine Kommission zur Reform des Justizsystems ein. Diese schlug vor, den Nationalen Justizrat aufzulösen und durch eine Junta Nacional de Justicia zu ersetzten. In einem Referendum nahmen die peruanischen Stimmbürger diesen Vorschlag an. Dass Vizcarra als Bannerträger im Kampf gegen die Korruption im Staatssektor auftrat, brachte ihm den Beifall von Vertretern der Zivilgesellschaft und der Öffentlichkeit ein. Die massive Zustimmung im Referendum legitimierten Vizcarra als Staatschef und schwächte Keiko Fujimoris Partei empfindlich.

Nach Monaten des Streits über Reformen zur Bekämpfung von Korruption und Vetternwirtschaft löste Vizcarra Ende September 2019 überraschend den Kongress auf und setzte Neuwahlen für das Parlament auf den Januar des Folgejahres an. Gemäß Artikel 134 der peruanischen Verfassung darf der Staatspräsident den Kongress auflösen, wenn dieser zwei Mal dem Kabinett das Vertrauen entzieht. Bei den außerordentlichen Kongresswahlen vom 26. Januar 2020 gewann die Traditionspartei Acción Popular am meisten Sitze (25 von 130). Große Verliererinnen waren Keiko Fujimoris Fuerza Popular, die nur mehr auf 15 Sitze kam, und die Apristen-Partei (PAP), die sämtliche fünf Sitze einbüßte. Wenn Vizcarra geglaubt hatte, mit einem neu zusammengesetzten Kongress leichter regieren zu können, sah er sich stark getäuscht und bald selbst mit Korruptionsvorwürfen konfrontiert. Innerhalb von wenigen Wochen strengte der Kongress zwei Absetzungsverfahren gegen ihn an. Am 9. November 2020 wurde Vizcarra wegen »dauerhafter moralischer Untauglichkeit« von einer deutlichen Mehrheit der Abgeordneten des Amtes enthoben. Als Gouverneur der Region Moquegua soll er im Jahr 2014 Bestechungsgelder von Unternehmern entgegengenommen haben – ein Vorwurf, der bislang nicht stichhaltig bewiesen werden konnte. Politische Beobachter vermuten deshalb hinter der Absetzaktion den Versuch, Vizcarras Kampf gegen die Korruption und für Reformen im Bereich der Politik und des Justizwesens zu stoppen. Denn gegen rund die Hälfte aller Abgeordneten stehen Vorwürfe oder Anklagen wegen unterschiedlicher Delikte im Raum ...

Neuer Staatspräsident wurde der bisherige Parlamentspräsident Manuel Merino. Nach heftigen Straßenprotesten, gegen die die Sicherheitskräfte äußerst brutal vorgingen, gab Merino seinen Rücktritt bekannt. Auf Merino folgte der Abgeordnete Francisco Sagasti Hochhäusler. Damit war Sagasti das dritte Staatsoberhaupt, das Peru innerhalb von etwas mehr als einer Woche erlebte. Wenn weitere Paukenschläge ausbleiben, wird er bis Juli 2021 als Interimspräsident amten. Dann soll er abgelöst werden vom Sieger oder der Siegerin der Wahlen vom 11. April 2021.

Literaturhinweise

Bebbington, Anthony (Hg.) 2013, Industrias extractivas, conflicto social y dinámicas institucionales en la Región Andina, Lima
Carrión, Julio F./Scott Palmer, David 2017, Peru: Overcoming the Authoritarian Legacy at Last?, in: Kline, Harvey F./Wade, Christine J./Wiarda, Howard J. (Hg.), Latin American Politics and Development, 9. Aufl., New York, 195–216
Drha, Livia 2007, Konfliktaufarbeitung und Friedenskonsolidierung in der Post-Konflikt-Phase in Peru. Unter besonderer Berücksichtigung der zivilgesellschaftlichen Aufarbeitung des Südens, Linz
Hunefeldt, Christine/Kokotovic, Misha (Hg.) 2009, Power, Culture, and Violence in the Andes, Brighton und Portland
Klarén, Peter Flindell 2017, Historical Dictionary of Peru, Lanham
Levitsky, Steven 2013, Peru: The Challenges of a Democracy without Parties, in: Domínguez, Jorge I./Shifter, Michael (Hg.), Constructing Democratic Governance in Latin America, 4. Aufl., Baltimore, 282–315
von Oertzen, Eleonore/Goedeking, Ulrich 2004, Peru, München

Reisner, Annegret 2005, Die Wahrheits- und Versöhnungskommission in Peru und ihr Beitrag zur Demokratisierung des Landes. Eine kritische Untersuchung, Münster
Sawyer, Suzana/Terence Gomez, Edmund (Hg.) 2012, The Politics of Resource Extraction: Indigenous Peoples, Multinational Corporations, and the State, Basingstoke
St John, Ronald B. 2010, Toledo's Peru: Vision and Reality, Gainesville
Torres Wong, Marcela 2019, Natural Resources, Extraction and Indigenous Rights in Latin America: Exploring the Boundaries of Environmental and State-Corporate Crime in Bolivia, Peru and Mexico, London und New York

Neueste Entwicklungen (ab 2016)[1]

Korruption und Justiz

Die zahllosen Korruptionsaffären der letzten Jahrzehnte haben gezeigt, dass Korruption und Bestechlichkeit in Perus Politik und öffentlicher Verwaltung weit verbreitet sind. Selbst die wichtigsten Institutionen zur Bekämpfung des Übels – Staatsanwaltschaft, Justiz und Kongress – waren in den letzten Jahren in Korruptionsskandale verwickelt. Lange Zeit gingen Korruption und Straflosigkeit Hand in Hand. Erst seit einigen Jahren wird entschiedener gegen korrupte Spitzenpolitiker und -beamte vorgegangen. Gegen die letzten fünf Staatspräsidenten laufen gegenwärtig strafrechtliche Verfahren: Alejandro Toledo, der per internationalem Haftbefehl gesucht wird, hat sich in die USA abgesetzt, während Alan García sich durch Selbstmord der Justiz entzog. Ollanta Humala und Martín Vizcarra dürfen wegen laufender Ermittlungen das Land nicht verlassen. Pedro Pablo Kuczynski musste zurücktreten, noch bevor er die ersten beiden Jahre seiner Regierungszeit hinter sich gebracht hatte. Er steht – wie die zweimalige Präsidentschaftskandidatin Keiko Fujimori – unter Hausarrest.

Ob es Peru langfristig gelingen wird, die Korruption einzudämmen, muss sich erst noch zeigen. Unabdingbar sind Verbesserungen im ineffizienten Justizsystem, das an einem Überhang an Prozessen, personellen Engpässen, beschränkten Ressourcen, schwachem Management und einer unzeitgemäßen hierarchischen Kultur leidet. Hinzu kommt die mangelnde Unabhängigkeit der Justiz gegenüber den offiziellen bzw. faktischen Mächten. Fast ein Drittel der Bevölkerung hat keinen Zugang zum staatlichen Rechts- und Gerichtssystem. Zudem ist das Justizwesen teuer und korrupt, weshalb die Leute den Gerichtsweg vermeiden und ihre Streitigkeiten durch informelle Mittel zu lösen versuchen.

---

1 Im digitalen Anhang (https://dl.kohlhammer.de/978-3-17-040946-0) findet sich eine Fülle statistischer Angaben zu folgenden Themen: Geografie, Demografie und Gesellschaft (Muttersprachen, Religionszugehörigkeit, Gesundheit, Bildung), Wohnen und Ausstattung der Haushalte, Regierung und Politik, Wirtschaft (BIP, Industrie, Landwirtschaft, Dienstleistungssektor, Import, Export), Energie, Kommunikation, Militär und Sicherheit, Transport.

Armut und Ungleichheit, Alters- und Gesundheitsvorsorge

Dank hoher gesamtwirtschaftlicher Wachstumsraten bildete sich in Peru ein größeres Gesellschaftssegment mit »mittlerem« Einkommen heraus. Diese Mittelschicht wuchs von 49,6 % der Gesamtbevölkerung im Jahr 2000 auf 75,1 % im Jahr 2017, während der Prozentsatz der Oberschicht mit hohem Einkommen von 0,5 auf 1,1 % zunahm. Entsprechend fiel der Anteil der Bevölkerung, der in Armut lebte, von 49,8 % auf 23,8 %. Nach wie vor ausgeprägt ist die ungleiche Verteilung der Einkommen. Obschon weniger extrem als in den Nachbarländern Brasilien, Chile, Ecuador und Kolumbien, ist die Einkommenskonzentration wesentlich höher als in den meisten europäischen Ländern. Dem Gini-Koeffizienten zu Folge erhielten 2015/2016 die zehn Prozent der ärmsten peruanischen Haushalte 1,6 % des Gesamteinkommens; die reichsten zehn Prozent dagegen 32,7 % (Gini-Koeffizient: 0,438). Von Armut betroffen sind insbesondere Kinder und Jugendliche unter 15 Jahren sowie Frauen, darunter besonders stark alleinerziehende Mütter. In den ländlichen Gebieten leben dreimal so viele Menschen in Armut wie in den Städten. Deutlich höhere Armutsraten als im Bevölkerungsdurchschnitt finden sich unter den indigenen und der afroperuanischen Minderheiten. Zur Umverteilung des Reichtums trägt Perus Steuersystem nur wenig bei. Dieses krankt an verhältnismäßig tiefen Einnahmen und einer ungenügenden Steuerprogression. Während beispielsweise 2018 die Steuereinnahmen in den OECD-Ländern 34,3 % und im lateinamerikanischen Durchschnitt 23,1 % des Bruttoinlandsprodukts ausmachten, betrugen sie für Peru nur 16,4 % des BIP. Auch bei der Zusammensetzung der Steuereinnahmen gibt es markante Unterschiede zwischen den OECD-Ländern und Peru. 2018 machte die Warenumsatzsteuer im Andenland mit 40,3 % den gewichtigsten Einnahmeposten aus, gefolgt von der Körperschaftssteuer mit 23,7 % und der persönlichen Einkommenssteuer mit 11 %. Die Vergleichswerte der OECD-Länder waren: Warenumsatzsteuer 20 %, Körperschaftssteuer 9 % und bei der persönlichen Einkommenssteuer 24 %. Von den tiefen Steuersätzen auf private Einkommen und dem Fehlen einer Erbschaftssteuer profitieren die Reichen, die nicht entsprechend ihrer Möglichkeiten zur Finanzierung der Staatsaufgaben herangezogen werden.

Chancengleichheit ist begrenzt, und der Zugang zu öffentlichen Dienstleistungen ist nicht für alle gewährleistet. Diese Ungleichheiten gehen oft einher mit Diskriminierungen gegen den indigenen und den afroperuanischen Bevölkerungsteil. Verallgemeinernd ausgedrückt kommen die Armen auf dem Lande am schlechtesten weg und innerhalb dieser Gruppe die Frauen und die Indigenen. Die Chancenungleichheit ist besonders im Bildungssektor markant. Die hohe Schulabbruchsrate und der Umstand, dass qualitativ hochstehende Bildung fast nur den vermögenden Familien zugänglich ist, perpetuiert soziale Ungleichheiten. Der höchste Prozentsatz an Kindern, die nicht ins Schulsystem integriert sind, findet sich unter indigenen Gruppen. Gemäß UNICEF sind die Erfolgschancen für ländliche Schüler gering, noch geringer, wenn sie indigener Herkunft sind und am geringsten, wenn sie eine Dschungelsprache als Muttersprache haben. Noch immer ist die Analphabetenrate bei den Frauen mehr als doppelt so hoch wie bei den Männern. Da die gegenwärtigen Einschulungsraten bei beiden Geschlechtern ungefähr gleich hoch sind, dürfte sich dieser Missstand in Zukunft beheben.

Abb. 25: Moderne Wohnanlage in Lima.

Seit der Regierung Toledo (2001–2006) wurden »fokussierte« Sozialhilfeprogramme mit Nachdruck eingesetzt, um die Sozialhilfe an diejenigen auszugeben, die sie wirklich am meisten benötigen. So profitierten bis 2018 über eine halbe Million Bedürftige von Pensión 65, einer nicht beitragspflichtigen Rente für Betagte, die in extremer Armut leben – das waren 80 % dieser Personenkategorie. Sie erhielten jeden zweiten Monat Bargeld in der Höhe von ca. 75 US$. Fast die Hälfte von Perus wirtschaftlich aktiver Bevölkerung hatte 2018 keine Altersversicherung. Das bedeutet, dass etwa 8,5 Millionen Arbeiter bei Erreichung des Pensionsalters von 65 Jahren keine Vorsorgeversicherung haben, um Invalidität oder den Lebensunterhalt im Alter zu finanzieren. Besser sieht es bei der Krankenversicherung aus: 2004 waren erst 37,3 % der Bevölkerung krankenversichert, 2013 waren es 65,5 % und 2017 sogar 75,5 %. Aufgrund fokussierter Programme ist der Deckungsgrad bei den Dschungelindianern besonders hoch: Sie beträgt bei den Muttersprachlern des Shawi/Chayhuita 91,9 %; bei Quechua-Sprechern der Dschungelgebiete 84,5 % und bei anderen indigenen Dschungelgruppen 83,4 %.

Dagegen sind nur 72,8 % der Spanisch-Sprachigen, 75 % der Quechua-Sprachigen und 60,5 % der Aymara-Sprachigen krankenversichert. Generell lassen sich im Gesundheitswesen immer noch große Unterschiede feststellen. Dauerhaft beschäftigte und dadurch obligatorisch versicherte Arbeitnehmer können sich in Privatkliniken oder gut ausgestatteten Krankenhäusern behandeln lassen. Andere müssen das staatliche Gesundheitssystem nutzen und lange Wartezeiten, schlechte Ausstattung und oft unzureichende Hygiene in Kauf nehmen.

Zusammengefasst lassen sich deutliche Fortschritte bei der Befriedigung der Grundbedürfnisse verzeichnen. Erfolge sind bei der Bekämpfung der Mangel- und Unterernährung zu verzeichnen, indem die Regierungen seit 2005 eine koordinierte Strategie verfolgten, die sich auf Hygiene, sanitäre Einrichtungen und sauberes Wasser konzentrierte. Peru erzielte Verbesserungen beim Schulbesuch und bei der Alphabetisierung. Die Müttersterblichkeit während Schwangerschaft und Geburt konnte gesenkt werden. Und Angehörige unterer Einkommensgruppen, die Landbevölkerung und ethnische Minderheiten kamen in den Genuss kostenloser oder günstiger Gesundheitsleistungen. Ungeachtet aller Fortschritte ist Peru aber noch immer von Armut und Ungleichheit gekennzeichnet. Bildung, Gesundheit und soziale Absicherung sind oft nur für Bevölkerungsgruppen in bevorzugten Regionen zugänglich. Insbesondere die Landbevölkerung und die im informellen Sektor tätigen Menschen müssen täglich um ihre Existenz ringen.

Bildung und Humankapital

Peru hat in den letzten beiden Jahrzehnten beträchtliche Anstrengungen zur Verbesserung seines Bildungssystems unternommen. In der Periode von 2014 bis 2016 flossen 17,8 % der peruanischen Staatsausgaben in den Erziehungsbereich, das waren 3,8 % des BIP. Unter Kuczynski (2016–2018) lagen die staatlichen Aufwendungen etwa im gleichen Bereich (4 % bzw. 3,8 % des BIP). Verglichen mit den meisten europäischen Ländern nehmen die nicht-staatlichen Bildungseinrichtungen einen gewichtigen Platz ein. 2015 besuchten 27 Prozent der Kinder im grundschulpflichtigen Alter private Schulen. Kinder aus ärmeren Familien müssen sich mit den staatlichen Schulen begnügen, wo nur relativ geringe Gebühren anfallen. Überhaupt bleiben manche Kinder dem Unterricht zeitlich befristet oder permanent fern, weil sie mit ihrer Arbeit die Familie unterstützen müssen.

Staatliche Schulen sind meist unzureichend ausgestattet. Der Unterricht wird von schlecht ausgebildeten und ungenügend bezahlten Lehrkräften erteilt. Wer mit einer solchen Schule vorliebnehmen muss, hat später geringere Chancen, die Eingangsprüfungen zu einer der staatlichen Universitäten zu bestehen. Es bleibt dann nur das teure Studium an einer der zahlreichen privaten Hochschulen fragwürdiger akademischer Qualität. Sehr viel bessere Ausgangschancen haben Kinder, die kostspielige Privatschulen besuchen können. Natürlich trägt ein solches Bildungssystem dazu bei, die Ungleichheiten zwischen den verschiedenen Einkommensklassen zu perpetuieren. Vorhandene Bildungspotenziale bleiben ungenutzt.

Über die Jahre haben sich die Einschulungsquoten und das allgemeine Bildungsniveau verbessert. 2007 besuchten 52,3 % der Kinder im Vorschulalter (3–5 Jahre) eine Krippe oder ähnliche Betreuungsstätte. Zehn Jahre später waren es bereits 71,2 %. Bei den Sechs- bis Elfjährigen stieg die Einschulungsquote im gleichen Zeitraum von 94,9 % auf 96,1 %; bei den Zwölf- bis Sechzehnjährigen von 88,3 % auf 91,3 %. 1993 konnten 12,8 % der Peruanerinnen und Peruaner, die 15 Jahre und mehr zählten, weder lesen noch schreiben. Vom Analphabetismus waren die Frauen mit 18,3 % bedeutend stärker betroffen als die Männer (7,1 %). 2007 betrug die Analphabetenrate 7,1 % (Frauen: 10,6 %; Männer: 3,6 %); 2017 noch 5,8 % (Frauen: 8,5 %; Männer: 3,1 %). Ein starkes Gefälle ist auch zwischen Stadt und Land zu verzeichnen: 3,2 % der Städter waren Analphabeten gegenüber 17 % der Landbevölkerung (2007: 3,4 % vs. 18,5 %). Allmählich ebnet sich das Bildungsgefälle zwischen den Geschlechtern ein. In der Periode von 2007 bis 2017 stieg der Anteil der Frauen mit einer universitären Ausbildung um 48,8 %, derjenigen der Männer um 31,4 %. 2017 betrug der Frauenanteil bei der höheren nichtuniversitären Ausbildung 14,6 % (Männer: 14,0 %) und bei der universitären 19,3 % (Männer: 20,1 %).

Internationale Schulvergleiche decken große Leistungsdefizite auf. In der PISA-Studie 2015 der OECD wurden in 72 Ländern die Schülerleistungen in Naturwissenschaften, Mathematik und Lesekompetenz überprüft. Unter den teilnehmenden hispanoamerikanischen Ländern Chile, Uruguay, Costa Rica, Mexiko und Kolumbien landete Peru auf dem letzten Platz. In der PISA-Studie von 2018 schnitten die peruanischen Schüler zwar besser ab, blieben aber in allen Fächern deutlich unter dem OECD-Durchschnitt. Bildung und Wissen gelten in der heutigen Informations- und Wissensgesellschaft als Schlüssel für individuelle und gesellschaftliche Entwicklung. Der Bildungs- und Wissensstand der Bevölkerung ist ein wichtiger Teil des Humankapitals. Er ist ein zentrales Element für die Wettbewerbs- und Innovationsfähigkeit einer Volkswirtschaft und damit für die Schaffung von Wohlstand. Dass erhebliche Mängel im peruanischen Bildungsbereich fortbestehen, wirkt sich letztlich auf die internationale Wettbewerbsfähigkeit und den Erfolg auf dem Weltmarkt aus. In der Rangliste zur internationalen Wettbewerbsfähigkeit des World Economic Forum (WEF) belegte Peru 2019 den 65 Rang von 141 Staaten; 2017 war es Rang 72 (von 137 Staaten).

Landwirtschaft

Im Jahr 2011 wurde knapp ein Fünftel der Bodenfläche Perus land- oder viehwirtschaftlich genutzt. Über die Hälfte des Landes war mit Wald bedeckt. Die Landwirtschaft trägt zwar nur etwa 8 % zum jährlichen Bruttoinlandsprodukt bei, sie ist jedoch als Arbeitgeberin von eminenter Bedeutung. Im Hochland finden knapp zwei Drittel der Bevölkerung im Agrarsektor ein Auskommen, in der Amazonasregion ist es rund die Hälfte und an der Küste weniger als ein Zehntel.

Landwirtschaft ist nur möglich, wenn genügend Wasser erhältlich ist. Peru ist reich an Wasser, dessen Verfügbarkeit variiert aber stark, je nach Standort, Saison und Jahr. 98 % der Niederschläge fließen durch das spärlich besiedelte Amazonas-Becken in Richtung Atlantik ab. Die Entwässerung westwärts zum Pazifik – durch den Großteil des Berglandes und die wüstenhafte Küste – macht weniger als 2 % aus. In diesem Gebiet leben 86 % aller Peruaner, und hier befinden sich die größten Landwirtschaftszonen und die meisten Industrieanlagen. Der Agrarsektor ist mit Abstand der größte Wasserverbraucher. Rund ein Drittel der kultivierten Felder wurde 2010 permanent künstlich bewässert. Dieser Anteil wird sich zukünftig noch stark erhöhen wegen der Ausweitung der Feldflächen für exportorientierte Nutzpflanzen.

Von der landwirtschaftlich genutzten Fläche befanden sich 2012 42,2 % im Besitz von insgesamt 6277 Comunidades campesinas (im Hochland und an der Küste) und 18,3 % im Besitz von 1457 Comunidades nativas (in den Dschungelgebieten). Die bäuerlichen Gemeinschaften spielen bei der Lebensmittelversorgung eine herausragende Rolle, denn es sind vor allem sie, die den Binnenmarkt mit Nahrungsmitteln beliefern.

Bis 1994 stagnierte die wirtschaftliche Entwicklung in den ländlichen Gebieten des Hochlands. Seither nahmen die Einkommen dort aber zu. Zwischen 2004 und 2012 stiegen sie durchschnittlich um 5,9 % pro Jahr – das war mehr als bei der städtischen Bevölkerung. Verantwortlich für den wirtschaftlichen Aufschwung war in erster Linie eine verbesserte Anbindung an die Märkte. In den letzten Jahren entstanden zahlreiche neue Landstraßen, und die großen Straßen im Hochland wurden asphaltiert. Es zirkulierten mehr Lastwagen und Busse, was den Gütertransport und das Reisen schneller und günstiger machte. Gleichzeitig drangen moderne Telekommunikationsmittel (Mobiltelefon, Internet) in die ländlichen Gebiete vor und stimulierten die Produktion.

An der Küste bildete sich eine neue Form des Großgrundbesitzes heraus. Im Zuge der neoliberalen Agenda der 1990er-Jahre drosselte der Staat die Kreditvergabe an kleine Landbesitzer und hob besondere Schutzklauseln für das Land von Dorfgemeinschaften auf. Zugleich erfolgte eine Förderung großer agroindustrieller Unternehmen durch Steuersenkungen, reduzierte Arbeitsrechte und internationale Handelsabkommen. Die hochproduktiven Küstengebiete, Fokus der Agrarreform der Militärregierung unter Velasco Alvarado (1968–1975), erlebten eine starke Konzentration des Landbesitzes. Im Jahr 2012 kontrollierten 18 Unternehmensgruppen und 20 unabhängige Betriebe – jedes Unternehmen mit einem Landbesitz von über 1000 Hektar – rund 30 % der landwirtschaftlich nutzbaren Küstenböden. Bis Ende des Jahrzehnts sollen es sogar 40 % werden. Die Auflösung der Landwirtschafts-Kooperativen und der Niedergang der Bauerngewerkschaften haben die kleinen Landbesitzer in eine prekäre Situation gebracht. Sie können nicht mit den Großunternehmen konkurrieren und sind oft gezwungen, ihre Produkte an Zwischenhändler unter dem Marktpreis zu verkaufen.

Im trockenen Küstengebiet ist ein großflächiger Ackerbau ohne künstliche Bewässerung nicht möglich. Während im Hochland ungefähr 30 % der Ackerflächen künstlich bewässert werden, sind es an der Küste fast 90 %. Mittels gigantischer Bewässerungsprojekte vergrößert Peru stetig seine Ackerflächen. Das Olmos-Projekt, das mit internationalem Kapital realisiert wurde, leitet Wasser aus den Anden, das ansonsten in Richtung Amazonas-Becken abfließt, durch Bergtunnels in Richtung Pazifik um. Arequipas Majes-Projekt erfasst Wasser hoch in den Bergen und schleust es zur künstlichen Bewässerung, Energieproduktion und städtischen Wasserversorgung ins südliche Küstengebiet. Noch unvollendet ist das Riesenprojekt Chavimochic, das Wasser aus dem Río Santa bezieht, einem der wasserreichsten Flüsse Westperus. Der Hauptkanal führt nordwärts durch die Täler Chao, Virú, Moche – wo die Großstadt Trujillo liegt – und Chicama (daher der Name: Chavimochic). Noch ausstehend ist Etappe III des Projekts mit dem Bau des massiven Reservoirs von Palo Redondo, das 360 Millionen m^3 Wasser fassen soll, einem 113 Kilometer langen »Mutterkanal« vom Moche- ins Chicama-Tal und einem 60-Megawatt-Wasserkraftwerk. Bislang hat Chavimochic die Bewässerung von rund 28 000 Hektar Land verbessert und 46 000 Hektar Sand und Wüste für landwirtschaftliche Zwecke erschlossen. Den mit Abstand größten Teil der neu kultivierbaren Böden nutzen knapp ein Dutzend agroindustrielle Großunternehmen, die hauptsächlich für die internationalen Märkte produzieren.

In den letzten beiden Jahrzehnten hat Peru seine landwirtschaftliche Anbaufläche und die künstlich bewässerte Bodenfläche stark ausdehnen können. Dabei ist das Potenzial für die Umwandlung von Ödland in Kulturland noch lange nicht ausgeschöpft. Die Modernisierung der Landwirtschaft hat große Fortschritte gemacht (Einsatz von Tropfenbewässerungsanlagen in den trockenen Küstengebieten, Impfen des Viehs, Einsatz von Traktoren, verbesserte Transportmöglichkeiten). Neue landwirtschaftliche Erzeugnisse haben die traditionellen Exportschlager – Zucker und Baumwolle – abgelöst. Dank Investitionen in nicht-traditionelle Landwirtschaftsprodukte und dank einer Vielzahl an Freihandelsabkommen gehört Peru heute zu den weltgrößten Exporteuren von Quinoa, Spargel, Maca-Knollen, Avocados, Artischocken, getrockneten Paprikaschoten, Trauben, Mangos, Mandarinen, Kaffee, Kakaobohnen, Ingwer und Heidelbeeren.

Bodenschätze

Peru ist ein rohstoffreiches Land, das Kupfer, Gold, Blei, Zink, Zinn, Eisenerz, Molybdän und Silber in großen Mengen exportiert. Hinzu kommen Rohöl, Erdölprodukte und Erdgas. Die Großprojekte im Bergbau benötigen neben Investitionskapital Land, Wasser und Energie. Beanspruchten Rohstofffirmen in den 1990er-Jahren zwei Millionen Hektar Land, waren es in den späten 2000er-Jahren 20 Millionen Hektar. Die Investitionen im Bergbau stiegen von 400 Millionen

US$ zu Beginn der 1990er-Jahre auf eine Rekordhöhe von 2,76 Milliarden US$ im Jahr 2009. 13 der 21 Mitglieder des International Council on Mining and Metals (ICMM) – der Verband der größten Bergbaugesellschaften der Welt – waren 2014 in Peru aktiv.

Für den modernen Bergbau ist die Verfügbarkeit großer Wassermengen zentral, sei es zum Waschen oder zum Transport der Erze, sei es für die Prozesse der Flotation und der Raffination. Seit Mitte der 1970er-Jahre wird bei der modernen Gold- oder Silbergewinnung das Cyanid-Verfahren eingesetzt. Dabei werden die Edelmetalle mit Hilfe des äußerst giftigen Blausäuresalzes Cyanid aus dem gemahlenen Gestein herausgelöst. Dieses Verfahren macht selbst Lagerstätten mit geringem Goldgehalt – ab 0,9 Gramm pro Tonne Gestein – wirtschaftlich interessant. Bei der Cyanidlaugerei werden sämtliche anderen im Gestein enthaltenen Schadstoffe und Schwermetalle wie z. B. Arsen, Nickel, Cadmium, Kobalt, Kupfer und Quecksilber sowie auch radioaktive Stoffe freigesetzt. Diese problematischen Stoffe stellen ein hohes Gefährdungspotential für Umwelt- und Gesundheit dar und erschweren die Behandlung der Cyanid-Abwässer teilweise sehr stark. Zwar versichern die Bergbaugesellschaften, dass die heutigen Technologien einen sicheren Umgang mit gefährlichen Materialien, Abfällen oder säurehaltigem Minenabwasser ermöglichten und die Wasserqualität ungefährdet sei. Wie die heftigen Reaktionen der Lokalbevölkerung zeigen, schenken die direkt Betroffenen diesen Beteuerungen keinen Glauben – oftmals aufgrund eigener gegenteiliger Erfahrungen.

Zur Stärkung des Umweltschutzes (und um den Gegnern von Bergbauprojekten den Wind aus den Segeln zu nehmen) schuf die García-Regierung 2008 ein Umweltministerium. Außerdem versuchte sie, die lokalen Protestbewegungen durch Geldzahlungen zu beschwichtigen. Sie überließ unter anderem die Hälfte der von den Bergbau-, Mineralöl- und Erdgasunternehmen bezahlten Gewinnsteuern den betroffenen Regional- und Lokalregierungen. Garcías Zahlungsmodell, das auch die Folgeregierungen übernahmen, funktionierte bei Projekten in Áncash und Moquegua, vermochte aber in anderen Regionen nicht, die sozialen Konflikte zu entschärfen. Dies hing nicht zuletzt auch vom unterschiedlichen Auftreten der einzelnen Gesellschaften der Rohstoffbranche ab. Während Firmen wie Antamina in Áncash lokal und national einen guten Ruf erworben haben, fallen andere, wie etwa die chinesische Shougang an der Südküste, deutlich ab. Das Sündenregister der Shougang-Gruppe, ein Stahlproduzent, der sich in chinesischem Staatsbesitz befindet, ist lang. Es reicht von miserablen Arbeitsbedingungen über Verstöße gegen Umweltvorschriften bis zum Verletzen vertraglicher Verpflichtungen.

Von Bergbaukonzessionen oder -projekten ist über die Hälfte der Dorfgemeinschaften im Hochland und an der Küste betroffen. Im peruanischen Amazonasgebiet sind über drei Viertel der Fläche für die Erdöl- oder Erdgasexploration von den Behörden freigegeben worden. Dutzende dieser Konzessionsgebiete überlagern Territorien, die Eigentum indigener Gemeinschaften sind. Oder sie liegen in Naturschutzgebieten bzw. in Reservaten von Dschungelindianern, die in »freiwilliger Isolation« leben. Zwangsläufig ergeben sich Nutzungskonflikte und entsprechend hoch ist die Anzahl der Protestaktionen. Insbesondere in der

Sierra sind soziale Konflikte aufgrund des Bergbaus häufig und langwierig. Mehrere Protestkundgebungen der letzten Jahre sind in Gewalt ausgeartet und haben Todesopfer unter Demonstrationsteilnehmern wie Sicherheitskräften gefordert. Demgegenüber sind Arbeitskonflikte zwischen den großen Bergbaugesellschaften und deren Arbeitern selten geworden. Denn Mechanisierung und technologischer Fortschritt haben im modernen Bergbau die Nachfrage nach ungelernten Arbeitskräften stark reduziert. Wieder anders sieht es im informellen Bergbausektor aus, der sich aus einem Vielerlei illegaler Minen zusammensetzt. Ortsansässige Bauern, manchmal auch kleine oder mittlere Unternehmen beuten dort ohne Bewilligung mit einfachster Technologie und ohne jegliche Rücksicht auf die Umwelt die mineralischen Bodenschätze aus. Sie verdienen sich dabei einen mageren Lebensunterhalt unter Bedingungen, die an die unmenschlichen Arbeitsverhältnisse der Kolonialzeit erinnern.

Umweltprobleme

Bergbau und Landwirtschaft verändern seit Urzeiten das Landschaftsbild und tragen nicht selten zu gravierenden Umweltschäden bei. Über Jahrtausende gewann die indianische Urbevölkerung mineralische Bodenschätze, Narben in der Landschaft und Umweltschäden hinterlassend. Verglichen mit dem kolonialen Bergbau waren die Auswirkungen auf die Umwelt aber gering und verglichen mit den Schäden der modernen mechanisierten Bergbauindustrie unbedeutend. Wie schädlich der neuzeitliche Bergbau für Mensch und Umwelt sein kann, zeigt das Extrembeispiel der Minenstadt La Oroya. Die Cerro de Pasco Company richtete dort 1926 ein Schmelzwerk ein. Die Anlage stieß giftige Rauchwolken aus, die Schwefeldioxid, Blei und Arsen enthielten. Obschon das Unternehmen Maßnahmen zur Verminderung der schädlichen Emissionen ergriff, bleibt La Oroya bis in die Gegenwart stark mit Schadstoffen belastet. Untersuchungen der Luft ergaben in den 1990er-Jahre Bleiwerte, die über 7000 Mal höher waren, als die von der Weltbank gestatteten Höchstwerte. Auch der Arsengehalt und der Anteil an Schwefeldioxid – das sich leicht in Schwefelsäure verwandelt – lagen weit über dem gesundheitlich tolerierbaren Niveau. Die US-Umweltschutzorganisation Blacksmith Institute stufte 2006 La Oroya unter die zehn am stärksten verseuchten Orte der Welt ein. In ihrem Bericht zeigte die Umweltschutzorganisation auf, dass praktisch alle Kinder in hohem Grade mit Blei vergiftet waren.

Wie überall auf der Welt verwandelte der Mensch auch in Peru Natur- in Kulturlandschaften. Während die Ureinwohner Bäume und Wälder rodeten, um Acker- und Weideland zu gewinnen, bürgerten die Spanier zahlreiche ortsfremde Nutzpflanzen (Zuckerrohr, Bananen, Kaffee, Weinreben) und Nutztiere (Rinder, Pferde, Schafe, Ziegen) ein. Die neuen Nutzpflanzen, Bäume und Futtergräser veränderten ganze Landschaften, wogegen Fische aus der nördlichen Hemisphäre wie Forellen, Lachse und Barsche die Ökologie von Binnengewässern umgestalte-

Abb. 26: Das zentralperuanische Bergbaugebiet von Cerro de Pasco (Dep. Pasco).

ten. Die Einführung und Verbreitung von afrikanischen Gräsern und südasiatischen Rindern transformierte die tropische Rinderzucht. Palmölplantagen zur Biodieselgewinnung, der Anbau von Kaffee, Kakao, Coca-Blättern und tropischen Früchten haben mancherorts den Regenwald verdrängt und zu Nutzungskonflikten geführt. Jährlich verschwinden im peruanischen Amazonas-Becken riesige Flächen des Urwalds, sei es durch Brandrodung, wegen (illegalen) Holzeinschlags oder durch die Verwüstungen, die Zehntausende von Goldschürfer anrichten. Gemäß dem Umweltportal Global Forest Watch gingen 2019 in Peru 162 000 Hektar an unberührtem Wald verloren. Nur in den Tropenländern Brasilien (1 361 000 Hektar), der Demokratischen Republik Kongo (475 000 Hektar), Indonesien (324 000 Hektar) und Bolivien (290 000 Hektar) war der Verlust noch höher.

Im Hochland haben sich die Schaf- und Rinderherden auf Kosten der Lamas und Alpakas stark vermehrt und die Erosion der Böden verstärkt. Die Überweidung der Hänge führt auch an der Küste zu Erosionsschäden, womit immer größere Bereiche für die Weidewirtschaft unwiederbringlich verloren gehen. Mit der ständigen Ausweitung und Intensivierung der Landwirtschaft sind an der Küste neue Probleme aufgetreten. Die Agroindustrie mit ihren exportorientierten Monokulturen dehnt sich immer weiter in die einstige Wüste aus. Das zur Bewässerung benötigte Wasser wird entweder den Flüssen oder den damit verbundenen Bewässerungskanälen entnommen. Oder es wird aus dem Grundwasser gepumpt.

An der Südküste, im Ica-Tal, sank der mittlere Grundwasserpegel zwischen 1999 und 2010 um zwölf Meter. Weil Wasser zunehmend zur Küste geleitet wird, ergeben sich Konflikte mit den Wassernutzern des Hochlands. Schwierigkeiten verursachen auch der massive Einsatz von Pestiziden, die drohende Versalzung der Böden und Wüstenbildung. Zusätzliche hausgemachte Umweltprobleme sind die Luftverschmutzung in den Großstädten, Schadstoffemissionen wie CO_2, die Verschmutzung der Flüsse beziehungsweise der Küstengewässer durch Siedlungsabfälle und Abwässer aus dem Bergbau sowie die Überfischung.

Seit den 1970er-Jahren weisen verschiedene Indikatoren wie der globale Temperaturanstieg oder die häufigere Frequenz der El-Niño-Ereignisse auf einen weltweiten Klimawandel hin. In den Anden gedeihen verschiedene Nutz- und Wildpflanzen nun auch in höheren Lagen, was eine Ausweitung der Landwirtschaftsflächen ermöglicht. Andererseits können neu auch Krankheitserreger und Krankheitsüberträger wie Moskitos in höheren Lagen überleben, womit sich die potenziellen Gefahren für Nutzpflanzen und die menschliche Gesundheit erhöhen. In den letzten Jahren sind die Wechsel von Regen- und Trockenzeiten ungleichmäßiger und damit unberechenbarer geworden. Zugleich sind im Bergland viel stärkere Niederschläge als zuvor zu verzeichnen. Vor allem aber sind die Gletscher, die als Wasserspeicher funktionieren, rapide weggeschmolzen. Die andinen Gletscher versorgen Bäche, Flüsse, Sumpfgebiete, Bewässerungskanäle, Städte und Kraftwerke mit Wasser. In der zentralperuanischen Cordillera Blanca ist die Eisfläche von 1962 bis 2016 um die 38 % geschrumpft, und zwar von 726 km² auf 449 km². Im gleichen Zeitraum ist die Eisfläche in der südperuanischen Cordillera Vilcanota um 48 % auf 255 km² zurückgegangen. Die Urubamba-Gletscher sind um 69 % (53 km²) geschrumpft, die Vilcabamba-Gletscher um 61 % (161 km²). Kurzfristig kann die Gletscherschmelze zu mehr verfügbarem Wasser beitragen, langfristig bedroht sie jedoch die Versorgung derjenigen Gebiete, die vom Schmelzwasser abhängen. Eine weitere Gefahr besteht darin, dass übervolle Gletscherseen ihre natürlichen Dämme sprengen und Fluten in die Täler donnern.

Überall auf der Welt ist Wirtschaftswachstum, das letztlich materiellen Wohlstand ermöglicht, mit ökologischen Kosten verbunden. Anhaltendes Wirtschaftswachstum kombiniert mit rapider Verstädterung, sozialer Ungleichheit und mangelndem Umweltbewusstsein haben in Lateinamerika gravierende Umweltschäden verursacht. Im Environmental Performance Index (EPI) von 2020, der die aktuellen Umweltbilanzen von 180 Ländern vergleicht, lag Peru mit 44 von möglichen 100 Punkten auf Rang 90. Gegenüber der Bilanz von 2018 ist das eine deutliche Verschlechterung um 26 Ränge.

Wirtschaft: Problemfelder

In den zurückliegenden zwei Jahrzehnten haben sich Perus sozioökonomische Indikatoren erheblich verbessert. Lange Zeit machte es den Anschein, dass die peruanische Wirtschaft auf einer soliden Grundlage steht, ja, dass Peru sich an der Schwelle zu einem bedeutenden Entwicklungssprung befindet. Covid-19 hat den Aufschwung jäh gestoppt. Die Wirtschaft ist regelrecht eingebrochen und soll im Jahr 2020 um bis zu 14 Prozent schrumpfen. Schon vor dieser pandemiebedingten Rezession hatte die peruanische Wirtschaft mit ernsthaften Problemen zu kämpfen: Das Produktivitätsniveau – das heißt die Menge an pro Arbeitstag produzierten Gütern – war gering, die Auslandsabhängigkeit hoch und der informelle Sektor aufgebläht. Die starke Abhängigkeit von Rohstoffexporten und vom Auslandskapital lieferte das Andenland der Nachfrage, Preisschwankungen und den Unwägbarkeiten der internationalen Märkte aus. Bei der Eindämmung informeller und prekärer Arbeitsverhältnisse sind bislang nur bescheidene Erfolge gelungen. Informelle Tätigkeiten – das heißt nicht an Sozialversicherungen gebundene oder feste Arbeitsverhältnisse mit entsprechenden Rechten – bilden die üblichste Arbeitsform in Peru. Je nach Messungsart wird der Prozentsatz der informell Beschäftigten auf zwischen 70 % und 80 % der wirtschaftlich aktiven Bevölkerung geschätzt, wobei der Prozentsatz unter den Jungen (zwischen 15 und 24 Jahren) noch höher sein dürfte. Der informelle Sektor macht ungefähr 50 bis 60 % der ökonomischen Aktivitäten des Landes aus, was etwa 30 % des Bruttoinlandsprodukts entspricht. Zur Schattenwirtschaft zählen neben legalen auch illegale Geschäftsfelder wie Drogenproduktion und -umschlag, Holzhandel oder Goldgewinnung ohne Konzession. Solch fragwürdige Aktivitäten generieren keine Steuereinnahmen. Stattdessen verursachen sie schwere Umweltschäden, insbesondere in den Dschungel- und Quellgebieten. Das Überangebot an unqualifizierten beziehungsweise die Knappheit an hoch qualifizierten Arbeitskräften wirken sich negativ auf die Wettbewerbsfähigkeit des industriellen Sektors und der modernen Dienstleistungssektoren aus. Das niedrige Niveau des Humankapitals wird auch weiterhin dafür sorgen, dass Peru auf den Import von technologisch komplexen Industrieprodukten angewiesen ist und modernste Technologien nur in beschränktem Maß Verwendung finden. Weitere Schwachpunkte der Wirtschaft betreffen die starken regionalen Unterschiede, den Stadt-Land-Gegensatz sowie fest verwurzelte Diskriminierungsmuster, die ökonomische und soziale Mobilität behindern.

Fazit

Getragen vom langen wirtschaftlichen Wachstumszyklus, hat Peru markante Fortschritte gemacht. Nicht nur in Lima, sondern auch in den Provinzstädten ist der Dienstleistungssektor aufgeblüht. Supermärkte und Einkaufszentren in ehedem armseligen Quartieren prosperieren. Die reichlich sprudelnden Staatseinnahmen erlaubten eine beachtliche Senkung der Armuts- und der Analphabetenrate sowie deutliche Verbesserungen bei der Versorgung mit Strom und fließendem Wasser. In vielen Haushalten stehen heute ein Farbfernseher, eine Audioanlage oder ein Computer. Der Zugang zum Internet hat sich von 2007 bis 2017 vervierfacht, der Anteil an Mobiltelefon-Besitzern fast verdoppelt.

Im Vergleich zu früher sind die meisten Peruaner heute gesünder, sie leben länger, wohnen in städtischen Gebieten, haben kleinere Familien und sind über Mobiltelefone stark vernetzt. Freilich verläuft der Modernisierungsprozess ungleichmäßig: Während die einen ums Überleben kämpfen, erfreuen sich andere den Annehmlichkeiten einer vergleichsweise modernen Gesellschaft. Im UN-Bericht zur menschlichen Entwicklung (HDI) von 2019 belegte Peru unter den 189 Ländern Rang 82. Unter den Staaten Lateinamerikas und der Karibik nahm Peru damit den zehnten Platz ein. Noch besser steht Peru da, wenn man den Ungleichheitsbereinigten UN-Index der menschlichen Entwicklung (IHDI) betrachtet, der die Ungleichheit in Gesundheit, Bildung und Einkommen einschließt. Hier landete Peru im weltweiten Vergleich auf Rang 70 beziehungsweise im regionalen Vergleich auf Rang sechs.

Über Perus Entwicklungsstand gibt auch der regelmäßig erscheinende Bertelsmann Transformation Index (BTI) Auskunft, der Erfolge und Rückschritte auf dem Weg zu rechtsstaatlicher Demokratie und sozialpolitisch begleiteter Marktwirtschaft in 137 sogenannten Entwicklungsländern vergleicht. Im BTI-Index von 2020 nimmt Peru den 29. Gesamtrang ein. Hinsichtlich der wirtschaftlichen Transformation liegt das Andenland auf Platz 25, der politischen Transformation auf Platz 49 und beim sogenannten »Governance-Index« zum politischen Management der Entscheidungsträger auf Platz 37. Nach wie vor stuft der BTI-Report Peru als »defekte Demokratie« ein, weil Defizite in den Bereichen Gewaltenteilung und Rechtsstaatlichkeit fortbestehen. Zwar sind die zivilen und politischen Freiheiten gewährleistet und Wahlen finden üblicherweise im korrekten Rahmen statt. Die politischen Amtsträger werden verfassungskonform bestimmt, ihre rechtsstaatliche Kontrolle funktioniert jedoch nur partiell. Noch immer unvollständig ist die Kontrolle über das Militär, obschon dieses seine untergeordnete Rolle akzeptiert hat. Die demokratischen Institutionen erfüllen zwar ihre Aufgaben, werden aber aufgrund von Reibungen zwischen den Institutionen, mangelnder Professionalisierung der Bürokratie und Korruption weithin als ineffizient angesehen. Dies zeigt sich besonders im Justizwesen, wo politische Einflussnahme und Korruption seine Unabhängigkeit weiterhin untergraben. Korruption und Ineffizienz durchdringen den gesamten staatlichen Verwaltungsapparat. Vielfach kommen Beamte nicht aufgrund von Verdiensten oder Fähigkeiten, sondern dank Beziehungen oder Parteizugehörigkeit zu ihren Ämtern. Allgemein ist das Vertrauen in die demokratischen Institutionen, die Parteien und die demokratische Regierungsform gering. Die zahllosen Korruptionsskandale haben die Bevölkerung bitter enttäuscht. Die Leute sind zornig auf die bestechliche Politikerkaste und politische Parteien, die nur eigennützige Partikularinteressen verfolgen und sich nicht für das Gesamtwohl des Landes einsetzen.

Peru benötigt dringend grundlegende Reformen, um die demokratischen Institutionen zu stärken und die sozialen und politischen Bedingungen zu verbessern. Der Staatsdienst muss modernisiert, die grassierende Korruption bekämpft, das Justizwesen und die öffentliche Bildung verbessert werden. Besonders wichtig ist die Bekämpfung der stark gestiegenen Kriminalität, der häuslichen Gewalt und des organisierten Verbrechens – insbesondere des seit Jahrzehnten blühenden Drogenhandels, der Wirtschaft und Gesellschaft durchsetzt hat. Für viele Peruanerinnen und Peruaner haben die alltägliche Gewalt und die grassierende Kriminalität ein unerträgliches, die Lebensqualität massiv beeinträchtigendes Maß angenommen. Das generelle Gefühl von Unsicherheit wird durch das starke Misstrauen gegenüber Polizei und Justiz zusätzlich genährt. Verstärkt werden muss auch der Kampf gegen die Ausgrenzung und Diskriminierung der indigenen Gemeinschaften, ethnischer Minderheiten wie den Afroperuanern und den LGBT-Leuten.

Für das Jubiläumsjahr 2021, in dem das republikanische Peru den 200. Jahrestag seiner Unabhängigkeit begeht, sieht die Lage finster aus: Das Andenland weist weltweit eine der höchsten Corona-Sterblichkeitsraten pro Kopf auf. Es steckt in einer der tiefsten Rezessionen seiner Geschichte und hat mit einer veritablen politischen Krise zu kämpfen. In Anbetracht der wechselhaften peruanischen Geschichte, in der sich Boomphasen und heftige Krisen wiederholt ablösten, ist dennoch zu hoffen, dass das Land auch die aktuelle Misere überwinden und den eingeschlagenen Weg in eine bessere Zukunft wieder aufnehmen wird.

Literaturhinweise

Arce, Moisés 2014, Resource Extraction and Protest in Peru, Pittsburgh
Berríos, Rubén 2019, Growth without Development: Peru in Comparative Perspective, Lanham
Bertelsmann Transformation Index – BTI 2020: https://www.bti-project.org/content/en/downloads/reports/country_report_2020_PER.pdf (aufgerufen am 11.03.2021)
Central Intelligence Agency – CIA (Hg.), The World Factbook – Peru: https://www.cia.gov/the-world-factbook/countries/peru/ (aufgerufen am 11.03.2021)
Instituto Nacional de Estadística e Informática (Hg.) 2018, Perú: Perfil Sociodemográfico. Informe Nacional: Censos Nacionales 2017: XII de Población, VII de Vivienda y III de Comunidades Indígenas, Lima: https://www.inei.gob.pe/media/MenuRecursivo/publicaciones_digitales/Est/Lib1539/libro.pdf (aufgerufen am 11.03.2021)
Licht, Nathalie 2019, Wandel von Sozialpolitik im Kontext von Global Social Governance. Das Beispiel Peru, Bonn
Paap, Iken/Schmidt-Welle, Friedhelm (Hg.) 2016, Peru heute: Politik, Wirtschaft, Kultur, Frankfurt am Main
Sangmeister, Hartmut 2019, Hispanoamerika: Wirtschaft – Politik – Geschichte, Baden-Baden
Seligmann, Linda J./Fine-Dare, Kathleen S. (Hg.) 2019, The Andean World, Abingdon und New York

Glossar

Adventismus: Protestantische Bewegung, die im 19. Jahrhundert in den USA entstanden ist und die sich im Laufe der Zeit in zahlreiche unterschiedliche Glaubensgemeinschaften aufgesplittert hat. Namengebend ist die Lehre vom zweiten Advent, das heißt von der nahen Wiederkunft Jesu Christi. Die »Siebenten-Tags-Adventisten« halten den Samstag – den siebten Wochentag nach der biblischen Zählung – für heilig.

Altiplano: Hochebene zwischen 3700 bis 4000 m. ü. M., die sich über südperuanisches und nordbolivianisches Gebiet erstreckt. In der Hochebene breitet sich auch der riesige Titicacasee aus.

Anarchismus: Innerhalb des Anarchismus kann man zwei Strömungen unterscheiden: den kollektivistisch-kommunistischen Anarchismus und den Anarchosyndikalismus. Die Anarchosyndikalisten betreiben Gewerkschaftsarbeit und halten die Gewerkschaften für die einzigen effektiven Kampforgane der Arbeiterschaft.

Andenländer: Der Begriff bezeichnet eine Gruppe von Ländern im westlichen Südamerika, die Anteil am Gebirge der Anden haben. Im engeren Sinne sind dies: Bolivien, Chile, Ecuador, Kolumbien und Peru.

APRA (Alianza Popular Revolucionario Americana): Von Víctor Raúl Haya de la Torre 1926 in Paris gegründete Partei, die bis in die Gegenwart in Peru aktiv ist.

Arrendatario: Pächter von land- und/oder viehwirtschaftlich nutzbaren Landes.

Audiencia (Audienz): Kollegiale Gerichts- und Verwaltungsbehörde der Kolonialzeit.

Ayllu: Soziale Grundeinheit auf der Dorfebene. Kennzeichnend sind Verwandtschaftsbeziehungen, gemeinsamer Landbesitz, Sponsorschaft bei religiösen und zivilen Feierlichkeiten sowie der gemeinschaftliche Arbeitseinsatz bei Projekten, die allen zugutekommen.

Aymara: Nach dem Quechua die meistgesprochene indigene Sprache in Peru und Bolivien.

Cabildo: Stadtrat; Ratskollegium.

Callao: Hafen von Lima.

Campesino: Kleinbauer; Angehöriger der ländlichen Bevölkerung. In der offiziellen Sprachregelung der Militärdiktatur der 1970er-Jahre ersetzte der Begriff die diskriminierende Bezeichnung »Indio«.

Caudillo/Caudillismo: Ursprünglich Militärführer, der in den Unabhängigkeitskriegen und der Folgezeit eigenmächtig ganze Landstriche kontrollierte. Allgemein wird unter Caudillismo ein Typus autoritärer Herrschaft verstanden, der nicht institutionell verankert ist und auf einer personenbezogenen Weisungs- und Gefolgschaftsbeziehung beruht.

CEPAL (Comisión Económica para América Latina y el Caribe): UN-Wirtschaftskommission für Lateinamerika und die Karibik.

Civilista (Zivilrechtler): Anhänger des Partido Civil (Zivilistische Partei).

Cofradía (Bruderschaft; Schwesternschaft): Religiöse Körperschaft.

Colegio: Höhere Lehranstalt oder Schule.

Consulado (Konsulat; Kaufmannsgilde): Kolonialzeitliche Kaufmannsgilde mit eigener Gerichtsbarkeit in Handelssachen.

Cortes: Seit dem 12. Jahrhundert Name für die Ständeversammlung in den einzelnen Königreichen Spaniens. Der mittelalterliche Ausdruck »Cortes« wurde in der Neuzeit Spaniens (ab 1810) beibehalten, um die parlamentarischen Institutionen zu bezeichnen.

Curaca (»der Alte«; »der Älteste«): Quechua-Wort für Häuptling.

Curacazgo: Häuptlingstum.

El Niño: Klimaphänomen mit weltweiten Auswirkungen, das von der Verschiebung von Meeresströmungen im äquatorialen Pazifik ausgeht.

Endogamie (Verwandtenehe): Heirat innerhalb einer ethnischen Gruppe, einer bestimmten sozialen Schicht oder eines Stammes.

Enganche (wörtlich: »das Anspannen oder Anschirren von Zugtieren«): System zur Anwerbung von Arbeitskräften, das mit Lohnvorauszahlungen begann und im schlimmsten Fall in permanenter Schuldknechtschaft endete.

Evangelikalismus: Der Evangelikalismus entwickelte sich im 18. Jahrhundert aus der anglo-amerikanischen Erweckungsbewegung. Aus dem Evangelikalismus ging im frühen 20. Jahrhundert die Pfingstbewegung hervor.

Fueros: Besondere juristische Privilegien, über die eine bestimmte Gruppe oder Korporation verfügte, z. B. kirchliche oder militärische Fueros.

Gamonal: Einflussreicher Großgrundbesitzer im Hochland, der das lokale wirtschaftliche und politische Geschehen kontrollierte.

Gini-Koeffizient und Index der geschlechtsspezifischen Ungleichheit: Es handelt sich um zwei Messgrößen: im ersten Fall der Einkommenskonzentration, im zweiten Fall der Ungleichheit zwischen Mann und Frau. Bei völliger Gleichverteilung der Einkommen bzw. bei völliger Gleichstellung nimmt der Koeffizient den Wert Null an. Im Falle völliger Konzentration bzw. völliger Ungleichheit den Wert 1. Je höher der Koeffizient, umso ungleicher ist die Einkommensverteilung bzw. die Ungleichheit zwischen den Geschlechtern.

Großkolumbien: Staatenbund in den 1820er-Jahren. Die Föderation umfasste die heutigen Staaten Venezuela, Kolumbien, Ecuador und Panama.

Guano: Aus den Exkrementen von Seevögeln gewonnener nitratreicher Dünger.

Hacienda (Landwirtschaftsgut; Gehöft): Stattlicher Landwirtschaftsbetrieb; großer ländlicher Besitz.

Hochperu (auch: Charcas): Heutiges Bolivien. Koloniale Provinz, die das heutige Bolivien und die Territorien der La-Plata-Region umfasste.

Humankapital: Beinhaltet den Bildungs- und Wissensstand der gesamten Bevölkerung, die produktiven Fähigkeiten und Fertigkeiten des Einzelnen, das verfügbare technische und unternehmerische Know-how.

Importsubstituierende Industrialisierung: Staatlich geförderter Aufbau einer einheimischen Industrie, bei der die ausländische Konkurrenz durch Schutzzölle oder Einfuhrverbote ferngehalten wird. Nach dem Ende des Zweiten Weltkriegs galt fast überall in Spanisch-Amerika eine nachholende Industrialisierung als geeignete Strategie, um sich durch die Herstellung bislang importierter Produkte aus der Abhängigkeit vom Ausland zu befreien.

Index der geschlechtsspezifischen Ungleichheit: ▶ Gini-Koeffizient

Indianer: Die Spanier bedachten die heterogene Urbevölkerung Amerikas mit den Sammelbegriffen Indios, Américos oder Naturales. Die erste Bezeichnung beruht auf dem geografischen Missverständnis von Kolumbus, der glaubte, in West-Indien (Indias Occidentales) gelandet zu sein und der deshalb die dortige Bevölkerung als Indianer (Indios) titulierte. Die zweite Bezeichnung leitet sich vom italienischen Kartografen Amerigo Vespucci ab, der dem Doppelkontinent den Namen verlieh und klar die eurozentrische Fixierung offenbart. Am unverfänglichsten präsentiert sich die Bezeichnung Natural, die mit »Einheimischer« übersetzt werden kann. Im Zuge der Unabhängigkeitsbewegung des 19. Jahrhunderts tauchte der weniger diskriminierend gedachte Namen Indígenas auf, das bedeutet Ureinwohner oder Indigene.

Indigenismus/Indigenismo: Eine der wichtigsten intellektuellen, künstlerisch-kulturellen und politischen Avantgardebewegungen im Andenraum. Seine Repräsentanten suchten nach Ausdrucksformen für eine authentische nationale Identität.

»Indio«: In den Andenländern ist der Begriff »Indio« ein beleidigendes Schimpfwort. Viele indigene Bewohner des peruanischen Hochlandes bezeichnen sich selbst nach ihrer Haupttätigkeit als Campesinos (Kleinbauern, Landarbeiter), während die Bewohner der peruanischen Dschungelgebiete den Oberbegriff Indígenas vorziehen. Etliche Quechua-Sprecher bezeichnen sich als Runa (»Menschen«), im Unterschied zu den Mistis, den

Außenstehenden (Mestizen und Weiße). Wenn ein Indianer in die Stadt zieht und einige Sprossen die soziale Leiter emporsteigt, wird er zum Cholo – ein Wort, das weniger abschätzig als »Indio« ist. Aymara-Sprecher in Peru und Bolivien wiederum betonen, dass sie Aymara sind. Ein Trend der Gegenwart ist, dass zahlreiche ethnische Gruppen auf ihren Eigennamen zurückgreifen und die ihnen von Außenstehenden zugeschriebene Fremdbezeichnung ablehnen (beispielsweise Shuar statt Jívaro oder Awajún statt Aguaruna).

Informalität, informelle Arbeit: Schattenwirtschaft, nicht registrierte, nicht regulierte Arbeit, bei der die Betroffenen weder arbeits- noch sozialrechtlich geschützt sind.

Internationale: Kurzbezeichnung für die 1864 gegründete Internationale Arbeiterassoziation, ein Zusammenschluss sozialistischer und kommunistischer Gruppierungen. Die Dritte Internationale, auch Kommunistische Internationale genannt, wurde 1919 in Moskau ins Leben gerufen.

Junta: Regierungsausschuss, Regierungskomitee.

Jurado Nacional de Elecciones (JNE): Das Nationale Wahlgericht fungiert als oberste Rechtsinstanz aller Wahlen. Es entscheidet, wer kandidieren darf und fällt bei Wahlstreitigkeiten das letztinstanzliche Urteil.

Kameliden: Zur Familie der Camelidae (Kamelartigen) gehörende Tiere, die drei Gattungen umfassen: die Kamele, die Lamas und die Vicuñas.

Klientelismus: Ist ein Austauschverhältnis zwischen Partnern von ungleichem sozialen Status, von dem sich beide Seiten Vorteile versprechen. Betrachtet man diese asymmetrische Beziehungsform von der Seite der dominanten Person, spricht man auch von Patronage. Üblicherweise stellt der Patron Waren, Dienstleistungen, Geld oder Jobs zur Verfügung und die Klienten leisten im Gegenzug Gefolgschaft und sorgen für politische Unterstützung.

Konsignatär: Empfänger von Waren oder Rohstoffen zum Weiterverkauf, besonders im Überseehandel.

Kreole, Kreolin: Begriff aus der Kolonialzeit für in Spanisch-Amerika geborene Nachfahren von Europäern.

Leuchtender Pfad: ▶ Sendero Luminoso

Libra peruana: Das peruanische Pfund wurde in den 1890er-Jahren eingeführt und blieb bis 1930 im Umlauf. Die 1-Libra-Goldmünze war gleich viel wie ein Britisches Pfund oder 10 Silber-Soles wert. Sie wog 7,988 Gramm und hatte eine Feinheit von 900 $^2/_3$.

Limeño bzw. Limeña: Bewohner bzw. Bewohnerin der peruanischen Hauptstadt Lima.

Magellanstraße: Nach dem portugiesischen Kapitän Fernando de Magellanes (ca. 1480–1521) benannte Meeresstraße zwischen Südamerika und Feuerland.

Mestize: Person mit einem weißen und einem indianischen Elternteil.

Millenarismus/millenaristisch: Im ursprünglichen Sinn die Erwartung der Wiederkunft Jesu Christi und dessen Aufrichten eines tausendjährigen irdischen Reiches vor dem Weltende. Der Begriff wird generell als Bezeichnung für den Glauben an das nahe Ende der gegenwärtigen Welt verwendet – manchmal verbunden mit der Erschaffung eines irdischen Paradieses – oder für einen apokalyptischen Fatalismus im Zusammenhang mit einer Jahrtausendwende.

Mita: Kolonialzeitlicher Zwangsdienst; Fronarbeit.

Moneda feble: Minderwertige Münze, deren Feinheit unter dem Standard lag.

Montaña: Die (bewaldeten) östlichen Andenabhänge, die an das Amazonas-Becken grenzen.

MRTA (Movimiento Revolucionario Túpac Amaru): Zusammenschluss revolutionärer Kräfte, die den peruanischen Staat in den 1980er- und 1990er-Jahren bekämpften.

»Mulato«/»Mulata«: Während der spanischen Kolonialzeit aufgekommene, heute verpönte Bezeichnung für Personen mit einem weißen und einem schwarzen Elternteil.

Natriumnitrat (auch: Natron- oder Chilesalpeter $NaNO_3$): Das Natriumsalz der Salpetersäure. Bei den wichtigsten Vorkommen in der chilenischen Atacama-Wüste handelt es sich um eine mächtige unterirdische Kruste aus Salzgestein.

Nicht-traditionelle Exporte: Neue Exportprodukte wie Spargel, Avocados, Trauben und verarbeitete Güter. Traditionelle Exporte, die Peru teilweise schon seit der Kolonialzeit ausführt, sind Edelmetalle, Kupfer, Zucker und Baumwolle.

Nikkei: Bezeichnung für japanische Auswanderer und deren Nachkommen, die japanische Gemeinschaften in aller Welt etabliert haben. In Japan selbst wird der Begriff auch für Auswanderer und deren Nachkommen verwendet, die nach langer Zeit im Ausland wieder in die alte Heimat zurückgekehrt sind.

OECD (Organisation for Economic Cooperation and Development): Internationale Organisation mit 37 Mitgliedstaaten, die sich der Demokratie und marktwirtschaftlichen Ordnungsprinzipien verpflichtet fühlen. Die meisten Mitglieder gehören zu den Ländern mit hohem Pro-Kopf-Einkommen.

Oligarchische Republik: Periode gegen Ende des 19. und zu Beginn des 20. Jahrhunderts, während der wenige Oligarchenfamilien offen, direkt und mehr oder weniger exklusiv regierten.

Oligopol: Form des Monopols, bei welcher der Markt von einigen wenigen Großunternehmern beherrscht wird.

Opus Dei (Lateinisch für »Werk Gottes«): Die katholische Organisation wurde 1928 vom konservativen spanischen Priester Josemaría Escrivá de Balaguer y Albás gegründet. Vertreter des Opus Dei sorgten immer wieder für Kritik, weil sie progressive Strömungen innerhalb der katholischen Kirche bekämpften und neoliberale Positionen verfochten.

Oroya-Fieber (auch: Carrión-Krankheit, Bartonellose): Das lebensgefährliche Oroya-Fieber wird durch das Bakterium Bartonella bacilliformis verursacht und von Sandfliegen übertragen.

Pacha Mama (Mutter Erde, Erd-Mutter): Bis heute wird die Pacha Mama als chthonische Urmutter verehrt, die bei entsprechender ritueller Huldigung für das Wohlergehen sorgt.

Partido Civil (Zivilistische Partei): Von Manuel Pardo (Staatspräsident von 1872–1876) gegründete erste wirklich moderne Partei Perus.

Patrioten: Selbstbezeichnung der Separatisten, die für die Unabhängigkeit von Spanien kämpften. Ihre Gegner waren die königstreuen Royalisten.

Patronat: Schirmherrschaft, die das Papsttum der spanischen Krone über die amerikanische Kirche zubilligte. Nach der Unabhängigkeit behielt Peru, gegen den päpstlichen Willen, das Patronat bei. Erst 1875 billigte Papst Pius IX. der peruanischen Republik offiziell die Ausübung des Patronats zu.

Peninsular: ▶ Europaspanier

Peru: Über den Namensursprung existieren mehrere Hypothesen, die grob in zwei Gruppen aufgeteilt werden können. Vertreter der ersten Gruppe nehmen einen altweltlichen Ursprung an, sei es eine Ableitung aus dem alten Testament oder von einem lateinischen Begriff. Die zweite Gruppe will den Namen von einem indianischen Begriff ableiten – üblicherweise von einem Fluss namens »Birú«, einem Stamm oder einem ▶ Curaca.

Peso: Die wichtigsten Münzen der Kolonial- und frühen Republikzeit waren Silber- und Goldpesos. 1 Silberpeso (zu 8 Reales) hatte einen Wert von 272 Maravedís; 1 Goldpeso (Peso de Oro oder Castellano) war 450 bis 490 Maravedís wert.

Pfingstbewegung: ▶ Evangelikalismus

Plurikulturalität/plurikulturell: Die aktuell gültige Verfassung Perus würdigt den plurikulturellen und multiethnischen Charakter des Landes. Die Andersartigkeit der indigenen Bevölkerung wird als gleichberechtigt anerkannt. Das Bekenntnis zu Plurikulturalität und Multiethnizität ist eine Abkehr vom herkömmlichen Konzept der Nation, das von einer einzigen kulturellen und ethnischen Einheit ausging. Im neuen Konzept werden weder die europäisch geprägte Kultur noch eine Mestizen-Identität favorisiert. Vielmehr sollen die unterschiedlichen ethnischen und kulturellen Bevölkerungsgruppen gleichwertige und gleichberechtigte Teile des Nationalstaates sein.

Privatrecht: In der Rechtspflege werden verschiedene Rechtsgebiete unterschieden, nämlich Privatrecht (auch Bürgerliches Recht bzw. Zivilrecht), Öffentliches Recht und Straf-

recht. Das Privatrecht regelt die Rechtsbeziehungen zwischen rechtlich gleichgestellten Personen oder Körperschaften.

Pueblos jóvenes (»junge Ortschaften«): Elendssiedlungen; Slums am Rande der Städte.

Pulpería: Kleiner Krämer- und Lebensmittelladen mit Alkoholausschank; Wein- und Esslokal.

Quechua: Mit rund 7,5 Mio. Sprechern die meist verbreitete indigene Sprache der Andenländer.

Religiose (Pl. Religiosen): Mitglied einer katholischen Ordensgemeinschaft.

Reziprozität (Gegenseitigkeitsprinzip): Fundamentales andines Prinzip des Gebens und Nehmens, das die zwischenmenschlichen Beziehungen regelt und das Verhältnis zur Natur bestimmt. Gegenseitige Hilfe wird bei der Vorbereitung der Felder für die Aussaat geleistet, bei der Aussaat, der Ernte, der Reinigung und Instandhaltung der Bewässerungssysteme, beim Dachdecken, beim Hausbau und beim Ausrichten ritueller Feste. Wer Hilfe in Anspruch nimmt, ist zur Rückgabe der erhaltenen Leistung verpflichtet. Auch gegenüber der Natur gilt das Gegenseitigkeitsprinzip. Durch Opfergaben und Zeichen der Ehrerbietung wird versucht, die Naturkräfte gütig zu stimmen, auf dass diese sich mit einer Gegengabe erkenntlich zeigen – sei es eine reiche Ernte, sei es die Vermehrung der Nutztiere.

Rijchary-Zentren (»Zentren des Erwachens«): Bewegung zur Verbesserung der prekären Gesundheitslage im südlichen Hochland von Peru. Ihre Vertreter pflegten den interkulturellen Dialog. Sie respektierten die traditionelle einheimische Medizin und die traditionellen Heilerinnen und Heiler (Curanderas bzw. Curanderos).

Salpeter: ▶ Natriumnitrat

Senderist: Anhänger des ▶ Sendero Luminoso.

Sendero Luminoso (»Leuchtender Pfad«): Kurzbezeichnung für Partido Comunista del Perú en el Sendero Luminoso de Mariátegui (PCP-SL). Vom Philosophie-Professor Abimael Guzmán Reynoso 1970 gegründete, maoistisch inspirierte Partei, die hauptsächlich in den 1980-er und 1990er-Jahren den peruanischen Staat mit militärischen und terroristischen Mitteln bekämpfte.

Selva: Spanisches Wort für den tropischen Urwald oder Regenwald.

Sierra: Spanisches Wort für Gebirge, im übertragenen Sinn das peruanische Hoch- oder Bergland.

Sol (Pl. Soles; abgek. S.): Peruanische Währung. Der Sol löste 1863 den Peso ab.

Syndikalismus: ▶ Anarchismus

Tapada (»Verhüllte«; »verschleierte Frau«): Viele Limeñerinnen trugen ein blaues oder schwarzes Kopftuch, mit dem sie das Haar und den größten Teil des Gesichts verdeckten, sodass nur ein Auge frei blieb. Offenbar kam diese Mode im späten 15. Jahrhundert in Spanien auf, als Reaktion auf das Verbot des islamischen Schleiers. Über Sevilla erreichte sie Lima, wo sie sich trotz wiederholter Strafandrohungen seitens der Kirche und der Behörden bis Mitte des 19. Jahrhunderts halten konnte. Die allgemeine weibliche Sitte, mit verdecktem Gesicht und damit anonym auszugehen, ermöglichte das Kokettieren in aller Öffentlichkeit und begünstigte galante Abenteuer. Für manche Zeitgenossen war die Tapada der Prototyp der raffinierten Verführerin, welche die (kirchlichen) Moralvorstellungen permanent herausforderte.

Varayoc: Höchste politische Autorität innerhalb der indianischen Gemeinschaft, deren Machtsymbol ein silberbeschlagener, zepterartiger Stab aus hartem Palmenholz ist.

Yanacona (auch: Yana): Abhängige (indianische) Arbeitskräfte, die sich innerhalb einer Hacienda niedergelassen hatten und die an den Betrieb gebunden waren. Die quasifeudalen Arbeitsverhältnisse wurden mit der Landreform der Militärregierung Ende der 1960er-Jahre beseitigt.

Zamacueca: Die Zamacueca ist – wie die Resbalosa oder die Marinera – ein offener Paartanz, der das Liebeswerben tänzerisch ausdrückt. Beide Tanzpartner halten in ihrer rechten Hand ein Taschen- oder Halstuch, mit dem sie ihre Bewegungen und den Balzcharakter des Tanzes betonen.

Bibliografie

Aguirre, Carlos/Drinot, Paulo (Hg.) 2017: The Peculiar Revolution: Rethinking the Peruvian Experiment under Military Rule, Austin
Anna, Timothy E. 1979: The Fall of the Royal Government in Peru, Lincoln und London
Arce, Moisés 2014: Resource Extraction and Protest in Peru, Pittsburgh
Basadre, Jorge 1983: Historia de la República del Perú, 7. verb. und erw. Ausgabe, 10 Bde., Lima
Berríos, Rubén 2019: Growth without Development: Peru in Comparative Perspective, Lanham
Brown, Kendall W. 2012: A History of Mining in Latin America: From the Colonial Era to the Present, Albuquerque
Burkholder, Mark A./Rankin, Monica/Johnson, Lyman L. 2018: Exploitation, Inequality, and Resistance: A History of Latin America since Columbus, New York
Buve, Raymond Th./Fisher, John R. (Hg.) 1992: Lateinamerika von 1760 bis 1900. Handbuch der Geschichte Lateinamerikas, Bd. 2, Stuttgart
Carrión, Julio F. (Hg.) 2006: The Fujimori Legacy: The Rise of Electoral Authoritarianism in Peru, Pennsylvania
Contreras, Carlos (Hg.) 2010–2011: Compendio de Historia Económica del Perú, Bd. 3 und Bd. 4, Lima
Contreras, Carlos/Cueto, Marcos 2004: Historia del Perú contemporáneo. Desde las luchas por la independencia hasta el presente, 3. Aufl., Lima
Cotler, Julio 2006: Clases, Estado y Nación en el Perú, 3. Aufl., Lima
Degregori, Carlos Iván (Hg.) 2001: No Hay País Más Diverso. Compendio de Antropología Peruana, Lima
Engel, Emily A. (Hg.) 2019: A Companion to Early Modern Lima, Leiden und Boston
Ferreira, César/Dargent-Chamot, Eduardo 2003: Culture and Customs of Peru, Westport und London
Fisher, John R. 2003: Bourbon Peru 1750–1824, Liverpool
Flores Galindo, Alberto 1991: La ciudad sumergida. Aristocracia y plebe en Lima, 1760–1830, 2. Aufl., Lima
García-Bryce, Iñigo 2018: Haya de la Torre and the Pursuit of Power in Twentieth-Century Peru and Latin America, Chapel Hill
Garrett, David T. 2005: Shadows of Empire: The Indian Nobility of Cusco, 1750–1825, Cambridge, New York und Melbourne
Gerharz, Eva/Uddin, Nasir/Chakkarath, Pradeep (Hg.) 2018: Indigeneity on the Move: Varying Manifestations of a Contested Concept, New York und Oxford
Gilbert, Dennis L. 2017: The Oligarchy and the Old Regime in Latin America, 1880–1970, Lanham
Hahn, Michael 2016: Handbuch zur Geschichte Perus, Bd. 3: Von der Kolonialzeit ins 21. Jahrhundert (2 Teilbände), Zürich. Teilband 1: Bourbonische Reformen, Unabhängigkeit und Guanoboom (1700–1879). Teilband 2: Pazifikkrieg und Nationwerdung (1879–2016)
Heymann, Catherine 2016: L'Oriente péruvien entre construction régionale, intégration nationale et internationalisation du marché (1845–1932), Paris

Hünefeldt, Christine/Kokotovic, Misha (Hg.) 2009: Power, Culture, and Violence in the Andes, Brighton und Portland
Hunefeldt, Christine 2004: A Brief History of Peru, New York
Jacobsen, Nils/Aljovín de Losada, Cristóbal (Hg.) 2005: Political Cultures in the Andes, 1750–1950, Durham und London
Kapsoli, Wilfredo 1987: Los movimientos campesinos en el Perú, 1879–1965, 3. Aufl., Lima
Klaiber, Jeffrey S. J. 1992: The Catholic Church in Peru, 1821–1985: A Social History, Washington D.C.
Klarén, Peter Flindell 2000: Peru. Society and Nationhood in the Andes, Oxford und New York
König, Hans-Joachim 2009: Kleine Geschichte Lateinamerikas, durchgesehene und aktualisierte Ausgabe, Stuttgart
Laufer, Anke 2000: Rassismus, ethnische Stereotype und nationale Identität in Peru, Münster
Lohmann Villena, Guillermo/Burger, Richard/Onuki, Yoshio et al. 2001: Historia de la cultura peruana, 2 Bde., Lima
Mainwaring, Scott/Bejarano, Ana María/Pizarro Leongómez, Eduardo (Hg.) 2006: The Crisis of Democratic Representation in the Andes, Stanford
Manrique, Nelson 1995: História de la República, Lima
Marzal, Manuel M. (Hg.) 2005: Religiones Andinas, Madrid
Masterson, Daniel M. 2009: The History of Peru, Westport und London
McFarlane, Anthony 2014: War and Independence in Spanish America, New York und Abingdon
Meier, Max 2008: Engel, Teufel, Tanz und Theater. Die Macht der Feste in den peruanischen Anden, Berlin
Meza Ingar, Carmen/Hampe, Teodoro (Compiladores) 2007: La mujer en la historia del Perú (siglos XV al XX), Lima
Milla Batres, Carlos (Hg.) 1998: Compendio Histórico del Perú, 2. verb. und erw. Aufl., 7 Bde., Madrid
O'Phelan Godoy, Scarlett (Compiladora) 2001: La independencia del Perú: de los borbones a Bolívar, Lima
Paap, Iken/Schmidt-Welle, Friedhelm (Hg.) 2016: Peru heute: Politik, Wirtschaft, Kultur, Frankfurt am Main
Palmer, David Scott (Hg.) 1992: The Shining Path of Peru, New York
Pike, Fredrick B. 1967: The Modern History of Peru, London
Portocarrero M., Gonzalo 2007: Racismo y mestizaje y otros ensayos, Lima
de la Puente Candamo, José Agustín 2013: La Independencia del Perú, 2. Aufl., mit einem Vorwort von Margarita Guerra Martinière, Lima
Quiroz, Alfonso W. 1993: Domestic and Foreign Finance in Modern Peru, 1850–1950. Financing Visions of Development, Pittsburgh
Quiroz, Alfonso W. 2008: Corrupt Circles: A History of Unbound Graft in Peru, Baltimore
Rinke, Stefan 2010: Revolutionen in Lateinamerika: Wege in die Unabhängigkeit 1760–1830, München
Robins, Nicholas A. 2011: Mercury, Mining, and Empire: The Human and Ecological Cost of Colonial Silver Mining in the Andes, Bloomington
Rodríguez O., Jaime E. 1998: The Independence of Spanish America, Cambridge
Rodríguez Pastor, Humberto 1989: Hijos del Celeste Imperio en el Perú (1850–1900). Migración, agricultura, mentalidad y explotación, Lima
Rodríguez Pastor, Humberto 2008: Negritud. Afroperuanos: Resistencia y existencia, Lima
Salomon, Frank/Schwartz, Stuart B. (Hg.) 1999, The Cambridge History of the Native Peoples of the Americas, Bd. 3, South America, Part 1 and Part 2, Cambridge, New York und Melbourne, 765–871
Sandoval, Pablo (Compilador) 2009: Repensando la subalternidad. Miradas críticas desde/sobre América Latina, Lima
Sangmeister, Hartmut 2019: Hispanoamerika: Wirtschaft – Politik – Geschichte, Baden-Baden

Santos (Granero), Fernando/Barclay, Frederica (Hg.) 1994–2007: Guía Etnográfica de la Alta Amazonía, 6 Bde., Quito, Balboa und Lima

Seligmann, Linda J./Fine-Dare, Kathleen S. (Hg.) 2019: The Andean World, Abingdon und New York

Sevilla, Rafael/Sobrevilla, David (Hg.) 2001: Peru – Land des Versprechens?, Bad Honnef

Soifer, Hillel David 2015: State Building in Latin America, New York

Spalding, Karen 1974: De indio a campesino. Cambios en la estructura social del Perú colonial, Lima

Stern, Steve J. (Hg.) 1987: Resistance, Rebellion, and Consciousness in the Andean Peasant World, 18th to 20th Centuries, Madison und London

Stern, Steve J. (Hg.) 1998: Shining and Other Paths: War and Society in Peru, 1980–1995, Durham und London

TePaske, John J. 2010: A New World of Gold and Silver, hg. von Kendall W. Brown, Leiden und Boston

Thorp, Rosemary/Bertram, Geoffrey 1978: Peru, 1890–1977: Growth and Policy in an Open Economy, London

Thorp, Rosemary/Bertram, Geoffrey/Paredes, Maritza 2010: Ethnicity and the Persistence of Inequality: The Case of Peru, Basingstoke und New York

Tobler, Hans Werner/Bernecker, Walther L. (Hg.) 1996: Lateinamerika im 20. Jahrhundert. Handbuch der Geschichte Lateinamerikas, Bd. 3, Stuttgart

Topik, Steven/Marichal, Carlos/Frank, Zephyr (Hg.) 2006: From Silver to Cocaine: Latin American Commodity Chains and the Building of the World Economy, 1500–2000, Durham und London

De la Torre, Carlos/Arnson, Cynthia J. (Hg.) 2013: Latin American Populism in the Twenty-First Century, Washington, D.C.

Urbano, Henrique (Compilador) 1991: Poder y violencia en los Andes, hg. von Mirko Lauer, Cusco

Velázquez Castro, Marcel 2005: Las máscaras de la representación. El sujeto esclavista y las rutas del racismo en el Perú (1775–1895), Lima

Walker, Charles F. 1999: Smoldering Ashes. Cuzco and the Creation of Republican Peru, 1780–1840, Durham und London

Wallace Fuentes, Myrna Ivonne 2017: Most Scandalous Woman: Magda Portal and the Dream of Revolution in Peru, Norman

Abbildungsnachweis

Mit Ausnahme von Abb. 11 stammen alle Abbildungen von Michael Hahn.
Abb. 11: British Library (S. 97)

Register

Personenregister

A

Abascal y Sousa, José Fernando de (Vizekönig)   20-22
Alan García (Pérez)   254, 288, 301, 328, 330, 335-336, 339, 342, 348
Alegría, Ciro   192, 240
Allende, Salvador   257
Alomía Robles, Daniel   192
Alvarado Rivera, María Jesús   157
Alvarez, Mariano   262
Amaru, Túpac   260, 283
Amunátegui, Manuel   91
Angulo, José   23
Angulo, Mariano   23
Angulo, Vicente   23
Arana, Julio César   153, 210
Arébalo, Manuel Mosquera   123
Aréstegui, Narciso   189-190
Arguedas, José María   192
Arroyo, Luis   185
Aspíllaga, Antero   139, 174
Atahualpa, Juan Santos   100
Atauchi, Justo Sahuaraura Ramos Tito   36
Atusparia, Pedro Pablo   122-124, 196
Azurduy, Juana   41

B

Baca, Susana   339
Balta, José   78-79, 81, 85
Barreda, José Sebastián Goyeneche y   67
Barzo, Carlos del   140
Bedoya Reyes, Luis   245, 268
Béjar, Héctor   240
Béjar, José Gabriel   23
Belaúnde Terry, Fernando   228, 239, 242, 244-246, 248, 250, 254, 259, 263, 268, 278-279, 282-283, 286, 290-291, 295, 332, 335
Belaúnde, Víctor Andrés   138, 175, 239
Bellido, María Andrea Parado de   41

Belmont, Ricardo   291
Beltrán, Pedro   213, 225, 230, 242
Belzú, Manuel Isidoro   96
Benavides, Óscar R.   140, 147, 167, 170, 174, 204-205, 210-212, 218, 220
Bernales, Francisca Zubiaga y   55
Bielovucic, Juan   131
Billinghurst, Guillermo   139-140, 161, 163, 167-168, 173-174, 202, 209
Bindels, Federico   91
Blanco, Hugo   235
Bolívar, Simón   7, 20, 25, 32, 36-40, 42-45, 47
Bolognesi, Francisco   114
Bonaparte, Joseph   18
Bonaparte, Napoleon   18-19
Botmiliau, Adolphe de   56
Bourbonen   16, 18, 66
Bustamante Dueñas, Juan   100, 189-190
Bustamante y Rivero, José Luis   213, 222

C

Cáceres, Andrés Avelino   117-119, 121-126, 133-134, 141, 167, 170, 172
Caldcleugh, Alexander   30
Camet, Jorge   317
Candamo, Manuel   134
Canterac, José de   39-40
Capelo, Joaquín   190
Casement, Roger   153
Castilla, Ramón   53, 71, 74-77, 85, 87, 99, 103
Castro Pozo, Hildebrando   185
Castro, Fidel   238, 258
Castro, Gil de   65
Chávez, Hugo   336, 339
Choquehuanca, José Domingo   36
Cipriani, Juan Luis   323
Clark, Mary Doris   183
Cochachín, Pedro Celestino   124
Cochrane, Thomas   25-27, 31
Colán, Blanca Nélida   325
Compte, Auguste   98
Cornejo Chávez, Héctor   253

371

Cuéllar, Javier Pérez de   324

D

Daza, Hilarión   111, 114
Dintilhac, Georges   138
Dreyfus, Auguste   78, 87
Durand, Augusto   135, 141, 170, 173
Dyer, Samuel   325

E

Echenique, Bernardino Arias   168
Echenique, José Rufino   75, 78, 81, 87, 92, 99, 102-103
Eguiguren, Antonio   211
Eisenhower, Dwight D.   232
Elías, Domingo   84
Encinas, José Antonio   190
Enríquez de Vega, M. Ángela   189
Enríquez y Ladrón de Guevara y Castilla, Trinidad María   156-157
Escobar, León   58
Escobar, Pablo   298
Esparza Zañartu, Alejandro   233

F

Falco, Juan   91
Faucett, Elmer   175
Ferdinand (Fernando), Kronprinz   18
Ferdinand VII., König   17-20, 61
Fernández, Ignacio Figueroa   94
Fernandini, Eulogio   142
Field, Arturo   91
Fierro, Pancho   65
Figari, Luis Fernando   323
Fitzcarraldo, Carlos Fermín   152
Flores, Luis A.   209, 211, 213
Fuentes, Manuel Atanasio   93, 104
Fujimori, Alberto   291, 298-299, 301-308, 310, 313-322, 324-326, 328, 331-332, 335, 339, 343, 345, 348
Fujimori, Keiko   326, 339, 343, 345-346, 348
Fujimori, Kenji   345
Fujimori, Santiago   326

G

Gálvez Olaechea, Alberto   293
Gamarra, Augustín   39, 43, 53-56, 61, 70-71, 74
García Calderón, Francisco   116-117
García y García, Elvira   158

García, José Uriel   192
Garmendia-Nadal, Unternehmerpaar   91
Giraldo, Santiago   169
González de Fanning, Teresa   157
González Prada, Manuel   160, 169, 184, 189-190
Goodyear, Charles   148, 222
Gorriti, Gustavo   325
Gorriti, Juana Manuela   96, 157, 189
Graña Garland, Francisco   224
Graña, Ladislao   189
Grau, Miguel   113
Grey, Santiago   106
Grow, Harold   175
Guevara, Che   238, 271
Guitérrez Cuevas, Teodomiro   168
Gutiérrez Merino, Gustavo   239
Gutiérrez, Marceliano   79
Gutiérrez, Silvestre   79
Gutiérrez, Tomás   79
Guzmán Reynoso, Abimael   272-273, 295, 307-308, 313, 341

H

Haya de la Torre, Agustín   207
Haya de la Torre, Víctor Raúl   172, 175, 192-193, 195-196, 204-206, 211, 222-224, 231, 234, 242, 244, 267-268, 274
Heraud, Javier   240, 244
Hermoza Ríos, Nicolás   306, 317, 325
Herndon, Wm. Lewis   62
Herrera, Bartolomé   75
Hidalgo, Alberto   240
Huachaca, Antonio Abad   61
Humala Tasso, Ollanta   326, 328, 336, 339, 348
Humala, Antauro   331
Humboldt, Alexander von   73

I

Iglesias, Miguel   117, 119, 121-124
Inclán, José Joaquín   114
Itolararres, José T. (Pseudonym für Torres Lara, José T.)   189

J

Johnson, Lyndon B.   241
Joy Way, Víctor   325

K

Karl III. (Carlos III.), König   16-17

Karl IV. (Carlos IV.), König   17-18
Kennedy, John F.   241, 244
Kuczynski, Pedro Pablo   328, 343-345, 348, 351

L

La Condamine, Charles Marie de   148
La Puerta, Luis   115
La Serna, José de   27, 29, 37-40, 61
Lagos, Edith   282
Lancaster, Joseph   33
Landázuri Ricketts, Juan   239, 253
Larriva de Gonzales, Carmen   41
Las Heras, Bartolomé de   29
Leguía, Augusto B.   129, 135-136, 139-140, 161, 172-175, 177-178, 182-188, 194-199, 202, 204, 209, 213
Leo XIII., Papst   169
Lissón, Carlos L.   186, 189
Lissón, Emilio   186, 189
Lizarbe, Ricardo   280
Loane, Adolfo King   114
Lobatón, Guillermo   240
López Albújar, Enrique   192
López Aldana, Carlos   91
López de Romaña, Eduardo   129, 134
Ludwig XVI., König   17
Luna Pizarro, Francisco Javier de   67
Lynch, Patricio   114-116, 119

M

Mahuad, Jamil   316
Mamani, Moisés   345
Mangelsdorff, Gustavo A.   91
Mantilla, Agustín   299
Mar, José de la   39-40, 43
Mariátegui, José Carlos   172, 192-196, 204, 218, 272
Martínez Lira, Máximo   299
Matto de Turner, Clorinda   156, 189, 192
Mayer, Dora   190, 192
Medina, Benigno   280
Meiggs, Henry   80, 87
Melgar, Mariano   23
Menéndez, Leonor Espinoza de   158
Merino, Manuel   328, 346
Miller, William   39
Miró-Quesada, Antonio   204, 211, 225
Monteagudo, Bernardo   29-30, 32, 65
Monteblanco (Tanzlehrer)   104
Montero, Lizardo   117-118
Montesinos, Vladimiro   298, 304, 306-308, 317-320, 324-326

Morales Bermúdez, Francisco   126, 254, 266, 275, 298
Morales Bermúdez, Remigio   266
Morales Duárez, Vicente   19
Moyano, María Elena   312
Muñoz, Margarita Práxedes   157

N

Nixon, Richard   258

O

O'Higgins, Bernardo   26
Odría, Manuel A.   209, 224, 230-234, 236, 240, 242, 244
Odría, María Delgado de   232
Olañeta, Pedro Antonio   38-39, 42
Ondonégui, Deogracias de   185
Orbegoso, Luis José de   54, 61
Osma, Mariana Barreda y   95

P

Palas, Carmen   65
Paniagua, Valentín   320, 324, 332, 334
Pardo (y Barreda), José   129, 135-136, 140-141, 162, 172
Pardo, Manuel   79, 81, 83-84, 95, 98, 113, 156
Paredes, Petronila Fernández de   41
Paula González Vigil, Francisco de   67
Paz Soldán, Mariano   81
Perón, Evita   232
Perón, Juan   231
Pezet, Juan Antonio   77
Pezuela Griñán, Joaquín González de la (Vizekönig)   26-27, 34, 56
Philipp V. (Felipe V.), König   16
Piedra, Enrique de la   202
Piérola, Nicolás de   78, 81-82, 85, 113, 116-117, 121-122, 126, 133-134, 139, 141, 164, 169-170
Pinochet, Augusto   258
Pinto Cárdenas, Alberto   307
Pinto, Aníbal   111, 114, 307
Pius IX., Papst   81
Polay Campos, Víctor   293
Portal, Magda   158, 240
Pouchan, Antonio   92
Prado y Ugarteche, Jorge   140, 174, 210-211, 213
Prado y Ugarteche, Manuel   140, 213-216, 218, 220, 233-235, 238, 241-242

Prado, Mariano Ignacio 77-79, 83, 100, 115-116
Puente Uceda, Luis de la 240
Pumacahua, Mateo García 23

R

Rabanal, Jorge 299
Raimondi, Antonio 81
Ramírez Durand, Oscar 313
Ramos Ocampo, Esther Festini de 136, 157
Ramos Ocampo, Esther Festini de Ramos Ocampo 136, 157
Ramos Relayze, Ángela 158
Ravines, Eudocio 196
Rey, Rafael 337
Riva Agüero, José de la 36-38, 53, 174, 209, 211
Rodil, José Ramón 44
Rodríguez Dulanto, Laura Esther 136, 157
Rodríguez Lara, Guillermo 258
Rodríguez, Antonio 185
Rodríguez, Antonio (General) 212
Rodríguez, Máximo 153
Roosevelt, Franklin D. 216
Rosell, Eugenio 91
Rumi Maqui Ccori Zoncco\t Siehe Guitérrez Cuevas, Teodomiro 168
Ruschenberger, William S. W. 56

S

Sabogal, José 192
Sáenz, Manuela 41
Sagasti Hochhäusler, Francisco 328, 346
Salaverry, Felipe Santiago 39, 54
Samanez Ocampo, David 203
San Martín, José de 7, 24, 26-29, 31-35, 41, 44-45, 53, 59, 65, 70, 84, 115
San Román, Miguel 39
Sánchez Carrión, José Faustino 38
Sánchez Cerro, Luis M. 174, 202-204, 206-207, 209-210, 219
Santa Cruz, Andrés de 36-37, 43, 53-55, 57, 74
Santa Cruz, Nicomedes 286
Sarratea, José de 90
Schütz-Holzhausen, Kuno Damian Freiherr von 101
Scorza, Manuel 235
Serna e Hinojosa, José de la 7
Silva Paranhos de Río Branco, José María da 170
Silva y Olave, José 22
Silva, Brüderpaar 21

Silva, Lula da 339-340
Stahl, Anna 190
Stahl, Ferdinand 190
Stalin, Josef 272
Sucre, Antonio José de 32, 36-37, 39-40, 42-43, 54
Suito, Luis 91

T

Tagle y Portocarrero, José Bernardo de 27, 53
Tangüis, Fermín 180
Terry, Familie 91
Thomson, James (Diego) 33
Thomson, Robert William 148
Toledo, Alejandro 319, 328-331, 334, 336, 339, 342-343, 345, 348, 350
Torre Tagle, Marquis von 37-39, 44
Torrico, Juan Crisóstomo 39
Townsend, William Cameron 227

U

Ugarte, Alfonso 114
Ugarte, Rubén Vargas 139
Ulloa, Manuel 278
Urviola, Ezequiel 188

V

Valcárcel, Carlos 153
Valcárcel, Luis E. 192-193
Valdés (auch Valdez), José Manuel 65
Valdivia, José 307
Varela, Enrique 140
Vargas Haya, Héctor 250
Vargas Llosa, Mario 303, 308, 339
Vasconcelos, José 194
Velarde, Hernán 170
Velasco Alvarado, Juan 209, 250, 254, 353
Velasco Ibarra, José María 208
Villota, Alejandro 91
Vivanco, Manuel Ignacio 39, 75, 77
Vizcarra, Martín 328, 343, 345-346, 348

X

Xiaoping, Deng 274, 281

Z

Zedong, Mao 271, 274
Zulen, Pedro S. 190
Zúñiga Camacho, Manuel 190

Orts- und Sachregister

A

Abancay 60
Abtao, Insel 77
Acción Popular (Volksaktion) 239, 244-245, 250, 268, 274, 278, 288, 324, 346
Accomarca 298
Acobamba 89
Adventisten 137-138, 190
Afroperuaner 92, 120, 217, 286
Agrarreform 235, 243-244, 253, 261-264, 267, 275, 285, 302, 322, 353
Alianza Popular Revolucionaria Americana (APRA) 158, 193
Allianz für den Fortschritt 241
Alpaka 165
Altiplano 11, 168
Amauta, Zeitschrift 158, 192, 195-196
Amazonas 8, 169, 198, 215-216, 234, 270, 333, 338-339, 353-354, 357
Amazonas, Departement 338
Amazonas-Becken 11, 270, 353-354, 357
Amuesha-Indianer 270
Analphabetismus 41, 52, 62, 92, 133, 135, 159, 172, 204, 215, 217, 233, 235-237, 260, 268, 273, 275, 350, 352, 360
Anarchismus 159-161, 185
Áncash, Departement 55, 91, 94, 106, 122, 152, 179, 215, 238, 355
Ancón 27, 119, 121
Andahuaylas 268, 331
Andahuaylas, Provinz 25, 187
Anden 8, 10-11, 20, 24, 26, 39, 88, 100, 110, 132, 192, 246-247, 265, 269, 332-333, 354, 358
Andoke-Indianer 153
Angostura (heute Ciudad Bolívar) 25
Anthony Gibbs and Company 85
Antofagasta 82, 110-111, 113, 119
APRA Rebelde 240
Apurímac 136
Apurímac, Departement 88, 167, 282
Apurucayali 150
Arazairi-Indianer 152
Arbeiterbewegung 159-160, 162, 184, 193, 218, 237, 267, 305
Arbeitskämpfe 160, 196, 266
Arequipa 12-13, 23, 29, 47, 49, 58, 76, 78, 80, 88, 95-96, 117-119, 136, 139, 144, 160, 166, 168, 177-178, 190, 202, 212, 217-218, 231, 233, 239-240, 247, 265, 321, 330
Arequipa, Departement 58, 114, 179, 341

Argentinien 93, 112, 119, 160, 194, 216, 279, 333
Arica 43, 76, 78-79, 87, 114-115, 118-119, 198, 202
Armut 42, 57, 93, 189, 241, 243, 277, 305-306, 316, 336-337, 340, 342, 349-351
Asháninka-Indianer (auch Campa) 100, 149, 154, 169, 228, 312
Asociación Interétnica de Desarrollo de la Selva Peruana (AIDESEP) 270
Aspíllaga-Donoughmore-Vertrag 125, 147, 197, 256
Atacama-Wüste 82, 113
Atalaya 150, 152
Ate Vitarte 295
Atusparia-Aufstand 122
Aufstand der bemalten Gesichter 107
Aufstand von Huanta 61
Awajún-Indianer 229
Ayacucho (Huamanga) 23, 30, 39-42, 44, 54, 58, 61, 67, 88, 116, 119, 122, 136-137, 167, 177, 187-188, 203, 211-212, 218, 261, 272-273, 280-282, 288, 294, 298, 323
Ayaviri 23
Aymara 59, 190, 225, 237, 239, 287, 309, 321, 351
Aymaraes, Provinz 25
Azángaro 100, 137
Azapa-Tal 87

B

Bagua 338
Bagua Grande 338
Barranca 107, 160
Barranco 177
Bauernrevolten (Campesino-Aufstände) 100, 137
Bauernwehr (Rondas campesinas) 307
Baumwolle 47, 69, 77, 88, 95, 108, 141-142, 144-145, 164, 199, 213, 220-222, 229, 247, 261, 354
Bayóvar, Hafen 265
Befreiungstheologie 323
Bellavista 91
Bergbau 46, 52, 60, 65, 68-69, 71, 90-91, 95, 98, 141-142, 146-147, 161, 166, 180-181, 184, 203, 213, 221-222, 230, 237, 247-248, 256-257, 259, 275, 305, 315, 328, 336, 340, 342-343, 354-356, 358
Bogotá 20
Bolivien 7, 16, 18, 20, 24, 42-43, 49, 54-56, 74, 83-84, 110-111, 113, 119, 148, 170, 194, 244, 246, 270, 296, 322, 332, 357
Bonaerenser Junta 20

375

Borja 62
Bourbonische Reformen 16
Brasilien 68, 93, 148, 150, 170, 216, 228, 317, 331-332, 349, 357
Buenos Aires 16, 20, 26, 32, 35, 127, 196, 250

C

Cachimayo 234
Cádiz 17-22, 24, 26-27, 29, 38
Cajamarca 89, 117, 142, 174, 207, 235, 247, 341
Caldera 130
Callao, Hafen 13, 25, 27, 29, 31, 36-37, 39, 43-44, 53, 69, 75, 78-80, 87, 91, 105-106, 115-116, 130, 137, 142, 160-162, 177-178, 196, 199-200, 207, 212, 217, 219, 224, 246, 321
Callejón de Conchucos 123
Callejón de Huaylas 55, 123-124, 257
Camaná 87
Camisea 288, 332-333, 341
Campesino (Kleinbauer) 61, 68-69, 99-100, 121, 166-168, 186, 203, 217, 226, 235-236, 238, 244-245, 260-261, 264, 268, 284-285, 287, 309, 322, 335, 341
Cañete 177-178
Cañete-Tal 28, 68, 95, 120-121, 144
Cangallo, Provinz 272
Cañón del Pato 215, 246
Canto Grande, Hochsicherheitsgefängnis 293
Carabaya 100
Caracas 20, 35
Caraz 124
Carhuaz, Provinz 124
Carretera Central 228
Carretera Marginal de la Selva 246
Cashibo-Indianer 101
Castrovirreina 60
Caudillismus 51, 79, 195
Caudillo 50-51, 54-55, 71, 75, 79, 96, 99, 118, 123, 133, 199, 203
Cayaltí 95, 230
CEPAL (Comisión Económica para Américana Latina) 244, 329
Cerro de la Sal 100
Cerro de Pasco 26, 39, 68, 89, 122, 143, 146, 176, 203
Cerro de Pasco Mining Corporation 143, 235
Cerro San Cosme 236
Chancay 80
Chanchamayo, Chanchamayo-Tal 88, 93, 100-101, 131, 152, 228

Chicama-Tal 95, 147, 161, 354
Chicla 80
Chiclayo 77-78, 80, 88, 160, 175, 244, 321
Chile 10, 16, 20, 24-26, 32, 35, 38-39, 55, 68, 72, 77, 80, 83, 86, 90, 110-113, 115, 117-120, 122, 157, 197, 202, 216, 257-258, 314, 325, 340, 342, 349, 352
Chiloé, Insel 25
Chimbote 115, 122, 215, 234, 246, 249
China 73, 104, 240, 280, 314, 331, 336, 340
Chincha Alta 120
Chincha-Inseln 74, 77, 110
Chincha-Tal 120
Chirumbia 169
Cholera 58, 132, 277
Chorrillos 76, 79, 87, 93, 106, 116, 130-131, 133, 317
Chosica 177
Chucuito 167
Chuquisaca\t Siehe La Plata 42
Chuschi 273, 281
Civilistas 79, 83, 113, 115-116, 121, 126, 134-137, 139, 172-174, 183, 204, 206
Club Progresista 97
Coca-Blätter 99, 106, 142, 194, 296-297, 357
Cochabamba 111, 187
Cofradías (Bruderschaften) 52
Colono 104
Colquemarca 262
Comas 122
Comunidades campesinas 260, 287, 353
Comunidades indígenas 260
Comunidades nativas 260, 287, 353
Concepción 76, 89
Confederación de Nacionalidades Amazónicas del Perú (CONAP) 270
Confederación General de Trabajadores del Perú (Allgemeiner Gewerkschaftsbund) 184, 196, 259
Consulado 21, 27, 30, 46, 71
Contamana 106
Contribución indígena (Eingeborenenabgabe) 59, 65
Coordinadora de las Organizaciones de la Cuenca Amazónica (COICA) 270
Coquimbo 55
Cordillera Azul, Nationalpark 297
Cordillera del Cóndor 216, 316
Cordillera Vilcanota 358
Coronapandemia 329, 359, 361
Cuajone 256
Curaca 23, 44, 59
Cusco 8, 13, 17, 22-24, 29, 36, 39, 54, 56, 58, 65, 67, 88, 91, 130, 136, 156, 167,

174, 177, 182, 189-193, 197, 202, 217, 235, 238-239, 245, 288, 322-323, 332, 338, 341
Cuyo 16

D

Dampfmaschinen 26, 90
Drogengeschäfte 294, 298, 312, 318, 341
Dschungelindianer 62-63, 149, 151, 153, 228-229, 246, 270, 286, 309, 312, 321, 333, 338

E

Ecuador 16, 32, 35, 75, 84, 170, 198, 215-216, 229, 246, 257-258, 270, 279, 316, 322, 349
Eisenbahn 140, 146, 165
Ejército de Liberación Nacional (ELN, Nationale Befreiungsarmee) 244
El Comercio, Zeitung 79, 90-91, 108, 116, 157, 173, 204, 211, 242, 244, 254, 319
El Frontón, Insel 299
El Niño Southern Oscillation (ENSO) 13, 83, 111, 249, 256, 279, 316
Ené-Tal 311
Enganche 166, 185
Erdbeben 13, 78
Erdöl 130, 144-145, 180, 220, 224, 338, 340, 355
Escuela Nacional de Agricultura (Nationale Landwirtschaftsschule) 132
Eten 80, 115
Europaspanier 22, 24, 29, 33, 53

F

Falkland/Malvinas-Konflikt 279
Faschismus 182, 204, 208-209, 211-212, 216, 219-221, 253
Feministinnen 157-158, 269
Ferreñafe 80, 136
Feuerland 20
Fischerei 220, 242, 248, 256-257, 259, 315-316
Flughafen Jorge Chávez 234, 246
Foco-Theorie 284
Fort Bragg (North Carolina) 232, 252
Freischärler 20, 37, 41, 58, 61, 115, 117, 122
Frente Democrático Popular 222
Friedensvertrag mit Ecuador 316
Friedensvertrag von Ancón 119, 121

Fronarbeit 52, 59-60, 63, 99, 123, 186-187, 203

G

Gamonal (Großgrundbesitzer) 21, 51, 90, 94-95, 99-100, 103, 107, 117-118, 121-123, 126, 129, 134, 137, 142, 154-155, 164-165, 167-168, 174, 185-188, 213, 227, 235, 237, 245, 262, 264, 274
Ganso Azul 228
Garúa 10
Geheimdienst SIN 307, 318, 324
Gelbfieber 19, 76, 176
Generalstreik 139, 160-162, 193, 224, 231, 267
Gesellschaften gegenseitiger Hilfe 91, 159-160
Gewerkschaften 160-162, 184, 203, 215, 218-219, 223, 235-236, 238, 254, 259, 269, 271-272, 275, 283, 292, 305, 319
Globalisierung 302
Gold 62, 69, 143, 176, 220, 336, 354-355
Goyllarizquizga 146, 161
Gran Pajonal 152, 154, 228
Großer Aufstand 17
Großkolumbien 32, 38, 42-43
Guano 10, 71-74, 76-78, 82-88, 90, 93-96, 98, 104, 106, 110, 114, 116, 120, 125, 180, 213
Guaqui (auch Huaqui) 20
Guardia Civil 174, 202, 206-207, 230, 245, 266
Guayaquil 25, 32, 38-39, 43, 55
Guerilla 24, 27, 117, 121-122, 240-241, 244, 246, 263, 282-284, 293, 318

H

Hacendado (Hacienda-Besitzer) 94, 105-106, 108, 165
Hacienda 45, 60-61, 64, 77, 88, 91, 95, 105-107, 117, 120-121, 147, 167-168, 187, 227, 235, 238, 245, 262, 264, 280
Harakmbut-Indianer 152
Haya-Odría-Pakt 242
Hochperu (Bolivien) 7, 16, 18, 20, 23-24, 28, 37-42, 55-56
Hora-Indianer 153
Huacho 160, 162
Hualgayoc 89
Huallaga-Tal 293-294, 337, 341
Huamanga, Provinz 29, 272-273
Huamanmarca 121
Huancané 188

Huancavelica 60, 88, 197, 211-212, 246, 322
Huancayo 89, 168, 197, 211-212, 232, 293
Huanta 60-62, 167, 190, 218, 261, 282
Huánuco 22, 26, 101, 106, 126, 215
Huaqui\t Siehe Guaqui 20
Huarayo-Indianer 169
Huaraz 123-124, 139, 207
Huarcaray 55
Huari (Dep. Áncash) 152
Huáscar, Panzerkreuzer 113
Huaura-Tal 27, 108
Huayhuash-Gebirge 15
Huinco 234
Huitoto-Indianer 153
Humboldtstrom 10, 14
Hyperinflation 290, 292

I

Ica 26, 31, 43, 80, 106, 130, 160
Ica, Departement 130, 144, 179-180, 188
IIRSA (Iniciativa para la Integración de la Infraestructura Regional Suramericana) 331-332
Indianer 17, 21-22, 33, 44, 58-60, 62, 65, 73, 92, 94, 98-100, 121, 123, 148-149, 151-154, 158, 165-167, 169, 174, 185-186, 189-192, 217, 229, 261, 269, 321, 338
Indianertribut 44, 52, 59, 189
Indigenismus 187, 189-192, 196, 238
Inquisition 19, 156
Insel Chota 101
Instituto Nacional de Cultura (INC) 260
International Petroleum Company (IPC) 176, 181, 203, 224, 246, 249, 253
Inti, Währung 290, 305
IPC-Skandal 250
Iquique 80, 83, 110, 118-119, 140
Iquitos 62, 76, 102, 106, 130, 137, 148-150, 169, 177, 202, 210, 215, 270
Islay, Hafen 88, 91

J

J. Gildemeister & Co. 147, 161
Jaén 216, 338
Jauja 89, 244
Jívaro-Indianer 229, 317
Juanjuí 293
Juli 168, 239
Juliaca 218
Junín 41, 113, 142, 245
Junín, Departement 179, 238, 244
Junínsee 8

Junta 18-21, 132-133, 203-204, 231, 243, 254, 345
Junta de Vías Fluviales 132
Junta Electoral Nacional (Zentrale Wahlbehörde) 133

K

Kaffee 88, 229, 235, 261, 297, 354, 356
Kautschuk 144-145, 148-149, 153, 198, 221
Kichwa 10
Kokain 142, 296-297
Kolumbien 16, 38, 43, 148-149, 153, 170, 197-198, 210-211, 253, 340, 349, 352
Kommunismus 172, 185, 194, 209, 253
Korruption 16, 52, 178, 198, 203, 254, 259, 288, 290, 298, 303, 317, 319, 326, 331-332, 337, 342, 345, 348, 360-361
Kuba 68, 194, 240-241, 244, 253, 257-258, 260, 263, 272
Kulis 74, 80, 104-108, 120-121, 124, 163-164
Kupfer 69, 143-145, 149, 180, 199, 222, 247-248, 336, 354-355

L

La Brea und Pariñas, Erdölfelder 147, 176
La Convención und Lares 235, 243
La Mar 53-55, 188, 282
La Merced 101
La Noria 80
La Oroya 80, 106, 131, 143, 146, 180, 203, 212, 244, 356
La Paz 17, 20-21, 23, 29, 114, 222
La Plata (auch Chuquisaca) 20-21, 41
Lama 11, 144
Lambayeque 87, 95, 136, 178, 213
Lampa-Ayavirí-Region 165
Landarbeiter 61, 95, 120, 159, 162, 180, 184, 230, 235, 238-239, 247
Landflucht 236, 263
La-Plata-Region 25, 31, 38-39
Lehrergewerkschaft SUTEP 254, 259, 273
Leticia 151, 198, 210-211
Leuchtender Pfad\t Siehe Sendero Luminoso 261
Libra peruana (peruanisches Pfund) 134
Lima 7, 13, 16, 19-23, 25-29, 31-32, 34-40, 42-44, 46-47, 49, 54-56, 58, 64-65, 67, 70, 73, 75, 78-81, 87-88, 90-93, 96, 100, 104, 106-107, 115-116, 121, 126, 130-133, 136-142, 154, 156-157, 159-160, 162, 164, 173, 175-178, 182, 184, 186, 189-190, 192, 197, 200, 202, 207, 210, 212, 215,

217-219, 228, 231-232, 234, 236-237, 239, 245, 255, 258, 265-267, 272, 280, 283-284, 290-291, 293, 295, 298, 305-307, 312-314, 321, 323, 335, 339, 345, 359
London   25, 31, 130, 140, 146-148, 173, 210
London and Pacific Petroleum   146
Loreto, Departement   76, 149, 152-153, 169, 229, 297, 338
Loyalisten   17, 41
Lucanamarca   283
Lucre-Becken   91
Lurigancho   299

M

Macao   80
Machu Picchu   191
Madre de Dios, Departement   152-153, 183, 234, 244, 338
Madrid   26, 65
Maipú (auch Maipó)   24-25
Majes-Tal   87
Mal Paso   203, 218
Malabrigo, Hafen   147
Malaria   58, 142, 151
Mantaro-Tal   28-29, 36, 122, 165, 247
Maras   167
Marcona Mining   232, 256, 274
Marián   123
Mashcos-Indianer   169
Massenparteien   193, 208, 213
Matarani, Hafen   196, 212
Matsigenka-Indianer   152, 169, 333
Maynas   62, 216
Medellín (Kolumbien)   253
Mejillones, Hafen   83, 113
Mendoza   20, 24
MERCOSUR (Mercado Común del Sur)   331
Mestize   65, 74, 100, 202-203
Methodisten   137
Mexiko   20, 194, 277, 340, 352
Ministerio de Fomento (Ministerium für Entwicklung)   134, 184
Miraflores   26, 93, 177, 219, 313
Mollendo   80, 119, 217, 218
Montán, Hacienda   117
Montaña   11, 152
Mormonen   323
Morococha   146, 159
Movimiento de Izquierda Revolucionaria (MIR)   240
Movimiento por Amnistía y Derechos Fundamentales (MOVADEF)   341

Movimiento Revolucionario Túpac Amaru (MRTA)   283

N

Nationalbibliothek   33, 36, 67, 120, 131, 137
Nazareth (am Río Yavarí)   151
Nazca-Platte   12
Nicaragua   277
Nichtregierungsorganisation   269, 285, 319, 323
Nitrate (Salpeter)   69, 82, 90, 110
Nordperuanische Pipeline   265
Nueva Noria   83
Nuevo Iquitos   151
Nuevo Sol, Währung   305

O

Ocaína-Indianer   153
Oligarchenfamilien   128
Olmos   178, 265, 354
Oncenio   173, 176-177, 182-183, 185, 193, 198, 209, 213
Opus Dei   323, 337
Organisation Amerikanischer Staaten (OAS)   223
Oroya-Fieber   58, 80
Oxapampa   101
Oyolo   203

P

Pacasmayo   87
Paita   76, 114, 130, 249
Pampa Hermosa\t Siehe Santa Cruz   101
Pampas   89, 178, 212
Pampas de La Joya   178, 212
Panama   16, 24, 39, 90, 115, 130, 140, 223, 232, 257-258, 340
Panamericana   212, 234
Pangoa   152
Paracas   26, 115, 120
Paraguay   16
Paramonga   147
Parcona   188
Partido Aprista Peruano (PAP)   194, 328
Partido Civil   78-79, 95, 126, 135, 170, 173-174, 182, 189
Partido Constitucional   121-122, 172
Partido del Pueblo   222
Partido Demócrata   122, 141, 239, 244
Partido Demócrata Cristiano   239, 244
Partido Liberal   121, 135

379

Partido Nacional Democrático   174, 209
Partido Social Progresista   239
Partido Socialista del Perú (PSP)   193, 195
Partido Unificado Mariateguista (PUM)   280
Pasco, Departement   26, 142, 238, 245
Pataz   185
Pativilca   38, 107, 162
Pativilca-Tal   107
Patrioten   17, 20, 25-26, 28, 30, 34, 37, 39, 46, 54
Patronat   67, 116
Pazifik-Allianz (Alianza del Pacífico)   340
Pazifikkrieg (Salpeterkrieg)   112-113, 118, 128, 135, 141, 144, 147, 157, 163-164, 198
Pearl Harbor   216
Peña   83
Perú Posible   330-331, 339
Peruanisch-Bolivianische Konföderation   54
Peruanische Kommunistische Partei   193, 204, 215, 218, 244, 271
Peruvian Amazon Co.   153
Peruvian Corporation   125, 197, 228, 256
Pimentel   80, 177
Pisagua   80, 83, 110, 113, 118
Pisco   26, 74, 76, 80, 115, 126, 177, 180, 197
Pisco-Tal   68
Piura   27, 126, 137, 144, 165, 178, 181, 202, 230, 264
Pocken   19
Pomacocha   273
Pomalca   160
Populismus   187, 203, 208, 278
Potosí   16, 28, 55, 60
Pozuzo   101
Protektorat   31-33, 36, 70
Provinz Tarapacá   83, 110, 113, 119
Pucallpa   106, 215, 228
Pucará   144
Puerto Córdoba   170
Puerto Maldonado   234, 338
Puerto Ocopa   150, 182
Puna   11
Puno   23, 29, 36, 39, 42, 58, 88, 100, 125, 142, 165, 169, 177-178, 182, 188, 190, 218, 239, 314, 322
Punta Angamos   113
Punta del Este   241
Pusi   100

Q

Quechua   10, 59, 63, 94, 116, 168, 192, 225, 229, 237, 239, 260, 268, 273, 282, 287, 294, 309-310, 321, 334, 350
Quilca   40, 114
Quillabamba   197
Quispillaccta   281
Quito   20-21, 28, 32, 270

R

Rancagua   20
Real Felipe, Hafenfestung   7, 28-29, 38, 44, 53
Río Camisa   152
Río Caquetá   153
Río Cenepa   216
Rio de Janeiro   40, 170, 215, 316
Río de la Plata   16, 20
Río Grande   20
Río Huancabamba   101
Río Marañón   63
Río Pachitea   101, 228
Río Pozuzo   101
Río Putumayo   151, 153, 198, 210, 216
Río Santa   215, 354
Río Tulumayo   101
Río Ucayali   62, 215, 228
Río Urubamba   153
Río Yaquerana   246
Rio-Pakt   223
Rosaspata   144
Royalisten   17, 22, 25-28, 31, 34, 36-39

S

Sal de Obispo   80, 83
Salcedo   182
Salomón-Lozano-Vertrag   197, 210
San Isidro   177, 219
San Lorenzo, Insel   175, 194
San Martín de Porras   280
San Martín, Departement   280, 293, 295, 338
San Miguel-Sucumbios   198
San Pablo   117
San Ramón   106
Santa Ana   197
Santa Catalina, Tal   161
Santa Cruz (Pampa Hermosa)   101
Santa Cruz de la Sierra   16
Santa Fe de Bogatá   16
Santa Rosa de Ocopa, Kloster   62, 101, 169
Santiago (de Chile)   113-115, 119

Santo Domingo 77, 169
Satipo 150, 152, 182
Sayán 160, 162
Schlacht bei Ingavi 55
Schlacht bei Los Ángeles 114, 118
Schlacht um Chorillos 118
Schlacht um Miraflores 116, 118, 121
Schlacht von Ayacucho 7, 40-41
Schlacht von Campo de Alianza 114
Schlacht von Dolores (auch San Francisco) 113, 118
Schlacht von Huamachuco 118-119
Schlacht von Junín 39, 41, 44
Schlacht von La Palma 75, 103
Schlacht von Moquegua 36
Schlacht von Pichincha 32
Schlacht von Torata 36
Schlacht von Yanacocha 54
Schlacht von Yungay 55, 74
Schlacht von Zepita 37
Schuldknechtschaft 60, 106, 151, 165-166, 185
Seebeben 13
Selbstschutztruppen (Rondas campesinas) 310
Sendero Luminoso (Leuchtender Pfad) 261, 272-273, 280-282, 288, 293-295, 299, 304, 307, 310-313, 334, 337, 341
Servicio a la República (Republiksdienst) 60
Servicio Nacional Antipestoso (Amt zur Seuchenbekämpfung) 178
Shipibo-Conibo-Indianer 227
Shuar-Indianer 229
Sierra 8, 11, 68-69, 88, 117, 129, 142, 146, 159, 164, 166, 181, 185, 192, 217, 226, 235-237, 247
Silber 26, 69, 85-86, 89, 123, 134, 142-143, 222, 248, 354
Sklaverei 35, 38, 45, 52, 64, 84, 102-104, 149, 152, 185
Sociedad Consignataria del Guano 79, 85
Southampton 74
Southern Peru Copper Corporation 232, 256, 274
Spanien 7, 16-23, 25-30, 34, 38, 40, 44, 51-53, 77, 160, 163, 169, 202, 206, 216, 314
Standard Oil of New Jersey 147
Ständeversammlung (Cortes) 18
Streik 140, 161, 164, 169, 259, 267, 313
Summer Institute of Linguistics (SIL) 227
Suni 10-11
Supe 25, 115, 249
Systema de Habilitación (Ermächtigungssystem) 151

T

Tacna 22, 76, 79, 87, 114, 118-119, 198, 248
Talambo (Provinz Chiclayo) 77
Talara 147, 175-176, 216, 256
Tambo-Tal 341
Tapada 96
Tarapacá 114, 118, 210
Tarapacá (am Río Putumayo) 151
Tarapoto 137
Tarma 26, 89, 101, 293
Thunfisch-Krieg 258
Tingo María 212, 215, 232
Titicacasee 20, 37, 90, 100, 119, 125, 137, 167, 190
Tocache 293
Toyeri-Indianer 152
Transozeanische Straße (Transoceánica) 332
Trujillo 27, 37-39, 58, 67, 88, 147, 160, 185, 195, 197, 206-207, 265, 321, 354
Tsunami 13, 78, 111
Tuberkulose 56, 58, 156, 159
Tucumán 16, 29
Tumbes 178, 216
Typhus 14, 44, 58, 92, 156

U

Ucayali, Departement 338
Uchiza 295
Ucrón 91
Umachiri 23
Umweltverschmutzung 284, 332-334, 338, 355-356, 358-359
Unión Revolucionaria 204, 209, 211, 213
Universidad Católica del Perú (Katholische Universität) 138
Universität San Marcos 22, 79, 120, 136, 157, 175, 183, 189, 193, 200, 203, 219, 245, 283
Unterernährung 58, 200, 280, 291, 306, 351
Uros 138
Urubamba-Gebiet 333
USA 47, 55, 80, 86, 115, 117, 137, 140, 143-145, 155, 173, 175-176, 180-181, 199, 216, 220, 222-224, 234, 238, 241, 252-253, 256-257, 260, 272, 279, 289, 294, 302, 307, 314-315, 318-319, 330-331, 333, 336, 338-340, 348

V

Valdivia 25
Valparaíso 26, 55-56, 78
Velarde-Río Branco-Vertrag 170
Venezuela 25, 72, 320, 324, 329, 340
Vereinigte Linke 279, 292
Verfassung von Cádiz (Constitución Política de la Monarquía Española) 19, 22, 24, 26-27, 29, 38
Víctor Fajardo, Provinz 272
Vilcashuamán 273
Villa Rica 101
Vilque 88, 144
Vischongo 273
Vitarte 91, 125, 161
Vivanco-Pareja-Vertrag 77
Vizekönigreich Nueva Granada 16
Vizekönigreich Peru 16, 20, 22, 24
VRAEM (Valle de los Ríos Apurímac, Ene y Mantaro) 298, 337, 341
Vulkane 12

W

Wahrheits- und Versöhnungskommission 334-335, 337
Wampís-Indianer 229

Washington Consensus 302
Weltwirtschaftskrise 82, 179, 181, 198-199, 202, 206, 208, 218, 220

Y

Yaminahua-Indianer 334
Yanaconas 238, 262
Yánesha-Indianer 100, 229
Yarinacocha 227
Yine-Indianer (auch Piro) 152, 169
Yucay 182
Yunga 10
Yungay 13, 94, 124
Yungay, Provinz 124
Yurimaguas 106, 137

Z

Zamacueca 96, 104
Zentralkomitee (Junta Suprema Central) 18, 162, 186, 273
Zepita 167
Zeugen Jehovas 323
Zwangsarbeiten 45, 59, 63, 189